ATLAS
de los
EXPLORADORES ESPAÑOLES

ATLAS DE LOS EXPLORADORES ESPAÑOLES
1ª edición compacta – septiembre del 2021
2ª edición compacta – noviembre del 2021
3ª edición compacta – febrero del 2022

GeoPlaneta
Av. Diagonal, 662-664
08034 Barcelona
www.geoplaneta.com

1ª edición original, 2009

ISBN: 978-84-08-24319-9
Depósito legal: B. 4.115-2021
Impresión y encuadernación: Liberdúplex
Impreso en España – Printed in Spain

Sociedad Geográfica Española
Director
Pedro Páramo Lobeto
Periodista y miembro fundador de la Sociedad Geográfica Española (SGE)

Coordinación de la SGE
Diego de Azqueta Bernar
Vicepresidente de la Sociedad Geográfica Española (SGE)

Supervisión de la SGE
Lola Escudero
Geógrafa y miembro fundador de la Sociedad Geográfica Española (SGE)

Editor literario y redactor
Luis Conde-Salazar Infiesta
Periodista

Editor gráfico
Margarita Martínez Solchaga
Periodista

Editor científico
Manuel Lucena Giraldo
Historiador, investigador del Consejo Superior de Investigaciones Científicas y profesor visitante en la Universidad de Harvard

Colaboradores
Armando Alberola Romá, Marina Alfonso Mola, Patricia Almarcegui, Emanuele Amodio, Salvador Bernabéu Albert, Rosario Díe Maculet, Felipe Fernández-Armesto, Guadalupe Fernández Morente, Ignacio Fernández Vial, José Jesús García Hourcade, Josefina Gómez Mendoza, Antonio González Bueno, María Dolores González-Ripoll, María Dolores Higueras Rodríguez, Leoncio López-Ocón, Luisa Martín-Merás, Carlos Martínez Shaw, Francisco Mellén, Luis Pancorbo, Francisco Pelayo, José Luis Peset, Juan Pimentel, Susana María Ramírez Martín, Javier Reverte, José Antonio Rodríguez Esteban, Fernando Rodríguez Mediano, Antonio Sánchez Martínez, Rafael Valladares

ATLAS
de los
EXPLORADORES ESPAÑOLES

geoPlaneta

SOCIEDAD GEOGRÁFICA ESPAÑOLA

PRÓLOGO DE LA SOCIEDAD GEOGRÁFICA ESPAÑOLA

Hay pocos países en el mundo que hayan aportado a la exploración del planeta tanto como España. Este hecho, incontestable para los historiadores rigurosos, no ha sido suficientemente valorado por el resto del gran público, incluidos los propios españoles, que a menudo han sentido mayor admiración por las gestas de viajeros anglosajones, franceses, holandeses, norteamericanos y de otros países que por las de nuestros paisanos, que en nada desmerecen. Muchos españoles han olvidado que durante más de dos siglos protagonizamos la gran aventura de la exploración tanto de América del Norte y del Sur como del Pacífico.

Nuestra historia de los descubrimientos y las exploraciones está repleta de personajes, de historias y de proezas realmente sorprendentes ligadas a los periplos y a la exploración del planeta. Desde aquella intrépida monja gallega, Egeria, que en el Bajo Imperio romano emprendió una peregrinación en solitario a Jerusalén, hasta las grandes travesías polares de españoles como Ramón Larramendi, o las aventuras de Jesús González Green, pionero en cruzar el Atlántico en su globo aerostático; o el descubrimiento de la catarata más alta del mundo, el Salto del Ángel, por un español el siglo pasado. Estos son solo algunos ejemplos, extremos en el tiempo, pero entre unos y otros nuestra historia se ha escrito a base de descubrimientos y grandes viajes extraordinarios, que han ido trazando, línea a línea, el mapa del mundo y han dejado el planeta lleno de topónimos españoles. Especialmente llamativa resulta la falta de conocimiento general sobre muchos exploradores y grandes viajeros españoles que en cualquier otra parte del mundo habrían sido fuente de inspiración para películas o novelas, e incluso objeto de admiración y homenaje público.

Desde sus comienzos, la Sociedad Geográfica Española se propuso como objetivo la recuperación y difusión de la memoria de nuestros exploradores y viajeros; de los olvidados y también de los más célebres, en muchas ocasiones oscurecidos y vilipendiados por la leyenda negra que persigue a muchos de nuestros «héroes». Durante años hemos ido rescatando del olvido, poco a poco, historias de exploración y biografías correspondientes a todas las épocas. Este libro es la culminación de este esfuerzo y de un sueño; una forma de rendirles homenaje. Es también una oportunidad para combatir ese tópico de que en nuestro mundo globalizado ya no queda nada por explorar. En este sentido, hemos querido incluir a algunos viajeros todavía vivos, representantes de todos aquellos que intentan seguir descubriendo las nuevas fronteras de nuestro planeta: los fondos submarinos, el espacio, las profundidades de la tierra, las grandes montañas o las intrincadas selvas en las que nos queda mucho por conocer.

Este *Atlas de los exploradores españoles* no pretende ser exhaustivo, ya que resultaría casi imposible reunir los miles de viajes que forman parte de nuestra historia, en particular la de los siglos XVI y XVII, cuando los españoles escribieron la historia de la exploración occidental. Por estas páginas desfilan una variada selección de personajes que han recorrido los cinco continentes, todos ellos alimentados por la misma pasión por la aventura que es común a los exploradores de todos los tiempos. Estamos seguros de que el lector curioso encontrará en esta obra historias que le sorprenderán, anécdotas que le emocionarán y biografías inesperadas. No hemos querido renunciar a los viajeros más famosos, pero hemos intentado rescatar los aspectos de su biografía relacionados con su aportación a la geografía y al conocimiento del mundo. Junto a ellos figuran nombres apenas conocidos por el gran público y que merecen igualmente ser reivindicados.

Este atlas no hubiera sido posible sin el patrocinio de Caser Seguros, ni sin la colaboración y el archivo personal de Javier Gómez Navarro y la dirección de Pedro Páramo, miembros ambos de nuestra junta directiva. También es el resultado de los desvelos y la pasión de la junta directiva; de Margarita Martínez, que ha conseguido todas las ilustraciones, y de un gran equipo de investigadores, historiadores y profesionales que han intervenido con su rigor, su ilusión y su esfuerzo. Si con esta obra hemos conseguido seguir alimentando la llama de la curiosidad y la pasión por la exploración de nuestro mundo, habremos conseguido nuestro objetivo.

Diego de Azqueta Bernar
Vicepresidente de la Sociedad Geográfica Española

SUMARIO

INTRODUCCIÓN

En uno de sus muchos juicios, sencillos solo en apariencia, Miguel de Cervantes afirmó que «el andar tierras y comunicar con diversas gentes hace a los hombres discretos». La referencia, tomada de *Los trabajos de Persiles y Segismunda*, una novela «griega o bizantina», llena de trucos, laberintos y disfraces publicada en 1617, supone para renombrados estudiosos la expresión de una voluntad antiutópica, que habría ido de la mano de la ironía como recurso literario primordial nada menos que en *El Quijote*, con el cual el *Persiles* configuraría una unidad literaria. La escena en la que surge el famoso comentario sobre los «viajeros discretos» resulta, por otro lado, de una tremenda ambivalencia, pues deja al lector pensando que el autor quiso en verdad compartir con él una sonrisa cómplice ante tan delicadas materias. El episodio refiere la llegada de Antonio a Lisboa acompañado de su hija mestiza, Constanza. A modo de admonición que debe prepararla para su nueva vida, no duda en señalarle que «todos sus moradores son agradables, son corteses, son liberales y son enamorados, porque son discretos». El debate sobre lo que quiso decir Cervantes, o de quién intentó mofarse con semejante razonamiento, quedó servido para la posteridad, aunque el *Persiles* represente —en ello no hay duda alguna— una alegoría de la vida como un largo viaje[1].

Por otro lado, aquella Lisboa evocada por Cervantes era parte de la monarquía española desde el asalto de la capital imperial portuguesa en 1580, que tuvo como efecto la creación de la primera monarquía global de la historia[2]. Había pasado suficiente tiempo desde entonces y cuando Cervantes escribió el *Persiles* estaba ya al final de su agitada existencia —de hecho, no llegó a verlo publicado—, de modo que no podemos caer en la trampa de pensar que se trató de un juicio ligero, una gracia u ocurrencia del escritor. Veterano de Italia y de Lepanto, cautivo de Argel, vecino de Sevilla, Madrid o Barcelona, pretendiente eterno de un cargo de corregidor en las Indias que nunca le fue concedido, Cervantes fue también absolutamente moderno en su juicio sobre los viajes como acicate pedagógico, empresa de mejora personal o despliegue de una geografía individual que buscaba conocer el mundo, mas no para dominarlo, sino para sobrellevarlo con discreción.

Casi cuatro siglos después, algunas de las preguntas que planteó para sí y sus contemporáneos se vinculan a las que nos hacemos nosotros. ¿Hasta qué punto podemos descifrar humanidades, territorios, extensiones, signos? ¿Se transforma para bien el carácter humano por el hecho de viajar? ¿Formaba parte la llamada a la «discreción» de Cervantes de un repliegue imperial español, cultural y político, de un ensimismamiento que imposibilitó la creación de una tradición viajera digna de ser reivindicada con posterioridad? ¿Existían por tanto esos viajes y exploraciones españolas desde los principios de Occidente, pero condenados a formar parte de una memoria escondida? ¿Qué quiere decir y cómo recuperar esa historia de las exploraciones españolas escamoteadas y oscurecidas en un mundo globalizado como el nuestro?

Si retornamos a Cervantes sin duda hallaremos algunas respuestas. Quizás el bizantinismo del *Persiles* ya prefiguró una opción, la de huir del impulso de lo absoluto, pues lo bizantino obedece a signos contrarios y se embosca de manera «demasiado sutil», como señala el *Diccionario de la Real Academia Española*, bajo el signo de lo afirmativo y lo negativo a un mismo tiempo. Hay algo de inconcreción posmoderna en esta opción que se sirve de los contrarios (viajar es una cosa y ser discreto otra bien distinta, al menos en apariencia) aunque al fin a ambos los haga propios. Se trata de un tipo de claridad barroca que nos cuesta comprender por lo que conlleva de renuncia obligada a cambiar la realidad del mundo, de huida de sus realidades, cuyo efecto es la sublimación de la existencia en sus aspectos formales. Pero no podemos dejar de tener en cuenta que Cervantes no fue solo contemporáneo de Shakespeare; también lo fue de corsarios como Drake y Raleigh, el primer fumador inglés, decapitado en 1618 por su fracaso en la búsqueda de El Dorado[3]. O de Montaigne, el inventor del ensayo, del texto que emite un punto de vista individual y acierta o se equivoca, sin que el autor tenga nada que temer por ello de los dioses o de los hombres.

Así pues, aquellos europeos orgullosos de serlo ensayaban opciones y posibilidades, emprendían aventuras insólitas en el espacio geográfico del mundo y en su descripción, no se replegaban en sus hogares para ver transcurrir la existencia desde la orilla, pensaban que la naturaleza que hoy llamaríamos «salvaje» era una ofensa contra los deseos del creador[4]. Este impulso intervencionista, descubridor y explorador, es planteado en toda su densidad moral en la admonición cervantina, que juzgó sutilmente la expansión ultramarina, pero también apunta al análisis de la postergación española, de la negación por sí y por otros de la propia historia de exploraciones y descubrimientos. Todo ello resulta enigmático, en especial si como es el caso se trata de un capítulo con frecuencia decisivo, pues comprende nada menos que la primera construcción de una geografía global, la conciencia de que toda la humanidad de la Tierra era una, o de que lengua, religión, derecho y ciudad constituían las piezas de una comunidad política no fundada en la barbarie, el origen de lo que hoy llamamos Derechos Humanos.

En otro orden de cosas, el rechazo a las tradiciones de viaje y exploración, visto en perspectiva, no es solo español, sino occidental. Hay que señalar que quienes han preferido el mar y la distancia a la seguridad acotada de la tierra y el solar para partir en busca de otros destinos han sido criticados y escarnecidos desde los tiempos bíblicos. El agricultor Caín mató a su hermano el pastor Abel y Yaveh lo condenó a vagar eternamente por la tierra de Nod, un lugar de fugitivos situado al este del Edén, desértico y hostil. En la parábola llamada «del hijo pródigo», cuyo centro es el padre misericordioso, el hijo despechado encuentra la miseria extrema tras su resentido abandono de la casa paterna, seguido de una libertad ilusoria, un viaje a ninguna parte que solo termina con el regreso y el perdón[5]. En la antigua Grecia, Ulises es el héroe que «durante años vagabundeó, viendo muchas ciudades, descubriendo muchas costumbres», aquel que traza los contornos de su identidad marcando las fronteras y corriendo el riesgo de perderse en ellas[6]. Muchos siglos después, el padre Mariana, jesuita, criticó la expansión ultramarina española —«imperio es apellido, sin duda, sin sustancia y sin provecho», llegó a afirmar— y el tratadista político Diego Saavedra Fajardo comparó en 1642 el ánimo aventurero de los Reyes Católicos con la prudencia de Cartago, cuyo Senado había mandado matar a unos marineros que hablaban de una isla rica y deliciosa, juzgando que para la república su descubrimiento sería dañoso[7].

Esta crítica nada disimulada a la conquista de América constituye en realidad una referencia de origen clásico reelaborada en la España del Renacimiento que se reprodujo en otras monarquías europeas, en las que también existió un estado de ánimo desconfiado sobre las consecuencias de la apertura del mundo. En Gran Bretaña el ingenioso y feroz Jonathan Swift narró en un famoso pasaje de los *Viajes de Gulliver* (1726) en qué consistía el proceso de colonización: una tripulación de piratas arrojada por una tormenta a una playa tropical tomaba posesión de una tierra que a continuación asolaba con su lujuria e inhumanidad[8]. En esta línea, el archiprohibido abate francés Raynal también criticó en la célebre *Historia filosófica y política de los establecimientos de los europeos en ambas Indias* (1773) las aventuras coloniales, pues en la distancia del hogar resultaba irremediable que aquellos europeos lanzados al mundo para conocerlo y dominarlo se abandonaran a la molicie y la degradación moral y física.

Estos casos, no obstante, no resuelven el enigma principal, pues franceses y británicos, por ejemplo, han sido capaces de edificar un mito nacional, revolucionario y napoleónico los primeros, isabelino y victoriano los segundos, sólidamente imbricado en la aportación respectiva a la historia de los viajes y exploraciones europeas en otras geografías, de tal modo que han reclamado con espíritu corsario autorías indebidas, precedencias injustificables o hallazgos imaginarios. Estos elementos narrativos, curiosamente, han formado parte de la tradición de la literatura de viajes, un género poblado por impostores y falsarios desde el comienzo de los siglos, que solo a partir del setecientos se cubrió de una aureola de exactitud, pasó a referir no una fantasía edificante sino una verdad irrefutable y objetiva. Según el nuevo esquema, «los viajeros dejaron de ser impostores para convertirse en testigos»[9]. Pero incluso en este contexto, o precisamente por su causa, el estudio de las exploraciones y los viajes de los españoles adoleció de una serie de problemas de larga data: la dificultad del inventario, la discontinuidad en el estudio, la deficiente o inadecuada política de publicación.

Más allá de la extraordinaria novedad que supuso la puesta en marcha de las Relaciones Geográficas de Felipe II como modelo de descripción de los hechos de la naturaleza y la humanidad a escala planetaria, hubo casos exitosos como el del *Epítome de la Biblioteca Oriental y Occidental, Náutica y Geográfica* del gran Antonio de León Pinelo, editado en 1629 y reeditado en 1737 por Andrés González de Barcia, una de las primeras bibliografías geográficas publicadas en Europa[10]. Pero aquel impulso formidable no tuvo la debida continuidad, en obvio contraste con el esplendor contemporáneo de las expediciones científicas españolas que cartografiaban nuevas tierras y nuevos mares.

Incluso a mediados del siglo XVIII, cuando el creciente hostigamiento de británicos, rusos y franceses sobre las fronteras del Imperio español aconsejaba una política de publicación de diarios, mapas y cartas que difundieran los hallazgos geográficos para sostener la propia posición en conflictos y negociaciones diplomáticas, las dudas e inconcreciones fueron muchas. Lo determinante fue, salvo en algunas coyunturas, la existencia de una política de difusión u ocultamiento de los viajes y exploraciones ultramarinas, que de manera harto paradójica alimentaba la leyenda negra antiespañola, en vez de contrarrestarla. Así, cuando se produjo el retorno en 1745 de los oficiales científicos Jorge Juan y Antonio de Ulloa de la expedición hispano-francesa (gracias a su participación) que había medido el grado de meridiano en la audiencia de Quito, hubo un impresionante despliegue publicitario, que entre otras cosas situó a los marinos como miembros de la Royal Society y la Académie des Sciences francesa respectivamente. La utilidad de sus servicios se había planteado ya en 1740, cuando se suscitó el denominado pleito de las pirámides, causado por el desconocimiento por los académicos franceses de la aportación española en la leyenda conmemorativa del monumento que celebraría la gesta astronómica. En aquella ocasión, pretendieron citar a Ulloa y Juan bajo la expresión «asistentibus». Ante la áspera reacción de los marinos españoles, en absoluto dispuestos a figurar como «arrimados» de los académicos galos, fue sustituida por «auxiliantibus», que fue aceptada por el primero pero en modo alguno por el segundo. La oferta de mencionarlos como «cooperantibus» también fue ásperamente rechazada por Juan, que pretendía naturalmente que sus nombres fueran por delante de los académicos franceses. Al fin, el marqués de la Ensenada ordenó que la inscripción conmemorativa hiciera referencia a Felipe V y Luis XV (en este orden), como auspiciadores de la misión con la participación de Godin, Bouguer y La Condamine, junto a Juan y Ulloa, oficiales de la Real Armada y «Mathematicis Disciplinis Eruditi»[11].

Fue la publicación en 1748 de los volúmenes conjuntos de la *Relación histórica del viaje a la América meridional* y de las *Observaciones astronómicas y físicas* lo que marcó el inicio de una etapa en la cual la ofensiva política reformista y la edición literaria y científica fueron de la mano, si bien pese al incontestable apoyo oficial, el proceso editorial de estas obras decisivas atravesó múltiples dificultades. A las penalidades en la búsqueda de grabadores, uno de los cuales fue incluso encarcelado para que acabara su trabajo y no tuviera distracciones, se sumaron la necesidad de buscar parte del papel en Francia y Génova, o la de adquirir tipos de imprenta en Holanda. Hubo que disponer un taller completo con instrumentos como el tórculo o el torno de madera para la impresión de estampas, una mesa para preparar el papel cordellate y bayeta para mantillas y una losa para moler la tinta. De los 7200 tomos de que constó la tirada, correspondieron 1550 a cada uno de los cuatro volúmenes de la *Rela-*

ción histórica y 1000 a las *Observaciones,* inmediatamente despachadas a cortes y sabias academias.

A pesar de la lentitud en la distribución de ambas obras y su éxito inicial, lo cierto es que los ministros de la Corona habían comprendido la utilidad de acompañar sus proyectos políticos con iniciativas editoriales en torno a las exploraciones españolas. Por eso, Juan y Ulloa también colaboraron en la «Carta del Mar del Sur» y en la *Disertación histórica y geográfica sobre el meridiano de demarcación entre los dominios de España y Portugal,* editada en 1749 para favorecer las negociaciones que condujeron al Tratado de Madrid, firmado a comienzos del año siguiente. En los años finales del reinado de Fernando VI, sobre la senda abierta por Juan y Ulloa, continuaron apareciendo diversas obras de importancia. Merece la pena destacar la *Noticia de California* de Miguel Venegas o *I moscoviti nella California,* del franciscano José Torrubia, publicadas en 1757 y 1759 respectivamente, que apuntaron a la defensa de la posesión española de estos territorios, entonces objeto de atención de los rusos, quienes, tras atravesar Siberia, se expandían hacia aquella región.

Esta etapa de publicación experimental y relativamente abierta concluyó con la aparición en 1768 del *Viaje al estrecho de Magallanes en los años de 1579 y 1580* de Pedro Sarmiento de Gamboa. La edición, encargada al botánico Casimiro Gómez Ortega, intentó dar una réplica al *Viaje* del comandante Byron de 1764, que había puesto en duda el conocimiento que se tenía en España de aquellas latitudes y, de paso, sus títulos de dominio.

El posterior regreso al secretismo oficial (tachado por el marqués de la Regalía en 1747 como una «superstición política») y la detención de las publicaciones sobre descubrimientos y exploraciones, que escondió importantes hallazgos geográficos españoles, se prolongó hasta el final del reinado de Carlos IV. La publicación de escritos relacionados con los viajes ultramarinos fue excepcional y solamente en el caso de una necesidad política perentoria se permitió y fomentó la edición, como ocurrió con la *Relación del viaje al estrecho de Magallanes* editada en 1788, o de escritos relacionados con nuevas producciones, como la quina o el té americanos, con un evidente objetivo comercial. Ni siquiera la famosa polémica suscitada por la respuesta al infamante artículo de Masson de Morviliers de la *Enciclopedia,* el hiriente «Qué se debe a España», contra el que en 1782 apareció la réplica *Reflexiones imparciales sobre la humanidad de los españoles en las Indias, contra los pretendidos filósofos y políticos* del abate Nuix y Perpiñá, o cuatro años después la *Oración apologética* de Juan Pablo Forner —que pensaba que la decadencia de la nación estaba vinculada a «la caída de las letras»— lograron un cambio de la política editorial[12].

Una de las explicaciones de esta obstinación se halla sin duda en que tras el intento normalizador ilustrado, la pretensión de defender la trayectoria histórica de España y de los españoles en la historia europea y universal, había una voluntad de contarlo todo, y en primer lugar las exploraciones y los descubrimientos geográficos, en una narración propia, ilustrada, progresiva, fundada en fuentes de archivo y, por ello, verdadera, positiva y nacional. La fundación del Archivo General de Indias en 1785 estuvo asociada a este proyecto, así como la publicación por el valenciano Juan Bautista Muñoz en 1793 del primer tomo de la *Historia del Nuevo Mundo,* que debía abrir una nueva etapa en la interpretación de la colonización española de ultramar[13].

Hubo que esperar al final del despotismo godoyista en 1808 para que la política de secretismo llegara a su conclusión. Nadie expresó mejor el daño producido que el director del Depósito Hidrográfico de la Armada, José Espinosa Tello, cuando afirmó en 1809 en sus impresionantes *Memorias sobre las observaciones astronómicas hechas por los navegantes españoles en distintos lugares del globo* que la ocultación de los viajes ultramarinos había impedido el reconocimiento internacional de la comunidad científica española y perjudicado las posiciones políticas que pretendía defender. Sin publicaciones reconocidas ni crédito para sus exploradores y marinos, no quedaba honor que rescatar, ni memoria que recuperar. Por supuesto, la destrucción provocada por la guerra de Independencia (1808-1814) y la aparición de una nueva imagen de España ligada al romanticismo acentuaron los peores rasgos de esta historia de exclusión cultural e intelectual, en la medida en que su transformación en un parque temático orientalista habitado por «cármenes» y bandidos, y visitado por los Richard Ford, Prosper Mérimée y Hans Christian Andersen de turno, entre otros, la hizo inconcebible como base de partida de exploradores y aventureros de la nueva geografía y, de acuerdo con los signos de los tiempos, de la expansión imperial en África y Asia[14]. Los mencionados rasgos definitorios de la tradición intelectual negacionista de los viajes y las exploraciones españolas fueron, sin embargo, combatidos por liberales, regeneracionistas y neocríticos, todos aquellos que durante el siglo XIX ponderaron no solo las glorias de los tiempos de Colón, Cortés y Magallanes (en especial hacia 1892, con el IV Centenario del descubrimiento de

América), sino la importancia de las aportaciones contemporáneas en Guinea o el Sáhara, al tiempo que en la llamada «polémica de la ciencia» combatían a quienes se atrevían incluso a dudar de la capacidad de los españoles para esta actividad y, por derivación, para la propia exploración geográfica[15].

El panorama cambió sutilmente con los nuevos planteamientos aportados por las generaciones de 1898 y sobre todo 1914, y en la década de 1920 las grandes hazañas de la aviación se convirtieron en España, como en todo el mundo, en un fenómeno de masas, de modo que se hizo patente un impulso que recuperó inquietudes y proyectos de expediciones científicas, viajes y exploraciones diversas. Aquella renovación se mantuvo y salvó la coyuntura de la guerra civil, de modo que el interés por los viajes acompañó transformaciones fundamentales, la migración masiva del campo a la ciudad desde comienzos de la década de 1960, la transformación de una sociedad agraria en otra industrial, el aumento general del nivel y la expectativa de vida, el desarrollo del turismo, el sector terciario y los servicios y la vinculación a redes globales. Todos estos fenómenos configuraron la llamada «normalización» de España y abrieron un nuevo capítulo, también para la historia no relatada y postergada de sus viajeros y exploradores.

En este sentido, el avance desde 1980 en términos de producción historiográfica, calidad editorial, actualización de archivos y bibliotecas y hasta fundación de instituciones que, como la Sociedad Geográfica Española, dedican inestimables esfuerzos al estudio y la difusión de viajes y exploraciones pasados y actuales, exigía la preparación de una obra que, desde una perspectiva de síntesis de la aportación española al conocimiento geográfico en todos los períodos, reuniera a los muchos especialistas formados durante los últimos veinte años en este campo, en el cual la investigación historiográfica española ha alcanzado un altísimo nivel internacional, para proponer al gran público un nuevo relato.

El resultado de esta voluntad de recoger hechos y no opiniones, los protagonistas y sus acciones, y no presunciones interesadas, el éxito de las instituciones y no solo la retahíla de sus incontables y supuestos fracasos, es este volumen, que hemos dividido en ocho partes. Estas reflejan tanto períodos históricos como movimientos de exploración y hallazgos viajeros. La primera, «*Finis terrae.* Viajes desde el fin del mundo», constata la formación histórica y geográfica española en la frontera del Mediterráneo, mientras que la segunda, «Viajeros de las tres culturas», muestra la existencia de movimientos de conocimiento geográfico derivados de la coexistencia y la competencia de cristianos, musulmanes y judíos en la España medieval. Era inevitable que la tercera parte, «La Edad de Oro de los descubrimientos españoles», constituyera un capítulo fundamental, en la medida en que la geografía planetaria se fundamentó en los hallazgos que fueron de los viajes de Colón a Fernández de Quirós, pero contra lo que señala la narrativa dominante, en la cuarta parte, «Un tiempo de transición», mostramos que aquel impulso no desapareció, sino que se especializó y concretó en el siglo XVII para resurgir de manera espléndida en el XVIII. Este se aborda en la quinta parte, «Los curiosos pertinentes. Viajeros y expedicionarios ilustrados». Sin duda es una de las más novedosas gracias a la calidad de las últimas investigaciones, que también han ofrecido buenos resultados para el siglo XIX, la sexta parte, que hemos titulado «Un esfuerzo continuado» porque apreciamos signos fundamentales de continuidad y una reducción del impulso anterior a 1800 menos intenso de lo que se ha supuesto.

Finalmente, en «Viajeros de las Españas» hemos incluido una nómina de personajes de extraordinaria y sorprendente creatividad a la hora de imaginar empresas de exploración geográfica, reflejo entre otras cosas de la Edad de Plata de la cultura española, mientras que en «Los penúltimos» no solo ponemos en duda el corte que podría haber supuesto la guerra civil para la tradición de viajes y exploraciones, sino que prolongamos su impulso hasta nuestros días. Ojalá que este esfuerzo de tantos investigadores ayude a cimentar nuestra cultura viajera, basada en el conocimiento de tantos hechos y tantos protagonistas, la verdadera razón de ser de toda esta historia, pues como señaló Fernando Pessoa: «Los viajes son los viajeros. Lo que vemos no es lo que vemos, sino lo que somos».

Manuel Lucena Giraldo
Editor científico

NOTAS

1 David R. Castillo y Nicholas Spadaccini, «El antiutopismo en *Los trabajos de Persiles y Segismunda*, Cervantes y el cervantismo actual», *Cervantes. Bulletin of the Cervantes Society of America*, 20.1, 2000, p. 119.

2 Rafael Valladares, *La conquista de Lisboa. Violencia militar y comunidad política en Portugal, 1578-1583,* Marcial Pons, Madrid, 2008, pp. 85 y ss.

3 Fernando Rodríguez de la Flor, *Barroco. Representación e ideología en el mundo hispánico (1580-1680)*, Cátedra, Madrid, 2002, p. 20.

4 Clarence T. Glacken, *Huellas en la playa de Rodas. Naturaleza y cultura en el pensamiento occidental desde la Antigüedad hasta el siglo XVIII,* Ediciones del Serbal, Barcelona, 1996, pp. 8 y ss.

5 Génesis, 4-16; Lucas, 15, 11-32, *La santa biblia*, San Pablo, Madrid, 1989, pp. 25 y 1499-1500.

6 François Hartog, *Memoria de Ulises. Relatos sobre la frontera en la antigua Grecia*, FCE, México, 1999, pp. 12-13.

7 José Luis Peset, «Ciencia y técnica: las expediciones científicas», *Carlos III y la Ilustración*, T. I, Ministerio de Cultura, Madrid, 1988, p. 2.

8 Stephen Greenblatt, «Introduction», *New World Encounters*, University of California Press, Berkeley, 1993, pp. VII-VIII.

9 Juan Pimentel, *Testigos del mundo. Ciencia, literatura y viajes en la Ilustración*, Marcial Pons, Madrid, 2003, p. 31.

10 Francisco de Solano ed. *Cuestionarios para la formación de las relaciones geográficas de Indias, siglos XVI-XIX,* Madrid, CSIC, 1988, pp. 16-74; Antonio de León Pinelo, *Epítome de la Biblioteca Oriental y Occidental, Náutica y Geográfica* (1737), edición facsímil, Ediciones de la Universidad de Barcelona, Barcelona, 1982, estudio introductorio de Horacio Capel.

11 Antonio Lafuente y Antonio Mazuecos, *Los caballeros del punto fijo. Ciencia, política y aventura en la expedición geodésica hispano-francesa al virreinato del Perú en el siglo XVIII,* Ediciones del Serbal, Barcelona, 1987, pp. 206-212.

12 José Antonio Maravall, «El sentimiento de nación en el siglo XVIII. El caso

de Forner», *Estudios de la historia del pensamiento español. Siglo XVIII*, Mondadori, Barcelona, 1991, p. 45.

13 Francisco de Solano, «El Archivo General de Indias y la promoción del americanismo científico», Manuel Sellés, José Luis Peset y Antonio Lafuente comps., *Carlos III y la ciencia de la Ilustración*, Alianza Editorial, Madrid, 1988, pp. 277-296.

14 Tom Burns-Marañón, *Hispanomanía*, Plaza & Janés, Barcelona, 2000, pp. 100-103.

15 Ernesto y Enrique García Camarero eds., *La polémica de la ciencia española*, Alianza Editorial, Madrid, 1970, pp. 14-20.

FINIS TERRAE.

VIAJES DESDE EL FIN DEL MUNDO

Las primeras imágenes de España en el imaginario viajero de Occidente remiten a una percepción vinculada a su situación geográfica en el extremo del Mediterráneo, allí donde el escenario de la civilización se desvanecía, frente al océano Atlántico. Resulta extraordinario que ya hace dos milenios aquellas primeras culturas de la península Ibérica fueran descritas por historiadores y cronistas bajo el signo del exotismo, la riqueza en metales y la presencia de habitantes de carácter indómito e independiente. Estrabón, el padre de la geografía, señala que «practican una dieta simple y bárbara» a base de chivo y bellotas, Filóstrato anota que desconocen las Olimpiadas —entonces como ahora, la gran fiesta del mundo— y Diodoro refiere que si caen prisioneros de sus enemigos se quitan la vida, pues no saben vivir sin libertad y prefieren la muerte a la cautividad.

Del cabo de Finisterre a los Pirineos, de la meridional ciudad de Cádiz a la septentrional Ampurias, todo aquello que se evocaba en las narraciones y los relatos de griegos, fenicios, cartagineses y romanos reforzaba la concepción de aquella tierra indómita y montañosa como frontera del orbe. Su condición era extrema, pues allí se resumían todos los riesgos, las mayores posibilidades de aventura y el botín nunca imaginado. Con el paso del tiempo aconteció la fundación de la próspera Hispania. Donde en principio solo hubo campamentos volantes de soldados y mercenarios, surgieron asentamientos de veteranos, que fundaron ciudades y pueblos llamados a perdurar. Pero el carácter de frontera no se perdió. La península dividida en dos provincias romanas fue retaguardia del imperio y punto de partida de exploraciones que cruzaron las columnas de Hércules para llegar más allá, «plus ultra», donde nadie antes se había aventurado a navegar.

Las costas peninsulares sirvieron entonces como base y refugio de quienes avanzaron sobre el océano tenebroso. Pues para asombro de quienes navegaban el Mediterráneo había otros territorios más allá del final de Europa, costas y cabos como el de las Tormentas o Bojador en el norte africano, donde la propia naturaleza señalaba con signos siniestros un límite que debía ser respetado. Tras el comienzo de nuestra era, de aquella Hispania lejana no dejaron de partir viajeros, comerciantes, soldados y curiosos, gentes nacidas para permanecer en movimiento.

Tartesios, fenicios, cartagineses y griegos desde España

Cádiz, plataforma hacia lo desconocido

Hannón. *Entre los siglos V y IV a.C. Rey cartaginés, navegante y explorador*

Himilcón. *Siglo V a.C. Navegante y explorador*

Pytheas. *Siglo IV a.C. Navegante, geógrafo y astrónomo*

Hay noticias de que las naves tartesias, pertenecientes a una de las culturas más antiguas peninsulares, recorrieron el litoral atlántico norteafricano. Llegaron poco menos que hasta la actual Larache, aun así una travesía épica dado el escaso porte de sus «caballos», como llamaban a aquellas embarcaciones rematadas en su proa por tallas en madera que representaban la cabeza de este equino. Más o menos por los mismos parajes anduvieron los fenicios, quienes capitalizaron las rutas del Mediterráneo. Partían de los puertos de lo que hoy es el Líbano y fueron poco a poco colonizando el norte de África y el sur de Europa, estableciendo bases prósperas en Sicilia, Cartago y España, hasta que llegaron los cartagineses, quizás destructores de Tartessos allá por el año 500 a.C. Cartago sustituyó la coexistencia del comercio fenicio y griego y se alzó con el monopolio de la pesca y las minas. También los cartagineses desarrollaron una intensa red comercial que conectaba la costa africana con las bases de las islas Baleares y de Cerdeña. Pero si en un lugar su supremacía era incuestionable, ese era el estrecho de Gibraltar. Además de los pequeños viajes hacia el oeste tenebroso, pues se adentraron hacia el norte y el sur del Atlántico, dos grandes expediciones surcaron las aguas del vasto océano. Una de ellas fue la que llevó a cabo el navegante cartaginés Himilcón en el año 525 a.C. Aunque las noticias de su viaje que aportó el poeta latino Rufo Festo Avieno son escasas, se considera probado que Himilcón partió de Cartago y se dirigió al estrecho de Gades (Gibraltar) para adentrarse en el Atlántico, poner rumbo norte y alcanzar nada menos que las costas de Britania, más concretamente Cornualles, la isla del

Ruta de Hannón
Ruta de Himilcón
Ruta de Pytheas
Mar del Norte
Península de Jutlandia
Mar Báltico
Britania
Isla del Estaño
Bretaña
Alpes
Golfo de Vizcaya
Cabo Finisterre
Massilia
OCÉANO
ATLÁNTICO
Cabo San Vicente
Cádiz
Estrecho de Gades
Mar Mediterráneo
Cartago
Thymiaterion
Karikon Teichos
Soloeis
Gitte
Akra
Melitta
Islas Canarias
Drâa
Atlas
Trópico de Cáncer
Sáhara
Macizo de Ahaggar
Tibesti
Islas de Cabo Verde
Cabo Verde
Senegal
Gambia
Níger
Guinea
Monte Camerún
Golfo de Guinea
Ecuador

Estaño. Su intención era clara, dirigir el comercio de plomo y estaño, tan abundantes en aquellas tierras, hacia la ciudad de Cádiz, de forma que el monopolio metalífero (los cartagineses eran los principales explotadores de los recursos de las minas de plata de la península Ibérica) quedara en sus manos en detrimento de la gran competidora en este campo, la ciudad de Massilia (Marsella).

Casi al mismo tiempo que Himilcón se dirigía al Atlántico Norte, Hannón, otro navegante y rey cartaginés, lo hacía hacia el sur. Partió de Cádiz bien abastecido y siguiendo la costa arribó hasta los actuales Senegal y Gambia. Por el camino llegó a fundar hasta seis colonias (Thymiaterion, Soloeis, Karikon, Teichos, Akra y Melitta) y exploró también diversos tramos fluviales. Según algunos estudiosos llegó hasta las costas de Camerún, aunque este dato no ha podido ser confirmado. El relato de este viaje fue recogido en un texto que lleva por título *Periplum*, escrito por él mismo en fenicio y traducido al griego primero y al latín después. Con su viaje Hannón amplió la industria pesquera cartaginesa, por un lado, y la metalífera de oro subsahariano, por otro.

Por su parte los griegos, menos celosos a la hora de guardar en secreto sus navegaciones, tuvieron en el marsellés Pytheas, astrónomo y geógrafo, al expedicionario que costeó la Europa septentrional. Partiendo de Massilia (actual Marsella), su ciudad natal, Pytheas llegó en primer lugar al cabo de San Vicente (Promontorio Sagrado) y al de Finisterre (Promontorio Artabro), y navegó a continuación hasta la Bretaña francesa tras bordear la costa cantábrica hispana y gala. Posteriormente cruzó el canal de la Mancha y circunnavegó Britania, para dirigirse después a la península de Jutlandia, situada en Dinamarca, y adentrarse por último en las aguas del mar Báltico. Nada menos. Los viajes desde España eran ya entonces una realidad incuestionable.

Lecturas

La imagen de España en la Antigüedad clásica, F. Javier Gómez Espelosín, Antonio Pérez Lagarcha y Margarita Vallejo Girvés. Editorial Gredos, Madrid, 1995

La exploración del Atlántico, Guillermo Céspedes del Castillo. Editorial Mapfre, Madrid, 1991

Publio Elio Adriano

La vocación viajera de un emperador hispano

Itálica (Santiponce, Sevilla), 76-Bayas, en las afueras de Nápoles (Italia), 138

Emperador de Roma

Más de la mitad de los veinte años que Adriano estuvo al frente del Imperio lo hizo alejado de Roma. Y es que este emperador fue un viajero impenitente, tolerante pero contradictorio, hábil estratega en extremo, intelectual preocupado por el arte, fundador de ciudades, promotor de grandes construcciones arquitectónicas...

Publio Elio Adriano nació en Itálica, lo que hoy es Santiponce, cerca de la ciudad de Sevilla, en la provincia bética, en los tiempos de Vespasiano. Cuando su padre murió, Adriano contaba solo 10 años y fue puesto al cuidado del por entonces senador Trajano y de Acilo Attiano, quien luego sería prefecto de su guardia pretoriana. Su carrera como militar fue meteórica y llegó a ser gobernador de Siria tras pasar en diferentes lugares por los cargos de tribuno de la plebe, pretor, delegado del emperador y cónsul. También a él se debe la conquista de Mesopotamia, una tierra que luego abandonó en favor de la paz, establecida por acuerdo con Cosroes, el rey de los partos. A la muerte de Trajano, que no dejó descendencia, supo que era su sucesor en el trono de Roma al haber sido adoptado por aquel. El nombramiento contó con el apoyo del ejército y del Senado. Tenía entonces algo más de 40 años. Entre los años 121 y 134 realizó dos grandes viajes que tuvieron por objeto el deseo personal de tomar contacto directo con las provincias del Imperio, promover la romanización, conocer *in situ* el estado de los ejércitos y adquirir nuevos conocimientos artísticos, especialmente en Grecia, cultura por la que el emperador sentía una especial devoción. En el primero, entre 121 y 125, partió de Roma, llegó a Lyon, en la Galia, donde

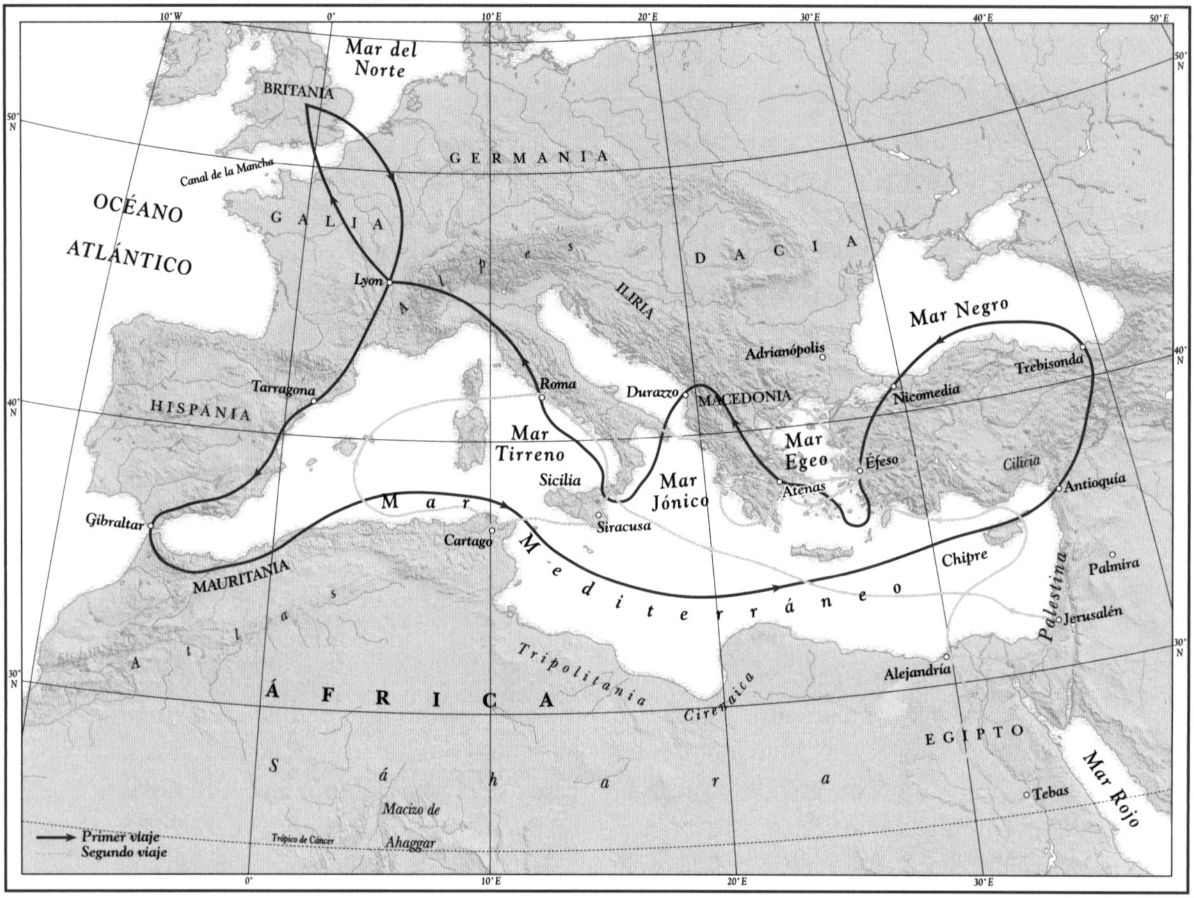

introdujo reformas que paliaron en parte el estado de miseria en el que se encontraban muchas poblaciones, bordeó la frontera germánica, donde se dedicó a instruir personalmente a las tropas, y dio el salto a Britania, en donde mandó edificar en 122 su famosa muralla, una construcción defensiva de más de 112 kilómetros de largo que se extendía desde el golfo de Solway First al oeste hasta la desembocadura del río Tyne en el este y cuyos restos aún perduran.

De vuelta al continente por el canal de la Mancha pasó de nuevo por Lyon para llegar a Tarragona, lugar en el que pasó el invierno de 122-123 y donde estuvo a punto de ser asesinado. Bordeó luego la Península por la costa oeste hasta llegar a Gibraltar, cruzó el estrecho, recorrió el norte de África, embarcó hasta Antioquía tocando Cartago y Chipre y llegó a la localidad ribereña del mar Negro llamada Trebisonda, para atravesar luego en barco las aguas de aquel mar hasta Nicomedia, desde allí dirigirse a Éfeso, después por las islas del mar Egeo hasta Atenas, por tierra a Durazzo, en Macedonia, embarcarse de nuevo en el Adriático hasta Siracusa, en Sicilia, y regresar finalmente a Roma.

En ese tiempo fundó Adrianópolis, en Tracia. Su amplio conocimiento de las regiones y fronteras del Imperio era tal que permitió mantener una política exterior relativamente pacífica, a pesar de que con ello se granjeara las primeras críticas, procedentes de algunos de los senadores romanos más belicosos. Hoy nos parece claro que en ningún momento descuidó los aspectos militares. Todo lo contrario: el refuerzo constante de las fronteras supuso que en buena medida quedaran firmemente establecidas sin apenas cambios ni reformas hasta la decadencia del Imperio.

En el segundo viaje, realizado entre los años 128 y 134 (interrumpido en varias ocasiones para llevar a cabo visitas necesarias a la capital imperial), partió de Roma y llegó hasta el extremo de la península Itálica para saltar de allí a Siracusa, de nuevo, antes de embarcarse hacia Cartago y regresar a Roma. Salió nuevamente de allí hasta el sur de Italia, llegó a su adorada Atenas, realizó varios viajes por Grecia siempre con vuelta a la capital helena, hasta que partió para Asia Menor, concretamente a Éfeso, se internó por la Cilicia hasta Antioquía, se dirigió a Palmira, de allí a Jerusalén, atravesó Palestina hasta Alejandría, se acercó a Tebas y regresó por último a Atenas. Durante su estancia en Egipto murió ahogado en el Nilo su amante Antinoo y Adriano decidió erigir en su honor Antinópolis. En la capital griega permaneció casi un año antes de salir con destino a Jerusalén. Desde allí tomó una embarcación que lo llevó directamente a Roma, concluyendo de este modo el último de sus viajes. Los últimos años de su vida los pasó entre las enfermedades producidas por su gran esfuerzo vital y las conspiraciones de las que fue objeto. Acabó sus días a consecuencia de una hidropesía en Bayas, cerca de lo que hoy es Nápoles. El teólogo Quinto Septimio Tertuliano llegó a decir de él que tenía *curiositatum omnium explorator*, es decir, curiosidad por todo lo que le rodeaba.

Lecturas

Adriano Augusto. Juan Manuel Cortés y Elena Muñiz Grijalvo, editores. Fundación José Manuel Lara, Sevilla, 2004

Adriano, Anthony R. Birley. Ediciones Península, Barcelona, 2003

Egeria
La autora de la primera guía de viajes a Tierra Santa

Galicia, segunda mitad del siglo IV-*¿?, ¿?*

Religiosa y viajera

El año 326 fue clave en el incremento de los viajes de peregrinación a Tierra Santa, puesto que en esa fecha las excavaciones ordenadas por el emperador Constantino en la zona en la que tuvo lugar el calvario dieron como resultado un hallazgo de importancia capital: lo que se creía era la cruz de Cristo. Son frecuentes los textos que hablan de peregrinos que recorrieron los puntos geográficos por los que había transcurrido la vida de Jesús, pero uno de ellos es de fundamental trascendencia, el dejado por una mujer, nacida en Galicia y consagrada a Dios, que entre 381 y 384 realizó un increíble e inusual viaje por aquellas latitudes para dejar escrito un libro que atestigua sus observaciones; se trata de Egeria.

Tuvieron que pasar mil quinientos años para que aquella aventura religiosa y literaria viera la luz. En 1884 el investigador italiano Gian Francesco Gamurrini localizó en la biblioteca de la fraternidad de Santa María de Laicos, en Arezzo, un códice manuscrito *(Codex Aretinus VI, 3)* dividido en dos partes; la segunda, escrita en latín e incompleta, era una colección de epístolas con forma de diario de viaje destinadas a unas lejanas «señoras y hermanas venerables» y a la cual le faltaban las primeras páginas, en las que probablemente debía de estar el título y el nombre del autor. Se supo que se llamaba *Itinerarium ad Loca Sancta* («Itinerario a los Lugares Santos»), pero su autoría era un misterio, aunque Gamurrini, en un principio, lo atribuyó a Silvia de Aquitania. Veinte años después otro investigador, Mario Ferotín, descubrió la verdad al demostrar que la escritura de la obra correspondía a Egeria, tras localizar una carta en alabanza a esta

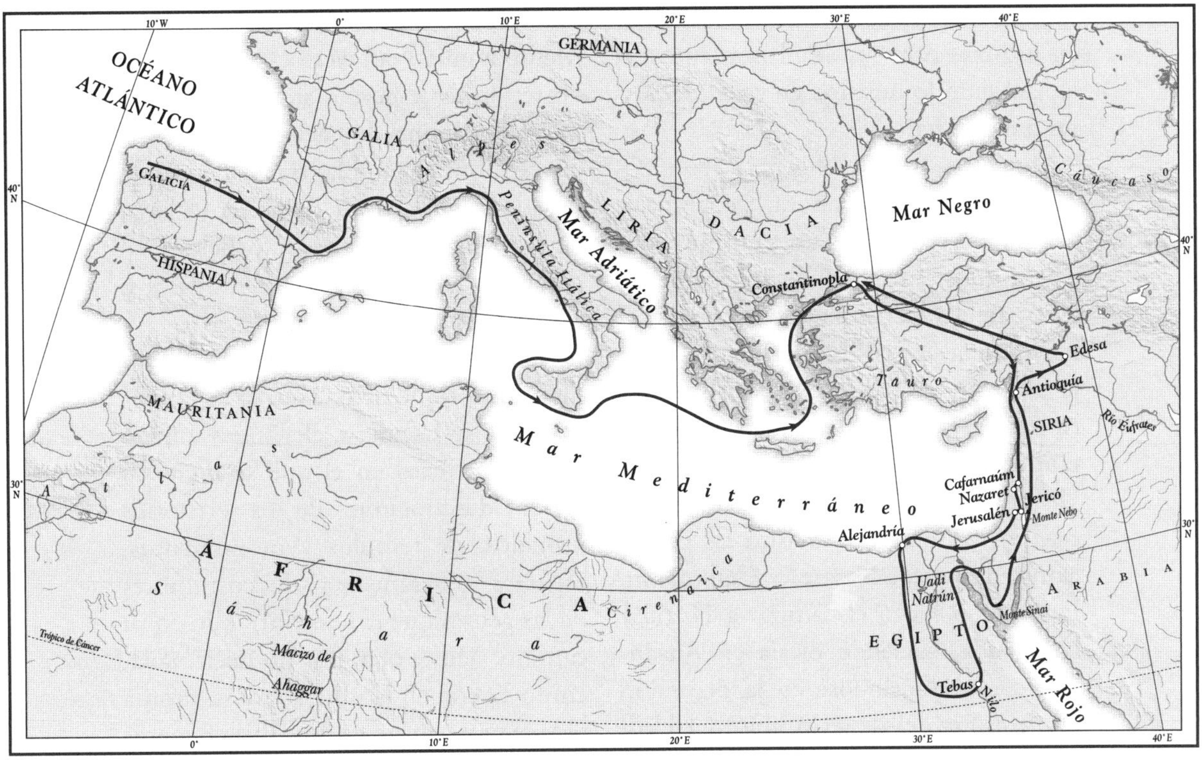

mujer escrita en el siglo VII por Valerio, abad de El Bierzo. En ella Valerio señaló: «Hallamos más digna de admiración la constantísima práctica de la virtud en la debilidad de una mujer, cual lo refiere la notabilísima historia de la bienaventurada Egeria, más fuerte que todos los hombres del siglo». Gamurrini y Ferotín habían sacado del olvido el primer libro hispano de viajes y la primera obra literaria escrita por una mujer española de identidad conocida.

Egeria, una dama romana, vivía recluida por voluntad propia en una abadía y estaba emparentada, según afirman algunos historiadores, con el emperador Teodosio I. Entre los años 381 y 384 abandonó su estancia conventual y se dispuso a emprender un inusual viaje a todos esos lugares bíblicos sobre los que tanto había leído, en compañía de un pequeño séquito y de una escolta de soldados. Egeria decidió utilizar la mayor parte del tiempo los *cursus publicus*, el extenso entramado de vías empleado por las legiones para sus desplazamientos; el alojamiento lo buscaría en casas de postas o monasterios.

Mujer de fina inteligencia, con conocimientos de literatura, geografía y griego, poseedora de un enorme valor y una gran tenacidad, Egeria comenzó su particular peregrinaje recorriendo el norte de la península Ibérica, el sur de la Galia y el norte de la península Itálica para llegar hasta la ciudad de Constantinopla tras cruzar el mar Adriático. De allí partió hacia Jerusalén, donde celebró la Cuaresma y visitó las poblaciones de Jericó, Nazaret y Cafarnaúm. Emprendió luego el camino a Nitria y la Tebaida, haciendo escala en Alejandría e introduciéndose en la depresión calurosísima del desierto libio del Uadi Natrún, en la que encontró numerosos monjes solitarios. De Tebas partió hacia el mar Rojo, llegó hasta el Sinaí, y desde allí se dirigió al monte Nebo. En este punto se detuvo para escribir: «Y como el camino por donde teníamos que ir era aquel valle de en medio que se extiende a lo largo [...] donde se acomodaron los hijos de Israel mientras Moisés subía al Monte de Dios y bajaba, aquellos santos nos iban mostrando siempre cada uno de los lugares por todo el valle, como cuando vinimos». De regreso a Jerusalén tomó el camino de Antioquía, Edesa y Mesopotamia y atravesó el río Éufrates. Posteriormente llegó a Siria y, desde allí, inició el camino de vuelta a casa por la vía de Constantinopla, tras haberle sido negada la entrada en Persia. A lo largo de su periplo fue agregando fieles a su séquito, tanto civiles como militares o eclesiásticos.

Fruto de aquel largo periplo, totalmente impropio de una mujer de la época, nació su hermoso, elegante y ameno relato, un texto en el que se incluyen vívidas descripciones de los territorios visitados, de templos y monumentos, espacios geográficos y de costumbres de las gentes que iba encontrando en su camino. Muy poco, por no decir nada, contó Egeria en la obra sobre su propia vida. Si acaso que en los últimos tiempos del viaje comenzó a sentirse enferma. Desde entonces, todo lo relativo a su persona o paradero fue un absoluto misterio. Aún lo es.

Lecturas

El viaje de Egeria. Itinerarium/Peregrinatio ad loca sancta, introducción, traducción y notas de Carlos Pascual. Laertes, Barcelona, 1994

De Finisterre a Jerusalén: Egeria y los primeros peregrinos cristianos. Catálogo de la Exposición, Feliciano Novola Portela, coordinador y comisario. Xunta de Galicia/ Museo das Peregrinacións, Santiago de Compostela, 2003

VIAJEROS DE LAS TRES CULTURAS

Todas las naciones cuentan con singularidades en su historia, de modo que el excepcionalismo siempre corre el riesgo de no explicar nada o muy poco. Todas han conocido batallas, guerras e invasiones, a todas les han ocurrido eventos particulares, pero también hay secuencias comunes, hechos nada diferenciales. No obstante, es preciso reconocer que la historia de España presenta en el contexto europeo la particularidad de la presencia musulmana, que, al vincularse durante la Edad Media con la de judíos y cristianos, conformó una cultura singular, abierta y fronteriza.

La nómina de viajeros y exploradores de la España medieval en su procedencia de las tres culturas exhibe de acuerdo con este rasgo una idiosincrasia propia, hispánica, en detrimento del origen común de cada uno de ellos, dictado por la pertenencia y el culto debido a cada una de las tres religiones del libro. Entre los aspectos que los distinguen vale la pena destacar que en número apreciable fueron agentes fundadores de lo que hoy llamamos diplomacia, que se comportaron como celosos misioneros de sus creencias en lugares muy lejanos de aquellos que los vieron nacer, o que fundaron, gracias a un carácter indómito y en el transcurso de unas peripecias asombrosas, la posibilidad de una geografía del mundo real y articulada, abierta al oriente del Mediterráneo, Asia y África, en estricto reflejo de la situación en la que se encontraba la propia Península, enriquecida con presencias venidas de todas partes. Alrededor del año 1000, una fecha mesiánica, la imagen de lo español empieza a hacerse más reconocible, a raíz de los procesos de creación de un poder monárquico cristiano y el comienzo del largo declive hispanomusulmán, que durará hasta el año 1492. El Camino de Santiago se convierte en la vía de comunicación entre los distintos reinos europeos y la península cristiana, mientras filósofos como el mallorquín Ramon Llull y embajadores como el madrileño Ruy González de Clavijo alcanzan Argel y Samarcanda. No es menos asombroso que el ceutí Muhammad El Idrisi llegara a Turquía o que el hispano-judío Benjamín de Tudela tropezara en la ciudad de Bagdad en un itinerario que quizás lo llevó hasta la misma China.

Al-Ghazal
(Abu Zakariyya Yahya b. Hakam al-Bakri al-Jayyani)
Embajador en tierras de vikingos

Jaén, 795-¿?, 864

Diplomático, matemático y filósofo

En el año 844 naves vikingas llegaban por primera vez a las costas cántabras. Una tormenta las había desviado de su rumbo de navegación por el litoral oeste de Francia. Tras saquear algunas localidades, como Gijón, los fieros hombres del norte sufrieron una dura derrota en Galicia a manos de las levas del rey asturiano Ramiro I. Aun así, diezmados y todo, prosiguieron ruta por la costa portuguesa hasta llegar a Cádiz. Desde allí alcanzaron Sevilla y procedieron a saquearla e incendiarla. Los sevillanos, con apoyo de Córdoba, capital andalusí, consiguieron vencer a los vikingos en Tablada. Los hombres del norte supieron que habían topado con una importante potencia militar, bien organizada y expansiva, encumbrada en al-Ándalus por el dominio omeya. Fue entonces cuando Abderramán II encargó al erudito apodado al-Ghazal, «la gacela» (para los árabes uno de los animales arquetípicos de la belleza), que preparara una embajada a las peligrosas tierras del norte de las que procedían los llamados *westfaldingi*, en respuesta a otra que los vikingos habían enviado a Córdoba con la intención de prestar ayuda a los suyos, dispersos por Cádiz y el Algarve tras la derrota, y ya de paso establecer lazos comerciales con el apetecible mercado andalusí. Al-Ghazal ya tenía experiencia en el terreno diplomático tras haber encabezado una misión a Bizancio en el año 840, de la que apenas hay noticias. Los objetivos eran claros: frenar las incursiones vikingas en el ámbito hispano-musulmán; establecer alianzas contra los peninsulares no islamizados y los francos cristianos; y conseguir acuerdos comerciales que incluían el intercambio de productos entre los que no faltaban las valiosas pieles de las tierras y mares del

20° W
10° W
0°
10° E
Noruega
Dinamarca
Jutlandia
Mar del Norte
Mar Báltico
Clonmachoise
Irlanda
Pen. de Kerry
Inglaterra
50° N
Océano Atlántico
Noirmoutier
Imperio Carolingio
Mar Cantábrico
Cabo Finisterre
Reino de Asturias
Santiago
Reino de Navarra
40° N
Califato de Córdoba
Silvés
Córdoba
Mar Mediterráneo

septentrión ni el músculo de los esclavos. Al-Ghazal contaba por entonces con 50 años, sin que la edad hubiera hecho merma alguna en su fina inteligencia, su elocuencia y, sobre todo, en su ardiente carácter. El embajador cordobés, apoyado por un tal Yahya ibn Habib, posiblemente un astrónomo experto también en las artes de la navegación, acompañó al representante del rey de los vikingos en su viaje de vuelta a la corte de los majus, también así llamados. No se conoce con precisión el destino exacto de la misión diplomática, ya que pudo haber sido Irlanda, Dinamarca e incluso Noruega. Las hipótesis más aceptadas son las que mantienen que al-Ghazal, aunque tocó Irlanda, recién invadida por los vikingos noruegos, llegó finalmente a Jutlandia (actual Dinamarca), que definió como una isla a pesar de que se trataba de una península. Ambos partieron en dos *knörr* (embarcaciones de dos velas utilizadas por los vikingos en largas travesías) bien equipados del puerto de Silvés, al sur del Algarve portugués, con rumbo a Noirmoutier. Era noviembre de 844. Doblaron Finisterre y se dirigieron a la península de Kerry, en tierras irlandesas, para dirigirse después posiblemente a Clonmacnoise, punto de encuentro con los monarcas norteños, según indican algunas versiones. Por delante esperaban veinte meses de estancia en tierras vikingas, en las que al-Ghazal logró recopilar valiosa información que incluía estudios sobre etnografía, costumbres y descripciones geográficas. El relato de los acontecimientos fue transmitido por el propio al-Ghazal a Tammam ibn Alqama y este, a su vez, pasó la información al valenciano ibn-Dihya, nacido en el año 1159, que fue quien finalmente escribió el texto en el que se narra tan magna empresa. A diferencia de otros escritores de viajes de su época, ibn-Dihya se limitó a transcribir los datos que le fueron aportados, sin incluir elementos mágicos, mitológicos ni productos de su propia imaginación, por lo que sus palabras gozan de gran credibilidad.

A pesar de que los vikingos prosiguieron con sus escaramuzas por el Mediterráneo y Europa, al-Ghazal logró arrancarles un pacto circunstancial de no agresión, además de importantes acuerdos mercantiles y estratégicos. Un año y medio después de su partida regresó a la Península. Una vez allí, permaneció durante tres meses en Santiago de Compostela y partió finalmente hacia Córdoba, donde fue recibido con honores.

Lecturas

Al-Ghazal y la embajada hispano-musulmana a los vikingos en el siglo IX, Mariano G. Campo, editor. Miraguano Ediciones, colección Libros de los Malos Tiempos, Madrid, 2002

Abu Abdallah Muhammad El Idrisi

La primera geografía de Occidente

Ceuta, 1100-Ceuta o Sicilia, 1165 o 1166

Cartógrafo, geógrafo y viajero

Pocos son los datos biográficos conocidos de El Idrisi, nacido en Ceuta, ciudad que entonces pertenecía al Imperio almorávide, cuyos dominios se extendían a la España andalusí. Lo que sí se sabe es que fue un importante viajero y hombre de mentalidad científica que ya con 18 años estaba en Éfeso, en la actual Turquía, desde donde partió para desplazarse por Asia Menor. Los datos sobre un supuesto periplo por la Bretaña francesa y el litoral de Inglaterra no son del todo fidedignos, por lo que este viaje se queda en el territorio de lo hipotético, aunque muchos historiadores coinciden en que sí que fue llevado a cabo. Desde luego lo que recorrió fue la península Ibérica, antes de partir hacia Palermo invitado por el monarca Roger II, que ocupó el trono siciliano de 1130 a 1154, año de su muerte, y que estaba muy interesado en rodearse de toda clase de eruditos que dieran prestigio y esplendor a su monarquía. Por entonces El Idrisi era ya un reputado cartógrafo gracias a los conocimientos adquiridos en Córdoba y a partir de su llegada a la corte de Palermo comenzó a trabajar en la redacción de una obra geográfica que incluía un mapamundi en el que debían ser insertados todas las tierras y mares conocidos. El Idrisi no solo se valió de la experiencia personal de sus viajes para llevar a cabo dicho trabajo, sino que a menudo, como hacía en sus escritos, incluía datos escuchados de otros autores y viajeros, gran parte de ellos colaboradores, con las consecuentes inexactitudes de muchos de ellos.

El resultado final fue una obra que sirvió de referencia a muchos geógrafos posteriores y que quedó reunida en el *Nuzhat al-Mustaq*, finalizado en el año 1154, que

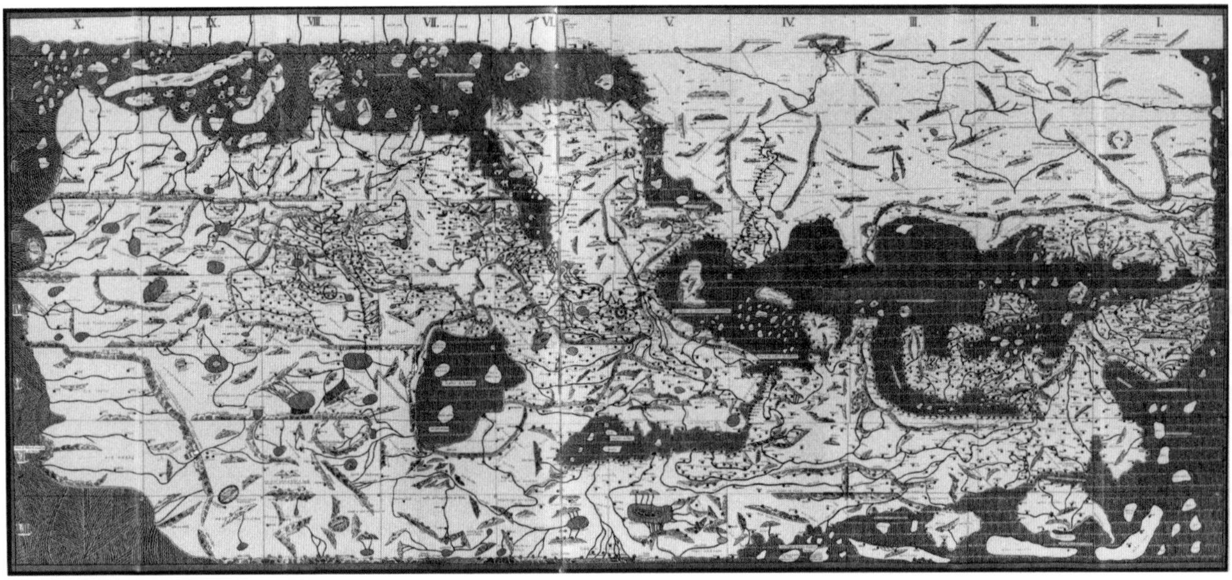

En su Tabula rogeriana *presentaba un gran mapamundi orientado en sentido inverso al actual: el norte abajo y el sur arriba.*

El Idrisi bautizó como *Kitab Rudjar* o *Libro de Roger*, más conocido como *Tábula rogeriana*, en honor a su mecenas coronado, que llevaba además el subtítulo de *Recreo de quien desea recorrer el mundo*. En 1161 realizó una segunda edición ampliada, cuyas copias se perdieron, que llevaba por título *Los jardines de la Humanidad y el entretenimiento del alma* y de la que solo sobrevivió una versión abreviada llamada *Jardín de los gozos* o *Pequeño Idrisi*. El sistema que utilizó para la elaboración de su mapa universal fue el de una reticulación parcelada en diez meridianos y ocho paralelos que delimitaban las zonas climáticas del mundo. Una característica importante es que el mapamundi de El Idrisi fue realizado al revés de lo habitual: es decir, el norte estaba abajo y el sur arriba. Sin duda, El Idrisi fue uno de los geógrafos universales más importantes de su tiempo.

Lecturas

Un sultán en Palermo. Tariq Ali. Alianza Editorial, Madrid, 2005

Ibrahim B. Yaqub at-Turtusi

Un judío andalusí por la Europa cristiana

Tortosa (Tarragona), segundo cuarto del siglo x*-¿?, ¿?*

Diplomático y comerciante

Aunque se tiene por bueno que el verdadero oficio del judío tarraconense Ibrahim Yaqub era el de comerciante, no es menos cierto que llegó a realizar en su época varias importantes misiones diplomáticas. En especial las llevadas a cabo ante Otón I, emperador del Sacro Imperio Romano Germánico, la figura política de mayor relevancia de la Europa cristiana del siglo x, artífice de la reorganización interna del reino alemán y vencedor de magiares y eslavos, así como la que le reunió con el papa Juan XII. Ambas fueron promovidas por el primer califa de Córdoba, Abderramán III. Especialmente importante fue la primera, que tuvo lugar en Magdeburgo en el año de 965, ya que los representantes diplomáticos de varios reinos europeos se reunieron también en aquella ciudad. Yaqub fue tomando buena nota del sistema de relaciones políticas y económicas que se establecían al norte de la Península, tanto al este como al oeste. Su condición de judío y las relaciones que mantenía en toda Europa hicieron posible que llevara a buen puerto sus diversas misiones. Aprovechó Yaqub su viaje para describir los lugares y parajes por los que iba pasando, tanto de Francia como de Alemania, además de los países eslavos, pues llegó hasta Polonia y Rusia. A menudo fue incorporando a su narración elementos mitológicos sobre culturas legendarias que le fueron transmitidas oralmente por otros viajeros. Sin embargo, estas partes estaban bien diferenciadas de las reales, en las que supo transmitir con vívidas palabras todo aquello que veía. Años antes, en 961, Yaqub se había reunido ya con el papa Juan XII en la ciudad de Roma y aunque no son muchas la noticias que quedaron de aquellas con-

Astrolabios del siglo XII.

versaciones, sí que se guardan datos sobre algunos intereses del pontífice, como el de la recuperación de reliquias cristianas que permanecían en la España musulmana.

Lecturas

Ibrahim b. Yaqub: al-Andalus y Europa, J. Ramírez del Río. El legado andalusí, Granada, 2001

Abu Hamid al-Garnati

El largo periplo de un granadino por Eurasia

Granada, 1080-Damasco (Siria), 1169

Viajero, cosmógrafo y escritor

En 1090 las tropas del emir almorávide Yusuf ibn Tasufin amenazaban la Granada del último de los reyes ziríes. La familia de Abu Hamid, quien por entonces contaba 10 años, dejó su ciudad para asentarse en Uclés. Su estancia allí no duró mucho, puesto que el joven abandonó para siempre la península Ibérica y se dedicó a viajar por Oriente hasta los países más alejados dentro de las fronteras islámicas y siguiendo la compleja red de rutas que salían de al-Ándalus. En el transcurso de su larguísimo viaje escribió dos libros: *AlMu´rib* y *Tuhfa*, obras documentales de gran valor geográfico. Además de llevar una vida azarosa en la que no perdió en ningún momento su afán por el conocimiento, llevó a cabo una importante misión de divulgación de la fe islámica, realizó operaciones comerciales, fue discípulo de grandes eruditos y maestro de otros, narró con verdadera solvencia literaria leyendas de los lugares que iba visitando y proporcionó datos importantes de los pueblos por los que pasó. En 1106 o 1107 al-Garnati cruzó el estrecho de Gibraltar, llegó a Ceuta y se internó en Marruecos, aunque se desconoce si realmente avanzó hasta el sur, a la ciudad comercial de Siyilmasa. Donde sí se sabe que estuvo fue en Túnez y Kairuán. Pero sus ansias de conocer no tenían límites y con 34 años se encontraba ya en Alejandría, adonde había llegado navegando por el Mediterráneo tras hacer escala en Cerdeña y Sicilia. De Alejandría, urbe en la que realizó anotaciones sobre su arquitectura, marchó a El Cairo, donde se detuvo por un tiempo para estudiar, visitar las pirámides y preocuparse, en especial, por los sistemas de abastecimiento de agua para riego y con-

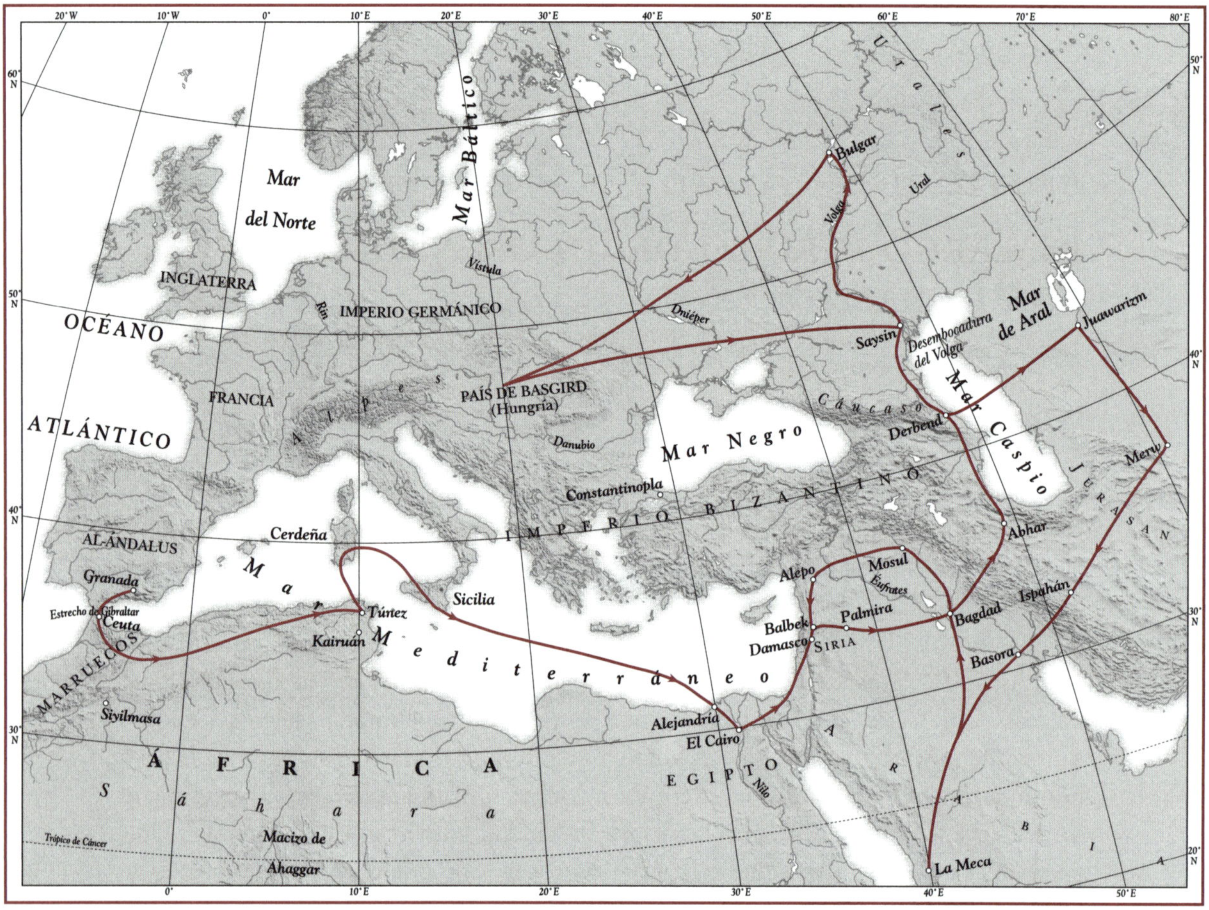

sumo en concordancia con las subidas del nivel fluvial del Nilo, río del que dejó una buena descripción en la que también incluyó su fauna. Desde Egipto siguió a Damasco, visitó de camino las ruinas de Balbek y Palmira, y llegó a Bagdad, en donde se instaló por un tiempo en casa del erudito visir Awn ad-Din. En 1130 se encontraba en Abhar y un año más tarde aparecía en la desembocadura del Volga en el Caspio, concretamente en la ciudad de Saysin. Desde allí realizó un viaje por la costa occidental de este mar interior, en el cual tuvo oportunidad de conocer Derbend. Siguió luego el curso del Volga hasta llegar a Bulgar, en 1135, donde dio cuenta de las actividades comerciales que por la zona se llevaban a cabo y cuyos habitantes negociaban intercambios de espadas por pieles de castor. Transcurridos quince años este impresionante viajero se hallaba en Hungría, llamado País de Basgird. Allí permaneció durante unos ocho años desarrollando otras de sus múltiples facetas, la de misionero islámico y maestro de árabe. Tras su estancia en este lugar se fue a Saysin e hizo una parada invernal en el país de los saqaliba. Desde Saysin atravesó en barco el Caspio para llegar a Juawarizm. Estamos ya en 1154 y, un año después, en cumplimiento de uno de los cinco mandatos del islam, al-Garnati se dirigió a La Meca, en peregrinación, por la ruta de Merw, Ispahán y Basora. Una vez cumplido el precepto volvió a Bagdad, en donde comenzó a escribir la primera de sus obras, el libro de viajes *AlMu'rib*. Una vez terminado, siguió camino a Jurasan y de allí pasó a Mosul, y durante los tres años siguientes se ocupó en la redacción de su segundo relato, *Tuhfa*. Cuando terminó, marchó a Siria y, después de permanecer un tiempo en Alepo, llegó a Damasco, ciudad en la que acabó sus días. Tenía casi 90 años.

Lecturas

Abu Hamid al-Garnati y las maravillas del mundo, Ingrid Bejarano Escanilla. El legado andalusí, Granada, 2001

Abu Hamid el Granadino y su relación de viaje por tierras eurasiáticas, César E. Dubler. Editorial Maestre, Madrid, 1953

Ibn Yubair
Peregrino del Mediterráneo

Valencia, 1145-Alejandría, 1217

Geógrafo, viajero y escritor

Año 1182. Ibn Yubair, poeta valenciano afincado en Granada y secretario de la cancillería del gobernador Abu Said Utman, decidió que era el momento de peregrinar a La Meca, como es mandato para el islam. Según algunos cronistas, aquel viaje que hizo virar el rumbo de su vida vino motivado por una crisis de fe. Cierto o no, el caso es que tras cruzar el estrecho de Gibraltar se embarcó en Ceuta rumbo a Alejandría en una nave genovesa. Era febrero de 1183. Casi un mes después llegaba a tierras egipcias y gobernadas entonces por el sultán otomano Salah ad-Din Yusuf, más conocido como Saladino, tras pasar por las islas Baleares, Cerdeña, Sicilia y Creta. Después de visitar la ciudad y su famoso faro, y dedicar elogiosas palabras al nuevo gobernante sunní, Yubair partió hacia El Cairo, adonde llegó tres días más tarde. Nuevas visitas y descripciones de la urbe y, cómo no, palabras sobrecogedoras sobre las pirámides. Pero su destino, en un principio, era La Meca, así que prosiguió viaje y remontó el Nilo hasta Asuán, para cruzar luego el mar Rojo, llegar a Yeda, alcanzar La Meca —donde el profeta Mahoma dio inicio a su hégira («migración») en 622—, ciudad en la que permaneció durante ocho meses, y finalizar la peregrinación en Medina. Sin embargo, en lugar de enfilar el camino de regreso a la Península, se animó a proseguir ruta. Tomó rumbo norte hacia Jerusalén, Damasco, Mosul, Bagdad y Acre. Dos años después decidió volver a Granada, vía Sicilia, isla en la que hizo una escala, concretamente en la ciudad de Palermo. Fruto de aquel periplo nació su *rihla* («libro de viajes»), un testimonio inusual para la época, pues el

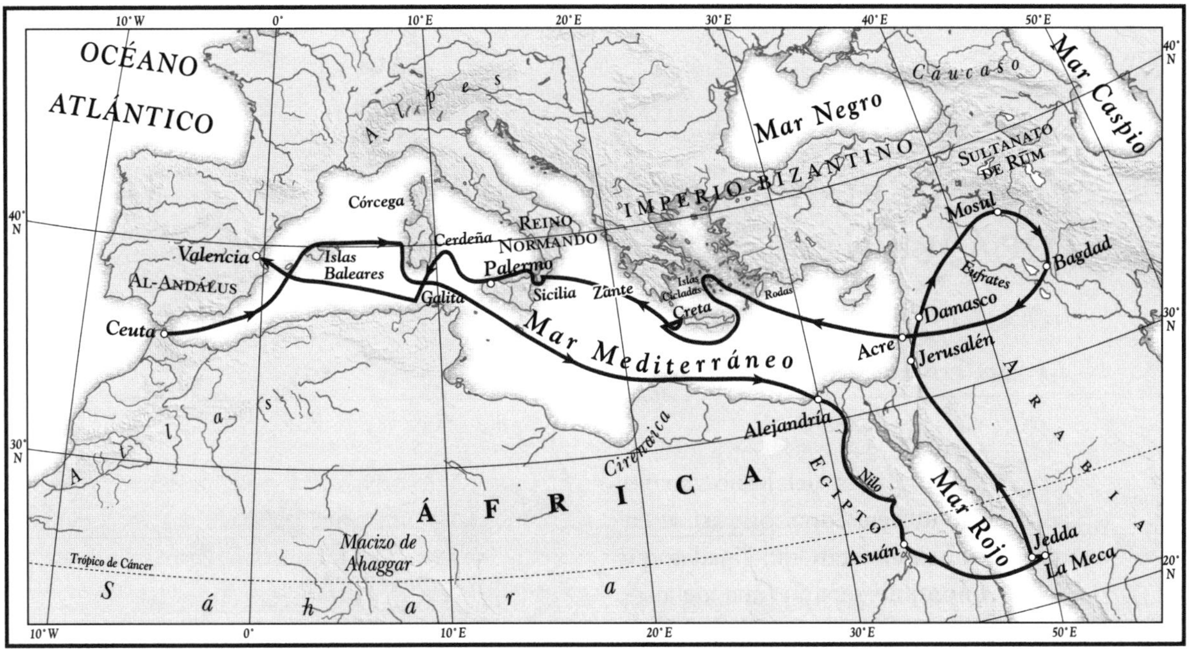

autor narró de forma pormenorizada no solo los puntos geográficos por los que transitó, sino su experiencia personal, las costumbres locales, la política, los sistemas de fiscalidad, la cultura en general y el estado de las comunidades religiosas, especialmente de la musulmana pero sin olvidar otras, como la judía o la cristiana, presente esta última con notoriedad en Jerusalén tras las Cruzadas. Se tiene constancia de que Yubair viajó dos veces más hacia el levante, pero nada dejó escrito sobre ello. Su libro es una ventana esencial para el conocimiento de la cultura mediterránea medieval.

Lecturas

A través del Oriente: el siglo XII *ante los ojos*, introducción, traducción y notas de Felipe Maíllo Salgado. Serbal, Barcelona, 1988

Benjamín de Tudela

El gran viajero hispano-judío por Oriente

Tudela (Navarra), hacia 1130-¿?, hacia 1175

Viajero, comerciante y escritor

La vida y la obra del judío español Benjamín ben Zona, que así se llamaba realmente, están tan ligadas que es casi imposible separar una de otra. Era rabino —sabio— según se sabe por el prologuista anónimo de su libro *Sefer-Ma'asot* («Libro de viajes»), políglota, experto en telas, gemas, especias y perfumes. Con sus conocimientos sobre estas materias inició un periplo hacia Oriente que guardaba una doble intención. Por una parte, establecer nexos en la distancia con los diferentes grupos de judíos dispersos por Europa y Asia y, por otra, obtener recursos para los gastos de tan costoso viaje. Porque, según su relato, pudo haber llegado hasta China en constante observación de la situación de sus hermanos de religión, la política entre las naciones del mundo occidental cristiano y el oriental islámico y la des-

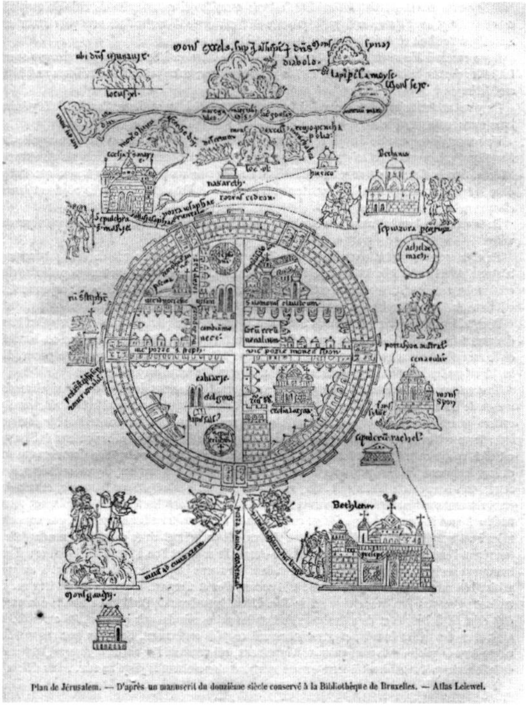

Jerusalén en la ruta de Benjamín de Tudela hacia Oriente.

cripción y situación de centros comerciales, así como las rutas que los unían y las que podían unirlos más en el futuro. Podría considerarse que el objetivo de sus anotaciones era la construcción de un informe puramente comercial, pero, en realidad, se trataba de un ambicioso producto cultural y literario en el que se dieron cita la crónica, la geografía, el ensayo costumbrista y, en cierto sentido, a modo de precedente, la etnografía y la sociología.

El viaje de Benjamín de Tudela se inició en Zaragoza, no se sabe con certeza si en 1159 o 1165 y duraría catorce años. Llegó al Mediterráneo por Tarragona, para seguir luego a Barcelona, Gerona, internarse en el Rosellón y la Provenza, y embarcar en Marsella hacia Génova. Cruzó la península Itálica hasta el Adriático tras visitar Pisa y otras ciudades, y allí volvió a embarcar para llegar a Corfú y Corta, escala necesaria para arribar a Constantinopla, desde donde viajó a las islas del

Egeo. En Tierra Santa visitó Nablús, Jerusalén, llegó a Damasco, luego a Jama, Alepo, Racca y Mosul, e inició el camino hacia Bagdad por el valle del Tigris. Aquí se abre un paréntesis en su relato, pues si lo expresado anteriormente en su itinerario guardaba visos de verosimilitud, a partir de este punto sus palabras parecen serle transmitidas, como atestigua la constante referencia a mitos y leyendas. Es la parte correspondiente a su visita a Asia, a Ceilán, las islas de Qis o la misma China. Un paréntesis que se cierra cuando su escritura retorna a la senda de lo creíble, que coincide con el momento en que pisa territorio egipcio, con descripciones asombrosas de El Cairo, Fustat, Alejandría, el monte Sinaí y Damietta.

Sus andanzas terminan bruscamente en París, ciudad a la que llegó desde la costa del norte de África por un curioso itinerario: Sicilia, Roma, Lucca y Verdún.

Lecturas

Sefer-Ma'asot. Libro de viajes, Benjamín de Tudela. Gobierno de Navarra, Pamplona, 1994

Libro de viajes de Benjamín de Tudela, versión castellana, introducción y notas de José Ramón Magdalena Nom de Deu. Riopiedras ediciones, Barcelona, 1989

Ramon Llull

El sabio errante del Mediterráneo

Palma de Mallorca, 1233 o 1235-Bugía (Argelia), 1315 o 1316

Monje, teólogo y viajero

Europa, Asia y África fueron los continentes en los que este formidable sabio de origen mallorquín desarrolló su tardía actividad apostólica. Tras llevar una vida disoluta en su juventud, Llull dio un giro a sus días cuando contaba ya con 30 años. De ser senescal y mayordomo del futuro rey Jaime II de Mallorca y trovador de composiciones amatorias con las que galanteaba a las damas, a pesar de estar casado y tener dos hijos, pasó a ordenarse franciscano, a estudiar filosofía y lengua árabe, medicina o teología. Entendió que el viaje era fundamental para su propio aprendizaje y también para el desarrollo de su actividad religiosa, orientada a convencer a los papas de la creación de monasterios para la formación del clero y a los musulmanes para su conversión al cristianismo. Tras una primera peregrinación a Santiago de Compostela regresó a Mallorca por Barcelona con la intención de fundar un monasterio, Miramar, al tiempo que completaba sus estudios en Montpellier. De allí Llull marchó a Roma para convencer al papa Honorio IV de las bondades de su «método», un sistema para convencer de sus errores a los infieles. Posteriormente se fue a París, centro de poder, regresó a Montpellier, luego a Roma y partió de allí a Génova primero y después a Túnez, de donde fue expulsado. De allí se dirigió a Nápoles y volvió a Mallorca, París, Barcelona... hasta que en el año 1300 tuvo noticia de la invasión de Siria por los mongoles, hecho que favorecía la alianza entre los tártaros y cristianos contra los musulmanes. Viajó entonces a Chipre con ánimo de llegar a Tartaria, pero las nuevas que le habían llegado resultaron inexactas.

Aun así alcanzó Armenia, primero, y luego Jerusalén, para regresar a Montpellier antes de iniciar su segundo viaje a Túnez, de donde nuevamente fue expulsado, con lapidación incluida a cargo de quienes no aceptaban su tarea de misión. De regreso su embarcación naufragó en las costas italianas. Consiguió que su cuerpo maltrecho se recuperara y tras varios viajes más por Francia emprendió el que sería su último periplo, otra vez a Túnez. Ya no volvió vivo. Murió no se sabe con certeza si en Bugía, víctima de otra lapidación, o en el barco que le transportaba a Mallorca. Tenía más de 80 años y había escrito 300 obras, de las cuales nos han llegado 250, incluida su *Ars Magna*, precedente enciclopédico de una ciencia universal y metafísica.

Conocido en su tiempo con distintos apodos, como «Doctor Illuminatus», Llull fue una de las figuras más avanzadas en los campos espiritual, teológico y literario de la Edad Media.

Lecturas

Ramon Llull, un medieval de frontera, Juan Ignacio Sáenz-Díez. Anaya & Mario Muchnik, Madrid, 1995

Ruy González de Clavijo

Un embajador en la corte del gran Tamorlán

Madrid, ¿?-Madrid, 1412

Diplomático y viajero

De noble familia madrileña, oficial de la Casa Real y camarero de Enrique III de Castilla, la suerte de Ruy González de Clavijo cambió por completo cuando en 1403 el propio rey le encargó que encabezara una embajada a Samarcanda, ciudad hoy de Uzbekistán. Era la capital del Imperio timúrida, al frente del cual se hallaba el gran Timur, apodado el Cojo (Lenk), un monarca de crueldad bien conocida pero que mantenía vivas e importantes relaciones con Occidente. Sin duda, sus grandes dotes oratorias fueron clave para tan importante nombramiento, singular precedente de los viajes diplomáticos españoles.

Aquella expedición, en la que tomaron parte también Alonso Páez de Santamaría, Gómez de Salazar, Alonso Fernández de Mesa y una cohorte de sirvientes, había sido ideada en respuesta a otra que Tamorlán (como era conocido Timur en Occidente) había mandado años atrás al monarca castellano, y tenía por objeto trazar itinerarios fiables desde Castilla hasta Asia central, verificar las rutas comerciales, recabar noticias sobre los pueblos transitados y poner de manifiesto la superioridad de Enrique III frente al resto de las monarquías europeas, en un momento difícil en el que, tras la derrota de los cruzados en Nicópolis por las tropas del turco Bayaceto, se abría hacia Europa un pasillo libre para sus ambiciones expansionistas, coronadas con la toma de Constantinopla en 1453. El grupo mandado por González de Clavijo partió de Cádiz, probablemente de El Puerto de Santa María, en mayo de 1403 a bordo de un barco genovés. Tras atravesar el Mediterráneo la embajada llegó a Rodas y luego a Constantinopla,

para partir después, por la orilla sur del mar Negro, hasta Trebisonda en un intento por sortear los dominios del sultán turco y así alcanzar Persia, entonces bajo gobierno de los mongoles. Tuvieron que adentrarse en tierras ásperas y pagar peajes abusivos. Cruzaron Armenia, pasaron cerca del monte Ararat y llegaron por fin a Teherán. Se adentraron en el desierto del Turquestán para llegar al río Amu Daria y de allí viajaron a Samarcanda, adonde llegaron el 8 de septiembre de 1404. Habían transcurrido dieciséis meses desde el inicio de la aventura. En la fastuosa urbe de la Ruta de la Seda permanecieron 75 días, durante los cuales recogieron datos importantes sobre las relaciones entre las diferentes monarquías asiáticas a comienzos del siglo XV. De regreso, los diplomáticos castellanos llegaron a Bujara, desde donde tomaron el camino de ida e hicieron escala en Trebisonda antes de partir rumbo a su destino final, Alcalá de Henares, adonde llegaron en marzo de 1406, tras un penoso viaje de regreso. Fruto de aquel periplo fue la redacción de la crónica conocida como *Viaje a Tamorlán*, considerado como el primer libro de viajes de la literatura castellana, atribuido al propio Ruy González de Clavijo, aunque no son pocos los que afirman que también podría haber salido de la mano de otro miembro de la expedición, Alonso Páez de Santamaría. En cualquier caso, se trata de una obra fundamental que llegó a figurar en el diccionario de autores elegidos por la Real Academia para el uso de voces y modos de hablar, entre los escogidos para documentar la prosa desde 1400 a 1500. Fue publicado por primera vez en español en 1582 por el sevillano Argote de Molina, bajo el título *Historia del Gran Tamorlán e Itinerario y narración del viage* y se tradujo al ruso, inglés, francés, persa y turco, por lo que logró un carácter universal. El cronista Gonzalo Fernández de Oviedo en su *De Varones Ilustres*, habla así de Ruy González de Clavijo al tratar la Villa de Madrid: «Y de aquella salió / Aquel noble orador / Clavijo, embajador / Del Rey Enrique Tercero / Del cual era camarero / y llegó al Tamorlán / Del cual su fama nos dan / Una militar noticia / Famosa de su milicia / En las partes orientales».

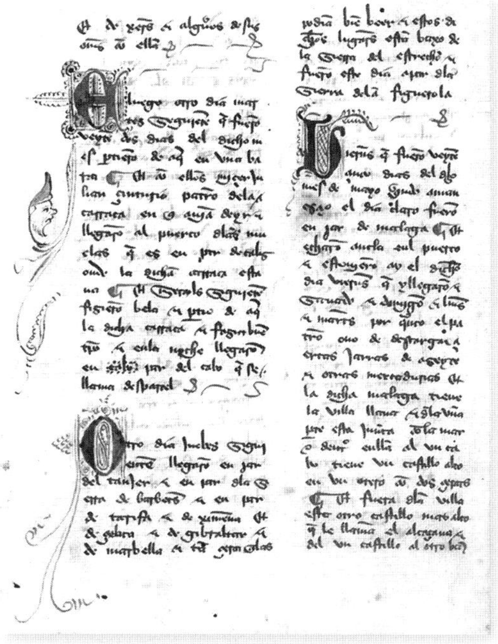

Manuscrito de la embajada a Tamorlán.

Lecturas

Historia del Gran Tamorlán e itinerario y narración del viage y relación de la embaxada que Ruy Gonçalez de Clavijo hizo por mandado del muy poderoso señor rey don Enrique tercero de Castilla. Miraguano, Madrid, 1999

Embajada a Tamorlán. Ruy González de Clavijo, versión española actual de Francisco López Estrada. Castalia, Madrid, 2004

Pero Tafur

El fascinante relato de un hidalgo medieval en el Imperio otomano

¿Sevilla?, entre 1405 y 1409-¿?, ¿?

Viajero y escritor

Hidalgo, aventurero, dueño de una considerable fortuna material y de no poca formación cultural, Pero Tafur, por largos años residente en Sevilla —no se sabe con exactitud si nació allí, aunque la mayoría de los datos apuntan a que así fue—, abandonó su vida acomodada para lanzarse a las distancias y recorrer sin descanso Europa, el Mediterráneo y los países del norte de África en cuatro viajes. Fruto de aquellos periplos dejó para la posteridad una de las consideradas obras maestras de la literatura de viajes medieval: *Las Andanças de un hidalgo español*, libro de referencia en el que narra por medio de un estilo refinado y un explícito sentido del humor sus experiencias, por momentos cautivadoras, en los confines de una Europa sumida en una edad oscura. A pesar de que partió de Sanlúcar de Barrameda en el otoño de 1436, este viajero atípico, que no era ni embajador —aunque hiciera labores de tal en algún momento de su vida— ni comerciante, sino un hidalgo entusiasmado con la sola idea de ver mundo, tomó como base de operaciones la ciudad italiana de Venecia, desde donde inició una obligada peregrinación a Roma, capital de la cristiandad, no sin antes visitar Génova y Pisa. En un segundo viaje, que para muchos estudiosos tenía como fin la búsqueda de sus orígenes, marchó hacia Oriente desde Venecia embarcado en una nave de peregrinos cuyo destino era la ciudad de Jaffa, en Tierra Santa, a la que llegaría tras recalar en varios puertos del mar Mediterráneo. Durante tres semanas Tafur se adentró en los Santos Lugares anotando con fruición cuanto veía, para regresar después a Jaffa y tomar camino hacia Beirut, urbe desde la que embarcó con rumbo a Chipre. Allí

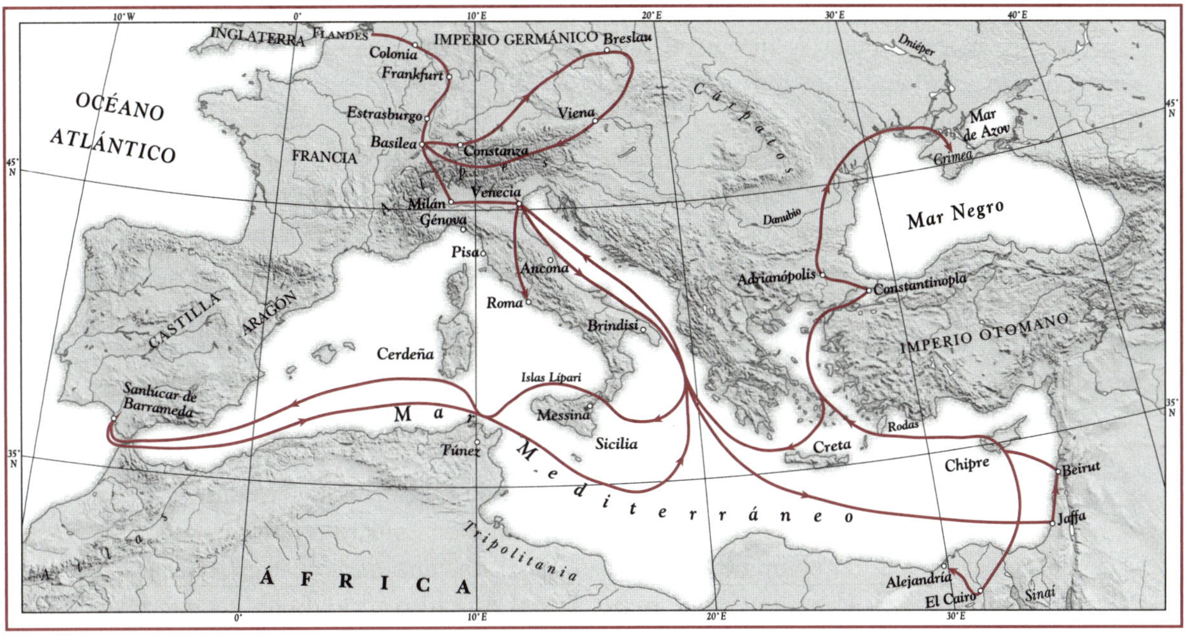

le fue encargada una embajada al sultán de Egipto y en el viaje que de inmediato emprendió alcanzó el desierto del Sinaí y las orillas del mar Rojo, para regresar a El Cairo y Alejandría y embarcar hacia Chipre con los resultados de su empresa diplomática, y partir de allí a Constantinopla, no sin antes realizar excursiones a Adrianópolis (el enclave fundado por Adriano, el emperador español del Imperio romano, nacido en Itálica y consumado viajero) o Crimea. Tras visitar la ciudad y dar cuenta de sus costumbres, así como de sus monumentos, regresó por fin a Venecia, adonde llegó en el año 1438. En su libro, Tafur mostró un gran interés por dar a conocer lo «diferente», realizando comparaciones de ciudades con otras de las que podrían ser mejores conocedores los lectores de esa obra fundamental, en un momento en el que esto no era lo habitual entre escritores que narraban culturas ajenas a la propia. En este sentido tiene especial relevancia el relato que hizo de la vida de los otomanos, sin minusvalorarlos en ningún momento, ya que una de sus intenciones era dar a conocer a las potencias occidentales las costumbres de los pueblos considerados como enemigos de la cristiandad, ensalzando sus labores y logros pero también deteniéndose en los puntos débiles de los mismos; unas brechas, especialmente en los territorios de la organización militar y defensiva, que podrían ser en un futuro aprovechadas en caso de conflicto armado.

En Ferrara se entrevistó con el papa, al que dio breve cuenta de sus andanzas, para posteriormente visitar al emperador de Constantinopla, que también se encontraba en aquella ciudad italiana. Tafur fue luego a Parma y Milán antes de iniciar un nuevo viaje, el tercero, este con rumbo a los países al norte de la cordillera de los Alpes, una frontera natural difícil de atravesar, en especial en los penosos meses del crudo invierno. Que esta circunstancia estacional no mermó el ánimo del sevillano lo demuestra el hecho de que para lograr su fin hiciera construir un trineo del que tirarían unos bueyes. Así, en esa situación entre cómica y épica, logró atravesar el paso de San Gotardo hasta llegar a Basilea. Tras permanecer por un tiempo en ese enclave tomó el camino que le llevaría hasta la ciudad francesa de Estrasburgo y después a Flandes, no sin antes darse unos baños calientes en Baden que, sin duda, lo reconfortaron tras su heladora odisea alpina. Posteriormente acudió a la por entonces famosa feria comercial de Frankfurt y pasó un tiempo en Colonia, de la que dijo era la ciudad más rica de Alemania. Desde ese punto emprendió la salida hacia la meta de su nuevo viaje. De vuelta a Basilea desde Flandes se dirigió a Constanza y Breslau, con paradas en Ulm y Núremberg, tras lo cual regresó a Ferrara, pero no sin antes realizar una escala en Viena.

Su cuarto viaje fue el que supuso su regreso a España, pero no por la vía rápida, pues sus ojos aún tenían mucho que ver y su mano mucho que anotar. Así que de Ferrara viajó a Florencia pasando por Venecia, Vicenza y Verona. Una vez más pretendió llegar a Venecia, pero su curiosidad le hizo detenerse en Bolonia y, de nuevo, en Ferrara, desde donde otra vez se dirigió a Venecia. En la bellísima ciudad de los canales esperó durante un largo mes un embarque apropiado hasta que, al fin, una nave de Sicilia lo llevó por el Adriático tocando en los puertos de Rímini, Pesaro, Fano, Ancona y Brindisi para llegar a Messina, contemplar el volcán Strómboli desde las islas Lípari, rodear completamente la isla de Sicilia y toparse con el majestuoso y siempre amenazante volcán Etna. Malos vientos empujaron su nave hacia África, concretamente a Túnez, desde donde llegó a la isla de Cerdeña, última etapa antes de regresar a su España natal. La línea recta es el camino más corto entre dos puntos, pero no siempre es el mejor. O por lo menos no lo era para él.

Lecturas

Andanças e viajes de un hidalgo español (1436-1439), Pero Tafur. Ediciones El Albir, Barcelona, 1982

Pero Niño
El azote de los piratas mediterráneos

¿Valladolid?, 1378-Cigales (Valladolid), 1453

Soldado y aventurero

«Yo, Gutierre Díaz de Games, criado de la casa de don Pero Niño, conde de Buelna, vi de este señor todas más de las cavallerías e buenas fazañas que fizo, e fui presente de ellas [...]. E fize de él este libro.» El libro no es otro que *El Victorial o Crónica de Don Pero Niño,* escrito por Gutierre Díaz de Games, alférez y a la sazón criado de la casa de este marino militar, viajero, aventurero y corsario castellano de los siglos XIV y XV que gozó en su tiempo de gran fama, sobre todo por los servicios prestados al rey Enrique III el Doliente, el mismo que envió a Ruy González de Clavijo a su conocida embajada a Samarcanda. El monarca encargó una expedición a Pero Niño para liquidar a los corsarios que amenazaban el comercio en el Mediterráneo occidental. El grupo, compuesto por dos galeras y una nao, salió de Sevilla en 1404. En Cartagena estableció Niño su base de operaciones y desde allí se dirigió a la Berbería, para regresar a Cartagena y partir de nuevo en busca de Juan de Castrillo por aguas de la costa marsellesa. Para evitar incidentes diplomáticos, ya que aquellos corsarios estaban bajo la protección del llamado Papa Luna, Niño decidió no entablar combate con los fugitivos, que huyeron mientras él era acogido por el pontífice. Más tarde, tras tocar en la isla de Capraia siguió por el mar Tirreno, Córcega y el archipiélago Toscano, pasando luego por Alguer y Orestán (Cerdeña) para cruzar el Mediterráneo de norte a sur y llegar a Túnez, concretamente a Zembra. Por el camino abordaron una nave que había sido robada por corsarios a comerciantes sevillanos, lo que originó un incidente diplomático, ya que la citada embarca-

ción había sido tomada en respuesta a un ataque de los sevillanos a otra nave y, por lo tanto, tomada como presa válida. En el puerto de Túnez, navegando con sigilo, encontraron una galera anclada que de inmediato abordaron. Posteriormente, siguieron costeando en busca de corsarios hasta que regresaron a Cartagena. Siguieron las correrías de Niño por las costas del norte de África hasta que Carlos VI de Francia pidió ayuda a Enrique III para luchar contra Enrique V de Inglaterra. Niño salió entonces de Santander con tres carabelas armadas costeando por el golfo de Vizcaya hasta La Rochela, donde conoció al francés Charles de Savoisy, con quien se alió para atacar intereses ingleses en el canal de la Mancha, hasta desembarcar en Portland. Por estas acciones y otras posteriores, Niño fue nombrado conde de Buelna (Cantabria), localidad en la que aún hoy existe el castillo que lleva su nombre.

Lecturas

El Victorial. Gutierre Díaz de Games, estudio, edición crítica, anotación y glosario de Rafael Beltrán Llavador. Universidad de Salamanca, Salamanca, 1997

LA EDAD DE ORO DE LOS DESCUBRIMIENTOS ESPAÑOLES

«¿Dónde está el testamento de Adán?», preguntó enfurecido el rey de Francia Francisco I, cuando sus corsarios capturaron parte de los fabulosos tesoros aztecas, enviados desde México por Hernán Cortés para congraciarse con el recién elegido emperador Carlos V. Corría el año de 1520. Apenas veintiocho años antes, el genovés Cristóbal Colón había logrado arribar al islote Watling en las Bahamas, convencido de que se hallaba frente a las costas de Asia, quizás en la lejana y rica región de Catay (China), o no lejos de Cipango (el actual Japón).

El enfado del monarca de los franceses estaba bien fundado, pues entre el viaje del descubrimiento de América, una auténtica jugada contra el destino por parte de los Reyes Católicos que salió bien, y el retorno de Juan Sebastián Elcano de la primera vuelta al mundo en 1522, gracias a las empresas protagonizadas por los navegantes y exploradores españoles, el mundo se hizo uno. El descubrimiento y sus consecuencias hicieron de Europa una verdadera metrópoli y de América su gran frontera.

En 1492, los cien millones de europeos ocupaban poco más de seis millones de kilómetros cuadrados. Desde entonces, la superficie disponible para sus impulsos de expansión y conocimiento geográfico se multiplicó por cinco, la densidad se contrajo a una sexta parte de la preexistente y se difundió por doquier la idea de que en ultramar existían riquezas asombrosas. El comercio de valiosas y extrañas mercancías se multiplicó, se difundieron comidas y bebidas deliciosas y el oro y la plata se comerciaron en cantidades inimaginables. Todo aquello se fundamentó en una verdadera edad de oro de los descubrimientos geográficos, durante la cual de manera casi literal todas las costas y todos los mares y océanos se fueron abriendo a los españoles, primero el Atlántico, luego el Pacífico, el Índico y a finales del siglo XVI hasta las latitudes polares.

Gracias a un esfuerzo que nunca dejó de lado la pericia náutica y la colaboración de los portugueses que a partir de 1580 pasaron a formar parte de la primera monarquía global, la de Felipe II, el planeta se volvió más accesible, casi familiar. En adelante, nada sería igual.

Cristóbal Colón
Encontró América

Génova (Italia), 1451-Valladolid, 1506

Comerciante y marino

Hijo de un tejedor genovés, Colón siguió el rumbo de vida de muchos de sus contemporáneos y conciudadanos, pues buscó escaparse por vía marítima del mundo restringido en que había nacido. Hacia 1470 trabajaba en el mar Mediterráneo y el océano Atlántico africano como comprador de azúcar para mercaderes genoveses. En la isla de Porto Santo pudo vislumbrar el mundo de los caballeros y escuderos seguidores de Enrique el Navegante, y casarse con la hija de uno de ellos. Afirmó haber visitado Inglaterra e Islandia en 1477 y haber navegado por la costa africana hasta una latitud de un grado norte en 1480. Así pues tuvo la oportunidad de conocer los vientos dominantes en aquellas latitudes ecuatoriales, mientras encontraba inspiración para futuras empresas leyendo libros de caballerías y vidas de santos.

No existe ninguna prueba sólida de que Colón hubiera concebido ningún proyecto de atravesar el océano antes de 1486. Desde entonces, lo cierto es que no tuvo ningún plan fijo (su notoria certidumbre es un mito posterior), sino que modificaba a menudo sus proyectos, a veces solicitando de reyes y nobles apoyo para la búsqueda de nuevas islas, o proponiendo el descubrimiento de un continente desconocido, y hasta argumentando en favor de la apertura de una ruta rápida hacia la China. Lo que más le importaba no era adónde se dirigía su viaje, sino la posición social que iba a alcanzar. Sus propuestas de viaje iban acompañadas de exigencias de títulos de nobleza y salarios enormes. Por eso fueron rechazadas sus ideas en las cortes de Portugal y España. Ninguno de sus proyectos era apetecible para los posibles inversores. Ya había suficientes islas

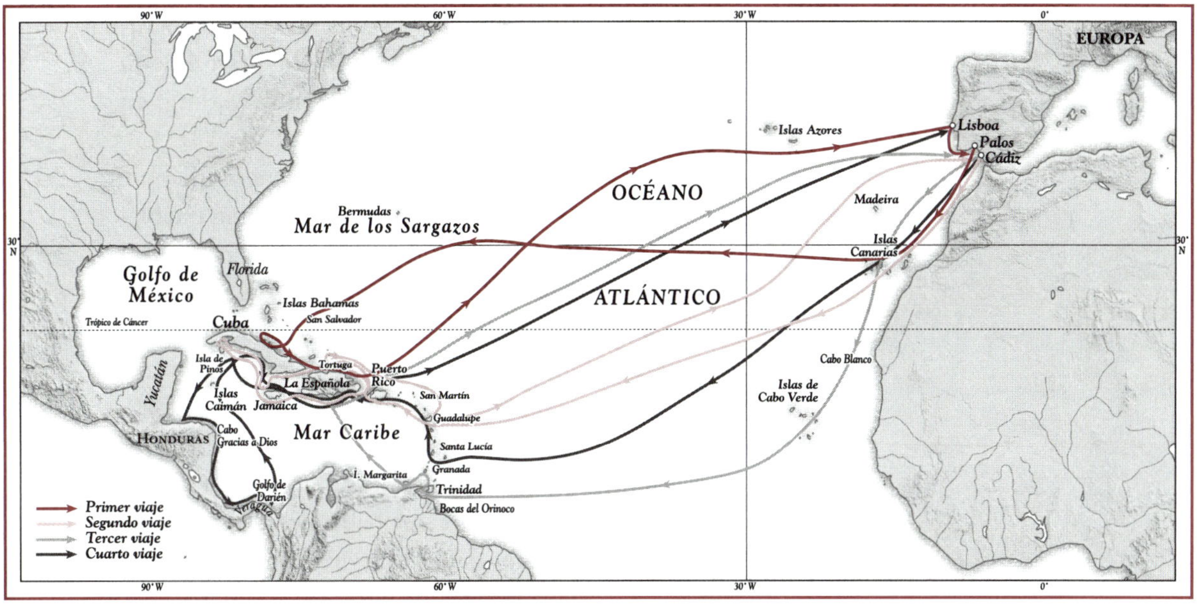

conocidas en el Atlántico. No constaban pruebas fehacientes de la existencia de un nuevo continente ni, en caso de que existiese, de su rentabilidad. Y un viaje por el océano hasta China parecía imposible. Los sabios geógrafos sabían más o menos la extensión de la superficie del planeta y eran conscientes de que el Imperio celeste quedaba demasiado lejos de Europa.

Hacia la década de 1470, sin embargo, algunos eruditos en Florencia, Núremberg y España comenzaron a contemplar la posibilidad de que la Tierra fuese menor de lo que se había calculado. Gracias a su apoyo intelectual, el proyecto que Colón logró vender a los Reyes Católicos a principios de 1492 fue el de un viaje por la ruta oeste hasta China, posiblemente con una escala en Japón. Los monarcas estaban inquietos ante las ganancias que la exploración del océano reportaba a Portugal y esperaban, por lo menos, añadir nuevos recursos a su Corona. El proyecto de Colón pudo financiarse, sin ningún apoyo real directo, por un círculo de armadores compuesto de oficiales del tesoro real y banqueros italianos de Sevilla. La disponibilidad de embarcaciones dictó la elección de Palos como punto de partida, donde los hermanos Martín y Vicente Yáñez Pinzón reclutaron la tripulación. Por fin, la

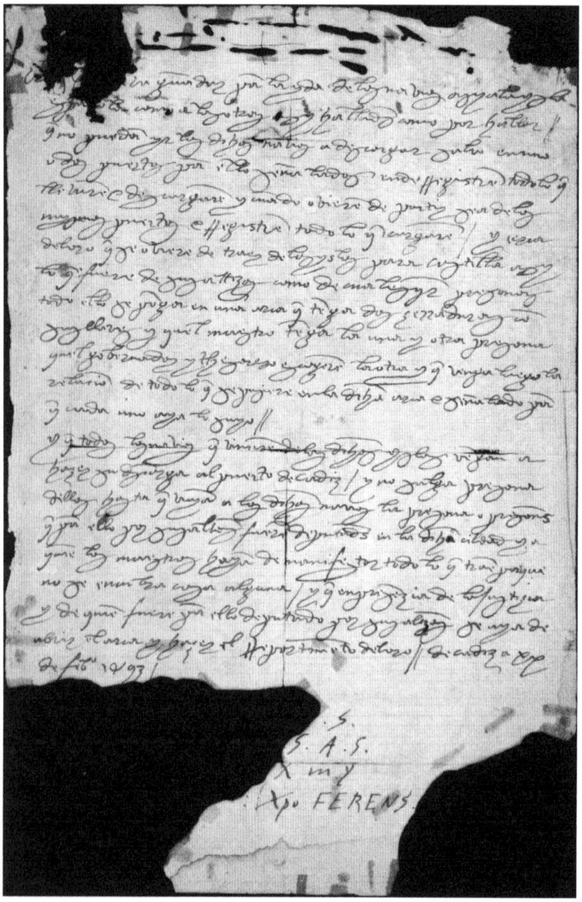

.S.
.S. A. S.
X M Y
Xpo FERENS

Manuscrito de Colón en el que describe las nuevas tierras que ha descubierto y que él llama las Indias Orientales. La inscripción está fechada en Cádiz, España, el 20 de noviembre de 1492.

nao *Santa María* y las carabelas *Pinta* y *Niña* partieron el 3 de agosto del año 1492 y se dirigieron a las islas Canarias, que pertenecían a la Corona de Castilla. Tras hacer escala en San Sebastián de la Gomera, la flotilla se dirigió al oeste el 6 de septiembre y por fin el 12 de octubre Colón y sus hombres avistaron tierra en una isla, probablemente Watling, en las Bahamas.

En el segundo viaje, entre septiembre de 1493 y marzo de 1496, Colón estableció tanto la ruta de vuelta desde América aprovechando los vientos del Atlántico Norte como la ruta de ida hacia el Caribe favorecida por los alisios. En el tercer viaje, de enero de 1498 a noviembre de 1500, reconoció la costa continental alrededor de la boca del Orinoco (agosto de 1498), y logró saber que había descubierto «otro mundo», aunque seguía pensando que se hallaba cerca de Asia. Había establecido, mientras tanto, una colonia frágil y más o menos continuamente amotinada en La Española, donde, además, de un asentamiento permanente se habían explotado algunos yacimientos de oro. Era evidente, en cambio, que Colón no había cumplido con sus promesas de abrir una ruta comercial hasta China y la historia sangrienta e inestable de su gobierno antillano mostró su falta de capacidad administrativa. En el año 1499 los Reyes Católicos lo despojaron de su cargo de gobernador y del monopolio de la navegación por las tierras y rutas que había descubierto. Le quedó el título honorífico y heredable de almirante del Mar Océano, junto al dos por ciento de los beneficios del comercio, aunque reclamó hasta el veinte por ciento, por lo que inició un largo proceso contra la Corona, que heredaron sus descendientes. En 1502 los monarcas le concedieron permiso para el cuarto viaje, de marzo de 1502 a noviembre de 1504, cuyo resultado más sobresaliente fue la exploración costera de lo que hoy es América Central, una consecuencia de la búsqueda de un paso hacia lo que se creía era Asia continental.

Los efectos de tantos viajes largos y duros y el desengaño que le sobrevino volvieron a Colón un personaje descontento y minaron su salud. En los últimos años de su vida se hizo cada vez más religioso, con toques de milenarismo e incluso de mesianismo, vistiéndose con un hábito franciscano y entregándose a la búsqueda de supuestas profecías —algunas sacadas de libros clásicos, pero en su gran mayoría procedentes de textos sagrados— que pretendió interpretar como pruebas del apoyo divino a sus empresas y confirmaciones de que había llegado casi al punto extremo de Oriente donde se hallaba el paraíso terrestre. Colón murió en Valladolid en 1506. Al servicio de la Corona española había logrado poner en contacto a los dos grandes hemisferios del mundo, antes desconectados. Tras él, la historia de la humanidad sería distinta.

Lecturas

La Exploración del Atlántico, Guillermo Céspedes del Castillo. Mapfre, Madrid, 1991

Cristóbal Colón. Textos y documentos completos, Consuelo Varela. Alianza, Madrid, 1989

Colón, Felipe Fernández-Armesto. Crítica, Barcelona, 1992

Martín Alonso Yáñez Pinzón
El apoyo fundamental de Colón

Palos de la Frontera (Huelva), hacia 1440-Monasterio de la Rábida (Huelva), 1493

Navegante y armador

Los puertos de Cádiz y Huelva vivían en los días finales de la conquista de Granada un intenso ajetreo. Los Reyes Católicos tendrían tiempo para firmar con el oscuro navegante genovés Cristóbal Colón una capitulación para llegar a las Indias navegando por el oeste, y se decidió que Palos de la Frontera tuviera un lugar fundamental en la organización de esta armada. Colón no encontró, en principio, los apoyos materiales y humanos que requería, a pesar de que una provisión real obligaba a los vecinos a servirle durante un año con dos carabelas «por algunas cosas fechas e cometidas por vosotros en deservicio nuestro». El riesgo de una empresa cuyos planes eran secretos y el desconocimiento que se tenía sobre la figura del futuro almirante alejaban a los marinos de la zona. Es en ese momento cuando el genovés entra en contacto con Martín Alonso Yáñez Pinzón, cabecilla de una acomodada familia de armadores, pescadores y marinos expertos como pocos en las lides de la navegación, forjada en aguas de la costa norteafricana, Guinea e Italia. La influencia de este personaje —temido por los portugueses y acostumbrado a navegar tanto hacia el Atlántico Norte como a Canarias— entre los hombres de mar, en especial en las cuencas de los ríos Tinto y Odiel, pero también en Palos y la misma Huelva, resultó decisiva para la misión colombina. Además, parece claro que fue él quien escogió las dos carabelas y una nao para el primer viaje. La carabela *Niña*, que realmente se llamaba *Santa Clara,* era propiedad de Juan Niño y venía de Moguer. La nao *Santa María* (en verdad llamada *Gallega*) era del santanderino Juan de la Cosa y venía de El Puerto de Santa Ma-

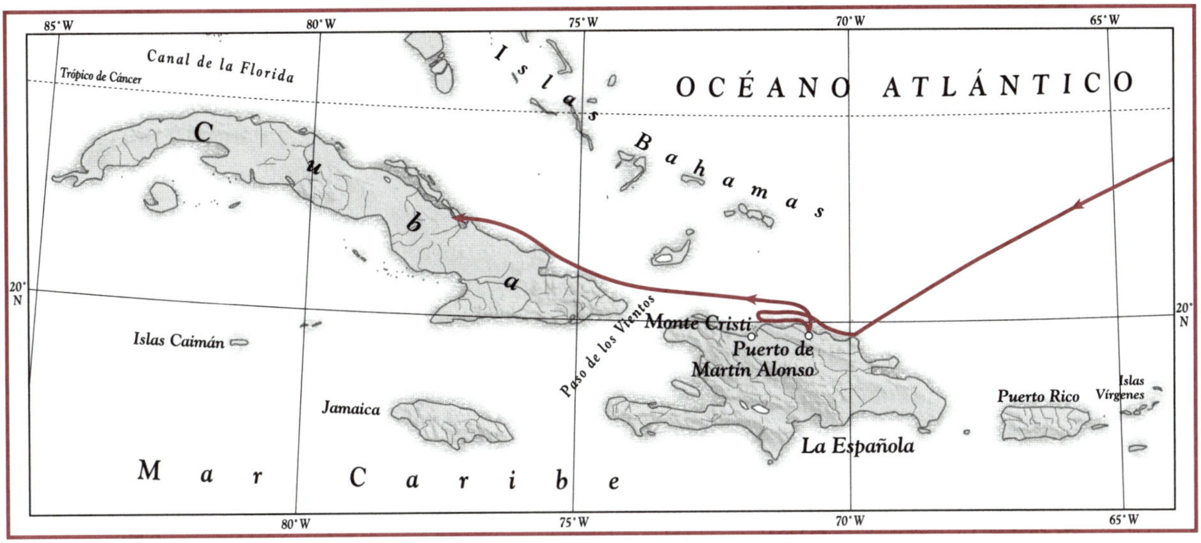

ría, y la carabela *Pinta* era de la familia Yáñez Pinzón. En esta última embarcaron Martín Alonso Yáñez, como capitán, y Francisco, su hermano, como maestre. Vicente Yáñez, otro de sus hermanos, capitaneaba la *Niña*. No se sabe muy bien qué fue lo que el genovés ofreció a cambio del apoyo, aunque según Bartolomé de las Casas «algo debió prometer Colón a Martín Alonso Pinzón, porque nadie se mueve si no es por su interés». Hay teorías que afirman que Pinzón solicitó la mitad de las concesiones reales, aunque su demostración es poco menos que imposible. Pero su importante papel no acabó ahí. Cuando aún no llevaban dos meses de navegación después de la partida (3 de agosto de 1492), Martín Alonso aconsejó a Colón que cambiara el rumbo hacia el suroeste desde el paralelo 28, para encontrar de esta manera la isla de Cipango (Japón), señalada en el mapa del almirante, posiblemente dibujado por el cartógrafo Toscanelli. Colón aceptó y, de este modo, llegaron por casualidad a lo que luego se llamó América. Asimismo, el papel de los «pinzones» fue determinante durante el viaje, ya que gracias a ellos se logró sofocar un conato de motín por parte de la tripulación de la *Santa María* en los días previos a ese 12 de octubre de 1492, fecha marcada en las páginas de la historia universal como la del descubrimiento de América.

Poco más de un mes después de aquella gesta, el 21 de noviembre de 1492, la *Pinta* abandonó la flotilla por motivos que se desconocen y se dirigió, sola, desde Cuba hacia Oriente, en busca de la isla de Babeque; llegó a la costa norte de Santo Domingo (La Española), y atracó en una pequeña bahía que hizo llamar Puerto de Martín Alonso, donde se abasteció profusamente de oro. Desde allí se dirigió hacia Monte Cristi, lugar en el que volvió a encontrarse con la *Niña* y con Colón, que iba en ella. Era ya enero de 1493. Pinzón le explicó al almirante que no había visto las señales para fondear emitidas por los farolillos de las otras naves y que por tal motivo había continuado navegando. Las desavenencias entre ambos comenzaron y, aunque Colón aceptó las excusas del capitán, anotó en su diario que aquello era una defección, y mostró su desconfianza. La relación entre ambos empezaba a estar ya muy deteriorada.

De regreso a España la expedición se topó con una terrible tempestad. La *Pinta* se perdió, pero consiguió llegar al puerto de Bayona, en Galicia, un poco antes de que Colón lo hiciera al de Lisboa: así, la primera embarcación que llegó a Europa perteneciente al viaje del descubrimiento fue la capitaneada por Martín Alonso. Los Reyes Católicos no quisieron aceptar sus noticias, ya que pensaron que era Colón quien debía visitarlos, así que el onubense, tras unos días de descanso, marchó para Palos. Llegó allí pocas horas después que el genovés. Su destino estaba ya marcado: gravemente enfermo de sífilis (hay un debate sobre si esa enfermedad fue exportada desde América hacia Europa), se recluyó para pasar sus últimos días en el monasterio de la Rábida, donde al poco tiempo murió. El secreto de lo que Colón le había prometido a cambio de su participación en aquella empresa se lo llevó a la tumba. El almirante ni siquiera se acercó a su último lecho.

Lecturas

Historia del descubrimiento y conquista de América, Francisco Morales Padrón. Gredos, Madrid, 1990

Vicente Yáñez Pinzón
Descubridor de Brasil

Palos de la Frontera (Huelva), hacia 1461-¿?, 1514

Navegante y explorador

El menor de los hermanos del destacado linaje de los Pinzón, naturales de Palos de la Frontera y veteranos del comercio y el corso en Berbería, Cataluña e Ibiza, participó en el viaje del descubrimiento de América mandado por Colón como capitán de la *Niña,* en cuyo timón pudo mostrar su pericia al salvar de una catástrofe la carabela, que se había visto envuelta en una pavorosa tempestad.

Dando muestras de su arrojo, en el año 1499 —justo cuando se rompió el monopolio colombino sobre los descubrimientos del Nuevo Mundo—, propuso a los Reyes Católicos atravesar el Atlántico desde Cabo Verde para tomar luego rumbo hacia donde se creía estaban las islas de la Especiería. Así, fue el primer navegante español al mando de una expedición que cruzó el ecuador y penetró en el hemisferio sur. Cuando Yáñez Pinzón obtuvo la capitulación, para llevarla a cabo armó cuatro carabelas e inició un viaje desde la onubense ría del Tinto-Odiel que al poco tomó otros derroteros. Varias tormentas alteraron la navegación y la flota encontró nada menos que las costas de Brasil; tomaron contacto por primera vez con esta tierra en el cabo de Santa María de la Consolación, cerca de la localidad actual de Fortaleza, muy poco antes de que los portugueses lograran llegar a aquellas latitudes, en abril de 1500.

Tras tomar tierra, Vicente Yáñez Pinzón y sus hombres navegaron obligados por los vientos hacia el noroeste, hasta recalar en la bahía de San Marcos y en las desembocaduras de los ríos Marañón o Amazonas, que llamó Santa María de la Mar Dulce, y Orinoco, que bautizó

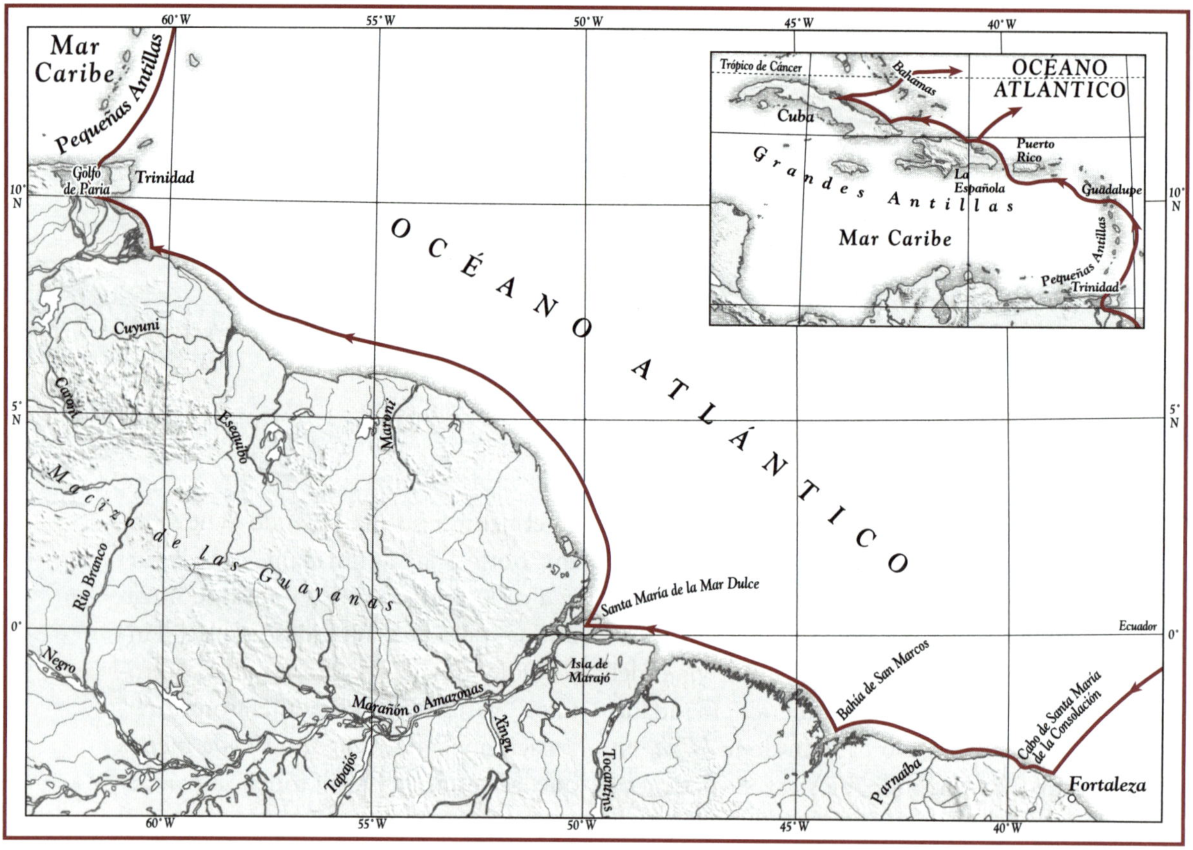

como río Dulce. Eran los primeros europeos en contemplar todo aquello. Después de tocar la isla de Trinidad y cruzar el golfo de Paria navegaron por aguas del archipiélago de las Bahamas. Llegaron a Guadalupe, luego a Puerto Rico, La Española (Santo Domingo) y Cuba. Durante el trayecto se perdieron dos naves y acabó pereciendo la mitad de la tripulación.

De regreso a España en 1500, Vicente Yáñez Pinzón obtuvo nuevas capitulaciones para la conquista de tierra firme y Puerto Rico, que no llegó a ejercer. En 1508, con dos navíos y acompañado por Díaz de Solís, partió hacia La Española y desde allí exploró las costas de Nicaragua y Honduras en busca de un paso interoceánico; llegó después a Belice, en la península de Yucatán, y regresó de nuevo

Modelo de la Niña, *carabela al mando de la cual Vicente Yáñez Pinzón mostró su pericia como capitán.*

a España en 1509, sin localizar el paso pero cargado con un importante tesoro: cartas de navegación fiables de aquellas latitudes. Nombrado piloto mayor de la Casa de la Contratación, su vida desde entonces constituye un misterio.

Lecturas

«El viaje de Pinzón y Solís al Yucatán», Ramón Ezquerra. En *Revista de Indias,* vol. xxx, n.os 119-122. CSIC, Madrid, 1970

«Sobre la vida familiar de Vicente Yáñez Pinzón», Juan Gil. En *Revista de Indias,* vol. XLVII, nº 181. CSIC, Madrid, 1987

Américo Vespucio

El hombre que dio su nombre a un continente

Florencia (Italia), no antes de 1454-Sevilla, 1512

Cartógrafo, espía y navegante

Hijo de un notario miembro de la nobleza mediana, Vespucio fue educado por su tío, el eminente platonista Giorgio, y acompañó, sin distinguirse por nada en especial, a su tío Guido Antonio en su embajada a Francia en 1478. Su familia se encontraba integrada en la red clientelar de Lorenzo de Médici *el Magnífico,* que ejercía el mando en Florencia sin ocupar ningún cargo oficial. Alrededor de 1480, por motivos desconocidos, los Vespucio perdieron su amparo y Américo, que estaba destinado a servir en la casa de Lorenzo, tuvo que ganarse la vida mediante ocupaciones a veces poco respetables, principalmente como agente de compras especializado en perlas y otras joyas. En 1491 siguió el rumbo de muchos jóvenes de su nación y buscó su fortuna en España, por lo que se trasladó a Sevilla para trabajar con Giannotto Berardi, uno de los principales armadores de Colón. Las inversiones de Berardi resultaron desastrosas y Américo se encontró de nuevo sin salida. En 1499, cuando los Reyes Católicos eliminaron el monopolio de la navegación atlántica concedida a Colón, Vespucio fue de los primeros que se aprovecharon. Así, se unió a la expedición de Alonso de Ojeda que, entre otros lugares, recaló en las pesquerías de perlas de la isla Margarita, descubiertas por Colón el año anterior. Probablemente fue admitido como miembro de la tripulación debido a su conocimiento del trato de perlas. Escribió una relación poco fehaciente del viaje, en la cual se retrató como uno de los capitanes de la expedición, que había realizado exploraciones por su propia cuenta más allá de la línea ecuatorial. Insistió también en su competencia en

60° W
40° W
20° W
0°
40° N
Islas Azores
Lisboa
Islas Canarias
Sáhara
Trópico de Cáncer
20° N
Islas de Cabo Verde
ÁFRICA
OCÉANO
SIERRA LEONA
Golfo de
Guinea
Ecuador
0°
Amazonas
ATLÁNTICO
Cabo Branco
AMÉRICA DEL SUR
20° S
Trópico de Capricornio
Río de Janeiro
Paraná
Bahía de Todos los Santos
Cordillera de los Andes
Río Jordán
Bahía Blanca
40° S
Puerto San Julián
80° W

materia de navegación científica, con el uso del cuadrante y astrolabio, y pretendió ser superior en la navegación a los pilotos profesionales, que confiaban en su sabiduría tradicional.

Las ideas cosmográficas que aparecen en sus escrituras desde ese momento resultan confusas, pero son muy parecidas a las de Colón. Vespucio también creía que el planeta era más pequeño de lo que es, y que las riquezas de Asia se hallaban a poca distancia de sus descubrimientos.

Hacia finales de 1500 o principios de 1501 se trasladó a Portugal. En 1501 o 1502 desempeñó un cierto papel en la exploración de unos 4000 kilómetros de la costa del Brasil y en su propia relación aseguró haber navegado hasta los 50º de latitud sur. No consta prueba alguna de tal hazaña, pero muchos lectores lo creyeron.

Por razones desconocidas Vespucio rompió luego con los portugueses y volvió a España, donde solicitó sin éxito permiso para realizar más viajes. Se sabe

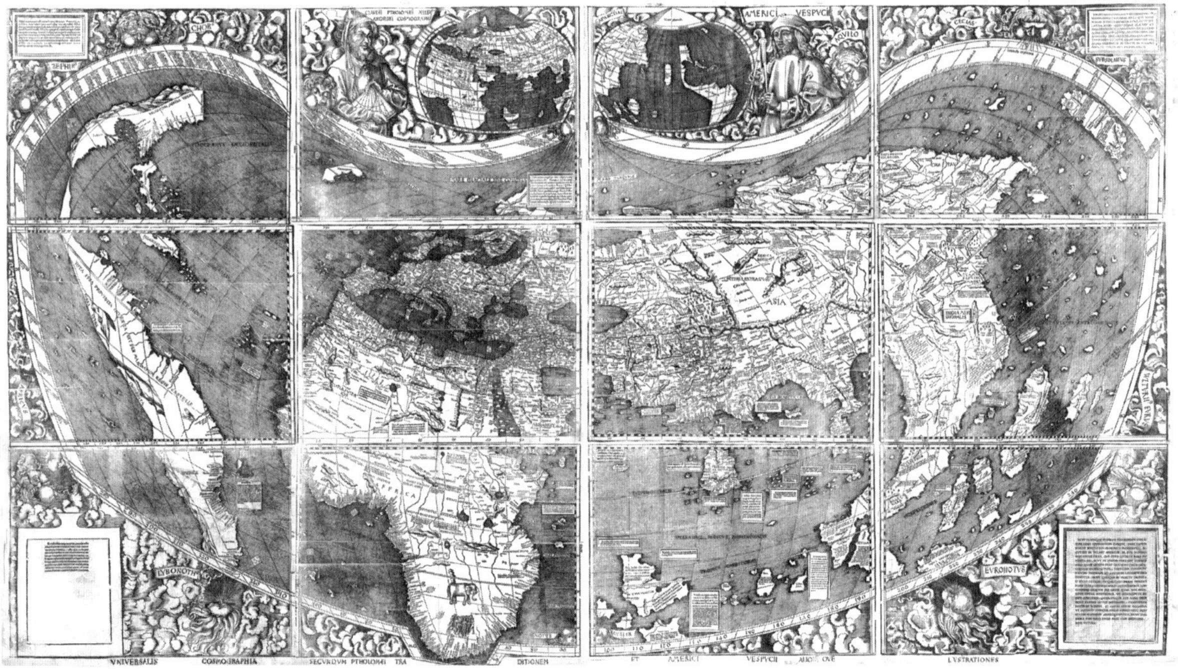

Cosmographiae Introductio, *1507, atlas en el que por primera vez se usa el nombre de América.*

que pasaba mucho tiempo con Colón en su casa, y que se ganaba la vida arreglando abastecimientos para las flotas de Indias. En 1503 se editó su obra de mayor divulgación, *Mundus Novus*, un breve resumen de sus viajes (dice, exageradamente, que fueron tres), pero no aportó ninguna novedad importante, si bien su latín apacible y sus detalles sobre el uso del cuadrante y astrolabio llamaron la atención de los cosmógrafos que lo leyeron. En 1505 llegó a manos de Martin Waldseemüller y Mathias Ringmann en Saint-Dié (Lorena), donde un círculo de humanistas estaba trabajando en una nueva edición de la *Geografía* de Ptolomeo. Sin más reflexión, aclamaron a Vespucio como el nuevo Ptolomeo y en 1507, en la introducción a su edición, en el espléndido mapa impreso que la acompañó, propusieron el nombre de «América» para aquel nuevo continente que Américo, por lo visto, había dado a conocer. En la edición de 1513, Waldseemüller retiró la propuesta y reconoció la prioridad de Colón, pero el nuevo nombre ya se había establecido entre los especialistas en geografía. Otro libro de viajes apareció bajo el nombre de Vespucio en 1504 o 1505, pero era una evidente superchería: era la llamada *Carta a Soderini*. Vespucio pudo haber colaborado en su confección, pero ni por su estilo ni por su contenido muestra las características esenciales de la mano de su supuesto autor.

En marzo de 1508, tras una larga campaña de solicitudes, el rey otorgó a Vespucio el cargo de piloto mayor, con un salario elevado y la responsabilidad de recopilar datos sobre la carrera de Indias y de enseñar técnicas avanzadas a los pilotos. No constan pruebas de que cumpliera con ninguna de estas tareas, pero siguió cobrando el salario hasta su muerte. Nombró herederos a su mujer, María Cerezo, y a su sobrino y colaborador, Giovanni Vespucci.

Lecturas

Américo. El hombre que dio su nombre a un continente, Felipe Fernández-Armesto. Tusquets, Barcelona, 2008

Los viajes andaluces: 1499-1500

Los primeros exploradores del nuevo continente

Cristóbal Guerra. *Triana (Sevilla), ¿?-Cartagena de Indias (Colombia), 1504*
Marino

Pero Alonso Niño. *Moguer (Huelva), ¿?-¿?, ¿?*
Marino

Diego de Lepe. *Palos de la Frontera (Huelva), ¿?-Portugal, ¿?*
Marino

Tras la estela del tercer viaje de Cristóbal Colón se fueron sucediendo un buen número de expediciones de descubrimiento y rescate de un gran valor en el ámbito del reconocimiento geográfico del continente americano. También, claro, de un relevante talante comercial. Fueron los «viajes andaluces», mal llamados «menores», protagonizados en general por experimentados marinos y comerciantes en los que los Reyes Católicos depositaron gran confianza tras el final del monopolio colombino sobre las tierras recién descubiertas.

Además de los protagonizados por figuras tan importantes como Alonso de Ojeda o Vicente Yáñez Pinzón, destacaron los viajes de Pero Alonso Niño y Cristóbal Guerra y también el que llevó a cabo Diego de Lepe.

Guerra, nacido en el barrio sevillano de Triana en fecha desconocida, formó sociedad con el piloto natural de Moguer Pero Alonso Niño, que había estado al timón de la *Niña* en el primer viaje de Colón. Ambos lograron armar una carabela con la cual partieron de la ría del Tinto en 1499. En ella iban más de treinta hombres. Para lograrlo habían tenido que realizar un gran esfuerzo. Niño, a pesar de tener licencia para descubrir en las Indias, no contaba con los fondos económicos suficientes para dotar una embarcación destinada a semejante empresa, así que se había asociado con el armador Luis Guerra, quien como condición puso que su hermano capitaneara la nave. El periplo transoceánico de estos navegantes andaluces podría calificarse de relámpago, ya que consiguieron llegar a las costas de lo que hoy es Venezuela

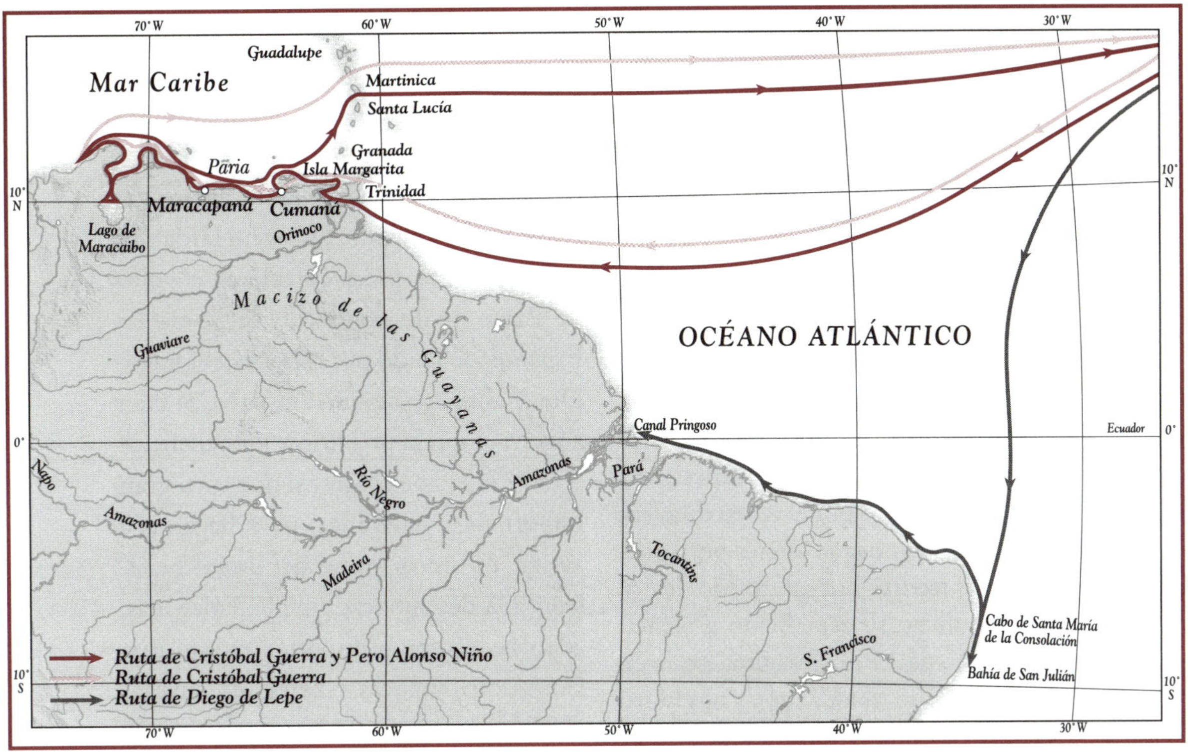

a una velocidad asombrosa. Una vez allí procedieron a costear la península de Paria y llegaron a la isla Margarita, donde se aprovisionaron de un importante botín de perlas. De regreso a la costa continental hicieron lo mismo en Cumaná y prosiguieron camino hasta descubrir la costa de Curiana, en donde encontraron una buena cantidad de oro. Con las bodegas de la nave repletas de aquel cargamento regresaron a España. Pero en lugar de dirigirse al sur lo hicieron al noroeste, a Bayona, en la ría de Vigo, tras ser empujados hasta allí por feroces vientos contrarios. Nada más poner pie en tierra fueron detenidos y acusados de ocultar parte de la mercancía que guardaban en la bodega. La carabela y su carga fueron confiscadas y llevadas a la ciudad de Sevilla. Pero Alonso Niño fue juzgado y encontrado culpable, por lo que permaneció en presidio unos cuantos meses. Sin embargo, las noticias de la llegada de ese cargamento no pasaron desapercibidas, y menos todavía el hecho de que fuera conseguido con una inversión más o menos asequible.

Así, Cristóbal Guerra protagonizó otra expedición en el año 1500 que lo llevó nuevamente a la isla Margarita, posteriormente a Cumaná y Maracapaná y después a Curiana, para regresar a la Península tres meses más tarde de su partida, en octubre de aquel año, bien provisto de perlas, oro y ricas maderas. Moriría en Cartagena de Indias en 1504.

Por otra parte, el onubense Diego de Lepe, un hombre sin apenas experiencia naval pero alentado por el deseo de aventura, empezó a mostrar interés por aquellos nuevos territorios y, al mando de dos carabelas, inició su expedición a principios del año de 1500. Tras una escala en las islas de Cabo Verde, Lepe y sus hombres se dirigieron al oeste, hasta el cabo de Santa María de la Consolación. Desde allí, con rumbo sur, arribaron a la bahía de San Julián. Costeando por el litoral brasileño tuvieron un enfrentamiento con los naturales en la desembocadura del río Pará, que Lepe bautizó como Marañón. Más de una decena de hombres perdieron la vida en esa ocasión. Unos días después llegaron a la desembocadura del Amazonas, en cuyo interior aguardaba, sin que lo supieran, la flotilla de Vicente Yáñez Pinzón. Ambas no tardarían en juntarse, lo que aconteció en el golfo de Paria, desde donde fueron hacia La Española saliendo por la boca del Drago. Desde allí Lepe regresó a España. Si bien aquella empresa no obtuvo los beneficios económicos apetecidos, sí que tuvo gran importancia geográfica, pues llegaron a avistar un buen tramo del litoral brasileño y la desembocadura del Amazonas, además de aportar importantes informaciones cartográficas y cartas de navegación. Lepe murió en Lisboa cuando preparaba un nuevo viaje a Brasil.

Lecturas

La aventura de lo imposible. Expediciones marítimas españolas, Salvador Bernabéu. Lunwerg Editores, Madrid, 2000

Juan de la Cosa

Maestro de hacer cartas de marear

Santoña (Cantabria), hacia 1460-Cartagena de Indias (Colombia), 1509

Navegante y cartógrafo

Cuando en 1492 el almirante Cristóbal Colón se disponía a zarpar por primera vez rumbo a las Indias, el piloto cántabro Juan de la Cosa, también conocido como Juan *el Vizcaíno,* ya era un navegante lo suficientemente experimentado como para surcar el temido Mar Océano. Como patrón de su navío mercante *Santa María,* De la Cosa no dudó en acompañar a Colón en busca de nuevos territorios. Había navegado en su juventud por el Cantábrico y por los mares de África occidental, pero nunca antes se había adentrado en la inmensidad del Atlántico. Este no sería su último viaje ni tampoco su última hazaña.

De hecho, a pesar del desafortunado final de la *Santa María* en este primer viaje, encallada el día de Navidad de 1492 en La Española, De la Cosa estuvo entre los hombres de confianza del almirante, por lo que zarpó de nuevo en el segundo viaje de Colón a América. Algunos autores han puesto en duda que fuera la misma persona; otros han reconocido en este viaje su confirmación como gran cartógrafo y mejor navegante. No en balde en el año 1500 De la Cosa, al frente de las empresas geográficas de la Casa de la Contratación de Sevilla, primera institución científica europea fundada por los Reyes Católicos en 1503, presentó ante los monarcas españoles un mapa del mundo o *mapamundi* realizado en pergamino, en el que se representaron por vez primera las costas del continente americano, los territorios recién descubiertos, y que hoy se encuentra expuesto en el Museo Naval de Madrid. El navegante cántabro se convertiría por entonces en el primer cartógrafo o «maestro de hacer cartas» de navegar de la Casa

Famosa carta de Juan de la Cosa, 1500, primer mapamundi en el que se muestran los territorios descubiertos en América durante el siglo XV

sevillana, sucedido en este arte por Américo Vespucio. Pero lo mejor de su labor como explorador y viajero aún estaba por llegar.

Hacia finales del siglo xv su experiencia a bordo de las naos era de sobra conocida y respetada tanto por el gremio como por la corte, de ahí que se embarcara en tres grandes viajes, entre otros.

El 18 de mayo de 1499 Juan de la Cosa, el capitán Alonso de Ojeda y Vespucio, futuro primer piloto mayor de la Casa de la Contratación —cuya principal tarea era examinar y graduar a los pilotos, así como censurar las cartas e instrumentos necesarios para la navegación—, partieron de Cádiz con dos carabelas y, como máximo baluarte, una copia de la «carta de marear» que Colón había trazado en su tercer viaje. Tras hacer escala en Lanzarote y La Gomera, se dirigieron hacia el litoral de Venezuela con el objetivo de descubrir lugares inexplorados, pero también con la intención de revisar zonas descubiertas anteriormente. Los pilotos pensaban entonces que se encontraban en los confines de Asia, pues desde los inicios del viaje la tripulación creía hallarse frente a la costa del sureste asiático, que para ellos se extendía de forma continua de norte a sur. Sin embargo, navegaban frente a la isla Margarita y el golfo de las Perlas con dirección a poniente, siguiendo el litoral de Maracapana, Caquetíos, la isla de los Gigantes, el golfo de Venezuela y el lago de Maracaibo, respectivamente, hasta llegar al cabo de la Vela. Poniendo proa al golfo que llevaba hacia Santa María, pudieron atisbar pronto La Española, todo un trayecto que a la postre aparecería, con más o menos fortuna, en la mencionada carta de 1500.

Entre finales de septiembre y mediados de octubre de 1501 Rodrigo de Bastidas y el piloto santoñés salieron del puerto de Cádiz, de nuevo con dos carabelas, arrumbando al litoral de Tierra Firme explorado antes por De la Cosa, Ojeda y Vespucio. Pasando inicialmente por las Canarias, como marcaría la rutina del cabotaje en la Carrera de Indias, este viaje se coordinó con la cuarta empresa oceánica de Colón. Lejos de socavar el célebre Tratado de Tordesillas firmado por españoles y portugueses en 1494, el fin último descansaba en la posibilidad de acceder al océano Índico. De la Cosa y Bastidas navegaron hasta recalar en lo que ellos llamaron isla Verde, entre el sur de Guadalupe y tierra firme. Su verdadera exploración comenzó cuando partieron del cabo de la Vela costeando en dirección poniente. Así, reconocieron una serie de accidentes bojeando desde la bahía de Santa Marta hasta la bahía del Retrete, pasando por la desembocadura del río Magdalena y el puerto de Galera de Zamba. En su recorrido bautizaron el puerto de Cartagena y las islas contiguas. Continuaron por el golfo de Urabá, el puerto de Cispatá y el río Sinú, pero, como consecuencia de la broma, el molusco responsable de los efectos corrosivos producidos por la taraza en la madera sumergida de los barcos, la expedición se vio obligada a irse de allí. Esta vez carecieron de fortuna. Ambas naves sucumbieron en el intento y tocaron fondo a pocas millas de la isla de La Española. Los alrededores de esta Antilla mayor parecían ser la deuda pendiente del navegante, que junto a su tripulación sobrevivió al infortunio y consiguió llegar a la isla. Allí se encontró con Colón a finales de junio de 1502.

Siete años después, en 1509, De la Cosa levó anclas como primer piloto de Ojeda y segundo comandante en un nuevo periplo rumbo a La Española, la gran obsesión del héroe montañés. Los acompañaban entonces dos buques y dos bergantines, el joven Francisco Pizarro y trescientos hombres más. El 10 de noviembre se hicieron a la mar desde Santo Domingo hacia las costas de la actual Colombia y a principios de 1510 desembarcaron en Cartagena. Esta vez la desgracia se produjo a muchas millas de La Española, pues los indígenas se opusieron a sangre y fuego a los expedicionarios. Tras el desembarco y sin apenas tiempo para el contacto con la tierra, la tripulación tuvo que batirse en retirada. Aquellos hombres de mar pagaron cara la incursión. De la Cosa fue alcanzado por una de las letales flechas envenenadas que utilizaban los indios en su defensa. En su tercer viaje había salvado las costas de La Española, pero no fue suficiente: al final le aguardaban los dardos emponzoñados que le causaron la muerte.

Lecturas

Expediciones marítimas españolas: la aventura de lo imposible, Salvador Bernabéu Albert. Lunwerg Editores, Barcelona, 2000

Ensayo biográfico del célebre navegante y consumado cosmógrafo Juan de la Cosa y descripción e historia de su famosa carta geográfica, Antonio Cánovas del Castillo. Maxtor, Valladolid, 2003

La cartografía náutica española en los siglos XIV, XV y XVI, Ricardo Cerezo Martínez. CSIC, Madrid, 1994

Juan Bermúdez
Las islas Bermudas conservan su nombre

Palos de la Frontera (Huelva), hacia 1450-Palos de la Frontera (Huelva), hacia 1520

Marino y descubridor

De linaje de navegantes, desde muy joven se hizo a la mar. Entre 1495 y 1519 viajó a América once veces en calidad de piloto o maestre, lo que significa que en veinticinco años cruzó el Atlántico, en uno u otro sentido, en veintidós ocasiones, toda una plusmarca no superada por ningún otro marino europeo de los siglos XVI y XVII de los que se tenga noticias. A estas navegaciones debemos añadir aquellas otras que tuvo que haber realizado anteriormente, pues si hubiera estado falto de experiencia, difícilmente podría haber conseguido embarcar ocupando puestos de tanta responsabilidad en las naves que unían Andalucía con el Nuevo Mundo.

Algunos historiadores creen que Juan Bermúdez formó parte de las tripulaciones de Colón en su segundo y tercer viaje a América. Sin embargo, creemos que no fue así, ya que en sus declaraciones en los Pleitos Colombinos dejó muy claro que conocía algo acerca de estas dos expediciones por haber estado en La Española cuando en ambas ocasiones retornó el almirante al finalizar sus descubrimientos. De lo que sí se tiene constancia es de que formó parte de los mal llamados «viajes menores» o «viajes andaluces», que tuvieron lugar entre 1501 y 1509.

La travesía que ha convertido a Juan Bermúdez en protagonista de una brillante página de la historia de las exploraciones se inicia en la ciudad de Sevilla, en el mes de julio de 1505, al salir de este puerto como piloto de la carabela *Garza* con el encargo de llevar vituallas y pertrechos a los asentamientos españoles en las Indias. La singladura de ida se llevó a cabo felizmente y sin contratiempos. Cuando inició su regreso, en vez de rumbear hacia el noreste en busca de las Azores, como siempre habían hecho los que le precedieron, dirigió su proa al norte, quizás porque ya sabía que una fuerte corriente marina, que puede llegar a alcanzar hasta los cuatro nudos, circulaba muy pegada a las costas de Florida en dirección sur-norte; el descubrimiento de esta corriente, conocida hoy día con el nombre de corriente del Golfo, se le atribuye a otro marino palermo, Antón de Alaminos. Es posible también que tomara esa dirección despistado por una tormenta. Cuando llevaba apenas unos días en la mar, Bermúdez alcanzó a ver un grupo de islas con evidente riesgo para la navegación a las que les dio el nombre de su carabela, *Garza*. Qué bella muestra de reconocimiento de este experto marino a su embarcación, ya que lo habitual era que al hallarse nuevas tierras, estas recibieran el nombre de su descubridor, de su monarca, de su tierra de origen o de la efeméride religiosa que se celebraba el día de la arribada. Bermúdez no. Con un punto de originalidad él quiso que fuera

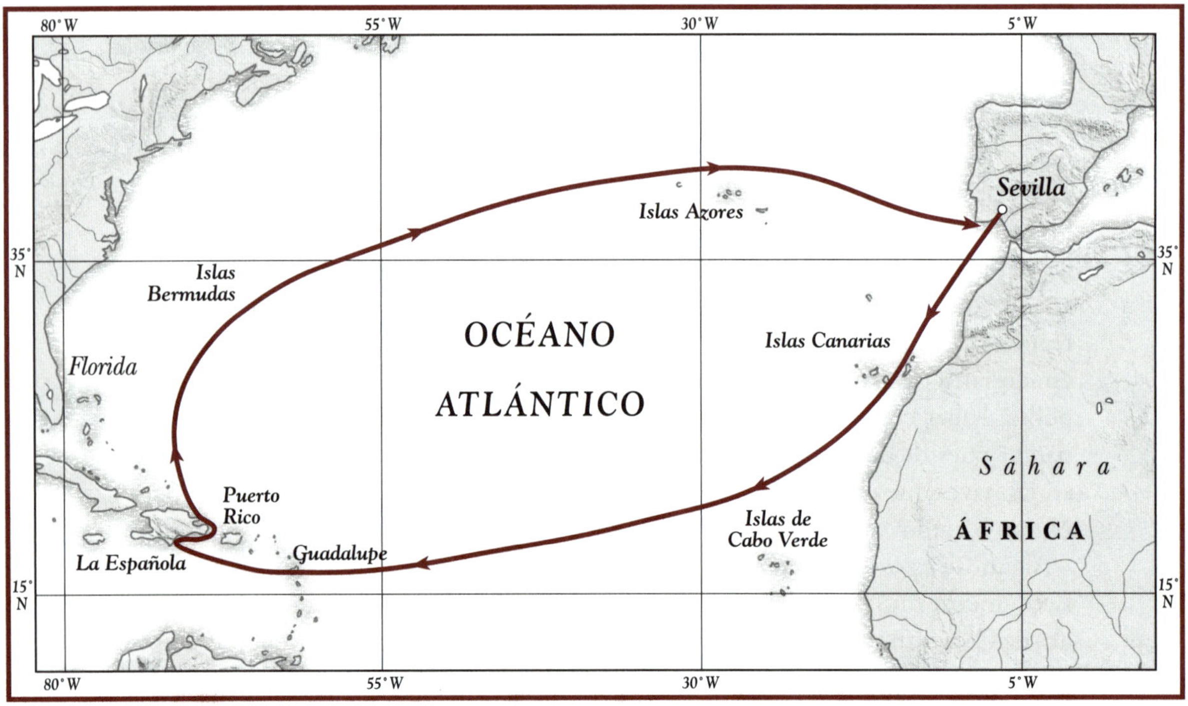

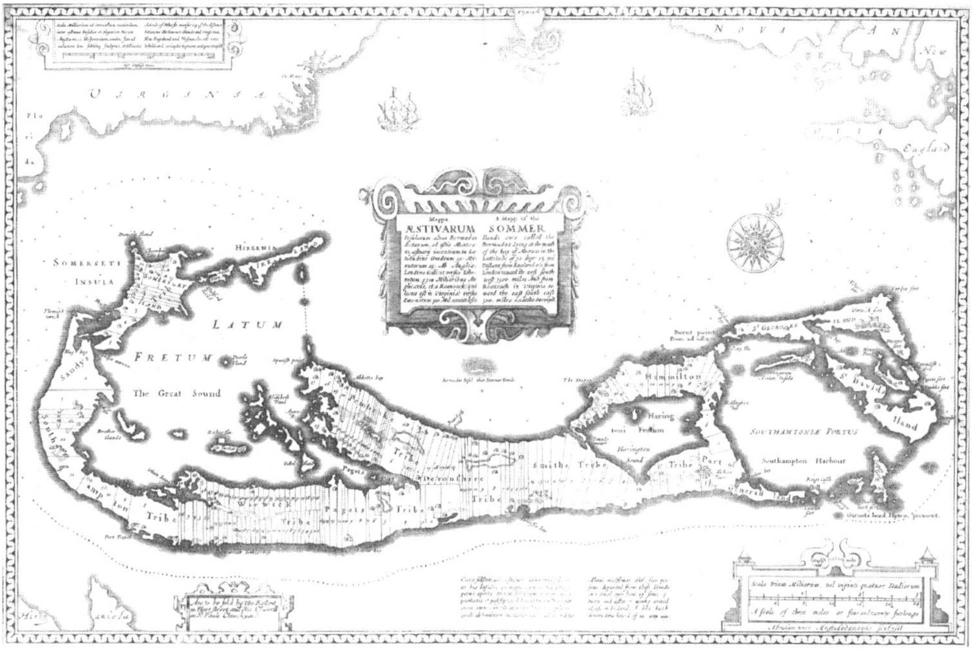

Mapa de las islas Bermudas, a las que su descubridor denominó como su carabela, Garza.

su carabela la que pasase a protagonizar este hecho, pero la historia no se lo ha permitido y las ha bautizado con el nombre de su descubridor: aquellas serían en adelante las islas Bermudas.

Lecturas

«Las islas Bermudas y Juan Bermúdez», R. Barreiro-Meiro. En *Revista general de Marina,* junio, 1970

Los marinos descubridores onubenses, Ignacio Fernández Vial y Belén Fernández Morente. Diputación Provincial de Huelva, Huelva, 2004

Alonso de Ojeda

El veterano explorador de la costa de Venezuela y Colombia

Cuenca, entre 1466 y 1470-Santo Domingo, 1516

Marino y conquistador

«Pequeño de cuerpo, pero muy bien proporcionado [...], la cara hermosa y los ojos muy grandes: de los más sueltos hombres en correr y hacer vueltas en todas las otras cosas de fuerzas.» Así describía Bartolomé de las Casas al audaz conquense, veterano de la conquista de Granada, quien puso rumbo a América al mando de una de las carabelas de Colón, en su segundo viaje.

Por encargo del almirante fue enviado a explorar la provincia de Cibao, en La Española, donde encontró oro. Tras informar a Colón, Ojeda tuvo que regresar a aquellas tierras, esta vez a socorrer al catalán Pedro de Margerit, que había sido atacado por el cacique Caonabó en la fortaleza de Santo Tomás. Logró capturar al rebelde en la provincia de Maguana tras engañarlo regalándole unas pulseras de latón que no eran otra cosa que unos grilletes con los que lo inmovilizó. Cargado de fama y oro regresó a España y obtuvo capitulación para explorar la costa de Venezuela. Con cuatro naves llegó a Paria y luego a las desembocaduras de los ríos Esequibo y Orinoco y a las bocas del Drago. En La Española permaneció hasta el año 1498 y regresó a España para volver a América en uno de los viajes de descubrimiento organizados tras el final del monopolio colombino. Acompañado por Juan de la Cosa y Américo Vespucio, reconoció el cabo de las Perlas, la isla Margarita y el cabo Codera, y descubrió finalmente la isla de Curazao y la práctica totalidad de la costa de Venezuela (nombrada así por recordarles a una pequeña Venecia debido a la gran cantidad de viviendas palafíticas que se erigían sobre las aguas), hasta llegar al cabo de la Vela —que bautizó de esa ma-

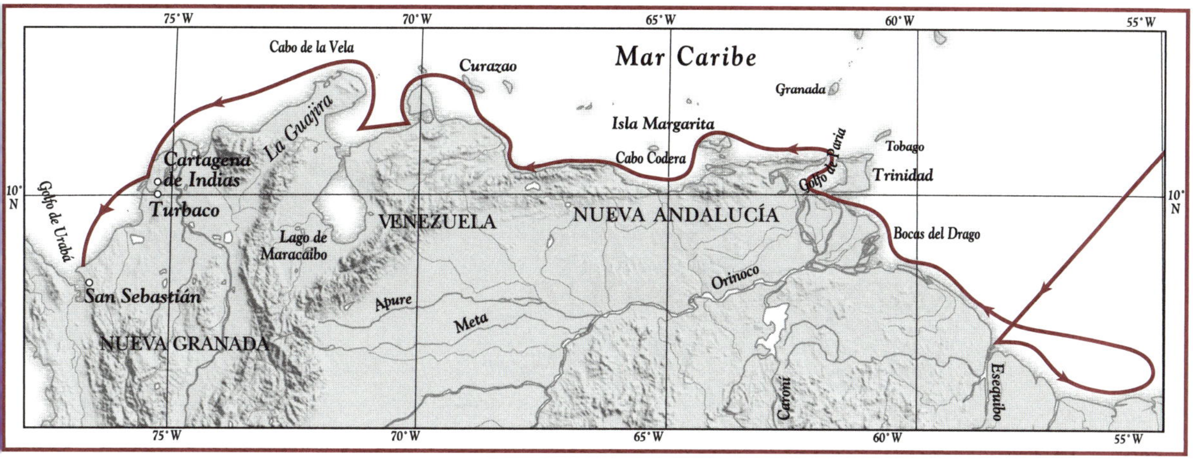

nera por parecerle desde la lejanía «vela de navío»— y la Guajira colombiana.

En aquella península desértica, en Santa Cruz, Ojeda construyó el primer asentamiento español en tierra firme y, como gobernador de Urabá, con potestad entre el cabo de la Vela y el golfo de Urabá, intentó consolidar la colonización española hasta que en 1509 en Turbaco, cerca de Cartagena de Indias, sufrieron un terrible ataque de los nativos. Murieron casi todos los españoles, incluido Juan de la Cosa, pero Ojeda se salvó. Llegó a la costa y se encontró con Nicuesa, al que se unió en la represalia contra los indígenas. En Urabá fundó San Sebastián, pero la mala situación en la que se hallaban hizo que retornara a Santo Domingo en una nave al mando de Bernardino de Talavera y un grupo considerable de fugitivos que viraron el rumbo para ir a Cuba y eludir la justicia real. Por fin, Ojeda consiguió llegar a Santo Domingo, donde vivió hasta 1516. Según Bartolomé de las Casas murió pobre en un convento de religiosos franciscanos.

Lecturas

El caballero de la virgen: la narración de Alonso de Ojeda en la Historia de las Indias de Bartolomé de las Casas, María Christen Florencia. Universidad Autónoma Metropolitana, Iztapalapa, 1988

Antón de Alaminos

El descubridor de la corriente del Golfo

Palos de la Frontera (Huelva), 1475-España o Nueva España, 1520

Navegante, piloto y explorador

Excelente piloto, dotado de un gran espíritu observador, el onubense pasó a la historia por identificar y descifrar la famosa corriente del golfo de México al navegar desde la recién descubierta península de Yucatán (que por entonces se creía una isla), hasta el cabo de la Florida, lo que le permitió comprobar la terrible fuerza de las aguas, que desviaba las embarcaciones hacia el océano abierto. Su hallazgo, muy lejos de ser anecdótico, constituyó todo un hito geográfico, al ser dicha corriente elemento fundamental en la economía temporal de los viajes desde América hacia Europa y también en el equilibrio ecológico de la región.

Su descubrimiento tuvo lugar cuando formaba parte de la expedición de Francisco Hernández de Córdoba iniciada en el año 1517. Aquel viaje fue una verdadera agonía, sobre todo a partir de la punta extrema de Yucatán, pues la sed y el constante hostigamiento de los naturales, que entre otras cosas impedían a las tripulaciones acceder a tierra firme para hacer aguada, les hicieron perder un buen número de hombres, en especial en las cercanías de Potochan, bautizada desde entonces como costa de «Mala Pelea» debido a que cincuenta integrantes de la expedición perdieron allí la vida en combates. Alaminos, quien inició su carrera naval cuando aún era muy joven y que se enroló como grumete en el segundo viaje de Cristóbal Colón a América, había residido con anterioridad en Santo Domingo y capitaneado la nave que condujo a Juan Ponce de León al descubrimiento de La Florida (1512). También fue piloto mayor de la empresa de Juan de Grijalva que tenía por objeto la exploración de la costa mexicana hasta el

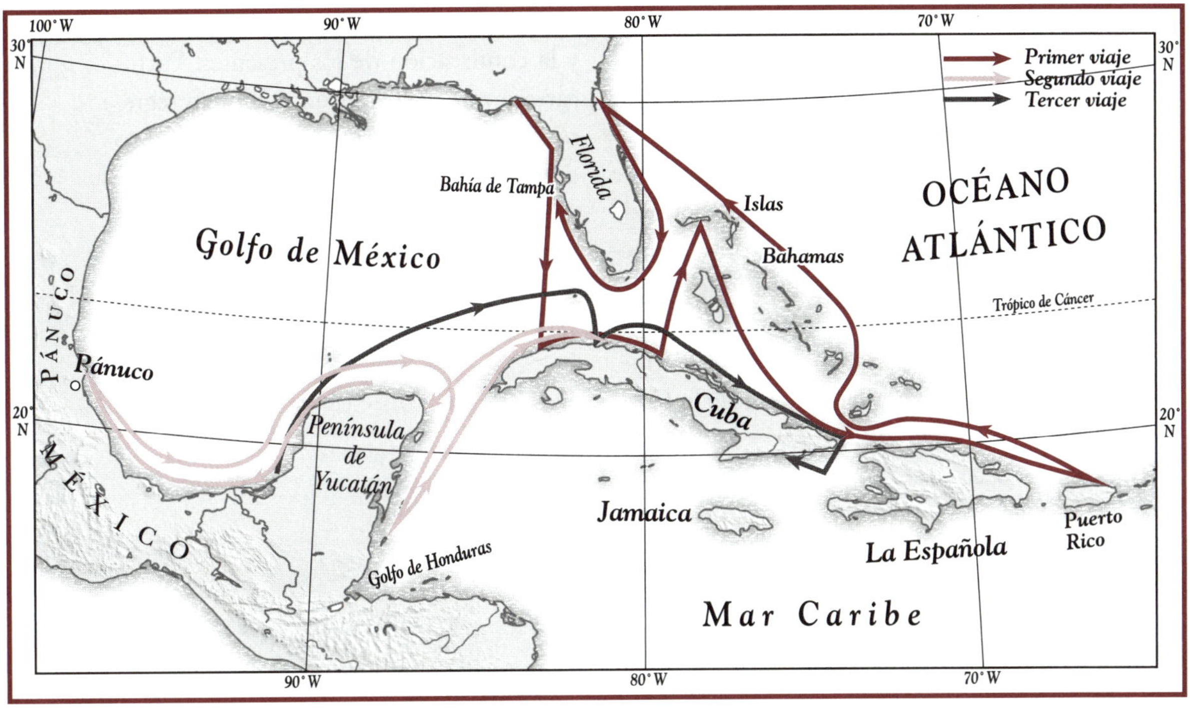

río de la Antigua. En Santiago de Cuba se unió por fin, en 1519, a las huestes de Hernán Cortés, en el viaje que culminaría con la conquista del Imperio azteca.

Precisamente Cortés encargó en el mes de julio de aquel mismo año a Alaminos que cruzara el Atlántico y se acercara hasta España en compañía de los procuradores Francisco de Montejo y Alonso Hernández Portocarrero. Estos tenían como misión entregar al emperador Carlos V diversos presentes de gran valor y la primera de las *Cartas de relación*, que justificaba la tenida por extraña conducta del conquistador extremeño. Cortés pretendía con este gesto lograr el apoyo del monarca y conseguir refuerzos humanos, embarcaciones y pertrechos para consolidar su aventura mexicana. El propio Alaminos pudo comprobar la importancia del descubrimiento en su viaje de regreso a España. En efecto, la idea era evitar el acercamiento a la isla de Cuba con el fin de que el gobernador, Diego Velázquez, enfrentado con Cortés, no tuviera aviso de las intenciones de aquella misión. Aun así, Velázquez fue avisado e informado de este viaje, probablemente por Montejo, y mandó inmediatamente dos embarcaciones ligeras para apresar la nave de Alaminos. Pero este logró desembarazarse de sus perseguidores utilizando la fuerza de la corriente. Consiguió cruzar por primera vez el canal de Bahama y dio fe de que aquel era el camino más rápido y corto para retornar a Europa desde el Caribe. A su llegada a España la Casa de la Contratación ordenó el arresto de la comitiva y la confiscación de los presentes. Portocarrero murió en prisión, Montejo regresó a América y Alaminos falleció al poco tiempo de su puesta en libertad, no se sabe muy bien si en España o en la Nueva España.

Lecturas

La exploración del Atlántico, Guillermo Céspedes del Castillo, Mapfre, Madrid, 1991

Francisco Hernández de Córdoba

El primero en alcanzar el México continental

¿?, ¿1475?-Santiago de Cuba (Cuba), 1517

Navegante y explorador

En el año 1517 era gobernador de Cuba Diego Velázquez, quien pensó en la posibilidad de enviar una expedición a las tierras occidentales que, según los rumores, escondían un gran imperio. Al mando de la empresa nombró a Francisco Hernández de Córdoba, que había llegado a la isla en 1511 y prosperado en ella como encomendero. Este partió de Santiago con tres navíos, cuya tripulación incluyó al gran piloto Antón de Alaminos, veterano del último viaje de Cristóbal Colón.

La flota mandada por Hernández de Córdoba salió el 8 de febrero y veinte días después llegó a la isla de Cozumel, frente a la península de Yucatán, que entonces bautizaron como isla Mujeres por la gran cantidad de iconografía femenina que encontraron. Recorrieron luego el litoral peninsular y llegaron a desembarcar en el cabo de Catoche, llamado así por las voces que daban los nativos —*cotoch*, que venía a significar algo así como «venid»—, quienes después de mostrar su lado amable los atacaron con fiereza, pues se trataba de una costa asolada por rescatadores de esclavos. A continuación arribaron a Campeche, donde tomaron posesión de esas tierras. Por primera vez los españoles alcanzaban el México continental. Acuciados por la sed, decidieron estibarse de agua dulce en la desembocadura del río Champotón, donde fueron recibidos por los indígenas con gran violencia. En el ataque murió casi la mitad de la tripulación y Hernández de Córdoba resultó gravemente herido. Ante lo desesperado de la situación decidieron regresar a Cuba. Allí Hernández de Córdoba informó a Velázquez de las posibilidades materiales y humanas de

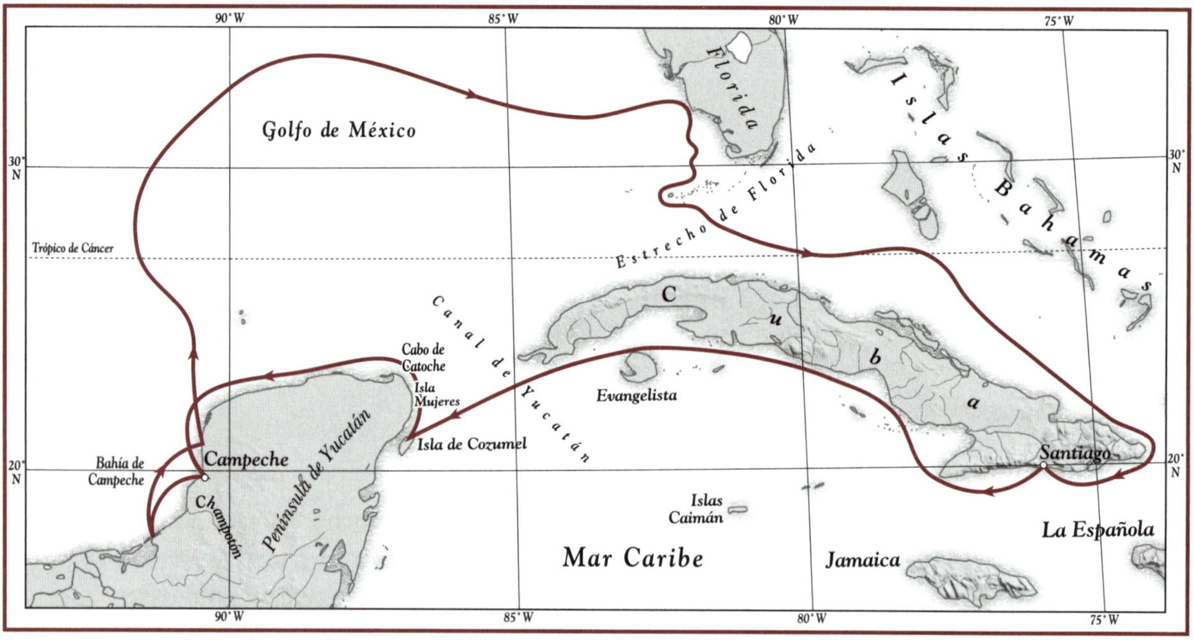

aquellas tierras y este encargó con rapidez a Juan de Grijalva que preparara una nueva expedición de descubrimiento y rescate.

Incomodado por la falta de reconocimiento a su labor, pensó en viajar a España e informar al monarca, pero no le dio tiempo. Murió al poco como consecuencia de las heridas sufridas en aquella mala pelea.

Lecturas

Hernán Cortés, inventor de México, Juan Miralles. Tusquets, Barcelona, 2002

Los dos españoles que se hicieron indios

Jerónimo de Aguilar *Volvió para contarlo*

Écija (Sevilla), ¿1489?-México, ¿1531?

Soldado y traductor

Gonzalo Guerrero *Se quedó y luchó contra sus compatriotas*

Palos de Moguer (Huelva), ¿?-Península de Yucatán (México), ¿1536?

Soldado español y general maya

Cuando Hernán Cortés arribó a la isla de Cozumel, frente a la península mexicana de Yucatán, en los primeros días de marzo de 1519, se propuso localizar a los españoles que, según diversas noticias, permanecían allí cautivos. Un grupo de soldados trajo ante él a siete nativos casi desnudos, algunos con los cabellos trenzados anudados en la frente y armados con arcos y flechas. Había indicios de que uno de los náufragos podía estar entre ellos.

—¿Quién es el español? —preguntó Cortés.

—Yo soy —respondió uno de los presentes.

Cuentan las crónicas que «de su natural color era moreno, venía trasquilado como un indio esclavo, traía un remo al hombro, una ruin manta, sus partes cubiertas con un paño a modo de braguero y en la manta un bulto, que después se vio era un libro de oraciones». Cortés le mandó vestir camisa, jubón y unos calzones y calzar unas alpargatas, y le dieron para cubrirse una montera.

Aquel hombre era Jerónimo de Aguilar. Siete años atrás, en 1512, se había embarcado con Juan de Valdivia a fin de llevar a la isla de La Española (Santo Domingo) noticias y muestras de la riqueza aurífera de los territorios del Darién. Pero el barco naufragó cerca de Yucatán. Solo dos miembros de la tripulación, capturados luego por indígenas y sometidos a cautiverio, lograron sobrevivir: el propio Aguilar y Gonzalo Guerrero. Este último asimiló la cultura indígena de sus captores, mientras que Aguilar, en cambio, mantuvo sus firmes creencias religiosas y aceptó unirse a la hija del cacique Ah Maum Ah Pot, siempre con la esperanza de un rescate.

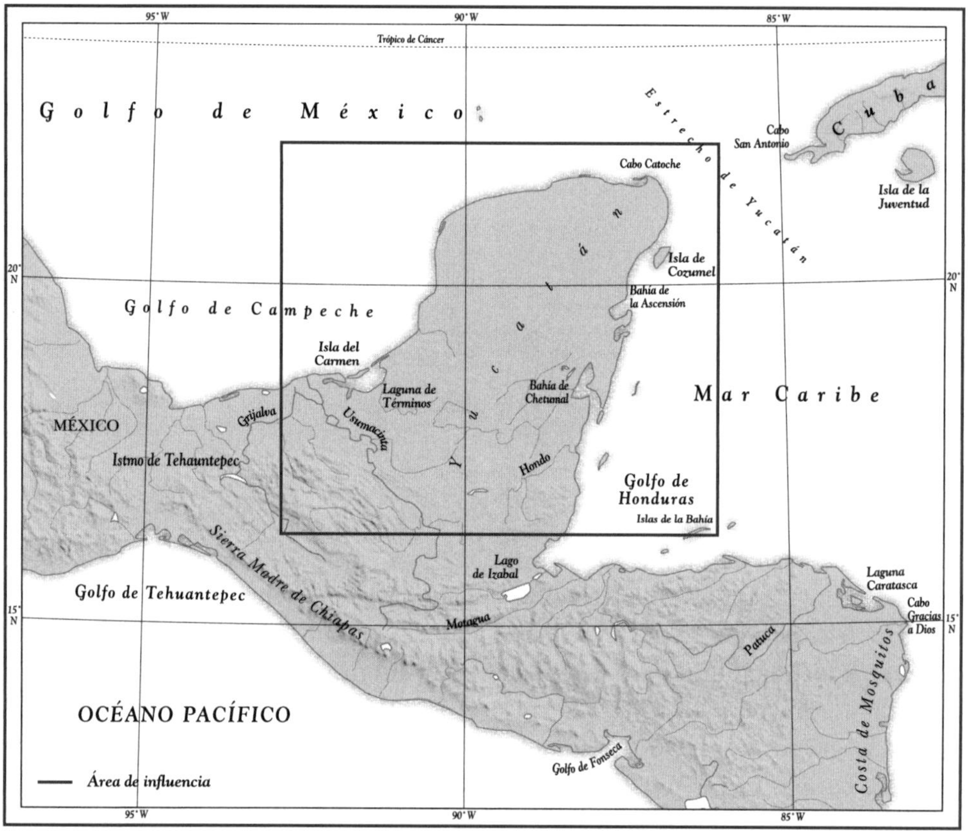

En 1517 la expedición de Francisco Hernández de Córdoba dio cuenta de la presencia de españoles en aquellas tierras al gobernador de Cuba, Diego Velázquez, quien encargó a Cortés una exploración de las remotas tierras del oeste, donde se suponía podía haber un rico y poderoso imperio. De ahí que cuando Cortés encontró a Aguilar, que había aprendido en cautividad el maya, se convirtió en una figura fundamental durante la conquista de México, junto a la traductora o «lengua» doña Marina Malinalli, la famosa indígena conocida como *la Malinche.* Marina, hija de unos caciques de Olutla, no solo hablaba maya sino también náhuatl, el idioma de los aztecas, a quienes profesaba gran aversión por motivos más que justificados, como tantos indígenas mesoamericanos víctimas de su militarismo y de su práctica de obtener cautivos para sacrificios humanos. Así pues, Cortés se dirigía a Aguilar en español, este traducía sus palabras al maya y Marina lo hacía al náhuatl. Las dos lenguas principales de Mesoamérica quedaron vinculadas gracias a la colaboración de Aguilar al proyecto cortesiano. Como premio por aquellos servicios y después de participar en la conquista de México, Aguilar fue nombrado regidor de la capital y recompensado con tres encomiendas al norte, donde vivió hasta su muerte.

Hernán Cortés y la Malinche, *traductora del maya al náhualt.*

Por su parte, Gonzalo Guerrero, a quien parece que el mundo maya le dio más alegrías y seguridad que el europeo del siglo XVI, decidió quedarse con los que en principio fueron sus captores, para convertirse con el tiempo en «indio blanco», cacique, y llegar a ser incluso «general», según cuentan las crónicas, por otra parte no muy fiables y sometidas a escrutinio por los historiadores hasta la actualidad. Tras pasar de mano en mano como sirviente cayó en las del cacique Nanchacan, el cual residía cerca de Chetumal, en donde hoy miles de turistas visitan las pirámides de Tulum. Fueron así los ojos de Guerrero, seguramente, los primeros europeos que las contemplaron. Con el tiempo y por sus bravas y valientes actuaciones, Guerrero supo ganarse la confianza del cacique y pidió servir en su ejército; además, contrajo matrimonio con la hija de aquel líder, Xzazil, con quien tuvo tres hijos. Se hizo así fundador de una estirpe que figuró entre las primeras de mestizos indianizados de América. Tanta fue su integración en la cultura maya que llegó incluso a luchar contra las huestes de Francisco Hernández de Córdoba, primero, y contra las de Francisco de Montejo, después, siempre según testimonios de cronistas que escribieron sobre él de oídas, por boca de soldados que habían entablado combate con «barbudos de orejas horadadas», símbolo este último característico de los mayas. También cuentan que podría haber llegado a engañar a Alonso Dávila, lugarteniente de Montejo, para evitar la conquista de Yucatán, donde vivía con su familia. El final de los días de Guerrero es casi tan incierto como su vida, ya que se le creyó luchando contra Andrés de Cereceda y luego contra Pedro de Alvarado, quien venció al cacique maya Cecumba. Cereceda escribió al emperador Carlos V contando que se había encontrado con el cuerpo de un cristiano vestido de indio, tatuado, con las orejas horadadas y con las armas y los atributos de un general maya. Si era o no Guerrero es otro cantar. El mito despertó y sigue despertando pasión por el estudio de este personaje, el primer «mártir» blanco de los indígenas de América.

Lecturas

Cartas de relación. Hernán Cortés, edición de Ángel Delgado Gómez. Castalia, Madrid, 1993

Historia verdadera de la conquista de la Nueva España, Bernal Díaz del Castillo. Prólogo de Carlos Pereyra. Espasa, Madrid, 2000

Hernán Cortés

Fundador de México y explorador del Pacífico

Medellín (Badajoz), 1485-Castilleja de la Cuesta (Sevilla), 1547

Político, soldado y escritor

Un niño enfermizo que se convirtió en joven pendenciero y amigo de las armas, pero buen conocedor de la importancia de la escritura para consolidar una buena fama, acabó por ser el conquistador de México. Hijo de unos hidalgos pobres, al cumplir los 14 años fue enviado a Salamanca, pues sus padres deseaban que estudiara leyes en la universidad. En la ciudad castellana vivió dos años, durante los cuales cursó gramática y latín. En 1501 decidió embarcar en la expedición que organizaba frey Nicolás de Ovando para el Nuevo Mundo, pero las heridas sufridas al caer de un muro cuando rondaba a una dama casada se lo impidieron. Siempre deseoso de aventura, al recobrarse se dirigió a Valencia para embarcarse a Italia con las tropas del Gran Capitán, pero tampoco logró hacerlo. Después de vagabundear por distintas ciudades españolas durante un año, retornó a Medellín y anunció a sus padres su deseo de ir a América, lo que al fin logró en 1504, cuando tenía 19 años. Cortés llegó a Santo Domingo, donde se enroló en la hueste de Diego Velázquez, que sojuzgó la rebelión indígena de la cacica Anacaona. Esa fue la única acción militar cortesiana antes de la conquista de los aztecas. Al término de la campaña, fue recompensado con un repartimiento de naturales en Daiguao y con la escribanía del ayuntamiento de Azúa, ciudad que ayudó a fundar. En 1519, los españoles preparaban desde Cuba el asalto a un imperio situado a occidente, del que tenían insistentes noticias. Velázquez preparó entonces una expedición a Yucatán y puso a su compadre Cortés al frente de ella. Este levantó una hueste de trescientos hombres. En Trinidad se

le unieron otros doscientos españoles, y luego en La Habana y el cabo de San Antón se le sumaron algunos más.

La armada cortesiana partió de Cuba el 10 de febrero de 1519 con once naves, a bordo de las cuales iban 109 marineros, 508 soldados, 32 ballesteros, 13 escopeteros, 16 jinetes y 200 indios de servicio, además de algunos negros. Su artillería consistía en diez cañones de bronce y cuatro falconetes. Al llegar a la isla de Cozumel Cortés rescató al español Jerónimo de Aguilar, que llevaba siete años en la costa yucateca a causa de un naufragio. Aguilar hablaba maya y fue una valiosa ayuda para entenderse con los naturales de aquella región. La navegación continuó hasta la desembocadura del río Grijalva, donde tuvieron un combate con los naturales de Tabasco. La paz fue negociada a través de Aguilar, que obtuvo a cambio del cese de hostilidades la entrega de alimentos y veinte mujeres, entre las que estaba la famosa doña Marina, que se convertiría en amante, traductora y consejera de Cortés. Marina, *la Malinche,* hablaba náhuatl y maya, esta última la lengua que había aprendido Aguilar, con lo que Cortés se aseguró la comunicación con los naturales.

El proyecto de conquista de los aztecas comenzó con la fundación de Veracruz el 19 de julio de 1519. La estrategia de Cortés fue muy meditada y reprodujo algunas de las tácticas empleadas en la Reconquista española. Como narra en sus sucesivas *Cartas*, tan importantes para dar a conocer la geografía del Nuevo Mundo, buscó un puerto de apoyo, el de Zempoala, y estrechó relaciones con los totonacas, a los que ofreció librarlos de los impuestos que pagaban a los aztecas. El 16 de agosto Cortés y su hueste emprendieron la definitiva conquista de la fantástica capital, Tenochtitlán: eran 400 infantes, 15 o 16 jinetes y 1300 indios totonacas aliados. Por su consejo, los españoles se dirigieron a Tlaxcala, una confederación de cuatro pueblos nahuas, enemiga tradicional de los aztecas. Los tlaxcaltecas acabaron por unírseles en la marcha hacia el valle de México, donde los recibió Moctezuma. Los españoles visitaron luego la urbe, que los impresionó mucho; se trataba de una ciudad lacustre, unida a tierra firme por cuatro calzadas, con una enorme población (entre 150 000 y 300 000 habitantes), que recibía el agua potable de un gran acueducto.

Las relaciones con los aztecas fueron buenas al principio, pero empeoraron a medida que los propósitos de permanencia de los españoles se hicieron más evidentes. Cortés comprendió entonces que su tropa afrontaba una situación muy comprometida y tras dejar en Tenochtitlán ciento veinte hombres al mando de Pedro de Alvarado, partió con los ochenta restantes hacia la costa. Al retornar a la capital la situación era pésima y a fin de evitar su exterminio por los aztecas dispuso la retirada. Era el 30 de junio de 1520, la famosa «Noche Triste». Los españoles no pudieron salir amparados en la oscuridad, y fueron descubiertos y atacados desde los lagos; murieron cerca de ochocientos soldados y unos cinco mil nativos aliados. Al poco, Cortés proyectó cuidadosamente una guerra sin cuartel contra la confederación azteca, que se basó en la ampliación de la red de aliados indígenas y la construcción de unos bergantines por piezas, que debían permitir a la hueste moverse en el entorno lacustre de Tenochtitlán. El 13 de agosto empezó la última ofensiva y días después terminaba la resistencia azteca.

Una vez consumada la conquista, Cortés emprendió la reconstrucción de la capital. En 1522 fue nombrado gobernador, capitán general y justicia mayor de la Nueva España. En esos años aparece también el Cortés colonizador, que emprende una campaña para traer misioneros e importar plantas y ganados, y apoya la exploración del territorio enviando sus capitanes a Tehuantepec, Guatemala y El Salvador (Pedro Alvarado), Pánuco (Gonzalo de Sandoval), Honduras (Cristóbal de Olid), Jalisco y Nayarit (Francisco Cortés) e intenta descubrir el mar del Sur con unos bergantines construidos en Zihuatanejo. En el año 1524, él mismo emprendió una expedición a Honduras o las Hibueras; también exploró el golfo Dulce, fundó Puerto Caballos y regresó por mar a México, donde supo que los oficiales reales le habían despojado del gobierno. Empezaron entonces los litigios de Cortés con la Corona y sus representantes, que durarían hasta su muerte. Todavía en 1532 impulsó su último sueño: proyectar la Nueva España hacia el océano Pacífico, para lo cual mandó construir seis bergantines en Acapulco y Tehuantepec. Los primeros salieron en 1532 con el primo de Cortés, Diego Hurtado de Mendoza, al mando, pero no pasaron de la bahía de las Banderas, al noroeste mexicano. La segunda expedición salió de Santiago en 1533 con dos naves mandadas por Becerra y por Hernando Grijalva. La nave de Becerra fue a parar a California, desde donde regresó a Jalisco. La de Grijalva descubrió el archipiélago de Revillagigedo y retornó a Acapulco. Una tercera expedición en 1535 con tres navíos se dirigió a California con el propósito de establecer allí una colonización permanente. Cortés todavía tomó parte en la famosa expedición de Argel de 1541, que constituyó un desastre personal, ya que perdió una parte de su fortuna y sufrió el desdén de Carlos V. Cuando falleció, se encontraba a punto de cruzar de nuevo el Atlántico para retornar a la Nueva España que había fundado.

Lecturas

Cartas de Relación. Hernán Cortés, edición de Ángel Delgado Gómez. Editorial Castalia, Madrid, 1993

Hernán Cortés, José Luis Martínez. Fondo de Cultura Económica, México, 1990

Hernán Cortés, inventor de México, Juan Miralles. Tusquets, Barcelona, 2001

Pedro de Alvarado

El Gran Salto a Centroamérica

Badajoz, 1485-Guadalajara (México), 1541

Conquistador y explorador

Existe una leyenda que habla de un salto prodigioso que Pedro de Alvarado dio haciendo pértiga con su lanza clavada en el suelo para salvar un canal de anchura más que considerable cuando huía de sus enemigos en la capital azteca, Tenochtitlán, durante la «Noche Triste» del 30 de junio de 1520, cuando los españoles tuvieron que abandonar la ciudad tras la muerte de Moctezuma y durante la rebelión —no por postergada menos violenta— que los quiso destruir. El llamado «salto de Alvarado», sea cierto o no (sí lo fue según el cronista López de Gómara, pero no así según Bernal Díaz del Castillo, mucho más fiable en su testimonio porque se encontraba allí), supuso una hazaña más que añadir a la larga lista de las proezas llevadas a cabo por este complejo hombre de su tiempo. Pero su verdadero salto fue el que protagonizó en el descubrimiento y conquista de Centroamérica, el llamado País del Sur, Tututepec, tras la consolidación de la conquista mexicana.

Pedro de Alvarado, fundador de Santiago de los Caballeros de Guatemala.

Alvarado era un veterano cuando esta tuvo lugar, ya que arribó en 1510 a La Española y posteriormente participó en la conquista de Cuba. En 1518 acompa-

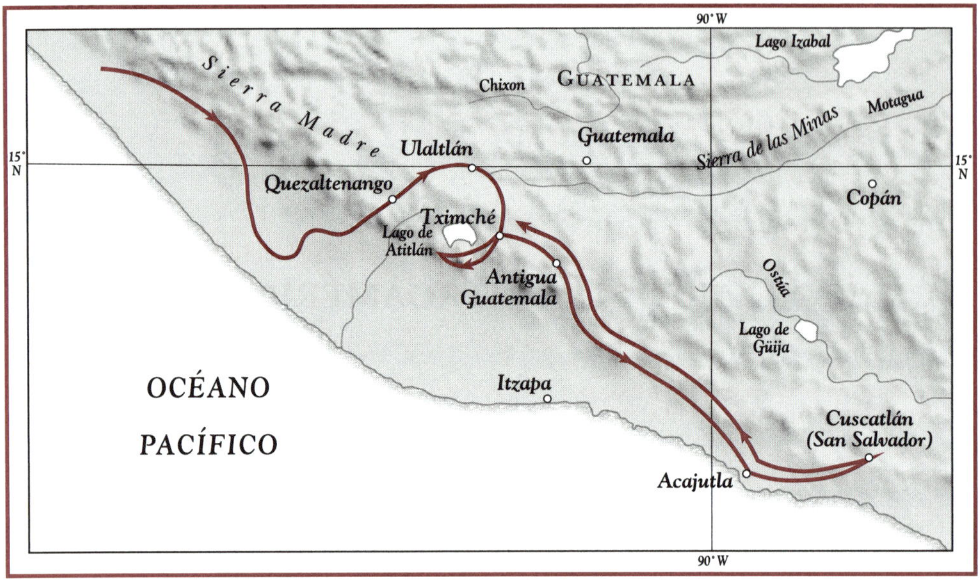

ñó a Grijalva en su recorrido por Yucatán y no dudó en unirse a Hernán Cortés, que lo hizo merecedor de su confianza tras la toma de Tenochtitlán, pues a continuación le encomendó la tarea de inspeccionar apetecibles tierras ignotas que se creían llenas de tesoros. Así, Alvarado se dirigió en 1523 hacia Guatemala, lugar donde se vio obligado a enfrentarse durante ocho meses a los ataques de los nativos, especialmente de los quichés, los tzutuhiles y los panatacat; los cakchiqueles, en cambio, se convirtieron en sus aliados. En su itinerario pasó por Quetzaltenango, Xepán, Ulatlán, Tximché, Chutinamit, Acajutla —donde resultó herido de un flechazo en una pierna—, Tucuxcalco, Miaguaclán, Atehuán y Cuscatlán, en la actualidad San Salvador. A Alvarado se debe también la fundación en el año 1524 de la ciudad de Santiago de los Caballeros de Guatemala. En 1526 apoyó a Cortés en la expedición a Honduras y posteriormente se ocupó de la exploración y conquista de Nicaragua. De regreso a España al año siguiente, rodeado de una fama solo comparable a la de Cortés, fue recompensado con el título de gobernador, capitán general y adelantado de Guatemala. Retornó al Nuevo Mundo en 1528. Desde Guatemala organizó sin éxito una partida para tomar Quito y pretendió conquistar Perú, pero la empresa terminó finalmente en fracaso. En 1536 Alvarado regresó de nuevo a Guatemala para ocuparse de su gobierno pero, siempre inquieto, se implicó en la preparación de una expedición marítima que debía llegar hasta las islas Molucas, en el océano Índico. En 1540, cuando la expedición estaba casi lista, fue llamado para ayudar a sofocar una rebelión de los nativos palisqueños. Tras la batalla de Nochistlán, su caballo sufrió un resbalón y Alvarado resultó herido; fue trasladado a Guadalajara, donde murió al año siguiente.

Lecturas

Pedro de Alvarado, Jesús María García Añoveros. Historia 16, Madrid, 1987

Pedro de Alvarado. El conquistador del país de los Quetzales, Antonio Gutiérrez Escudero. Anaya, Madrid, 1987

Gil González Dávila

Buscaba China, pero encontró Honduras y Nicaragua

Ávila, 1480-España, 1526

Conquistador y navegante

Hidalgo y jurista, cruzó a América por primera vez en 1509 embarcado en la flota que llevaba a La Española al virrey Diego Colón. Contador y titular de un repartimiento de indios en la isla, regresó a España en 1515 y tres años después, junto con el piloto Andrés Niño y Andrés de Cereceda, obtuvo de la Corona una capitulación para explorar la costa del océano Pacífico en América Central, hacia la latitud de Florida.

El objetivo de esta expedición es dudoso, pero debió de estar vinculado al viaje de Magallanes, con el que coincidió en el tiempo. Así, González Dávila habría buscado un estrecho interoceánico al norte de Panamá, o tal vez el camino de China. Su armada, con doscientos hombres y tres navíos, llegó a Acla, en Panamá, en 1520. Como era preceptivo presentaron su capitulación a Pedrarias Dávila, pero este les puso toda clase de obstáculos, hasta que lo convirtieron en socio. A comienzos del año 1522 las naves se adentraron en el océano Pacífico, con rumbo norte, y tomaron tierra en la costa hasta llegar a los dominios de los caciques Nicoya y Nicarao. Después González Dávila descubrió un gran lago situado a tres leguas del Mar del Sur y decidió explorarlo, pensando que podía tratarse al fin del ansiado paso interoceánico hacia Asia. De ese modo halló el lago de Nicaragua.

Su socio, el piloto Niño, cruzó entre tanto por el golfo de Nicoya, llegó al puerto de la Posesión y bautizó el que todavía se llama golfo de Fonseca. Tras reunirse con González Dávila ambos retornaron a Panamá, adonde llegaron en el año 1523 con una buena cantidad de oro. Esto despertó de inmediato la envidia de Pedrarias, que conjeturó que aquellas tierras estaban bajo jurisdicción panameña, pero también de Hernán Cortés. Este envió hacia el sur a Cristóbal de Olid y Pedro de Alvarado para proteger los derechos novohispanos, mientras el primero despachó a aquellas latitudes a Francisco Hernández de Córdoba. Para evitar estas competencias, González Dávila había desembarcado en Honduras y, tras fundar San Gil de Buena Vista en 1524, alcanzó el valle de Olancho. Capturado luego por los emisarios de Cortés, lo enviaron preso a México y murió en España, adonde se había trasladado a defender sus justos títulos sobre aquellos territorios.

Lecturas

Historia del descubrimiento y conquista de América, Francisco Morales Padrón. Gredos, Madrid, 1990

Bernal Díaz del Castillo

Cronista de la exploración y conquista de México

Medina del Campo (Valladolid), ¿1496?-Guatemala, 1584

Soldado y cronista

Cumplidos ya los 70 años, el regidor de Guatemala y antiguo soldado de conquista Bernal Díaz del Castillo iniciaba la redacción de la *Historia verdadera de la conquista de la Nueva España*, una obra escrita con una inusual sencillez. El texto nació como reacción lógica ante la publicación en 1552 de la *Historia general de las Indias y conquista de México*, de Francisco López de Gómara, en la cual el autor ensalzaba en exclusiva la figura de Hernán Cortés. La intención de Díaz del Castillo era rescatar del olvido la abnegación y el sacrificio del elemento «popular» de la conquista, humildes soldados como él mismo que no aparecían en los relatos heroicos y épicos. Gómara, gran escritor humanista y cortesano, jamás estuvo en México; Díaz del Castillo, por el contrario, conocía muy bien a Cortés y las tierras mexicanas. De hecho, participó en la expedición de 1519 capitaneada por el extremeño y, desde la llegada a Cozumel en la nave de Alvarado, fue su compañero de armas en los principales acontecimientos ocurridos en la conquista de la Nueva España, desde la fundación de Veracruz hasta la rendición de la capital azteca. También estuvo en la malograda expedición de Cortés a Las Hibueras (Honduras), que partió de Espíritu Santo de Coatzacoalcos. Instalado luego en este lugar, lamentó la ejecución del azteca Cuauhtémoc, se opuso al trato vejatorio o la esclavitud que sufrían algunos indígenas y, en su momento, dio a conocer su crítico punto de vista al presidente de la audiencia de México. Para entonces, casi toda su vida había transcurrido en el Nuevo Mundo, pues Díaz del Castillo había llegado en 1514 y se había radicado en Santa María

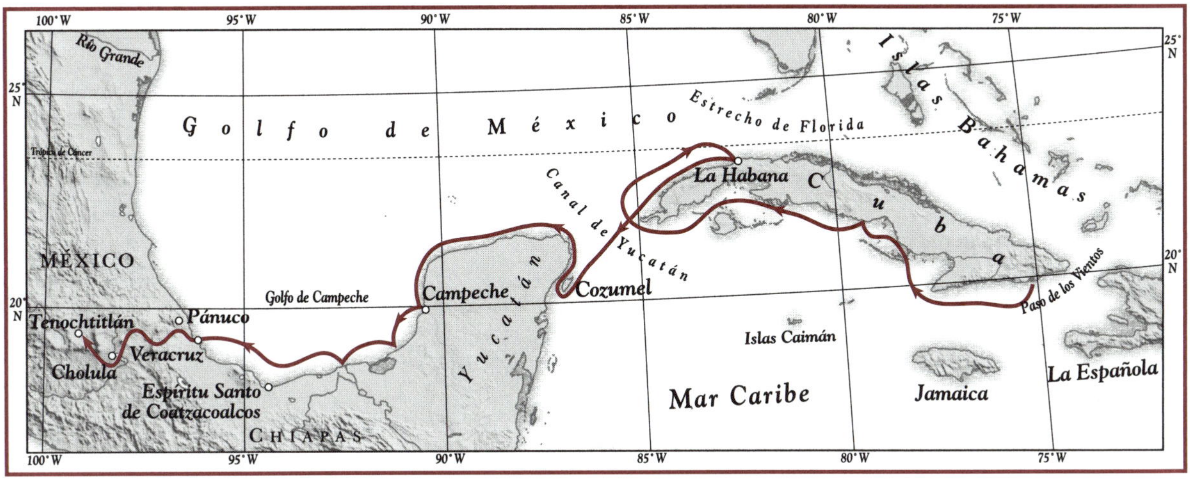

la Antigua del Darién en compañía de Pedrarias Dávila. Cansado de la hostil atmósfera que reinaba entonces en Castilla del Oro, se marchó a Cuba, recién conquistada por Diego Velázquez. Más tarde participó en el descubrimiento de Yucatán (1517) con el grupo de Hernández de Córdoba y en la exploración de la costa mexicana hasta Pánuco con Juan de Grijalva (1518).

Solo regresó a España en 1540, para pedir a Carlos V como recompensa por sus méritos una encomienda en Guatemala; le fue concedida, y allí vivió hasta el fin de sus días.

Lecturas

Historia verdadera de la conquista de la Nueva España, Bernal Díaz del Castillo. Edición crítica a cargo de Carmelo Sáenz de Santamaría. CSIC, Madrid, 1982

Historia verdadera de la conquista de la Nueva España, Bernal Díaz del Castillo. Edición de Carlos Pereira. Espasa, Madrid, 2000

Diego de Ordaz

El primer europeo en la cima del Popocatépetl

Castroverde de Campos (Zamora), 1480-Océano Atlántico, 1532

Militar y explorador

Soldado bravo, Ordaz fue comisionado por el gobernador de Cuba, Diego Velázquez, para vigilar que Cortés no llevara a cabo la conquista de México por su cuenta. Por supuesto, el extremeño recelό en principio de sus intenciones, pero poco a poco aquel sentimiento fue disipándose al comprobar la valentía y el arrojo que mostraba en campaña el militar castellano-leonés. Un hito geográfico esforzado le hizo ganarse la confianza del conquistador, el respeto de sus hombres y la admiración de los naturales. Antes de llegar a Tenochtitlán, en 1519, tuvo la feliz idea de ascender a la cima del volcán Popocatépetl —aún hoy activo y emplazado setenta kilómetros al sureste de Ciudad de México—, situada a 5253 metros de altura sobre el nivel del mar. No contento con coronarlo, se adentró unos metros en su cráter para recoger azufre con el que elaborar pólvora para las armas de los suyos. Desde allí, además, tuvo una clara vista de cuál sería la mejor ruta para llegar a la capital azteca. Por supuesto, su hazaña, llevada a cabo sin ningún tipo de preparación física para afrontar ese tipo de altitudes, acrecentó la idea de divinidad que los naturales sentían por esos extraños seres llegados de más allá del mar. En su escudo de armas, que le fue concedido en 1523, figuraba como blasón el volcán que ascendió. Continuó luego con la campaña de Cortés y asistió a la entrevista con Moctezuma, fue partícipe de la «Noche Triste» y participó en la conquista de Tepeaca. También llegó a ser alcalde mayor de Tenochtitlán, después de haber ido a España y regresar con la Orden de Santiago y la regiduría de Segura de la Frontera, en Tepeaca. En 1530 estaba de nuevo en España en busca de una capitulación para explorar territorios en la actual Venezuela. Hacia allí se fue con dos naos y una carabela, y cerca de quinientos hombres embarcados. Tras intentar ascender por el Marañón desde su desembocadura tuvo que desistir, pero continuó explorando y llegó a fundar el emplazamiento de San Miguel de Paria. Alentado por las fabulosas narraciones sobre la existencia de El Dorado, se empeñó en su búsqueda, Orinoco arriba, hasta llegar al Meta, que no pudo remontar. Su enfrentamiento con Pedro Ortiz de Matienzo, que fue primero conquistador y luego mercader de perlas en Cubagua, le impidió llevar a cabo nuevas expediciones, e incluso fue encarcelado y enviado a Santo Domingo. Una vez liberado, decidió volver a España para lograr el apoyo del Consejo de Indias, pero murió en la travesía oceánica, presumiblemente envenenado por orden de Matienzo.

El capitán Diego de Ordaz fue el primer europeo en ascender a la cima del Popocatépetl.

Lecturas

Diego de Ordás, compañero de Cortés, y explorador del Orinoco, Florentino Pérez Embid. Escuela de Estudios Hispanoamericanos, Sevilla, 1950

Pedro de Arias Dávila (Pedrarias Dávila)

El explorador del istmo de Panamá

Arias (Segovia), 1440-León (Nicaragua), 1531

Conquistador y explorador

Si existe un personaje de la conquista de América sobre el que se han vertido las más negras tintas, ese es Pedro de Arias Dávila (Pedrarias Dávila), llamado el Resucitado porque, según cuentan, estando gravemente herido en Orán, cuando ya había sido dado por muerto y colocado en el ataúd, le volvió la respiración, o también apodado *Furor domini* («ira del señor») por sus desmanes reales o supuestos para con propios y extraños. Aunque no hay que olvidar que también fue el introductor del ganado y de importantes cultivos en Centroamérica, y que llevó a cabo notables expediciones e impulsó la apertura de una vía de paso que comunicara los océanos Atlántico y Pacífico en el istmo de Panamá, de Santa María la Antigua del Darién al golfo de San Miguel. Esta vía sirvió para trasladar las riquezas de las riberas del Pacífico al Atlántico, para ser llevadas luego a la península Ibérica. Como promotor de ciudades, la tarea de Pedrarias resultó primordial, pues fundó en 1519 Nuestra Señora de la Asunción de Panamá, que sería la capital de Castilla del Oro, e hizo lo mismo con León, Granada, Santa María de la Buena Esperanza, Las Minas o Villahermosa.

Pedrarias fue criado como paje en la corte del rey Juan II de Castilla y cuando se trasladó al Nuevo Mundo —nombrado por Fernando el Católico gobernador y capitán general del Darién, cargo que mantuvo hasta el año 1526— contaba con gran experiencia bélica, ya que había tomado parte en las campañas de Portugal, Granada y África. Su paso del Atlántico en el año 1514 al mando de la mayor flota enviada hasta entonces a América, compuesta por veinte navíos y

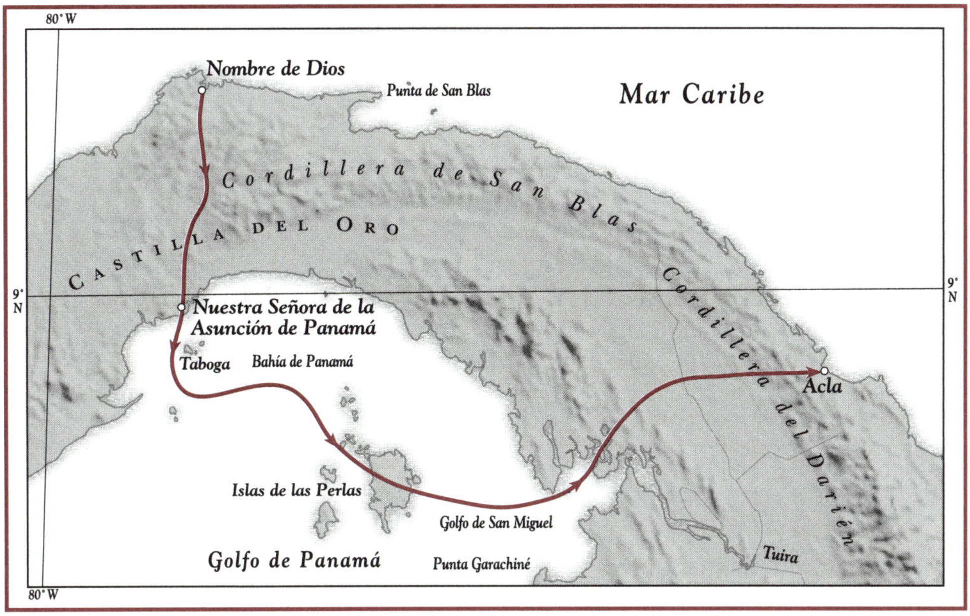

más de dos mil hombres, entre los que se encontraban personajes de la talla de Diego de Almagro, Hernando de Soto, Bernal Díaz del Castillo y Gonzalo Fernández de Oviedo, pretendía relanzar la empresa colonizadora, entonces en franca crisis. Pedrarias llegó en junio de 1514 a Santa María y allí se encontró con quien pasaría de ser su amigo a su peor enemigo: Vasco Núñez de Balboa, descubridor del Pacífico y gobernador interino. Entre 1514 y 1515 Pedrarias envió a sus capitanes a explorar los territorios de Comogre y Pocorosa, dirigió una campaña contra el cacique Urraca y fundó la ciudad de Acla. Más tarde, aunque había casado por poderes a su hija con Núñez de Balboa, no dudó en apresarlo y someterlo a juicio por rebeldía a fin de lograr, como ocurrió, su posterior ejecución y evitar así toda oposición a sus designios. La pésima gestión de Pedrarias trajo su cese como gobernador, aunque casi al final de sus días obtuvo de nuevo ese cargo en Nicaragua, donde murió a avanzada edad.

Lecturas

Leyenda negra y leyendas doradas en la conquista de América. Pedrarias y Balboa, Bethany Aram. Marcial Pons, Madrid, 2008

Historia general de Panamá, Alfredo Castillero Calvo, director. T. I, vol. 2. Comité Nacional del Centenario de la República, Panamá, 2004

Vasco Núñez de Balboa

Descubridor del océano Pacífico

Jerez de los Caballeros (Badajoz), 1475-Acla (Panamá), 1519

Explorador y poblador

«En martes veinticinco de aquel año de mil quinientos trece a las diez horas del día, yendo el capitán Vasco Núñez en la delantera de todos los que llevaba por un monte raso, vio desde su cumbre la Mar del Sur antes que ninguno de los cristianos compañeros que al lado iban.» Así describió la escena del descubrimiento del océano Pacífico el escribano Andrés de Valderrábano. ¿Cómo se encontraban allí el capitán y los 67 españoles que lo acompañaban? Tres años antes, Vasco Núñez de Balboa había participado en la fundación de la primera ciudad española en la América continental: Santa María la Antigua del Darién. Había llegado hasta allí con la flota de Fernández de Enciso, encargado de buscar a Alonso de Ojeda y los suyos, una empresa en la que Núñez de Balboa no pudo participar debido a sus numerosas deudas, adquiridas por varios negocios fallidos en La Española, donde fue titular de un repartimiento de indios. Para remediarlo se coló como polizón en aquella nave y a punto estuvo el propio Fernández de Enciso de abandonarlo en una isla desierta tras descubrirlo en alta mar. Cuando llegaron a San Sebastián, un fortín construido por Ojeda —que había regresado herido a La Española—, pudo Enciso comprobar que lo que decían de aquella región del golfo de Urabá, poblada por etnias guerreras que usaban flechas envenenadas, era totalmente cierto.

Pensó entonces en regresar a La Española, pero Núñez de Balboa comentó que siendo él partícipe de la expedición de Rodrigo de Bastidas, con quien había llegado a América en 1501, había visto en la parte occidental una tierra rica y

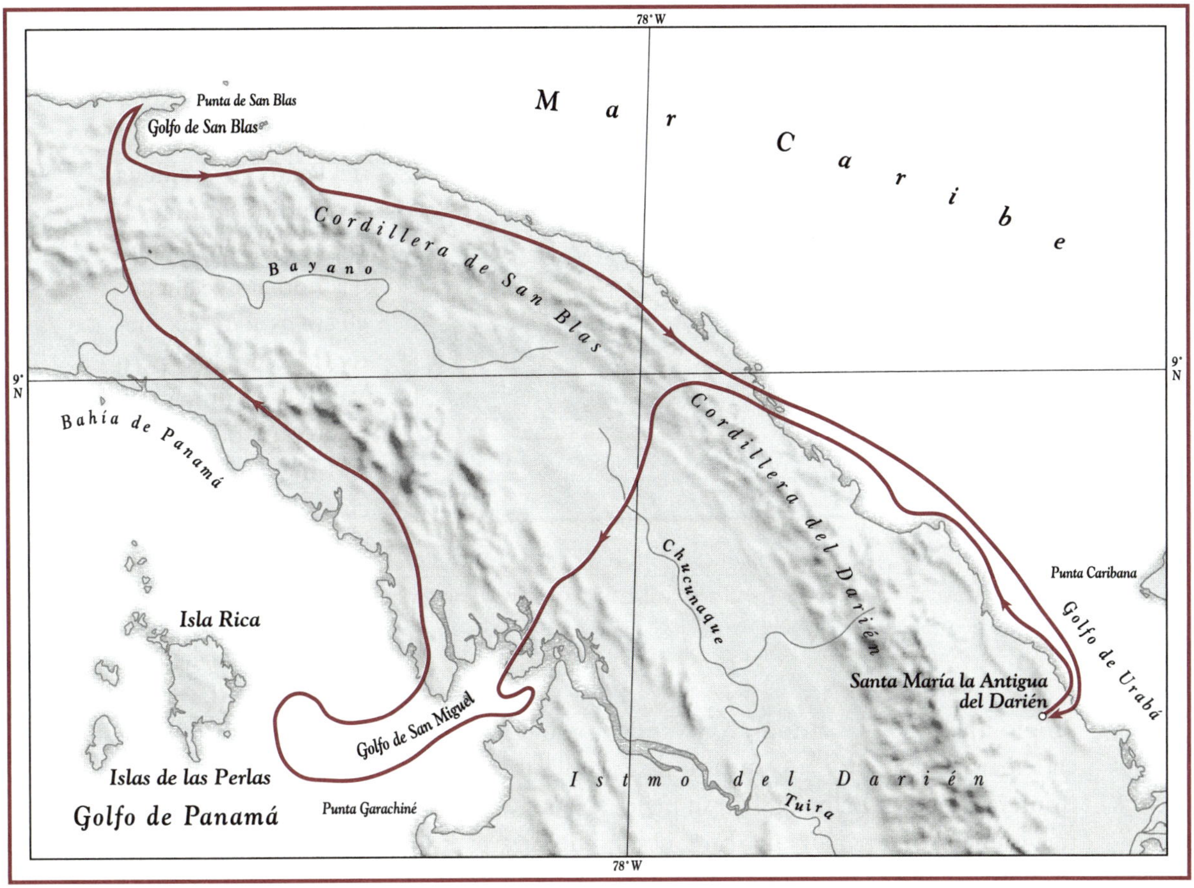

más o menos apacible. O, al menos, eso es lo que cuenta el cronista Bartolomé de las Casas. El caso es que dando por buenas sus palabras se dirigieron hacia allí y fundaron la ciudad. En un principio el mando como alcalde mayor le correspondió a Enciso, que por su reglamentismo no gozaba de simpatías entre los miembros de la hueste, de modo que Balboa se hizo con el cargo —que ejerció de 1510 a 1514— y el cabildo quedó organizado como mandaban las leyes de Indias. Más tarde el virrey Diego Colón lo nombró gobernador del Darién, un acto justificado por la desaparición del que debía ser su titular, Alonso de Ojeda, así como por el desconocimiento por parte de Colón de los derechos del

Vasco Núñez de Balboa toma posesión del Mar del Sur. Detalle de la portada de la Historia general de los hechos de los castellanos en las islas de tierra firme del Mar Océano, *por Antonio de Herrera y Tordesillas (1598).*

propio Enciso. A esas alturas, convertido en experto explorador y baquiano de la frontera caribeña, Balboa inició su penetración del istmo panameño. En Cueva, un poblado al mando del cacique Careta, pactó la entrega de alimentos y oro a cambio de su ayuda en la lucha contra el cacique Ponca. En el trato se incluía la entrega de varias mujeres, entre las que se encontraba la bella Anayansi, hija de Careta, que Balboa tomó como amante y que según parece lo acompañó hasta el fin de sus días. Gracias a estos contactos con las etnias locales oyó hablar por primera vez de la existencia de un mar hacia el sur, quizás el ansiado paso, siempre esquivo, hacia Asia y la Especiería. A través de Pedro de Valdivia pretendió informar al virrey Colón de aquellas noticias y solicitar efectivos para acometer la empresa, pero Valdivia naufragó y hubo de esperar hasta 1513, cuando cuatrocientos hombres arribaron a Santa María desde La Española.

Balboa partió en busca del Mar del Sur en septiembre de aquel año. Llegó por la costa a Cueva y desde allí al territorio de los Ponca. Ascendió por la abrupta sierra de Quareca y después de atravesar los ríos Chucunaque y las sabanas cercanas, divisó desde un alto el océano Pacífico, así llamado por lo calmado de sus aguas. Hizo detenerse a quienes lo acompañaban y se dirigió, solo, hacia la orilla de lo que luego se llamó golfo de San Miguel. Tras tomar posesión, Núñez de Balboa se dirigió a Chape y recorrió luego las provincias de Cuquera y Tumaca. Para la vuelta tomaron un camino distinto: fueron del río Maje al Bayano para llegar sucesivamente a las localidades de

Thevaca, Pacra, Bucheribuca, Pocorosa, Comogre, Ponca y Cueva, donde descansaron e hicieron recuento del botín de perlas y oro que habían ido recogiendo por el camino.

En Santa María, Balboa fue informado de que Pedrarias Dávila había sido nombrado gobernador del Darién, rebautizado como Castilla del Oro. Eso significaba su cese. Pedrarias llegó con diecisiete buques y acabó con la habilidosa labor diplomática y pacificadora de Balboa, que fue nombrado adelantado del Mar del Sur. Como Pedrarias no le dejó reclutar hombres para continuar sus exploraciones y entradas, mandó ir a buscarlos a Cuba, pero Pedrarias regresó repentinamente y acusó a Balboa de conspiración y rebeldía, por lo que fue encerrado durante dos meses. Luego, liberado, recibió una petición de perdón por parte de Pedrarias que, además, le ofreció la mano de su hija María, ante el natural disgusto de Anayansi.

Balboa fundó la ciudad de Acla en el año 1516 y estableció la Compañía de la Mar del Sur con objetivos comerciales y marítimos. Cerca de allí construyó un astillero junto al río Chucunaque. Un derrumbamiento acabó con la instalación y además sus naves estaban afectadas del gusano de la broma, por lo que tuvo que solicitar un préstamo a Pedrarias y una prórroga en su empresa. Reparados los buques llegó a Isla Rica, cuyos tesoros ya habían sido recogidos. De allí marchó a Puerto Peñas (Jaqué) y regresó al golfo de San Miguel haciendo parada en Chochama. Una vez más envió un emisario para solicitar una prórroga a Pedrarias, pero este había sido depuesto de su cargo en favor de Lope de Sosa. Temeroso de que no le fueran concedidas sus peticiones, Núñez de Balboa se apresuró a fundar una villa desde la que partiría, esta vez hacia las tierras ricas del Perú, de las que había oído hablar a caciques locales. Pedrarias, aún al cargo ante la incomparecencia de Sosa y enterado de estos planes, levantó un proceso legal contra Balboa, al que convocó para que acudiera a Acla. Allí lo acusó de traición al gobernador y al rey, de dar falsos informes, de haber actuado con mala intención, de maltrato a los indígenas y de haber preparado un plan para hacerse independiente en el Mar del Sur, acusaciones falsas por las que fue condenado a muerte y ejecutado en enero de 1519.

Lecturas

El Darién y sus perlas. Historia de Vasco Núñez de Balboa, Visitación López del Riego. Incipit Editores, Madrid, 2006

Vasco Núñez de Balboa, descubridor del Pacífico, Kathleen Romoli. Espasa Calpe, Madrid, 1967

Juan Díaz de Solís

En el Río de la Plata, antes llamado río Solís

Lebrija (Sevilla), mediados del siglo xv-Río de la Plata (Argentina), 1516

Marino, explorador y descubridor

No están muy claras las causas por las que Juan Díaz de Solís se enemistó con su entonces socio Martín Yáñez Pinzón cuando ambos regresaban a España de su segundo viaje al nuevo continente (1509), el que habían realizado concretamente al Caribe y la costa de Brasil, donde efectuaron importantes descubrimientos. El caso es que, una vez en la metrópoli, Solís fue procesado y encarcelado hasta que pudo por fin demostrar su inocencia. Recibió a cambio una fuerte suma en concepto de indemnización. Cuando el lebrijano se asoció con los «pinzones» en 1506 para iniciar una expedición a Veragua y el golfo de México con objeto de encontrar un paso que llevara a las islas de la Especiería, era ya un experimentado marino con amplios conocimientos de cartografía náutica que había navegado por la costa africana al servicio de la Casa da India portuguesa.

Tras el contencioso con Pinzón, del que casi sin quererlo salió fortalecido, Solís fue incrementando su prestigio y en el año 1512 fue nombrado piloto mayor de la Casa de la Contratación, y sustituyó así en aquel importantísimo cargo al recientemente fallecido Américo Vespucio. Díaz de Solís ocupó el cargo hasta su muerte. Cuando al año siguiente Vasco Núñez de Balboa descubrió en Panamá el Mar del Sur (el Pacífico), la obsesión por encontrar un paso que uniera los dos océanos y que llevara a la Especiería se multiplicó. Se organizó entonces una meticulosa expedición secreta en la que participaron tres embarcaciones con cerca de sesenta tripulantes a bordo.

El grupo, al mando de Solís, partió de Sanlúcar de Barrameda en 1515.

Una vez llegadas a Brasil las naves pusieron rumbo hacia el sur, pasando por el cabo de Cananea hasta llegar a la actual Santa Catalina y la bahía de los Perdidos. Desde allí, siempre costeando, alcanzaron la isla de San Sebastián, situada cerca de la de Lobos, y llegaron a lo que llamaron la mar Dulce, el estuario de un río caudaloso, el Paraná, que vertía con fuerza sus aguas al océano y que posteriormente fue bautizado como río Solís. Veinte años después cambió su nombre por el de Río de la Plata, el que perduró. Los navegantes desembarcaron finalmente en el puerto de Nuestra Señora de la Candelaria —sobre el que varios siglos más tarde se fundaría la ciudad de Montevideo—, en la parte oriental (Uruguay) y tomaron posesión del territorio. Juan Díaz de Solís siguió explorando hasta llegar a la isla Martín García, donde fue enterrado el marinero que le había dado nombre. Desembarcó en tierra firme junto con otros miembros de la tripulación, animados por unos indígenas que en principio se mostraban amistosos y les mostraban objetos que en apariencia eran regalos. Pero de repente fueron atacados, muertos y descuartizados ante la mirada aterrorizada y atónita de los otros tripulantes que aguardaban en las embarcaciones sin poder hacer nada para evitar la masacre. Tras la matanza decidieron regresar a España. Solo llegaron dos embarcaciones a Sevilla, el 4 de septiembre de 1516, pues una de ellas naufragó en la costa brasileña.

LECTURAS

La aventura de lo imposible. Expediciones marítimas españolas, Salvador Bernabéu Albert. Lunwerg Editores, Barcelona, 2000

Martín García Oñez de Loyola

En busca de la mítica ciudad inca de Vilcabamba

Guipúzcoa, hacia 1548-Curalaba (Chile), 1598

Conquistador y fundador

Con apenas 19 años, Martín García emprendió un viaje a Perú en compañía de su tío, el recién nombrado virrey de aquel territorio Francisco de Toledo. En 1572 recibió el encargo de formar parte de la tropa que debía capturar al último inca, Túpac Amaru, que se encontraba refugiado junto a sus hombres en la remota Vilcabamba. Otros virreyes y capitanes habían fracasado en esa empresa. Los españoles, por fin, consiguieron doblegar a los naturales, pero el cabecilla de aquel ejército escapó a las montañas, aunque posteriormente fue localizado por un destacamento al frente del cual iba García Oñez de Loyola, quien lo apresó y llevó a Cuzco, donde finalmente fue ajusticiado. Como recompensa el virrey le permitió casarse con una sobrina de Túpac Amaru, descendiente de Atahualpa y bautizada con el nombre de Beatriz Clara Colla. Con esta boda se emparentó con la antigua nobleza de aquella tierra. Entre el señorío de Urubamba heredado por su nueva esposa y las tierras y los bienes que le fueron concedidos por sus servicios, el matrimonio acumuló una pingüe fortuna, sustentada y ampliada además porque García Oñez de Loyola fue nombrado gobernador de Potosí en 1579. En 1581 se le otorgó el cargo de gobernador y adelantado del Río de la Plata, pero postergó el inicio de esa actividad por retrasos en la aprobación eclesiástica de su matrimonio. Poco después el rey Felipe II le confió el mando de la difícil capitanía general de Chile y hacia allí se fue, para recalar en Santiago en 1592 después de partir del puerto de El Callao y seguir la ruta marítima marcada con anterioridad por el piloto Juan Fernández. Lo que

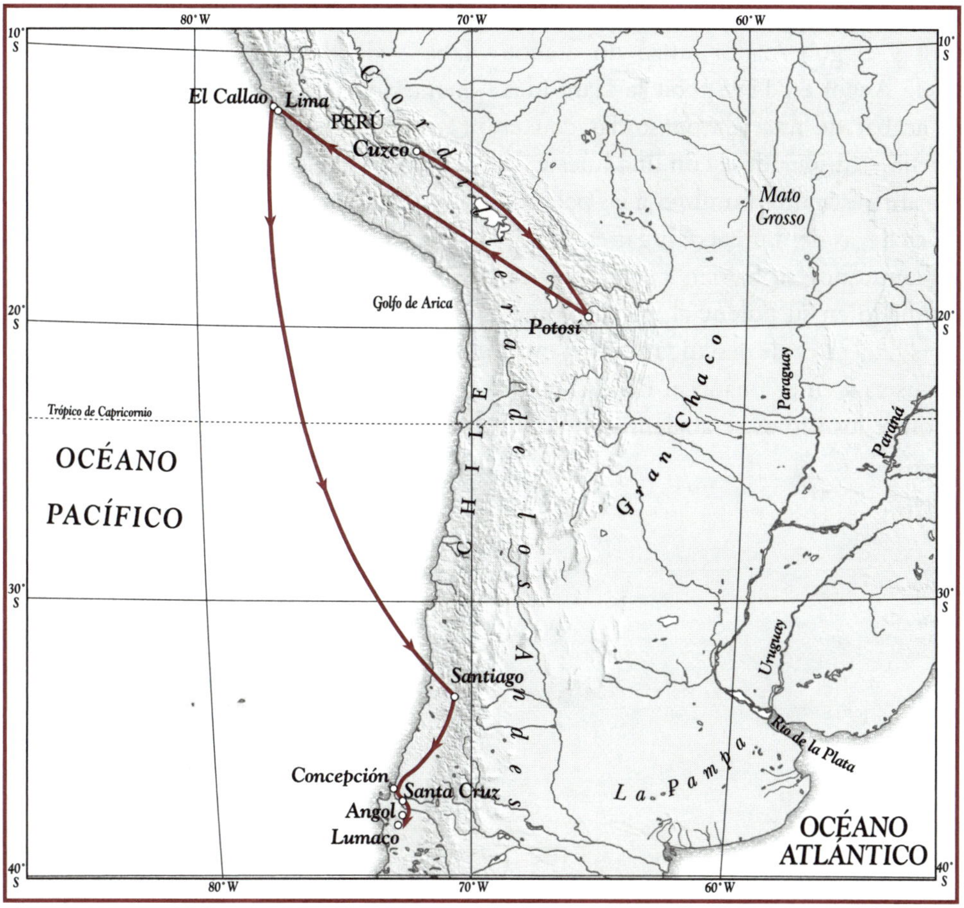

se encontró al llegar allí fue una guerra abierta y cruenta con los araucanos, a los cuales consiguió reducir mediante la seducción por dádivas y regalos a cambio del abandono de las armas, sentando así un importante precedente de política de negociación entre los españoles y los naturales, aplicada de manera masiva en el siglo XVII. En 1594 fundó la ciudad de Santa Cruz en la confluencia de los ríos Bío-Bío y Laja. Sin embargo, el cese de las hostilidades no duró mucho tiempo: el «toqui» o cacique Pelantaro se rebeló contra los españoles e inició una ofensiva a la que se unieron otros grupos de nativos de la zona. La ayuda que había solicitado Martín García llegó por fin desde Perú y el gobernador lanzó un ataque desde Angol en 1598, con la clara idea de acabar de una vez por todas con la rebelión, dirigiéndose con una hueste de más de trescientos hombres a las peligrosas ciénagas del Lumaco, lugar en el que los araucanos se habían hecho fuertes. Confiado en su potencial militar cometió el fatal error de descuidar la vigilancia intensiva y en el amanecer del 24 de diciembre los indios se abalanzaron sobre los españoles que pernoctaban en Curalaba —«Piedra Partida», en mapuche—, matando a casi todos, incluido el propio García Oñez de Loyola, cuya cabeza, separada del cuerpo, fue paseada en una pica. Posteriormente su cráneo fue utilizado como recipiente ceremonial.

Lecturas

Histórica relación del Reino de Chile, Alonso de Ovalle. Edición de Walter Hanisch. Editorial Universitaria, Santiago, 1974

Fernando de Magallanes
Descubridor de las Filipinas

Sabrosa (Portugal), 1480-Mactán (Filipinas), 1521

Marino y explorador

Hubo una especie de fatalidad en el hecho de que varios reyes portugueses rechazaran propuestas de grandes viajeros que, a la postre, beneficiaron a sus rivales, los monarcas de Castilla. El caso de Cristóbal Colón resultó paradigmático. La ventaja con la que innegablemente juega el historiador nos dice que, en especial, los monarcas lusos deberían haber prestado más atención a la orgullosa estirpe de marinos-soldados que aspiraban a engrandecer su linaje al calor de la explosión viajera que, como una fiebre benigna, invadió el Portugal de finales del siglo XV y comienzos del XVI. A la corte de Lisboa llegaban abundantes propuestas de toda clase para emprender navegaciones hacia y por el litoral africano, asiático y, desde 1492, también americano. Una de estas vino, precisamente, de manos de Fernão de Magalhães, nuestro Fernando de Magallanes, oportunamente castellanizado.

Sin embargo, conviene realizar un esfuerzo con el fin de entender ambas posturas. Si, por un lado, era lógico que en plena era de los descubrimientos los navegantes inundaran con sus propuestas al gobierno, no parecía menos comprensible la prevención de unos reyes de Portugal, conscientes de que los limitados recursos del país aconsejaban ir poco a poco y, sobre todo, mantener los conocimientos que se iban adquiriendo dentro de un círculo restringido. Cuanto menos supieran del planeta los rivales europeos, tanto mejor podrían los portugueses disfrutarlo. Magallanes —y en última instancia también Portugal— fue víctima de esta contradicción entre una expansión que llamaba a las puertas y la necesidad de controlarla.

Después de unos primeros viajes por la India y Malaca entre 1505 y 1511, Magallanes regresó a Portugal sabedor de la enorme riqueza que generaba la importación a Europa de las especias asiáticas. Surgió así el plan de intentar alcanzar a través del oeste uno de los epicentros productores de especias, las islas Molucas. Esto implicaba buscar un estrecho marítimo en América que permitiera pasar al Mar del Sur, descubierto por Vasco Núñez de Balboa en 1513. Rechazado el proyecto en Portugal, Magallanes llegó a Sevilla en 1519 para obtener el apoyo de Carlos V.

En España la dificultad fue diplomática, ya que, según el Tratado de Tordesillas firmado en el año 1494 entre Castilla y Portugal, ambos países se habían repartido el mundo en dos mitades. Por lo tanto, si las Molucas quedaban del lado luso, Carlos V violaría el acuerdo. Fernando de Magallanes estaba dispuesto a demostrar que las islas estaban más cerca del litoral americano que de Asia y, por lo tanto, dentro de la demarcación española. Tanto si lo creyó en verdad como si no, se trató, en cualquier caso, de un error grandioso y feliz.

Pagada por la Corona y con provisiones para dos años, la llamada Flota de las Malucas, de la que Magallanes era capitán general, contaba con cinco navíos y algo menos de trescientos hombres. Partió de Sevilla el 10 de agosto de 1519 rumbo a Brasil y, tras un breve descanso en Río de Janeiro, enfiló hacia la costa meridional americana para dar con un paso hacia el Pacífico. Ya para entonces el gobierno autoritario de Magallanes había causado hondo malestar en los otros mandos. Así, en la bahía de San Julián —en la Patagonia— superó con éxito un motín. Siguió la travesía por el estrecho hoy llamado de Magallanes, gesta náutica portentosa a causa de los peligros que suponía. De hecho, una de las naves (la *San Antonio*) desertó y otra (la *Santiago*), naufragó. Pero al asomarse al Pacífico comenzó la auténtica proeza, consistente en atravesar aquella inmensidad durante 98 terribles días en busca de Asia. El hambre, la sed y el escorbuto hallaron alivio solo al avistar la isla de Guam, en el archipiélago de las Marianas. De allí zarparon nuevamente hacia el oeste hasta dar con Cebú, en las Filipinas.

Todo indica que la superioridad con que Magallanes trató no solo a sus hombres, sino más aún a los nativos que halló durante la expedición, tuvo origen en su experiencia juvenil en la India portuguesa, donde sus compatriotas lograron imponerse en gran parte gracias a la ventaja que les daba la artillería. Magallanes, no se olvide, había participado en 1511 en la conquista de Malaca. No extraña, pues, que a la vista de unos indígenas filipinos técnicamente incapaces de hacer frente a los europeos, nuestro marino y soldado tratara de aplastar por la fuerza a los nativos de la isla de Mactán, quienes, a diferencia de los de Cebú, se negaron a reconocerlo como señor. Sin embargo, la batalla entre Magallanes y el cacique Lapu Lapu —hoy héroe nacional filipino— le costó la vida al primero, cuyo cuerpo nunca pudo ser recuperado. Con ello, sería Juan Sebastián Elcano el responsable de llevar a buen término aquella primera vuelta al mundo, una empresa cuyo primer aliento, y hasta el último que le costó, llevará siempre el nombre de Magallanes.

Lecturas

Magallanes. Hasta los confines de la Tierra, Laurence Bergreen. Planeta, Madrid, 2004

La vuelta al mundo de Magallanes-Elcano. La aventura imposible 1519-1522. VV. AA. Coord. M. Dolores Higueras. Lunwerg, Madrid, 2019

Juan Sebastián Elcano

El primero que dio la vuelta al mundo

Guetaria (Guipúzcoa), 1476-Océano Pacífico, 1526

Marino y explorador

El 6 de septiembre de 1522, dieciocho hombres exhaustos, hambrientos y enfermos desembarcaron de la nao *Victoria* en el puerto gaditano de Sanlúcar de Barrameda, tras recorrer unos 80 000 kilómetros en una travesía de casi tres años. Habían dado por primera vez la vuelta al mundo.

Al frente de una tripulación integrada por tres pilotos, un sobresaliente, un marino, siete marineros, un cañonero, tres grumetes y un paje, se encontraba el capitán Juan Sebastián Elcano. En estricto cumplimiento de la misión encomendada traían las bodegas de la nave repletas de preciadas especias de las islas Molucas, en el lejano océano Índico.

La heroica aventura había comenzado el 10 de agosto de 1519, cuando 275 hombres en cinco embarcaciones al mando del portugués al servicio de la Corona española Fernando de Magallanes pusieron en práctica su proyecto, poco antes rechazado por el rey luso Manuel I, de alcanzar la Especiería navegando hacia el oeste. Por aquel entonces Elcano, un experimentado marino guipuzcoano que ya había participado en expediciones como la del cardenal Cisneros en 1509 contra Argel, fue contratado como contramaestre de la nao *Concepción*. Tras cruzar el Atlántico, la flota invernó en la bahía de San Julián, en la Patagonia. Después de casi cinco meses de heladora espera, y tras superar Magallanes una sublevación en la que Elcano había tomado parte, los expedicionarios lograron atravesar por primera vez de este a oeste el estrecho de Todos los Santos, llamado desde entonces «de Magallanes», para salir al Mar del Sur. A continuación, la obligada y desoladora travesía del Pacífi-

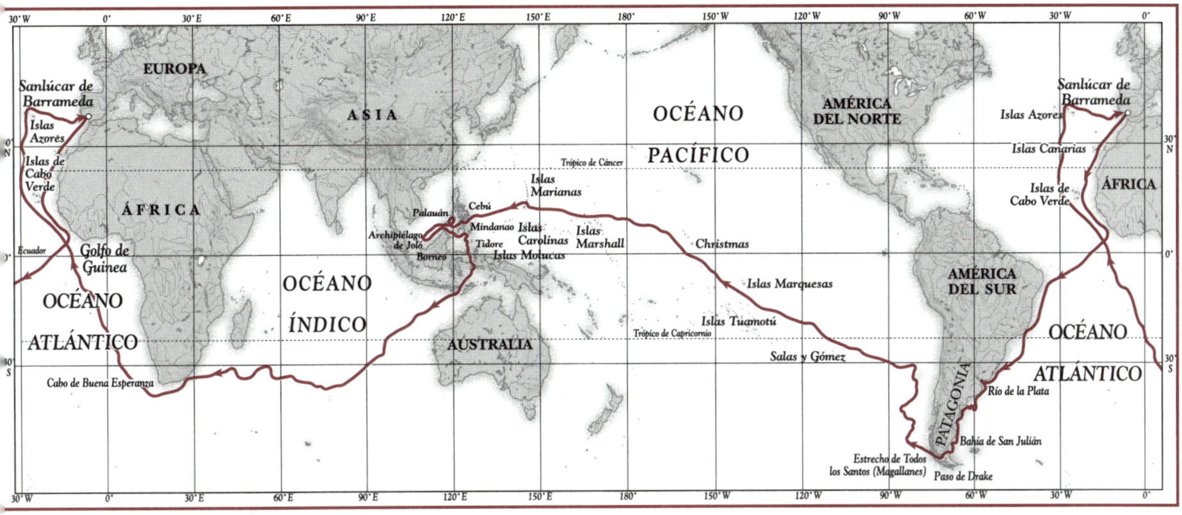

co supuso tres meses de calamidades para los navegantes, que llegaron a comer ratas y cuerdas para sobrevivir. Precisamente debido a la alarmante escasez de provisiones, la flota, reducida a solo tres naves —una se perdió y otra desertó—, arribó a la isla de los Ladrones, perteneciente al archipiélago de las Marianas. La expedición pasó luego por Samar para detenerse en Cebú (Filipinas), donde al fin logró abastecerse y las tripulaciones se recuperaron. Magallanes, que se implicó en una contienda de «reyezuelos» locales, al poco resultó muerto en Mactán, y Elcano comenzó así a tomar un protagonismo que a la postre sería definitivo. El mando de la empresa pasó primero a manos de Duarte de Barbosa y después a las de Gonzalo Gómez de Espinosa. La *Concepción*, en la que se encontraba Elcano, hubo de ser quemada debido a una plaga de moluscos, la temible broma, que había carcomido el casco. La tripulación de la flota, compuesta ahora por solo cien hombres, quedó repartida entre la *Trinidad* y la *Victoria*, esta última ya capitaneada por Elcano, aunque el mando superior fue para Juan Carbajo, ante las bajas de los demás oficiales. Desde la isla filipina de Cebú, el grupo se dirigió a Mindanao tras hacer escala en Bohol y Panilongon, y tomó rumbo a Borneo, tocando Cagayán y Palauán. Posteriormente las dos naves iniciaron una loca travesía hasta llegar a Cimbonbon. Allí, ante la ineptitud de Carbajo, Elcano fue nombrado capitán de la flota. Puso entonces rumbo al suroeste a fin

Elcano se presenta ante el emperador Carlos V.

de llegar a las Molucas y, tras atravesar los archipiélagos de Basilán y Joló, y desembarcar en las islas Batuán, Calagán y Monolipa, en las que encontraron una canela de gran calidad, llegaron por fin a su destino. Cumplido el objetivo de llenar de especias las bodegas de la *Trinidad* y la *Victoria*, los tripulantes que quedaban pusieron rumbo a España, pero la primera de las naves se encontraba en tan mal estado que tuvieron que retornar a Tidore. Allí la expedición se dividió y nació en verdad el proyecto de dar la vuelta al mundo, que hasta entonces nunca había existido: Elcano regresaría a España por la ruta del oeste en abierta violación del Tratado de Tordesillas, lo que equivalía a la circunnavegación de la Tierra, mientras que Gómez de Espinosa lo intentaría por donde habían venido, por el este. Tras una infructuosa intentona de encontrar vientos que los retornaran a América, este último y sus hombres cayeron prisioneros de los portugueses;

una suerte muy distinta esperaba a Elcano y los suyos. Al mando de la *Victoria*, acompañado de 47 españoles y 13 naturales del Índico, Elcano se lanzó a dar la vuelta al mundo. Tomó una ruta lo más meridional posible, alejada de enclaves portugueses, y, en mayo de 1522, dobló el cabo de Buena Esperanza para poner rumbo norte y arribar a Cabo Verde. En aquel archipiélago Elcano despachó una pequeña embarcación a tierra para solicitar ayuda al gobernador portugués, sin revelarle nada más. El auxilio fue concedido y así consiguieron estibar víveres y agua, pero al pagar con especias descubrieron su inaudita procedencia. En el tercer viaje del esquife los marineros españoles que lo conducían fueron apresados. Ante tal situación, Elcano partió de inmediato hacia el norte y topó con una monumental tormenta que lo desvió hacia las islas Azores.

Cuando al fin llegaron a España, los dieciocho supervivientes fueron recibidos como héroes y Elcano fue colmado de atenciones por parte del emperador Carlos V, quien le otorgó el título de caballero y un escudo de armas en el que sobre un globo terráqueo se podía leer la inscripción *Primus Circumdediste Me* («El primero que me rodeó»).

Tres años después, en 1525, Elcano fue designado piloto mayor de la Armada que partía de nuevo «al Maluco», mandada en esta ocasión por fray García Jofre de Loaysa y cuyo propósito era consolidar los descubrimientos de Magallanes. En aquella desgraciada empresa, los vientos huracanados y la falta de agua diezmaron a los tripulantes. Jofre de Loaysa murió en medio del océano Pacífico el 30 de julio de 1526. Elcano, afectado quizás de una tuberculosis, falleció al mando de la misma nao *Victoria* con la que había dado la vuelta al mundo, tan solo cinco días después que Jofre.

Lecturas

Expediciones marítimas españolas: la aventura de lo imposible, Salvador Bernabéu Albert. Lunwerg Editores, Barcelona, 2000

Juan Sebastián Elcano, Manuel Lucena Salmoral. Ariel, Barcelona, 2003

La vuelta al mundo de Magallanes-Elcano. La aventura imposible 1519-1522. VV. AA. Coord. M. Dolores Higueras. Lunwerg, Madrid, 2019

Antonio Pigafetta

Cronista de la hazaña de Elcano

Vicenza (Italia), entre 1480 y 1491-Vicenza (Italia), hacia 1534

Navegante y escritor

Hay personas que tienen la virtud de estar en el momento y lugar adecuados para enrolarse en una gran aventura. A Antonio Pigafetta, que escribió la más importante narración y la única completa de la primera vuelta al mundo, le cupo esta suerte. Nacido en Vicenza de noble origen entre 1480 y 1491 y muerto en la misma ciudad seguramente en 1534, también se lo conoció como Antonio Lombardo o Antonio de Plegafetis. Como tantos naturales de los estados italianos en la época de los grandes condotieros, se trasladó a España en 1518 quizás como caballero de Rodas, al servicio del embajador del papa, monseñor Francisco Chieregati. Pronto trabó gran amistad con el portugués Fernando de Magallanes, que siguiendo la estela de Cristóbal Colón, tras ver rechazado en la corte lisboeta su plan de ir y volver de Europa a las Molucas y las islas de las Especias por el camino del oeste, había logrado del monarca español Carlos I un pleno apoyo, hasta tal punto que este comprometió a la hacienda real en la financiación de aquel viaje.

El veterano y duro Magallanes permitió al joven Pigafetta, sin duda dotado para la alabanza de nobles y poderosos, acompañarlo a la Especiería en agosto de 1519 sin deberes específicos, en el grupo de «criados del capitán y sobresalientes». Así pudo observar y escribir su famosa *Relación de viaje* a partir de los diarios que fue acumulando y milagrosamente conservó, a pesar de todas las dificultades experimentadas en la primera vuelta al mundo, que comprendió la navegación de Sevilla a la Patagonia, el descubrimiento del estrecho de Magallanes, la travesía del Pacífico, la escala en las Molucas con la muerte de su

Ilustración de la obra de Antonio Pigafetta en la que se muestran las islas de los Ladrones y un barco velero de los nativos.

protector y el retorno ya bajo el mando de Juan Sebastián Elcano por el Índico, Buena Esperanza, Cabo Verde y la llegada a Sanlúcar en septiembre de 1522 como tripulante de la *Trinidad.*

Pigafetta viajó más tarde a Lisboa, Francia, Mantua, Roma y Venecia. Radicado en Italia desde 1523, se dedicó a escribir la *Relazioni in torno al primo viaggio di circumnavigazione. Notizia del Mondo Nuovo con le figure dei paesi scoperti*, dedicada a Felipe de Villiers, gran maestre de la Orden de Rodas, que fue publicada tras su muerte. El relato de Antonio Pigafetta, naturalista, exacto y fantasioso al mismo tiempo, pleno de espíritu renacentista, rico en detalles etnográficos, zoológicos y geográficos, evidencia la inmensa curiosidad del cronista italiano, que no evita contar los inmensos padecimientos de los navegantes. Pero ante todo constituye el testimonio de un instante fundacional, aquel en el que la humanidad supo gracias a una exploración española que el mundo era uno.

Lecturas

La primera vuelta al mundo, Antonio Pigafetta. Alianza Editorial, Madrid, 1919

García Jofre de Loaysa

Capitán de una expedición perseguida por la desgracia

Ciudad Real, mediados del siglo XV*-Océano Pacífico, 1526*

Militar y explorador

Decía de Loaysa el cronista Gonzalo Fernández de Oviedo que era «buen caballero y persona de experiencia en la guerra de la mar y de la tierra», lo que unido a su prestigio y abolengo hizo que el emperador Carlos V lo nombrara capitán general de la armada que debía ir a las islas Molucas y gobernador de aquellas tierras del Índico desde las que Juan Sebastián Elcano inició su asalto a la primera circunnavegación planetaria. A su mando tenía una flota de seis naos *(Santa María de la Victoria, Sancti Spiritus, La Anunciada, San Gabriel, Santa María del Parral y San Lesmes),* un patache *(Santiago)* y cuatrocientos cincuenta hombres. Elcano, en la *Sancti Spiritus*, era su guía y piloto. La expedición partió de La Coruña el 24 de julio de 1525 y tras aprovisionarse en La Gomera siguió por el golfo de Guinea hasta poner rumbo a Brasil. La nave capitana, *Santa María de la Victoria*, en la que Jofre viajaba, y la *San Gabriel* se perdieron en una tormenta.

Mientras, Elcano prosiguió con las embarcaciones restantes hasta cabo Blanco y Santa Cruz, cerca de la desembocadura del estrecho de Magallanes, en donde decidieron esperar a las otras naves desaparecidas. Las dos naves de Loaysa llegaron por fin a juntarse con las que permanecían a la espera. Era el 24 de enero de 1526. Nuevo huracán. Su embarcación quedó seriamente dañada y la flota nuevamente desintegrada. Tres de los barcos consiguieron llegar a la bahía de Todos los Santos, en Brasil, para emprender el viaje de regreso a España. Otra de las naos intentó llegar a las Molucas por el cabo de Buena Esperanza. La empresa fue un desastre. Loaysa y Elcano quedaron, con sus

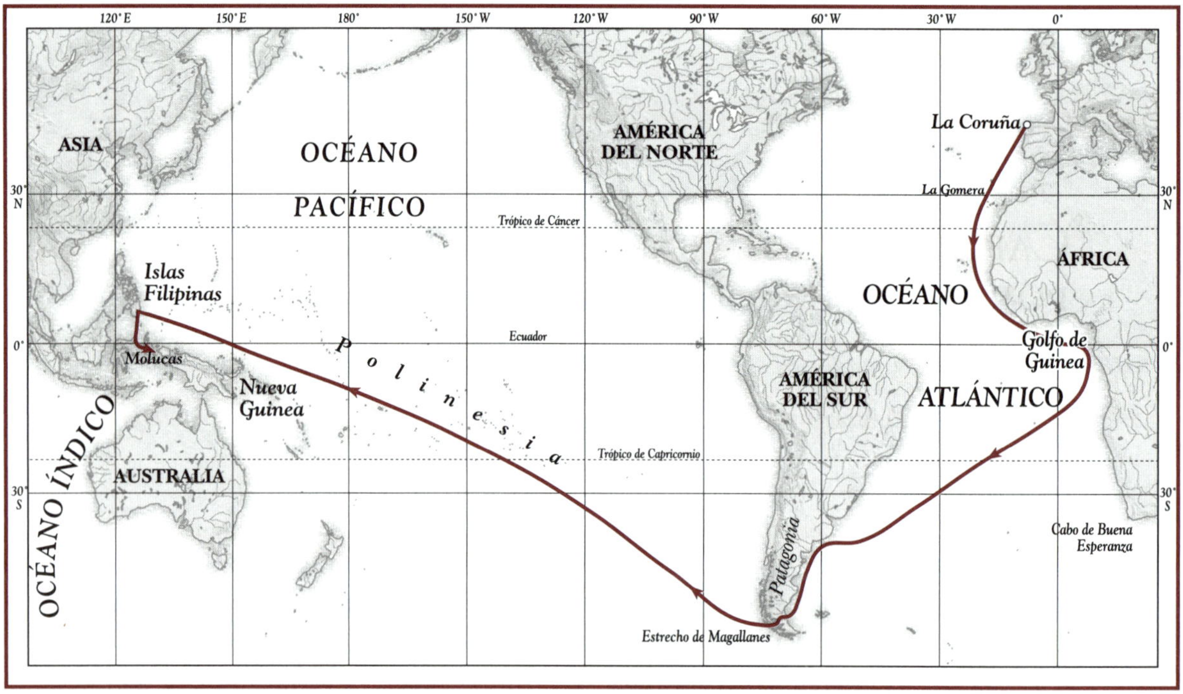

naves afectadas por serios desperfectos, en la boca del río Santa Cruz, en la Patagonia. Como pudieron, consiguieron reparar las naves. Por fin lograron cruzar el estrecho de Magallanes, pero las cosas no pintaban bien: la tripulación superviviente estaba exhausta. A finales de julio de 1526, rumbo ya a las Molucas, en medio del océano Pacífico, moría el capitán de la Armada, Jofre de Loaysa. Días después lo hacía Elcano. Las naves, sin sus capitanes, consiguieron llegar a Tidore. Pocos eran los que habían salvado la vida y allí tuvieron que enfrentarse a los portugueses.

Lecturas

Expediciones españolas al estrecho de Magallanes y Tierra de Fuego, Javier Oyarzun. Ediciones de Cultura Hispánica-AECI, Madrid, 1999

Colección de los viajes y descubrimientos que hicieron por mar los españoles desde fines del siglo XV, Martín Fernández de Navarrete. Edición y estudio preliminar de Carlos Seco Serrano. Volumen II. Atlas, Madrid, 1954

Simón de Alcazaba

Incursión en la Patagonia

Portugal, ¿?-Puerto de los Lobos (Patagonia), 1535

Marino, explorador y conquistador

Aunque su lugar y fecha de nacimiento sean desconocidos, sí se tiene constancia de que Simón de Alcazaba era de origen portugués y de que estuvo intrigando en la corte española hasta que logró, en 1529, una capitulación para explorar, conquistar y poblar las tierras americanas situadas al sur del paralelo 36, es decir, las que componen la Patagonia y la Tierra del Fuego, desde un poco más abajo de lo que hoy es Buenos Aires y hasta el entonces desconocido cabo de Hornos. Aquella inmensa, gélida e inhóspita frontera de América era de las pocas que todavía quedaban sin capitular, de modo que una vez obtenida la sanción real, Alcazaba partió al mando de dos navíos desde Sanlúcar de Barrameda (Cádiz) en 1529 y, tras atravesar el Atlántico sin proveerse de bastimentos en las islas Canarias (lo que trajo problemas de escasez de agua durante el trayecto), arribó a la isla de Lobos, llamada así por su inmensa colonia de lobos marinos. Allí pasaron las tripulaciones el crudo invierno y allí mismo, en Puerto de los Lobos, Simón de Alcazaba se declaró gobernador en nombre del emperador Carlos V de unos territorios que aún no había explorado pero sí bautizado como Nuevo León. Más tarde, con doscientos de sus hombres se adentró en tierra continental sin saber muy bien hacia dónde se dirigían sus pasos. Después de caminar cientos de kilómetros sin rumbo, agotados, decidieron regresar al punto de partida. Pero no todos. Un grupo al mando de Rodrigo Isla, que había prestado oídos a una anciana indígena que le había hablado de una impresionante mina de oro de incalculable valor, decidió avanzar hacia las faldas de los Andes en busca

de aquella quimera. Poco después, desconcertados, maltrechos y enfurecidos por la ausencia de recompensa a tantos desvelos, algunos de los hombres de Isla decidieron no acatar su orden de regreso y, tras un motín, lo asesinaron. El objeto de la ira de los conjurados, ahora conscientes de su situación al margen de la ley, se fijó entonces en la vida del propio gobernador Alcazaba. Lo sorprendieron de noche, cuando dormía, y tras apuñalarlo hasta la muerte, lo arrojaron al mar.

Lecturas

Historia del descubrimiento y conquista de América, Francisco Morales Padrón. Gredos, Madrid, 1990

Ruy López de Villalobos
Explorador del Pacífico Occidental

Málaga, finales del siglo XV-Isla de Amboina (Filipinas), 1546

Marino y explorador

Por orden de Antonio de Mendoza, virrey de Nueva España, quien consideró de gran importancia la extensión del dominio novohispano por el Pacífico, Villalobos partió hacia los mares del Sur en noviembre del año 1542. Lo hizo desde el puerto jalisqueño de Navidad al mando de dos naos, una galera, dos pataches y 370 hombres. En su singladura descubrió el archipiélago que entonces se llamó de Revillagigedo, las islas del Coral, isla Jardines (en las hoy llamadas Marshall, antes Carolinas Orientales), las Matalotes (Carolinas Occidentales) y Arrecifes. Tras tocar en 1543 en la isla de Mindanao arribó a Luzón, que llamó Cesarea Caroli. Prosiguió viaje por las islas de Poniente, luego llamadas Filipinas, hasta la de Sarangán (Antonia), donde intentó fundar sin éxito un asentamiento, debido entre otras cosas a la mala calidad de la tierra, de la que no brotaba cultivo alguno apto para el consumo humano. Mandó desde allí a Bernardo de la Torre a explorar Mindanao para que después siguiera la ruta de Levante y pusiese rumbo a México con objeto de pedir refuerzos humanos y materiales. Pero De la Torre, que fue quien bautizó esas islas como Filipinas en honor de Felipe II, fracasó en su misión tras pasar por la isla de los Ladrones y por el archipiélago japonés de Kazan Retto, donde se encontró con violentas tempestades que destrozaron parte de las embarcaciones. El camino de retorno de Filipinas a México no se localizó hasta 1565, cuando fray Andrés de Urdaneta logró encontrar el llamado tornaviaje desde Asia hacia América. Villalobos y sus hombres, acuciados por el hambre, pusieron rumbo a Tidore, en las Molucas, entonces posesión portuguesa, contraviniendo las órdenes del virrey y del

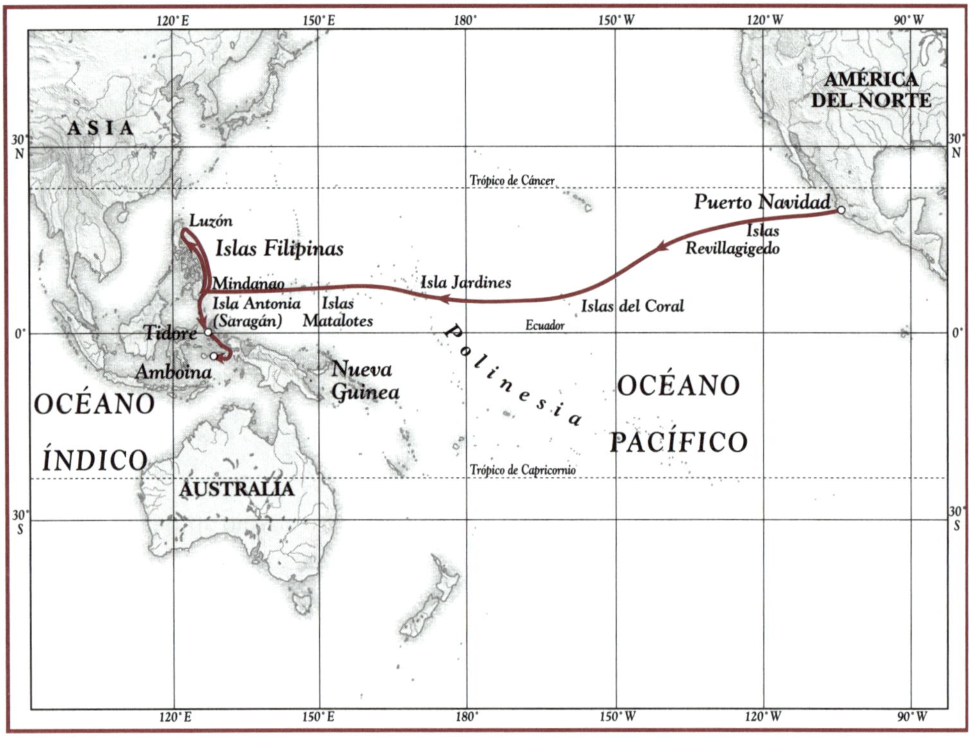

emperador, que habían dejado muy clara la prohibición de adentrarse en aguas o tierras bajo dominio luso con el fin de evitar cualquier tipo de conflicto. Reparada una de sus naves dañadas, continuó navegando hasta Nueva Guinea donde le sorprendió el parecido de los naturales con los de la costa occidental africana. Tomó posesión formal de la gran isla para la Corona española en 1545. Más tarde, ante los sucesivos fracasos para regresar a México, Villalobos solicitó el auxilio de los portugueses a fin de que evacuaran a su tripulación rumbo a España. En el viaje cayó gravemente enfermo de fiebres palúdicas y hubo de desembarcar en la isla de Amboina, donde murió, según se cree, en brazos de san Francisco Javier.

Lecturas

Relación del viaje que hizo desde Nueva España a las Islas de Poniente, después Filipinas, Ruy López de Villalobos, García de Escalante Alvarado. Estudio preliminar de Carlos Martínez Shaw. Universidad de Cantabria, Santander, 1999

Diego García de Moguer

Descubridor del archipiélago de Chagos

Moguer (Huelva), 1484-Océano Índico, 1554

Marino y descubridor

Pocos marinos de su tiempo podrían presumir de tan vasta experiencia marinera como el onubense García de Moguer. Gozaba de un elevado prestigio como navegante entre las gentes de la mar por el hecho de haber participado en numerosas navegaciones comerciales y expediciones descubridoras que lo llevaron a atravesar en varias ocasiones el Atlántico, reconocer las costas del sur americano, bordear África y cruzar el Índico.

Fue capitán de una de las embarcaciones de la expedición de Juan Díaz de Solís que descubrió el Río de la Plata. En 1526 partió desde el puerto de La Coruña con una carabela de mediano porte y un patache de treinta toneles con rumbo a Brasil y, poco antes de llegar a sus costas, descubrió la isla de Fernando Noronha, desde donde dirigió su proa hacia el sur con el fin de ir barajando la costa hasta entrar en el estuario de los ríos Paraná y Uruguay, y llevar a cabo labores de reconocimiento de estos cauces fluviales. La falta de bastimentos, las enfermedades y la fatiga comenzaron a mermar la expedición, por lo que Diego García regresó a España en junio de 1530. Pocos años después volvió a atravesar el Atlántico a bordo de una carabela que formaba parte de la flota de 16 barcos y 1485 personas que, al mando del también andaluz Pedro de Mendoza, fue a fundar una ciudad en el Río de la Plata, con el fin de asentar en ella a los colonos que llevaba a bordo. A esta ciudad se le dio el nombre de Nuestra Señora de Santa María del Buen Aire, el germen de la actual Buenos Aires.

Tras su regreso a España en 1537, a este infatigable hombre de mar el Atlántico se le antojaba ya pequeño, por lo que decidió ofrecer sus servicios como

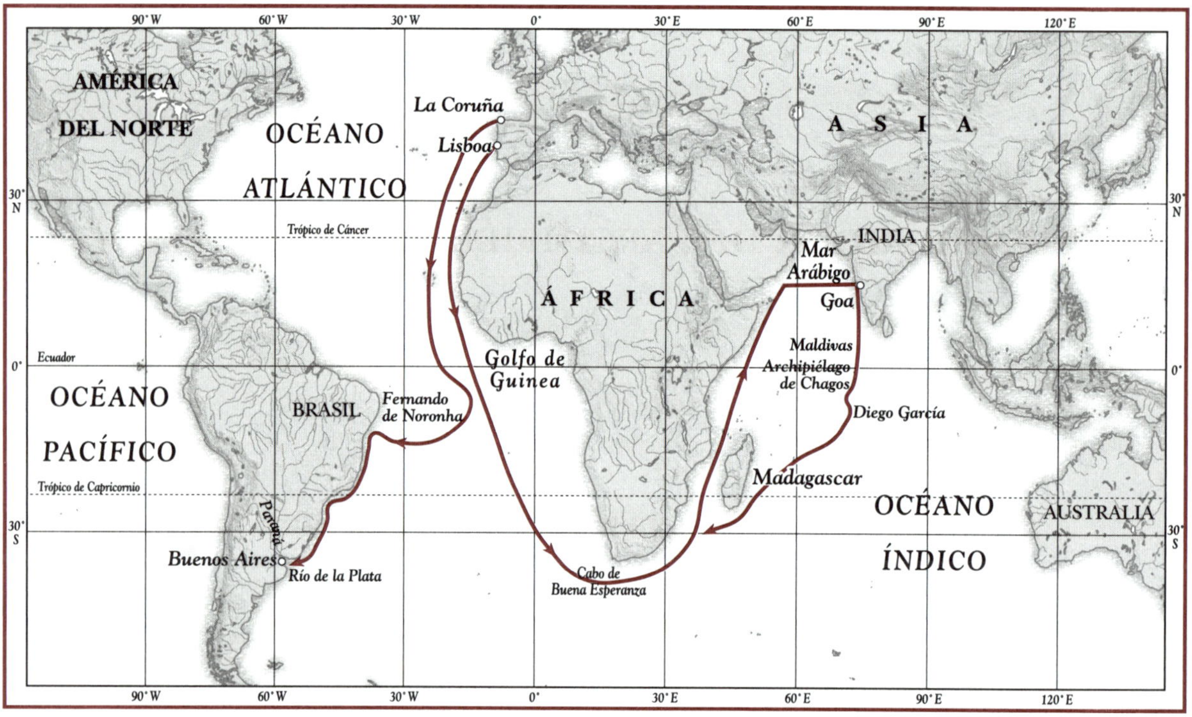

piloto a los navíos portugueses que navegaban por el océano Índico. En 1554 participó en la que sería su última gran navegación y la que lo haría pasar para siempre a la historia. Partió de Lisboa a bordo de la nao *San Bento*, una de las que conformaban la armada de Fernando Alvares Cabral que se dirigía a las posesiones lusitanas de la India, y es en el tornaviaje de esta jornada cuando nuestro piloto De Moguer descubrió el archipiélago de Chagos. La mayor de sus islas lleva el nombre de Diego García en homenaje al primer europeo que puso pie en ella. Después de tan feliz hallazgo, reanudó su marcha hacia la península Ibérica siempre con la proa hacia el cabo de Buena Esperanza, pero el escorbuto le quitó la vida cuando estaba ya muy cerca del continente africano. Murió a la por entonces inusual edad de 70 años y tras pasar más de cincuenta aventurándose en expediciones marítimas.

Lecturas

España en el mar. Padrón de Descubridores, Amancio Landín Carrasco. Editorial Naval, Madrid, 1992

Pánfilo de Narváez

La primera expedición europea a los Apalaches

Navalmanzano (Segovia), 1470-¿?, 1528

Conquistador y explorador

En 1519 Hernán Cortés había dejado de acatar las órdenes del gobernador de Cuba, Diego Velázquez, y, con el objetivo de lograr para sí la conquista del Imperio azteca, actuaba por su cuenta. Velázquez decidió entonces enviar una expedición de castigo contra el general y eligió para ello a uno de sus más fieles colaboradores, Pánfilo de Narváez, que había participado en la conquista de Jamaica y con gran mérito en la de Cuba. Con diecinueve naves y más de mil hombres se dirigió presto a México, pero Cortés, enterado de sus planes, lo sorprendió, hirió y apresó. Dos años permaneció Narváez prisionero en Veracruz. Liberado por fin regresó a Cuba y de allí partió hacia España para quejarse a Carlos V del comportamiento de Cortés y, de paso, obtener una capitulación para Florida. Designado como adelantado de aquel territorio organizó una expedición de cinco naves y seiscientos hombres que partió de Sanlúcar en 1527 y no llegó a su destino hasta un año después, debido a que una tormenta huracanada produjo serios daños a algunas de las embarcaciones. Al poco de tomar tierra, Pánfilo de Narváez y sus trescientos compañeros fueron hostigados por los indígenas, pero lograron llegar a los montes Apalaches.

De vuelta al fondeadero donde habían dejado los barcos, se encontraron con que estos habían desaparecido y, dada la delicada situación de una tierra en la que no había oro pero sí nativos dispuestos a continuar una guerra cruel, Narváez decidió regresar a Cuba; para ello construyó unas rudimentarias barcas con las pieles de los caballos. Nuevamente los vientos enfurecidos los arrojaron hacia la costa. Solo sobrevivieron cuatro hom-

bres, Cabeza de Vaca y Estebanico entre ellos. Pánfilo de Narváez murió tragado por las aguas.

Lecturas

Naufragios. Alvar Núñez Cabeza de Vaca, edición de Trinidad Barrera. Alianza Editorial, Madrid, 1989

Juan Ponce de León

A Puerto Rico y Florida tras la fuente de la Eterna Juventud

Santervás de Campos (Valladolid), entre 1460 y 1465-La Habana (Cuba), 1521

Explorador y conquistador

A este vallisoletano que llegó a La Española en la gran expedición de Nicolás de Ovando en 1502 se deben los topónimos de Puerto Rico y Florida. En 1503 Ponce de León participó con gran mérito en la conquista de la provincia dominicana de Higüey, en el valle del Yuma, en la que los nativos opusieron una tenaz resistencia. Premiado por sus méritos, solicitó permiso del propio Ovando para explorar una isla cercana, llamada Borinquén. Desde Yuma partió hacia aquella tierra con medio centenar de hombres y la obligación de entablar relaciones amistosas con los nativos y construir un fuerte. Apoyado por el cacique Agüeybana enfiló hacia el norte y encontró un lugar en la costa perfecto para la edificación de algunas casas: lo llamó Puerto Rico. Luego regresó a La Española y en 1509 obtuvo el título de gobernador de aquella isla, que debía colonizar. De ese modo, se encomendó a esta tarea, aunque con poco acierto, pues no logró contener las rebeliones de los nativos. Aquella situación le costó el cargo.

El origen del nombre de Florida es bien distinto: Ponce de León había oído hablar de unas ricas tierras al norte de las islas Lucayas, en donde se encontraba el Biminí, un río cuyas aguas, al ser bebidas, proporcionaban la eterna juventud. Obtuvo del rey Fernando permiso para su descubrimiento, así que con dos carabelas partió hacia allí en 1512. Tras tocar varias de las Lucayas, avistó una tierra rebosante de vegetación, que creyó isla. Ponce tomó posesión y la bautizó como Florida, sin saber que realmente era una península. Exploró sus costas hasta llegar al cabo de Corrientes y de allí navegó a

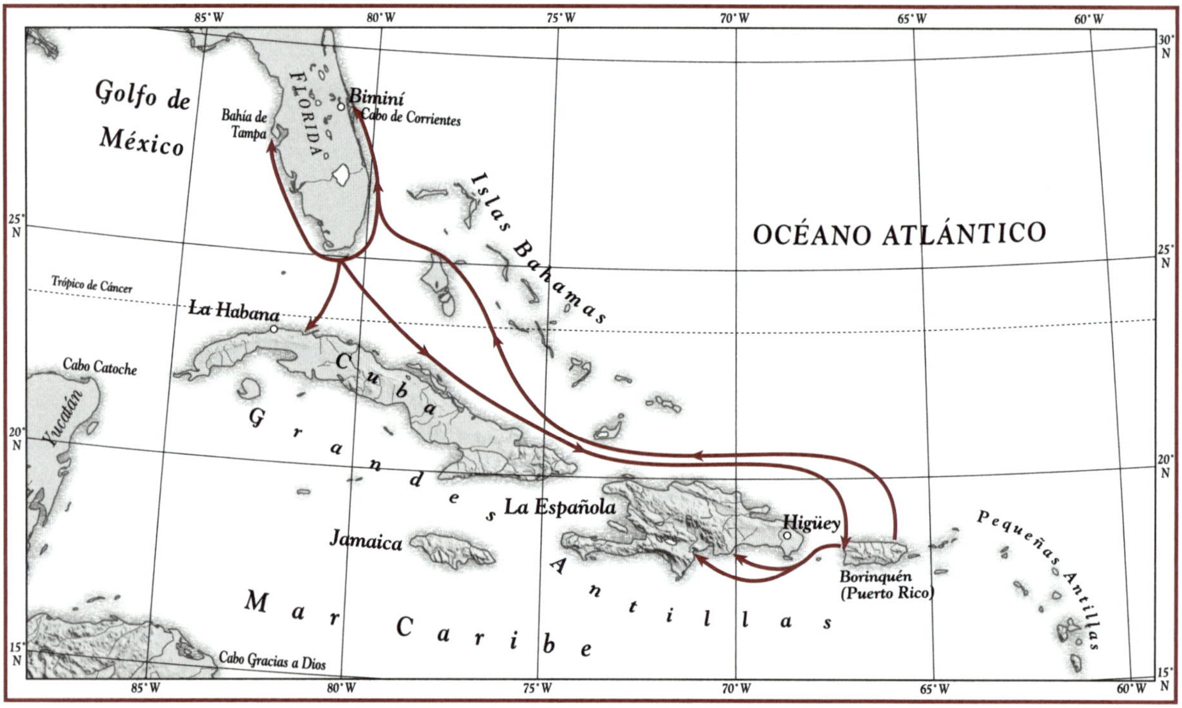

la bahía de Tampa, para regresar a continuación a Puerto Rico. El Biminí no desapareció de los sueños de Ponce de León, que logró de Carlos V el nombramiento de adelantado y partió de Puerto Rico en febrero de 1521 con el fin de tomar posesión definitiva de su territorio. En Florida fue recibido por los indígenas con una lluvia de flechas, una de las cuales le hirió gravemente. No tuvo más remedio que ordenar a sus hombres la retirada y puso rumbo a La Habana, donde al poco falleció.

Lecturas

Juan Ponce de León, Manuel Ballesteros Gaibrois. Historia 16, Madrid, 1987

Lucas Vázquez de Ayllón

En Virginia cien años antes del *Mayflower*

Toledo, hacia 1470-San Miguel de Guadalupe (Carolina del Sur, Estados Unidos), 1526

Explorador y jurista

Entre Florida y la península de Terranova se extendía inhóspita y apenas tocada por los europeos la costa atlántica de lo que hoy son los Estados Unidos. En 1523 el acomodado oidor toledano Lucas Vázquez de Ayllón logró una capitulación con licencia para proseguir con el descubrimiento de esas tierras que él mismo describía como paradisíacas. Desde Santo Domingo envió dos carabelas de tanteo al mando de Pedro de Quexos, quien ya había navegado en 1520 por aquella región que los indígenas llamaban Chicora. A su vuelta traían esclavos y algo de oro, y Vázquez de Ayllón se preparó para una gran expedición de conquista y colonización en la actual Virginia. En 1526 partió de Puerto Plata con cinco naves y quinientos expedicionarios, entre los que figuraban mujeres y frailes, después de dilapidar su fortuna en el flete de las naves y en pertrechos. Su idea era recorrer Chicora y el resto de las tierras situadas al norte hasta llegar a Terranova, donde suponía debía existir un paso hacia el Pacífico y la Especiería, y por el camino ir tomando posesión de aquellos supuestos paraísos. Nada más lejos de la realidad. En la desembocadura del río que llamaron Jordán, en las cercanías del actual cabo Fear, el cabo del Miedo, perdieron una nave y descubrieron que las tierras que se nombraban en las capitulaciones, Pyraita, Tancal, Anicatiye, Duache..., no aparecían. Siguieron hacia el norte y al llegar a los 33º se detuvieron para fundar la ciudad de San Miguel de Guadalupe, situada en el actual estado de Carolina del Norte, no lejos de la bahía de Chesapeake. Pero el emplazamiento, primero realizado por los europeos en aquel territorio, estaba siendo edificado sobre te-

rrenos pantanosos, rodeado de ciénagas y de nativos en pie de guerra. Además, llegó el invierno y con él un frío helador que acabó con la vida del propio Ayllón. Los supervivientes decidieron regresar a La Española. Llegaron solo 150 del medio millar largo que había partido. El cadáver de Ayllón fue arrojado al mar en el viaje de vuelta.

Lecturas

Historia del descubrimiento y conquista de América, Francisco Morales Padrón. Gredos, Madrid, 1990

Álvar Núñez Cabeza de Vaca

El gran explorador del sur de Estados Unidos y descubridor de Iguazú

Jerez de la Frontera (Cádiz), entre 1490 y 1500-Sevilla, 1560

Explorador, yerbatero y chamán

Con cargo de tesorero y alguacil mayor, Cabeza de Vaca partió en 1527 desde España en la expedición capitaneada por Pánfilo de Narváez con destino a las costas de Florida. Seiscientos hombres y cinco naves componían la empresa, cuya intención era poblar las tierras de la desembocadura del río de Las Palmas. Tras poner pie en el continente y mantener duros enfrentamientos con los naturales, el grupo se aventuró hacia el interior atravesando pantanos, ciénagas y espesuras boscosas casi infranqueables. Al no hallar un lugar idóneo en el que asentarse iniciaron el regreso a las naves que habían dejado ancladas en la bahía de Tampa. Pero ya no estaban: se las había tragado el océano. Con cueros de caballo construyeron entonces unas rudimentarias y frágiles embarcaciones con las que intentaron llegar al golfo de México, pero una tormenta descomunal empujó las naves artesanales hacia la costa y las hizo naufragar. En este punto comienza una de las mayores epopeyas americanas, la que protagonizaron hasta 1536 por el sur de lo que hoy es Estados Unidos y el norte de México un puñado de hombres, cuatro exactamente, los únicos supervivientes del antes numeroso contingente humano. Decididos a sobrevivir del modo que fuera, el propio Cabeza de Vaca, Andrés Dorantes de Carranza, Alonso del Castillo Maldonado y el negro o morisco Estebanico (el primero de esa raza que vieron por primera vez muchos indígenas americanos) permanecieron durante cerca de nueve años en compañía de distintos grupos, en calidad a veces de cautivos, otras de amigos y algunas de aliados o curanderos, puesto que Cabeza de Vaca, que tenía vagos

conocimientos de medicina, ganó fama como sanador y también como taumaturgo hacedor de milagros, ya que envolvía sus prácticas curativas con rituales basados en la invocación a la Virgen María, la práctica de signos de la cruz sobre el enfermo o el soplo de algún tipo de «mágico» aire. Enterados de sus cualidades como brujo o chamán, muchos nativos siguieron tras sus pasos, a veces hasta «tres a cuatro mil personas», según su propio testimonio. Así anduvieron a lo largo de casi 20 000 kilómetros vagando sin rumbo por Texas, por las áridas mesetas de Chihuahua y Sonora o remontando el río Grande hasta El Paso. Por fin, una patrulla española que merodeaba a la caza de esclavos fugitivos los localizó en las cercanías de San Miguel de Culiacán, en la costa mexicana del océano Pacífico. Su aspecto era desastroso, pero estaban vivos. El relato de aquella odisea legendaria quedó plasmado en el célebre libro *Naufragios y comentarios,* un texto escrito por el propio Cabeza de Vaca que llegó a impulsar con brío el interés de las autoridades por aquellos territorios del norte continental, donde se creía estaban las míticas Siete Ciudades de Cíbola o el reino de Anián, lugares supuestamente atestados de riquezas.

Más tarde, precedido ya por una fama bien ganada, Cabeza de Vaca regresó a España, donde Carlos V lo nombró gobernador de Río de la Plata, una provincia puesta a cargo de Pedro de Mendoza, del que no se tenían noticias desde hacía ya demasiado tiempo. Partió de Cádiz en 1540; la flota fue desviada por las tormentas hacia la isla de Santa Catalina, en Brasil, donde fueron informados de que Mendoza y su ayudante, Juan de Ayola, habían perecido a manos de los indígenas. Cabeza de Vaca decidió alcanzar el Río de la Plata por tierra y en el camino, que recorrió en compañía de numerosos colonos y una buena cantidad de ganado, descubrió las maravillosas cataratas de Iguazú. Sus ojos fueron los primeros europeos en contemplarlas. A su llegada a Asunción, sin sufrir apenas bajas a pesar de lo dificultoso de la travesía, pudo comprobar la desastrosa situación de la provincia. Desde allí dirigió una expedición a la sierra de la Plata, hacia Potosí, y al regresar aplicó mano dura en su gobierno, limitando los abusos de los encomenderos españoles allí operativos e interviniendo en favor de los indígenas, lo que alimentó tales odios contra su persona que al poco tiempo se produjo una rebelión. Cabeza de Vaca fue

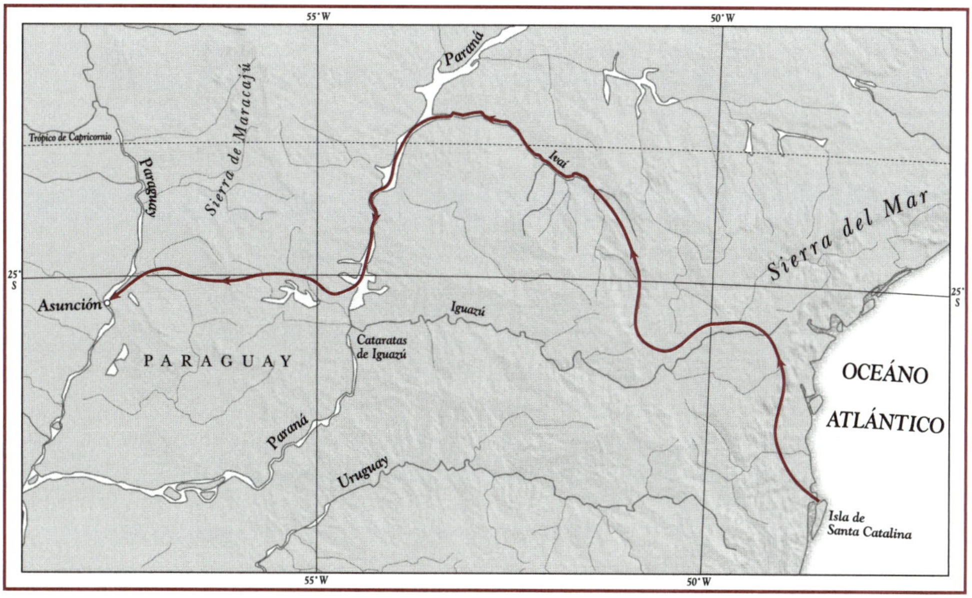

depuesto de su cargo, apresado, enviado a España, juzgado y desterrado a Orán durante ocho años, hasta que Felipe II le concedió el indulto. Tras desempeñar un cargo judicial en Sevilla, entró en religión y pasó los últimos años de su vida como prior de un monasterio, en el que falleció.

Lecturas

Alvar Núñez Cabeza de Vaca, Bibiano Torres Ramírez. Editoriales Andaluzas Unidas, Sevilla, 1990

Naufragios y comentarios, Alvar Núñez Cabeza de Vaca. Porrúa, México, 1998

La odisea de Cabeza de Vaca, Rubén Caba y Eloísa Gómez Lucena. Edhasa, Barcelona, 2008

Estebanico
(Esteban de Dorantes, Esteban *el Negro*)

El negro que atravesó las montañas Rocosas

Azamor (Marruecos), ¿?-¿?, 1539

Explorador

Esclavo y prestigioso explorador del norte americano, su vida conocida empezó en 1513, cuando fue capturado y cristianizado, quizás por los portugueses que habían ocupado su región natal. Quisieron el destino y su amo, Andrés Dorantes, que Estebanico *el Negro* acompañara a Álvar Núñez Cabeza de Vaca en una expedición que salió de España al mando de Pánfilo de Narváez y que tenía por misión la conquista y colonización de La Florida. Ese fue el principio de una disparatada aventura en la que solo cuatro hombres vivieron para contar lo que muchos más habían empezado. En efecto, al llegar a Santo Domingo, un naufragio produjo algunas bajas y no pocas deserciones. Tras pasar por Cuba, arribaron a La Florida el Viernes Santo de 1528, después de una navegación plagada de incidentes. Tras un año deambulando por ciénagas y pantanos, acosados por el hambre, la enfermedad y el hostigamiento de los nativos, los que quedaban decidieron trasladarse a México, pero las embarcaciones que habían construido para bordear la costa solo les permitieron alcanzar la isla de Mal Hado y el Misisipi. Quedaban quince y, además, fueron hechos prisioneros por los nativos, con quienes permanecieron hasta que en 1534 consiguieron escapar. Ya solo eran cuatro: Cabeza de Vaca, los salmantinos Alonso del Castillo y Andrés Dorantes y el propio Estebanico. Siempre con la pretensión de alcanzar México, recorrieron casi 20 000 kilómetros a pie, malviviendo y en medio de peligros causados entre otras cosas por el color de piel de quienes formaban la comitiva, ya que los indígenas nunca habían visto blancos ni negros. En 1536, después de recorrer todo lo que hoy es el sur de Esta-

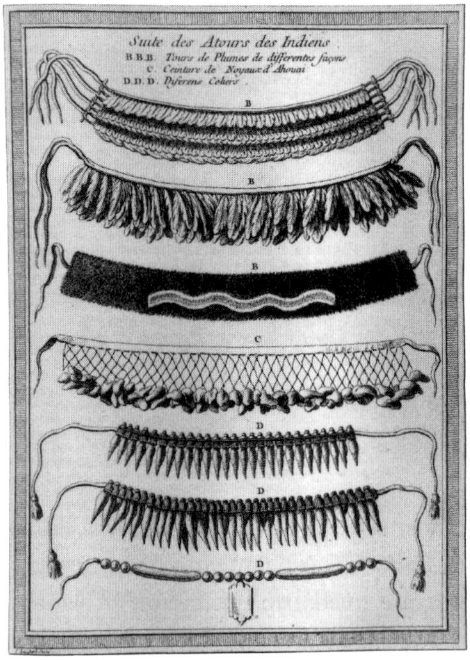

Adornos indígenas.

dos Unidos y el norte de México, fueron rescatados cerca de Culiacán, en la costa del Pacífico, y recibidos con asombro en la capital mexicana. Uno de los resultados de la hazaña fue que el entonces virrey de la Nueva España, Antonio de Mendoza, auspició la búsqueda de las Siete Ciudades de Cíbola, un mito doradista norteamericano. La expedición se encomendó a fray Marcos de Niza, un franciscano galo que había acompañado a Pizarro en la conquista del Perú. Estebanico fue nombrado guía y se les unieron una veintena de hombres decididos a hallar aquella quimera. Partieron de Sinaloa en abril de 1536 y recorrieron los actuales estados norteamericanos de Arizona, Nuevo México, Colorado, Texas, Oklahoma y Kansas. Por fin, en junio de 1539, llegaron a las proximidades de una aldea de los indígenas llamada Zuñí, en Nuevo México, donde suponían que se hallaba una de las ciudades de Cíbola. Allí Estebanico fue muerto por los nativos, con cuyas mujeres se había propasado, aunque una crónica mantuvo que al atravesar la región del río Mayo se quedó en ella, pues «prendado por la hermosura de las indias, se escondió y casose allí con cuatro o cinco mujeres, usó de la tierra y tuvo sucesión». En cuanto a sus compañeros de exploración, al regresar a México, fray Marcos de Niza contó que el poblado estaba lleno de oro y riquezas. Por ello, en 1540, Francisco Vázquez de Coronado dirigió una nueva expedición a la zona, bien armada y pertrechada, guiada por el propio fraile, que tuvo que regresar por un ataque de reumatismo. Tomaron la población después de una feroz lucha; tras la conquista se pudo demostrar que las noticias sobre tales ciudades eran falsas, aunque Coronado sufrió un proceso del cual salió absuelto años después.

Lecturas

Naufragios y comentarios, Álvar Núñez Cabeza de Vaca. Porrúa, México, 1998

Marcos de Niza

Explorador de los desiertos de Arizona y Nuevo México

Niza (Francia), ¿?-Jalapa (México), 1558

Sacerdote y aventurero

El monje franciscano Marcos de Niza había sido destinado desde 1531 a labores de evangelización en Perú, pero siete años más tarde se ordenó su traslado a México. Allí inició una increíble aventura que lo llevó a contribuir a definir la condición peninsular de la tierra de California, que hasta entonces había sido tomada por una isla, pues gracias a una observación que realizó en Arizona dedujo que la costa californiana giraba hacia el oeste a los 35º de latitud norte. La conversión de este controvertido fraile en explorador de frontera fue sumamente curiosa y se debió en buena parte a su imaginación y a su capacidad dialéctica.

El virrey Mendoza, exaltado por las narraciones que de aquellas tierras ignotas habían hecho tras su periplo —de Florida a Sinaloa— Álvar Núñez Cabeza de Vaca y sus compañeros expedicionarios, le encargó, en virtud de sus amplios conocimientos sobre geografía, guiar una expedición al remoto norte.

Marcos de Niza partió en 1539 desde Culiacán en compañía del explorador africano Estebanico, quien había estado con Cabeza de Vaca, algunos españoles y un puñado de indígenas, sin más armas que una cruz y muchos datos inconexos, en su mayoría totalmente alejados de la realidad. El grupo atravesó Sinaloa y Sonora en un viaje repleto de penalidades y se adentró en los desiertos de Arizona y Nuevo México. Allí murió el intrépido Estebanico a manos de los indígenas, supuestamente en la proximidad de las llamadas Siete Ciudades de Cíbola, emplazamientos míticos que se creían atestados de oro y riquezas. El franciscano emprendió el camino de retorno a Méxi-

Mapa que representa el reino de Quivira.

co y procedió a realizar una descripción detallada de las tierras norteñas y de sus posibilidades, de modo que Mendoza encomendó a su fiel capitán y gobernador de Nueva Galicia, Francisco Vázquez de Coronado, el mando de la empresa, con Niza como guía. Seiscientos españoles y unos tres mil nativos cruzaron Sonora y se dirigieron a Cíbola y Quivira, situadas en las actuales Nuevo México y Kansas, sin hallar por el camino más que calamidades, aunque lograron aclarar también muchos enigmas geográficos del septentrión novohispano. A su regreso Vázquez de Coronado sufrió un juicio por incompetencia del que salió absuelto; de fray Marcos de Niza, objeto de la ira del virrey por farsante, mentiroso y fabulador, no se supo más.

Lecturas

Historia del descubrimiento y conquista de América, Francisco Morales Padrón. Gredos, Madrid, 1990

Francisco Vázquez de Coronado

El hallazgo y la exploración del Gran Cañón

Salamanca, 1510-Nueva Galicia (México), 1554

Explorador y conquistador

Descripciones fantasiosas y sugestivas leyendas, unidas a sueños de grandeza, fortuna y fama, inclinaron a muchos exploradores a acometer arriesgadas empresas en tierras difíciles. Una de esas leyendas, la de la existencia de las llamadas Siete Ciudades de Cíbola, de la cual habían dado noticia Cabeza de Vaca o fray Marcos de Niza, entre otros, llamó la atención del virrey de Nueva España, Antonio de Mendoza, quien rápidamente se frotó las manos y dispuso que un numeroso grupo se adentrara en aquellos lares. El elegido para encabezar una expedición a la costa del Pacífico que luego debería internarse por tierra hasta llegar al mítico reino, imaginaria fuente de riquezas sin fin, fue el joven gobernador de Nueva Galicia —territorio correspondiente hoy a Jalisco, Zacatecas y Aguascalientes, en México—, Francisco Vázquez de Coronado, que contaba entonces con 28 años. El salmantino partió de Culiacán en 1540 al frente de un grupo de trescientos españoles y más de ochocientos indígenas que llevaban consigo ganadería de cría, caballos y semillas. Tras alcanzar el río Yaqui y encarar el cauce seco del Mayo hasta Corazones, en el extremo sur de la cañada del río Sonora, surgieron las primeras quejas de la tropa, puesto que aquellos caminos duros y ásperos no eran lo felices que esperaban. En el valle de Sonora el ánimo mejoró, pues aquellas tierras eran fértiles, pero lo que vino luego no era tan bonito: el temible desierto de Gila, las montañas de Pina. Hambre y sed. Después de dos meses de marcha siguiendo las indicaciones de Marcos de Niza, que iba con ellos, llegaron al río Bermejo. Estaban ya en las inmediaciones de la

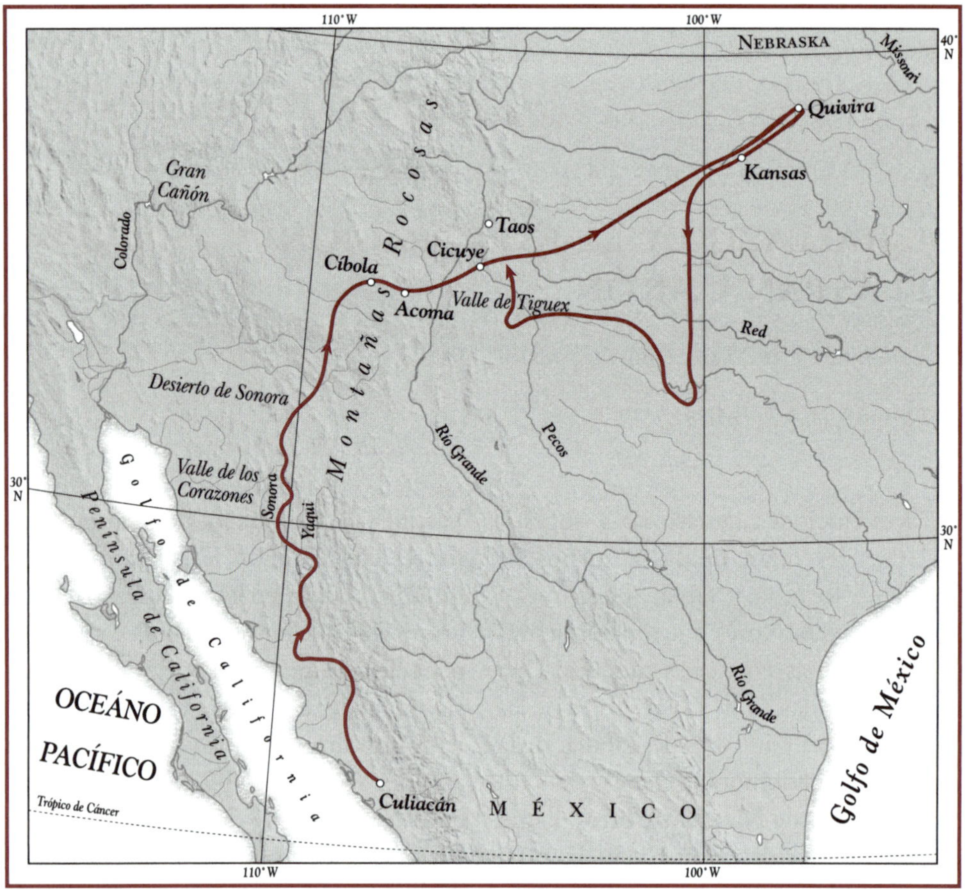

primera ciudad de Cíbola. Pero lo que encontraron al entrar fue una aldea habitada por naturales de la etnia zuñi, que vivían en condiciones poco menos que de supervivencia y cuyas casas de adobe, «de dos e tres altos, las paredes de piedra e lodo, y algunas de tapias», recordaron a algunos las de los pueblos de España. Los identificaron de inmediato como «indios pueblo». Ni que decir tiene que la tropa no miró con buenos ojos al fantasioso Niza, quien al poco tiempo regresó a México, temeroso por su vida debido al hostigamiento del que era objeto. Empeñado en localizar algo que mereciera la pena ser conquistado o más bien colonizado, Vázquez de Coronado envió exploradores a investigar los alrededores de aquel villorrio que había establecido como centro neurálgico. El capitán García López de Cárdenas vino con noticias: había localizado un profundo cañón por cuya base corría un poderoso río, que en un primer momento llamaron Tizón. Era el cañón del Colorado. El capitán Jaramillo describió así aquel momento: «Halló una barranca de un río que fue imposible por una parte, ni otra, hallarle bajada para caballo, ni aun para pie, sino por una parte muy trabajosa, por donde tenía casi dos leguas de bajada. Estaba la barranca tan acantilada de peñas que apenas podían ver el río, el cual, aunque es, según dicen, tanto o mucho mayor que el de Sevilla, desde arriba aparecía un arroyo». Deseoso de hallar nuevas tierras, Coronado prosiguió a Acoma y, desde allí, al valle de Tiguex, atravesado por el río Grande. Tras un duro invierno la expedición se internó en Arkansas, entre las montañas Rocosas y el Misisipi, y alcanzó el sur de Nebraska. Pero allí no había oro, ni riquezas, ni nada realmente digno de aquella magna empresa. Tras regresar a Tiguex para pasar el invierno de aquel año de 1542, Coronado sufrió un accidente: su caballo se desbocó y fue a dar con sus huesos en el suelo golpeándose con fuerza en la cabeza. Las lesiones sufridas fueron tan graves que no logró ya recuperarse del todo y mostraba evidentes signos de trastorno. Su estado y el fracaso de la empresa fueron determinantes a la hora de decidir el regreso. Al llegar a México fueron recibidos con frialdad, pues el virrey Mendoza recriminó a Coronado no haber cumplido sus órdenes de colonizar el norte de México. En el año 1544 fue sustituido de su cargo de gobernador y sometido a juicio por sus errores y desobediencias. A partir de 1545 vivió retirado hasta su muerte, ocurrida en el otoño de 1554.

Lecturas

Las Siete Ciudades de Cíbola: textos y testimonios sobre la expedición de Vázquez Coronado, selección y estudio de Carmen Mora. Alfar, Sevilla, 1992

Hernando de Soto
El descubridor del Misisipi

Jerez de los Caballeros (Badajoz), 1500-Orillas del río Misisipi, 1542

Conquistador y explorador

Protagonista de una de las mayores exploraciones del territorio de los actuales Estados Unidos, Hernando de Soto se inició en la aventura americana años antes y un poco más al sur, concretamente en la conquista de Panamá y Nicaragua, al formar parte de la expedición de Pedrarias Dávila de 1514. Allí, a las órdenes de Gaspar de Espinosa y Hernández de Córdoba, ganó fama como experto baquiano y amasó no poca fortuna. Se ofreció después a Francisco Pizarro para conquistar Perú —participó en la captura de Atahualpa—, aunque a la larga se enemistó con él. Regresó, rico, a España. Recién casado con Isabel de Bobadilla, hija de Pedrarias —para entonces contaba con varios hijos mestizos a los que reconoció—, fue informado de que Cabeza de Vaca había aparecido tras estar perdido por el sur norteamericano. Poco después lograba de la Corona una capitulación en la que se lo nombraba gobernador de Cuba y adelantado de Florida. Como un imán, atrajo hacia sí, debido a su reputación, a cientos de personas que embarcaron junto a él en siete navíos y tres bergantines. Era abril de 1538. Tras llegar a Cuba, De Soto inició los preparativos y partió hacia Florida en mayo de 1539. Dejó en el puerto de Espíritu Santo de la bahía de Tampa a cien hombres, hizo que volvieran los barcos a Cuba para que regresaran pasado algún tiempo y, con seiscientos acompañantes, además de doscientos caballos, se internó tierra adentro, hacia Paracoxis, para llegar a los Apalaches, que marcaban el límite recorrido por la expedición de Cabeza de Vaca. Atravesó el actual estado de Georgia hasta el río Savannah, giró al noroeste, cruzó las Montañas Azules

y allí, en la frontera de Tennessee, volvió hacia Georgia para adentrarse luego en Alabama, poner pies en Mauvilla e invernar en Chicasa. Tras sufrir varios ataques de indígenas tomó el camino del noroeste y, después de avanzar con penalidad por ciénagas y pantanos, el grupo descubrió el río Misisipi (*Meact-Massi-*

pi, padre de las aguas), que llamaron río Grande. El 8 de junio de 1541 la expedición cruzaba la peligrosa corriente al sur de lo que hoy es Memphis. En Arkansas fueron bloqueados por la nieve, y la expedición empezó a mostrar signos de agotamiento; el propio De Soto enfermó de fiebres y murió el 21 de mayo de 1542. Su sucesor en el cargo, Luis de Moscoso, hizo arrojar el cuerpo del finado al Misisipi para ocultar su muerte a los indígenas. Según el cronista mestizo Inca Garcilaso, «era venturoso en las jornadas particulares que por su persona emprendía aunque en la principal no lo fue, pues al mejor tiempo le faltó la vida». Más de cuatro años después de la partida, el grupo llegaba sin su cabecilla a Tampico, en México. Quedaban poco más de trescientos, la mitad de los que habían salido.

Lecturas

Hernando de Soto: el Amadís de la Florida, Miguel Albornoz. Revista de Occidente, Madrid, 1971

Hernando de Soto, Concepción Bravo Guerreira. Historia 16, Madrid, 1987

Juan Rodríguez Cabrillo
El primer europeo en explorar las costas de California

Palma del Río, ¿?-Isla de Posesión (hoy llamada isla de Juan Rodríguez), 1543

Explorador y conquistador

De origen desconocido, hay quienes sostienen que era portugués, mientras que otros sitúan su lugar de nacimiento en Sevilla o Cuéllar. Veterano de la flota de Pánfilo de Narváez y la conquista de México, se sabe que en el año 1542 fue comisionado para explorar la costa norte del Pacífico siguiendo las rutas abiertas anteriormente por iniciativa de Hernán Cortés. Por entonces ya era sabido que California no era una isla, sino una península. Su misión consistió en encontrar un estrecho al norte que uniera los océanos Pacífico y Atlántico, el famoso paso del Noroeste, y con él un nuevo camino hacia Europa desde América. Por supuesto, debía tomar posesión de todas las tierras que encontrara a su paso para la Corona española.

Rodríguez Cabrillo partió del puerto de Barra de Navidad, en Jalisco (México), en junio de 1542. En agosto, y tras costear zonas desconocidas desde el cabo del Engaño, fue recalando en la isla de San Agustín, para en septiembre avistar y explorar el cabo de la Cruz, el puerto de la Ensenada, al que llamó de San Mateo, y el de San Miguel. Acababa de descubrir la bahía de San Diego, como luego hizo con el puerto de Los Ángeles, al que llamó San Pedro, y Santa Mónica. También dio nombre a las islas de San Salvador y La Victoria. Ya en el mes de octubre el grupo tomó tierra en la bahía de los Fuegos y continuó viaje topándose en el camino con numerosos grupos indígenas, cuya descripción consta en una relación de aquel descubrimiento que se atribuye a Juan Páez. Después llegaron al cabo de Galera, a la isla que llamaron de Posesión y al cabo de San Martín. Tras numerosas incursiones por tierra y na-

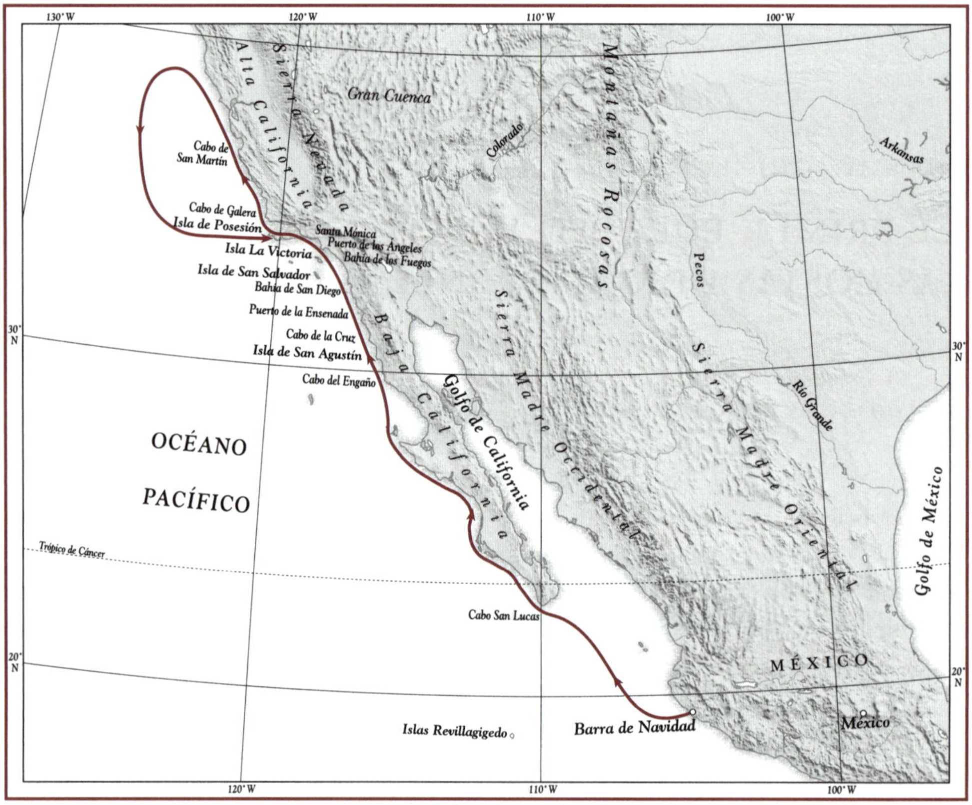

vegación costera, decidieron invernar en la isla de Posesión, en la Alta California, donde Rodríguez Cabrillo, que anteriormente había resultado herido al caerse del caballo, murió. Era el 3 de enero de 1543.

Antes de acabar sus días, el arriesgado navegante nombró como sucesor de su capitanía al piloto mayor Bartolomé Ferrelo, a quien pidió que prosiguiera con la exploración de aquellas tierras. Los españoles bautizaron aquel lugar al que los indígenas llamaban Ziquimuymu como isla de Juan Rodríguez, en honor al navegante fallecido.

Lecturas

Historia del descubrimiento y conquista de América, Francisco Morales Padrón. Gredos, Madrid, 1990

Francisco Pizarro

Explorador de los Andes y conquistador del Imperio inca

Trujillo (Cáceres), 1475-Lima (Perú), 1541

Explorador y conquistador

Tras pasar a las Indias en fecha tan temprana como 1502, la figura del que a la postre sería el conquistador de Perú comenzó a alcanzar notoriedad en Panamá, en donde ocupó diversos cargos de importancia, como el de teniente de gobernador, en 1523. El apoyo que dio a Pedrarias Dávila en su contienda con Vasco Núñez de Balboa, a quien Pizarro acompañó en su descubrimiento del océano Pacífico, fue fundamental para la ascensión del extremeño. Él mismo, cuando era teniente gobernador de Urabá, apresó a Núñez de Balboa, ejecutado dos años después por orden de Pedrarias. Este último encargó a Francisco Pizarro, en compañía de Diego de Almagro, Gaspar de Espinoza y Hernando de Luque, la formación de una sociedad, la Compañía de Levante, para la consolidación de una gran expedición hacia el sur y el sureste, de donde procedían noticias sobre la existencia de un rico imperio. Pizarro partió en el año 1524 y llegó a Puerto Quemado con las tropas en regulares condiciones. Aun así, decidió permanecer a la espera en Cochama, todavía en territorio panameño, mientras Almagro buscaba nuevos fondos para la empresa, que se tradujeron en la consecución de tres navíos y el reclutamiento de más de ciento cincuenta hombres. Aquella flota llegó a arribar al río de San Juan, no sin sufrir bajas por los constantes ataques de los indígenas. Almagro regresó a Panamá, Pizarro se quedó en San Juan y hacia el sur se internó Bartolomé Ruiz, pero el nuevo gobernador de Panamá, Pedro de los Ríos, dio orden de regreso inmediato. Pizarro y trece de sus hombres, haciendo oídos sordos, continuaron hasta la isla del Gallo. Ruiz, que se incorporó a los que volvían a Panamá,

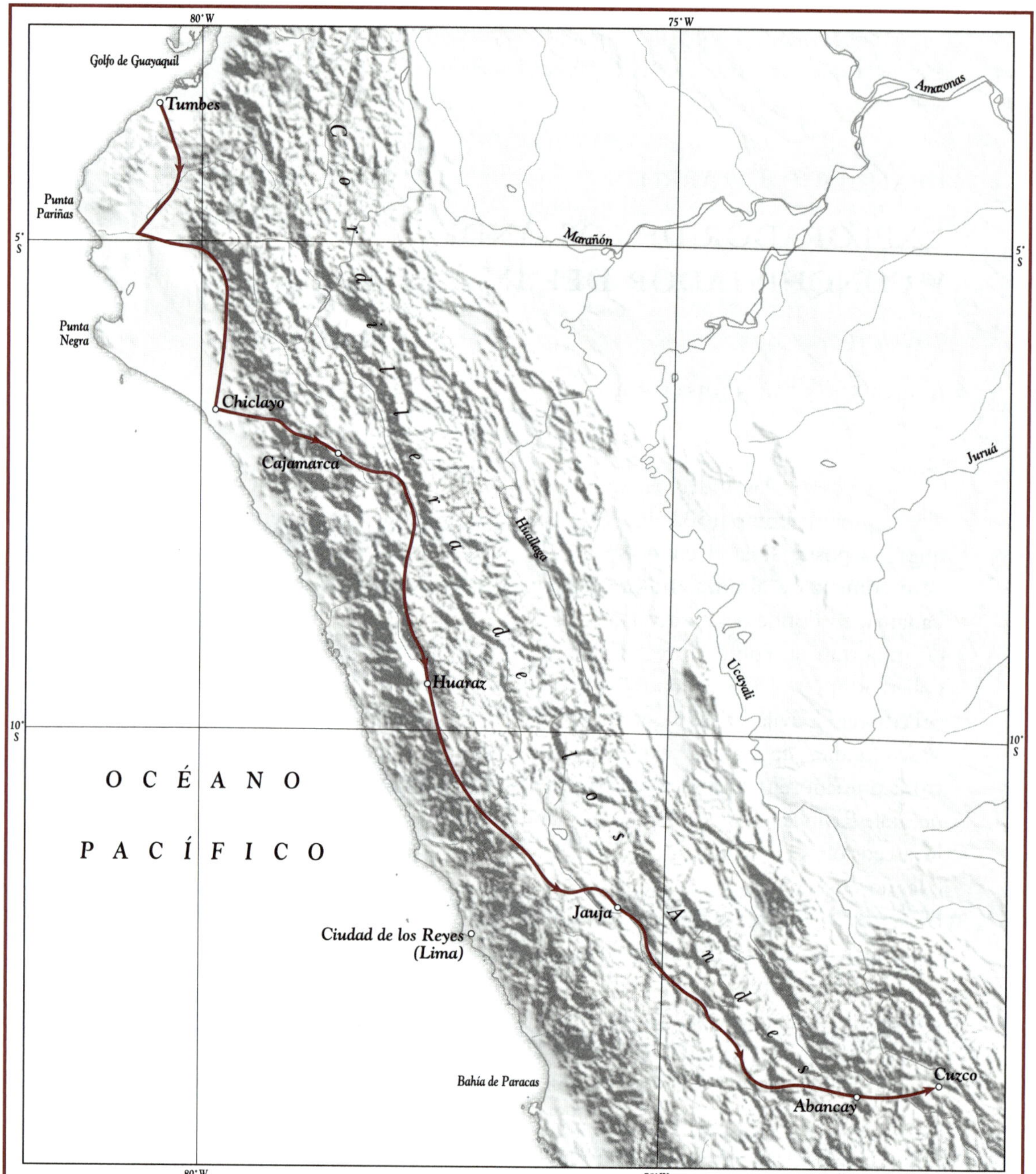
80° W
75° W
Golfo de Guayaquil
Tumbes
Amazonas
Punta Pariñas
5° S
Marañón
5° S
Punta Negra
Cordillera de los Andes
Chiclayo
Cajamarca
Juruá
Huallaga
Huaraz
Ucayali
10° S
10° S
OCÉANO
PACÍFICO
Jauja
Ciudad de los Reyes (Lima)
Bahía de Paracas
Cuzco
Abancay
80° W
75° W

consiguió del gobernador una autorización para que Pizarro prosiguiera con su exploración por un plazo de seis meses. El conquistador, al mando de una sola nave, siguió hacia el sur y llegó a la isla de La Gorgona y a las costas de Tumbes, donde tuvieron noticias ciertas de ese gran reino del sur, rico y poderoso. Pasados seis meses, Pizarro regresó a Panamá con oro y algunos otros bienes. Creyó que aquello sería suficiente para obtener el permiso y apoyo del gobernador para una gran expedición, pero se equivocó. Tuvo que negociar entonces directamente una capitulación con Carlos I, firmada en Toledo en 1529. De acuerdo con su articulado quedaba autorizado al descubrimiento e incorporación a la Corona de aquel misterioso reino en calidad de gobernador, adelantado y capitán general de la franja costera a partir de Tumbes. Pizarro se llevó a la conquista de Perú un grupo selecto de hombres, entre ellos sus hermanos Gonzalo, Juan y Hernando. Desde Tumbes comenzó el avance hacia el interior, conocedor de que el Imperio inca era asolado por una guerra civil sucesoria entre Huáscar y Atahualpa. Este venció en la disputa y se estableció en Cajamarca. Era el año 1532, y Pizarro creyó que para someter a los incas había que capturarlo. Así lo hizo, por sorpresa, en la plaza principal de esa ciudad. Atahualpa fue ejecutado al poco y Pizarro se dirigió a Cuzco, donde estaba Huáscar. Entró en la ciudad en 1533. La urbe fue remodelada y Juan Pizarro nombrado gobernador. Al mando de Quito estaba Sebastián de Belalcázar y Pizarro se estableció en Jauja, que había fundado en 1533 en un valle de insólita belleza. Por fin, se trasladó a Lima, entonces llamada Ciudad de los Reyes, donde estableció la capitalidad peruana en 1535.

Poco a poco fue reafirmando el control del antiguo incario, pero algunas concesiones a sus hermanos, entre otras cosas, produjeron el enfrentamiento con Almagro, que quería estar al frente de la ciudad de Cuzco. Este llegó a la urbe y solicitó la gobernación de la misma, pero fue rechazado por Hernando Pizarro. Almagro lo apresó y se aprestó a encontrar una solución entrevistándose con Francisco. No hubo acuerdo. La guerra entre los conquistadores de Perú estaba en marcha, un conflicto del que Pizarro salió vencedor; Almagro fue ejecutado tras la batalla de Salinas, en 1538. Un año más tarde el extremeño fue nombrado marqués; el 26 de junio de 1541 Francisco Pizarro moría en Lima, asesinado por almagristas procedentes de Chile.

Lecturas

Francisco Pizarro: biografía de una conquista, Bernard Lavallé. Pontificia Universidad Católica de Perú, Lima, 2005

Pizarro, José Antonio del Busto. Ediciones Copé, Lima, 2000

Gonzalo Pizarro

Explorador de Ecuador y el Alto Amazonas

Trujillo (Cáceres), 1513-Lima (Perú), 1548

Explorador y conquistador

Gonzalo Pizarro aprovechó la breve visita a España de su célebre hermano Francisco, conquistador de Perú, para embarcarse junto a él rumbo al Nuevo Mundo. Corría el año de 1530 y las noticias eran prometedoras: el Imperio inca atesoraba riquezas enormes. Ya en América, participó en todas las campañas de conquista al frente de las cuales estaba su hermano. Tras una triunfal entrada en la ciudad de Cajamarca y una participación activa en la captura de Atahualpa, recibió el nombramiento de regidor de Cuzco, la antigua capital. Allí, a lo largo de 1536, soportó, junto a otro de sus hermanos, Hernando, el asedio al que fue sometida la ciudad por parte de las poderosas tropas resistentes de Manco Cápac. Un año más tarde Diego de Almagro, enemigo y competidor de Pizarro, tomó Cuzco e hizo prisioneros tanto a Hernando como a Gonzalo. Al poco consiguieron escapar, reunirse con Francisco y organizar una ofensiva contra Almagro, que fue derrotado en la batalla de Salinas, en la que los Pizarro resultaron vencedores. Hernando, sin consultar a Francisco, mandó ejecutar a Almagro y por tal causa fue devuelto a España por su hermano, donde fue encausado. Gonzalo quedó como heredero único de la fama y fortuna del conquistador de Perú, de modo que fue nombrado gobernador de Quito en 1539 con una misión por cumplir: adentrarse en las desconocidas tierras del oriente amazónico y buscar el País de la Canela y El Dorado.

A comienzos de 1540, Gonzalo Pizarro, apoyado por más de trescientos españoles, cerca de cuatro mil nativos y ciento cincuenta caballos, se dirigió a la selva, en la que el grupo pronto sufrió todo tipo de penalidades. Al llegar al río Napo, afluente del Marañón o Amazonas, mandó construir un barco y pidió a Francisco de Orellana que se adelantara siguiendo la corriente fluvial y fuera en busca de provisiones. Tras esperar noticias que no llegaban de esta avanzadilla, inició el regreso. Orellana y sus hombres, siguiendo el curso natural del río, lograron el descubrimiento del Amazonas, por cuya desembocadura salieron al Atlántico meses después.

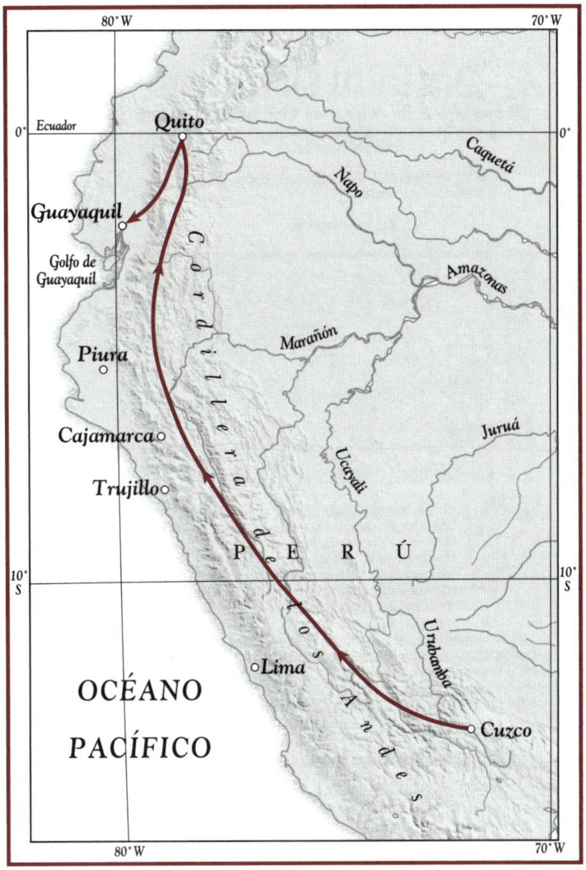

Cuando Pizarro regresó a Quito en el año 1541 después de una increíble aventura por la selva, tuvo noticia de que su hermano Francisco había sido asesinado por un grupo de seguidores de Almagro. La guerra entre conquistadores estaba en marcha y Gonzalo se puso del lado del nuevo gobernador de Perú, Vaca de Castro, en contra de Almagro *el Mozo,* hijo de Diego. Los almagristas fueron derrotados en la batalla de Chupas (1542). Gonzalo se retiró a su hacienda de Chaqui, en La Plata, pero se produjeron nuevos y graves acontecimientos. Preocupado por la mortandad indígena, el emperador Carlos V hizo entrar en vigor las Leyes Nuevas, que limitaban considerablemente los privilegios de los conquistadores, devenidos en encomenderos, y protegían a los naturales de abusos y castigos. El severo Blasco Núñez Vela fue encargado de implantarlas en Perú, como acto de potestad real, al precio que fuera. Los intereses de Gonzalo Pizarro se vieron afectados, de modo que se marchó a Quito y proclamó su rebeldía. En el año 1546 Pizarro entró en Lima tras derrotar a Vaca de Castro en Iñaquitos. Las noticias llegaron a España, desde donde mandaron al hábil y veterano negociador Pedro de la Gasca como visitador a intentar sofocar esa re-

144

Den sesten Boeck waer inne verhaelt wordt de reyse vanden Licenciaet de la Gasca nae Peru / hoe dat hy Gonzalo Pizarro verwan / ende tlandt in ruste stelde.

Hoe dat de Capiteyn Caruaial zijn reyse teghen Diego Centeno dede/ende hem verwan.

Het eerste Capittel.

In den voorgaenden Boeck is by ons verhaelt/ hoe dat Francisco de Caruajal veltmeester van Gonzalo Pizarro/Capiteyn teghen Diego Centeno ghemaeckt sijnde / met drie hondert mannen/ veel peerden / haeckghescHut / ende andere munitien wt Cusco ghetoghen is/nemende sijnen wech door Collao/nae den lande van Paria / daer hē houdende was Diego Centeno / met twee hondert ende vijftich mannen / de welcke van sijnder coemste de tijdinghe ontfanghen hebbende/ is met propooste van hem slach te leueren / blijnen ligghende/ ende wanneer Caruajal op twee mijlen nae Paria gheromen was/is Diego Centeno met sijnen leegher vertrockē/ende ouer dandere sijde van Paria / beneuen de riuiere nedergheslaghen/ want.

Diego Centeno met zijnen volcke tot Paria.

Gonzalo Pizarro navegando en Perú.

belión. Pizarro no dio un paso atrás; La Gasca consiguió el apoyo de algunos de los antiguos colaboradores y partidarios de Gonzalo, que viéndose rodeado por el norte por los hombres de La Gasca y por Centeno, que había tomado Cuzco, derrotó a este último y se marchó hacia Chile. Dispuesto para el combate contra las fuerzas de La Gasca, sufrió un severo varapalo por el apoyo que confirió Pedro de Valdivia al visitador. Gonzalo Pizarro fue derrotado finalmente en la batalla de Jaquijaguana, sometido a juicio, declarado culpable y decapitado en la plaza mayor de Lima.

Lecturas

Vida de Gonzalo Pizarro, Manuel Cardenal Iracheta. Ediciones Cultura Hispánica, Madrid, 1953

Gonzalo Jiménez de Quesada

En busca de El Dorado, hasta Bogotá

Córdoba o Granada, 1509-Mariquita, Tolima (Colombia), 1579

Explorador y conquistador

El que a la postre sería adelantado del Nuevo Reino de Granada y fundador de la actual capital de Colombia, Santafé de Bogotá, partió de España hacia el Nuevo Mundo en 1535. Jiménez de Quesada no era un descubridor y conquistador al uso, puesto que se trataba de un hombre instruido, versado en leyes y, además, un notable escritor que dejó obras como *El antijovio*, publicada en 1567. Pero si su conocimiento de las cosas era notable, no lo era menos su carácter aventurero. Fue un grandísimo explorador y el artífice de la transformación de la conquista de tierra firme. Pedro Fernández de Lugo, gobernador de Santa Marta, le encargó la capitanía de una expedición que debía descubrir las cabeceras del río Magdalena y avanzar al ignoto interior de Nueva Granada. Con seiscientos hombres alcanzó por tierra el curso fluvial por Tamalameque y lo remontó hasta Tora, desde donde tramontó la sierra de Opón, llegó a La Grita, pasó a Guachetá, Lenguazaque, Suesca y Nemocón, Tausa y Zipaquirá, localidades estas tres últimas ubicadas en el valle donde se asentaba la cultura chibcha o muisca, una zona rica en esmeraldas y sal, que los naturales intercambiaban por oro. Quesada conquistó aquel país y después abandonó la sabana de Bogotá y llegó hasta Los Llanos, una vez más en busca del inexistente El Dorado. El 6 de agosto de 1538 fundó Santa Fe, futura capital del Nuevo Reino de Granada. Allí confluyó con las huestes de otros dos buscadores de El Dorado: Nicolás de Federmann y Sebastián de Benalcázar, y decidieron dirigirse a Cartagena juntos para partir luego a España y solventar sus diferencias y pretensiones sobre las tie-

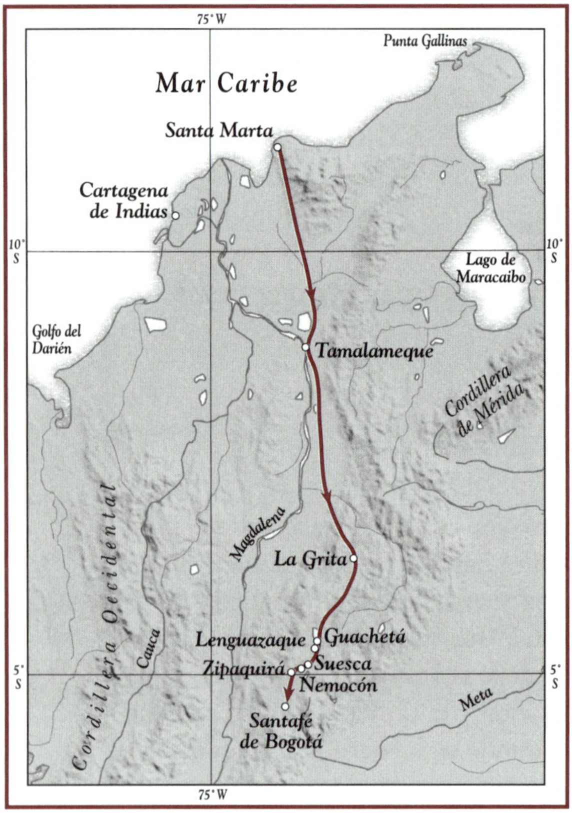

rras que habían conquistado. Su llegada a Cartagena y las noticias que portaban atrajeron a numerosos colonos y soldados hacia el interior. Pero antes Jiménez de Quesada había dirigido el asentamiento de los conquistadores efectuando para ello un reparto de indios que incluía cacicazgos completos, hecho de gran importancia, ya que así no se rompían las unidades familiares y sociopolíticas de los chibchas.

Tras retornar a Nueva Granada, en 1569 emprendió una nueva expedición en busca de El Dorado. Está claro que fracasó en ella. Tanto que llegó a arruinarse, lo que le costó, a su vez, la salud. En Suesca, tres años después de aquello, se dedicó a escribir sus memorias. Desde allí se trasladó a Mariquita, donde murió.

Lecturas

Ximénez de Quesada: el caballero de El Dorado, Manuel Lucena Salmoral. Ediciones Anaya-Sociedad Estatal para la Ejecución de Programas del Quinto Centenario, D. L., Madrid, 1989

Gonzalo Jiménez de Quesada, Manuel Ballesteros Gaibrois. Historia 16, Quorum, Madrid, 1987

Sebastián de Belalcázar

Sembrador de ciudades a la sombra de los Andes, fundador de Quito

Córdoba, 1480-Cartagena de Indias (Colombia), 1551

Militar, conquistador y explorador

No hay datos fiables sobre cómo Sebastián Moyano —que tomó posteriormente el apellido de su lugar de nacimiento, la localidad cordobesa de Belalcázar— llegó a América, pero sí se tiene constancia de que en 1514 ya participaba en una expedición al frente de la cual estaba el segoviano Pedrarias Dávila. Más tarde, en 1523, se unió, ya con el cargo de capitán, a las huestes de Hernández de Córdoba en su misión de conquistar Nicaragua. En el territorio de El Darién había conocido a Diego de Almagro y a Francisco Pizarro, a quienes se unió en la conquista de Perú. Junto a Pizarro participó en la toma de Cajamarca y estuvo presente en el apresamiento de Atahualpa, cabeza del Imperio inca, sumido por entonces en plena guerra civil. A partir de ese momento su presencia en la zona se hizo destacar con notoriedad, sobre todo tras hacer frente a la resistencia de los naturales, cuyas tropas eran mandadas por el poderoso general inca Rumiñahui, que había devastado Quito para luego abandonar la ciudad destruida. Allí, sobre los restos de la urbe, coincidió nuevamente con Pizarro primero y con Almagro después, además de con Pedro de Alvarado. Belalcázar fue artífice entonces de la fundación de Santiago de Quito, primera de las muchas poblaciones que posteriormente erigiría. Después de acabar con la resistencia de Rumiñahui tras serle otorgados plenos poderes una vez se hubo retirado Alvarado, Belalcázar comenzó a explorar el norte de aquel imperio enfrentándose con éxito a numerosos grupos hostiles y dejando una necesaria salida al mar con la fundación de Guayaquil. Siempre hacia el norte, el cordobés siguió explorando la re-

gión de Pasto y los valles del Cauca y del Magdalena, conquistando territorios y fundando emplazamientos, como los de Ampudia, Popayán, Anserma, Guacayo, Neiva y Cali. En 1539 estaba a las puertas de la recientemente fundada ciudad de Santafé de Bogotá, en donde coincidió con las tropas de Gonzalo Jiménez de Quesada y Nicolás de Federmann. Después de entrar juntos en la urbe viajaron a España a dirimir sus derechos sobre aquellos territorios. A su regreso a América con el título de adelantado bajo el brazo y el cargo de gobernador de Popayán, Belalcázar prosiguió con su labor fundadora, sentando las bases de nueve ciudades más. Su forma de actuar, inteligente pero en extremo ambiciosa, levantó sobre su persona numerosas intrigas, muchas de las cuales fueron violentamente castigadas, algunas con la muerte, como la del capitán Jorge Robledo, de la cual tuvo que dar cuenta en un juicio promovido por su viuda. Belalcázar fue condenado a muerte, pero el emperador Carlos V lo indultó al tener en cuenta sus leales servicios en favor de la Corona contra las insurrecciones civiles, tanto de Pizarro como de Almagro. Cuando estaba a punto de embarcarse para regresar a España, murió en Cartagena de Indias.

Lecturas

La expedición de Sebastián de Belalcázar al Mar del Norte y su llegada al Nuevo Reino de Granada, José Ignacio Avellaneda Navas. Banco de la República, Bogotá (Colombia), 1992

Jerónimo de Ortal
En el Orinoco hostil

Zaragoza, ¿?-Santo Domingo, siglo XVI

Explorador y conquistador

«Entre los demás hilos de esta trama, / que por la costa va tejida, / Jerónimo de Ortal también me llama / a decir el discurso de su vida, / porque de vista fue, que no por fama, / su persona de mí bien conocida, / el cual fue natural de Zaragoza, / y vino con Ordás en edad moza.» Con estos versos hacía referencia Juan de Castellanos en sus *Elegías de varones ilustres de Indias*, el poema más largo escrito nunca en lengua castellana, al conquistador Ortal, segundo gobernador de Paria, en Venezuela. Este expedicionario llegó a América en 1530 como tesorero de la Real Hacienda, pero pronto el emperador Carlos V le encargó trabajos de conquista, al morir el comendador Diego de Ordaz —con quien había navegado por las costas de Venezuela—, además del gobierno de las costas americanas entre el río Marañón y el cabo de la Vela. Al frente de ciento sesenta hombres se embarcó en el año 1534 para llegar a San Miguel de Neverí, en la provincia de Cumaná, tras una dificultosa navegación. El aragonés, con fama de valeroso, afrontó con ánimo la empresa de poblamiento de varias localidades. «Ortal mudó sus propias voluntades —dice Castellanos— / como vio las de todos tan mudadas, / determinándose como prudente / poner en Neverí toda la gente.» Pero, por supuesto y como era habitual, Ortal también llevaba la orden no secreta de la búsqueda de El Dorado, para lo cual se unió en el año 1535 a la hueste de Alonso de Herrera. Entre ambos decidieron que Ortal se dirigiera a la localidad de Cubagua mientras Herrera se internaba por el Orinoco, la región que tenían asignada para la localización del mítico reino. En Cubagua surgieron

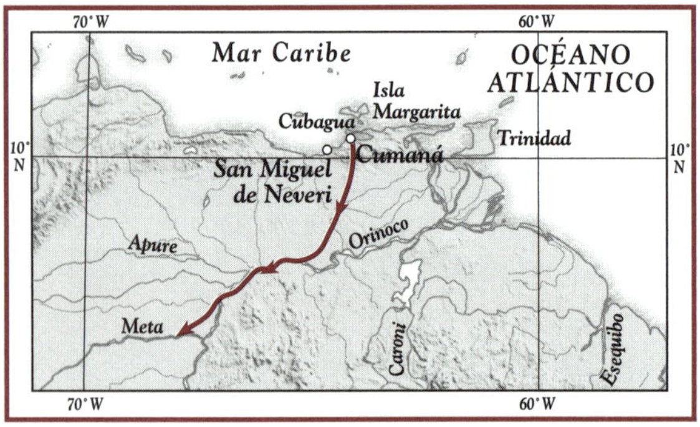

infinidad de problemas para la armadura de las naves, puesto que sus negociaciones con los caciques locales fueron en la mayoría de los casos infructuosas y no pocas veces recibieron hostilidad como respuesta. Por fin Ortal consiguió armar dos navíos y se internó con ellos río arriba. En el camino se encontró con lo que quedaba de la tropa de Herrera. Al morir este en un ataque de los indígenas, el mando había pasado a manos de Álvaro Ordaz, sobrino de Diego. Ortal logró alcanzar, por vía terrestre, el río Meta, afluente del Orinoco. Ahí acabó su aventura, en la que se había dejado buena parte de la salud y no pocos bienes. Derrotado y sumido en la pobreza, marchó hacia Santo Domingo, donde murió algo recuperado de su bolsa y tras haber contraído matrimonio.

Lecturas

El mito del Dorado. Su génesis y su proceso, Demetrio Ramos Pérez. Academia Nacional de la Historia, Caracas, 1973

Francisco de Orellana

Descubrió, exploró y descendió el río más largo del mundo, el Amazonas

Trujillo (Cáceres), 1511-Desembocadura del río Amazonas (actual Brasil), 1546

Explorador

La sombra de la traición ha oscurecido durante más de cuatro siglos la figura de Francisco de Orellana, protagonista del primer descenso del Amazonas en el año de 1541. Su extraordinaria aventura desde la cordillera de los Andes hasta el océano Atlántico por el más ancho y extenso río del mundo, apoyado por apenas sesenta hombres y provisto de unas embarcaciones en un estado muy precario, es, sin duda, una de las más formidables epopeyas de descubrimiento y exploración geográfica de la historia.

Francisco de Orellana había nacido en Trujillo y era primo de los hermanos Pizarro. A la edad de 17 años estaba ya en América Central y fue desde allí de donde pasó a Perú, en torno a 1535, para servir en el ejército con sus paisanos consanguíneos, los Pizarro. Tras la batalla de las Salinas, Francisco Pizarro le envió por sus méritos a poblar la ciudad de Santiago de Guayaquil, y fue en este lugar donde comenzó a interesarse por las noticias asombrosas que iban llegando de tierras legendarias repletas de riquezas al otro lado de las altas montañas de los Andes, hacia donde ya habían partido algunas expediciones, como la de Gonzalo Díaz de Pineda (1538-1539). Cuando en 1541 Gonzalo Pizarro le propuso hacerse cargo de la mayor expedición organizada hasta la fecha en busca del mítico reino de El Dorado y del País de la Canela, Orellana vio cómo se fraguaba su gran oportunidad, por lo que arriesgó su propia fortuna y se puso sin dudarlo a las órdenes del conquistador extremeño. Así dio comienzo la que sería la gran aventura de su vida.

La de Francisco de Orellana fue en realidad la culminación de la ambiciosa

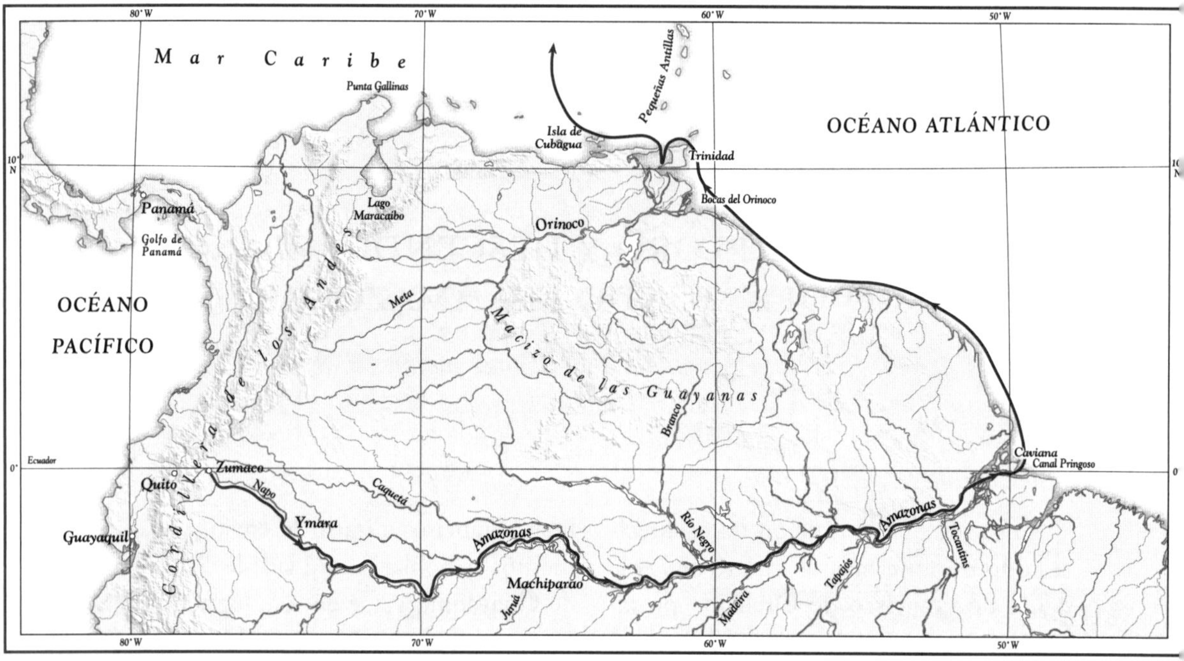

expedición de Gonzalo Pizarro, que partió de la ciudad de Quito con doscientos veinte españoles, cerca de doscientos caballos, unos cinco mil indios como porteadores, más de dos mil cerdos vivos y una gran jauría de perros de caza. Participaban también en el grupo humano algunos religiosos, entre ellos fray Gaspar de Carvajal, gracias al cual nos ha llegado el relato completo de los hechos acaecidos en aquellos lares. Su *Relación* es un apasionante relato de aventuras, pero también la primera gran descripción geográfica que se hizo de las orillas del Amazonas.

El periplo a través de las montañas y de la selva amazónica de semejante «ciudad andante» estuvo desde el principio condenado al fracaso. Desde Zumaco, Orellana y Pizarro fueron avanzando juntos y muy lentamente río abajo, por el Coca. Cerca de la confluencia del río Napo con el Aguarico, Pizarro decidió dar a Orellana el mando de cincuenta y siete hombres y una embarcación para que se adentrase por el Napo, uno de los afluentes más caudalosos del río Amazonas, con la misión de encontrar alimentos y regresar lo antes posible junto a sus compañeros. Pero Orellana nunca volvió.

Por su parte, Pizarro pensó en un primer momento que habían perecido en el río y decidió tomar el camino de regreso a Quito en una de las expediciones más tristes, duras y penosas de la historia de la exploración del Nuevo Mundo. Más tarde, al enterarse de la suerte de Orellana, que no había muerto como Pizarro sospechara, se sintió profundamente indignado y traicionado, y no paró hasta llevarlo ante los tribunales de justicia. En su defensa, Orellana argumentaría que la corriente fluvial con la que se tuvo que enfrentar era demasiado fuerte y que todos los esfuerzos por regresar en canoa junto a Pizarro resultaron baldíos.

El 26 de diciembre de 1541, fecha en la que se separó de Pizarro, comenzó la verdadera aventura de Orellana con un barco derrengado, el *San Pedro*, y algunas frágiles canoas, en un descenso del río que les dejaría ocho meses y medio después en el Atlántico. La bajada del Amazonas alternó algunos momentos tranquilos y relativamente plácidos, como la estancia en Aparía, donde construyeron un nuevo bergantín, con otros episodios de enfrentamientos sangrientos con los indios, que se fueron haciendo más cruentos a medida que avanzaban en su ruta.

Los españoles consiguieron atravesar a duras penas las tierras de los omaguas y machiparao, en continua lucha y con poco margen para el descanso. En los territorios de los omaguas, se encontraron con la entrada de un río enorme que llegaba por su derecha, al que pusieron por nombre río de la Trinidad. Eran aquellas tierras de poblaciones muy grandes y ricas, pero el prudente Orellana decidió pasar de largo «por ser los pueblos tantos y tan grandes y haber gente», evitando así cualquier enfrentamiento. El viaje continuó curso abajo en una permanente descripción de pueblos y de notables descubrimientos geográficos que Carvajal iba anotando meticulosamente, como el del río Negro, que quedó perfilado en el texto con una fidelidad asombrosa. A partir de este punto, Orellana y sus hombres comenzaron a adentrarse en territorios tributarios de las famosas amazonas, con las que mantuvieron una dura batalla cuando estas acudieron en ayuda de sus súbditos. No parecían ser una fantasía, sino una poderosa tribu real de mujeres guerreras. Ante la fertilidad y riqueza de esta parte del río (entre el Negro y el Tapajós), que les recordaba a su tierra natal, los españoles la llamaron provincia de San Juan.

La última parte del viaje, aproximadamente desde el río Tapajós hasta la desembocadura, fue tal vez la más dura en cuanto a luchas con los indios, que aquí eran caníbales y utilizaban para sus acciones flechas envenenadas. La esperanza les llegó en forma de mareas, que constituían una prueba palpable de que el mar no estaba muy lejos de allí. Por fin salieron del río por una de las muchas bocas que tiene su estuario. Según la descripción de Carvajal, viajaron por la orilla izquierda del Amazonas y es de suponer que salieron al mar el 26 de agosto por la boca de Pacaxaré y finalmente por el «Canal Pringoso», entre las actuales islas de Caviana y Mexiana. Finalmente los dos bergantines lograron alcanzar la isla de Cubagua. Era el día 11 de septiembre del año de 1542. Pero a la increíble aventura de Orellana le faltaba aún su parte más trágica: el retorno a España para reivindicar la gobernación de las nuevas tierras, el juicio por traición que le haría su primo Gonzalo Pizarro y la organización de su nueva expedición, la que sería definitiva, para colonizar la cuenca del Marañón, bautizada como Nueva Andalucía.

Esta nueva expedición de Orellana, que partió de Sevilla el 11 de mayo de 1545, resultó un fracaso estrepitoso. Orellana no vio cumplido su sueño de colonizar el río que había descubierto. Murió de las fiebres de los pantanos en su intento de navegar río arriba. Con él también murió el primer intento de colonizar aquellas remotas regiones. Difícilmente podría prever el trujillano que los europeos tardarían cerca de un siglo en volver a intentar la ocupación del Amazonas.

Lecturas

Los descubridores del Amazonas, La expedición de Orellana, Leopoldo Benítez Vinueza. Ediciones de Cultura Hispánica, Madrid, 1976

La expedición de Francisco de Orellana al Amazonas, Gaspar de Carvajal. Edición de Ángel Luis Encinas Moral. Miraguano, Madrid, 2020

Antonio de Berrío

Explorador del vasto delta del Orinoco

Segovia (España), entre 1520 y 1527-Santo Tomé de Guayana (Venezuela), 1597

Explorador, descubridor y fundador

En 1580 moría Gonzalo Jiménez de Quesada, fundador de Bogotá. Dejó una importante herencia a su sobrina, María de Oruña, consistente en una capitulación y en la gobernación de los territorios entre el Amazonas y el Orinoco, donde se creía estaba El Dorado, una región sin ubicar que reunía los sueños de muchos hombres. María estaba casada con Antonio de la Hoz Berrío —ese era su nombre completo—, brillante soldado segoviano que, al saber de los derechos de su esposa, se trasladó al Nuevo Reino de Granada con ella y sus hijos, concretamente a Santafé de Bogotá, primero, y luego a Boyacá, desde donde organizaría tres expediciones en busca del anhelado sueño de la Ciudad de Oro. En la primera, que se inició el 3 de enero de 1584, llegó al río Meta, que bautizó como río de la Candelaria, y prosiguió hasta lo que llamó el Barraguán, antes de encontrarse con la serranía de Cuao. Allí invernó durante unos meses, tras los cuales prosiguió camino hasta el río Orinoco y descubrió que su largo cauce desembocaba frente a la isla de Trinidad de Barlovento, una salida al mar que lo conectaba con la ruta que venía de España. Estableció allí su campamento, y desde allí decidió adentrarse en el río hasta Atures. Con sus tropas diezmadas volvió a Nueva Granada para organizar otra expedición a El Dorado, que siguió creyendo que se encontraba en Guayana. En 1587 partió otra vez, con la intención de poblar Adole (Atures) y localizar la laguna Manoa y la Ciudad de Oro que se erigía en sus orillas. Las lluvias del invierno y la hostilidad de los naturales hicieron fracasar la empresa, gracias a la cual se llevó a cabo el primer poblamien-

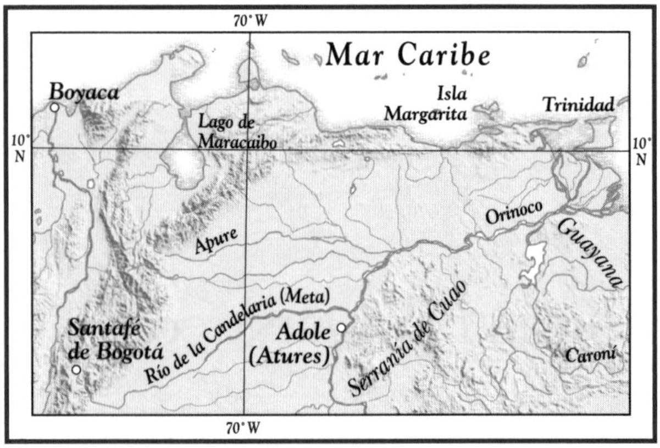

to de Guayana. Enfermo, regresó a Santafé. Pero no pararon sus ansias por el mítico reino. Volvió a la carga en 1590 por tercera vez. Pero en esta ocasión fue eliminando por el camino cualquier posibilidad de regreso, pues ordenó matar a los caballos que seguían por tierra a las canoas del río y hacer de ellos la comida de los expedicionarios. En este nuevo viaje tomó posesión del río Caroní, en cuya orilla erigió un fuerte. De allí pasó a isla Margarita y exploró Trinidad, haciendo hincapié en las posibilidades de poblamiento que aquella isla tenía. Establecido en Trinidad, recibió la visita de Domingo de Vera, quien se ofreció a ayudarlo en su búsqueda de El Dorado. De Vera, tras una expedición, regresó con oro diciendo que había encontrado el paraje en el que se encontraba la mítica urbe. La noticia corrió como la pólvora, no solo ya entre los españoles, sino también entre los ingleses, así que el corsario Walter Raleigh acudió presto a Trinidad. Pero el sueño de El Dorado fue para todos una pesadilla.

Lecturas

Antonio de Berrío: la obsesión por El Dorado, José Rafael Lovera. Petróleos de Venezuela, Caracas, 1990

Pedro de Valdivia

Primer explorador de Chile

Villanueva de la Serena (Badajoz), 1500-Tucapel (Chile), 1554

Explorador, conquistador y fundador

Con el desierto de Atacama, el más seco del planeta, al norte; la cordillera de los Andes, al este, y el siempre peligroso Pacífico, al oeste, la franja conocida por los aymaras como Chillí («donde se acaba la tierra»), era una pieza de conquista poco codiciada, tanto por la dificultad para su acceso como por los rumores que corrían sobre su escasez en riquezas, sobre todo minerales. El descubridor de Chile, Diego de Almagro, regresó a Perú con evidentes signos de desilusión. Sin embargo, ahí estaba Pedro de Valdivia para llevar a cabo una empresa a la que muchos eran reticentes. Con permiso de Pizarro, 150 hombres y una mujer —Inés Suárez, su amante y compañera de armas— partieron desde Perú hacia el sur en 1540. Un contrato de compañía lo obligaba a compartir la expedición con Sancho de la Hoz, pero mediante un acuerdo se estableció que Valdivia saliera primero por tierra y Sancho de la Hoz, cuatro meses después, por mar. Pasó Valdivia por Arequipa y prosiguió camino cerca de la costa hasta llegar a Moquegua, Tacna y Tarapacá. Atravesó el ardiente desierto de Atacama hasta el fértil valle de Copiapó. Informado de la existencia de oro y cobre, llegó a Coquimbo para proseguir su avance hasta el valle del Mapocho. Allí fundó en 1541 la ciudad de Santiago del Nuevo Extremo e introdujo en la zona cultivos y ganadería. Pero las rebeliones de araucanos, también llamados mapuches, se sucedían. Era el comienzo de las interminables guerras del Arauco, y Valdivia tuvo que acudir a sofocarlas en calidad de gobernador y capitán general de Chile. En su ausencia, la ciudad de Santiago fue duramente atacada por los indígenas

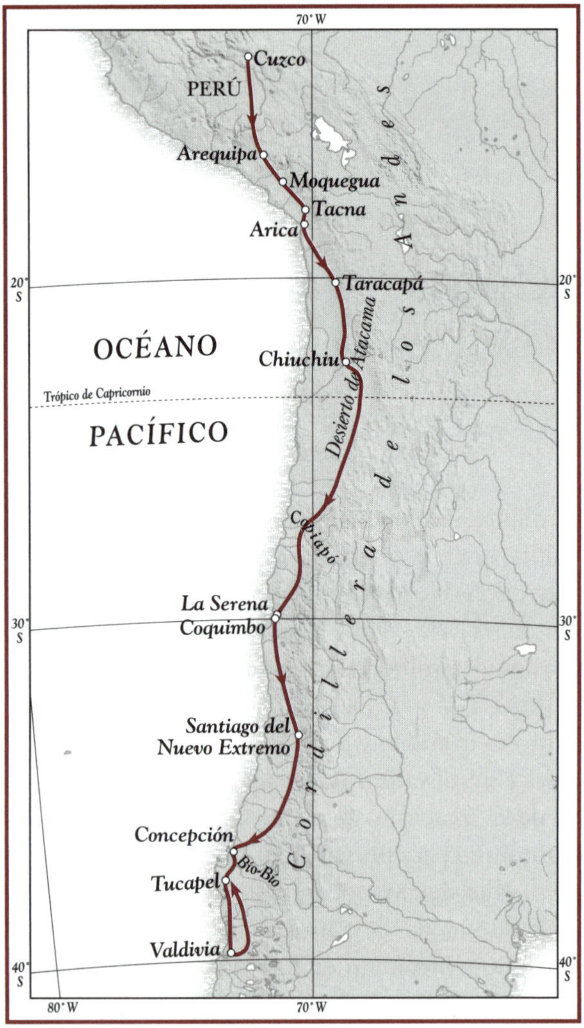

y defendida con valor por Inés Suárez: los españoles consiguieron resistir. A duras penas, eso sí. Para favorecer el imprescindible contacto con Perú, Valdivia fue hacia el norte y allí fundó, en 1545, La Serena. Al año siguiente organizó una expedición al río Bío-Bío, pero tras enterarse de la rebelión de Gonzalo Pizarro en Perú, se dirigió desde Valparaíso a Cuzco, en apoyo de la Corona. Por su labor, fue confirmado como gobernador de Chile. En su ausencia, los mapuches habían atacado y destruido La Serena. Una vez reconstruida, Valdivia partió de nuevo a la frontera del Bío-Bío y fundó Concepción en 1550 y Valdivia en 1552. Pero una figura emergente, el cacique Lautaro, su antiguo paje, preparaba una revuelta masiva contra los españoles. Se enfrentaron en Tucapel, donde los españoles fueron derrotados y Valdivia hecho prisionero, torturado y muerto.

Lecturas

Pedro de Valdivia, Jaime Delgado. Historia 16, Madrid, 1987

Cartas de Don Pedro de Valdivia, prólogo de Miguel Rojas-Mix. Lumen, Barcelona, 1991

Ñuflo de Chaves
Explorador de Bolivia y Paraguay

Trujillo (Cáceres), 1518-Paraguay, 1568

Explorador y fundador

Atravesó, desde Brasil, el territorio guaraní en el año 1542, y tras contemplar las cataratas de Iguazú en compañía de su hasta entonces jefe, Cabeza de Vaca, llegó a Asunción, en Paraguay, para apoyar después al cabecilla local Martínez de Irala en contra del primero. Cuando Irala quedó como gobernador interino de la provincia del Río de la Plata, confió en Chaves para que dirigiera algunas expediciones, como la que tuvo lugar en 1546 para buscar la sierra de la Plata desde la parte norte del río Paraguay. Y es que este incansable «correcaminos» de América no era ningún advenedizo, puesto que antes de regresar a España en una primera ocasión ya había destacado por su capacidad en la conquista de Perú, adonde había llegado en compañía de Francisco Pizarro allá por el año 1530, y en sus constantes viajes de exploración a través del Chaco, Charcas y Bolivia, llamada entonces Alto Perú. Irala lo envió en 1547 a remontar el río Pilcomayo con destino a los Andes orientales. Él mismo lo acompañó en una expedición fallida a la sierra de la Plata en 1548, año en el que también viajó a Lima para entrevistarse con el visitador Pedro de la Gasca, que había sido enviado por el emperador Carlos V para acabar con las guerras entre los conquistadores de Perú y pacificar la región. Así, Chaves regresó a Asunción y fue requerido por Irala para que se encontrara con el nuevo gobernador platense, Juan de Sanabria, a quien no logró hallar en su recorrido por el Paraná. Participó desde entonces en varias misiones, como la que lo llevó de nuevo al Chaco, durante la cual se adentró en tierras no exploradas y entró en contacto con grupos como los

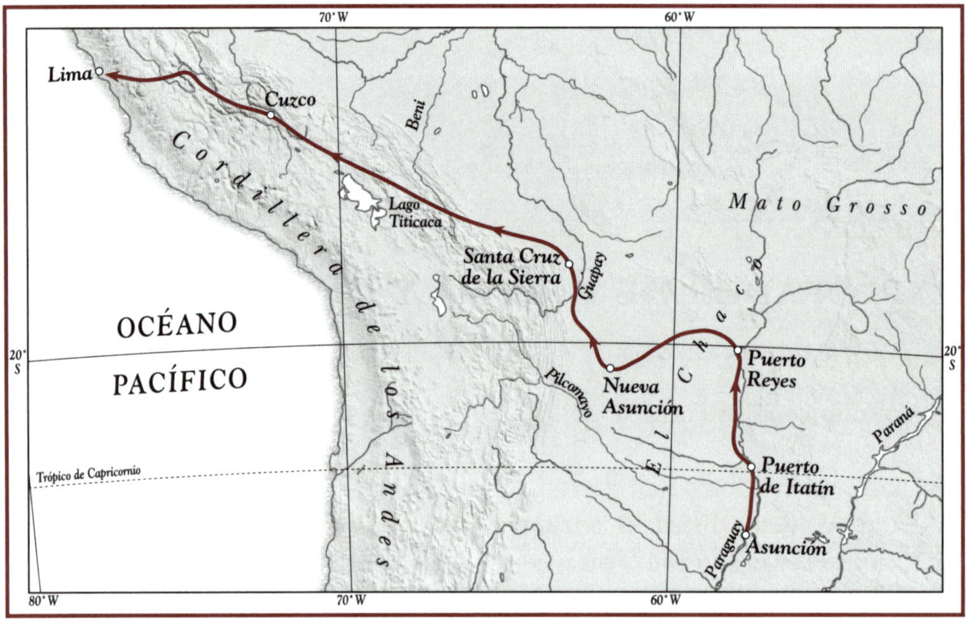

chiquitos o itatíes. También colaboró en el sometimiento de los tupíes. Muerto Irala, el nuevo gobernador Gonzalo de Mendoza le encomendó la fundación de ciudades. En el año 1559, Chaves partió de la ciudad de Asunción con veinte bergantines, ciento cincuenta soldados y mil quinientos guaraníes auxiliares y llegó al puerto de Itatín y luego al de Reyes para continuar viaje por el río Guapay, en el oriente boliviano, donde fundó Nueva Asunción en 1559, tras atravesar territorio chiquito. En 1561 fundó Santa Cruz de la Sierra. Sus relatos desmedidos sobre las riquezas de aquellos territorios provocaron un éxodo en Asunción, con lo que este explorador incansable y paradójico estuvo a punto de despoblar Paraguay de españoles. Murió en una emboscada cuando custodiaba el viaje de regreso a la capital de los decepcionados colonos.

Lecturas

Biografías cruceñas: Ñuflo de Chaves, Roberto E. Porcel. Altamira, Buenos Aires, 2001

Francisco de Javier Jaso y Azpilicueta (san Francisco Javier)

El santo viajero de Asia

Castillo de Javier (Navarra), 1506-Isla de Shangchuan (China), 1552

Misionero y explorador

En 1541 Francisco Jaso y Azpilicueta, llamado también Francisco de Javier por haber nacido en el castillo navarro de ese nombre, donde vivía su familia, partió para la India requerido como misionero por Ignacio de Loyola, fundador de la Compañía de Jesús, a petición del papa Paulo III y del rey de Portugal Juan III. De origen noble, Francisco Javier estudió en la Universidad de París, donde coincidió con Loyola, con quien tuvo en un principio ciertas desavenencias, aunque posteriormente influyera sobre su personalidad y creencias de forma notable. El fallecimiento de una hermana lo sumió en una crisis anímica que sustanció al encontrar una vocación religiosa. Jesuita de primera hora, fue ordenado sacerdote en 1537. Reacio a mantenerse en puestos burocráticos de la Iglesia, salió de España en calidad de nuncio apostólico, y en su viaje hasta la India hizo escala en Mozambique para pasar luego a Goa, capital de los territorios portugueses en el subcontinente asiático. Tenía cuando salió 35 años, una edad impropia para la aventura viajera, si se tiene en cuenta la corta esperanza de vida de la época. Tardó un año en salvar la distancia entre Portugal y su destino, tras un periplo azaroso. Entre 1542 y 1547, recorrió la costa de Comorín, Ceilán (Sri Lanka), Malaca y las islas Ambón y Morocai de las Molucas, para regresar de nuevo a Malaca y de allí saltar a la India por la costa de Pesquería, hasta llegar otra vez a Goa y Cochín. Desde Malaca, Francisco Javier, intrigado por las noticias de un país desconocido pero con un alto nivel de civilización, se dispuso a dar el salto a ese Japón del siglo XVI, e inició un viaje asombroso a bordo de un barco pirata que lo llevó hasta tierras niponas. Una vez

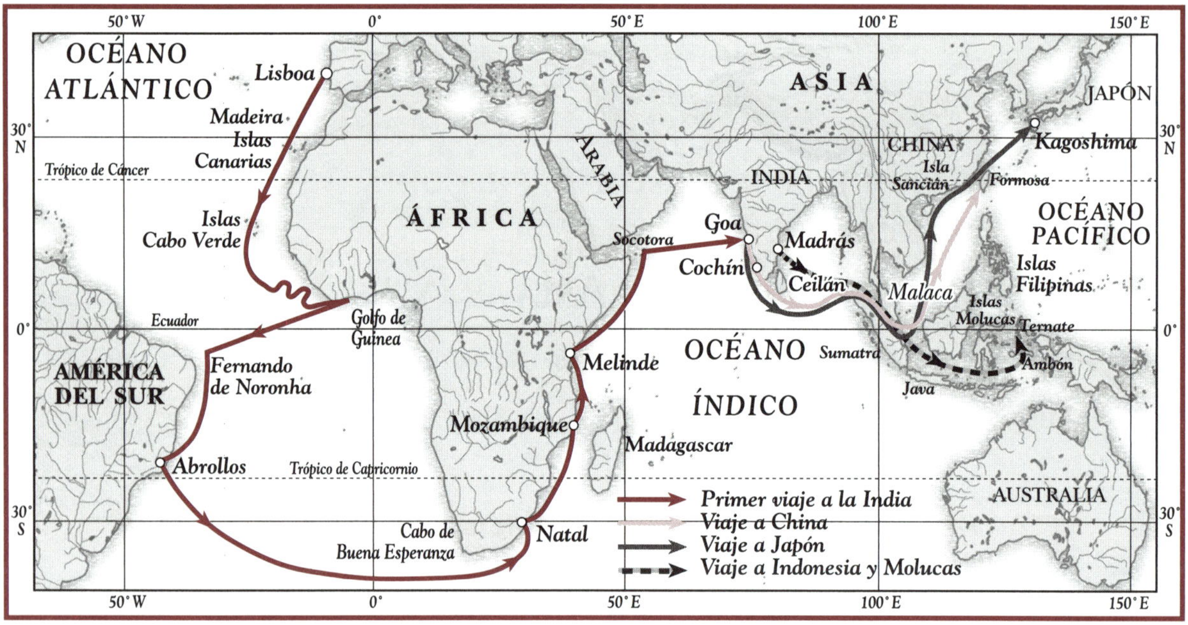

allí, recorrió Kagoshima, Satsuma, la isla de Hirado y Yamaguchi. Instruyó en el cristianismo a los señores feudales o daimios, y admitió que si los paganos estaban abiertos al bien, eran fieles a su Dios y vivían conforme a la naturaleza, podían lograr la gracia de la salvación eterna. Por entonces estas ideas eran innovadoras y no exentas de críticas. Dos años después, en 1551, emprendió su último viaje, que debía ser a China, aunque murió en 1552 a las puertas del celeste imperio. Políglota y carismático, siempre ansioso de conocer, fue muy popular entre los habitantes de las poblaciones que pisó. Formó en la India catequistas laicos casados y llegó a redactar instrucciones para la oración, tanto para adultos como para niños. Casi treinta mil personas, en su largo recorrido, fueron bautizadas por su mano. Sus restos son venerados en Goa, adonde fueron trasladados por orden de Ignacio de Loyola, que supo de su muerte años después de que ocurriera. Fue beatificado en 1619 y canonizado en 1622.

Lecturas

San Francisco Javier entre dos continentes, edición de Ignacio Arellano, Alejandro González Acosta y Arnulfo Herrera. Iberoamericana-Vervuert, Madrid, 2007

San Francisco Javier, José María Recondo. Biblioteca de Autores Cristianos, Madrid, 1999

Fernando Mendes Pinto

Mil formas de ver el Extremo Oriente

Montemayor el Viejo (Portugal), ¿1510?-Lisboa (Portugal), 1583

Mêrcader, jesuita y viajero

Este portugués, miembro de la misma generación a la que perteneció su gran compatriota Luis de Camoens, merece figurar, sin duda alguna, en cualquier diccionario de viajeros españoles. Aunque su naturaleza lusa es indiscutible, sin embargo la edición en español de su maravillosa obra *Las peregrinaciones*, aparecida en el Madrid de 1620, hizo soñar a cuantos lectores se acercaron a ella con un Extremo Oriente más lejano y, a la vez, más cercano que nunca. Conviene recordar que en aquel momento Portugal se hallaba unido al Imperio español, lo que ayuda a entender por qué las influencias entre un lado y otro de la raya fueron tan considerables. El éxito del libro de Pinto entre los españoles resultó un ejemplo palpable de este fenómeno.

Como sucede con tantos personajes del tiempo de las exploraciones, la información sobre Pinto supone una mezcla fascinante entre verdades y nebulosas. De origen pobre, se embarcó hacia la India. Y la fortuna le sonrió. Pasó veintiún años en Extremo Oriente, de 1537 a 1558, como mercader acaudalado (y a veces también como pirata) entre Malaca, China y Japón. Eran los años dorados del comercio de las especias, y cuando los portugueses aprendieron con singular ingenio a no establecer molestas diferencias entre los oficios de soldado, comerciante o misionero. Y Pinto acabó por ejercerlos todos. No sabemos la fecha exacta, pero debió de ser en la década de 1550 cuando, tras conocer a san Francisco Javier, decidió ingresar en la Compañía de Jesús, con la que había simpatizado en Japón y a la que donó un buen dinero (más de 15 000 escudos). Sin embargo, los ignacianos no tardaron mucho en expulsarlo, quizás cuando supieron

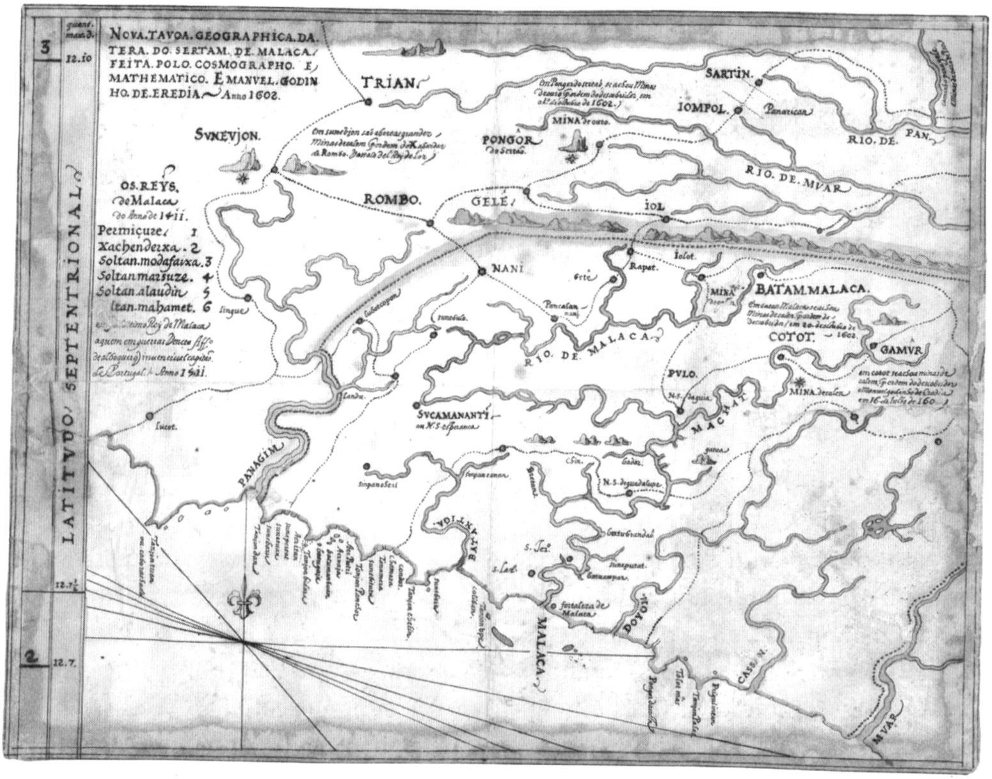

Nuevo mapa geográfico del interior de Malaca del cartógrafo malayo-portugués Emmanuel Godinho de Eredia (1563-1623).

de su origen judeoconverso. Por entonces regresó a Portugal, sin más bienes que sus recuerdos. Pronto los transformaría en un verdadero tesoro literario: sus memorias, convertidas en *Las peregrinaciones.* Huérfano de mecenas, dejó el manuscrito sin publicar. Al fin sería editado en Lisboa, en 1614, aunque fue la versión española ya citada la que le otorgó la fama que nunca conoció en vida.

Pero ¿cuál fue en realidad la razón de este éxito? Se trata de un debate todavía abierto, pero hay indicios para creer que Pinto acertó, sencillamente, al ofrecer una obra cuya demanda estaba asegurada. El público hispánico y europeo de las primeras décadas del siglo XVII vivía inmerso o pendiente de un imperio de alcance mundial, el español, del que ansiaba conocerlo todo, pero del que no siempre llegaba información suficiente. Asia y, más aún, el Extremo Oriente llamaban la atención en un grado superior, dada su lejanía y exotismo. El relato de Pinto, con geografías inabarcables y su mezcla de realidad y fantasía, regaló a sus lectores una experiencia única y vivida en primera persona, en la que los mitos ancestrales ligados al viaje —la aventura, el descubrimiento, la riqueza, el infortunio, el impulso del destino o la providencia— parecieron complacer esta sed de «orientalismo» como nunca antes había ocurrido. Se trataba de un relato fabuloso y, al mismo tiempo, verosímil. La identificación que aquellos lectores de 1620 sintieron con las alegrías y las calamidades de Fernando Mendes Pinto en un periplo sin fin superó cualquiera de los relatos acartonados y distantes que le habían precedido. El triunfo de *Las peregrinaciones* fue la historia de un encuentro gozoso de un autor con su público.

Lecturas

Las peregrinaciones, Fernão Mendes Pinto. Alfaguara, Madrid, 1982

Antonio de Montserrat
Autor del primer mapa del Himalaya

Vic (Barcelona), 1536-Isla de Salsete (India), 1600

Misionero, explorador y cartógrafo

Elaboró el primer mapa conocido del Himalaya, sus pies alcanzaron el Tíbet inexplorado, atravesó Afganistán a lomos de un elefante, cruzó Yemen, sufrió cautiverio, esclavitud y fue destinado a galeras, además de ser uno de los primeros europeos en probar el café.

Las aspiraciones misioneras del jesuita catalán Antonio de Montserrat se hicieron realidad cuando en 1574 fue elegido para viajar a Goa, hoy un estado de la India. Tenía por entonces 32 años y llevaba dieciocho en la Compañía de Jesús en Portugal, donde fue ordenado sacerdote. Al poco tiempo de su estadía en aquella tierra lejana, recibió el encargo de su vida: el gran mogol de la India, Akbar el Grande, solicitaba la presencia de religiosos en la corte de Fatehpur Sîkri para ser instruido en el cristianismo. Las autoridades jesuíticas, falsamente convencidas de que la intención del mandatario era convertirse al cristianismo, organizaron muy pronto una embajada en la que participarían tres padres de la Compañía: el napolitano Rodolfo Acquaviva, que moriría años después en la isla de Salsete, frente a las costas de Goa, a manos de hindúes; Francisco Henríquez, un persa converso que haría de intérprete; y el jefe de la misión, Antonio de Montserrat. El trío, acompañado por un embajador y un intérprete de Akbar, se embarcó finalmente en el puerto de Daman el 13 de diciembre de 1579 para desplazarse hasta territorio mogol, concretamente a Surat, desde donde se internó en las regiones ignotas del centro del país. Acquaviva y Henríquez llegaron a Fatehpur Sîkri (hoy unas conocidas ruinas 35 kilómetros al suroeste de Agra) el 27 de febrero de 1580 y Montserrat lo hizo una

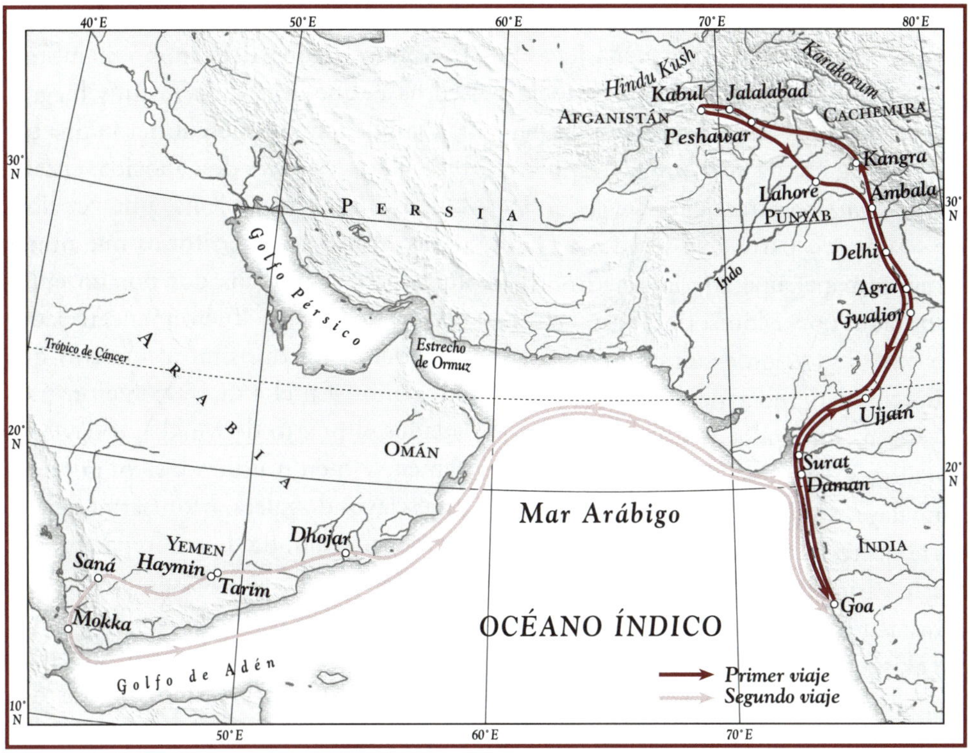

semana más tarde debido a problemas de salud. Permanecieron allí durante un año, en el transcurso del cual Montserrat visitó Agra, en el Indostán, bajo dominio islámico. Las actividades de los religiosos en la corte se vieron interrumpidas cuando Akbar, de cuyo hijo Murad era ya tutor Montserrat, pidió al jesuita que lo acompañara en su campaña militar en Afganistán. El misionero catalán cruzó, a lomos de elefante, los cincos ríos del Punyab y el Indo para llegar a territorio afgano, a Jalalabad. La campaña se extendió durante un año, el de 1581, y gracias a ella Montserrat, además de Afganistán, conoció los territorios de Pakistán, llegó a Delhi, alcanzó la falda sur del Himalaya y contactó con poblaciones del Tíbet o Cachemira. Más de cuarenta años después de aquel viaje su recomendación de enviar misioneros al otro lado del Himalaya culminaría con el viaje de otro jesuita, el portugués Antonio de Andrade, que llegó al Tíbet occidental. Pero su labor no se limitó a la doctrina. Montserrat es el autor de una pequeña joya de la cartografía, el primer mapa conocido del Himalaya, y además redactó en lengua portuguesa la *Relaçam do Equebar, rei dos mogores*, traducida luego al latín, escrita en parte a su regreso a Goa. Ningún mapa superaría la exactitud del elaborado por Montserrat hasta el siglo XIX. Las coordenadas son de una minuciosidad fuera de lo normal para su época, tomando como referencia el ecuador, y además incluyen no solo el Himalaya, sino otras cadenas montañosas al norte, como el Karakorum, Hindu Kush, Parir o los montes Suleimán, junto a vastas regiones de la India, Afganistán y Pakistán. Años más tarde Montserrat recibió la orden, expedida por el mismísimo Felipe II, de emprender un viaje a Etiopía con objeto de establecer contactos con el emperador de Abisinia y acercar a los cristianos etíopes al orbe católico y la Iglesia de Roma. A su lado iba un joven jesuita, Pedro Páez, que acabaría por descubrir las fuentes del Nilo Azul. Los dos sacerdotes, que se hacían pasar por comerciantes armenios, navegaron por el estrecho de Ormuz, bordearon las costas de Omán (ruta del incienso) y desembarcaron en Dhojar. El capitán árabe de la embarcación los denunció y fueron entregados como prisioneros a un sultán de una región inhóspita de Yemen. Sufrieron los rigores del camino, hambre y sed hasta que llegaron a Tarim y luego a Haymin, en donde descubrieron una bebida hasta entonces desconocida: el café. En su camino hacia Saná, una vez liberados, atravesaron territorios que nunca antes habían sido pisados por un europeo. Nuevamente fueron encarcelados y sufrieron un durísimo cautiverio que duró años. En el año 1595 fueron trasladados al puerto de Mokka, todavía en Yemen, y fueron utilizados como remeros esclavos de galera. Montserrat, gravemente enfermo, fue liberado para que el sultán no perdiera el rescate que habían pedido por él. Finalmente un barco procedente de la India entregó al soberano el dinero, unos mil ducados, y los dos sacerdotes fueron por fin puestos en libertad. Tras siete años de penoso cautiverio, llegaron a Goa en agosto de 1596. Páez consiguió recuperarse de todas estas penalidades para proseguir años después con sus aventuras, pero Montserrat no. Unas fiebres acabarían con su vida en el año 1600, en la isla de Salsete (India).

Lecturas

Embajador en la corte del Gran Mogol: viajes de un jesuita catalán del siglo XVI por la India, Paquistán, Afganistán y el Himalaya, Josep Antoni de Montserrat. Versión, introducción y edición de Lluís Alay. Milenio, Lérida, 2006

Pedro Ordóñez de Ceballos

La fantástica vuelta al mundo de «Elcano con sotana»

Jaén, hacia 1550-Jaén, hacia 1630

Explorador, comerciante, sacerdote, soldado y marino

Cinco continentes recorridos, treinta y cinco años de viaje y cerca de 165 000 kilómetros dejados a sus espaldas. Todo comenzó en Sevilla, cuando Pedro Ordóñez contaba con 17 años y tuvo que huir perseguido por un marido celoso tras un desafortunado romance con la esposa de aquel. No es el único incidente de faldas que consta en su biografía, puesto que, siendo ya cura (él mismo se llamaba «clérigo agradecido»), tuvo la desgracia de que la infanta real de la Conchinchina (Vietnam), a quien bautizó como María, se enamorara de él, y al responder Ordóñez con negativas, a punto estuvo de perder la vida. Así que se puede decir que con un «sí, quiero» este intrépido viajero podría haber sido rey en el sureste asiático.

Pero antes de llegar a esas tierras de Asia, en donde permaneció algunos años, Ordóñez recorrió Europa, parte de África, los Santos Lugares, se embarcó hacia tierras americanas —donde fue ordenado sacerdote en Nueva Granada (Colombia)— y navegó por el océano Pacífico. La crónica de su inmenso viaje fue plasmada en varios libros, pero especialmente en uno, publicado por primera vez en 1614 con el título *Viaje del mundo*, en el que se mezclan hechos verídicos y fantasías propias.

Sus primeras andanzas lo situaron en la península Itálica, desde donde se trasladó a Túnez, desvalijando por el camino treinta navíos. Con el dinero que consiguió, pagó el rescate de numerosos cautivos. En su segundo viaje, al continente americano, se ordenó sacerdote en el año 1566. Allí recorrió diversas ciudades de tierra firme, exploró el río Marañón, se adentró en los confines de Chile, saltó a

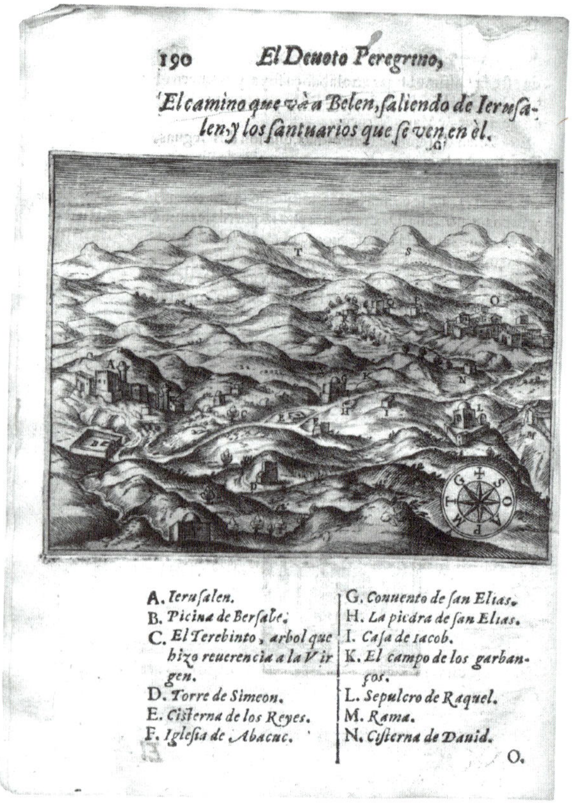

El monte Calvario, en Tierra Santa.

Panamá con escala en Quito, naufragó en Cuba, llegó a México y Guatemala y finalmente se decidió por viajar hasta Cebú (Filipinas). De allá pasó al Asia continental y llegó luego hasta Ceilán (Sri Lanka), para regresar de nuevo a América, donde prestó sus servicios religiosos en Pinampiro. Ordóñez educó a los naturales, ejerció obras de caridad y practicó numerosos bautismos. Abandonó Pinampiro para regresar a España, adonde llegó nueve meses después. No es extraño que fuera bautizado con el apodo de «Elcano con sotana», puesto que, en total, podría haber dado cuatro veces la vuelta al mundo a la altura del ecuador.

Lecturas

Viaje del mundo, Pedro Ordóñez de Ceballos. Miraguano, Polifemo, Madrid, 1993

García de Silva y Figueroa

Encontró las ruinas de Persépolis

Zafra (Badajoz), 1550-Océano Atlántico, 1624

Soldado, diplomático y explorador

La identidad de los restos de la ciudad de Persépolis —a 70 km de Shiraz, en el sur del actual Irán, fundada por Darío en 520 a.C.—, antigua capital del Imperio persa durante la época aqueménida, había permanecido oculta durante casi dos mil años. La urbe había sido incendiada y destruida por orden de Alejandro Magno en 330 a.C. y su paradero fue poco a poco difuminándose con la niebla de los tiempos. En 1612, Felipe III decidió enviar una embajada al sah Abbas de Persia, en respuesta a otra que había arribado a Madrid en 1610, con la intención de establecer una alianza entre ambas potencias contra el expansivo y amenazador Imperio otomano. El elegido para llegar a cabo tal misión diplomática fue García de Silva y Figueroa, antiguo paje de Felipe II y notable soldado en la guerra de Flandes. La comitiva salió del puerto de Lisboa en febrero de 1614 y en noviembre de ese mismo año llegó a Goa, capital de la India portuguesa, parte entonces de la monarquía española. Allí permanecieron casi dos largos años retenidos. Cuando ya se encontraban, por fin, en Persia, tras costear Omán y atravesar el estrecho de Ormuz, descubrieron que el sah no estaba en la capital, Kazwin, sino en el Caspio. Así, García de Silva decidió permanecer los venideros meses de invierno en Shiraz para acudir al encuentro del soberano en la primavera. El 6 de abril de 1618, fecha marcada con estrellas en los anales de la arqueología, Silva contempló las ruinas de Takht-e Jamsid y después de un pormenorizado estudio las identificó como las de Persépolis. La noticia corrió como la pólvora en Europa después de que el diplomático enviara una

Se desconocía el lugar exacto donde se encontraba la ciudad de Persépolis hasta que García de Silva y Figueroa lo ubicó en 1618.

carta contando sus descubrimientos a su amigo el marqués de Bedmar. También llegó a la conclusión de que los símbolos cuneiformes que adornaban los templos no eran ornamentos, sino una forma de escritura. En los años siguientes reunió una importante colección de objetos y obras de gran valor que intentó traer en su regreso a España, iniciado en 1619. En la India fue nuevamente retenido hasta 1624. Cuando ya por fin volvía del largo viaje, la muerte, producida por el llamado «mal de Luanda», lo sorprendió en alta mar. De su tesoro, ni rastro. Silva dejó escrita la que acaso puede ser considerada la mejor descripción de Persia de su época: *Totius legationis suae et indicarum rerum Persidisque comentarii*, traducida al francés por el holandés Abraham de Wicquefort en 1667. El manuscrito se encuentra en el Museo Arqueológico Nacional de Madrid.

Lecturas

Viajeros españoles tras los pasos de las civilizaciones perdidas, varios autores. Prosegur y Sociedad Geográfica Española, Madrid, 2004

La embajada a Persia de Don García de Silva y Figueroa (1612-1624). Departamento de Publicaciones de la Diputación Provincial de Badajoz, 1993

Juan León *el Africano* (Hasan ibn Muhammad al-Zayyati al Fassi)

El gran geógrafo musulmán del Renacimiento

Granada, ¿1485?-Túnez, 1552

Geógrafo y viajero

En 1492 los Reyes Católicos conquistaban Granada, capital del reino nazarí. Muchas familias granadinas abandonaron la península Ibérica y se instalaron en la ciudad de Fez. Entre ellas estaba la de Hasan ibn Muhammad, que a la larga sería conocido con el nombre de Juan León, tras abrazar temporalmente la religión cristiana, y con el apodo del Africano. Algunos historiadores sostienen que esa situación de desarraigo, de no ser de parte alguna, llevó al joven a mostrar una clara predisposición para sentirse «hijo del camino». De hecho, su aventura personal entre dos mundos, Oriente y Occidente, se inició siendo apenas un muchacho de 16 años cuando acompañó a un tío suyo, embajador, a una misión en la lejana y evocadora ciudad de Tombuctú. Atravesó para ello la cordillera del Atlas y el desierto del Sáhara, hasta llegar a la urbe más floreciente del Imperio Songhay. Él fue el encargado de llevar los presentes al señor de Tombuctú, que según describió fueron «un par de estribos, adornados y labrados a la morisca, de valor de veinticinco ducados; un par de espuelas bellísimas y muy bien labradas, de valor de quince ducados; un par de cordones de seda, bordados en oro, uno de ellos de color violeta y el otro, azul; un libro muy bello, recientemente encuadernado, que trataba de la vida de los santos africanos, y una canción hecha en alabanza de dicho señor». También afirmó: «Yo me puse en camino con dos caballos y tardé cuatro días en el viaje, durante el cual compuse también una canción en alabanza de dicho señor». Tras volver a Fez, el sultán de esa ciudad, llamado el Portugués, le encargó nuevas misiones diplomáticas,

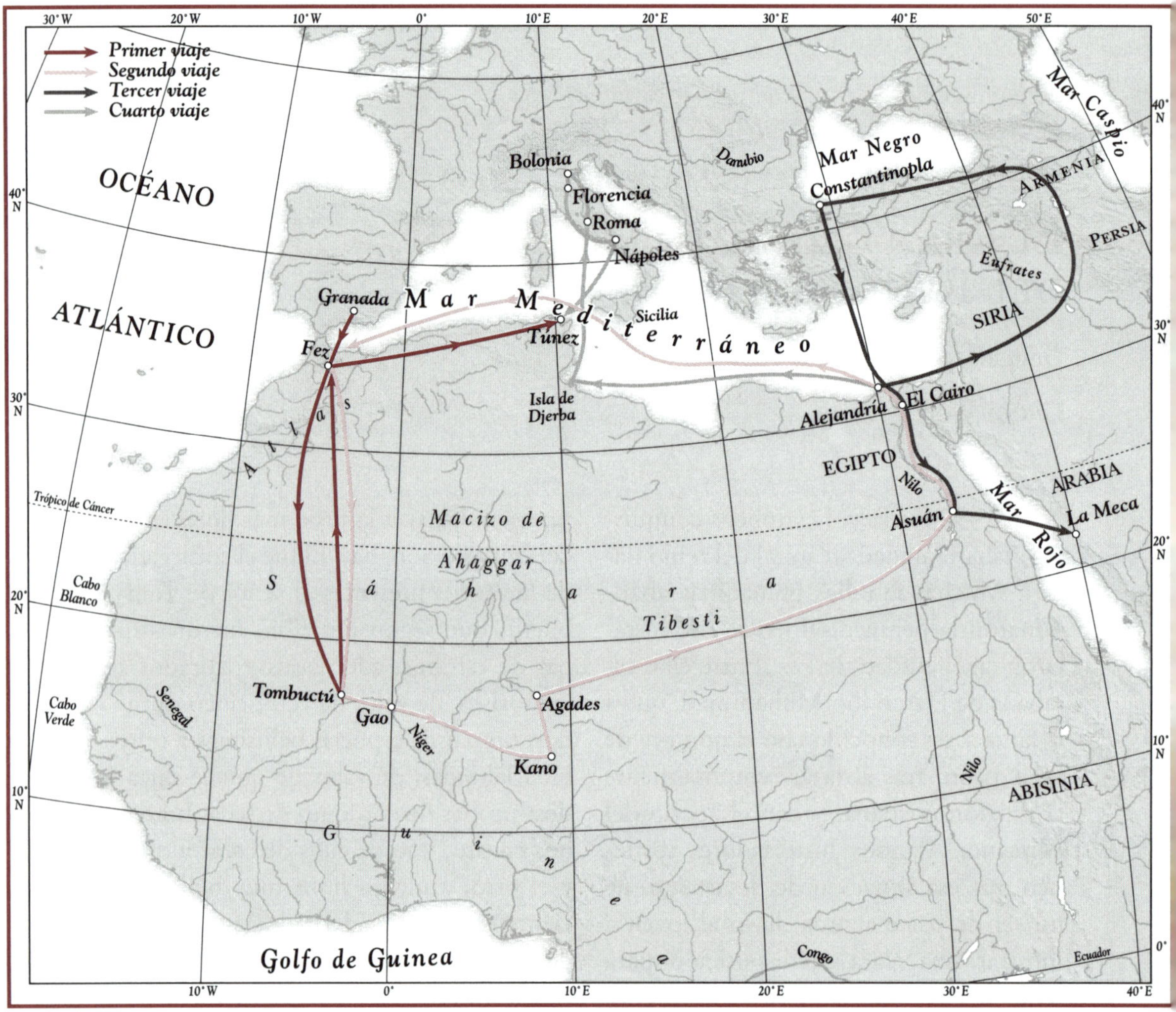

en virtud de las cuales pudo conocer el norte de África, dando muestras de una temprana curiosidad por los aspectos socioculturales de las tierras que iba recorriendo animosamente. De nuevo se dirigió a Tombuctú, en 1512 (allí fue testigo del incendio que destruyó media ciudad), y desde allí se fue a Egipto. Por el camino sufrió todo tipo de penalidades y en el periplo hizo escalas en Gao,

Kano y Agades. Pasó algún tiempo en el territorio de los antiguos faraones antes de regresar por mar a Marruecos. Entre 1515 y 1517 sus pasos se encaminaron hacia Oriente, y es muy posible que llegara hasta Constantinopla, tras pasar por la península Arábiga, Persia, Tartaria, Armenia y Siria. En 1517 se hallaba de nuevo en Egipto, justo después de que la ciudad cayera en las manos otomanas de Selim. Remontó el Nilo y llegó a Asuán, desde donde inició el *hayy*, la obligada peregrinación a La Meca que todo musulmán debe realizar al menos una vez en su vida. Cuando intentaba el retorno a Marruecos por mar, fue apresado en las costas de la isla de Djerba por corsarios sicilianos, que lo tomaron como esclavo en un primer momento. Al dar muestras de su erudición fue «regalado» al papa León X, de nombre Juan de Médici, quien lo acogió, lo admitió como protegido, lo instruyó en el cristianismo y al cabo de un año, en 1520, lo bautizó con su propio nombre, Giovanni Leone di Médici, Juan León, otorgándole también la libertad. En 1521 murió su protector el pontífice y León viajó a Bolonia, primero, y a Florencia y Nápoles, después. En Bolonia aprendió latín e italiano, al tiempo que daba clases de árabe. De regreso a Roma, llevó a cabo la que había sido petición de su mentor: escribir un relato sobre sus viajes por África.

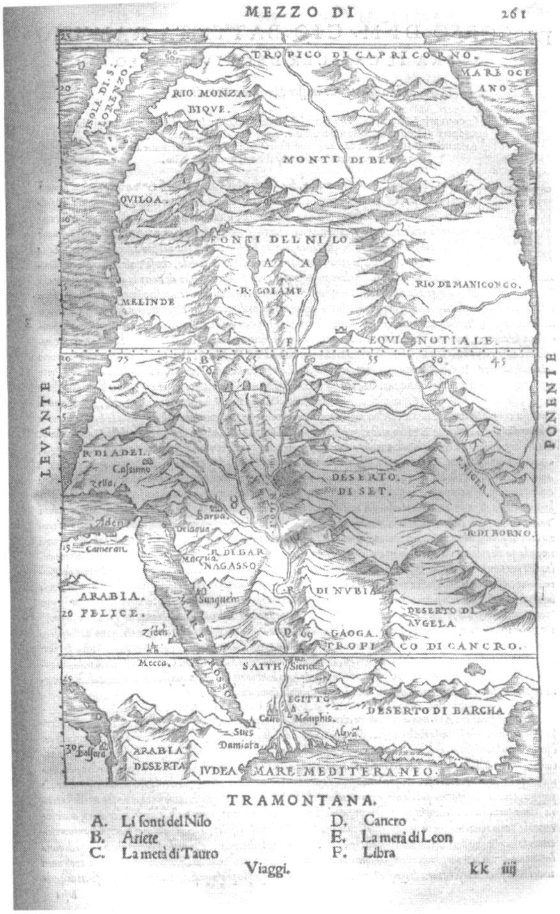

Mapa del valle del Nilo recogido en su Descripción de África, *una de las obras geográficas más importantes de la época.*

Lo hizo en italiano, presumiblemente en el año 1526, lo tituló *Descripción de África y de las cosas notables que allí hay* y fue incluido en la famosa compilación de Giovanni Battista Ramusio *Delle navigationi et viaggi*. Poco se sabría de

Juan León si no fuera por las notas autobiográficas que dejó en el texto, considerado en su momento como uno de los tratados geográficos descriptivos más importantes del mundo. La obra se dividió en nueve partes en las que trata de generalidades, el suroeste marroquí con una floreada descripción de Marrakech, el reino de Fez, Tremecén, Bugía y Túnez, el sur marroquí, el País de los Negros (Sudán), Egipto y ríos, animales, vegetales y minerales de África. También escribió otras obras sobre retórica y poesía árabes, un vocabulario arábigo-hebreo-latino, una gramática árabe y su *Libellus de viris quibusdam ilustribus apud Arabes*. Se cree que pasó los últimos años de su vida en Túnez, después de abrazar nuevamente la religión de sus ancestros y abjurar del cristianismo. En 1986 el autor libanés Amin Maalouf escribió una poderosa novela inspirada en la vida de Juan León, *León el Africano*, en la que, a modo de colofón, relata de forma magistral los últimos pensamientos del granadino: «A mí, Hasan, hijo de Mohammad el alamín, a mí, Juan León de Médici, circuncidado por la mano de un barbero y bautizado por la mano de un papa, me llaman hoy el Africano, pero ni de África, ni de Europa, ni de Arabia soy. Me llaman también el Granadino, el Fesí, el Zayyati, pero no procedo de ningún país, de ninguna ciudad, de ninguna tribu. Caravana es mi patria y mi vida la más inesperada travesía».

Lecturas

León el Africano, Amin Maalouf. Alianza Editorial, Madrid, 2006

Descripción general del África y de las cosas peregrinas que allí hay, Juan León *el Africano.* Traducción, introducción, notas e índices de Serafín Fanjul en colaboración con Nadia Consolani. Fundación El legado andalusí, Granada, 2004

Luis de Mármol Carvajal
Historiador del islam y de los moriscos

Granada, 1524-1600

Soldado, cautivo e historiador

Muy poco se sabe de la vida de Luis de Mármol Carvajal, uno de los principales historiadores del islam en la España moderna. Hijo ilegítimo del escribano de la audiencia de Granada, Pedro de Mármol, su biografía reproduce el itinerario de muchos españoles de su generación. Soldado de los Tercios españoles, él mismo afirmó haber participado en la jornada de Túnez en 1535 y haber permanecido y viajado por África durante veintidós años. Es difícil establecer con precisión los detalles de esta estancia africana de Mármol, aunque sí sabemos que estuvo cautivo en Marruecos durante más de siete años, y que su liberación se produjo quizás en el año 1557, es decir, la época inicial de la dinastía de los jerifes saidíes. Más tarde Mármol estuvo en Italia, y después participó como veedor en el Ejército que, bajo el mando de Juan de Austria, aplastó la rebelión morisca de Las Alpujarras (1568-1570). Después de esa fecha el nombre de Mármol aparece en documentos muy concretos, encargado de la traducción del estandarte arrebatado a los turcos en la batalla de Lepanto o solicitando algunos beneficios en la zona de Vélez-Málaga, donde al parecer estaba establecido hacia finales del siglo XVI. Estos pocos datos dejan entrever el itinerario biográfico de un soldado y cautivo en África, uno más de los miles de españoles y europeos que por diversas razones atravesaron hacia el sur la frontera mediterránea en la Edad Moderna, y cuya vida fue decisivamente definida por un contacto constante con el islam y el mundo árabe.

Si el nombre de Luis de Mármol ha tenido cierta posteridad se debe, sobre todo, a su condición de autor de dos

La vida de Luís de Mármol estuvo influenciada por un contacto constante con el islam y el mundo árabe.

libros importantes. El primero es una *Historia del rebelión y castigo de los moriscos del reyno de Granada*, una de las principales fuentes para la historia de la guerra de Las Alpujarras y, en general, para la historia de los moriscos. Como se ha dicho, el propio Mármol participó en la guerra y sus informaciones, a menudo de primera mano, recogen noticias importantísimas sobre, por ejemplo, las profecías de tipo escatológico o jofores que circularon entre los moriscos durante la guerra. El otro libro importante de Mármol es la *Descripción general de África*, magna obra publicada en tres volúmenes (los dos primeros en Granada, en 1573, y el tercero en Málaga, en 1599). La inspiración primera de este libro es, sin duda, la *Descripción de África* de León *el Africano*, libro de enorme influencia en Europa a partir de su impresión a mediados del siglo XVI (e incluso antes). León *el Africano* fue otro cautivo, como Mármol, granadino como él, pero de origen musulmán y establecido en la corte pontificia de León X. Mármol copia casi al pie de la letra el libro de León *el Africano*, y la tradición geográfica asentada por ambas obras, que fueron muy difundidas, tuvo un papel esencial en la codificación de una representación del continente africano que habría de durar hasta el siglo XIX. Sin embargo, el libro de Mármol es más que una copia del de León *el Africano*. Se trata, además, de una historia del islam hasta la batalla de Lepanto, y de una descripción del África subsahariana que asimila, sobre todo, los descubrimientos de los grandes exploradores y navegantes portugueses. La ambición del plan de Mármol hace que su obra sea el nudo en el que convergen distintas tradiciones historiográficas y geográficas, reunidas en un auténtico proyecto de historia global que, en un cierto sentido, resulta sumamente moderno: no en vano Mármol presume de conocer la lengua árabe y de utilizar fuentes escritas en esa lengua. Aunque esa afirmación es bastante matizable, no cabe duda de que la *Descripción general de África* representa un paso notable en la aprehensión del árabe y del islam por la erudición historiográfica europea moderna. De hecho, el propio Mármol parece haber intentado crear para sí un perfil de experto en asuntos árabes, lo que explica su relación con cuestiones como la falsificación de los *Libros Plúmbeos del Sacromonte* y del pergamino de la Torre Turpiana de Granada, para cuya crítica fue requerido como experto.

Lecturas

Descripción general de África, Luis de Mármol. Edición facsímil del volumen I. Introducción de Agustín G. de Amezúa. Instituto de Estudios Africanos del Patronato Diego Saavedra Fajardo, Madrid, 1953

«Luis de Mármol y el humanismo. Comentarios sobre una fuente de la *Historia del rebelión y castigo de los moriscos del reyno de Granada»,* Fernando Rodríguez Mediano. En *Bulletin Hispanique,* pp. 371-404, diciembre de 2003

Javier Castillo Fernández, *Entre Granada y el Magreb. Vida y obras del cronista Luis del Mármol Carvajal (1524-1600)*, Editorial Universidad de Granada, Granada, 2016

Yuder Pachá
El almeriense que conquistó Tombuctú

Cuevas de Almanzora (Almería), mediados del siglo XVI*-Marrakech (Marruecos), 1605*

Militar y explorador

Oro. Esa era la clave. Muchos creían, en el siglo XVI, que este metal precioso procedía de Tombuctú, ciudad de la región de Gao, en Malí, a pocos kilómetros del delta del río Níger, punto de convergencia de numerosas caravanas de comercio y ciudad floreciente del Imperio Songhay.

El morisco almeriense Yuder Pachá había sido capturado en su juventud tras una incursión de los turcos por el valle de Almanzora y fue llevado como prisionero al palacio del sultán Abd al-Malik de Marrakech (Marruecos). Poco a poco fue subiendo puestos en el escalafón palaciego hasta que llegó al poder un nuevo sultán, Ahmad al-Mansur, con una idea en la cabeza: crear un imperio en el África occidental.

Pachá gozaba de la confianza de al-Mansur. De hecho, lo había nombrado caíd de Marrakech. Al saber que el reino de Songhay, en el que estaba ubicada Tombuctú, su ciudad más floreciente, vivía una época turbulenta repleta de conflictos internos, decidió que era el momento propicio para enviar una expedición y conquistar la evocadora urbe en busca del oro soñado con que financiar sus expectativas. Al mando de una tropa compuesta por cinco mil guerreros, entre lanceros, arcabuceros y auxiliares, dotados con pertrechos y material bélico de última generación transportado a lomos de ocho mil camellos, se situó Pachá en el camino a su objetivo. Corría el año de 1590. Frente a él, el desierto del Sáhara. Los songhay, enterados de aquella campaña, confiaron en que esa inmensa franja de tierra desolada y sus caloríficos rigores disuadirían al ejército de llegar a las puertas de su ciudad. Aunque el desierto se cobró algunas vidas, Pachá tenía bien controlados los estratégicos pozos de agua. La expedición se hallaba en las cercanías de Tombuctú cuatro meses después de su partida. Tras tomar Gao, llegó finalmente a la apetecida ciudad. Pero allí no había oro ni riqueza alguna. Es más, en comparación con Fez o Marrakech, Tombuctú se presentaba a los ojos de los recién llegados como una modesta población de paso. El oro estaba más al sur, en las minas del País de los Negros. Pachá mandó lo poco que había (algo de oro y unos cuantos esclavos) a su señor y este pensó que lo había traicionado. Tras nuevos y fracasados intentos por conseguir el preciado metal, el sultán comprendió al fin que Pachá tenía razón y que la expedición había sido un fracaso. El almeriense se trasladó a vivir a Fez, y cuando al-Mansur murió, su sucesor, un hombre muy desconfiado, decidió decapitarlo. Tombuctú entró en una imparable decadencia.

Lecturas

La gesta africana de Yuder Pachá, Manuel Villar Raso. El legado andalusí, Granada, 2003

Pedro Páez

Descubridor de las fuentes del Nilo Azul

Olmeda de las Fuentes (Madrid), 1564-Gorgora (Etiopía), 1622

Misionero y explorador

Pedro Páez, el jesuita español que se convirtió en el primer europeo que llegó a las fuentes del Nilo Azul en 1618, fue explorador a su pesar, lo mismo que le sucedería dos siglos y medio más tarde al gran vagabundo que fue el misionero anglicano David Livingstone. La tarea a la que encomendó su vida fue la evangelización del pueblo etíope y, en el curso de esa empresa, no solo llegó a las fuentes del mítico río, sino que fue también, años antes, el primer europeo que cruzó a pie los infernales desiertos de Hadramaut y de Rub'al Khali, en Yemen.

Páez viajó a Goa, en la India, para incorporarse a las misiones jesuitas de Oriente en el año 1588, y apenas doce meses después fue enviado a Etiopía, junto con el sacerdote catalán Antonio de Montserrat, para reforzar la misión jesuita establecida años antes en el norte de Etiopía. Páez era un hombre de 24 años, en tanto que Montserrat era un sacerdote maduro, con experiencia en la tarea misionera: había vivido en la corte del Gran Mogol en 1580, asunto sobre el que escribió un libro, y había trazado el primer mapa conocido del Tíbet.

El barco en el que viajaban, disfrazados de mercaderes armenios, fue capturado por un navío pirata, y en la costa de la península Arábiga los dos hombres fueron vendidos a los turcos como esclavos. Y, atados a las colas de los camellos de la caravana turca, marcharon hasta la ciudad de Haydan. La región que hubieron de atravesar de tal guisa durante diez días fue Hadramaut, «el recinto mortal», un territorio de la península arábiga que limita al sur con el océano Índico y al oeste con Rub'al Khali, «la habitación vacía». Páez dejó en su libro *Historia de Etiopía*,

En su periplo, Pedro Páez y Antonio de Montserrat fueron trasladados al puerto de Moka como galeotes en un barco turco.

escrito años más tarde, algunas notas de aquella penosa travesía, señalando que viajaron «sin hallar gente ni caminos, porque el viento nos cegaba con la arena». Eso era en 1589. Hasta el año 1931, en que lo hizo Bertram Thomas, ningún otro hombre blanco cruzaría la región. Wilfred Thessiger atravesó Hadramaut en 1945, rindiendo homenaje a Páez y Montserrat en sus escritos sobre la región.

Durante su cautiverio, que duró seis años, Páez y Montserrat recorrieron también la región de Rub'al Khali, obligados a viajar desde Haydan a Saná, reclamados por el pachá turco de la ciudad. Eso aconteció en el año 1590.

Rescatado en 1595, Páez intentó de nuevo entrar en Etiopía en 1603, viajando solo en esta ocasión, y lo consiguió. Su tarea misionera lo llevó a convertir al catolicismo a dos emperadores, Za Denguel y su sucesor Susinios. Este último lo nombró su capellán y, de ese modo, en una expedición militar, Páez llegó a las montañas de Gishe en 1618 y se convirtió en el primer europeo que contempló las fuentes del Nilo Azul, el día 21 de abril de aquel año, en las montañas de Gishe, al sur del lago Tana. Su humildad no lo llevó a proclamarse «descubridor» del río, como hicieron muchos otros exploradores con sus logros, sino que sencillamente escribió en su libro más tarde: «Y confieso que me alegré de "ver" lo que tanto desearon antiguamente el rey Ciro y su hijo Cambises, el gran Alejandro y Julio César». Hasta diez años después no llegaría otro europeo al lugar, el jesuita portugués Jerónimo Lobo. El escocés James Bruce, que se atribuyó falazmente y sin éxito el «descubrimiento» del río, sería el tercero en lograrlo, en el año 1769. Por otra parte, el «descubrimiento» de las fuentes del Nilo Blanco, la fuente principal del río, se debería a John H. Speke, que alcanzó el lugar en 1862, dos siglos y medio después de Páez.

Lecturas

Dios, el diablo y la aventura: la historia de Pedro Páez, el español que descubrió el Nilo Azul, Javier Reverte. Plaza & Janés, Barcelona, 2001

Lope de Aguirre
La cólera de Dios en el Amazonas

Oñate (Guipúzcoa), hacia 1510-Barquisimeto (Venezuela), 1561

Conquistador y rebelde

«Mal tiro», cuentan que dijo Lope de Aguirre, también llamado *el Peregrino* y *el Loco*, cuando recibió el primero de los arcabuzazos que acabarían con su vida. «Este sí que es bueno», masculló al recibir el segundo.

Aquellos proyectiles los dispararon dos de sus propios hombres, los «marañones», con quienes había vivido una aventura desmedida en todos los sentidos. Temían ser acusados de crímenes por el propio Aguirre y actuaron a fuego. Aguirre se encontraba ya en Cartagena de Indias, hacia 1536, pero fue en el año 1560 cuando se enroló en una expedición que tenía como objetivo remontar el río Marañón o Amazonas en busca de El Dorado, promovida por el gobernador de Perú (que pretendía librarse de toda clase de criminales e indeseables) y al mando de Pedro de Ursúa. Por entonces, Aguirre tenía unos 50 años y era, en palabras de Francisco Vázquez, «muy pequeño de cuerpo y poca persona; mal agestado, los ojos que si miraban de hito le estaban bullendo en el casco».

La expedición de Ursúa comenzó mal, pues este incluyó en la comitiva a su amante mestiza Inés de Atienza, lo que generó una gran tensión. Tras descender el río Huallaga, desembocaron en el Marañón y después de un mes de penosa navegación llegaron a la isla de García Arce. Omagua, la región en la que debería estar El Dorado, no aparecía. Una rebelión promovida por Aguirre acabó con la vida de Pedro de Ursúa en el primer día del año 1561. Fue nombrado jefe Fernando de Guzmán, títere de un Aguirre que el 23 de marzo se declaró en rebeldía contra Felipe II por su ingratitud hacia los conquistadores que habían incorporado el

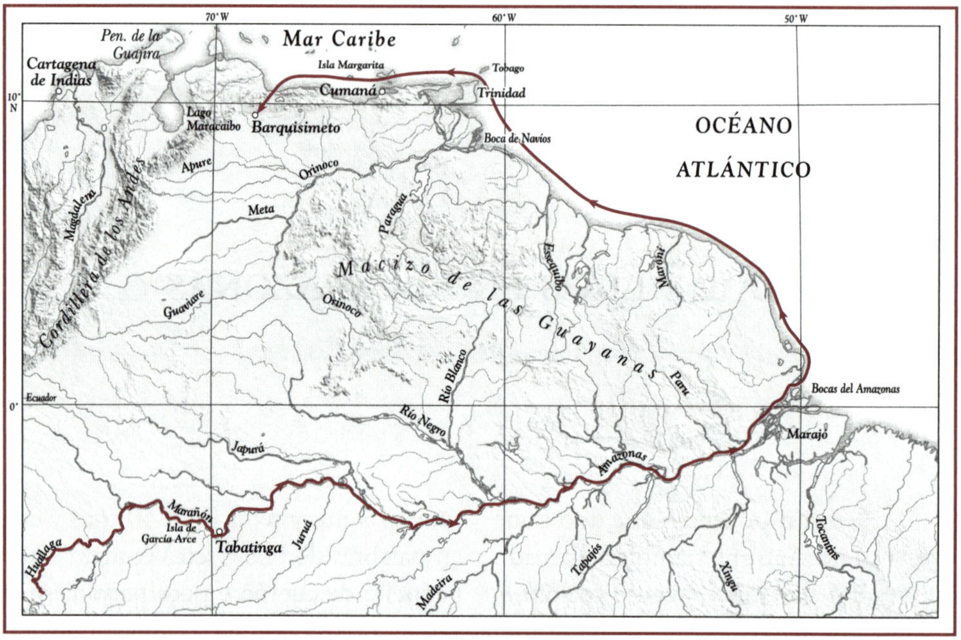

Nuevo Mundo a la monarquía sin recibir casi nada a cambio. En los meses siguientes, Lope de Aguirre mató a varios de sus capitanes, a Inés de Atienza, a De Guzmán y a unos cuantos «marañones». Poco antes de ser apresado también asesinó a su hija mestiza Elvira «para evitar que hicieran de ella su prostituta».

Después de 1500 leguas y casi once meses de navegación, los expedicionarios alcanzaron el Atlántico, seguramente por el Amazonas. Aguirre describió la Amazonía como una región infernal. Una vez en el océano, se dirigieron a la isla Margarita y la saquearon. De nuevo en el continente, Aguirre intentó tomar Barquisimeto, pero allí terminaron sus días. Tras su muerte, fue juzgado y su cuerpo descuartizado, como era costumbre, para ser exhibido por partes en calles y caminos.

Lecturas

El Dorado: crónica de la expedición de Pedro de Ursúa y Lope de Aguirre, Francisco Vázquez. Introducción y notas de Javier Ortiz de la Tabla. Alianza Editorial, Madrid, 1987

La aventura equinoccial de Lope de Aguirre, Ramón J. Sender. Editorial Casals, Barcelona, 1998

Diego Fernández de Serpa

De carpintero a gobernador y fundador del oriente venezolano

Palos de la Frontera (Huelva), entre 1508 y 1510-Quebrada de las Rocas (Venezuela), 1570

Explorador y conquistador

Se tiene constancia de que Diego Fernández de Serpa estaba ya en América con 15 o 16 años ejerciendo labores de carpintero de ribera en la isla de Cubagua, frente a la costa venezolana, una ocupación humilde y con escasas posibilidades de progreso. El deseo de prosperar alentó su imaginación, estimulada por las noticias que le iban llegando de tierras repletas de abundantes riquezas. Con esa idea entusiasta, partió primero hacia Quito, donde residió durante ocho años, para viajar luego a Panamá y regresar a España, en donde permaneció dos años más creciendo en edad y experiencia, y formándose como militar. En mayo de 1546 fue de nuevo a América, acompañando al visitador de Perú, Pedro de la Gasca, y llegó en julio de ese mismo año a Santa Marta, desde donde subió después al interior del Nuevo Reino de Granada, en donde estuvo otros dos años. Allí intentó por todos los medios que le fuera concedido el título de capitán de conquista de Guayana, una extensión de tierra situada en el oriente continental, entre el Orinoco y el Amazonas o Marañón. Tras conseguir su anhelado nombramiento, Fernández de Serpa reclutó a trescientos cincuenta hombres, además de proveerse de pertrechos y ganado. Cuando estaba a punto de iniciar la empresa desde Maracapaná, la audiencia suspendió la jornada, sin duda por la detención de las conquistas causada por la polémica de los justos títulos de dominio de las Indias, sustanciada en 1550 con la polémica entre Las Casas y Sepúlveda, entonces en su punto álgido. Tomó parte luego en la fundación de Barquisimeto y retornó a la Península para negociar con sagacidad

su nombramiento como gobernador de Nueva Andalucía, el oriente venezolano. Tras serle concedido en 1565, organizó una expedición de poblamiento, embarcó para ultramar y, en 1569, refundó la ciudad de Cumaná. Ordenó luego a un capitán que lo acompañaba la fundación de Santiago de los Caballeros en la boca del río Salado, población donde ordenó que se establecieran las mujeres y los niños que había llevado desde España. A continuación se adentró en la gobernación, como tantos otros, en busca de El Dorado. Este había interesado en especial a mercaderes instalados en Margarita, a misioneros y también a los franceses, que habían navegado por el Orinoco para realizar rescates y buscar un lugar donde asentarse, lo que al fin conseguirían en Cayena, en la actual Guayana Francesa. En las montañas de Comorucuao, la hueste de Fernández de Serpa fue asaltada por un ejército de cumanagotos y chacopatas, unos diez mil naturales que acabaron con su vida y con la de la mayoría de sus compañeros.

Lecturas

Hernández de Serpa y su hueste de 1569 con destino a la Nueva Andalucía, Jesús M. López Ruiz. Academia Nacional de la Historia, Caracas, 1974

Juan de Oñate

Distinguido explorador del suroeste americano

Minas de Pánuco, Zacatecas (México), 1549-Guadalcanal (Sevilla), 1626

Explorador y conquistador

El norte de Nuevo México era, aún a finales del siglo XVI, un territorio casi sin explorar. También, en el acervo de los mitos, era el lugar en el que se encontraba la prodigiosa ciudad de Quivira, en la que esperaban tesoros de incalculable valor para aquellos arriesgados que se decidieran a encontrarla. Además, según se creía, existían numerosas y ricas minas de plata. En el año 1595 Juan de Oñate, hijo del conquistador Cristóbal de Oñate, que fue gobernador de Nueva Galicia, nacido en México y casado con Isabel de Tolosa, nieta de Hernán Cortés, obtuvo permiso de la Corona para explorar y conquistar aquellas tierras, solo moteadas de sangre española por la presencia de unos pocos misioneros franciscanos. Consiguió de su amigo Luis de Velasco, virrey de México, una financiación notoria, avalada por sus propios bienes materiales —que no eran pocos— y que atrajo a su empresa a cientos de personas. Entre soldados —muchos de ellos indígenas tlaxtaltecas—, religiosos y colonos, llegaron a formar una columna de casi quinientos integrantes. Partieron de Santa Bárbara, cruzaron el río Gila y llegaron al Balsas, donde fundaron San Francisco (hoy Chamita), para trasladarse luego a San Juan, donde quedó parte de la expedición. La otra parte siguió, al mando de Oñate, hasta el río Conchos, cruzó el paso del Norte, por él descubierto, y alcanzó el famoso río fronterizo que los estadounidenses llaman Bravo y los mexicanos Grande. Animados por la poca oposición que encontraban entre los naturales, prosiguieron camino hacia Acoma. Allí todo cambió: la resistencia de los valerosos nativos se hizo notar y los españoles debieron emplearse a fon-

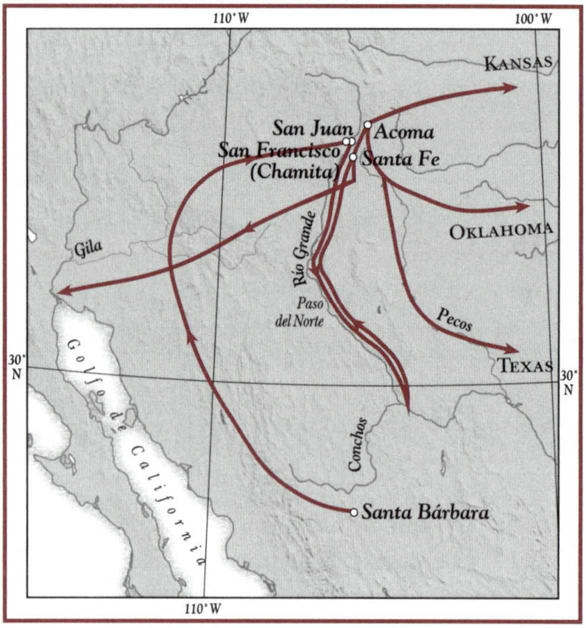

do para doblegarlos, utilizando para ello su superioridad militar. Amanecía el nuevo siglo y el control de Nuevo México era ya total. El criollo Oñate se había convertido en el gobernador de ese territorio, pero quiso explorar más, así que fue hacia las llanuras de Kansas y, siguiendo por el curso del Pecos, llegó a Texas y, por el del Colorado, a Oklahoma, para tomar luego rumbo sur y tocar las fértiles tierras del golfo de California, donde fundó la ciudad de Santa Fe en 1605. Sus riquezas eran ya inmensas y las envidias que suscitó también. Por eso fue acusado de desobedecer las órdenes del virrey y se le obligó a regresar a la capital virreinal para ser juzgado. Oñate fue declarado inocente de las causas que se le imputaban, pero aun así, fue desposeído de sus bienes. Estaba claro que había sido objeto de una intriga política. Su idea de la colonización se llevó a cabo, pero sin él. Por supuesto, la ciudad de Quivira no apareció. Frustrado, regresó a España, donde el rey Felipe IV ordenó sin embargo el reembolso de sus bienes y finalmente, en 1624, fue designado inspector de minas del reino, un cargo sin remuneración, pero de gran prestigio y autoridad. Murió visitando las minas de Guadalcanal. La figura de Juan de Oñate es relevante en la actualidad en Estados Unidos y el norte de México, como pone de manifiesto la reciente creación de la Fundación Hispanoamericana Juan de Oñate y la estatua ecuestre de 16 metros de altura —probablemente la mayor del mundo de su clase— que se inauguró en la ciudad fronteriza de El Paso en Nuevo México en abril de 2007.

Lecturas

El legado de Juan de Oñate: los últimos días del Adelantado, José Antonio Crespo-Francés y Valero. Arboleda Ediciones, Sevilla, 2003

Don Juan de Oñate and the founding of New Mexico, G. P. Hammond. Santa Fe, 1927

Juan Ladrillero

La doble travesía del estrecho de Magallanes

Moguer (Huelva), ¿1505?-Perú, 1560

Navegante y cosmógrafo

Contaba ya con algo más de 50 años cuando Juan Ladrillero fue requerido nuevamente por el gobernador de Chile, García Hurtado de Mendoza, para una difícil misión. Debía trazar las cartas náuticas del peligroso estrecho de Magallanes y la costa hacia el norte, festoneada por miles de islas e islotes, con objeto de facilitar el paso de navíos españoles en ambos sentidos por la mejor vía posible. También era necesario evitar el paso de los ingleses y otros enemigos de la Corona hacia el «Lago Español», tal como se conocía el Pacífico. A tal fin, Ladrillero partió en 1557 desde el puerto chileno de Valdivia con tres bergantines. Navegando hacia el este en busca del paso hacia el Atlántico, exploró numerosos canales y senos de aquella región hasta llegar al seno de Última Esperanza, donde hoy se asienta Puerto Natales. Localizada al fin la boca del estrecho, Ladrillero se adentró por las engañosas vías que presentaba y permaneció durante meses en navegación errática hasta que localizó el paso más ancho entre uno y otro océano. En agosto de 1558 inició el camino de vuelta desde el océano Atlántico, que fue aún más penoso que el de ida. Las tormentas, los vientos huracanados, la escasez de vituallas y el cansancio obligaron a los expedicionarios a detenerse e invernar durante cinco meses en un punto que vinieron a llamar Nuestra Señora de los Remedios. No sin razón. Por fin salieron de nuevo al Pacífico, que los acogió con terribles tormentas y que a punto estuvo de mandar los barcos a dormir en su fondo. Por si fuera poco, la tripulación se amotinó, aunque la cosa no llegó a mayores. Casi dos años después de su partida regresó a Concepción

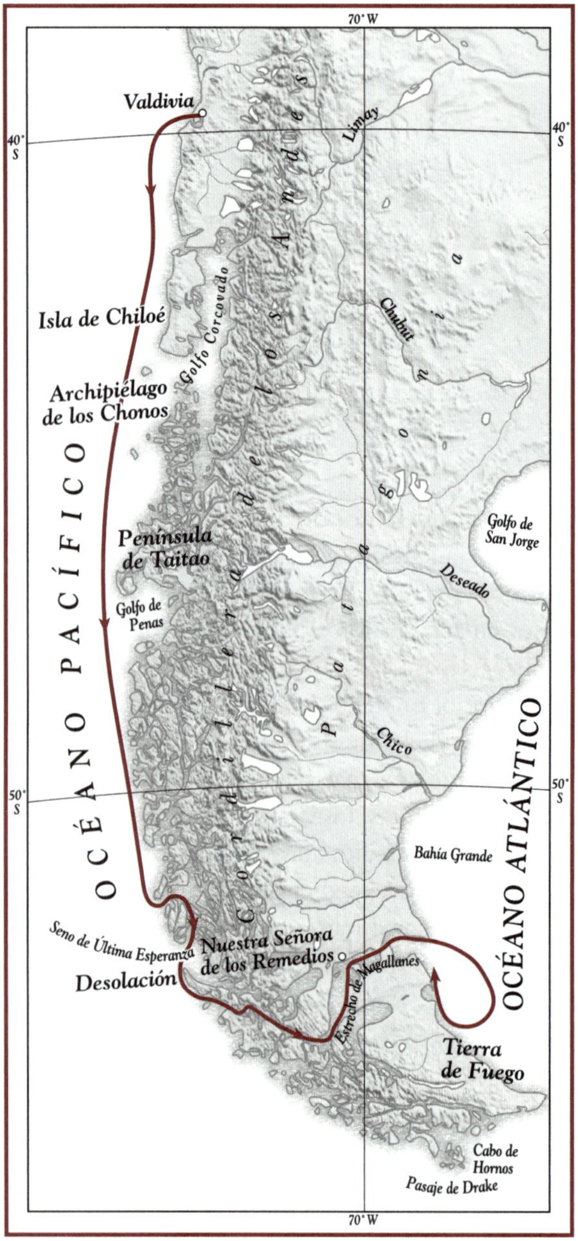

con un informe para presentar al rey Felipe que tituló *Descripción de la costa del Mar Océano desde el sur de Valdivia hasta el estrecho de Magallanes.* Al poco de terminar su redacción, agotado y enfermo, pudo por fin descansar eternamente. La muerte le llegó a este gran capitán que había navegado por los océanos más difíciles, reconocido las costas de Colombia y Panamá, y luchado siempre fiel a la Corona contra Pizarro en Perú, y que, además, había sido un excelente cosmógrafo y geógrafo.

Lecturas

Expediciones españolas al estrecho de Magallanes y Tierra de Fuego, Javier Oyarzun. Ediciones de Cultura Hispánica-AECI, Madrid, 1999

Tomás de Berlanga

El obispo que encontró el archipiélago de las Galápagos

Berlanga de Duero (Soria), 1487-Berlanga de Duero (Soria), 1551

Misionero dominico y descubridor

«Diríase que había caído una lluvia de piedras», anotó en su diario fray Tomás de Berlanga tras comprobar que las islas a las que habían ido a parar eran pedregales repletos de cactos espinosos. Suficientes, eso sí, para extraer de ellos el agua con que saciar, al menos por un tiempo, la sed de la marinería. Pero ¿dónde estaban? El 23 de febrero de 1535 Berlanga había embarcado en Panamá para poner rumbo a Perú. La misión del entonces obispo era tomar notas sobre la política del gobernador Francisco Pizarro en Perú, así como controlar también las sospechosas actuaciones de los encomenderos para con los indígenas. La nave en la que viajaba costeó el litoral durante siete días, tras los cuales el viento dejó casi de soplar y las fuertes corrientes los arrastraron hacia mar abierto. El 10 de marzo divisaron una isla, cabecera de lo que años después se llamó archipiélago de las Galápagos. La casualidad hizo que fueran los primeros en avistarlas y sus pies los primeros europeos en hollarlas. Allí, Berlanga pudo comprobar la confianza que demostraban las tortugas gigantes, llamadas por los españoles galápagos, así como la presencia de iguanas, de aves extrañas y de leones marinos que no parecían manifestar miedo alguno ante la presencia de seres humanos. Años más tarde, Diego de Rivadeneira nombró a esas islas «Encantadas», bajo la creencia de que aquellas tierras flotaban sobre la superficie del mar. En 1574 el cartógrafo flamenco Abraham Ortelius dio finalmente el nombre de Galápagos al conjunto insular, que con el tiempo llegó a ser nido de piratas, base de balleneros y hogar de colonos. Por su parte, Berlanga regresó a España en 1540 con

la intención de volver después a Panamá con maestros de obra para construir una catedral. El barco naufragó y el obispo se salvó casi de milagro. Después de aquello, volvió a España para no regresar ya a América. El misionero dominico se estableció en su localidad natal soriana, donde murió en 1551.

Lecturas

El misionero dominico fray Tomás de Berlanga. Ramón Hernández. Separata del Archivo Dominicano, Anuario VI, Salamanca, 1985

Álvaro Saavedra Cerón

A la búsqueda de españoles perdidos en el Pacífico Sur

Baeza (Jaén), ¿?-Océano Pacífico, 1529

Navegante y explorador

Hernán Cortés recibió, en el año 1526, una orden del emperador Carlos V en la que este le insta a utilizar las naves que construía en el Pacífico para una expedición que tenía por fin recabar noticias de las empresas de García Jofre de Loaysa y Sebastián Caboto en los mares del Sur; ofrecerles ayuda, si fuera menester; conocer el paradero de Gómez de Espinosa, miembro de la tripulación de Magallanes; trazar mapas de los lugares recorridos, y hacerse con especias para su posible cultivo. Y, ya de paso, ejercer labores de espionaje sobre los portugueses en las islas Molucas.

Como jefe de aquella flota compuesta por tres navíos y una tripulación de cien hombres, Cortés nombró a su primo, Álvaro de Saavedra Cerón. Partieron en 1527 de Zihuatanejo (México). Tras una devastadora tormenta, dos de las naves se perdieron y solo quedó la *Florida*, en la que iba Saavedra. Cuando llegaron por fin a Mindanao, en las Filipinas, encontraron a un desertor de la flota de Loaysa, quien les aportó valiosas informaciones para la navegación entre islas, así como importantes datos geográficos. Encontraron también españoles en las islas de Sarragán y Gilolo. Llegados a Tidore, se toparon con más compatriotas y fueron recibidos con algarabía, ya que estos eran hostigados por los portugueses, que se habían hecho fuertes en algunas islas cercanas. Después de reparar la nave, pertrecharla y abastecerse de agua, iniciaron el viaje de vuelta a casa con una petición de auxilio y mucho clavo en las bodegas. Pero nuevamente la meteorología cruel del Pacífico con los vientos y corrientes adversos les hizo regresar, no sin antes recalar en

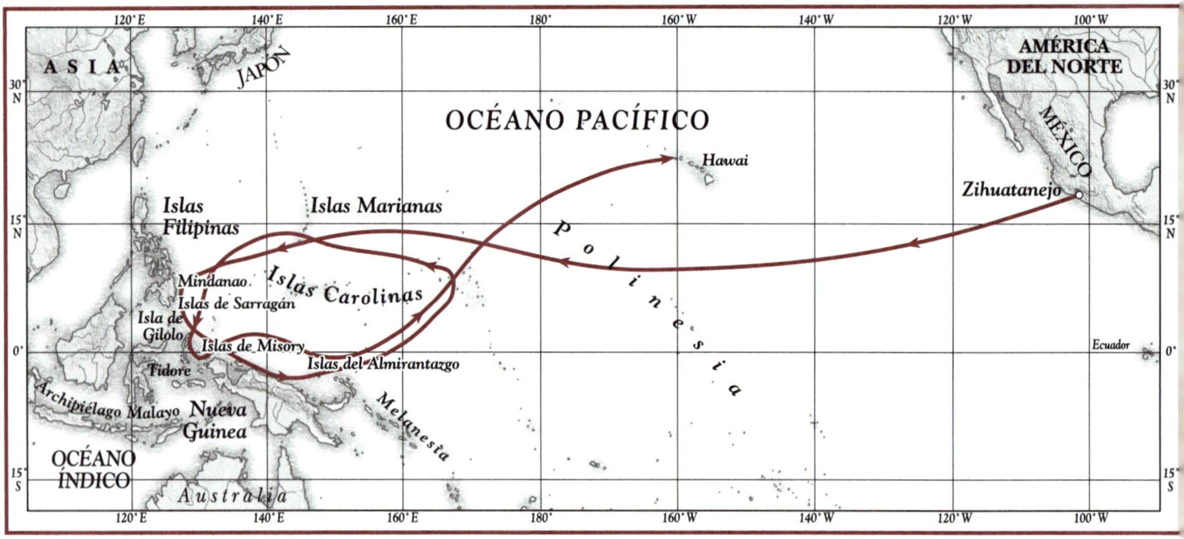

las islas de Misory y Almirantazgo, pasar por las islas Carolinas y las Marianas y descubrir Nueva Guinea. Lo intentaron de nuevo en mayo de 1529, no solo sin éxito, sino también con una importantísima pérdida: la del propio Álvaro Saavedra Cerón, que encontró la muerte cerca de Hawái. La tripulación decidió llegar a Nueva España, tal y como ordenaba la misión, pero ni los vientos, ni las mareas, ni las corrientes, ni la nave —muy deteriorada— estaban por la labor. La ruta del tornaviaje de Asia a América tardaría todavía tres décadas en descubrirse. Tomaron entonces la decisión de retornar a Tidore, en las Molucas, y permanecer en el Índico. Fin del viaje.

Lecturas

Expedición cortesiana a las Molucas 1527. Sociedad de Estudios Cortesianos, México, 1950

La expansión hispanoamericana en Asia. Siglos XVI y XVII, Ernesto de la Torre Villa, compilador. Fondo de Cultura Económica, México, 1980

Íñigo Ortiz de Retes
Dio el nombre a Nueva Guinea

Retes de Llanteno (Álava), primera década del siglo XVI-¿?, ¿?

Navegante y explorador

Escrita con letras de oro debería estar la crónica de la dificultosa navegación que llevó a cabo este admirable marino por la costa de la Gran Isla de Nueva Guinea, a la cual nombró así por el color de la piel de los naturales —que le recordaba al de los habitantes de la Guinea africana— y de la que tomó posesión el 20 de junio de 1545. Nada menos que 800 000 kilómetros cuadrados más de tierra que añadir al Imperio español de ultramar. La aventura de Ortiz de Retes comenzó en Tidore, isla moluqueña a la que había llegado con la flota de Ruy López de Villalobos procedente de Nueva España y cuya misión era explorar el vasto Pacífico Sur. Al mando de la nave *San Juan,* partió de aquella isla en mayo de 1545 con intención de llegar a Nueva España, pero por una ruta diferente de regreso —debajo de la línea equinocial— a la usada infructuosamente con anterioridad por Bernardo de la Torre. Únicamente cuando los vientos fueron favorables, procedieron a tomar rumbo sur en busca de buenas corrientes que los impulsaran a América. Al cabo de un mes avistaron las islas de Sevillana (Supiori) y Gallega (Noemfer), luego las Mártires y las Padaido. Pero hacia levante se distinguía ya la imponente silueta de Nueva Guinea. Desembarcaron en la desembocadura de un río que bautizaron con el nombre de San Agustín (Mamberano) y pusieron pie en aquella inmensa tierra (es la tercera isla más grande del mundo después de Australia y Groenlandia), que ya había sido hollada con anterioridad por Álvaro de Saavedra Cerón en el año 1528, pero de la cual no tomó posesión. Tras la ceremonia pertinente, la embarcación siguió costeando hasta llegar a la

isla de Mo, para tomar luego un tiempo de descanso y aprovisionamiento antes de partir de nuevo. Los vientos apartaron de la costa a la nave, que, en navegación adversa, se dirigió hacia el grupo de las islas Wululu y luego fue lanzada de nuevo hacia Nueva Guinea y Magdalena. Tras sufrir algunos ataques por parte de los nativos, pudieron al fin fondear en la rada de Abrigo. En un nuevo intento de hallar la ruta de tornaviaje a América, partieron, contra la opinión de varios oficiales y buena parte de la marinería, rumbo a oriente, pero ni las corrientes ni los vientos fueron favorables. Finalmente, la *San Juan* atracó en el puerto de Tidore tres meses y medio después de comenzada la singladura.

Lecturas

Islario español del Pacífico, Amancio Landín Carrasco. Ediciones de Cultura Hispánica-Instituto de Cooperación Iberoamericana, Madrid, 1984

Andrés de Urdaneta

El fraile que descubrió el tornaviaje y abrió el Pacífico

Ordizia (Guipúzcoa), ¿1508?-Ciudad de México, 1568

Religioso, explorador, marino y cosmógrafo

La fama de Urdaneta se debe sobre todo a que en 1565 halló la ruta de retorno desde Asia a América navegando de oeste a este a través del Pacífico, lo que permitió la creación de una ruta comercial estable, la llamada del Galeón de Manila, entre Filipinas y México, vigente hasta 1815. Urdaneta fue un guipuzcoano de Ordizia (antes llamada Villafranca de Oria), nacido con toda probabilidad en 1508. A los 17 años se embarcó en la segunda expedición transpacífica española, la comandada por García Jofre de Loaysa, como asistente de Juan Sebastián Elcano, de cuyos siete barcos solo uno llegó a la isla moluqueña de Tidore (1 de enero de 1527). Tras la muerte de Loaysa y Elcano, Urdaneta permaneció en la isla de Gilolo (hoy Halmahera), entregado a la construcción y reparación de naves y empeñado en la lucha mantenida al mismo tiempo contra algunos estados moluqueños y contra los súbditos del rey de Portugal instalados en aquellas latitudes. La posición española se reforzó con la llegada de la expedición de Álvaro de Saavedra, pero terminó tras la renuncia a aquellos territorios por parte de Carlos V por la firma del Tratado de Zaragoza (1529). Este hecho no supuso, sin embargo, el regreso de Urdaneta, que permaneció en la región durante varios años más, en cuyo transcurso pudo adquirir conocimientos de geografía y navegación, así como sobre los pueblos y sus lenguas, que le servirían en empresas posteriores. Finalmente, en 1535, emprendió el regreso a España a través de Malaca y Cochín, hasta alcanzar al año siguiente Lisboa (dando así la vuelta al mundo), ciudad donde le requisaron sus escritos, sus libros y todos los materiales acumulados durante su estancia en

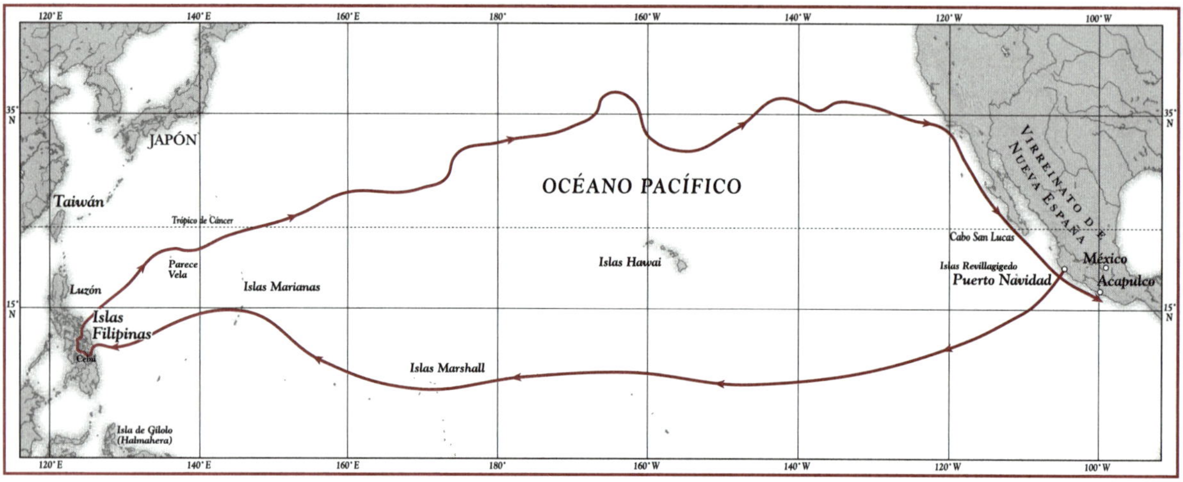

el Pacífico. No obstante, pudo entregar a Carlos V una *Relación escrita de los sucesos de la armada del comendador Loaisa desde el 24 de julio de 1525 hasta el año de 1535*.

En 1538, Urdaneta se instaló en México, donde preparó una expedición a petición de Pedro de Alvarado, cuya muerte (1541) frustró el proyecto. A partir de entonces, desempeñó diversos cargos en la administración virreinal mexicana de Antonio de Mendoza y en la administración de justicia y ejerció como corregidor en varias poblaciones, hasta que en 1553 ingresó en la Orden de los Agustinos, con quienes había mantenido contactos a raíz de su expedición, y fue nombrado maestro de novicios en uno de los establecimientos mexicanos de la orden.

A instancias de Felipe II, preparó desde comienzos de la década siguiente una nueva expedición transpacífica, escribiendo un *Derrotero de la navegación que debía hacerse desde Acapulco para las islas de Poniente*, dirigiendo la construcción de la flota, contratando a sus tripulantes y proponiendo como capitán general a un guipuzcoano de Zumárraga, conocido suyo, Miguel López de Legazpi. La expedición, que sufrió retrasos por diversas circunstancias, no salió del Puerto de Navidad, en Jalisco, hasta el 21 de noviembre de 1564, con Urdaneta en calidad de director náutico y espiritual, esta última función bajo el título de «protector de los indios» de las tierras por descubrir, y con la misión expresa de encontrar el camino de vuelta a América, pues el desconocimiento de una ruta de regreso comprometía toda la acción española en aquellas regiones.

Hasta entonces todos los intentos de encontrarla se habían revelado infructuosos. El primero, el de la nave *Trinidad*, mandada por Gonzalo Gómez de Espinosa, emprendido en 1522 desde la isla de Tidore, había concluido con el regreso al punto de partida. Igual suerte habían corrido el segundo y el tercer intentos, ambos realizados desde Tidore por la nave *Florida*, de la expedición de Álvaro de Saavedra. En 1528 la nave volvió al mismo lugar de partida, y en 1529 fue a parar a la isla de Gilolo, tras la muerte del comandante de la nave y de la expedición. Quince años después, la expedición dirigida por Ruy López de Villalobos lo intentó otras dos veces, igualmente sin éxito, con la nave *San Juan*. La primera vez, al mando de Bernardo de la Torre, partió en 1544 de la isla de Sarangani, en las Filipinas, y la segunda vez, mandada por Íñigo Ortiz de Retes, zarpó de la isla de Tidore en 1545.

Cuarenta años después, los intentos sexto y séptimo se verían coronados por el éxito. Una primera nave, el patache *San Lucas*, mandado por Alonso de Arellano y separado de la expedición de Legazpi en el viaje de ida, emprendió por su cuenta la ruta de regreso desde la isla filipina de Mindanao el 22 de abril de 1565 y llegó a Acapulco el 17 de julio, completando así la primera travesía del Pacífico en dirección oeste-este. No obstante, su conducta insolidaria, las escasas indicaciones náuticas legadas y la valoración de su empeño más como fruto de un afortunado azar que de una acción deliberada han menoscabado el mérito de la empresa en favor de la realizada por Urdaneta, quien, puesto al frente de la nave *San Pedro*, al mando de Felipe de Salcedo, inauguraría oficialmente la vuelta de Poniente. Tras zarpar el 1 de junio de 1565 y navegar por un laberinto de islas, la *San Pedro*, cruzando entre las islas de Samar y Luzón por el estrecho de San Bernardino, abandonó el archipiélago filipino y salió a mar abierto, poniendo rumbo hacia el norte. Un mes más tarde se hallaba aproximadamente frente a la isla de Taiwán, y el 3 de agosto, al norte de Japón, desde donde derivó hacia el este, evitando así la acción de los vientos alisios y aprovechando la corriente marina del Kuro Shiwo. Así, el 26 de septiembre avistó tierra americana y el 8 de octubre rindió viaje en el puerto mexicano de Acapulco, tras ciento treinta días de navegación, casi 1900 leguas recorridas y con dieciocho marineros útiles de los doscientos que habían iniciado la travesía. Se inauguraba una ruta llamada a tener una gran trascendencia histórica, la del Galeón de Manila, que durante dos siglos y medio seguiría los pasos del derrotero trazado por Urdaneta entre la capital de Filipinas y el puerto de Acapulco, en México.

Urdaneta volvió a España al año siguiente y arribó a Sanlúcar de Barrameda, desde donde se trasladó a Madrid y Valladolid para entregar a Felipe II los resultados de sus descubrimientos: mapas, relaciones de la expedición y libros de navegación. Asimismo, expuso sus ideas sobre la legitimidad o ilegitimidad de las empresas españolas en unos territorios que posiblemente se encontrasen en el área asignada a Portugal por el Tratado de Zaragoza, dando lugar a una significativa publicación, *Ocho pareceres dados por Andrés de Urdaneta y otros cosmógrafos en 1566 y 1567, sobre si las islas Filipinas estaban comprendidas en el empeño que el emperador había hecho al rey de Portugal, y si las Molucas y otras estaban en la demarcación de Castilla.* Tras ello, en el año 1567, regresó a México, donde murió el 3 de junio de 1568.

Lecturas

El Galeón de Manila, Marina Alfonso Mola y Carlos Martínez Shaw, editores. Aldeasa, Madrid, 2000

Miguel López de Legazpi

Adelantado de Filipinas, fundador de Manila

Zumárraga (Guipúzcoa), 1502-Manila, 1572

Explorador y colonizador

Segundón de una familia hidalga de cierto lustre, en 1528 marchó a México, donde ejerció de escribano mayor del cabildo municipal e incluso llegó a ser alcalde. Se casó en 1530 con Isabel Garcés, hermana del primer obispo de la diócesis de Puebla-Tlaxcala. A medida que iba consolidando su posición social y económica (acumulación de suertes rústicas y urbanas en Ciudad de México y en Michoacán), en un imparable ascenso a la sombra de su influyente cuñado, iba haciendo dejación de sus obligaciones públicas (escribano de número, secretario del Santo Oficio y escribano en funciones de la Casa de la Moneda) para dedicarse a las gestiones privadas de su hacienda.

Legazpi, casi sexagenario, aceptó liderar la expedición naval a Poniente, auspiciada por Felipe II y por el virrey de Nueva España, Luis de Velasco, con el doble objetivo de encontrar la ruta del tornaviaje (misión encomendada al cosmógrafo Urdaneta) y fijar las bases de la dominación española en el Pacífico con asentamientos estables. La Armada, en la que Legazpi invirtió una buena parte de su fortuna, zarpó el 21 de noviembre de 1564 de Puerto Navidad, en Jalisco, y estaba integrada por la nao capitana *San Pedro* (500 toneladas), la almiranta *San Pablo* (300 toneladas), el galeoncete *San Juan* (80 toneladas), el patache *San Lucas* (40 toneladas) y una fragatilla de remos. Además el capital humano de aquella flota era de unos trescientos ochenta hombres (ciento cincuenta de mar, doscientos soldados, cinco agustinos y varios criados).

Se inició una larga travesía con rumbo a Nueva Guinea. Cuando llevaban recorridas 100 leguas, se abrieron los sobres

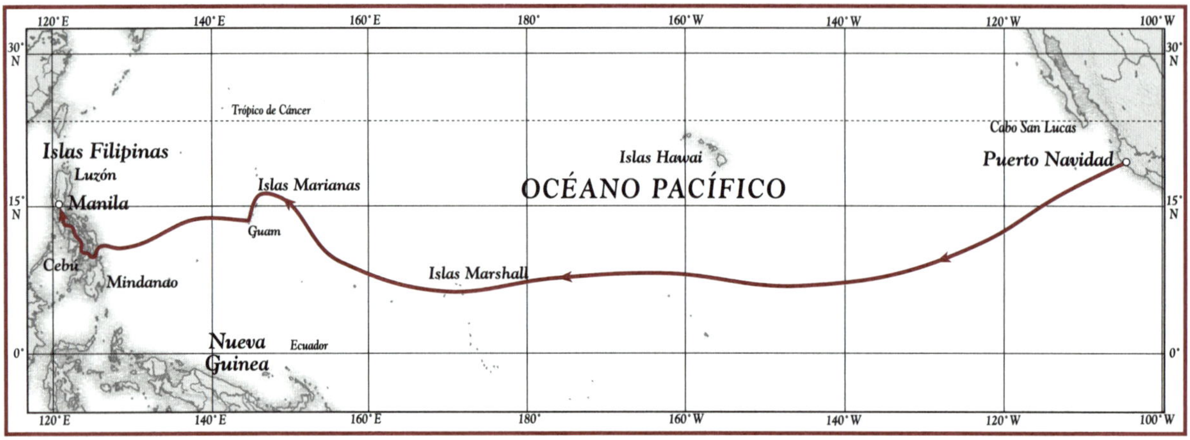

lacrados con la «Instrucción» entregada por la Audiencia de México y, según este pliego, se varió el rumbo hacia Filipinas. A partir de enero de 1565, se fueron sucediendo los descubrimientos, como los de las islas de los Barbudos (Marshall), Placeres, Pájaros, Corrales y Jardines. Posteriormente arribaron a las islas de los Ladrones (Marianas) y anclaron en Guam. En febrero llegaron al archipiélago que Villalobos había bautizado como Filipinas. Recorrieron las islas de Ibabao, Samar, Leyte, Limasawa, Camiguín y Bohol, sin obtener víveres en las recaladas. Continuaron luego explorando por las de Mindanao, Siquijor, Negros y Cebú, donde se fundó el primer asentamiento español en aquellas tierras, la villa de San Miguel. Desde Cebú, según la «Instrucción», se estableció el tornaviaje protagonizado por la nao *San Pedro*, comandada por Felipe de Salcedo, nieto de Legazpi, y Andrés de Urdaneta, que arribó a Acapulco.

Mientras tanto, Legazpi y su nieto Juan de Salcedo prosiguieron su viaje pasando a la isla de Panay, base a la que llegaron los socorros del virrey novohispano, Enríquez de Almansa, compuestos por tres barcos con una guarnición al mando de Juan de Isla, que portaba el título de adelantado de las islas de los Ladrones para Legazpi. Sometidas las islas de Panay, Masbate y Mindoro (donde rescató a los esclavos chinos con intención de establecer relaciones de amistad, una iniciativa que terminó por dar buenos frutos) y designado gobernador y capitán general de Filipinas, continuó su travesía decidido a ocupar toda la isla de Luzón.

Tras la belicosa expedición de sondeo a cargo de Martín de Goyti, Legazpi se aproximó al poblado de Maynila con mucho tacto. Así, se detuvo en Cavite dos días y preparó cuidadosamente el desembarco. Aprovechó las disensiones entre tres rajás musulmanes (Solimán, Mantadá y Lacandola) para obtener, por medio de negociaciones, tierras en las proximidades del río Pasig. En un paraje llano, con un magnífico puerto natural, fundó la ciudad de Manila el 24 junio de 1571, capital de la provincia y centro de las zonas de soberanía española en el archipiélago. Inmediatamente después, se emprendió la conquista y colonización del resto de la isla con unos trescientos hombres. Solo Mindanao y Joló, islas del sur, quedaron fuera de la dependencia de la monarquía hispánica.

Pese al gran esfuerzo diplomático desplegado, se sucedieron los sobresaltos debidos a los excesos cometidos por sus subordinados y por la resistencia ofrecida por los belicosos nativos. En este contexto, la muerte de Legazpi «fue ocasionada de una desazón de las muchas anexas a su oficio», tras «una enfermedad súbita, que le dio un dolor en el costado». Posiblemente era un infarto. Acabó sus días el 21 de agosto de 1572.

Lecturas

España y el Pacífico. Legazpi, Leoncio Cabrero editor. SECC, Madrid, 2004

Álvaro de Mendaña

Descubridor de las Salomón y las Marquesas

Congosto, El Bierzo (León), 1542-Isla de Santa Cruz (Islas Salomón), 1595

Navegante y explorador

Con tan solo 20 años el leonés Álvaro de Mendaña fue elegido por su tío, el gobernador interino del Perú, García de Castro, para encabezar una arriesgada expedición con la que se pretendía revelar los enigmas geográficos del Pacífico Meridional, más allá de las Filipinas ya colonizadas. En esa extensión debía encontrarse la Tierra Austral, además del mítico País de Ofir, la isla de cuyas entrañas el bíblico rey Salomón habría obtenido cantidades ingentes de oro.

Integraban la expedición ciento cincuenta hombres distribuidos en dos naves: la capitana *Los Reyes* (con el cosmógrafo Pedro Sarmiento de Gamboa al frente) y la almiranta *Todos los Santos* (con Pedro Ortega como maestre de campo y capitán). Mendaña era el general del grupo. La flota levó anclas del Puerto del Callao el 19 de noviembre de 1567. Pronto comenzaron las desavenencias puesto que Sarmiento de Gamboa, encargado del «trabajo de juntar gente y pertrechos para el descubrimiento y navegación», tenía también derecho, según sus propias palabras «de que no se mudasen y tomasen derrotas si no fuese consultado conmigo», algo en lo que Mendaña no estaba dispuesto a ceder, lo que suscitó las quejas de Gamboa, que le acusó de disminuir su acción.

A mediados de enero avistaron la isla Niu (bautizada como Nombre de Jesús), en el archipiélago Ellice, a unas 1400 leguas de Lima. Un mes después llegaban a Otong Java (a la que llamaron Bajos de la Candelaria), para arribar más tarde, el 5 o 7 de febrero de 1568, a Santa Isabel, la mayor de las islas que componen el archipiélago de las Salomón, desde la cual continuaron con su labor de exploración

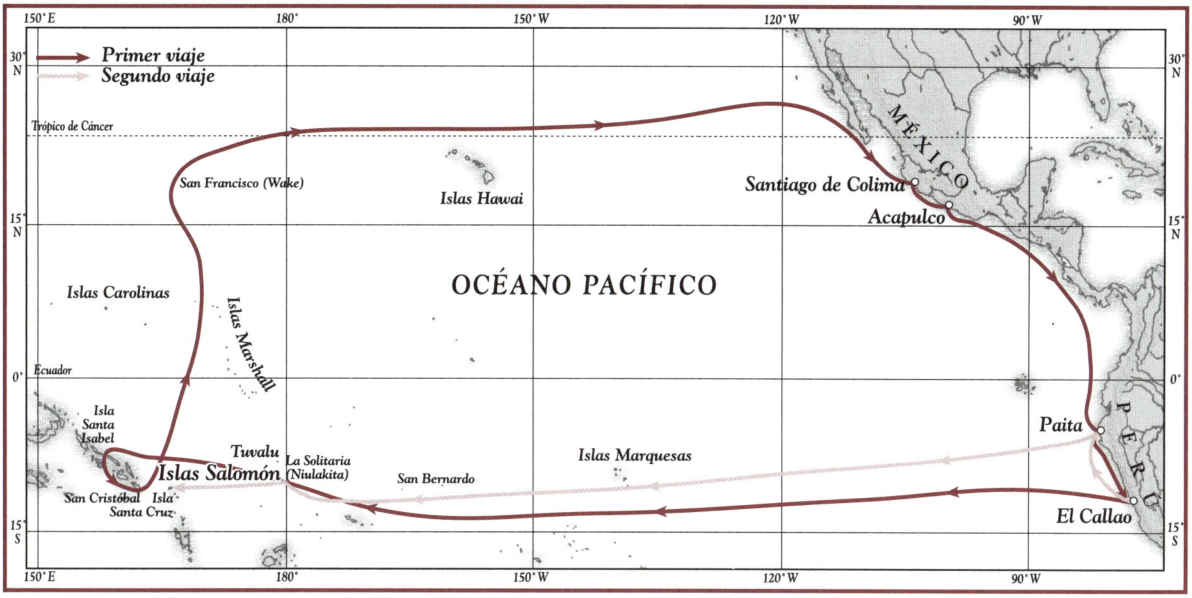

y nombramiento de otras islas menores, como San Cristóbal o Guadalcanal y más tarde San Jorge, San Marcos, San Jerónimo o San Cristóbal. En el mes de agosto, con las embarcaciones muy deterioradas y una tripulación cansada por los continuos enfrentamientos con una población local generalmente hostil, y desmotivada por la falta de hallazgos materiales de importancia, la flota abandonó las Salomón de regreso a América. Lo hicieron hacia el norte; en la singladura pasaron por las islas Marshall, recalaron en la isla Wake y, tras remontar el paralelo 30 de latitud norte, avistaron por fin la Baja California. Recorrieron la costa mexicana hasta el puerto de Realejo, donde repararon las naves, para llegar finalmente al Callao el 11 de septiembre de 1569.

Ahora el objetivo de Mendaña era colonizar las islas por él descubiertas. A pesar de conseguir en España las capitulaciones en las que se le nombraba adelantado, gobernador y capitán general (1574) no logró el apoyo del virrey de Perú, Francisco de Toledo, y tuvo que esperar hasta 1595 para poner en marcha la segunda expedición, esta vez bajo el auspicio del nuevo virrey, el marqués de Cañete. La flota, compuesta por seis naves en las que viajaban 387 personas —incluida su esposa, Isabel Barreto, y tres hermanos de esta—, de ellas 280 de armas, partió del puerto de Paita el 16 de abril de 1595, con el experimentado portugués Pedro Fernández de Quirós como piloto mayor. Esta vez las embarcaciones se dirigieron al suroeste para luego girar al oeste y descubrir lo que llamaron archipiélago de las Marquesas de Mendoza (las actuales islas Marquesas de la Polinesia Francesa), compuesto por Magdalena, Dominica, San Pedro y Santa Cristina. Posteriormente avistaron nuevas islas, que bautizaron como San Bernardino y La Solitaria.

El viaje se alargaba más de lo previsto y la impaciencia se hizo patente entre un buen número de miembros de la expedición, que pensaban que Mendaña y Quirós se habían perdido en el océano en la búsqueda de las islas Salomón, hasta que avistaron tierra, la isla de Santa Cruz, en la que recalaron las embarcaciones, salvo la almiranta *Santa Isabel*, que había desaparecido sin dejar rastro. Era el 7 de septiembre de 1595. En un principio Mendaña creyó que había llegado a las Salomón, pero luego pudo comprobar que no era así. Las desgracias no iban a acabar ahí. Después de que comenzaran las labores de reconocimiento y construcción de algunos edificios una extraña epidemia, seguramente malaria, diezmó a los expedicionarios. Uno de ellos, el propio Mendaña, murió allí mismo, no sin antes dejar escrito en su testamento el nombramiento como capitán general a su cuñado, Lorenzo Barreto, y como gobernadora a su mujer. A los pocos días Lorenzo murió por idénticas causas, recayendo los títulos de gobernadora y adelantada en su esposa, Isabel Barreto. El pánico por el brote epidémico se instaló entre los hombres y mujeres del grupo, quienes pidieron a Isabel Barreto que diera orden de abandonar la isla y buscar otra más saludable. El 18 de noviembre lo que quedaba de la expedición abandonó Santa Cruz con Barreto convertida en la primera almiranta de la historia. Ahí daba comienzo una nueva aventura.

Lecturas

Descubrimientos españoles en el Mar del Sur, Amancio Landin Carrasco. Editorial Naval, Madrid, 1992

El Pacífico ilustrado: Del lago español a las grandes expediciones, Salvador Bernabéu. Editorial Mapfre, Madrid, 1992

Isabel Barreto

La primera almiranta que mandó una flota

Lima, hacia 1568-Castrovirreyna (Perú), 1611

Almiranta de la Real Armada

Por mucho tiempo se creyó que Galicia había sido el lugar de nacimiento de Isabel Barreto, sin embargo el descubrimiento de su partida de nacimiento indicaba que fue Lima la cuna de esta mujer llamada a convertirse por un cúmulo de penosas circunstancias en la primera de la historia que mandó una flota con el cargo de almiranta.

Su figura comenzó a emerger en 1595, cuando partió junto a su marido, el descubridor de las islas Salomón Álvaro de Mendaña, en una expedición de poblamiento y colonización de aquel archipiélago del Pacífico. La pareja había contraído nupcias más de diez años antes, y el papel de Barreto en los preparativos de este segundo viaje de Mendaña fue sumamente importante, ya que al parecer aportó una importante cantidad de dinero perteneciente a su familia para financiarlo.

El grupo, compuesto por 387 personas, entre los que figuraban los tres hermanos de Barreto, salía del puerto de Paita el 16 de abril. Fue un viaje calamitoso en el que las cuatro naves de la expedición no llegaron nunca a tocar las Salomón, siendo Santa Cruz la isla más cercana al archipiélago a la que arribaron. Allí comenzaron nuevas desdichas: una epidemia, probablemente de malaria, diezmó al grupo, Álvaro de Mendaña falleció y el nombrado para ser su sucesor al mando, Lorenzo Barreto, hermano de Isabel, lo hizo poco después. De esta forma Isabel Barreto, por decisión testamentaria de su marido, se erigió en gobernanta de lo que quedaba de la expedición, contra la opinión del piloto mayor Pedro Fernández de Quirós. Mendaña la señalaba como «única propietaria y dueña absoluta de los bienes traídos conmigo a estas orillas.

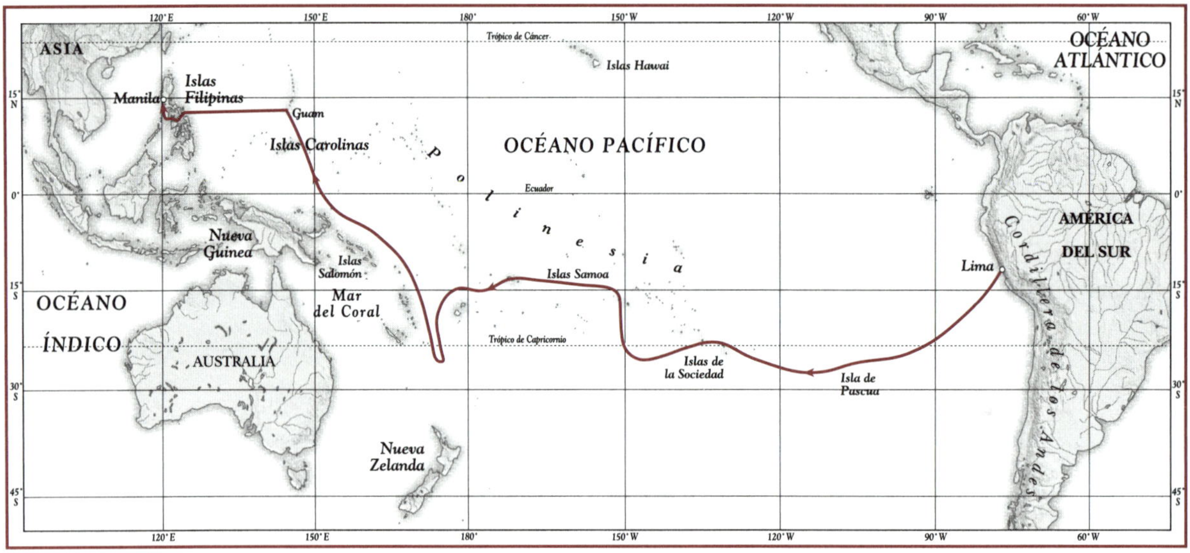

Así como todos los demás bienes que son míos hoy, o que pueden ser descubiertos como tales en el futuro». A partir de ese momento Barreto comenzó a tomar una serie de controvertidas decisiones que afectaron, y mucho, al futuro de aquellos hombres y mujeres. Una de ellas fue partir de Santa Cruz con las tres naves que quedaban, en estado lamentable, hacia la isla de San Cristóbal (perteneciente, esta sí, a las Salomón), pero al llegar a los 11° sur sin rastro de ella, ordenó poner proa hacia Manila, en lugar de regresar a Perú, como hubiera sido preceptivo. Desde ese momento, la navegación se tornó en calamitosa y Barreto dio muestras de su absoluta impiedad: mientras la tripulación pasaba hambre y sed, la almiranta había puesto los suministros bajo llave y según refieren algunas fuentes usaba la escasa agua potable para lavar su ropa en presencia de todos sin ningún tipo de miramientos.

Tras perder la nave galeota en diciembre, la expedición avistó la isla Ponapé, el archipiélago de las Carolinas y la isla de Guam (en el grupo de las Marianas, o de Ladrones, como eran entonces nombradas), sin que Barreto permitiera a nadie abandonar las naves. Ya en las Filipinas, al fin, la almiranta dio permiso para que algunos miembros de la tripulación pisaran tierra, en la bahía de Cobos, junto al cabo del Espíritu Santo. El 11 de febrero de 1596 avistaban el puerto de Cavite, en Manila. Habían transcurrido dos meses de penosa singladura. La vida de más de cincuenta personas se perdió en la travesía.

Los supervivientes pasaron varios meses en Filipinas y la altanera Isabel Barreto —a quien se la conoció como la «Reina de Saba de los Mares del Sur» o, como ella misma llegó a decir, «Marquesa destas dichas islas de la Mar del Sur»— aprovechó para desprenderse del luto y casarse de nuevo, esta vez con Fernando de Castro, general de la carrera de Filipinas, caballero de la Orden de Santiago y primo del gobernador de Manila. Una vez repuestas las averías de las naves y sanos los enfermos, lo que quedaba de la segunda expedición de Mendaña realizó la última travesía transpacífica hasta Acapulco, donde llegó en diciembre de 1596. De Isabel Barreto poco se supo ya, salvo que pasó sus días en una encomienda de indios heredada de su marido, en Guanaco, Virreinato del Perú. Murió a los 43 años.

Lecturas

Doña Isabel Barreto, adelantada de las Islas Salomón, Manuel Bosch Barret. Editorial Juventud, Barcelona, 1943

Serás reina del mundo, Alexandra Lapierre. Editorial Planeta, Barcelona, 2013

Pedro Sarmiento de Gamboa

El marino que descubrió en el cielo el polo Sur

¿Pontevedra-Alcalá de Henares?, ¿1532?-Océano Atlántico, 1592

Navegante, astrónomo e historiador

Cincuenta y nueve años después de que Fernando de Magallanes pasara del Atlántico al Pacífico a través del estrecho que lleva su nombre y casi cincuenta años después de la conquista de Perú, los españoles todavía no sabían orientarse con precisión entre los millares de islas que ocultan la entrada occidental de aquel estrecho. Las riquezas de los territorios del Pacífico suramericano recién explorados se llevaban al Atlántico a través del istmo de Panamá. Juan Ladrillero había logrado, en 1567, embocar el estrecho en el Pacífico y salir al Atlántico por entre los laberínticos archipiélagos, fiordos y senos patagónicos, pero sus informes cayeron en el olvido. A comienzos de 1579, el inglés Francis Drake, que había atravesado el estrecho de Magallanes, atacó Valparaíso y hundió un grupo de barcos españoles fondeados en El Callao. Alarmado, el virrey de Perú envió al estrecho dos navíos, *Nuestra Señora de la Esperanza* y *San Francisco de Asís*, al mando de Pedro Sarmiento de Gamboa, con el encargo de reconocer el extremo austral de la Patagonia y Tierra del Fuego, identificar todas las bocas occidentales del estrecho, trazar cartas para fijar la mejor ruta de navegación hacia España, contactar con los nativos para formar traductores y estudiar la flora y la fauna. Sarmiento, que había participado en 1567 en la expedición de Álvaro de Mendaña a las islas Salomón, poseía amplios conocimientos de geografía, astronomía, navegación e historia.

En su crónica *Derrotero al Estrecho de Magallanes* describió con la precisión de un científico las incidencias del viaje, los accidentes geográficos y los recursos que descubrió. El navegante español halló

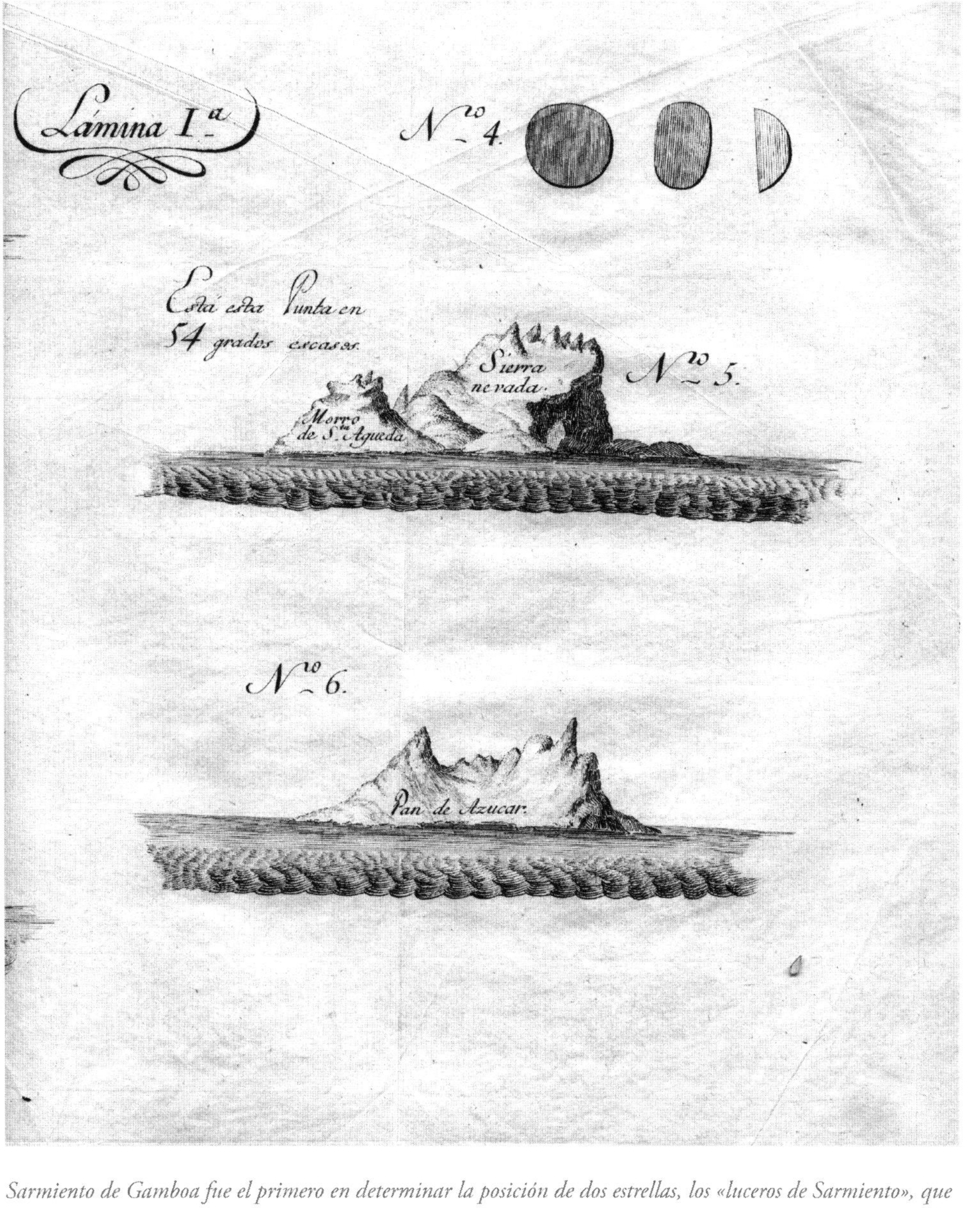

Sarmiento de Gamboa fue el primero en determinar la posición de dos estrellas, los «luceros de Sarmiento», que señalan el polo Sur.

en el cielo dos pequeñas estrellas —los llamados «luceros de Sarmiento»— que señalan el polo Sur, de gran utilidad para los navegantes donde no se ve la estrella polar. Fue el primero en determinar la posición calculando la longitud, sirviéndose de la distancia angular del Sol a la Luna. En su viaje identificó y dibujó el majestuoso pico fueguino de 2300 metros situado en la entrada occidental del estrecho de Magallanes, que el navegante inglés Parker King bautizó casi dos siglos y medio más tarde con el nombre con el que hoy se conoce: monte Sarmiento. En el *Derrotero* de Sarmiento se puede encontrar también la que debe de ser la primera descripción de un ovni, con su correspondiente dibujo.

Por otra parte, diseñó un proyecto para poblar y fortificar el estrecho de Magallanes. Con este fin, en diciembre de 1581, Felipe II lo envió a aquellos parajes con una flota de veinticuatro navíos y dos mil quinientos hombres, al mando de un almirante inepto. Dos años después, Sarmiento abandonó a cuatrocientos colonos en el estrecho al ser arrojado al Atlántico por una tormenta. Cuando se dirigía a España para pedir ayuda para ellos, fue apresado por el inglés Walter Raleigh. Permaneció dos meses cautivo en Inglaterra, pero como invitado de Raleigh, en consideración a sus conocimientos. Fue recibido por la reina Isabel I, con la que conversó en latín. A su regreso a España, fue apresado por hugonotes franceses que lo retuvieron tres años, hasta que consiguieron cobrar por su rescate. Sin auxilios, los colonos del estrecho perecieron de hambre y frío. Solo uno, auxiliado por marinos ingleses, se salvó y pudo contar el calvario de sus compañeros. Sarmiento de Gamboa murió en el océano Atlántico en el año 1592 persiguiendo corsarios ingleses.

Lecturas

Derrotero al Estrecho de Magallanes, Pedro Sarmiento de Gamboa. Edición de Juan Batista. Historia 16, Madrid, 1987

Pedro Fernández de Quirós
En busca de un gran continente austral

Évora (Portugal), 1565-Panamá, 1615

Navegante y explorador

Pedro Fernández de Quirós fue considerado uno de los mejores pilotos de su época y una figura fundamental en la exploración marítima del Pacífico hasta las ignotas tierras de lo que hoy conocemos como Australia. O, al menos, de lo que él creyó que era esa masa continental presente en el imaginario geográfico desde siglos atrás.

Ciento sesenta y cuatro años antes de que James Cook lograra sortear la gran barrera de coral y accediera por primera vez a la costa oriental de Australia, Quirós, acompañado por la tripulación bajo su mando en una ceremonia cargada de simbología, tomaba posesión de la Tierra Austral, bautizándola como «Austrialia del Espíritu Santo», en clara referencia a la Casa de Austria, que reinaba en España en la figura de Felipe III. Era un 14 de mayo de 1606, día de la Pascua de Pentecostés. Sin embargo, la isla en la que se encontraba —Tuamotu, la mayor de las Nuevas Hébridas, hoy la nación de Vanuatu—, situada a 167° de longitud este, quedaba aún lejana de los 150° de la costa australiana. Quirós, hombre de fuertes creencias religiosas, fundó en la bahía norte, llamada de San Felipe y Santiago, una colonia que bautizó como Nueva Jerusalén, e incluso una nueva orden, la del Espíritu Santo. En principio, este descubrimiento confirmaba un mito ya planteado por Ptolomeo en el siglo III a.C., el de la «Quarta Pars Incognita», el patrón por el que debían distribuirse las tierras y mares en el orbe y que por simetría establecía que en el hemisferio meridional tenía que existir una masa de tierra, «la cuarta», que equilibrara el septentrional.

Nacido en la región del Alentejo portugués, Quirós había pasado buena parte

de su vida embarcado, dando muestras de su gran talento para la navegación. Después de ejercer de escribano, sobrecargo, aprendiz de piloto y piloto su figura empezó a tomar relevancia cuando acompañó a Álvaro de Mendaña en su segunda expedición a las islas Salomón (1595-1596) como piloto mayor de la flota y capitán de la nave *San Jerónimo*. Antes Quirós ya había realizado numerosos viajes entre España y el Nuevo Mundo y había sido piloto del Galeón de Manila, lo que le valió que Mendaña le declarara «persona de mucha satisfacción y confianza [...]. Gran práctica y noticia de las cosas de la mar [...] muy necesaria e importante para la navegación». Como el resto de la tripulación, Quirós se sintió atraído por la idea del descubrimiento del País de Ofir, la quimérica isla en la que supuestamente se encontraban las minas de las que el rey Salomón había extraído el oro con el que hizo construir su templo. Está claro que Ofir no apareció, pero la expedición sí que tuvo tiempo de poner pie en nuevas tierras y explorar con más profundidad otras ya descubiertas, como las islas Marquesas o la de Salomón de Santa Cruz, entre muchas.

Fue, sin duda, en ese viaje en el que comenzó a sentir la intuición de la Tierra Austral. De hecho, a su regreso a América, escribió memoriales dirigidos al virrey del Perú, Luis de Velasco, para que le financiara una flota con la que dirigirse a esa tierra ignota. Tras la negativa del virrey volvió a España, pero entreviendo que iba a ser difícil convencer al monarca para el sufragio de una empresa de tal envergadura, viajó a Roma y consiguió la bendición del papa Clemente VIII, hombre muy interesado en asuntos cosmográficos y, gracias a ello, Felipe III dio orden para que el virrey sufragase su proyecto de descubrimiento de las «Indias Australes».

La expedición partió del puerto de El Callao el 21 de diciembre de 1605 y, tras varios meses de derrota en los que registraron numerosas islas menores, llegó por fin a una en la que los indígenas les informaron de la presencia de una gran masa de tierra hacia el sur.

El porqué de que no prosiguiera con la expedición, la tercera al Pacífico Sur desde el virreinato del Perú, no está del todo claro. Se sabe que la flotilla, integrada por unos trescientos hombres y compuesta por dos naos, la *San Pedro y San Pablo* y la *San Pedro,* y un patache, el *Tres Reyes*, salió a principios de junio de la bahía de San Felipe y Santiago con objeto de continuar con los descubrimientos —y ya de paso librarse del hostigamiento de la beligerante población indígena—, pero una fuerte tormenta les hizo retornar. Sin embargo, la *San Pedro y San Pablo*, en la que iba Quirós, desapareció misteriosamente, algo impropio para un piloto de su dilatada experiencia. Quirós, sin que se sepa con claridad el motivo, puso rumbo a Acapulco, en Nueva España, adonde llegó en noviembre de aquel mismo año. Por su parte Luis Váez de Torres, segundo de la flota y quien mantuvo agrias disputas con Quirós debidas, supuestamente, al menosprecio con el que era tratado, le esperó durante dos semanas, pero en cumplimiento de lo establecido en el mandato del virrey, prosiguió con su viaje, hacia el oeste, hasta llegar a Manila en mayo de 1607.

De regreso a España, en 1607, un Quirós arruinado y puesto en duda, comenzó la redacción de más de cincuenta memoriales entre los que citaba el descubrimiento de un continente de más de 5000 leguas. Durante los siguientes años este fabuloso navegante, tan avezado como oscuro, pasó todo tipo de penurias, resumidas en estas palabras de Justo Zaragoza: «En la corte se graduó en todas las ciencias de pasar miserias». Quirós no logró en principio su objetivo, en parte debido a los testimonios de algunos de quienes le acompañaron en su última expedición, que le llegaron a tildar de loco, haciéndole perder sus apoyos en la corte. Por fin sus peticiones fueron atendidas en 1614 cuando el rey firmó una carta de recomendación que solicitaba del XII virrey del Perú, el príncipe de Esquilache, ayuda para una nueva expedición. Pedro Fernández de Quirós marchó de nuevo al continente americano para iniciar los preparativos del viaje, pero murió en Panamá en 1615, en circunstancias no aclaradas.

Lecturas

Quirós y su utopía de las Indias Australes, Óscar Pinochet de la Barra. Ediciones de Cultura Hispánica, Madrid, 1989

Luis Báez (o Váez) de Torres

El primer europeo que avistó Australia

Portugal o España, hacia el siglo XV-*¿?, hacia el siglo* XVI

Navegante y explorador

Australia y Nueva Guinea están unidas por una plataforma submarina que asoma a la superficie en forma de numerosos arrecifes. Ese espacio se llama estrecho de Torres en honor a su descubridor, el capitán Luis Báez de Torres, un magnífico navegante nacido en el Portugal que formaba parte de la Corona española y protagonista de una de las más grandes gestas náuticas de nuestra historia. Aun así, su figura y su obra son bastante desconocidas. Razones de Estado hicieron que la Corona intentara esconder sus importantes descubrimientos a los ojos celosos de los enemigos de España. Báez fue oficial de la expedición puesta al mando de Pedro Fernández de Quirós, enviada por Felipe III en el año 1605 para recabar noticias de la Gran Tierra del Sur, Australia. La flota partió de Veracruz y, tras llegar a la isla de Espíritu Santo, Quirós y su nave desaparecieron. Báez decidió poner rumbo a Manila con los dos barcos restantes, el *San Pedro* y el patache *Los Tres Reyes*. Allí tuvo noticias de que Quirós había conseguido llegar a México y, tras informarle por carta, encaró la misión original de la expedición: llegar a Australia. Su viaje, que inició el 26 de junio de 1606, puede dividirse en tres partes. Primero navegó a través del mar del Coral, entre las Nuevas Hébridas y las Luisiadas, fondeando en la derrota en numerosas islas, entre ellas Tágula y Sideia, además de Nueva Guinea y la bahía de Orangerie. Desde allí hasta que dobló el llamado cabo Falso, su navegación fue incierta, puesto que los datos que suministró estaban sujetos al llamado «error de compás», la diferencia entre la aguja magnética y la situación geográfica real. En un segundo

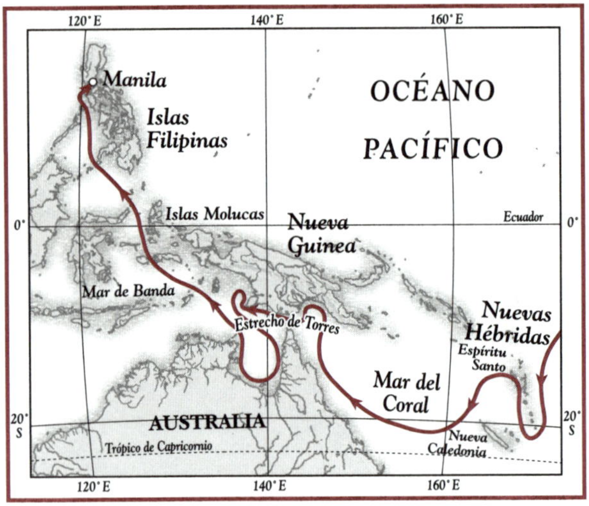

sector, su viaje estuvo ligado a la travesía por el golfo de Papúa, donde recaló en la isla de Manubada y en la bahía Redscar, además de en Port Moresby. Por último, dedicó treinta y cuatro días de navegación a explorar el estrecho de Torres, en donde descubrió el «placel» sumergido, superficie llana cubierta de arena. Báez de Torres abandonó el estrecho saliendo de Malandanza, y de allí fue a Volcán Quemado, luego al cabo de York y retornó por el oeste de Nueva Guinea, cuya insularidad comprobó. Más tarde, se dirigió a las islas de las Especias y finalmente puso fin a la aventura en Manila.

Lecturas

El viaje de Torres de Veracruz a Manila, Bret Hilder. Prólogo de Carlos Fernández-Shaw. Ministerio de Asuntos Exteriores, Madrid, 1992

Juan Fernández

Descubridor de las islas que inspiraron *Robinson Crusoe*

Cartagena (Murcia), hacia 1535-Santiago de Chile, hacia 1603

Navegante y descubridor

En 1704, el marino escocés Alexander Selkirk, enrolado en un barco corsario que hostigaba las costas de Chile, fue abandonado a su suerte por el capitán de la embarcación, harto de los constantes motines que supuestamente aquel encabezaba, en una isla perteneciente al hoy conocido como archipiélago Juan Fernández, frente a las costas chilenas. Selkirk consiguió sobrevivir, solo en aquel paraje, durante algo más de cuatro años, acompañado únicamente de una Biblia, un cuchillo, un arma de fuego, algo de pólvora y alguna que otra herramienta de carpintería, hasta que fue recogido por otro navío. Su relato llegó a oídos del escritor londinense Daniel Defoe, quien se inspiró en sus peripecias para concebir su célebre *Robinson Crusoe*. El Juan Fernández que dio nombre a aquellas islas fue un experimentado y brillante navegante español, nacido en la localidad murciana de Cartagena, que más de cien años antes de la aventura de Selkirk tuvo la osadía de surcar las aguas que separaban Lima y el norte de Chile sin bordear la costa (algo a lo que pocos se atrevían), con lo que encontró la vía más rápida para unir ambos territorios evitando el poderoso curso de agua imperante en aquella zona marítima, conocido en la actualidad con el nombre de corriente de Humboldt. Tras el viaje de Juan Fernández, el tiempo que duraba una travesía entre esos dos puntos se redujo de tres meses a solo uno. En una de sus singladuras, cuando viajaba desde el puerto de El Callao hacia Valparaíso, Fernández se topó con un grupo de islas de origen volcánico a las que bautizó con los nombres de Más a Tierra (hoy Robinson Crusoe), Más Afuera (hoy llamada Ale-

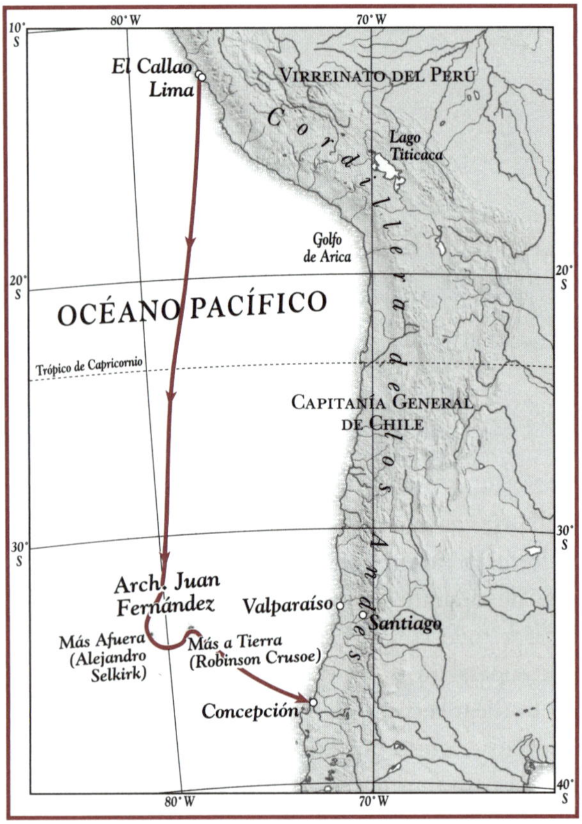

jandro Selkirk) y Santa Clara. Era el 22 de noviembre de 1574. En un principio el conjunto se llamó Más a Tierra, aunque con el tiempo pasó a denominarse islas Desventuradas hasta que, por fin, adquirió el definitivo, archipiélago Juan Fernández. Este conjunto insular del Pacífico Sur pertenece a la provincia chilena de Aconcagua y está ubicado a unos 400 kilómetros de Valparaíso. Tras su descubrimiento, durante los siglos XVII y XVIII, fue refugio de piratas y corsarios. Fernández, además de realizar este hallazgo —también se le atribuye el de la isla de Nueva Zelanda e incluso el de Australia, según contó el licenciado Juan Luis de Arias en un documento no del todo fiable—, tuvo un importante papel en las delimitaciones de las gobernaciones de Pizarro en Perú y de Almagro en Chile. Este último ordenó su captura, al haber tomado posesión de tierras que consideraba formaban parte de su gobierno. Años atrás había sido compañero de Pizarro en la conquista y socio de Sebastián de Belalcázar, con quien terminó enemistándose para pasarse luego a las huestes de Alvarado, sobre quien influyó considerablemente para convencerle de que se marchara a conquistar Quito antes que el propio Belalcázar. De modo que, antes que hombre de mar, Fernández había sido conquistador en tierra. También se le atribuyen a este marino los descubrimientos de las islas de San Félix y San Ambrosio, pertenecientes a Chile y refugio de aves.

Lecturas

El piloto Juan Fernández, descubridor de las islas que llevan su nombre, y Juan Jofre, armador de la expedición que hixo en busca de otras en el Mar del Sur, José Toribio Medina. Editora Nacional Gabriela Mistral, Santiago de Chile, 1974

Lorenzo Ferrer Maldonado

El aventurero que inventó el paso del Noroeste

Guadix (Granada), 1550-Madrid, 1625

Navegante apócrifo

Protagonista de uno de los viajes fabulosos más célebres de toda la historia, Lorenzo Ferrer Maldonado forma parte de esa tipografía de personajes legendarios envueltos en leyendas que ellos mismos se encargaron de idear, fabricar y distribuir. Al parecer, combatió a los moriscos en Las Alpujarras, desempeñó algún oficio vinculado a las leyes en su Guadix natal y fue un asiduo lector de libros de caballerías.

No está probado que viviera en Flandes e Italia, como dejó dicho, pero desde luego sí que no tuvo rival como experto imitador de documentos y falsificador consumado. En Madrid medró en la corte de Felipe III a base de componer una serie de memoriales en los que detallaba sus descubrimientos, a cada cual de ellos más fabuloso. Como alquimista que decía ser, afirmó haber encontrado la famosa «clavícula de Salomón», pieza de la literatura hermética en la que se encontraban las claves para trasmutar los bajos metales en oro. Como matemático y cosmógrafo, aseguró haber hallado la aguja de marear fija y, también, el método para calcular la longitud en alta mar.

No satisfecho con haber alcanzado dos de los mayores sueños de la historia universal, se adornó con un tercero no menos extraordinario. En el año 1609 redactó una *Relación de descubrimiento del estrecho de Anián*, un texto donde relata las vicisitudes de una presunta travesía efectuada en América septentrional, desde la península del Labrador hacia el oeste, hasta la altura de los 75º de latitud norte. El documento es, sin ningún género de dudas, una verdadera obra de arte, pues contiene vistas y descripciones del paso del Noroeste, la anhelada pero

Vista del estrecho de Anián por la banda norte en 1558, obra de Lorenzo Ferrer Maldonado. Copia del siglo XVIII.

inexistente vía de comunicación entre el océano Atlántico y el Pacífico. Ferrer Maldonado afirmó haberse topado allí con indígenas de origen asiático, con quienes llegó a entablar conversación nada menos que en latín.

De hecho, la suya es una de las versiones más conocidas de un mito geográfico que había acompañado al Nuevo Mundo desde su descubrimiento y que se resistió a morir incluso en plena Ilustración. En 1790 un geógrafo reputado como Buache de la Neuville leyó en la Academia de Ciencias de París una memoria que reivindicaba la legitimidad del periplo de Ferrer Maldonado hasta el Mar del Sur. Casi ciento setenta años habían pasado desde su muerte y aún tenían vigencia sus peregrinas pero preciosas elucubraciones. Incluso Alejandro Malaspina, el famoso navegante italiano al servicio de la Corona española, modificó el rumbo de su expedición hacia la actual Vancouver para verificar la existencia del famoso paso del Noroeste. No lo halló, claro, y en el verano de 1791 bautizó el punto donde el mar parecía abrirse con un nombre tan significativo como esclarecedor: puerto del Desengaño.

Lecturas

Lorenzo Ferrer Maldonado: el misterio del Paso del Noroeste, Carlos Alonso Mendizábal. Noray, Barcelona, 2004

Mitos y utopías del descubrimiento. El Pacífico (volumen II), Juan Gil. Alianza Editorial, Madrid, 1989

Testigos del mundo. Ciencia, literatura y viajes en la Ilustración, Juan Pimentel. Marcial Pons Historia, Madrid, 2003

Gabriel de Castilla
El primero en la Antártida

Palencia, hacia 1577-¿?, 1629

Navegante y explorador

En marzo de 1603 zarpó de Valparaíso (Chile) una expedición capitaneada por Gabriel de Castilla, almirante de la Armada del Mar del Sur y navegante curtido en mil batallas, con la misión principal de proteger las aguas peruanas y chilenas contra las acometidas de los piratas, especialmente holandeses, que operaban en la zona causando graves estragos a las poblaciones costeras. Una tormenta descomunal empujó a los tres barcos —*Jesús María, Nuestra Señora de la Visitación* y *Nuestra Señora de las Mercedes*— hacia el sur. En marzo la flota se hallaba en las cercanías de las islas Shetland del Sur, a 64º de latitud, junto a la Antártida. Los integrantes de la expedición fueron los primeros en contemplar su helada superficie y quizás también en hollarla, y esto ocurría nada menos que ciento setenta años antes de que en esos dominios se adentrara el inglés James Cook, en 1773, con una tecnología naval muy superior. Las tres naves al mando del palentino regresaron a sus bases de partida en abril de aquel mismo año.

Gabriel de Castilla se inició muy joven en la carrera militar y partió para la Nueva España como capitán de artillería. En 1589 participó con el *San Francisco* en la exploración de las costas suramericanas y en 1596 fue nombrado general del puerto limeño de El Callao. Más tarde acudió en ayuda del gobernador Martín García Óñez de Loyola, por mandato del virrey de Perú, Luis de Velasco, para defender las posiciones españolas en la guerra contra los araucanos. Con más de doscientos hombres no muy bien equipados, a los que luego se sumaron ciento cuarenta más, ayudó a Óñez de Loyola a hacer frente al potente y valeroso ejército

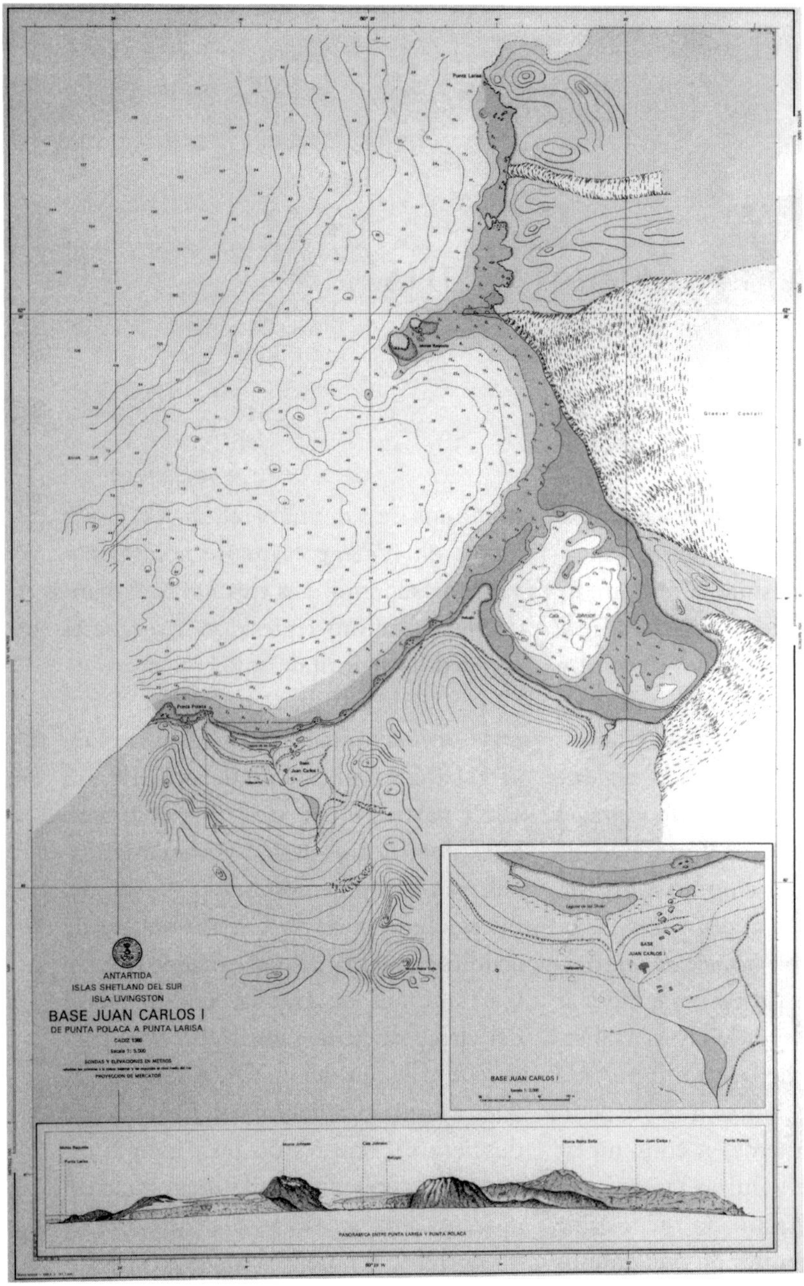

Mapa de la Antártida con las islas Shetland del Sur, Livingstone y la base Juan Carlos I.

indígena del Arauco, construyendo diferentes fortificaciones y enfrentándose en no pocas ocasiones a los piratas y corsarios, decididos a que el Pacífico dejara de ser un «lago español».

Tras la aventura antártica, en 1605, Gabriel de Castilla se casó en Lima con Genoveva de Espinosa. Murió antes de 1629, retirado de la vida activa.

En 1988 fue fundada en la isla Decepción, perteneciente al archipiélago de las Shetland, la base antártica Gabriel de Castilla, perteneciente al Ejército de Tierra español. Su principal misión es facilitar apoyo logístico a las expediciones científicas que surcan aquel continente helado.

Lecturas

La Antártica chilena, Óscar Pinochet de la Barra. Editorial Andrés Bello, Santiago, 1976

Sebastián Vizcaíno

De California a Japón pasando por Filipinas

Extremadura, 1548-México, 1623

Explorador, comerciante y diplomático

La experiencia oceánica de Vizcaíno era inmensa, pero no lo era menos su conocimiento del mundo de los negocios. Hijo de un noble hidalgo extremeño, participó en la campaña de Portugal en 1580 y se embarcó en 1583 rumbo a la Nueva España, desde donde viajó a Manila tres años después. Permaneció por aquellas latitudes hasta 1589, año en el que comenzó una «nueva» vida como comerciante. Pero no se resistió a la llamada de la aventura cuando ya era padre de dos hijos. En 1596, ya en América, zarpó de Acapulco, encomendado por el virrey Luis de Velasco, a la búsqueda de puertos seguros en los que pudiera atracar el Galeón de Manila, que llevaba las riquezas de Filipinas a Acapulco para ser trasladadas desde allí a Veracruz, donde se reembarcaban hacia España. Vizcaíno tomó posesión de Baja California, a la que llamó Nueva Andalucía, y regresó a México tras un intento frustrado de fundar allí una colonia. De nuevo partió de Acapulco en 1602 comandando una flotilla de tres buques y doscientos hombres para recorrer la costa de Alta California. Llegó hasta el cabo Mendocino y descubrió la bahía de Monterrey. En la siguiente expedición, en 1603, Vizcaíno alcanzó la bahía de San Francisco, pero una tormenta dividió la flota. Una de las naves llegó hasta el río Santa Inés antes de regresar a Acapulco. Son de especial importancia los planos que alzó de la costa californiana, cuya realización se debe al ingeniero y sabio Henrico Martínez. En 1611 fue nombrado primer embajador en Japón, país en el que supo compaginar su difícil tarea diplomática con la organización y puesta en marcha de varias expediciones más.

Entre aquel año y el de 1614 —cuando regresó a Nueva España—, el extremeño se empeñó en el intento de llegar a las islas llamadas «Rica de Oro» y «Rica de Plata», tenidas por paraísos de riqueza. En ese sentido la empresa fue un fracaso, aunque no en otro, ya que hizo aportaciones cartográficas de importancia para el conocimiento de las costas de Japón. Retirado en la Ciudad de México, tras haber sido alcalde mayor de Acapulco y participado en varias refriegas contra corsarios holandeses, murió en 1623.

Lecturas

Sebastián Vizcaíno y la expansión española en el Océano Pacífico, 1580-1630, W. Michael Mathes. Traducción de Ignacio del Río. UNAM, México, 1973

José de Anchieta

Edificador de los cimientos de São Paulo

San Cristóbal de la Laguna (Tenerife), 1534-Rerigitivá (hoy Anchieta, Brasil), 1597

Misionero y escritor

Aquejado de una grave dolencia ósea, el carismático canario José de Anchieta, que entró en la Compañía de Jesús en 1552, se marchó a Brasil, cuyo clima, pensó, le favorecería, y allí permaneció el resto de su vida. Hijo de un primo de san Ignacio de Loyola, había estudiado en la Universidad de Coimbra con resultados académicos sobresalientes. En 1553 estaba ya en América. Junto con otros compañeros fundó un colegio (o *aldeia* misional) en Piratininga, en el cual impartió clases de gramática a los indígenas. Aquel centro se convirtió en la semilla de lo que luego sería la gran urbe de São Paulo, llamada así por haberse ofrecido por primera vez una misa el 2 de enero de 1544, festividad de la conversión de san Pablo al cristianismo. Ante la llegada de pobladores portugueses desde San Andrés, el misionero Anchieta, llamado «apóstol de los pobres», que veía peligrar su labor de conversión de naturales, decidió trasladar algunos grupos a otros puntos que, con el tiempo, también se convirtieron en ciudades. Fue el caso de San José de Campos o Santo Amaro. En 1563, por su dominio de la lengua tupí, fue nombrado embajador ante los tamoyas, feroces guerreros que, apoyados por hugonotes franceses, hostigaban las poblaciones portuguesas de San Vicente. Armado solo con su palabra y una fe inquebrantable, fue tomado como rehén por los iperoig, a quienes cautivó con su talante pacífico y con no pocos «prodigios» a ojos de los nativos. Gracias a su intervención, los tamoyas abandonaron la gran confederación indígena que se oponía a la presencia lusa. Finalmente, el gobernador Mem de Sá los derrotó en 1567; años atrás había

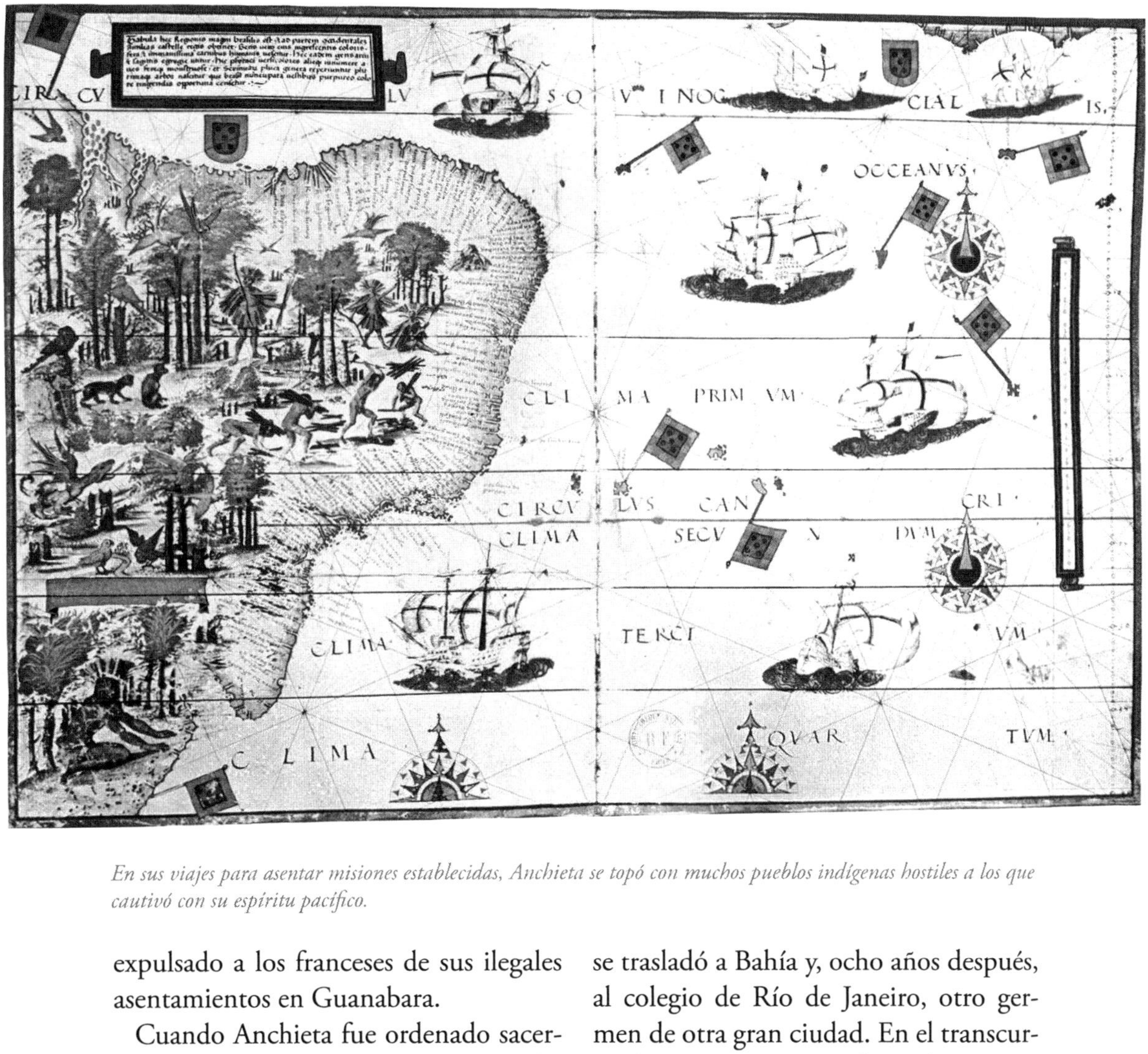

En sus viajes para asentar misiones establecidas, Anchieta se topó con muchos pueblos indígenas hostiles a los que cautivó con su espíritu pacífico.

expulsado a los franceses de sus ilegales asentamientos en Guanabara.

Cuando Anchieta fue ordenado sacerdote, su trabajo se centró en asentar las misiones establecidas. Para ello tuvo que adentrarse en numerosas ocasiones en la selva. En 1577, nombrado por sus superiores jesuitas padre provincial de Brasil, se trasladó a Bahía y, ocho años después, al colegio de Río de Janeiro, otro germen de otra gran ciudad. En el transcurso de sus viajes, que solía realizar a pie y descalzo, topó con indígenas selváticos hostiles, algunos antropófagos, como los tupinambá del Amazonas brasileño, o los botocudos, habitantes del sureste, entre los ríos Pardo y Doce. En el año 1594 se retiró a la Capitanía del Espíritu Santo, donde permaneció un tiempo como director espiritual. Finalmente se radicó en la pequeña aldea de Rerigitivá, donde vivió hasta el fin de sus días. Hoy aquel pueblo lleva su nombre. A Anchieta, considerado también fundador de la literatura brasileña, se deben numerosos tratados de gramática, colecciones de poesía, obras teatrales, ensayos y diferentes cantos y sermones, escritos en portugués, latín, tupí y guaraní.

Lecturas

Guerreros antropófagos. La visión europea del indígena brasileño y la obra del jesuita José de Anchieta (1534-1597), Lavinia Cavalcanti Martini. Instituto de Estudios Canarios-CSIC, La Laguna, 1997

José de Anchieta: vida y obra, edición de Francisco González Luis. Ayuntamiento de La Laguna, La Laguna, 1988

Cristóbal de Acuña

Cronista del mayor río del mundo

Burgos, 1597-Lima (Perú), 1675

Misionero, explorador y escritor

El jesuita Acuña se encontraba en la ciudad de Quito en calidad de rector del Colegio de Cuenca, en el que anteriormente había impartido clases de Teología Moral, cuando a mediados del año 1637 arribó a la ciudad de manera repentina el general portugués Pedro Texeira, que había remontado el río Amazonas desde el Tocantins al mando de una expedición compuesta de setenta canoas, con buen número de soldados, unos mil doscientos indios de servicio y un gran contingente de mujeres y niños, hasta llegar a la cifra de unas dos mil quinientas personas. El suceso causó escándalo, conmoción y temor, pues exponía la vulnerabilidad española ante un posible ataque portugués, a pesar de que el reino luso todavía pertenecía a la monarquía de Felipe IV. De ahí que el virrey de Perú, Luis Jerónimo Fernández de Cabrera, pidiera a Acuña, que había ingresado en la Compañía con 15 años, que acompañara a Texeira en su viaje de regreso, siguiendo la misma ruta que a la ida, con orden de redactar un informe de todo lo que viera en aquel periplo para enviarlo a la corte y lograr suscitar alguna reacción defensiva.

La expedición de retorno partió en febrero de 1639 y llegó a Pará a principios de diciembre del mismo año, poco antes de que tuviera lugar la emancipación de Portugal. Siguieron el mismo camino de la ida, el curso del Napo y el Amazonas hasta llegar a su desembocadura. Durante el trayecto, Acuña empezó a gestar su obra magna, el *Nuevo descubrimiento del río de las Amazonas*, tomando notas de cuanto veía en ambas orillas o en el propio curso fluvial, tanto de geografía como de historia, grupos indígenas, climas, recursos naturales, animales, frutos y plantas. Posteriormente inició la redacción de su crónica mientras esperaba en Belem, en la desembocadura del Amazonas, un barco que lo devolviera a España, lo que ocurrió en marzo de 1640.

En la obra, a modo de motivo principal, ponderó sobremanera la importancia del Amazonas: «Si este río, pues, es la calle mayor y el principal camino por donde se sube a las mayores riquezas de Perú, bien puedo afirmar que es el principal dueño de todas. En este río está todo encerrado: aquí el lago dorado, aquí las amazonas, aquí los tocantines y aquí los ricos omaguas». En la corte, Acuña dio cuenta detallada de lo acontecido y entregó un memorial pidiendo la conquista y evangelización de aquellas tierras. Con posterioridad viajó a Roma en calidad de procurador de su provincia jesuítica y fue nombrado calificador de la Inquisición. Cansado de esperar en la corte los auxilios que le habían sido prometidos y que nunca llegaban, decidió volver por sus propios medios a América. Una vez allí, se estableció en Lima, ciudad en la que falleció a avanzada edad.

Su libro, publicado en el año 1641, conoció traducciones al francés, inglés y alemán, y llegó a convertirse en todo un clásico de la bibliografía sobre el Amazonas.

Lecturas

Nuevo descubrimiento del Gran Río de las Amazonas, estudio, edición y notas de Ignacio Arellano, José M. Díez Borque y Gonzalo Santonja. Iberoamericana / Vervuert, Madrid / Frankfurt, 2009

En sus crónicas, Cristóbal de Acuña destacó sobre todo la importancia del río Amazonas.

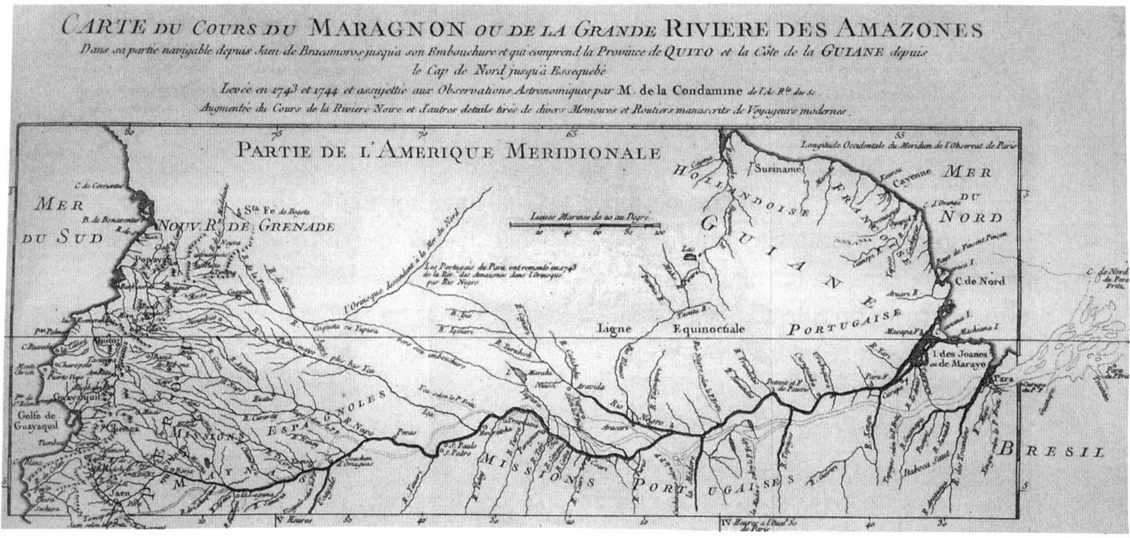

Jacinto de Carvajal

Por aguas del Apure

Extremadura, hacia 1567-¿?, hacia 1650

Sacerdote, explorador y cronista

A mediados del siglo XVII, la vasta, compleja e inhóspita región del Orinoco seguía guardando para los españoles numerosos puntos oscuros y no pocos peligros. A su geografía enmarañada había que sumar una inmensa diversidad étnica. Pero allí se encontraban también muchas claves de carácter político y económico para el desarrollo de Tierra Firme. Una de ellas era el establecimiento de una vía que facilitara el tránsito comercial interregional y con España. Con ánimo de abrir una ruta fluvial entre Los Llanos y el océano Atlántico, se organizó una expedición en 1647 al mando de la cual estuvo el capitán Miguel de Ochogavia. La intención era ascender por el río Santo Domingo, desde Barinas, para llegar al Orinoco y hasta las costas de Guayana y Trinidad. Entre los integrantes del grupo estaba el dominico Jacinto de Carvajal, quien a la postre narraría en una crónica de las pertenecientes al llamado *Ciclo del Orinoco* las circunstancias de ese complejo viaje, así como diferentes observaciones, tanto geográficas como etnográficas, botánicas o zoológicas. El periplo se inició el 10 de febrero de 1647 en Barinas y, tras recorrer las aguas del Santo Domingo, el grupo llegó al río Apure, habiendo descubierto y nombrado numerosas islas, restos de asentamientos indígenas y rancherías, así como raudales rocosos (los de los ríos Carichana y Arauco), además de mantener contactos con diferentes grupos indígenas como tabagaes y otomacos, de especial importancia estos últimos, puesto que se estableció una relación cordial con su cacique, de nombre Tavacare. A finales de marzo la expedición llegó al Puerto de Santo Domingo,

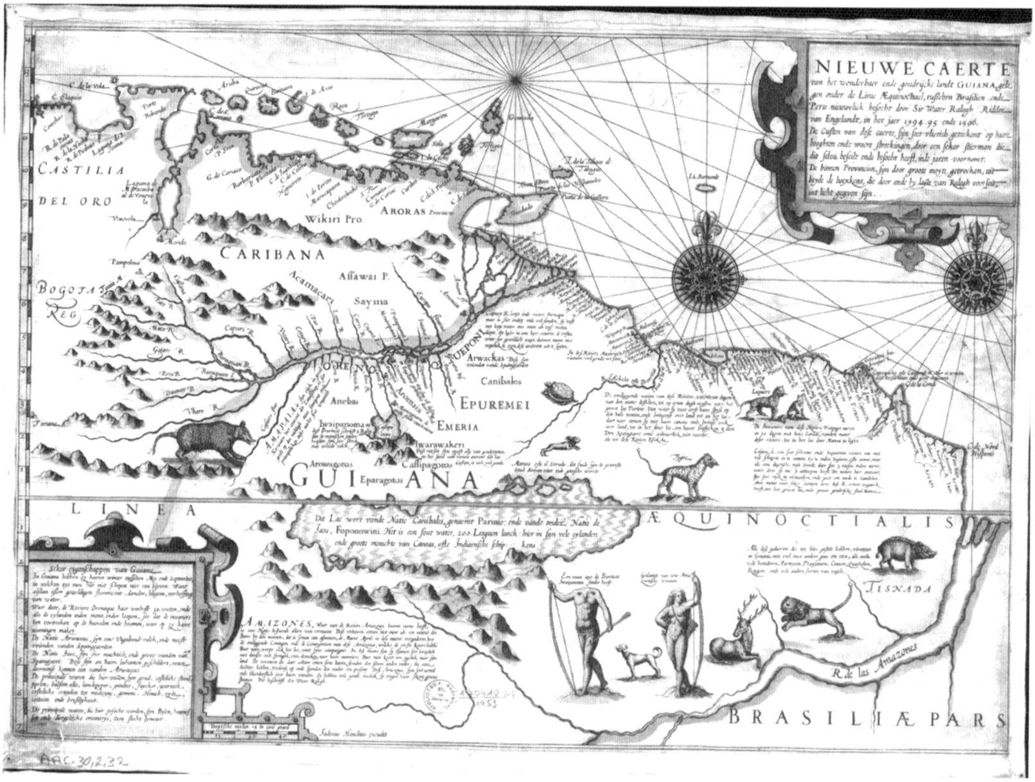

Nuevo mapa de la maravillosa, extensa y rica tierra de Guayana *de Jodocus Hondius (1598).*

ya en el Orinoco, desde donde partió con la intención de arribar a la ciudad de Nueva Cantabria, que por fin tocarían el día 30 de aquel mes, tras haber divisado por el camino el río Guarico y el cerro de Cabruta. Habían transcurrido cuarenta y ocho jornadas. Carvajal, que se quedó en aquella urbe ejerciendo el sacerdocio mientras que Ochogavia continuó navegando hacia Guayana, dio cuenta de ese periplo en su *Descubrimiento del río Apure*, escrito y publicado en 1648. Lo que se sabe de la vida de este sacerdote explorador se debe a las referencias autobiográficas que dejó plasmadas en su texto.

Lecturas

Descubrimiento del río Apure. Jacinto de Carvajal, edición de José Alcina Franch. Historia 16, Madrid, 1985

Gregorio Céspedes

El primer europeo que pisó Corea

Madrid, 1551-Kokura (Japón), 1611

Misionero jesuita

Gregorio Céspedes, jesuita formado en Salamanca, fue enviado en 1571 a las misiones de Oriente. En Goa fue ordenado sacerdote y en 1576 se trasladó a Macao, a la espera de embarcarse para Japón. Un año después llegó a Nagasaki, con un grupo de misioneros de la Compañía de Jesús. Durante diez años ejerció su ministerio en varios lugares de Japón y cultivó la amistad de personajes importantes del país, entre ellos el daimio Konishi Yukinaga, de noble alcurnia, que tras ser bautizado recibió el nombre cristiano de «Agustín».

En 1587 el daimio Toyotomi Hideyoshi, que había participado de forma decisiva en el proceso de unificación de Japón, decretó la expulsión de los misioneros del país y la instauración de la pena de muerte para los católicos. Los jesuitas buscaron entonces refugio entre los daimios cristianizados de la región de Kyushu. Cuando Hideyoshi no logró la colaboración de los coreanos para su proyectada invasión de China convirtió Kyushu en el lugar de concentración de una gran fuerza naval de Japón para apoderarse de Corea. De allí partieron las tropas japonesas en mayo de 1592, con casi todos los daimios de Kyushu bajo el mando de Yukinaga «Agustín». Los chinos intervinieron en ayuda de los coreanos con el fin de impedir la invasión. Al cabo de un año de guerra los japoneses, que habían perdido un tercio de las tropas a causa de los combates, las enfermedades, el hambre y el frío, todavía mantenían el control de algunos fuertes de la costa meridional de la península de Corea. El daimio católico Yukinaga «Agustín», que tenía entre los supervivientes a dos mil soldados cristianos, pidió enton-

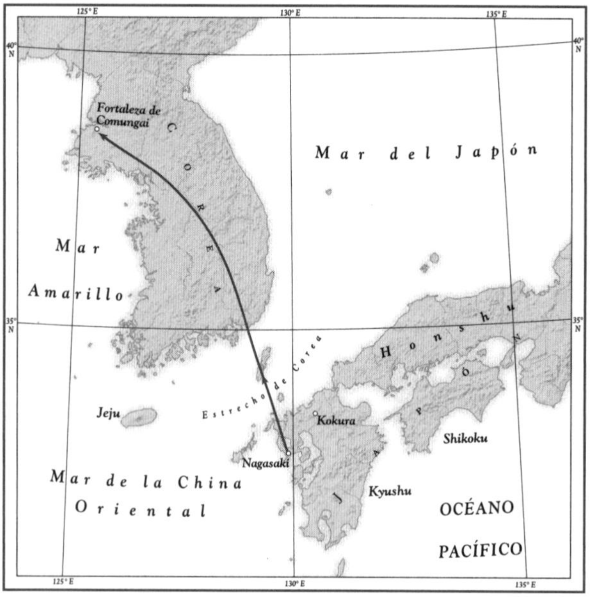

ces secretamente al provincial de los jesuitas afincados en Japón que le enviaran un sacerdote. Gregorio Céspedes y un hermano japonés viajaron clandestinamente hasta la fortaleza de Comungai, refugio de Yukinaga en la península coreana. Céspedes permaneció oculto un año en aquel lugar, hasta que un rival de Yukinaga informó a Hideyoshi de la presencia de un sacerdote católico entre sus tropas y «Agustín» decidió que el jesuita español volviera a Japón.

Las cartas que escribió Gregorio Céspedes durante su estancia en la fortaleza coreana constituyen un documento muy apreciado por los historiadores de los tres países que participaron en aquella guerra, que terminó en 1598 con la salida de Corea de las tropas de Hideyoshi. Por ellas se conocen los detalles del inicio de las negociaciones entre chinos y japoneses, así como el equipo y la moral de los participantes en el conflicto.

En febrero de 1597 Céspedes presenció en Nagasaki la crucifixión de veintiséis cristianos por orden de Toyotomi Hideyoshi. En 1602 creó la residencia jesuita de Kokura, donde falleció.

Gabriel Quiroga de San Antonio

Descubrió a Europa el paradero de Angkor Wat en Camboya

¿?, hacia 1565-Nueva España (México), 1607

Fraile dominico e historiador

En 1601 el franciscano español Marcelo de Ribadeneira mencionaba en su *Historia de las islas del archipiélago, y reinos de la gran China, Malaca, Siam, Camboya y Japón*, publicada en Barcelona, la existencia de «una gran ciudad en el reino de Camboya [...] con muros curiosamente labrados» y grandes edificios. Pero tres años más tarde, el editor Pablo Lasso publicó en Valladolid la *Breve y verdadera relación de los sucesos de la Camboxa*, una descripción detallada del magno complejo religioso de Angkor Wat, con sus enormes dimensiones, sus muros labrados, sus canales y puentes. Su autor, el misionero dominico Gabriel Quiroga de San Antonio, fue el primero en mencionar su nombre cuyo significado es «Templo de la Ciudad». Quiroga cuenta en su obra la suerte de la expedición enviada en 1596 por el gobernador español de Filipinas para ayudar al rey camboyano Apran, que había sido destronado por el rey de Siam. Este fraile de la Orden de Predicadores, de noble origen, había partido de Sevilla en 1595 con la cuarta misión dominica a Oriente, vía México, y fue confesor del gobernador en Manila. En 1603 regresó a España para informar a la Corona de la situación de los españoles en Oriente. Murió en México en 1607 cuando se disponía a volver a Filipinas con más misioneros dominicos para hacerse cargo de la diócesis de Nueva Cáceres.

Al principio de su obra, en la descripción del reino de Camboya, escribe sobre Angkor Wat: «En el año de mil quinientos y setenta se descubrió en este reino una ciudad nunca antes vista ni conocida de los naturales: esta ciudad está en la playa del río Mecon, ciento y setenta le-

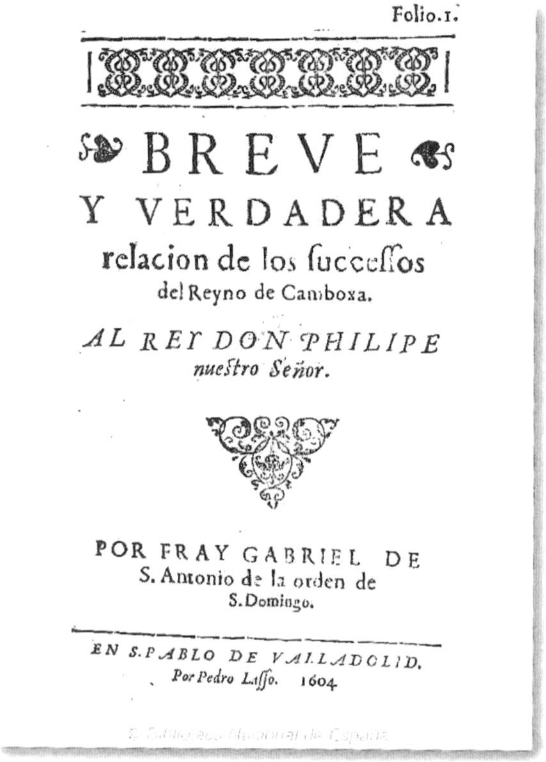
Folio.1.

BREVE
Y VERDADERA
relacion de los ſucceſſos
del Reyno de Camboxa.

AL REY DON PHILIPE
nuestro Señor.

POR FRAY GABRIEL DE
S. Antonio de la orden de
S. Domingo.

EN S. PABLO DE VALLADOLID.
Por Pedro Laſſo. 1604.

Portada de la Breve y verdadera relación de los sucesos de la Camboxa, *de Gabriel Quiroga.*

guas de la mar llega a ella, las crecientes, y mareas de este río, como a Sevilla las del Guadalquivir, es de maravillosa hechura, tiene un muro muy fuerte, de piedra que en redondo tiene cuatro leguas, cuatro brazas de ancha, y cinco de alto, está lleno de almenas y las almenas están muy espesas, y en ellas están pintados elefantes, onzas, tigres, leones, águilas y perros: tiene muchos escudos y letreros que no se conocen ni entienden: las casas son de piedra muy hermosas, repartidas en calles con mucho orden, y la labor de ellas sus portadas y patios, salas y cámaras, parece Romana. Hay muchas fuentes y caños para la limpieza, y a trechos están repartidos algunos pagodos, y plazas, sobre el río Mecon tiene un puente de setenta pilares, son muy altos. Remedan los pilares a los cuerpos de gigantes y remátanse en cabezas y manos que los sustentan[...]. Hay en esta ciudad cinco torres, y por remate de cada una de ellas está una bola de bronce dorada [...]». Gabriel Quiroga de San Antonio probablemente conoció todos estos detalles de la gran ciudad de Angkor a través de las informaciones que le transmitieron los frailes dominicos Antonio Dorta y Luis Fonseca, que como él cuenta «estuvieron en ella muchos días».

Lecturas

Breue y verdadera relación de los sucessos del Reyno de Camboxa, Fray Gabriel de S. Antonio. Suárez, Madrid, 1929

UN TIEMPO DE TRANSICIÓN

«Miré los muros de la patria mía / si un tiempo fuertes ya desmoronados /de la carrera de la edad cansados / por quien caduca ya su valentía.» Los versos del gran Francisco de Quevedo reflejan de manera magistral la llamada «decadencia española», identificada con demasiada facilidad en la historia universal con la derrota de la monarquía de los Austrias en el largo ciclo de guerras dinásticas y religiosas que libró en Europa. En la medida en que aquella todavía poderosa realeza que fue también el primer poder verdaderamente global se extendía por los cuatro continentes, pues también poseyó reinos y provincias en América, Asia y África, cabe preguntarse por el agotamiento del formidable impulso de viajes y descubrimientos que durante el siglo anterior la había configurado.

De tal modo, vemos que en el XVII la tendencia al movimiento y la curiosidad no desaparece, sino que se especializa y regionaliza, reflejando la fragmentación del poder político y el colapso de los mecanismos de centralización del poder real. También se trata de un período en que la voluntad recopiladora de los conocimientos geográficos y las exploraciones anteriores y contemporáneas resulta fundamental. Más allá de la extraordinaria novedad que supuso la puesta en marcha de las Relaciones Geográficas de Felipe II como modelo de descripción a escala planetaria, existieron casos tan llamativos como el del *Epítome de la Biblioteca Oriental y Occidental, Náutica y Geográfica* del gran Antonio de León Pinelo, editado en el año 1629, una de las primeras bibliografías en la materia publicadas en Europa. También, en estricta correspondencia con una etapa de crisis y reacomodo imperial, aparecen personajes que, como el «falso Inca» Pedro Bohórquez, se atreven a fundar reinos por libre, cruzan la frontera hacia el mundo indígena y retornan con ideas propias y proyectos alucinantes. O como la «Monja Alférez», Catalina de Erauso, verdadera trotamundos que acaba muriendo cerca de Veracruz después de toda clase de pendencias, aventuras y hallazgos. Es la etapa más importante de la exploración jesuítica, bajo cuya planificación el conocimiento del mundo selvático americano alcanzó un nivel cartográfico y de geografía descriptiva extraordinario. Sin dejar atrás el interés por lo urbano, configurador e impulsor de una conciencia criolla y original.

Antonio de Andrade

Cartas desde el Tíbet del primer europeo que lo pisó

Oleiros del Priorato de Crato (Portugal), 1580-Goa (India), 1634

Misionero y explorador

«Entre las grandes felicidades y victorias del notable año 1625, puede España con razón contar y cantar la alegre nueva del nuevo descubrimiento del Gran Catayo y reinos del Tíbet, cosa tantos años ha de los portugueses deseada, y con tantos trabajos y peligros de los predicadores evangélicos en vano hasta ahora intentada.» Así daba comienzo la primera de las tres cartas que el jesuita Antonio de Andrade escribió en las que recogía sus descubrimientos en el Gran Catayo (parte de China) y los reinos tibetanos, en la cordillera del Himalaya. Una aventura fascinante que se inició cuando, tras solicitar los permisos pertinentes a los superiores de la Compañía de Jesús en Coimbra, pasó a Oriente, concretamente a Goa (actual estado de la India con capital en Panaji), adonde llegó en 1600. Durante veinte años, el sacerdote se dedicó a su labor evangelizadora hasta que obtuvo autorización para viajar a los reinos del Tíbet y el Gran Catayo, donde, según noticias no contrastadas (y que resultaron no ser ciertas), quedaban dispersos algunos vestigios de cristianismo primitivo. El misionero partió de Agra a Delhi, y de allí hacia el Indostán. Él y su hermano Manuel Márquez siguieron a los peregrinos que acudían al templo de Badre, a cuarenta días de marcha desde la India, y allí tomaron el cauce del Ganges hasta Siranagar, residencia del rajá, donde Andrade fue tomado por rey y explicó que marchaba hacia el Tíbet en busca de otro hermano por allí perdido. Varios meses de penosa travesía entre las montañas más altas de la Tierra lo llevaron a Caparanga, capital tibetana, en donde fue recibido muy cordialmente por sus habitantes y gobernantes. Eran los primeros europeos que alcanzaban el Tíbet. «Traen todos grandes relicarios de plata, oro y cobre; y lo que dentro anda por reliquia son ciertos papeles, escritos con palabras santas de sus libros, que les dan sus lamas.» Dos años después de aquel viaje se publicó la primera de sus cartas, en la ciudad portuguesa de Lisboa. En 1625, no contento con lo logrado, volvió al camino y repitió la aventura, volviéndose a encontrar con sus huéspedes: «El rey del Gran Tíbet supo de nuestra venida, alegrose mucho y envionos a recibir con sus criados algunos días de camino». Y una vez más, en 1627, emprendió otro viaje como los anteriores, del que dio cuenta en una carta, la tercera, publicada en Madrid en el año 1629.

Por sus muchos méritos, Antonio de Andrade fue nombrado provincial de la Orden en Goa y también allí calificador del Santo Oficio de la Inquisición en 1633. Un año más tarde murió envenenado.

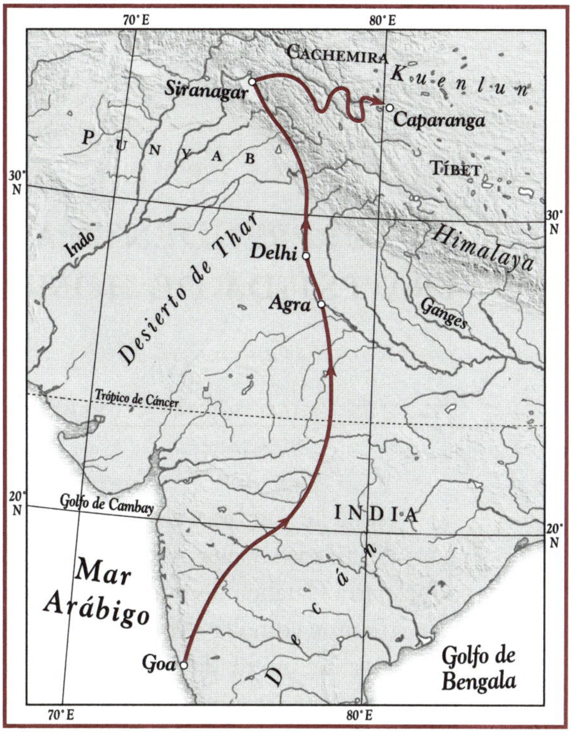

Lecturas

Cartas del descubrimiento del Gran Catayo, Antonio de Andrade. Miraguano, Madrid, 1983

Catalina de Erauso, la «Monja alférez»

La sorprendente aventura de una mujer travestida de hombre

San Sebastián (Guipúzcoa), 1592-Cuitlaxtla (México), 1635

Religiosa, militar y aventurera

Vestida de hombre y ejerciendo como tal, así pasó buena parte de su vida la donostiarra Catalina de Erauso, conocida con el tiempo como la «Monja alférez». A los 4 años fue internada en un convento. Cuando ya poco le quedaba para profesar, tuvo un altercado con una de las religiosas y huyó cuando tenía 15 años. Decidió, al poco, portar indumentaria masculina con el ánimo de pasar desapercibida. Después de prestar servicio, ya travestida, a un catedrático en Vitoria, llegó a Valladolid y se empleó como paje. Visitó luego numerosas localidades del norte de la Península hasta que se embarcó en Pasajes rumbo a Sanlúcar de Barrameda, donde se enroló como grumete en uno de los barcos de la empresa de Luis de Fajardo rumbo a América. Sus pies pisaron por primera vez el Nuevo Mundo en Araya (Venezuela) antes de marchar a Cartagena de Indias. Llegó luego a Panamá, donde, tras robar al capitán de la nave que la había llevado a América, se fue a Perú. En Saña, mientras trabajaba de «tendero», aprendió esgrima y demostró una gran destreza con la espada. Tuvo que huir de aquella localidad cuando el amo para quien prestaba servicios pretendió casarla con su hija. En Trujillo fue acusada de asesinato y encarcelada, aunque consiguió escapar y, tras dar las pertinentes explicaciones, quedó en libertad. Marchó después a Lima y se alistó bajo las órdenes de Gonzalo Rodríguez en el ejército organizado para luchar en la guerra de Chile contra los araucanos, con el nombre de Alonso Díaz Ramírez de Guzmán.

Por sus méritos guerreros, fue ascendida a alférez. Tras cinco años de servicios en luchas permanentes con los indígenas, de Concepción a Paicabi o Nacimiento, abandonó Chile y se fue a Tucumán, Potosí y La Plata. Siguieron más líos y reyertas por juego, hasta que fue condenada a muerte en La Paz por asesinar al corregidor Barraza, aunque logró escapar nuevamente y se dirigió a Cuzco. Allí puso fin a la vida de otro hombre que había intentado robarle. Perseguida por la justicia en todo Perú, Erauso huyó a Huamanga y luego a Huancavelica. En este último punto fue descubierta y tuvo que dar muestra de su condición de mujer (virginidad incluida) ante el asombro general. Tomó entonces el hábito de clarisa para regresar a España en 1624, pasando por Cádiz, Sevilla y Madrid. Cuando intentaba ganar el jubileo viajando de Barcelona a Roma, fue asaltada y quedó en la miseria. Ejerció la mendicidad hasta que el marqués de Montes Claros la presentó ante Felipe IV, que quedó tan impresionado por su relato que hizo que le dieran dinero para que llegara a Roma. Allí, el papa Urbano VIII le concedió permiso para vestir indumentaria masculina. Tras residir un tiempo en Nápoles, volvió a América en 1630, concretamente a Nueva España. Durante aquel viaje se enamoró de una dama y estuvo a punto de batirse en duelo con el pretendiente de esta. Tras su llegada a México, trabajó como arriera. En uno de aquellos trayectos, camino de Veracruz, cayó enferma y murió. En 1784 Juan Bautista Muñoz descubrió

Catalina de Erauso fue ascendida a alférez por sus méritos guerreros.

la biografía de tan peculiar señora; tras caer en manos de Joaquín María Ferrer, la obra acabaría siendo publicada en París en 1829.

Lecturas

Historia de la Monja Alférez, Catalina de Erauso, contada por ella misma, edición de Ángel Esteban. Cátedra, Madrid, 2002

Pedro Porter y Casanate

El navegante, explorador y cartógrafo de California

Zaragoza, 1611-Concepción (Chile), 1662

Navegante, geógrafo y explorador

Acciones navales contra los ingleses en las Indias Occidentales llevaron a América por primera vez, en 1628, a este miembro de la Real Armada que llegaría a almirante. La segunda oportunidad le llegó cuando formaba parte de la «flota del azogue», dedicada al transporte del mercurio, en 1632. Porter y Casanate mostró, además, un gran interés por la náutica y llegó a publicar un libro en el año 1634 titulado *Reparo a errores de la navegación española*, verdadera joya de la ciencia de navegar, además de un *Diccionario náutico*. Pero su mayor anhelo era la exploración. Hasta cuatro veces ofreció sus servicios para hacer nuevos descubrimientos en Alta y Baja California, con la idea también de encontrar el Paso del Noroeste, ese estrecho que según se creía comunicaba los océanos Pacífico y Atlántico. Las cuatro veces fue aprobada su propuesta, pero en la primera sufrió el embargo de sus naves. En la segunda, hubo de desistir ante la presión de los buscadores y comerciantes de perlas y el panorama de mantener largos juicios por esta causa. Con la idea de presentar su proyecto directamente al Consejo de Indias, intentó viajar a España, pero su barco fue capturado por un corsario holandés y él fue llevado como rehén a la isla de Curazao. Otro corsario, el mestizo Diego de los Reyes, lo apresó de nuevo, aunque lo puso en libertad en Cartagena de Indias. Viajó a la Península y regresó a Nueva España para solicitar una vez más licencia para su empresa. De nuevo se la concedieron, aunque en esta ocasión fue llamado por la Armada y tuvo que acudir a combatir en las costas mediterráneas contra los franceses. Por fin le llegó la oportunidad en 1643, cuando obtuvo la ayuda del conde de Salvatierra, virrey de Nueva España. Un nuevo contratiempo: los piratas holandeses hostigaban la costa de Chile y Porter no dudó en partir en ayuda del amenazado Galeón de Manila, que conectaba Filipinas con Nueva España. De regreso a México, y tras sufrir robos, un incendio y otros incidentes menores, partió para su misión el 23 de octubre de 1648. Porter recorrió el golfo de California, desde el cabo de San Lucas hasta el canal de Salsipuedes, empujado por los vientos al río Yaqui, en la costa de Sonora, para regresar luego a Sinaloa, no sin hacer notables observaciones geográficas, meteorológicas, botánicas y zoológicas; a él se debió el conocimiento científico de las costas californianas. En 1655 fue nombrado gobernador capitán general de Chile —de 1647 a 1652 lo había sido de Sinaloa—, en donde tuvo que librar permanentes y exitosas campañas contra araucanos, boras y mapuches. Muy debilitado, murió en Concepción, en el ejercicio de su cargo.

Lecturas

Reparo a errores de la navegación española y *Navegación especulativa y práctica,* Pedro Porter y Casanate y José González Cabrera. Introducción y edición de W. Michael Mathes. Porrúa, Madrid, 1970

José de Escandón y Helguera

Colonizador de Texas y primer vaquero del Oeste

Soto de la Marina (Cantabria), 1700-Querétaro (México), 1770

Militar, explorador y fundador

A mediados del siglo XVIII la parte septentrional del Seno Mexicano, el litoral del virreinato novohispano que abarcaba la extensión costera entre el río Pánuco y la bahía del Espíritu Santo, abría un territorio hacia el interior —parte de lo que hoy se conoce como Texas— aún sin colonizar, a excepción de las pequeñas misiones religiosas que allí se habían establecido, mantenidas con más pena que gloria. En el poblamiento de esa zona, fue fundamental la figura de este cántabro, que entre 1748 y 1755 llevó a cabo una espectacular labor fundadora, sustentada por la Corona española, que veía cómo al norte de aquella región los exploradores de otras naciones europeas estaban ya haciendo labores de avanzadilla para favorecer el establecimiento de colonos, mientras los indígenas nómadas se desplazaban hacia los límites virreinales e invadían y asolaban las posesiones hispanas. El proyecto de José de Escandón implicó la pacificación, reducción y colonización de una región que recibiría su particular denominación de origen: Nuevo Santander. Tras un primer contacto exploratorio con la zona, en el año 1747, en cuyo transcurso visitó Tula, Palmilla y Jaumave, Escandón inició su labor con la fundación de la villa de Llera, el 25 de diciembre de 1748. El primer día de enero de 1749 fundó Güémez y el día 6, Padilla, a la que seguirían Burgos (20 de febrero), Camargo (5 de marzo), Reinosa, en la orilla del río Grande (14 de marzo), San Fernando (19 de marzo), Altamira (2 de mayo), Santa Bárbara —hoy Ocampo— (19 de mayo) y Real de los Infantes (26 de mayo). Tras ausentarse de la zona durante casi un año, prosiguió con su labor fundadora y estableció los cimientos de Soto de la Marina (3 de septiembre de 1750), la villa de Aguayo (6 de octubre) y Revilla —hoy Nueva Ciudad Guerrero— (10 de octubre). El año 1751 siguió siendo fructífero con la fundación de la villa de Escandón el 15 de marzo y de Hoyos, el 19 de mayo. Villa de Hoyos, Santillana y Mier fueron también establecidas entre 1752 y 1753. Hasta que se pusieron los cimientos de Laredo, el 15 de mayo de 1755, Escandón fue protagonista de la fundación de más de veinte urbes, una tarea que concluyó cuando fue llamado a México. En aquellos años, el cántabro tuvo que enfrentarse a la indómita hostilidad de los naturales, que, salvo algunas excepciones, se negaron a ser reducidos, con un amplio coste de vidas humanas entre ellos y también entre los soldados y colonos que luchaban por mantener el «Septentrión novohispano» con ley y orden. A Escandón también se le atribuye la introducción de importantes partidas de ganado vacuno en la región. Aquellos fueron los primeros vaqueros en lo que hoy es territorio texano.

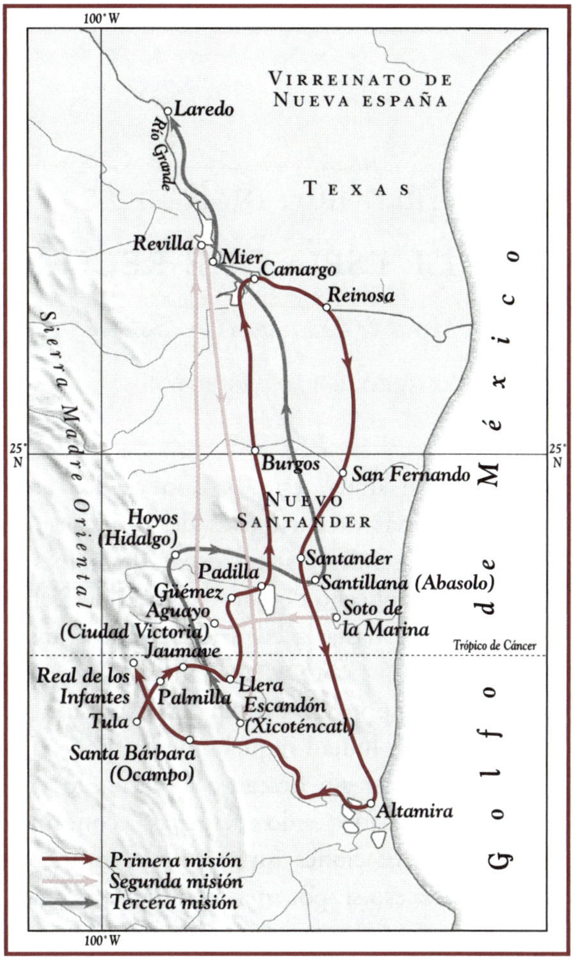

Lecturas

Los montañeses en el Nuevo Mundo. Don José de Escandón fundador del Nuevo Santander, Ciríaco Pérez-Bustamante. Institución Cultural de Cantabria, Diputación provincial de Santander, 1972

Gregorio de Robles

El espía que recorrió América del Sur

Moral de Calatrava (Ciudad Real), hacia 1659-¿?, ¿?

Viajero, espía y escritor

Sin duda, este es uno de los casos más excepcionales de la historia de los grandes viajeros españoles. No solo por el hecho de que Gregorio de Robles fuera, hasta la edad de 29 años, un labrador pobre y analfabeto, sino también por representar la expresión de una voluntad inquebrantable por viajar, observar sin descanso y narrar lo visto aun padeciendo penurias económicas y limitaciones intelectuales, compensadas, eso sí, por una memoria prodigiosa y una gran perspicacia. Como muchos otros, Robles sintió la llamada de América, tierra de promisión, un lugar en el que poder prosperar y dar rienda a las ansias de eso que llamamos «conocer mundo». Desde su llegada a Cuba, en 1688, recorrió América durante quince largos años sin detenerse por mucho tiempo en ningún sitio, salvo los aproximadamente dieciséis meses que pasó en Lima, haciendo de «mercachifle». En ese tiempo fue capturado por piratas y se infiltró entre ellos en Jamaica; pasó de vivir de limosnas a codearse con la alta sociedad de la época. Sus relatos llegaron a ser tenidos en cuenta como informes fidedignos tanto por gobernadores como por el propio Consejo de Indias, al que entregó informes de sus actividades y recomendaciones... Este es, en líneas generales, el periplo que llevó a cabo. Tras recorrer Cuba pasó a Jamaica, que estaba en manos de los ingleses y era centro internacional de contrabando y piratería. En una arriesgada labor de espionaje, fue apuntando pormenorizadamente las actividades que se llevaban a cabo en la isla para informar a las autoridades españolas y aconsejarles sobre la forma de acabar con ellas. Ya en el continente, recorrió en canoa el río Magdalena, en Colombia y, tras pasar por el puerto de Honda, viajó hasta Lima. Allí permaneció año y medio hasta que se marchó hacia el norte con la idea de regresar a España, pero en el Caribe fue capturado por piratas franceses que lo llevaron de Martinica, al estrecho de Magallanes y a la costa de Patagonia para cruzar luego el océano Atlántico rumbo a Portugal. Allí fue liberado gracias a la atención que prestó a los enfermos durante el viaje. En un golpe de timón, decidió no llegar a España y regresar a América, embarcado como «pobre» en un navío portugués. Llegó así a la bahía de Todos los Santos, luego a Río de Janeiro y, posteriormente, a São Paulo. Desde allí avanzó por tierra durante sesenta días hasta la cordillera de los Andes. Recorrió entonces las regiones de la costa rioplatense y Tucumán y llegó al Alto Perú, pasando por Potosí, el lago Titicaca, Arequipa, Cuzco y, de nuevo, Lima. Lo que vino después no es menos impresionante, pues se unió a una expedición promovida por el virrey de Perú hasta Valdivia (Chile) y de allí se internó en La Pampa, para embarcar de nuevo en Trujillo rumbo a Quito. Que su estatus social estaba en alza lo demuestra el hecho de que mientras estuvo en Quito permaneciera hospedado durante un mes en casa del presidente de la Audiencia. Se marchó luego hacia el Darién y recorrió la costa para descansar antes de dar su salto a Nueva España, aunque también

en su mente estaba llegar a Filipinas. En el camino, la canoa en la que viajaba fue interceptada por unos holandeses y permaneció preso en Curazao durante dos meses. Tras su liberación, Robles se fue a Ámsterdam y de allí partió hacia España atravesando Flandes y Francia. Quién sabe si continuó viajando.

Lecturas

América a fines del siglo XVII: noticia de los ugares de contrabando, Gregorio de Robles. Presentación de Demetrio Ramos Pérez. Introducción de Víctor Tau Anzoategui. Casa-Museo de Colón, Valladolid, 1980

Pedro Bohórquez (Pedro Chamijo)

El «falso inca»

Arabal (Granada), ¿1602?-Lima (Perú), 1667

Aventurero, viajero y rebelde

Qué duda cabe de que la América del período colonial fue un terreno abonado para que un buen número de buscavidas y pícaros sacaran provecho. O, por lo menos, para que lo intentaran. Pero si hay uno que destacó por encima de los demás, ese fue el viajero impenitente y embaucador Pedro Chamijo, que cambió su apellido por el de Bohórquez en 1636 y que llegó a proclamarse «inca». Víctimas de sus engaños, cayeron tres virreyes, gobernadores, eclesiásticos, seglares y algunos de los propios naturales, que vieron en él a un líder capaz de poner en marcha sus deseos de emancipación. Su táctica era tan diáfana como vender a cada uno, mediante un magnetismo natural increíble, lo que más ambicionaba, ornamentando sus discursos con un verbo formidable. Las correrías de este personaje comenzaron cuando, con apenas 18 años, desembarcó en América, concretamente en Pisco (Perú). Desde allí se trasladó a Quinga Tambo, en vista de que en Pisco no había oportunidades para el progreso. En Quinga Tambo contrajo matrimonio con la zamba Ana Bonilla. Ocho años más tarde, en 1628, comenzaron las sorprendentes aventuras de Bohórquez, cuando intentó embaucar al conde de Chinchón, recién nombrado virrey de Perú. Descubiertas sus mañas, huyó a Potosí, donde asumió su nueva identidad, que cambió al poco sustituyendo el nombre de Pedro por el de Francisco, tras engañar al nuevo virrey, el marqués de Mancera, vendiéndole una expedición por el río Marañón en busca del inexistente país de Gran Paititi. Era 1639. Ni que decir tiene que la aventura fue un fracaso bastante escandaloso. Pero volvió a la carga ocho años después, esta vez ante el conde de Salvatierra, nuevo virrey, convenciéndole para que autorizara una nueva expedición a las fuentes del Marañón. Nuevo fracaso, claro. Tras ser deportado a Valdivia (Chile), consiguió huir a Tucumán y, en 1657, estaba en los Valles Calchaquíes, con los indígenas pacciocas. Allí convenció al jesuita Eugenio de Sánchez para que le presentara ante el gobernador de Tucumán, Alonso Mercado, contándole su maravilloso plan para cristianizar a los naturales, hacerles súbditos del rey de España y explotar los recursos minerales de los cerros cercanos. Para ello se proclamó «inca», haciendo ver que su «monarquía» constituía un método infalible para evitar que los nativos se sublevaran. Mientras tanto iba convenciendo a los indios de que debían rebelarse contra el rey, así que, engañados todos, Bohórquez fue nombrado lugarteniente del gobernador y capitán general, por una parte, y líder indígena, por otra. Estableció entonces la capital de su reino en Tolombón. Tras ser descubiertas sus secretas intenciones, encabezó un ataque junto a sus fieles nativos contra las ciudades de Salta y San Miguel, y prosiguió con diversas escaramuzas hasta que fue reducido por las tropas de Mercado, apresado e indultado por el virrey. Pero enterado este de otro intento de levantar a los calchaquíes por parte de Bohórquez, mandó que fuera ejecutado, como así ocurrió, mediante garrote vil, el 3 de enero de 1667.

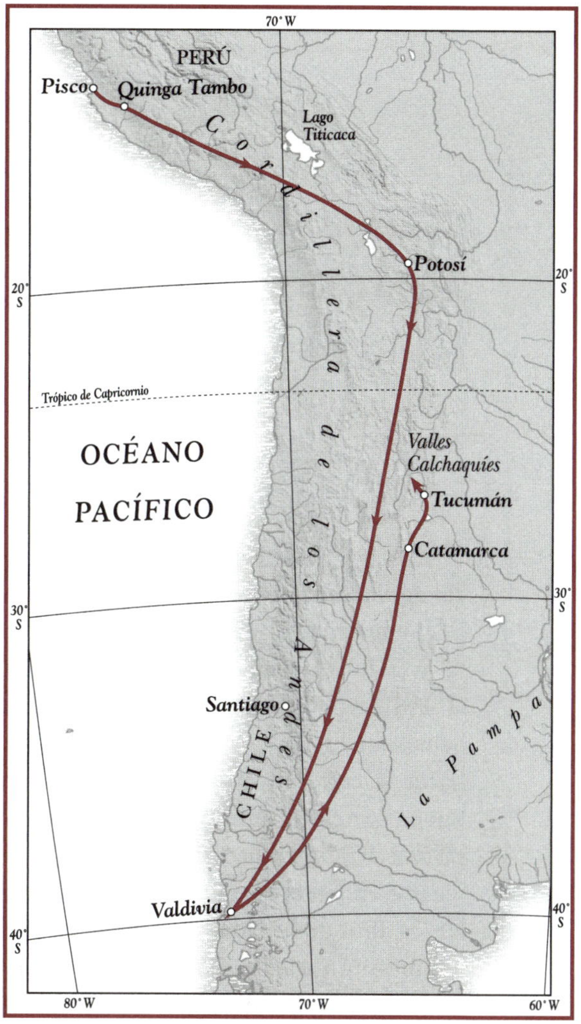

Lecturas

Pedro Bohórquez: el inca de Tucumán (1656-1659), Elena Piossek. Academia Nacional de Historia, Caracas (Venezuela), 1990

Pedro Cubero Sebastián

Nueve años para dar la vuelta al mundo contra el sol

El Frasno, cerca de Calatayud (Zaragoza), 1645-¿?, 1697

Misionero, viajero y explorador

A la temprana edad de 25 años, Pedro Cubero salió de la ciudad de Zaragoza como predicador apostólico e inició un viaje singular y audaz que lo llevó a dar la vuelta al mundo, pero en el sentido contrario al seguido por Juan Sebastián Elcano, es decir, dirigiéndose hacia el extremo oriente y recorriendo buena parte del camino por tierra. Fue el primer viajero en hacerlo en el siglo XVII y gastó en aquel periplo peregrino nueve largos años de su vida.

Como primer destino importante, llegó a París y, de allí, puso rumbo hacia Roma. En Italia, visitó Venecia antes de partir a Viena. Desde la capital austríaca, se dirigió hasta Constantinopla y luego a Varsovia, antes de adentrarse en tierras rusas y llegar hasta Moscú. Volvió al sur y marchó hacia Persia (actual Irán), llegando a Ispahán después de hacer paradas en Astracán y Carbin. Luego sus pasos lo llevaron a Shiraz, en el sur de Irán, localidad hoy famosa por sus uvas, alfombras y artesanía de plata. En Persia, se embarcó rumbo a Bombay (India), desde donde viajó a la isla portuguesa de Goa y a Ceilán (actual Sri Lanka). Costeó Bengala, arribó a la península de Malaca, frente a Sumatra (Indonesia), y, nuevamente embarcado, se dirigió a Filipinas. Tomó allí el famoso Galeón de Manila para abandonar el continente asiático y dirigirse a Acapulco, desde donde atravesó de costa a costa México, para ir a parar a Veracruz. Tras hacer escala en La Habana, tomó finalmente el camino de regreso a España.

Su fascinación por los mundos distantes y las costumbres de los pueblos que había ido visitando quedaron plasmadas en un libro escrito de su mano que llevó

por título *Breve relación del viaje hecho por la mayor parte del mundo por Don Pedro Cubero Sebastián.*

Ajeno a cualquier tipo de adorno imaginativo, recurso muy utilizado entre los escritores de viajes de su época, que daban por buenas las fascinantes historias entre mágicas y fantasiosas que les iban contando, Pedro Cubero Sebastián se limitó a escribir sobre lo que veía, por lo que el libro del viajero zaragozano constituye un documento de gran valor para conocer cómo era el mundo en aquel lejano siglo XVII.

Lecturas

Peregrinación del mundo, Pedro Cubero Sebastián. Ediciones Miraguano, Madrid, 2007

Francisco de Padilla

Descubridor de las islas Palaos

Úbeda (Jaén), hacia 1671-Manila (islas Filipinas), ¿?

Navegante y explorador

En los últimos años del siglo XVII arribaron a las costas filipinas dos embarcaciones indígenas que dijeron proceder de unas islas llamadas Pais o Palaos. Acuciado por las noticias recibidas, el gobernador español envió en 1708 y 1709 dos armadillas a descubrirlas, pero estas regresaron sin haberlas hallado al creerlas situadas a la altura de las islas Marianas. El ubetense Francisco Padilla iba embarcado en una de ellas, la que capitaneaba Miguel de Elorriaga. Tras seis meses de navegación, siempre acompañados de duros temporales, retornaron a Manila sin éxito.

Un año más tarde, Padilla recibió el mando de dos navíos, la balandra *San Miguel* y el patache *Santísima Trinidad*, y se le ordenó volver a intentar localizar las Palaos, pero esta vez en dirección sureste, ya que una junta de pilotos había acordado buscarlas en las cercanías del norte de Nueva Guinea. A finales de septiembre, los dos barcos partieron desde Manila, con tan mala fortuna que antes de abandonar el archipiélago filipino la balandra dio en unos bajos y se perdió irremediablemente. Después de dejar a salvo a los supervivientes, Padilla continuó su viaje sin dilación para no perder los vientos monzónicos favorables. Prosiguió ganando latitud sur, hasta que el día 30 de noviembre, cuando ya había trazado una estela desde el cabo Espíritu Santo de 181 leguas, descubrió dos pequeñas islas de las Palaos llamadas Sonsorrol, a las que ellos bautizaron con el nombre de San Andrés. Animados por el recibimiento amigable de sus habitantes, los dos religiosos que iban a bordo, junto a doce marineros, embarcaron en la chalupa del navío y se dirigieron a tierra. Cuando permanecía a la espera de sus hombres, el *Santísima Trinidad* se vio sorprendido por unas fuertes corrientes que lo desplazaron hasta llevarlo muy cerca de otra isla mayor que la anterior. Al acercarse a ella, sus moradores los recibieron con hostilidad arrojándoles flechas desde sus embarcaciones, lo cual, unido a que los españoles no disponían de lancha auxiliar con la que acercarse a tierra, hizo que Padilla decidiese iniciar el regreso a Manila, no sin antes recalar en la isla de San Andrés en busca de los hombres que allí desembarcaron, pero de los que no hallaron ninguna señal.

Lecturas

Francisco Padilla y el redescubrimiento de las Palaos, Patricio Hidalgo Nuchera. En *De la ciencia náutica a la ciencia romántica: actas de las II Jornadas sobre España y las expediciones científicas en América y Filipinas,* coordinadas por Alejandro R. Díez Torre y otros. Doce Calles, Madrid, 1995

Redescubrimiento de las islas Palaos, Pedro González de Pareja. Miraguano, Biblioteca de viajeros hispánicos, Madrid, 1993

Francisco Eusebio Kino, padre Kino

Fundador en la Baja California, misionero en Arizona y Sonora

Segno, cerca de Trento (Italia), 1645-Magdalena (México), 1711

Misionero y cosmógrafo

A veces a pie, pero las más a caballo y durante casi un cuarto de siglo, anduvo el jesuita Kino, casi sin descanso, recorriendo los territorios de Baja California en un viaje de 30 000 kilómetros durante el cual este extraordinario hombre llegó a fundar hasta treinta pueblos. Salió de Cádiz a comienzos de 1681. Cuando llegó a Nueva España, supo que Carlos II había firmado una cédula para que se reanudaran las labores de conquista y colonización de Baja California. El padre Kino fue nombrado cosmógrafo y partió hacia Sinaloa, en donde embarcó en la expedición al mando del almirante Atondo. El grupo llegó a La Paz y regresó de nuevo a Sinaloa, para partir luego hacia el norte, arribar a la desembocadura del río Yaqui y regresar, en dirección sur, a San Bruno. A pesar de que Kino se mostraba satisfecho por los avances en su aprendizaje de las lenguas locales y por el adiestramiento evangelizador con los indígenas, el almirante declaró inconquistable el territorio y regresó catorce meses después de la partida. En 1686 Kino volvió a la carga con la idea de establecer misiones entre los seris y guaymas. Consignado a este trabajo, se dirigió a la Pimería Alta (norte de Sonora, sur de Arizona, entre los ríos Altar y Gila y el San Pedro, al este, y el golfo de California, al oeste). Con su caballo, llegó a aquella región en febrero de 1687, pero lo que le atrajo verdaderamente fue el norte, en donde vivían indígenas sin cristianizar. En Cosari, estableció la misión de Nuestra Señora de los Dolores y luego las de San Ignacio, San José de Imuris y Los Remedios, que atrajeron a un buen número de naturales. Junto al visitador y futuro conquistador de Baja California,

Juan María de Salvatierra, Kino recorrió la Pimería. A partir del año 1692 no pararía ya de viajar. A Batki, Benson, Huachuca, a la región de los sobas, enemigos de los pimas, a Caborca, a la desembocadura del río Magdalena y al Gila, a las tierras de los opas y cocomaricopas. Fue informado por un indio cristianizado de la muerte en Caborca de un compañero, Francisco Javier Saeta, y de otros españoles a manos de los nativos, que se habían rebelado en su ausencia, en 1695. Las tropas enviadas aplastaron la revuelta no sin esfuerzo. Luego viajó a México, pero regresó de nuevo en 1696, para adentrarse en la frontera remota de Quiburi y proseguir con su empresa evangelizadora por todo el territorio, que incluyó también un viaje exploratorio por la costa de Sonora, en 1700, y otro más a la desembocadura del Colorado. Desde allí intentó establecer un camino hasta Loreto, en Baja California, distante unas cien leguas. Una copla se cantaba en la Pimería: «Descubrir tierras, convertir indios, son los negocios del padre Kino. Todo el día reza, vive sin vicio, ni humo, ni polvo, ni cama, ni vino».

Lecturas

El padre Kino. Misionero itinerante y ecuestre, Alfonso Trueba. Jus, México, 1973

El septentrión novohispano, edición de Salvador Bernabéu Albert. CSIC, Madrid, 2000

Jesuitas en la selva

Dos vidas para cartografiar el Amazonas y el Orinoco

Samuel Fritz. *Trautenau, Bohemia (hoy República Checa), 1654-Jeberos, Alto Amazonas (Perú), 1725*

Misionero y explorador

José Gumilla. *Cárcer (Valencia), 1686-Los Llanos (Venezuela), 1750*

Misionero, explorador y etnólogo

Dos jesuitas dejaron buena parte de su vida en los cauces fluviales del Amazonas y el Orinoco. El bohemio Samuel Fritz y el valenciano José Gumilla, además de servir fielmente a la Compañía de Jesús, defendieron con riesgo de su vida los dominios de la Corona española frente a portugueses, holandeses y sus aliados caribes. Fritz, tras cursar estudios de teología, pidió ser enviado como misionero a América. En el camino, recaló en Sevilla, donde tuvo que esperar varios meses, tiempo que aprovechó para perfeccionar su español. Tras partir de Cádiz y arribar a Quito, se dirigió a Cartagena de Indias, adonde llegó en 1684. Nada tenía que ver por su aspecto con los rasgos típicos mediterráneos: era muy alto, delgado en extremo, tenía los ojos azules y el pelo rojo. En su diario escribió: «Algunos me llamaban santo o hijo de Dios, otros me consideraban un diablo. Algunos, debido a la cruz que llevaba, decían que había venido el patriarca o el mesías, otros afirmaban que era un embajador de Persia. Los negros de Pará pensaban que yo sería su liberador». Sus superiores, con permiso real, lo destinaron a la región de los omaguas y, en 1689, ya estaba en el Gran Pará.

Un año y medio permaneció detenido por los portugueses, y cuando fue liberado, llegó a Nuestra Señora de las Nieves, donde descubrió que aquellas tierras, junto con la provincia de Omagua hasta el río Napo, habían sido ocupadas por la Corona portuguesa. Los lusos, a la caza de esclavos, remontaban todos los años el gran río hasta el Negro. Pero también había otra cuestión: entre las leyendas amazónicas de El Dorado corría el rumor de que entre el Orinoco y

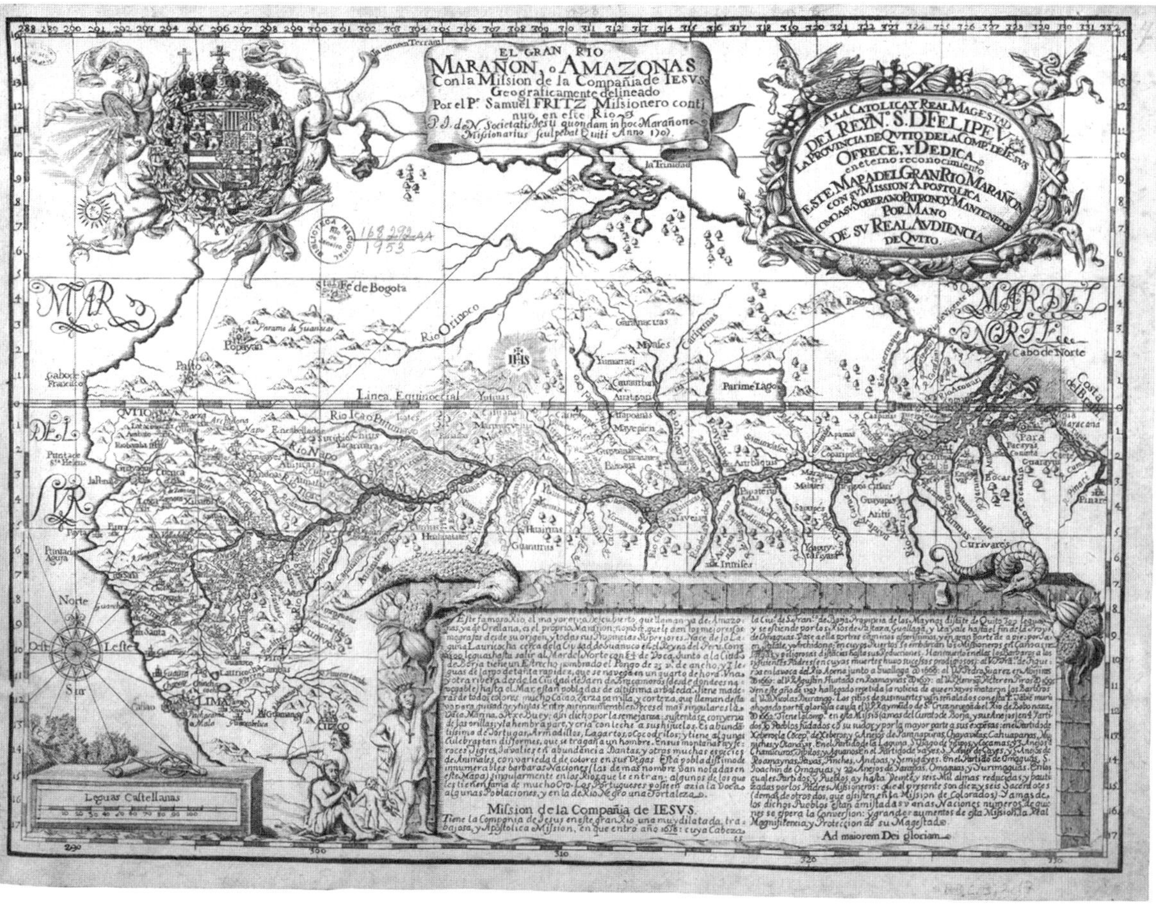

Gumilla exploró y evangelizó a lo largo de las orillas del Orinoco durante veintiún años.

el Amazonas se extendía una vasta región rica en metales preciosos como oro y plata. El sacerdote informó de estos y otros avatares al virrey de Perú, el conde de la Monclava, y este, aunque receloso de la verosimilitud de aquella cartografía, incluyó las protestas del misionero en una carta dirigida al monarca español. A él se debe pues el fundamental impulso de la cartografía del Amazonas, hasta entonces vaga, así como la toma de conciencia en la corte del riesgo que implicaba su abandono oficial. Fritz pasó más de cuarenta años de su vida entre los pueblos indígenas amazónicos y fue el primer europeo que realizó un mapa detallado del gran río, además de fijar su fuente en el lago de Lauricocha, un dato que mantuvo su vigencia hasta ya mediado el siglo xx.

En 1731 las misiones en el Orinoco tuvieron que ser abandonadas por los jesuitas que las habían fundado. Para su repoblamiento posterior, fue fundamental la figura de José (Joseph) Gumilla, investigador de la geografía y de la medicina indígena, lingüista, filólogo (dominaba perfectamente el betoy y estudió además otras lenguas de las poblaciones de la zona, como el caribe, el otomaca o el jirara), etnólogo y fundador de pueblos en los ríos Apure y Meta, además de en el Orinoco. Entre sus compañeros, tenía fama de ser un auténtico todoterreno, ya que, además de sus conocimientos intelectuales, era también un diestro «obrero», que lo mismo construía casas que embarcaciones. Había llegado a América en 1705 y quince años después inició su actividad misional en Los Llanos, para dirigirse después a las márgenes de la gran arteria fluvial. En 1723 estaba buscando las bocas del río Meta, punto sobre el que debería apoyarse la reestructuración de los enclaves jesuitas, para adentrarse desde allí en los territorios de amarizanes, sálivas, guajibos y chiricoas. Gumilla permaneció explorando y evangelizando en esos lares durante veintiún años. Después abandonó el río venezolano y ocupó altos cargos eclesiásticos como el de rector del Colegio de Cartagena o el de viceprovincial del Nuevo Reino. Volvió a España, donde permaneció por unos meses efectuando labores de procurador ante Madrid y Roma. Pero su destino estaba en el río Orinoco, así que regresó allí y permaneció en misiones en Los Llanos los últimos siete años de su vida, de los que desgraciadamente apenas hay referencias, ya que los pasó como un ermitaño, alejado del mundo. Su obra *El Orinoco ilustrado y defendido. Historia natural, civil y geográfica de este gran rio y de sus caudalosas vertientes* fue durante largo tiempo una enciclopedia única en el mundo y de referencia obligada para todos aquellos que querían visitar esas regiones. Aún hoy su lectura produce asombro.

Lecturas

El Orinoco ilustrado y defendido. Historia natural, civil y geográfica de este gran río y de sus caudalosas vertientes, Joseph Gumilla. Prólogo de Marc-Aureli Vila. Generalitat Valenciana, Valencia, 1988

Manuel Román

El hallazgo de la conexión Amazonas-Orinoco

Olmedo (Valladolid), 1696-Reducción de Urbana, a orillas del Orinoco, 1764

Religioso y explorador

En 1740 unos portugueses procedentes del Pará, tras remontar el Amazonas y el río Negro, se acercaron a los establecimientos jesuíticos del Alto Orinoco, que representaban el frente meridional de la colonización española, en un momento en el que el despoblamiento de la región por causa de las incursiones esclavistas portuguesas llegaba a su máxima expresión y violencia. Cuatro años después, en 1744, el padre Manuel Román, gran explorador de los ríos de la Guayana y su región, emprendió un viaje de descubrimiento que lo llevó a averiguar cuál era exactamente la causa geográfica de aquel temido acercamiento: la existencia de un curso fluvial, el caño del Casiquiare, que conectaba para asombro de todos el Amazonas y el Orinoco. En el viaje, Román comprobó su existencia al topar con una tropa de esclavistas portugueses y, de regreso, notificó a sus compañeros de orden en Europa el hallazgo, que se difundió con rapidez. Las autoridades españolas pronto se dieron cuenta de que aquel «paso» acuático podría contribuir (y mucho) en la resolución del conflicto fronterizo hispano-portugués, pues sería como una autopista de control para evitar la cruda realidad del tráfico de esclavos y la búsqueda de mercancías tropicales por parte de los portugueses, quienes entre 1723 y 1725 habían desatado una verdadera guerra por el control directo de la región, en violación flagrante de la frontera entre los dominios español y portugués establecida en el viejo Tratado de Tordesillas de 1494.

«Dicho Casiquiari —cuenta el padre Román— es el brazo del Orinoco que está a la mano derecha, agua arriba, y

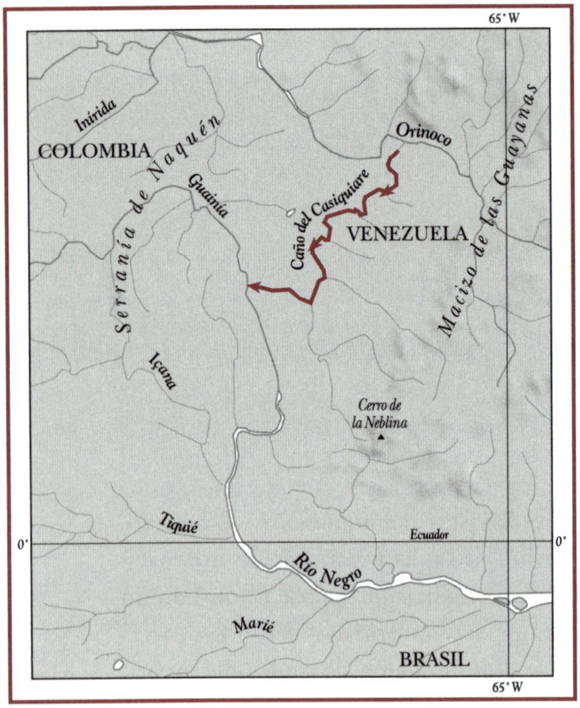

desagua en Río Negro. Hasta Casiquiari hay veinticuatro o veinticinco días. Por Casiquiari, cinco días hasta Río Negro. De la boca del Casiquiari al Arrayal (por Río Negro), donde estaban los portugueses, hay ocho días agua abajo. Antes se suelen encontrar algunas rancherías de portugueses y el raudal grande que llaman Cazuelas.» Este gran hito exploratorio quedó plasmado en un texto titulado *Descubrimiento de la comunicación del Orinoco con el Marañón y relación que hace el padre Manuel Román de su viaje de Carichana al Río Negro: desde el 4 de febrero hasta el 15 de octubre de 1744.*

Manuel Román, íntimo amigo del también misionero y explorador jesuita José Gumilla, llegó a Los Llanos en 1728 y permaneció en las misiones orinoquesas durante treinta años; solo interrumpió su trabajo allí de forma breve cuando fue nombrado rector de la Universidad Javeriana.

Lecturas

Viajes a la Guayana ilustrada. El hombre y el territorio, estudio introductorio, selección documental y notas de Manuel Lucena Giraldo. Fundación Provincial BBV, Caracas (Venezuela), 1999

Miguel de Santisteban

Descubridor de los efectos de la quina contra la malaria

Panamá, ¿?-Bogotá (Colombia), 1776

Militar y naturalista

En los primeros años del siglo XVIII los piratas ingleses infestaban las aguas del Pacífico, y el criollo Santisteban fue uno de los muchos militares españoles que tuvo que enfrentarse a ellos, especialmente en las costas peruanas de El Callao. Sin embargo, fue en sus labores de naturalista, viajero y observador urbano en las que brilló sobremanera. En este sentido, cabe destacar el recorrido que realizó de Lima a Caracas, entre 1740 y 1741, durante el cual, además de efectuar una particular «visita a la tierra», investigó los efectos médicos de la quina para el tratamiento de las fiebres palúdicas. Fruto de aquella expedición fue su *Diario de Lima a Caracas*. Desde entonces sus exploraciones tuvieron que ver con la búsqueda del árbol de la quina y los remedios para las terribles «tercianas». Entre 1751 y 1752, Santisteban deambuló por Nueva Granada en busca del preciado árbol y también se trasladó a Loja, al sur de Quito. Viajó asimismo a las provincias de Chimbó, Alausí y Cuenca, y examinó con rigurosidad otras especies de este vegetal. Años después entabló amistad con el gran naturalista gaditano José Celestino Mutis, quien dio informes relevantes sobre la profesionalidad y el buen hacer de Santisteban. Su labor no se limitó a lo científico, ya que realizó un cálculo de los costes de explotación del árbol hasta los puertos más adecuados para su transporte a España, dando por buenas las rutas que iban desde el puerto de Paita, en la costa peruana, a Portobelo, en Panamá y, por otro lado, desde Loja hasta Cartagena de Indias por Popayán y el río Magdalena. Sus descubrimientos fueron también muy apreciados por el naturalista alemán al servicio de la Co-

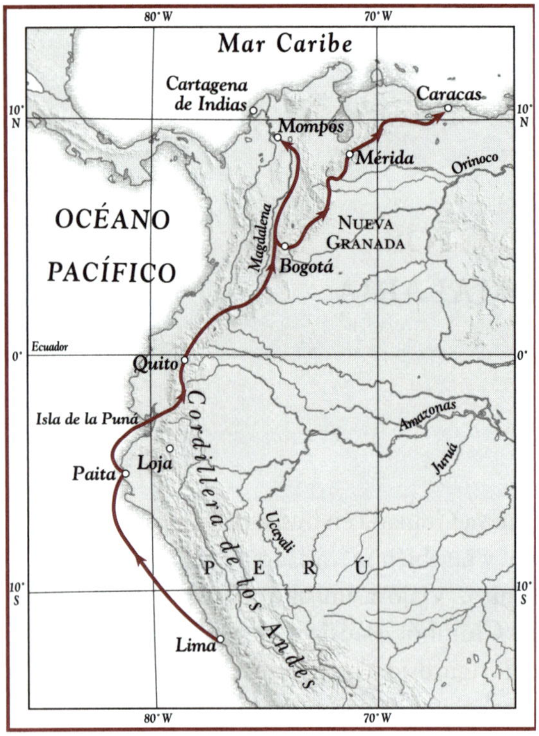

rona española Alejandro de Humboldt. Pero su trabajo no se agotó ahí, ya que si nos fijamos en su fundamental *Diario de Lima a Caracas* —una obra básica en el panorama suramericano de la primera mitad del siglo XVIII—, también aportó información sobre economía, paisajes, caminos y, en especial, sobre los núcleos urbanos que atravesó: Honda, Popayán, Mompós, Bogotá y Caracas. Santisteban, inquieto funcionario, también introdujo en América nueva maquinaria para la producción de moneda.

Lecturas

Mil leguas por América. De Lima a Caracas 1740-1741, diario de Don Miguel de Santisteban, edición de David J. Robinson. Banco de la República, Bogotá, 1992

Juan Bautista de Anza

La vía de Nuevo México hacia la Alta California

Fronteras (Sonora), 1734-Arizpe (Sonora), 1788

Militar y explorador

El 9 de enero de 1774 partió del presidio de Tubac una expedición encabezada por Juan Bautista de Anza, capitán de caballería criollo de origen guipuzcoano. Su objeto era hallar una vía terrestre entre la provincia de Sonora y las fundaciones de San Diego y Monterrey, en la costa del Pacífico, fundamental para el poblamiento y la colonización de la Alta California. Anza conocía bien aquel territorio inhóspito, seco y hostil, en el que las emboscadas de pimas y apaches eran parte de la rutina. Anza y sus hombres tuvieron que marchar por la Papaguería hasta la confluencia de los ríos Gila y Colorado, donde fueron recibidos amistosamente por los yumas. Tras atravesar el desierto de Colorado, llegaron en marzo a la misión de San Gabriel. Desde allí regresaron a Tubac, ya que, al tener el apoyo de los yumas, cabía la posibilidad de que pudieran llegar a San Diego, pero esta vez en una expedición de colonización. Así fue. Partieron de nuevo de Tubac el 23 de octubre de 1775 y llegaron a San Gabriel en enero de 1776. Desde allí fueron a San Diego y allí permanecieron durante tres semanas antes de salir hacia Monterrey, adonde llegaron el 23 de marzo. La vía a California estaba abierta. Anza fue nombrado gobernador de Nuevo México e inmediatamente se ocupó de la apertura de una ruta comercial y logística entre ambas provincias, poniéndose al mando de una nueva expedición que partió de Santa Fe en noviembre de 1780, pasando por Las Golondrinas, Santo Domingo, Valencia, Belem, Nutrias o Alamillo, hasta un lugar llamado Fray Cristóbal. Allí el camino se dividió en dos, uno que iba a Sonora y el llamado «Cordón de Chihuahua», con rumbo

a El Paso. Siguió Anza el camino de la falda de la sierra de Mimbres. Sin descanso, avanzó hasta llegar a Arizpe, cabecera comercial de Nuevo México, donde finalizó su viaje, tras haber cruzado las sierras de Chiricagui, Hacha y Enmedio para alcanzar el camino real y poner pie en San Luis, sima de la Cuesta de Guadalupe, San Bernardo, Álamo, Naidevacachi y el presidio de Terrenate.

Lecturas

Juan Bautista de Anza. Un hombre de fronteras, Mario Hernández Sánchez Barba. Publicaciones españolas, Madrid, 1962

LOS CURIOSOS PERTINENTES. VIAJEROS Y EXPEDICIONARIOS ILUSTRADOS

En una conocida referencia de comienzos del siglo XIX, el «príncipe de los viajeros», Alejandro de Humboldt, uno de los fundadores de la geografía moderna, mencionó que la humanidad debía eterna gratitud a la monarquía española, pues la multitud de expediciones científicas que había financiado había hecho posible la extensión de los conocimientos geográficos.

Con independencia de que el propio Humboldt tenía todos los motivos para realizar tal afirmación, pues debía el comienzo de su carrera científica a la extraordinaria generosidad de una nación que lo había acogido poniendo a su disposición recursos y contactos insospechados, es indiscutible que en la edad de oro de las expediciones científicas la aportación española fue ciertamente deslumbrante.

A partir de 1720 se fueron creando una serie de expectativas de cambio político que las favorecieron, visibles, por ejemplo, en el viaje a la audiencia de la ciudad de Quito de Jorge Juan y Antonio de Ulloa, entre los años 1735 y 1746, para medir junto a un grupo de académicos franceses el grado de meridiano. Desde entonces, la ilusión de reforma de las estructuras administrativas, económicas y sociales de España y sus territorios ultramarinos tuvo directa correlación con el desarrollo de una determinada política científica, de modo que las expediciones expresaron, entre otras cosas, un intento de reordenación imperial a través de dos tipos de acciones, encaminadas por una parte a la creación de instituciones como jardines botánicos, gabinetes de historia natural o escuelas náuticas y, por otra, a la organización de las propias expediciones. En su conjunto, estas constituyeron empresas viajeras que asociaron a una estructura organizativa militar, civil o mixta tareas vinculadas a la ciencia con un contenido multidisciplinar y un objetivo general o específico. Por otro lado, sus funciones económicas y tecnológicas estuvieron vinculadas a la expansión comercial marítima, el descubrimiento de materias primas, el establecimiento de nuevos mercados, la organización de territorios y la consolidación de fronteras. De este modo, todo aquello que configuró el mundo contemporáneo también se relacionó con los afanes y hallazgos de la exploración española.

Jorge Juan y Santacilia

Parte del equipo que precisó la morfología de la Tierra

Novelda (Alicante), 1713-Madrid, 1773

Marino, científico y explorador

En 1733, la Academia de Ciencias de París, que deseaba zanjar la controversia entre los astrónomos sobre si la Tierra estaba achatada por los polos o por el ecuador, y considerando los beneficios que el correcto conocimiento de la forma y tamaño de nuestro planeta reportaría a la navegación, la cartografía y otras disciplinas, determinó enviar una expedición científica a Laponia, en el norte de Finlandia, para medir un grado de meridiano bajo el círculo polar, mientras que otra expedición había de hacer lo propio en el virreinato de Perú, en las cercanías del ecuador. El rey de España, Felipe V, dueño de aquellos territorios americanos, concedió su permiso, pero exigió la incorporación al grupo de dos guardias marinas aventajados en conocimientos matemáticos. Fueron elegidos el alicantino Jorge Juan y Santacilia y el sevillano Antonio de Ulloa. Ambos salieron de Cádiz en mayo de 1735 y, una vez reunidos con los académicos franceses en Cartagena de Indias, se dirigieron a Quito. Allí establecieron en el llano de Yaruqui la línea base para efectuar las triangulaciones geodésicas, muchas de las cuales se realizaron en condiciones climatológicas y físicas extremas al precisar de la ascensión a cumbres de gran altitud como el Pichincha, el Corazón o el Sinasaguan. Las tareas de medición, que se prolongaron desde 1736 hasta 1744, se vieron obstaculizadas por las continuas disputas surgidas entre los académicos franceses, los recelos que su trabajo despertaba entre la población indígena y la animadversión de las desconfiadas autoridades locales. Además, Juan y Ulloa hubieron de interrumpir sus observaciones en varias ocasiones

para atender las llamadas del virrey, el marqués de Villagarcía, que les encargó organizar la defensa de las costas y plazas del Pacífico, principalmente de Guayaquil, ante los ataques del comodoro inglés George Anson, quien, tras doblar el cabo de Hornos, había saqueado el puerto de Paita. Ambos marinos, al mando de sendas fragatas, patrullaron en su busca durante meses las costas de Chile y las islas del archipiélago Juan Fernández, circunstancia que aprovecharon, al igual que desde su salida de Cádiz, para anotar rumbos, derrotas, corrientes y vientos, realizar observaciones astronómicas, barométricas, de latitud y del péndulo, así como para levantar planos de las costas, bahías y ciudades por las que pasaban. Concluidas todas sus comisiones, los dos españoles embarcaron por separado en el puerto de El Callao y regresaron a Europa. En 1748, una vez ya en la Península, el marqués de la Ensenada reconoció sin miramientos la importancia de las investigaciones que habían llevado a cabo y, adelantándose a los científicos franceses, ambos publicaron conjuntamente la *Relacion historica del viage a la America Meridional,* obra de Ulloa sobre historia, geografía, etnografía y otras cuestiones del virreinato; y las *Observaciones Astronomicas y Phisicas hechas en los Reinos del Perú,* obra de Juan (aunque ambos firmaron como autores en los dos libros), donde exponía los resultados científicos de la medición. Sus conclusiones, puestas en relación con las obtenidas por la expedición enviada a Laponia, confirmaban el achatamiento de la Tierra por los polos, tal y como preconizaba el científico británico Isaac Newton.

A finales de 1748, Juan fue enviado a Londres en misión de espionaje industrial y, tras una arriesgada estancia de dieciocho meses, logró traer a la Península a decenas de técnicos en construcción naval, libros e instrumental científico, planos y fórmulas secretas para la mejora de la industria patria, información sobre el funcionamiento de las «máquinas de fuego» o de vapor, la organización de los arsenales británicos y los progresos experimentados en el diseño y construcción de barcos. Puesto por el ministro Ensenada al frente de los planes de modernización naval en España, dirigió y supervisó las obras de construcción y reforma de los arsenales de Cádiz, Ferrol y Cartagena, donde construyó los dos primeros diques de carenar en seco del Mediterráneo, y elaboró el *Nuevo método de construcción naval,* un sistema propio de arquitectura de buques en el que aplicó sus conocimientos de mecánica, hidráulica y cálculo diferencial e integral. En el año 1751 fue nombrado capitán de la Compañía de Guardiamarinas de Cádiz y director de su Academia y, a partir del año 1770, dirigió el Real Seminario de Nobles de Madrid. Juan modernizó los planes de estudios de ambas instituciones e implantó las enseñanzas más avanzadas de la época. Su afán por lograr el desarrollo de la ciencia en España le llevó a crear en 1753 el Observatorio Astronómico de Cádiz y, en 1755, la Asamblea Amistosa Literaria, considerada como la primera academia científica española. En 1767, nombrado embajador plenipotenciario del rey Carlos III ante la corte de Marruecos, viajó hasta Marrakech, donde, tras seis meses de negociaciones, firmó con el sultán un ventajoso tratado de paz y comercio que rigió durante muchos años las relaciones entre ambas naciones. Escribió, además, obras de excepcional interés en el campo de las matemáticas, la navegación y la construcción naval, tales como la ya citada *Observaciones Astronomicas y Phisicas* (1748, reeditada en 1773), *Compendio de Navegacion para el uso de los Cavalleros Guardias Marinas* (1757) y el *Examen Maritimo* (1771), que está considerada como su obra cumbre. Caballero de la Orden de Malta y comendador de Aliaga, fue consiliario de la Real Academia de Bellas Artes de San Fernando, de la Academia de Agricultura del reino de Galicia y de la Junta de Comercio y Moneda, así como miembro de la Academia de Ciencias de París, de la Royal Society de Londres, y de la Real Academia de Ciencias de Berlín, muestra todo ello de la consideración y respeto internacionales logrados por el científico y explorador alicantino. No es de extrañar que ante tan magna trayectoria en Europa fuera conocido como «el sabio español».

Lecturas

Los caballeros del punto fijo. Ciencia, política y aventura en la expedición geodésica hispano-francesa al virreinato del Perú en el siglo XVIII, A. Lafuente y A. Mazuecos. Ediciones del Serbal-CSIC, Barcelona, 1987

La herencia de Jorge Juan. Muerte, disputas sucesorias y legado intelectual, R. Die y A. Alberola. Fundación Jorge Juan-Universidad de Alicante, Alicante, 2002

Antonio de Ulloa

Un científico español en la expedición de La Condamine

Sevilla, 1716-Isla de León (San Fernando, Cádiz), 1795

Marino y científico

El nombre de Antonio de Ulloa quedará por siempre unido al de Jorge Juan y Santacilia por la labor fundamental que ambos marinos llevaron a cabo en la expedición franco-española que concluyó con la medición del arco de meridiano en Ecuador y que resultaría fundamental para determinar la forma exacta de la Tierra. Pero la figura de Ulloa, no tan conocida como la de Jorge Juan, no está exenta de otros brillantes logros científicos de primer orden. Juan y Ulloa fueron comisionados por el secretario de Marina e Indias José Patiño —quien fue requerido directamente por Felipe V— para que formaran parte, en calidad de matemáticos y astrónomos, en aquella expedición dirigida por Pierre Bouguer y en la que participaron también los prestigiosos La Condamine, Godin y Jusieu. Tenían por entonces 21 y 19 años respectivamente, y eran unos desconocidos guardiamarinas que, sin embargo, habían dado muestras de una gran valía personal y profesional. No en vano terminarían por erigirse en dos de las figuras más notables de la Ilustración científica española. En mayo de 1735, ascendidos ya de golpe a tenientes de navío —cuatro grados por encima del de guardiamarinas—, partieron desde Cádiz, con rumbo a Perú, en las fragatas *El Conquistador* y *El Incendio*. A su llegada a América Ulloa se dedicó, en un principio, a realizar observaciones botánicas hasta que, en junio de 1736 y bajo la dirección de La Condamine, dio comienzo a sus actividades en torno a la geodesia. Cuatro años después, en 1740, hubo de revisar en calidad de marino de la Real Armada las defensas de varios puntos de la costa pacífica americana,

entre ellos el del puerto de El Callao, el de Guayaquil y algunos del litoral chileno. Ese mismo año se reunió en Quito con integrantes de la expedición francesa y juntos participaron en la observación de un cometa. Junto con Bouguer, realizó la descripción de un arco iris originado por la niebla. De camino de regreso a Europa, en 1745, el navío de bandera francesa en el que viajaba fue capturado por los británicos y Ulloa fue detenido y enviado a Gran Bretaña. Tras superar varios problemas, fue liberado tras devolverle el material que llevaba consigo, incluidos los papeles con las notas de lo que más tarde se convertiría en un libro fundamental de ciencia y política, *Relación histórica del viage a la América meridional.* Permaneció durante un tiempo en Londres, ciudad en la que tomó contacto con la Royal Society, a la que se incorporó antes de regresar a España.

Al poco de llegar, se reunió con Jorge Juan y juntos comenzaron la redacción de los textos referentes al viaje para su publicación. Ulloa se ocupó de *Relación histórica*, que concluyó en cuatro tomos y recibió después el encargo del marqués de la Ensenada de viajar por Europa para recabar información de materiales e informes de carácter técnico y científico con toda la reserva posible. Tras visitar Francia, Suiza, Flandes, Holanda, Alemania, los países bálticos y Rusia, regresó a España para ser elegido casi inmediatamente para una nueva misión: recorrer el continente americano en calidad de científico y tomar nota de los avances que se iban produciendo. Fue nombrado en 1758 gobernador de Huancavelica, en Perú, y superintendente de las importantes minas de azogue de la región. Sus consejos sobre la administración de las explotaciones no fueron escuchados y las reformas que pretendió llevar a cabo quedaron en saco roto cuando tuvo que ocuparse más de las acusaciones contra él formuladas por abuso de autoridad que de la puesta en práctica de sus avanzadas ideas, tan renovadoras como incomprendidas. En el año 1765, Ulloa ocupó el puesto de gobernador de la actual Luisiana meridional —cedida a España por Francia en virtud del Tratado de Fontainebleau de 1762—, en donde encontró una seria oposición por parte de los colonos franceses. En 1766 era nombrado gobernador de la Florida occidental y diez años después se ocupó del mando de la flota de Nueva España (México), hasta que emprendió el viaje de retorno a España, en el año 1768. En el transcurso de aquella travesía, Ulloa observó, estudió y definió por primera vez un eclipse total de sol en alta mar. A partir de entonces, llevó a cabo acciones puramente militares, en las que no sobresalió especialmente. Estaba claro que, a pesar de ser miembro de alto grado en la Armada, su mundo era el de la ciencia y su pasión la de la ilustración reformista. De hecho, sufrió un consejo de guerra al fracasar en la misión que le fue encomendada cuando era comandante de la flota en las Azores, la de intentar, desde Cuba, la reconquista de Florida. A pesar de ser declarado inocente de los cargos que se le imputaban, fue retirado del mando activo y pasó a colaborar con el Real Gabinete de Historia Natural de Madrid y el Observatorio Astronómico de Cádiz, y a realizar tareas de asesoramiento científico.

Lecturas

La pasión de reformar. Antonio de Ulloa, marino y científico (1716-1795), Francisco de Solano Pérez-Lila. Edición preparada por Salvador Bernabéu y José Jesús Hernández Palomo. CSIC, Madrid, 1998

José Iturriaga y Aguirre
El promotor de la Venezuela interior

Azpeitia (Guipúzcoa), 1699-Pampatar (isla Margarita, Venezuela), 1767

Marino, político, comerciante y explorador

En 1740, el capitán de fragata Iturriaga se hizo cargo de dos navíos de la Real Compañía Guipuzcoana del cacao que debían transportar a Caracas hombres, pertrechos de guerra y armas con que reforzar la desguarnecida costa venezolana. Un año antes se había declarado la guerra a Gran Bretaña —llamada de la «Oreja de Jenkins»— y uno después Iturriaga estaba de vuelta a América como comandante de cinco navíos que transportaban a Cuba dos regimientos con los que reforzar la isla ante el bloqueo británico. Desde allí condujo luego las naves a Caracas para fortalecer la defensa de los puertos de la Guaira y Puerto Cabello. Poco después la escuadra del almirante Knowles atacaba las posiciones españolas; Iturriaga se hizo cargo de la defensa naval e infringió al enemigo una severa derrota. A pesar de su brillante protagonismo, y una vez que fue reconocido por la Corona con el nombramiento de capitán de navío graduado en 1745, su vida dio un giro cuando empezó a interesarse por el interior continental, concretamente por el Orinoco, donde los holandeses ejercían contrabando y guerra apoyados en sus aliados caribes. Tras la firma del Tratado de Madrid de 1750, Iturriaga fue nombrado primer comisario y jefe de la Expedición de Límites al Orinoco, que debía marcar las líneas divisorias de los dominios español y portugués en Asia y, muy especialmente, en América. El 15 de febrero del año 1754 los expedicionarios partieron de Cádiz y casi dos meses después llegaban a Cumaná, capital de Nueva Andalucía, con el propósito no solo de cumplir con el objetivo principal de la misión, sino también con otros «secundarios» de carácter

político (expulsar a los holandeses de Surinam), científico (estudiar la canela, la quina y el cacao silvestre para su comercialización) y económico (valorar las posibilidades de fomento de la Guayana). En 1755, Iturriaga abandonaba Cumaná para dirigirse a Churiapo, San Felipe, el río del Pilar y la isla de Trinidad, desde donde partió con su grupo a la Guayana. La expedición se estaba vistiendo de tragedia debido a las bajas por muertes, heridas y enfermedades tropicales. A pesar del estado deplorable en el que Iturriaga se encontraba, prosiguió con sus acciones, encaminadas sobre todo a establecer bases españolas en el Orinoco Medio y Alto y explorarlo y cartografiarlo en todo su curso. Los expedicionarios establecieron su cuartel general en la recién fundada Ciudad Real, con Iturriaga al mando. En 1767 cedió el mando a Manuel Centurión, nuevo gobernador de la Guayana. Paralítico del lado derecho, ciego y casi sordo, se trasladó a isla Margarita, donde murió al poco de llegar. La Venezuela profunda era ya una realidad.

Lecturas

Laboratorio tropical. La Expedición de Límites al Orinoco (1750-1767), Manuel Lucena Giraldo. Monte Ávila-CSIC, Caracas, 1993

José Solano y Bote

Audaz explorador del Orinoco

Zorita (Cáceres), 1726-Madrid, 1806

Marino, político y cartógrafo

A mediados del siglo XVIII el río Orinoco aún constituía una frontera infranqueable para los españoles, y el territorio venezolano carecía de una dimensión continental. Sin embargo, el 28 de marzo de 1756 el oficial de la Real Armada, José Solano, junto con 200 indígenas, logró superar el raudal de Atures y poco después haría lo mismo con el de Maipures, áreas de difícil navegación debido a los remolinos, rocas y peligrosos rápidos. Había abierto de ese modo una frontera selvática antes infranqueable y la exploración del Orinoco y el Amazonas entró en una nueva etapa de conocimiento e integración en el mundo occidental.

Solano entró a servir como guardamarina en 1742 y mostró un singular talento en aritmética, cosmografía y navegación. Tras recibir su bautizo de fuego en un victorioso combate contra los británicos, Jorge Juan lo convocó para un viaje de estudios —en realidad, de espionaje— que lo llevó a Londres en 1749. Poco después fue nombrado cuarto comisario de la Expedición de Límites al Orinoco. Durante su transcurso, de 1754 a 1761, él y los jóvenes oficiales que lo acompañaban desarrollaron un completo programa científico, que comprendió por primera vez la determinación astronómica, estudios del clima, observación de especies vegetales y levantamiento de planos, primero en las islas de Margarita y Trinidad y, más tarde, en vastas regiones del Orinoco y el Amazonas.

El mencionado paso de los raudales por Solano permitió a la Expedición de Límites asentarse con solidez en dos nuevas poblaciones del Orinoco Medio —Ciudad Real y Real Corona—, pero

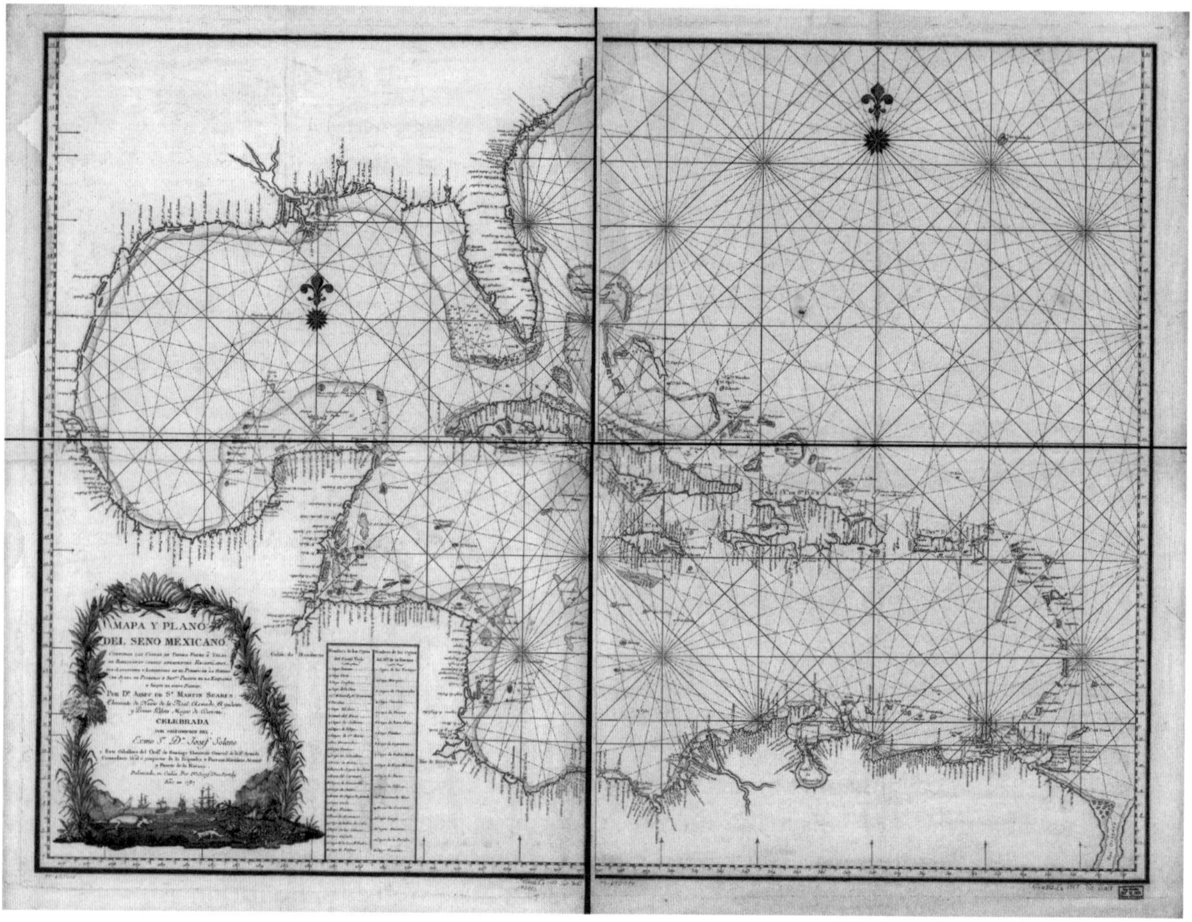

Mapa del seno mexicano y mar Caribe realizado por disposición de José Solano y Bote.

su actividad continuó incansable y se dirigió hacia otras regiones. En 1757 viajó por la ruta del río Meta a Santafé de Bogotá, donde logró del virrey Solís la entrega de diversos socorros. A comienzos del año siguiente cruzó de nuevo los raudales hacia el sur e impulsó un proyecto dirigido a integrar el Alto Orinoco y consolidar de manera definitiva la frontera con el Brasil portugués. Muy hábil en las relaciones con los nativos, ante los cuales se presentó como «un español del rey» y gracias a la amistad de Crucero, jefe de los indígenas guaipunabis, fundó

San Fernando de Atabapo y, en 1759 y 1760, su alianza con mazerinabis, mengepures y manaos hizo posible el establecimiento de Esmeraldas y San Carlos de Río Negro, localidades que aún existen. Otras exploraciones por él promovidas se dirigieron a las fuentes del Orinoco y en busca de cacahuales silvestres y diversas riquezas minerales.

En 1763 Solano retornó a Venezuela como capitán general e impulsó nuevas exploraciones y fundaciones en el interior, en especial hacia las fuentes del Orinoco y la Guayana. También alentó el traslado de su capital —convertida en 1762 en comandancia separada— a Angostura, la actual Ciudad Bolívar. En 1771 entregó el mando a su sucesor y pasó a servir la Capitanía General de Santo Domingo, donde fomentó el señalamiento de límites con los franceses, que ocupaban el oeste de la isla. En 1778 se reintegró a la Real Armada y poco después logró la máxima gloria militar de su carrera, pues en 1781 mandó la escuadra que protegió las operaciones de rendición de los británicos en Pensacola (Florida), una batalla decisiva enmarcada en la guerra de Independencia norteamericana.

Lecturas

Viajes a la Guayana ilustrada, edición de Manuel Lucena Giraldo. Fundación Provincial-BBVA, Caracas, 1999

Don José Solano y Bote. Primer marqués del Socorro, capitán general de la Armada, J. L. Santaló Rodríguez de Viguri. Instituto Histórico de la Marina, Madrid, 1973

Pedro (Pehr) Löfling

Un discípulo de Linneo al servicio de España en América

Valbo Gastrikeland (Suecia), 1729-San Antonio de Caroní, Bolívar (Venezuela), 1756

Naturalista y explorador

Las expediciones científicas organizadas desde las metrópolis europeas y enviadas a ultramar durante el siglo XVIII se desarrollaron con frecuencia a través de iniciativas atrevidas, en las que el riesgo físico que se corría iba parejo a los importantes resultados científicos que esperaban alcanzarse. Generaron grandes expectativas iniciales, ya que junto a la perspectiva de estudiar fenómenos naturales, de describir floras y faunas singulares y exóticas y de conocer nuevas tierras y comunidades indígenas, se encontraba la posibilidad de conseguir el reconocimiento y el prestigio de la comunidad científica. Este premio podía ser lo suficientemente atractivo para que las dudas sobre la conveniencia de emprender un viaje amenazado de peligros quedaran en parte disipadas.

La primera expedición científica del siglo XVIII articulada por la Corona española tuvo lugar como consecuencia del Tratado de Límites firmado en 1750 entre España y Portugal. Esta expedición enviada al río Orinoco en el año 1754 abarcó también objetivos científicos. Como botánico de esta expedición fue nombrado el sueco Pedro Löfling, discípulo de Carlos Linneo (Carl von Linné), el naturalista sistemático más importante de su época.

Mediante un pasaje para Oporto (Portugal) en un barco de la Compañía Sueca de Indias Orientales, Löfling partió de Suecia el 16 de mayo de 1751. La travesía duró setenta y un días y desembarcó en Oporto. De allí se dirigió a Lisboa y partió hacia España a finales de septiembre. Tras veinte días de viaje, llegó a Madrid el 20 de octubre de 1751.

En la capital del reino trabajó durante dos años hasta que partió hacia Cádiz.

Löfling, junto con el resto de sus compañeros, embarcó el 15 de febrero de 1754 rumbo a América. Como comisario principal de la expedición, iba José Iturriaga y Aguirre, buen conocedor del territorio venezolano por sus vínculos con la Real Compañía Guipuzcoana de Caracas. El segundo comisario fue Eugenio de Alvarado, militar criollo, mientras que Antonio de Urrutia y José Solano Bote fueron designados tercer y cuarto comisarios respectivamente. El trazado de los límites entre los territorios coloniales americanos de España y Portugal, tal como se había acordado en el tratado que ambas naciones habían firmado en el año 1750, era el objetivo fundamental de la Expedición de Límites, pero la estrategia diseñada por el Gobierno español también contemplaba otras tareas. Junto a la redacción de informes geográficos, estadísticos, etc., se pedían estudios de materias económicas que incluyeran la posibilidad de explotación de recursos naturales. Por eso, la Corona española estimó oportuno que se integrase en la expedición un grupo de naturalistas y dibujantes científicos para que evaluasen, describiesen y dibujasen los ejemplares botánicos y zoológicos que constituían recursos naturales de la región del río Orinoco. Este grupo estuvo constituido por Löfling, junto con los médicos Benito Paltor y Antonio Condal, como ayudantes, y los jóvenes dibujantes Bruno Salvador Carmona y Juan de Dios Castel. Además de naturalistas y dibujantes, la expedición contó con un personal científico de apoyo, compuesto por cosmógrafos, cartógrafos, astrónomos, cirujanos y pilotos. El 11 de abril de 1754, tras cincuenta y cinco días de viaje con vientos desfavorables, desembarcaron en Cumaná.

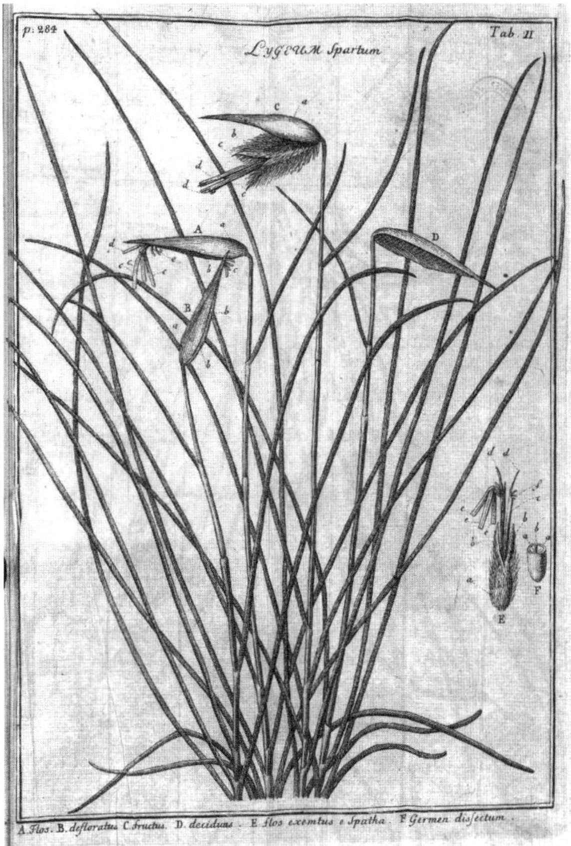

Löfling realizó en la expedición al Orinoco multitud de descripciones de plantas.

La expedición tuvo que permanecer allí unos meses realizando diferentes viajes de herborizaciones por la provincia a los lugares más ricos desde una perspectiva botánica. Además, efectuó las primeras descripciones zoológicas de aves, reptiles y peces de la costa de Cumaná. Posteriormente Löfling herborizó en Ipure, Macarapan y Cumanacoitia, y regresó con la descripción de más de medio centenar de plantas y algunas especies zoológicas. Junto con Paltor y Juan de Dios Castel, se embarcó hacia Barcelona, donde cayeron enfermos nada más llegar. Desde esta ciudad se dirigieron a las misiones de los capuchinos del Piritu, al río Unare, Tocuyo, Puruey y Clarines. En estas localidades, y en los caminos que iban entre ellas, herborizaron durante la segunda semana de agosto. Regresaron a Barcelona y fueron en lancha a Cumaná a finales de mes. El trimestre siguiente Löfling permaneció en Cumaná, en donde apenas pudo trabajar, ya que unas fiebres y sucesivas recaídas lo dejaron sin fuerza para ello. La expedición partió hacia la Guayana a primeros de diciembre de 1754, para desde allí dirigirse, por el Orinoco arriba, hasta el río Negro. Se formaron dos grupos. Löfling, acompañado de Condal y Castel, fue en una ruta que le hizo volver a Barcelona y a las misiones del Piritu, para desde allí atravesar la llanura y seguir hasta el Orinoco y la Guayana. El otro grupo tomó el camino de Paria hasta la isla de Trinidad. Desde allí, fueron en barco al Orinoco para coincidir todos en la Guayana. En este territorio, Löfling efectuó algunas excursiones y recorrió, acompañado de Paltor y Carmona, las misiones de Suay, Caroní, Murucuri, Agacagua y Altagracia, donde aprovechó para buscar arbustos de quinas. A mediados de septiembre de 1755, encontrándose en la Guayana, padeció unas fiebres. Tras su traslado de Murucuri a San Antonio de Caroní, se produjo su fallecimiento en febrero de 1756. Allí fue enterrado al pie de un naranjo, con sus propios vestidos en lugar de mortaja y la peluca que usaba en sus viajes.

Lecturas

Pehr Löfling y la expedición al Orinoco (1754-1761), Francisco Pelayo López, editor. Turner, Madrid, 1990

Laboratorio tropical. La Expedición de Límites al Orinoco 1750-1767, Manuel Lucena Giraldo. Monte Ávila Editores/ CSIC, Caracas, 1991

La obra científica de Pehr Löfling en Venezuela, Francisco Pelayo López y Miguel Ángel Puig-Samper. Cuadernos Lagoven, Caracas, 1992

Apolinar Díez de la Fuente

Un laboratorio tropical en el Alto Orinoco

Mérida (Cáceres), ¿?-¿?, ¿?

Explorador y fundador

Considerado como uno de los mejores exploradores de la selva que tuvo la América española en la segunda mitad del siglo XVIII, Díez de la Fuente formó parte de la Expedición de Límites al Orinoco, que trabajó entre 1754 y 1761 en el trazado de la línea divisoria entre los dominios de los reyes español y portugués en América del Sur. Su misión inicial en esta expedición fue «limpiar los instrumentos matemáticos y repararlos si se descomponían». El motivo de tal nombramiento fue que el emeritense, según su currículo profesional, era «maestro en el arte de platero». Pero además de manos hábiles, Díez de la Fuente poseía un instinto natural y una gran predisposición para la exploración, como demostró en sus incursiones por el Alto Orinoco. El 3 de diciembre de 1759 partió de San Fernando de Atabapo con la misión de reconocer los cacahuales silvestres (bosques de árboles del cacao), explorar los márgenes y la cabecera del Orinoco, fundar pueblos y erigir un fuerte en el extremo septentrional del río Casiquiare. Remontando el Orinoco, llegó a Santa Bárbara, luego se acercó a la laguna Carida, después a las desembocaduras del Yahú y el Guanama, para alcanzar luego el extremo orinoqués del caño del Casiquiare, donde erigió el fuerte de la Buena Guardia de Nuestra Señora de Guadalupe. A continuación siguió Orinoco arriba hasta un punto en el que luego fundaría la población de La Esmeralda. Desde allí prosiguió con sus exploraciones hasta que el 11 de abril de 1760 llegó a lo que él creía que era el nacimiento del gran río, en el raudal de los Guaicas. Estuvo cerca. En 1760 se hallaba de nuevo en San Fernando de

Atabapo y, tras entrevistarse con su superior y protector José Solano, emprendió un segundo viaje exploratorio a las cabeceras del Orinoco. Partió el 3 de agosto de aquel mismo año comisionado para crear una red de asentamientos. Esta vez alcanzaron la boca del río Cunucunuma. Luego emprendió viaje a San Carlos de Río Negro para regresar a Buena Guardia el 17 de octubre. Fundó finalmente La Esmeralda el 9 de noviembre de 1760. La Expedición de Límites tocó a su fin y los expedicionarios regresaron a Buena Guardia, para después ir a San Fernando, Cabruta y Ciudad Real, en el Orinoco Medio, y luego a España. En 1767 repitió, por orden de Solano, sus exploraciones en el Alto Orinoco, con idénticos objetivos, de población y búsqueda de recursos naturales. En realidad, es obvio que durante esta etapa supo tapar con sus dotes de gran explorador y hombre activo los defectos de su informalidad y sus no muy altos conocimientos sobre cartografía. En 1772 se encontraba en Santafé de Bogotá cuando le llegó el nombramiento como gobernador de Quijos, en Quito, Ecuador. Cinco años más tarde, en 1777, lograba el título de «capitán de La Esmeralda y comandante militar de Buena Guardia del Casiquiare». En 1780 fue incluido como astrónomo y geógrafo en la importante comisión para trazar los límites entre los dominios de España y Portugal en el Amazonas, una expedición de la que estaba al mando el ingeniero Francisco de Requena.

Lecturas

Laboratorio tropical. La Expedición de Límites al Orinoco, 1750-1767, Manuel Lucena Giraldo. Monte Ávila Editores/ CSIC, Caracas (Venezuela), 1991

Manuel Centurión Guerrero

Las tres últimas expediciones para la búsqueda de El Dorado

Nerja (Málaga), 1732-Málaga, 1802

Gobernador y proyectista

Gobernador de la Guayana española entre 1766 y 1776, la figura de este ingeniero militar fue clave en la expansión de la presencia española en aquel territorio a través del descubrimiento, el poblamiento y el control del río Orinoco y sus afluentes, que permitiría el dominio del espacio y el establecimiento de un sistema organizativo que hiciera posible la presencia permanente de españoles en la América tropical y selvática. No solo de los misioneros capuchinos que operaban allí desde hacía décadas, sino también de seglares sujetos al poder civil con el estímulo de los matrimonios mixtos entre españoles y naturales. Durante su mandato se fundaron más de cuarenta poblados y se refundaron otros como San Fernando de Atabapo, Santa Bárbara y San Francisco Solano en el Alto Orinoco. En el sur de su cauce fluvial se edificó Borbón, que junto con Carolina, en la orilla septentrional del río Aroy, figuraría como cabecera y escala de la ruta que Centurión pretendía abrir por los ríos Caura y Erebato hacia La Esmeralda, con lo que se evitaría el peligroso paso de los raudales del Orinoco (Atures y Maipures). El propósito evidente de todo ello era avanzar hacia la frontera indefinida con las posesiones portuguesas de lo que es hoy Roraima y acceder al gran Amazonas.

Pero la gran obsesión de Centurión fue la localización de la mítica Laguna Dorada, la Parima, que se creía estaba en la única región de la Guayana desconocida para los españoles, el Parime. El viejo mito, la leyenda de El Dorado, que había sido arrinconada en el siglo XVI, afloraba de nuevo, en pleno Siglo de las Luces, en el epicentro de la Ilustración. Motivos ha-

bía: los jesuitas, expulsados de América, dejaron testimonios de indios que hablaban de aquella fabulosa tierra áurea. Por otra parte, empezaron a circular noticias sobre el establecimiento de portugueses en las inmediaciones de la Laguna Parima y del merodeo de holandeses en la zona. Así que el mito y la razón parecían conjugarse a partes iguales. En 1772 partió de Angostura, capital de la Guayana, la primera expedición enviada por Centurión al Parime, que resultó un fracaso. La segunda, entre 1773 y 1775, tuvo como inicio el mismo punto que la anterior, pero transcurrió por el río Paragua hasta la confluencia con el Paraguamusi. De allí bajaron por el Uanamara y el Uraricoera hasta el Tacutú y luego al Ireng. De camino fundaron tres pueblos y el grueso de la expedición regresó al origen. En 1775 se inició la tercera de las expediciones, que partió de Guirior y llegó al cerro Apucuano. En junio de 1776, una parte del grupo llegó a Guirior portando malas noticias: los portugueses habían capturado a los españoles en la boca del río Mao. El Dorado seguía ocultándose.

Lecturas

Guayana y el gobernador Centurión: (1766-1776), María Isabel González del Campo. Academia Nacional de la Historia. Caracas (Venezuela), 1984

Vicente Doz

Tras las huellas de Venus en el cielo de California

Tarazona (Zaragoza), 1734-Cádiz, 1781

Marino, explorador y astrónomo

El cálculo del paralaje del Sol, es decir, la medición exacta de su distancia desde la Tierra, se convirtió en una de las principales preocupaciones de los astrónomos del siglo XVIII. Con ese cálculo se pondría fin al problema de la determinación exacta de la escala del sistema solar. El fenómeno astronómico que mejor podía contribuir a desvelar la resolución del problema era el tránsito del planeta Venus por el disco solar. Una de las expediciones que se organizaron para la contemplación de este puntual acontecimiento en el momento oportuno, el año 1769, fue la organizada conjuntamente por las Coronas francesa y española, y el lugar elegido para ello fue la península de California. El grupo de trabajo estuvo encabezado por el abate galo Jean Baptiste Chappe d'Auteroche y la campaña se constituyó como un gran proyecto de colaboración, investigación y descubrimiento. Por parte española, los más destacados miembros de la comisión fueron Vicente Doz y, en principio, Juan de Lángara, al que posteriormente sustituyó Salvador de Medina, además del sabio criollo novohispano Joaquín Fernández de León. Las instrucciones del viaje habían sido elaboradas meticulosamente por Jorge Juan Santacilia. Doz había participado ya con anterioridad en la Expedición de Límites al Orinoco (1754-1761), en la que había realizado importantes investigaciones astronómicas y cartográficas. Los expedicionarios del paso de Venus partieron de Cádiz en 1769 con rumbo a Veracruz en una balandra francesa. De allí fueron trasladados primero a la capital de México y luego a San Blas, tras hacer paradas en Querétaro y Guadalajara. Desde San Blas iniciaron la navegación hasta el ex-

En la Expedición de Límites, Vicente Doz realizó importantes trabajos y descripciones zoológicas.

tremo sur de la península de California. El momento de la observación, que tendría lugar el día 3 de junio de aquel año de 1769, se acercaba. Los resultados fueron perfectos entre las mediciones de los franceses y las de los españoles, corregidas y comparadas con las hechas en México, entre otros, por Antonio Alzate. Pero la expedición científica terminó en tragedia: una epidemia de tifus acabó con la vida de Salvador de Medina y la de Chappe, además de las del intérprete y la de 20 soldados, 4 oficiales y 50 indios. Doz se salvó casi de milagro y consiguió llegar a Madrid para dar cuenta de las observaciones llevadas a cabo; entre otras, la situación errónea de Nueva España y California en los mapas elaborados hasta entonces. En 1776 fue elegido director del Seminario de Nobles de Madrid mientras asesoraba también al ministro de Indias, Julián de Arriaga, sobre cuestiones africanas. En 1776 fue designado miembro de la Junta de Límites para el estudio de los asuntos relacionados con las delimitaciones de las fronteras americanas. Poco después, tras participar en diferentes combates navales con los británicos, Vicente Doz enfermó de escorbuto y acabó muriendo en la ciudad de Cádiz.

Lecturas

Las huellas de Venus: el viaje del astrónomo Chappe d'Auteroche a Nueva España, 1768-1769, Salvador Bernabéu Albert. Breve Fondo Editorial, México, 1998

Felipe González de Haedo

El explorador de la isla de Rapa Nui o de Pascua

Santoña (Cantabria), 1714-Cádiz, 1802

Marino y explorador

Las noticias que recibió en la ciudad de Lima Manuel Amat, virrey de Perú, referentes a naves extranjeras que habían surcado el estrecho de Magallanes, los viajes de Wallis, Cook o Roggeveen, entre otros, así como la recalada forzosa en las costas peruanas del buque francés *Saint-Jean Baptiste*, hicieron que este burócrata preparara una expedición geoestratégica a la zona central del océano Pacífico. Esta tenía dos objetivos: en primer lugar, la búsqueda y exploración de las islas de Davis o David y de Luján, registrando también la de la Madre de Dios, al sur de Chiloé; y en segundo lugar, comprobar si había tropas o colonias extranjeras en dichas islas y las costas del sur de Chile.

La isla o tierra de Davis fue avistada por el filibustero inglés Edward Davis en el año 1687. Algunos autores confunden su hallazgo con la isla de Pascua. Actualmente está desechada tal «hazaña». Amat ordenó que el navío *San Lorenzo*, al mando del capitán Felipe González de Haedo, acompañado de la fragata *Santa Rosalía*, a cargo de Antonio Domonte, se preparasen para estas misiones. La expedición partió del puerto de El Callao el 10 de octubre de 1770. Los datos de los pilotos muestran que las embarcaciones, una vez pasados los 280º del meridiano de Tenerife (96º longitud oeste de Greenwich), navegaron en línea recta por la latitud sur de los 27º. El día 15 de noviembre vieron una isla que identificaron como la de Davis. Los españoles, tiempo después, comprobaron que había sido descubierta en 1722 por el holandés Roggeveen, quien le puso el nombre de Paasch Eyland o «isla de Pascua», como se conoce actualmente.

Durante los cinco días que estuvieron en la isla, la circunnavegaron con dos lanchas dando nombres españoles a las ensenadas, caletas, cerros y cabos. De toda aquella toponimia, solo permanece en las cartas marinas actuales el nombre de Punta Rosalía, cercana a la playa del Desembarco, cuyo nombre pascuense es Ovahe. González mandó dibujar los planos de la ensenada donde fondearon los buques y el de la isla en general, que fueron los primeros que se hicieron y que más tarde utilizarían los franceses y británicos. En dichos mapas aparecen dibujadas, también por primera vez, las famosas estatuas de toba volcánica conocidas como *moái*, adornadas con sus sombreros *(pukao).*

Visitaron también algunas zonas costeras y el interior de la isla, recogiendo información de los habitantes, los cultivos, la fauna y la tierra. El día 20 de noviembre la bautizaron como isla de San Carlos, en homenaje al rey Carlos III, en una ceremonia religioso-militar celebrada en la parte noreste de la isla, donde se colocaron tres cruces de madera en sendos cerros próximos a los acantilados.

El contador de navío, Antonio Romero, levantó acta de la toma de posesión en la que firmaron, además de los oficiales presentes, tres jefes pascuenses.

Al día siguiente las dos embarcaciones navegaron rumbo al oeste para ver si existían otras islas próximas, como indicaban algunas cartas marinas. Al no hallarlas, se dirigieron hacia el sur en busca de la isla de Luján, que tampoco encontraron, y navegaron rumbo a Chiloé para continuar la segunda fase de las órdenes de Amat. González supo por el gobernador de Chiloé, Carlos Berenguer, que había enviado unas lanchas a la isla de Inchín y al estuario de Diego Gallegos, y no encontró que en aquellas latitudes hubiera tropas ni colonia extranjera alguna. Entonces regresó a El Callao, navegando al oeste, y volvió a ver de nuevo la isla de San Carlos. Días más tarde fondeó en el puerto peruano el 29 de marzo, después de cinco meses y medio de navegación y de haber recorrido 4177 leguas.

Al año siguiente González partió hacia el puerto de Cádiz. En los años posteriores participó con la escuadra de Luis de Córdova, con el que apresó al navío británico *Ardiente*, de 74 cañones. Participó también como brigadier en diversas campañas del Atlántico y el Pacífico protegiendo el comercio de piratas y naves extranjeras. Falleció en Cádiz a los 88 años de edad, después de pasar por todo el escalafón militar y haber prestado grandes servicios a su patria.

Lecturas

Manuscritos y documentos españoles para la historia de la isla de Pascua, Francisco Mellén Blanco. CEHOPU, Madrid, 1986

«El marino santoñés Felipe González Haedo y el descubrimiento de la isla de Pascua», Francisco Mellén Blanco. En *Monte Buciero* n.º 2, Santoña (Cantabria), cursos de 1998

«Felipe González y Domingo Boenechea: de Pascua a Tahití», Francisco Mellén. En *Exploradores españoles olvidados,* Sociedad Geográfica Española, Madrid, 1999

Juan de Lángara y Huarte

Impulsor de la navegación con «distancias lunares»

La Coruña, 1736-Madrid, 1806

Marino y científico

La distancia que separa Europa de Filipinas dejó de ser un factor favorable para la seguridad de aquellas posesiones ultramarinas para convertirse en un verdadero inconveniente desde comienzos del siglo XVIII. Los británicos estaban al acecho en esos territorios del Pacífico Sur. De hecho, en 1762, catorce navíos de la escuadra británica, al mando de Samuel Cornish, tomaron Manila sin apenas resistencia. Aunque el archipiélago fue reintegrado a la Corona española un año más tarde, parecía claro que la geoestrategia imperial, que requería un adecuado funcionamiento de la Real Armada, debía ser modificada. Se necesitaban nuevas rutas por las que llegar desde España a Filipinas para abastecer a las islas y evitar nuevos ataques. El estrecho de Buena Esperanza, derrota poco seguida por los navíos españoles, estaba en el punto de mira. Pero había un problema: la localización exacta de las embarcaciones en aguas abiertas para poder alcanzar navegaciones favorables no era fácil. Era preciso fomentar la investigación de las «distancias lunares». En ese campo sobresalió especialmente el marino Juan de Lángara y Huarte, uno de los mejores discípulos de Jorge Juan, experto en matemáticas y en el arte de la navegación. Tres fueron, principalmente, las empresas en las que participó este gallego entre 1765 y 1771 destinadas a ese fin. La primera de ellas la llevó a cabo en el viaje que realizó de Cádiz a Manila embarcado en el navío *Buen Consejo*, que partió del puerto andaluz el 12 de marzo de 1765. Tras tocar en las Canarias, se dirigieron a Cabo Verde y desde allí a Río de Janeiro. Desde el puerto brasileño pusieron rumbo al cabo de Buena Esperanza para bordearlo y llegar a Filipinas. Lángara comprobó, en directo, las incertidumbres de la posición del navío en aquellos mares bastante desconocidos para los navegantes españoles. En un segundo viaje, a bordo de la fragata *Venus*, mandada por Manuel González de Guiral, siguió con sus investigaciones. En el tercero de los viajes, ya como comandante de la expedición, Lángara partió de Cádiz a finales de 1771 de nuevo en la *Venus*. Pero esta vez aportaba un elemento decisivo, pues pretendía la medición de la longitud por medio de las distancias lunares para asegurar la derrota o ruta a seguir. A su lado iba otro marino científico destacado, José de Mazarredo. Juntos elaboraron la estrategia para llevar a buen puerto sus indagaciones astronómicas. Navegando hacia el este, se dirigieron luego al cabo de Buena Esperanza. En junio llegaban a Java y desde allí por fin tomaron rumbo a Manila. La fragata estaba de regreso en la bahía de Cádiz el 21 de julio de 1773. A partir de la apertura de la nueva ruta que atravesaba el cabo de Buena Esperanza, se intensificaron los estudios y se introdujeron nuevos avances científicos dirigidos a lograr una segura navegación oceánica.

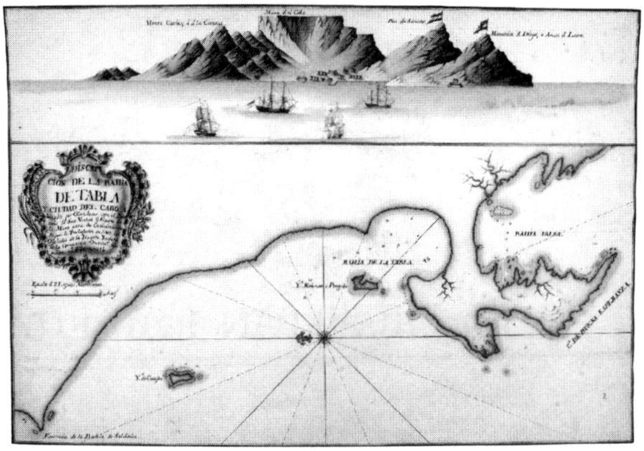

Descripción de la bahía de Tabla y Ciudad del Cabo en la expedición de Juan de Lángara.

Lecturas

«Ciencia ilustrada y nuevas rutas: las expediciones de Juan de Lángara al Pacífico (1765-1773)», Salvador Bernabéu Albert. En *Revista de Indias.* Departamento de Historia de América «Fernández de Oviedo», Centro de Estudios Históricos CSIC, Madrid, 1987

José de Mazarredo y Salazar
La obsesión por fijar nuevas rutas

Bilbao, 1745-Madrid, 1812

Marino, geógrafo y geodesta

Este brillante oficial de la Real Armada participó en la expedición de Cádiz a Manila de 1772, comandada por Juan de Lángara y Huarte, en la que por primera vez en dominio español se utilizó el método de las distancias lunares para fijar la longitud. Embarcado junto a Lángara en la fragata *Venus,* llevó a cabo un exhaustivo diario de navegación con todas sus observaciones y las incidencias ocurridas a bordo. Además, fue también quien ideó unas tablas para deducir la posición del buque en alta mar mediante una triple medición: la de la altura de la Luna, la de Aldebarán y la distancia entre esos dos astros. A él se debe, pues, una buena parte de la actividad náutica española del último cuarto del siglo xviii. Con estos elementos, descritos en diferentes libros de su mano (*Rudimentos de táctica naval, Colección de tablas para los usos más necesarios de la navegación* e *Instrucciones y señales*) colaboró en la formación de guardamarinas. Mazarredo dedicó buena parte de su vida a poner en práctica sus conocimientos y, así, fijó en 1774 la posición exacta de la isla de Trinidad del Sur, frente a las costas de Brasil, adonde llegó la fragata *Rosalía,* en la que viajaba como integrante de la expedición, también dirigida por Lángara, al igual que el astrónomo José Varela y Ulloa. Un año más tarde, en 1775, fue requerido para tomar parte en la expedición militar a Argel como ayudante del mayor general de la escuadra. Su pasión por aplicar los conocimientos obtenidos durante duros años de investigación lo llevó a determinar numerosas longitudes y latitudes de las costas de España y África, para lo cual se valía de un cronómetro de Arnold. Todos los datos recogidos fueron posteriormente utilizados por Vicente Tofiño para la elaboración de su *Atlas Marítimo de España*. En 1792, tras haber sido ascendido primero a jefe de escuadra y luego a teniente general, apoyó la organización de la expedición de Cosme de Churruca para elaborar el *Atlas hidrográfico de la América Septentrional*, cuyas divisiones mandaron el propio Churruca y Fidalgo. Pero su actividad no se limitó a la náutica, aunque las acciones que paralelamente llevó a cabo tuvieran mucho que ver con ese campo. Por ejemplo, mostró un gran interés en la fabricación de instrumentos científicos y participó en la organización de la formación de una generación de constructores españoles, al localizar candidatos adecuados en la Escuela de Relojería que llegaron a ser formados meritoriamente en otros países (en la época, los cronómetros eran esenciales para determinar la longitud de una posición determinada). Como muchos otros, sufrió las injusticias de la política y durante los primeros años del ministerio de Manuel Godoy fue postergado, aunque en 1797 consiguiera el «perdón». Pese a sus destacados servicios, fue nuevamente desterrado hasta la llegada al trono de España de José I, que lo nombró ministro de Marina. Gracias a su intercesión, las instalaciones y los hombres de la Real Armada quedaron en parte protegidos de los excesos del ejército napoleónico invasor.

Junto con Lángara y Huarte, Mazarredo y Salazar utilizó las distancias lunares para fijar la longitud.

Lecturas

El Pacífico ilustrado. Del lago español a las grandes expediciones, Salvador Bernabéu Albert. Mapfre América, 1991

Don José de Mazarredo Salazar Muñatones y Gortázar, teniente de la Real Armada, Enrique Barbudo Duarte. T. Artegrafía, Madrid, 1945

Domingo de Bonechea (o Boenechea) Andonaegui

Descubrimientos por toda la Polinesia

Guetaria (Guipúzcoa), 1713-Tautira (Tahití), 1775

Marino y explorador

Averiguar «las maquinaciones de los extranjeros y la situación y estado de los naturales [...], atraer nuevas almas a la religión cristiana y nuevos vasallos al rey». Con esas palabras, el virrey de Perú, Manuel Amat, fijaba los objetivos para las expediciones con rumbo a Tahití que tuvieron lugar entre 1772 y 1775. Al mando de una de las expediciones, como capitán de la fragata *Santa María Magdalena,* estaba el vasco Domingo de Boenechea, que tenía orden de reconocer las islas de Pascua (misión no cumplida) y Tahití. La embarcación partió del puerto de El Callao el 26 de septiembre de 1772. Un mes más tarde comenzaba el avistamiento de islas. La primera fue Tenere, llamada por los expedicionarios San Simón y San Judas, a la cual siguieron San Quintín (Haraiki), que ya había sido detectada por Bougainville; Todos los Santos (Anaa) y San Cristóbal (Mehetia), estas dos últimas posiblemente descubiertas con anterioridad por Pedro Fernández de Quirós. Por fin la *Santa María Magdalena*, que recibía el apodo de *el Águila*, llegó frente a las costas de Tahití a primeros de noviembre. Durante el mes que los expedicionarios permanecieron en la isla entablaron una cordial convivencia con los naturales y recogieron valiosos datos sobre sus costumbres y características físicas y políticas. Con los datos geográficos y astronómicos anotados, elaboraron un detallado mapa insular. El Águila regresó entonces a El Callao, no sin antes bautizar otra isla encontrada en la singladura, esta llamada Santo Domingo (Moorea). A bordo de la fragata iban cuatro tahitianos que fueron presentados al virrey Amat, quien aprobó el establecimiento de una mi-

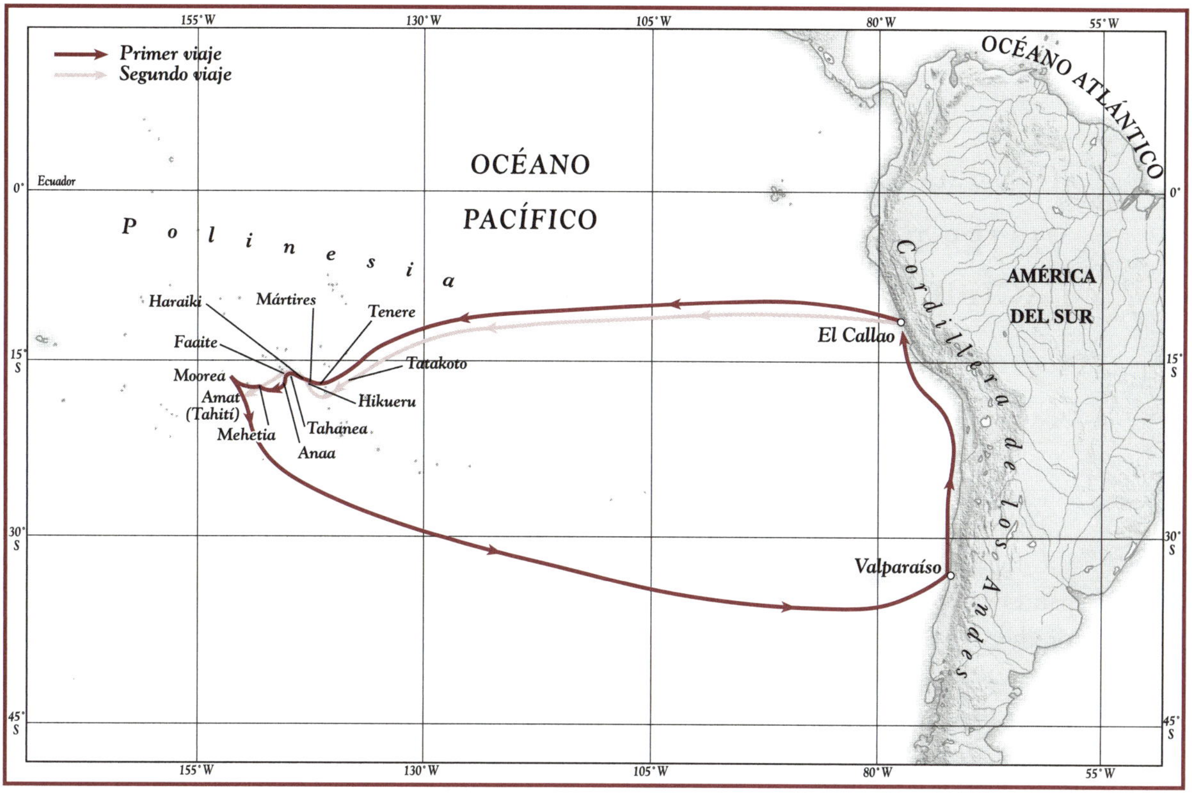

sión, lo que dio origen al segundo viaje de Boenechea, nuevamente al mando de la *Santa María Magdalena*. Nuevas islas fueron descubiertas: San Narciso (Tatakoto), Mártires (Tekokoto), San Juan (Hikueru), San Julián (Faaite) y San Blas (Tahanea). El 14 de noviembre llegaron de nuevo a Tahití. Después de que los caciques locales proclamaran su sumisión al rey de España, Boenechea murió en la isla el 26 de enero de 1775. El Águila volvió una vez más a Tahití desde El Callao cargada de víveres, pero finalmente la misión se redujo a recoger a los franciscanos que habían dejado en la misión. España ponía fin entonces a su presencia en aquella isla paradisíaca.

Lecturas

Islario español del Pacífico, Amancio Landín Carrasco. Ediciones de Cultura Hispánica, Madrid, 1984

Juan Francisco de la Bodega y Quadra

Viajes por el desconocido Pacífico Noroeste

Lima (Perú), 1744-Ciudad de México (México), 1794

Navegante y explorador

Juan Francisco de la Bodega y Quadra fue uno de los más brillantes navegantes y exploradores del siglo XVIII, tan pródigo en ellos. Su padre, nacido en Vizcaya, se trasladó a Perú, donde desarrolló una fructífera carrera económica gracias a su matrimonio con la criolla Francisca de Mollinedo. El matrimonio tuvo cinco hijos, ocupando Juan Francisco el segundo lugar. Estudió en el Colegio de San Martín, de la Universidad de San Marcos, institución que lo recibió el 16 de marzo de 1761. Pocos meses más tarde se embarcó rumbo a España e ingresó en la Escuela de Guardiamarinas de Cádiz en 1762. Obtenido el grado, navegó por el Mediterráneo y el Atlántico hasta 1768, año en el que viajó a su natal Lima. Un año antes obtuvo el ascenso a alférez de fragata y fue destinado a San Blas de Nayarit (México), puerto fundado por el visitador general José de Gálvez (1768) para impulsar la colonización de California y la exploración del Pacífico Norte.

Llegado al virreinato, Bodega y el resto de los guardiamarinas que lo acompañaban conocieron los resultados del viaje de Juan Pérez a las costas del noroeste americano con la fragata *Santiago* en 1774, que había recorrido diversos parajes costeros de Alaska y Canadá. Un año después, la citada fragata navegó por los mismos parajes, capitaneada por Bruno de Heceta, llevando en su compañía una pequeña goleta, la *Sonora*, bajo el mando de Bodega y Quadra. La expedición se hizo a la mar el 16 de marzo de 1775 y realizó una amplia vuelta en el Pacífico hasta avistar tierra por los 41° 7’ norte, con el fin de hacer aguada y reponer la leña gastada. Ambos capitanes tomaron posesión

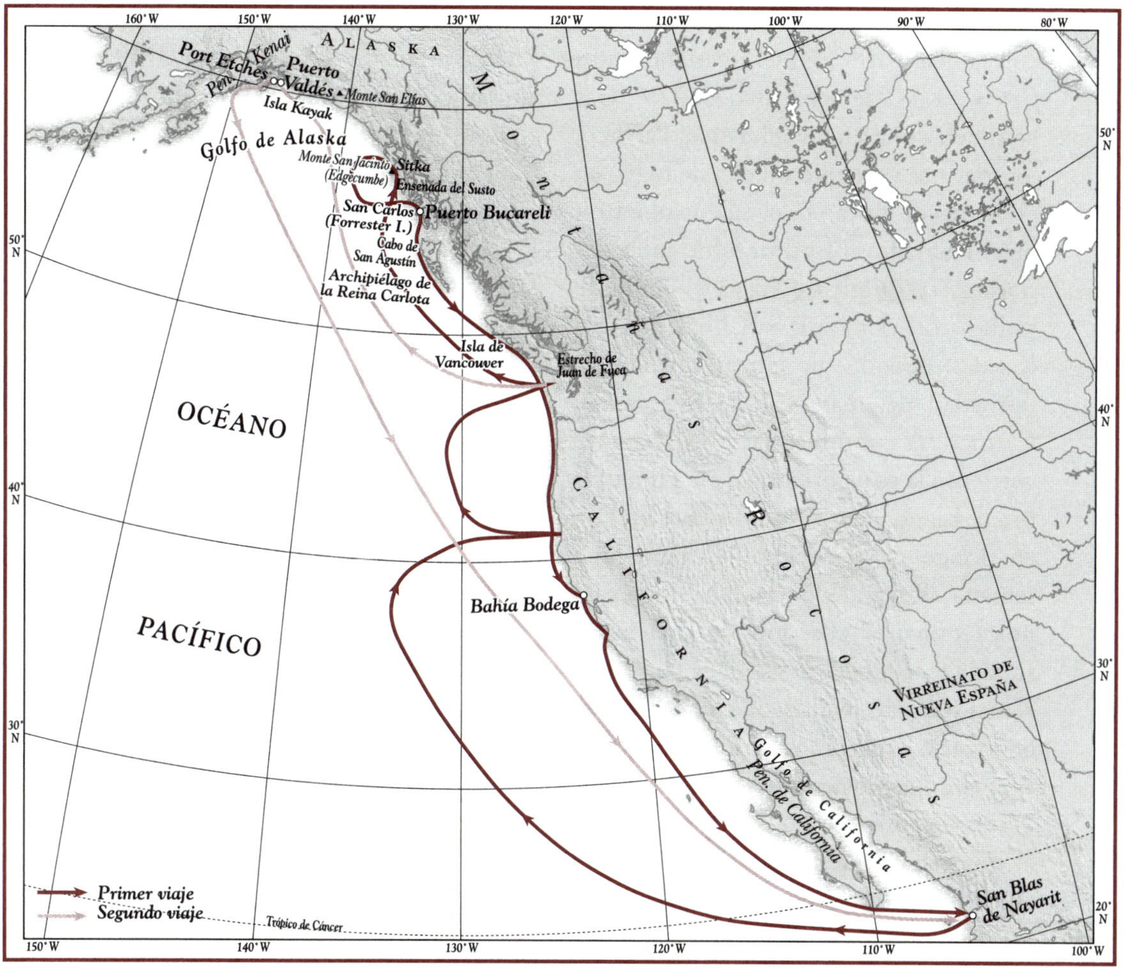

para la Corona española de un puerto que bautizaron como Santísima Trinidad. De nuevo a la vela, las neblinas y los gruesos mares separaron ambas naves y la frágil goleta protagonizó un importante periplo de descubrimientos en Alaska hasta los 58º norte, donde reconoció el monte San Jacinto (Edgecumbe), la ensenada del Susto (Sitka Sound), la isla de San Carlos (Forrester Island) y el cabo de San Agustín (Langara Island). La jornada terminó en San Blas el 20 de noviembre.

La segunda expedición al noroeste fue preparada con más cuidado. Bodega y

Quadra adquirió una fragata en Perú, con la cual partió, en compañía de otro barco, el 11 de febrero de 1779. Tras completar una gran vuelta en el Pacífico, los marinos se reunieron el 3 de mayo en el puerto de Bucareli, el cual exploraron detenidamente. El primero de julio, las fragatas se dirigieron hacia el noroeste y divisaron el monte San Elías y la isla Kayak (Alaska), que bautizaron con la festividad del día: Nuestra Señora del Carmen. A continuación los barcos recorrieron la costa oriental de la Hinchinbrook Island y descubrieron Port Etches, en donde permanecieron durante una semana. Reanudado el viaje, los españoles tomaron posesión de una bahía situada en el extremo sur de la península Kenai (Alaska), bautizada como Nuestra Señora de Regla. El viaje finalizó en San Blas el 21 de noviembre.

Tras regresar de su segundo periplo al noroeste, Bodega y Quadra, que fue ascendido a capitán de fragata en 1780, realizó un nuevo viaje a Perú, entre 1781 y 1783, en busca de azogue para las minas mexicanas. De nuevo en México, recibió órdenes para pasar a La Habana y, posteriormente, a la Península. Sin embargo, deseoso de servir en el Nuevo Mundo, obtuvo permiso para regresar a San Blas, esta vez con el cargo de comandante del Departamento Marítimo (24 de marzo de 1789). Los trabajos que realizó fueron muy numerosos y diversos, desde la creación de milicias y la mejora urbanística y sanitaria del puerto hasta la organización y abastecimiento de numerosas expediciones a California y Filipinas.

Bodega y Quadra regresó al noroeste en 1792, coincidiendo con varias expediciones marítimas a la zona, tanto españolas (Alcalá Galiano, Cayetano Valdés y Jacinto Caamaño) como extranjeras, pero no al mando de expediciones hidrográficas, en las que tanto había sobresalido. El marino limeño fue comisionado por la Corona para fijar con el británico George Vancouver las fronteras de ambas naciones en el noroeste del Nuevo Mundo. Las negociaciones no alcanzaron ningún acuerdo y nuestro marino regresó a San Blas sin cumplir su cometido. Poco después se sintió enfermo, por lo que pidió permiso para trasladarse a la Ciudad de México, donde murió poco después.

Lecturas

Juan Francisco de la Bodega y Cuadra. El descubrimiento del fin del mundo (1775-1792), Salvador Bernabéu Albert. Alianza Editorial, Madrid, 1990

Los viajes de Bodega y Quadra al virreinato del Perú (1776-1783), Salvador Bernabéu Albert. Texto incluido en el *Navigare necesse est. Homenaje a María Dolores Higueras* (pp. 81-108), María Luisa Martín-Merás, editora. Fundación Alvargonzález, Gijón (Asturias), 2008

Esteban José Martínez

Rumbo a Alaska para impedir la penetración rusa

Sevilla, 1742-Misión de Loreto (Baja California), 1798

Navegante y explorador

Con 17 años, Esteban José Martínez ya navegaba, en calidad de grumete, por el Pacífico Sur. El sabor de la aventura lo estimuló pronto. Tras una fallida tentativa de embarcarse como pilotín con rumbo a América, poco se conoce de la singladura vital de este marino, hasta que fue nombrado en San Blas de Nayarit (México) segundo piloto por el virrey de Nueva España, Antonio Bucareli. Durante algún tiempo Martínez efectuó labores de reconocimiento del litoral en busca de un lugar al que se pudiera trasladar el Departamento Naval, hasta entonces ubicado en San Blas, donde las condiciones no eran las más apropiadas. El lugar elegido fue Matanchel. En 1774 ya estaba el sevillano embarcado en la fragata *Santiago* a las órdenes de Juan Pérez, descubridor del puerto de Nutka, junto a la actual isla de Vancouver. Un año después ya era primer piloto y volvió a participar en los descubrimientos del noroeste de América. Entre 1776 y 1781 el ya experimentado marino navegó en varias misiones por el litoral de Baja California, llegó hasta San Diego y costeó Alta California, en donde ya con el grado de alférez exploró y cartografió el canal de Santa Bárbara. Tras fundar varios presidios en todo el litoral californiano, lo que permitió la ocupación total de ese territorio, fue encomendado como jefe de la expedición que debía explorar el litoral hasta Alaska y comprobar si los rusos estaban fijando allí colonias. Corría el año de 1788 cuando Martínez, al mando de dos embarcaciones, la fragata *Princesa* y el paquebote *San Carlos*, se hizo a la mar. Superada la boca del estrecho del Príncipe Guillermo, se produjo el encuentro con los rusos y Martínez supo que estos esperaban efec-

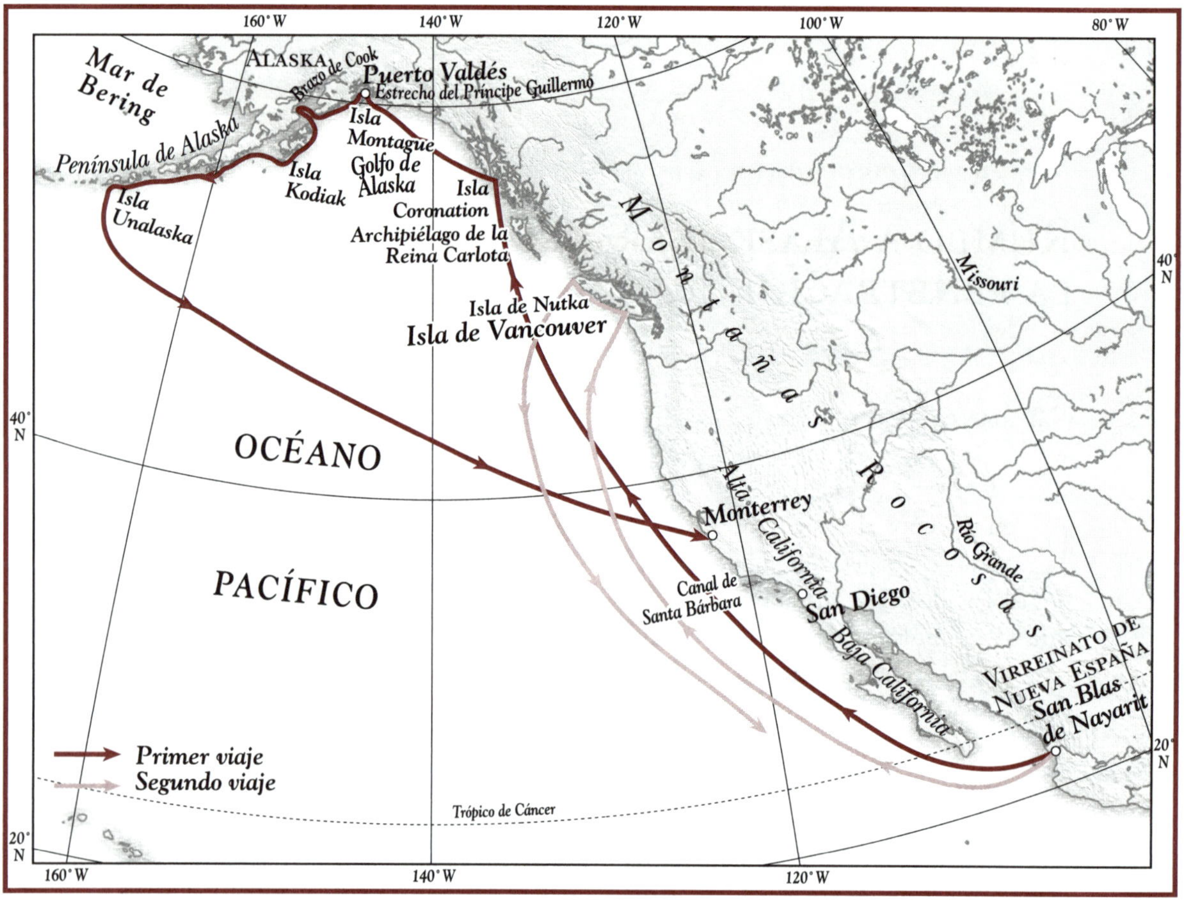

tivos y provisiones para ocupar Nutka. El virrey mexicano, lógicamente alarmado, mandó a Martínez y a Gonzalo López de Haro ocupar el puerto y tomar posesión. Cuando llegaron allí se encontraron con dos barcos angloamericanos en busca de cotizadas pieles y otra embarcación portuguesa que en realidad pertenecía a una compañía británica. Martínez apresó esta última y la liberó luego a cambio de otra embarcación. Pero llegó una balandra, también británica, y la situación se tornó caótica. Martínez decidió entonces requisar dos de los barcos británicos y llevarlos a San Blas, lo que originó un conflicto anglo-español conocido como la «cuestión de Nutka», que a punto estuvo de desencadenar una guerra. Tras varias órdenes contradictorias, una que mandaba la retirada y otra, procedente de España, que aprobaba la ocupación del puerto, Martínez regresó a San Blas de Nayarit. Más tarde viajó a España, pero después volvió a América, donde murió. Finalmente el puerto fue reocupado por los tenientes de navío Francisco Elisa y Salvador Fidalgo.

Lecturas

El piloto sevillano Esteban José Martínez, explorador de Alaska, M.ª del Carmen Borrego Pla. Separata del Archivo Hispalense, n.º 217. Diputación Provincial de Sevilla, Sevilla, 1988

Francisco Antonio Mourelle de la Rúa

El gran navegante de las costas del noroeste americano

Cosme (La Coruña), 1750-Cádiz, 1820

Navegante y explorador

El departamento marítimo de San Blas, en la costa de Nayarit (México), había sido fundado por el virrey José de Gálvez con una doble intención: la de abastecer las misiones y presidios de California y la de potenciar las exploraciones y descubrimientos del noroeste americano. En 1774 el marino Francisco Mourelle, quien con solo 24 años ya almacenaba en su currículo cierta experiencia y bastante sal en sus venas, fue contratado en Veracruz para incorporarse en San Blas a una expedición marítima al mando de la cual se encontraba el gran navegante Juan Francisco de la Bodega y Quadra. La idea, promovida por el virrey de México, Antonio Bucareli, era proseguir con las exploraciones de las costas del noroeste americano emprendidas en su momento por el piloto Juan Pérez. El grupo, embarcado en la fragata *Santiago* y la goleta *Sonora* (en la que viajaba Mourelle), alcanzó el norte del cabo Mendocino (hoy estado de Washington) y llegó a un puerto que llamaron de la Santísima Trinidad. Tras tomar la fragata posesión de la rada de Bucareli (hoy Greville Port) y sufrir la goleta un ataque de los naturales con un resultado de seis muertos, la expedición se separó: la fragata *Santiago* regresó mientras que la goleta *Sonora* siguió avanzando, nada menos que hasta Alaska, en condiciones poco menos que infernales. Los descubrimientos realizados en el viaje fueron notables: monte San Jacinto (Edgecumbe), Susto (Sitka Sound) y puerto de los Remedios (Sean Lion Bay), punto desde el que tomaron rumbo sur en camino de vuelta hacia Monterrey, adonde llegaron el 7 de septiembre de 1775, después de haber alcanzado los 58º norte y de ha-

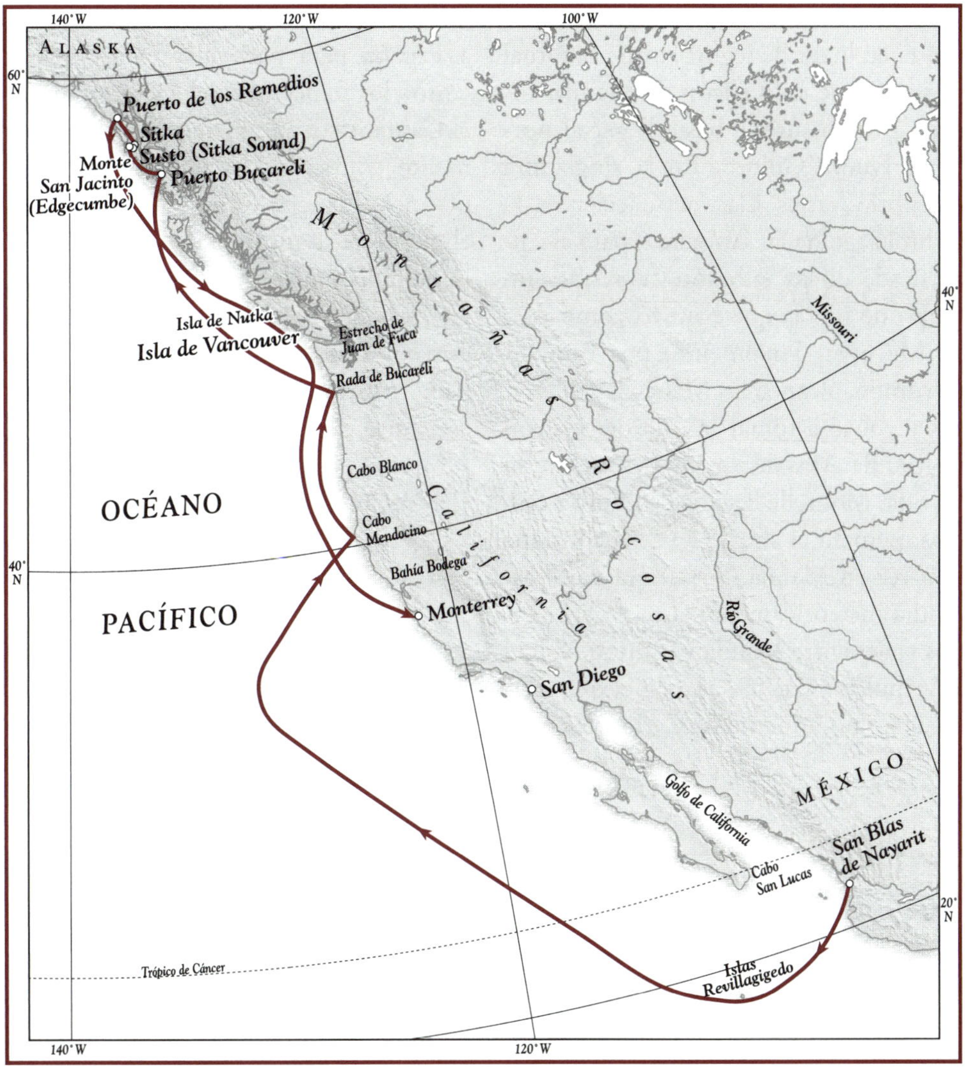

ber dejado demarcada la costa. Mourelle, que había escrito durante la travesía un esmerado diario, ascendió a alférez de navío. Ahora tocaba el sur. El marino gallego se embarcó en Acapulco hacia Filipinas en 1783. Allí fue nombrado comandante de la fragata *Princesa*, con la que debía volver a México, pero los vientos contrarios hicieron que el navegante, en lugar de seguir la ruta habitual de tornaviaje del Galeón de Manila, tomara rumbo sureste hasta llegar al norte de Nueva Guinea. En la singladura descubrió varias islas pertenecientes al archipiélago de las Bismarck, para alcanzar desde allí las Salomón y descubrir un grupo de isletas que bautizó como islas de Mayorga. Finalmente, tras cambiar de rumbo, alcanzó las Marshall y Marianas y volvió a tomar la ruta del Galeón de Manila. Más de un año después de su partida, Mourelle llegaba de nuevo a San Blas, pero en el año 1783 se encontraba otra vez en Manila. Su carrera naval ascendía meteóricamente. Tras realizar varios viajes entre Manila y Cantón, volvió a Acapulco en 1789, año en el que recibió el nombramiento de Carlos III como Caballero de Santiago. En 1793 regresó a España para participar en campañas contra los franceses en el Mediterráneo y el Cantábrico. También luchó posteriormente contra los británicos. Con casi 60 años, Francisco Mourelle emprendió el que sería su último viaje a América, al mando del navío *Asia*, con el que llegó a La Habana y Veracruz, donde embarcó armas y caudales para su traslado a España. Murió en Cádiz siendo ya jefe de escuadra.

Lecturas

Mourelle de la Rúa, explorador del Pacífico, Amancio Landín Carrasco. Ediciones Cultura Hispánica del Centro Iberoamericano de Cooperación, Madrid, 1978

El Pacífico ilustrado. Del lago español a las grandes expediciones, Salvador Bernabéu Albert. Mapfre América, 1991

Manuel Quimper Benites del Pino

Dio su nombre a la bahía de Pearl Harbor

Lima (Perú), 1754-Lima (Perú), 1844

Navegante y explorador

El criollo limeño Manuel Quimper llevó a cabo su primera práctica marítima en la expedición para el reconocimiento de la isla chilena de Chiloé. Era 1771 y el entonces cadete tenía tan solo 17 años. En Lima estudió matemáticas y adquirió conocimientos sobresalientes sobre su aplicación a la náutica. Durante un año sirvió en la misión comandada por Domingo de Boenechea, que tenía por objeto confirmar la soberanía española en Tahití. Tras varios trabajos relacionados con el transporte de maderas, Quimper ascendió a alférez, y ya con ese cargo fue a reconocer la isla de Juan Fernández. Pasó luego a España, donde permaneció por tres años, hasta que en 1789 volvió a América para participar en la expedición al mando de Juan Francisco de la Bodega y Quadra a Nutka que, entre otros, tenía como objetivo averiguar las pretensiones británicas y rusas sobre aquellas tierras del noroeste americano. Participó luego en el reconocimiento de lo que hoy es la costa canadiense del Pacífico y llegó a dar nombre a una bahía, que llamó Quimper (hoy New Dungeness). Tras regresar a San Blas, con paso previo por Monterrey, recibió su ascenso a teniente de fragata y el encargo por parte del virrey mexicano Revillagigedo de una nueva misión: reconocer las islas Sándwich (Hawái), un importante punto geopolítico entre las costas pacíficas del noroeste y las de Japón y Filipinas, con clima favorable y buenos puertos para la providencia. Pero además llevaba otro encargo, este de Bodega y Quadra: transportar la balandra británica *Princesa Real*, apresada en la famosa «cuestión de Nutka» y entregarla al gobernador de Filipinas para

que este la remitiera a la compañía británica del Mar del Sur en Macao, a fin de evitar un conflicto que podría pasar a mayores dimensiones y convertirse en guerra abierta entre ambas potencias. El 20 de octubre de 1791 se produjo el avistamiento del archipiélago hawaiano, en el que también se encontraba James Colnet, comandante británico que había estado en Nutka. La tensión entre ambos marinos se acrecentó cuando el británico acusó al español de no querer entregarle la balandra. Quimper, preparado para el combate, vio cómo Colnet desistió de su intento de recuperar la embarcación. El español prosiguió con su reconocimiento y pasó por la ensenada que llamó de Quadra (bahía de Maalaea), en Maui, luego por Oahu, donde bautizó otra ensenada con el nombre de Quimper. Esta con el tiempo se convirtió en el célebre puerto de Pearl Harbor, sede de la famosa base naval estadounidense. Cincuenta días después de salir de Hawái, tras levantar mapas de las islas, llegó a Filipinas, primero a Manila, después a Bataán y luego a Cavite. Quimper entregó la balandra, que quedó anclada en Macao. Pero un huracán zarandeó la nave hasta dejarla en pésimo estado y al final tuvo que ser subastada como casco inservible para la navegación. Eso sí: misión cumplida.

Quimper coincidió en Manila con la expedición Malaspina e hizo entrega allí del material de historia natural recopilado en las Sándwich. A su vez Malaspina le dio a Quimper parte de sus trabajos para que fueran transportados a América a bordo de la fragata *San José de las Ánimas*, al mando del limeño. La embarcación llegó a San Blas tras medio año de penosa navegación.

Lecturas

«Manuel Quimper: un marino limeño en la costa oeste de Canadá», Eric Beerman. En *Derroteros de la Mar del Sur* n.º 4. Lima, Perú, 2006

José de Moraleda y Montero

De Chiloé a la Patagonia

Pasajes de San Pedro (Guipúzcoa), 1747-El Callao (Perú), 1810

Marino y geógrafo

Injustificadamente desconocida es la figura del gran marino José de Moraleda, quien en 1786, cuando estaba a punto de regresar a España desde Perú, fue comisionado por el virrey Teodoro de Croix para ayudar al teniente coronel Francisco Hurtado, gobernador de Chile, a «reconocer las islas de la comprensión del archipiélago (de Chiloé) que fueran posibles, y levantar mapas generales de ellas, con explicación de sus bahías, puertos y demás circunstancias que son precisas para formar el pleno conocimiento que interesa a los más importantes objetos del servicio de S.M.». De hecho, la labor principal de aquella misión cayó en manos de Moraleda. Este partió el 4 de enero de 1787 de San Carlos y, tras bordear la isla de Lacao, recorrió el canal de Remolinos hasta el puerto de San Antonio de Chacao para dirigirse a Linao y de allí partir a la Isla Grande de Chiloé. De camino, pasó por Tenaun, para luego superar el canal que separa la Isla Grande de la de Quinchao. Moraleda circunnavegó el archipiélago realizando importantes trabajos hidrográficos en el área marítima de Chiloé. Aquella expedición acabó en 1790. Tres años después Moraleda recibió una nueva misión: la continuación del reconocimiento del archipiélago de los Chonos, junto a la exploración de la boca del Aysén y la frontera de las islas Guaytecas. El 28 de febrero de 1793 Moraleda y sus hombres entraron en el fiordo de Aysén, acompañados en todo momento por lluvias constantes y «cerrazones». A continuación el grupo puso rumbo al estuario del río Palena y posteriormente a la desembocadura del Yanteles, donde pudo comprobar la inexistencia de la llamada Ciudad de los Césares, de la que habla-

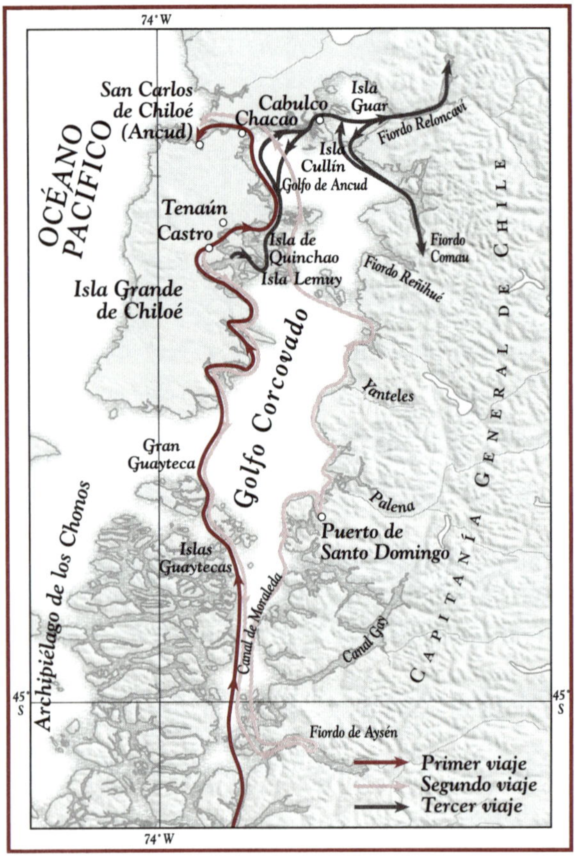

ban los pescadores chilotes. Aquel periplo terminó en Ancud, después de recorrer la costa patagónica. Su repercusión fue inmensa en el conocimiento geográfico de la zona litoral y archipielágica de la región suroccidental de América.

En 1795 Moraleda llevó a cabo una tercera misión, esta vez en los fiordos Comau y Reloncaví. En años posteriores se dedicó a escribir detalladamente todos sus descubrimientos, tanto en las aguas de Chiloé como en las de los Chonos, que tenía «muchas más islas de las que se creería posible o probable, por la mera inspección de las cartas antiguas, y una infinidad de islitas y peñones», y del resto del Pacífico hasta Panamá. Además, completó su labor exploratoria con la realización de una *Carta Esférica* que se conserva hoy día en el Museo Naval de Madrid.

Lecturas

El viaje a Chiloé de José de Moraleda (1787-1790), edición de Hugo O'Donnell y duque de Estrada. Editorial Naval, Madrid, 1990

Gaspar de Portolá y Rovira

Encontró, por tierra, la bahía de San Francisco

Balaguer (Lérida), ¿1717?-Lérida, 1786

Militar, explorador y primer gobernador de California

En 1764 una Compañía de Dragones fue destinada al virreinato de la Nueva España. Entre sus miembros destacaba el capitán Gaspar de Portolá, veterano de la guerra de los Siete Años. La primera misión importante con la que se encontró tras llegar a México fue la de la pacificación de la región de Sonora. Todo esto ocurrió en el año de 1767, justo cuando Carlos III dictaminó la expulsión de los jesuitas del continente americano, por lo que Portolá se vio obligado a cumplir con el mandato real en la península de Baja California. El capitán fue nombrado luego gobernador de California por el virrey novohispano, Carlos Francisco de Croix. Ni que decir tiene que la salida de los miembros de la Compañía de Jesús dejó en un estado total de desbarajuste las misiones, que pasaron a manos de comisionados, antiguos soldados en su mayoría, que se ocuparon más de expoliar bienes que de mantenerlas. El grano, por ejemplo, ya no llegaba desde Sonora y Sinaloa. El visitador general, José de Gálvez, encargó a Portolá la comandancia de una expedición a Alta California. Esta se dividió en dos: una marítima, compuesta por dos embarcaciones en navegación separada; y otra terrestre, que a su vez se subdividió en dos, una de las cuales estaba mandada por Portolá, a quien acompañaba fray Junípero Serra. El grupo salió de Loreto en marzo de 1769 y llegó al puerto de San Diego a finales de junio. Allí se reunieron con las otras divisiones de la expedición. A pesar de las numerosas bajas por escorbuto y las huidas de muchos sirvientes y acompañantes, un grupo se dirigió en busca del puerto de Monterrey, que no localizaron, aunque sí encontraron el de San Francisco, a fi-

nales de octubre de 1770. Antes de la llegada de Portolá, los navegantes españoles habían pasado de largo ante la entrada de la bahía de San Francisco sin verla debido a las abundantes nieblas de la zona.

Desde San Diego, Portolá inició de nuevo la búsqueda de Monterrey y logró, al fin, su objetivo. Allí fundaron un presidio y una misión. En 1775 el rey lo nombró gobernador de Puebla de los Ángeles y fue ascendido a coronel. En 1785 estaba de vuelta en España, donde ocupó los cargos de coronel del Regimiento de Numancia y teniente del rey de la Plaza de Lérida, su provincia natal, en la cual permaneció hasta su muerte como jefe de las tropas militares.

LECTURAS

«El "Virrey de California". Gaspar de Portolá y la problemática de la primera gobernación californiana (1767-1769)», Salvador Bernabéu. En *Revista de Indias,* 195/196, Madrid, 1992

Gaspar de Portolá, descubridor y primer gobernador de California, F. Boneu Companys. Diputació de Lérida, 1986

Junípero Serra (Miguel Serra Ferrer)

Sembrador de ciudades en el Oeste norteamericano

Petra (Mallorca), 1713-Misión de San Carlos Borromeo, puerto de Monterrey, California (Estados Unidos), 1784

Explorador, poblador y misionero

En 1731 Miguel Serra tomó el nombre de Junípero, uno de los más humildes seguidores de san Francisco de Asís, tras pasar la aprobación de la Orden Franciscana. Después de ocupar la cátedra de Teología en la Universidad de Palma de Mallorca, solicitó de sus superiores el traslado a México, que le fue concedido en el año 1749. Permaneció unos meses en la capital de la Nueva España y desde allí fue trasladado a las misiones en Sierra Gorda (Querétaro), donde permaneció durante ocho años y logró aprender la lengua pame. Regresó luego a México, antes de comenzar a ejercer como sacerdote en Guadalajara, Oaxaca y la costa norte de Veracruz.

Carlos III decretó en 1767 la expulsión de los jesuitas de América y fray Junípero fue enviado, junto con otros catorce compañeros, a ocupar las plazas misionales vacantes de los miembros de la Compañía de Jesús en Baja California. Pero poco tiempo duró su estadía en esa zona, ya que el visitador José Gálvez contaba con los franciscanos para su plan de ocupación de la otra California, la Alta. Serra salió de Loreto acompañando a la expedición del capitán Gaspar de Portolá. En el año 1769 fundó la primera de una serie de misiones, San Diego de Alcalá. Estas misiones con el paso del tiempo se convertirían en notorias ciudades de Norteamérica. En la bahía de Monterrey hizo lo propio con la de San Carlos Borromeo (1770), para proseguir con su tarea fundacional con el establecimiento sucesivo de las misiones de San Antonio de Padua, San Gabriel Arcángel (ambas en 1771) y San Luis Obispo de Tolosa (1772).

En 1772, Junípero Serra viajó a la Ciudad de México para informar al nuevo

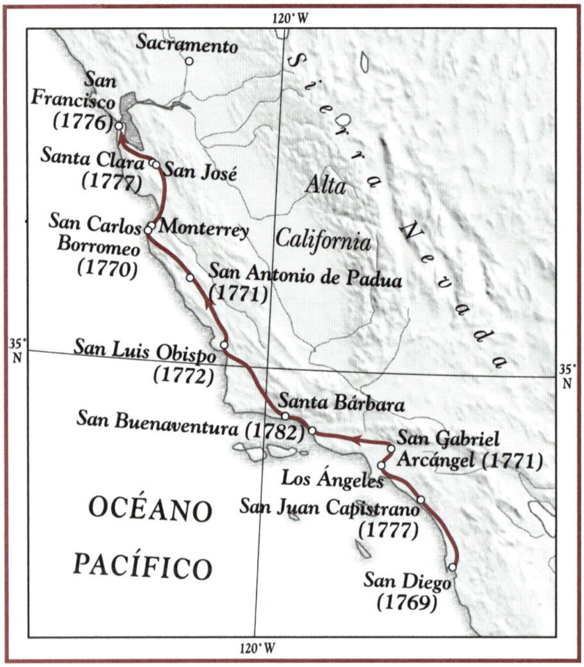

virrey, Antonio María Bucareli, del estado de las misiones californianas. Como fruto de estas conversaciones, se procedió al establecimiento de una serie de reglas de gobierno mediante las cuales se establecía que los misioneros tenían el deber de enseñar agricultura, ganadería y otros oficios a los naturales, además, por supuesto, de su instrucción en la fe. Dos años después de aquella entrevista, Serra estaba de nuevo fundando en California y, así, abrió las puertas de las misiones de San Francisco de Asís (1776), San Juan Capistrano y Santa Clara (1777) y San Buenaventura (1782).

El franciscano vio cómo su obra iba deteniéndose tras la muerte del virrey y el inicio de la nueva guerra con Gran Bretaña, pero sus bases eran muy sólidas. En 1784, Serra, que con sus fundaciones había sembrado la simiente de ciudades como San Francisco, Los Ángeles, Monterrey o San Diego, murió en la misión de San Carlos Borromeo de Monterrey. En 1988 fue beatificado por el pontífice Juan Pablo II.

Lecturas

Fray Junípero Serra, doctor de gentiles, Bartolomé Font Obrador. Miquel Font Editor, Palma de Mallorca, 1998

Junípero Serra, Sylvia Lynn Hilton. Historia 16, Madrid, 1987

Silvestre Vélez de Escalante

Los primeros pies blancos que atravesaron Utah

Treceño, Valdáliga (Cantabria), 1749-Nuevo México (Estados Unidos), 1782

Misionero franciscano y explorador

En el estado de Utah (Estados Unidos), existe la ciudad de Escalante, atravesada por un río también así llamado. En otras urbes de Estados Unidos hay calles que llevan ese nombre, además de colegios o institutos, sin olvidar el Parque Nacional Grand Staircase Escalante. Todas esas denominaciones vinieron dadas en honor al franciscano español Silvestre Vélez de Escalante, explorador y misionero incansable que, junto con fray Francisco Atanasio Domínguez, nacido en Ciudad de México, y diez hombres más, buscó en 1776 una buena ruta que uniera las ciudades de Santa Fe, en Nuevo México, y Monterrey, en California. Además de comprobar el estado en el que se encontraban las misiones tras el abandono de las mismas por los jesuitas, expulsados de América por Carlos III en 1772, querían conectar ambas localidades, lo que daría origen también a una ruta entre esos puntos. De hecho, parte del recorrido que llevaron a cabo es lo que hoy conforma la llamada Spanish Old Trail, especialmente la ruta que atraviesa el desierto de Mojave, un camino de 2000 km utilizado antiguamente para enlazar Nuevo México con California, y transitado en su momento por cazadores y comerciantes. A pesar de que no consiguieron su propósito, sí recorrieron extensas zonas que los llevaron por la parte meridional del Colorado para bordear la zona oriental del Gran Cañón y las zonas desérticas de Nuevo México. Sus pies recorrieron los tres estados por los que discurren las Montañas Rocosas: Utah, Colorado y Arizona. La llamada Expedición Domínguez-Escalante partió de Santa Fe el 29 de julio de 1776 y terminó en el mismo lugar el 2 de enero de 1777. En el transcurso de la misma, cru-

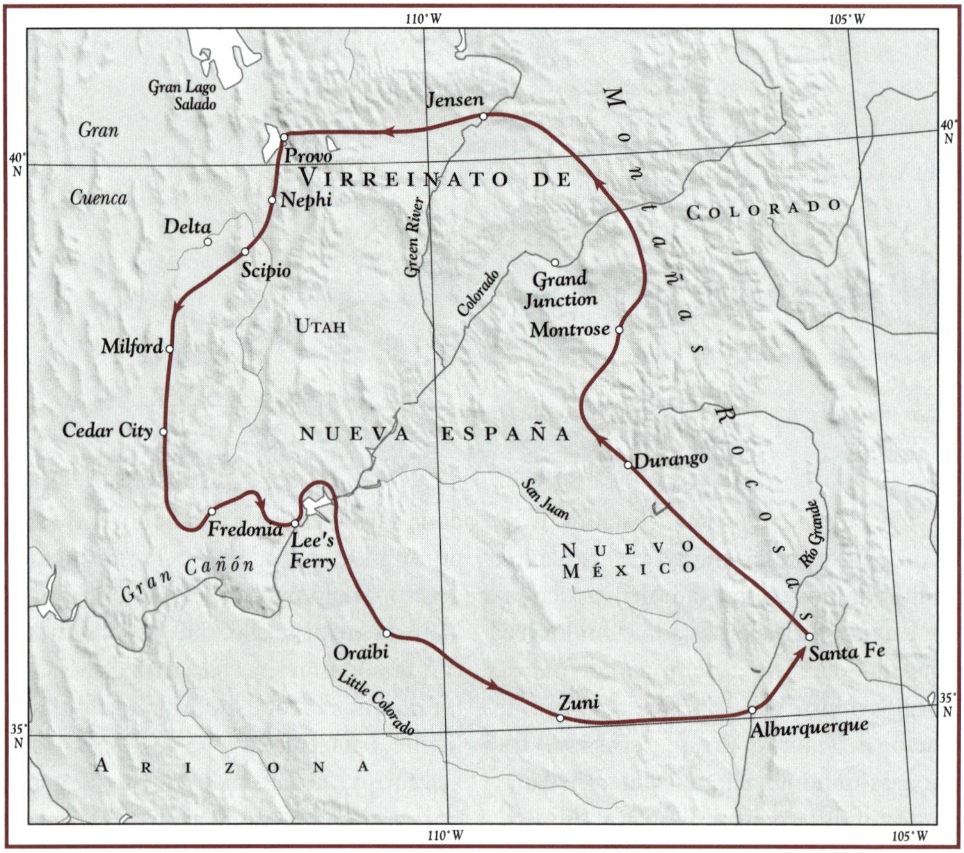

zaron las naciones de los indios yutas, comanches, lagunas, cosninas, tyrangapuy y barbones, entre otros.

En aquella expedición, el soldado y cartógrafo Bernardo Miera y Pacheco dibujó un importante mapa detallado de las zonas que recorrieron que después fue muy utilizado. Alejandro de Humboldt, por ejemplo, lo incluyó en sus obras. Por su parte, Domínguez, a su regreso a México, remitió un informe desfavorable sobre la gestión misional, por lo que le fue retirada la confianza de sus superiores y fue enviado a ejercer su sacerdocio a un lugar inhóspito del norte de México.

Lecturas

The Dominguez-Escalante Journal. Their expedition through Colorado, Utah, Arizona and New Mexico in 1776. Universidad de Utah, Salt Lake City, 1995

Alonso Carrió de la Vandera (Concolorcorvo)

Las etapas para los correos de Argentina a Perú

Gijón (Asturias), 1715-Lima (Perú), 1783

Político, comerciante, viajero y escritor

En 1767, el asturiano Alonso Carrió de la Vandera regresaba a España escoltando a un grupo de jesuitas expulsados de América, un servicio a la Corona que le fue encargado tras participar en la guerra de los Siete Años como miembro del regimiento de caballería de nobles en la defensa de las costas peruanas. Carrió había permanecido en aquel continente desde 1735, dedicado durante diez años al comercio de efectos de Castilla y metales preciosos en México. De allí pasó a Perú, donde ocupó diversos cargos como corregidor, capitán general, alcalde mayor de minas y subdelegado de bienes y difuntos. Estando en Madrid, un hecho fundamental cambiaría la historia de su vida. En 1768, Carlos III incorporó el servicio de correos a la Corona y tres años más tarde Carrió era nombrado segundo comisionado para el arreglo de correos y postas entre Montevideo, Buenos Aires y Lima. Corría el año 1771 cuando ya en la ciudad del Río de la Plata conoció al administrador de correos Domingo Basavilbaso, el cual encomendó a Carrió un estudio sobre el terreno para la reorganización de correos y postas en la larga y accidentada ruta de Buenos Aires a Lima. Fruto de aquel viaje, escribió *El lazarillo de ciegos caminantes*, inspirado en la prosa satírica de Quevedo y Torres Villarroel. Para no delatarse, utilizó un seudónimo, Concolorcorvo, e hizo parecer que el autor de la obra era su propio amanuense, Calixto Bustamante Carlos Inca, quien nada tenía que ver con la escritura del texto. «Disfracé mi nombre —dice— para no verme en la precisión de regalar todos los ejemplares...» El libro se imprimió en Lima entre 1775 y 1776 y se convirtió

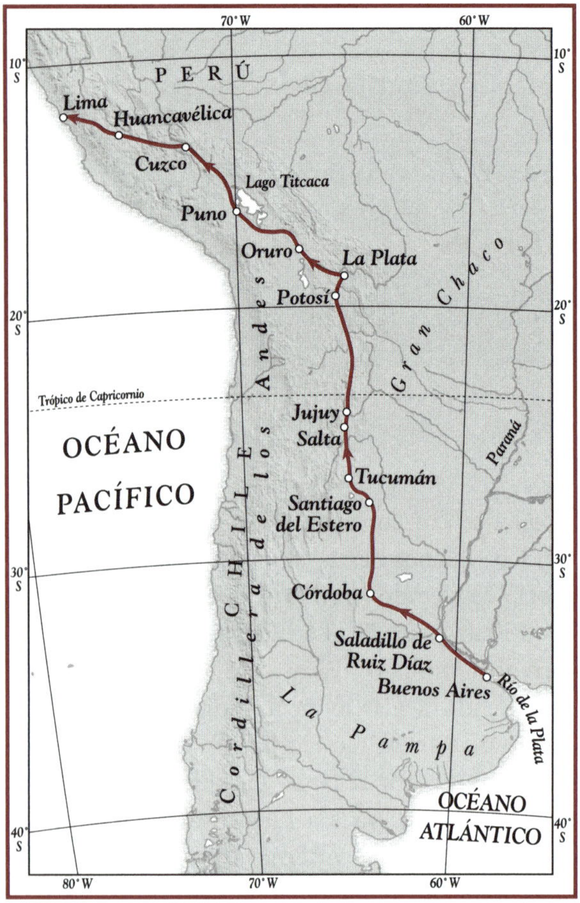

en un maravilloso ejemplo de literatura de viajes reivindicativa, con guiños a la picaresca, pero dando una imagen veraz de los usos y costumbres de las tierras y gentes visitadas, siempre desde una perspectiva española y europea y con diferentes enfoques, desde el sociológico al geográfico, pasando por el lingüístico, el histórico, el económico y el antropológico. En *El lazarillo de ciegos caminantes,* el autor defiende los intereses de los españoles y critica a quienes los acusan de maltrato a los indígenas, a quienes califica de inteligentes, pero «holgazanes». En 1777 publicó un manifiesto contra el administrador Pando, que le costó la cárcel y el embargo de sus bienes. Declarado inocente, Carrió fue «jubilado» y su nombre permaneció ya en el olvido hasta su muerte.

Lecturas

El lazarillo de los ciegos caminantes, edición preparada por A. Lorente Medina. Editora Nacional, Madrid, 1980

Expediciones patagónicas

El redescubrimiento del extremo sur de América

Juan José de Elizalde. *¿?, ¿?-¿?, ¿?*
Marino y explorador

Domingo Perler Rabasquino. *Alicante, 1724-Isla de León (Cádiz), 1800*
Marino

Antonio de Córdova. *Sevilla, 1760-Sevilla, 1811*
Marino y navegante

Ramón de Clairac. *Torredembarra (Tarragona), 1748-El Ferrol, 1814*
Marino y gobernador

A principios del siglo XVIII las peligrosas costas de la Patagonia recibían con cada vez más frecuencia la visita de numerosos buques extranjeros, en especial británicos, en busca de codiciadas materias primas de origen animal, sobre todo pieles y grasa de lobo marino. La ausencia de enclaves fijos de españoles en la zona y el desinterés de las autoridades locales por la explotación de esos recursos hicieron que el tránsito de embarcaciones foráneas se tornara cada vez más comprometido desde el punto de vista estratégico para los intereses de España. A raíz de esos hechos preocupantes la Corona promovió una serie de expediciones que se saldaron en principio con fracasos debido al poco interés puesto en ellas y luego con notables éxitos. Entre las primeras, cabe destacar la de José Pizarro, entre 1740 y 1745. A partir de su desdichada aventura, las cosas cambiarían y la inversión en medios científicos y la participación de oficiales avezados dieron lugar a una nueva modalidad de exploraciones, más cercanas a lo que posteriormente serían las llamadas comisiones hidrográficas. Tal es el caso de la expedición del meridión rioplatense protagonizada por jesuitas como Cardiel, Strobel y Quiroga (1745-1746), encaminada a favorecer la colonización de la región y su defensa de las agresiones británicas. Más tarde se

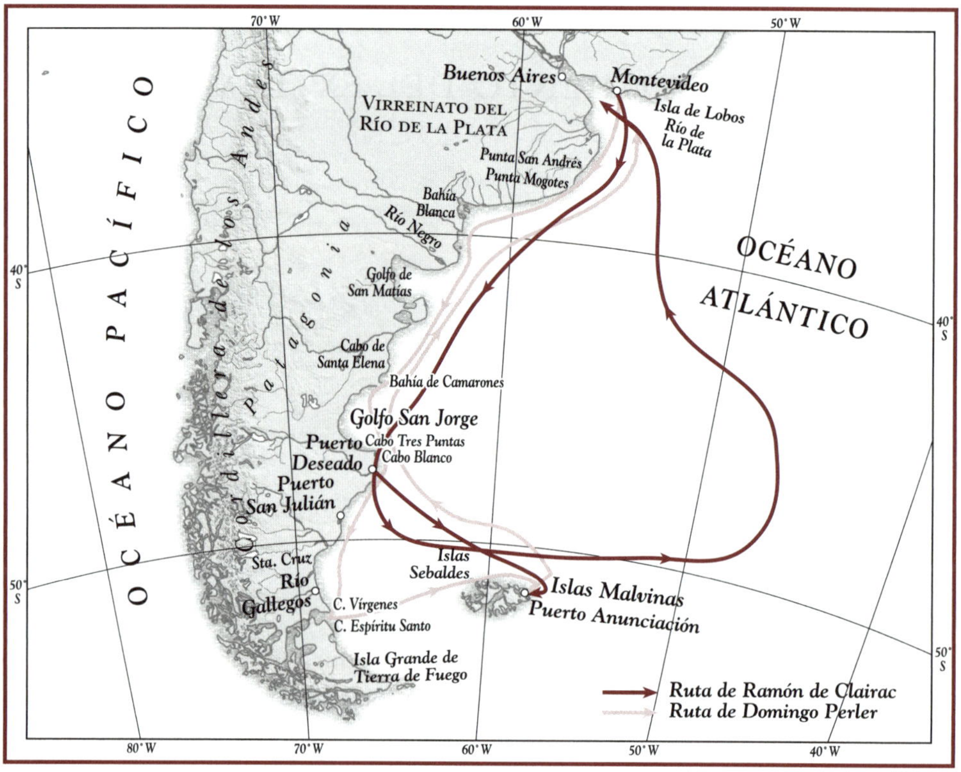

organizaron otras de carácter comercial (las pesquerías y salazones atraían mucho interés), promovidas por el funcionario virreinal y armador Domingo Basavilbaso, en viajes que se realizaron entre 1752 y 1754, y también hubo otras con resultados desastrosos, como la que terminó con el naufragio del *Purísima Concepción*. Al final, las autoridades españolas comprendieron la necesidad de fundar un puerto de arribada en la costa del estrecho de Magallanes para refugio de los navíos que no pudieran cruzar el cabo de Hornos por su incapacidad técnica.

Con ese propósito zarpó de Montevideo en 1767 el chambequín *Andaluz*, al mando del capitán de fragata Domingo Perler, cuya misión era el reconocimiento de la costa patagónica y el levantamiento de planos hasta Magallanes y las Malvinas. En su viaje llegó a la desembocadura del río Colorado, al golfo de San Matías y al cabo de Santa Elena, y luego prosiguió tocando en la bahía de Camarones,

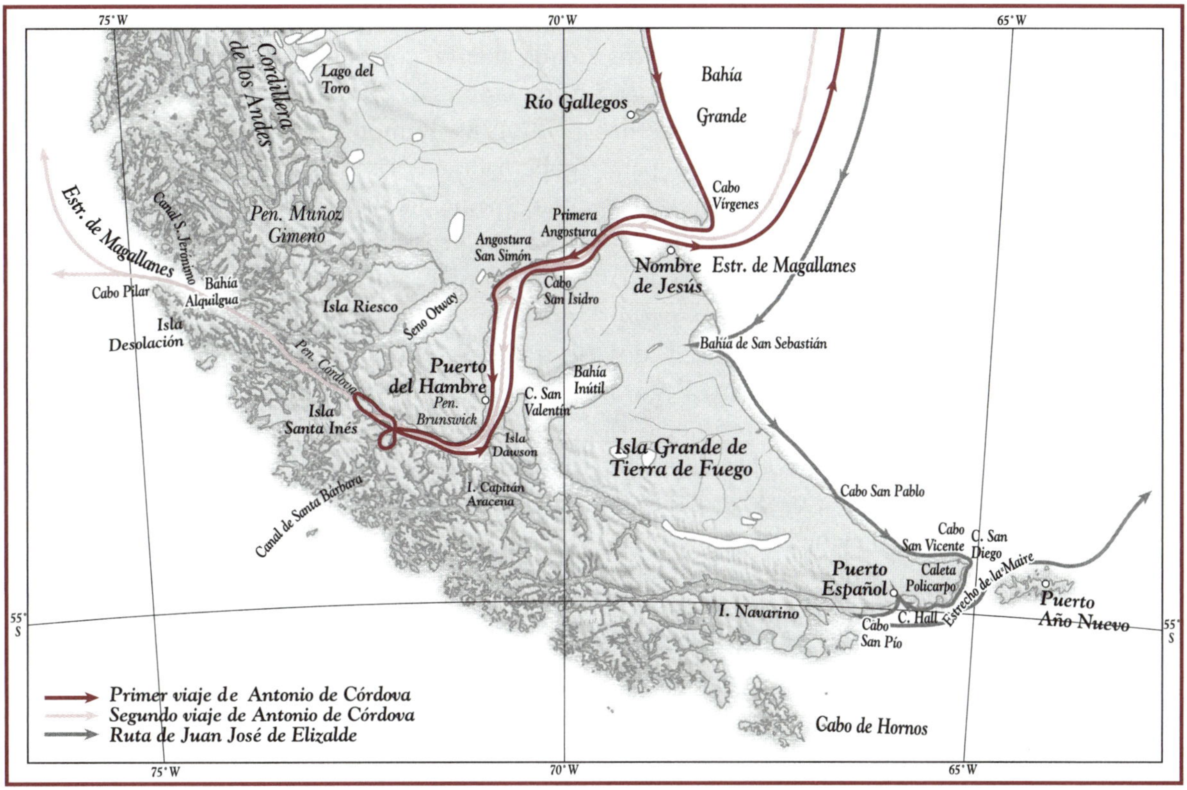

San Gregorio y los cabos Blanco y Tres Puntas, hasta arribar a Puerto Deseado, nombre muy apropiado tras tan penosa singladura. La derrota prosiguió por cabo Vírgenes, Espíritu Santo y, finalmente, las islas Malvinas, para regresar al año siguiente de su partida a Montevideo.

Vinieron luego nuevas exploraciones como las de Manuel Pando (1768 y 1769) o las expediciones un tanto rutinarias de Francisco Gil y Lemos y José de Goicoechea, hasta que la protagonizada por los superintendentes Juan de la Piedra y Francisco Viedma sentó bases sólidas para la fundación de núcleos urbanos, como Carmen de los Patagones, en Río Negro, y también para la propia colonización regional. Corría ya el año 1778.

No obstante, fue Antonio de Córdova quien sobresalió especialmente en sus dos viajes a la Patagonia, en concreto al estrecho de Magallanes, no solo por sus dotes como explorador consumado, sino también por el carácter ilustrado y científico que dio a su empresa, concluida con la aportación de datos geográficos inestimables que transcendieron notablemente en la navegación segura de aquellos peligrosos parajes, tanto para las embarcaciones españolas como para las que navegaran bajo cualquier bandera. En el primero de ellos, a bordo de la fragata *Santa María de la Cabeza*, partió de Cádiz en 1785 y, tras algo más de dos meses de navegación atlántica, llegó a cabo Blanco, desde donde reconoció la costa hasta cabo Vírgenes. De allí se dirigió a la embocadura de Magallanes, a la espera de condiciones favorables para adentrarse en sus por momentos terroríficas aguas. Tras varios intentos, consiguieron navegar por el entramado costeño magallánico y llegar a la bahía de San Gregorio. Desde allí, su labor de reconocimiento fue espectacular y el fruto de aquel viaje se convirtió en un completo inventario de mapas de canales, ensenadas, calas e islas, así como una conocida publicación. En el segundo viaje, la *Santa María de la Cabeza* fue sustituida por dos ligeros paquebotes, *Santa Casilda* y *Santa Eulalia*. Este segundo viaje partió de Cádiz en octubre de 1788. Nuevamente desde Puerto Deseado, Córdova y sus hombres se internaron en el estrecho de Magallanes y reconocieron los canales y accidentes costeros que habían quedado fuera de su alcance en la primera expedición. La navegación en la zona quedaba abierta, con cartas detalladas, para otras empresas.

En 1789 Ramón de Clairac, antiguo gobernador de las islas Malvinas, inició una expedición que, además de las características geográficas e hidrográficas de las anteriores, tenía como objetivo la verificación de los movimientos de navíos extranjeros «loberos» y balleneros. Su viaje, posiblemente debido a la complejidad logística y al excesivo número de embarcaciones, no tuvo un gran éxito, ya que tampoco consiguieron localizar uno de los enclaves más buscados por el Almirantazgo británico, la supuesta isla de Pepys o, para los españoles, Catalana. Si en algo sobresalió Clairac, fue en la inspección y definición cartográfica de Puerto Deseado.

Por último, cabe destacar la expedición que llevó a cabo el teniente de navío Juan José de Elizalde al mando de la corbeta *San Pío* y acompañado por José de la Peña, piloto del bergantín *Nuestra Señora del Carmen*. El grupo partió a finales de 1791 de Montevideo, donde existía un famoso apostadero de la Real Armada. Tras varios meses de navegación haciendo gran acopio de información sobre la presencia extranjera, se dispusieron a tomar rumbo hacia otro de los objetivos de la misión: Tierra del Fuego. Allí continuaron con los trabajos hidrográficos y tomaron contacto con los naturales. Prosiguieron luego las indagaciones por la costa hasta detectar que no había asentamientos británicos y prepararon informes de los posibles puntos para fundaciones españolas, especialmente en la isla de los Estados, que consideraron un lugar idóneo para el fondeo y el abastecimiento.

Gracias a la labor llevada a cabo en todas esas expediciones, se pudieron elaborar mapas de una región todavía desconocida y especialmente peligrosa para la navegación. Además, con posterioridad a la emancipación, las repúblicas hispanoamericanas contaron con títulos jurídicos para defender su soberanía incluso en las regiones árticas.

Lecturas

«Las expediciones hidrográficas», Salvador Bernabéu. En M. Sellés, J. L. Peset y A. Lafuente comps., *Carlos III y la ciencia de la Ilustración.* Alianza Editorial, Madrid, 1988

Expediciones navales españolas a la Patagonia argentina durante el siglo XVIII, Juan Alfonso Maeso Buenasmañanas. Ministerio de Defensa, Madrid, 2007

Pedro Pablo Sanguineto

Cartografió las Malvinas

Cartagena, Murcia, 1760-La Habana (Cuba), 1806

Marino y cartógrafo

El marino de origen cartagenero Pedro Pablo Sanguineto (también llamado Sanguineti, Sangineto o Sanguinetto) fue, ante todo, un militar. Su evolución profesional se puede seguir en las páginas del *Estado Militar de España:* capitán de fragata en el año 1791; comandante del séptimo Batallón de Cartagena en 1799 y, en 1802, capitán del puerto de Cartagena. En tres ocasiones estuvo al frente del gobierno de las islas Malvinas: del 1 de marzo de 1791 al 1 de marzo de 1792; del 1 de febrero de 1793 al 1 de abril de 1794; y del 15 de junio de 1795 al 15 de marzo de 1796. Por último, como cabía esperar, la muerte le llegó en un hecho de armas contra los británicos, en La Habana, al mando de la fragata *Pomona*.

Bajo la distinguida hoja de servicios de un militar profesional, se descubre, para sorpresa de muchos, la figura de un viajero y explorador apenas conocido. Su primera participación en una empresa notable tuvo lugar en 1784, con motivo de la expedición de Gabriel de Aristizábal a Turquía. En esa ocasión, figura como segundo comandante del bergantín *Infante* con categoría de teniente de navío.

Pero su aportación mayor coincide con sus años como gobernador de las Malvinas. No solo prestó apoyo logístico a expediciones por la zona, también destacó como uno de los comandantes que con sus navegaciones contribuyó a rectificar las cartas del área insular y el estrecho de Magallanes, empresa que llevó a cabo en 1790.

El estudioso de la toponimia patagónica Héctor R. Ratto menciona la existencia de una playa o bahía Sanguineto,

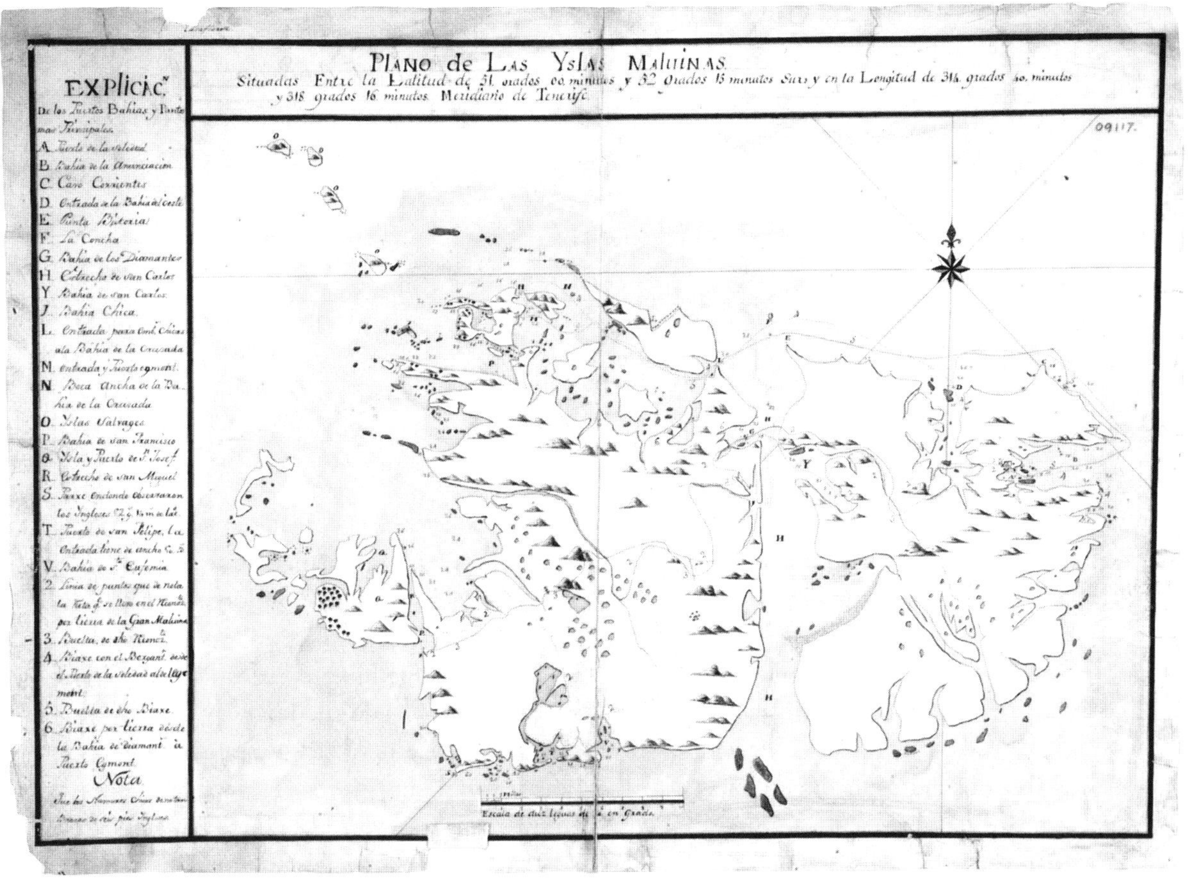

Sanguineto estuvo al frente del gobierno de las islas Malvinas en tres ocasiones.

«por el capitán de fragata Pedro Pablo Sanguineto, que no solo navegó en nuestra costa como comandante, sino que por espacio de tres años fue gobernador de las islas Malvinas».

Lecturas

Actividades marítimas en la Patagonia durante los siglos XVII y XVIII, Héctor Raúl Ratto. Kraft, Buenos Aires, 1930

Manual de historia naval argentina, Laurio H. Destéfani. Armada Argentina, Buenos Aires, 1970

José Celestino Mutis y Bosio
El botánico sublime

Cádiz, 1732-Santafé de Bogotá (Colombia), 1808

Botánico y explorador

José Celestino Mutis, uno de los más interesantes viajeros de la España ilustrada, descubrió al mundo extraordinarias bellezas y riquezas que habían sido casi ignoradas en el virreinato de Nueva Granada. Se formó en la Universidad de Sevilla y en el Colegio de Cirugía de Cádiz, siendo por tanto un buen conocedor de la medicina y las ciencias modernas. Llegó a Madrid y se interesó por la física, la química y la historia natural, la fisiología y la patología, y mostró su competencia para ejercer como galeno y cirujano. Posteriormente embarcó para América como doctor del virrey y comenzó una importante empresa de renovación científica y médica. Mutis tenía la idea, que plasma en proyectos y peticiones a la corte, de resucitar las antiguas expediciones científicas a América, y tomó como modelo la de Francisco Hernández a Nueva España, enviada por Felipe II para el estudio de la historia natural y la medicina mexicanas, así como la más reciente de Jorge Juan y Antonio de Ulloa junto con Charles Marie de La Condamine, emprendida para estudiar el grado de meridiano y fijar la forma de la Tierra. Mutis deseaba que se desarrollaran instituciones importantes en la corte para dirigir expediciones y guardar y aprovechar los tesoros encontrados; también quería que le fuera encomendada una expedición para explorar la población y la naturaleza y mejorar la economía del virreinato.

Sus primeras peticiones no fueron escuchadas hasta que el virrey arzobispo, Caballero y Góngora, lo encontró trabajando en el Real de Minas del Sapo. Este prelado se entusiasmó con la idea, que puso en marcha y que fue aprobada más tarde por la Corona: la Real Expe-

Passiflora bogotensis benth. *En su trabajo destaca la obsesión por dibujar las plantas del natural y el respeto por el sistema de Linneo.*

dición. Mutis fue nombrado su director. Para sus trabajos y estudios se estableció primero en Mariquita y luego en Santafé de Bogotá, y se consagró a la elaboración de una cuidada *Flora del Nuevo Reino de Granada.* Contó con la admiración de Linneo, al que proporcionó información botánica y ejemplares de plantas, y también fue visitado en 1801 por Alejandro de Humboldt y Aimé Bonpland. Es muy interesante su obsesión por pintar plantas del natural, el respeto por el sistema linneano y el cuidado con que eran buscados los ejemplares y reproducidos con colores naturales —incluso se montó una escuela de dibujo para esta tarea—. Sus bellísimas láminas no fueron impresas hasta muy recientemente y su obra ha quedado como una de las más hermosas e interesantes; también son de primera importancia su herbario y su biblioteca. Asimismo contribuyó a mejorar la universidad, en la que introdujo la ciencia moderna, siendo muy notable su influencia sobre las matemáticas, física, historia natural y medicina. Practicó la minería, la agricultura y la medicina, pero fue también clérigo, confesor y asesor de virreyes. Consiguió que Juan José Elhuyar fuera a Nueva Granada para mejorar la producción de la plata en el virreinato y, al igual que había hecho su hermano Fausto en Nueva España, planteó con José Celestino Mutis posibles mejoras en la extracción y administración de este metal. Eran dos magníficos científicos, con muy buena formación europea en química, minería y metalurgia. La Corona quería mejorar la extracción de la plata en los virreinatos, aumentando así las remesas a Europa, necesitada de metales nobles para las monedas, necesarias para los importantes cambios políticos y bélicos, sociales y económicos de la época.

Se preocupó también por el progreso de la sanidad en campos como la enseñanza de la medicina, la mejora de la profesión, las instituciones y los tratamientos adecuados, y fue el primer defensor de Copérnico en esas tierras. Si en los primeros tiempos puede ser considerado un administrador al servicio de la metrópoli, con el tiempo fue poco a poco insertándose en la sociedad novogranadina. Su familia, sus amigos y, sobre todo, su escuela se interesaron cada vez más por el futuro de la naciente nación colombiana. Así se entiende que pasara de pedir recursos y profesionales a España a pensar en el interés de institucionalizar profesiones como la medicina y la minería. Su papel en la mejora de la enseñanza médica fue muy notable, tanto por su enseñanza como por las de sus colaboradores, entre los que cabe destacar a Miguel Isla. Las líneas de reforma eran novedosas: la medicina debía basarse en las ciencias y ser enseñada por medio de modernos libros. Era necesario cultivar la observación y la práctica médicas, así como las autopsias, los estudios de enfermos y la atención a estos junto a sus lechos. La medicina se abría a los idiomas modernos, a las ciencias y a las prácticas recientes.

José Celestino Mutis supo ver las maravillas que las tierras colombianas mostraban. Sus primeras impresiones son las de un viajero prerromántico, enamorado de la belleza de esos parajes, pero como buen ilustrado, pronto supo que debían ser estudiados y aprovechados los recursos y las novedades. A este fin, se interesó por escribir una *Historia natural del Nuevo Reino de Granada,* y se dedicó a amplias y variadas observaciones, en especial de las plantas de interés, como la quina. Sobre esta medicina versan algunos de sus más importantes trabajos, que fueron los propios de un médico, un botánico y un administrador. Así, se preocupó de la planta, de sus especies, su forma de cultivo, recolección y protección, pero también estudió sus propiedades, utilización y administración en las enfermedades. Supo la importancia que su comercio tenía y su papel en la medicina, pues era un remedio eficaz contra las fiebres, como el paludismo. Publicó y difundió ampliamente sus trabajos, pero la obra *El Arcano de la quina* se publicó en 1828 póstumamente.

Con el tiempo hizo de Santafé de Bogotá su casa y construyó con sus propios medios un observatorio astronómico, que era necesario para la fijación de los puntos geográficos y para el estudio de los cielos. De ello se ocupó Francisco José de Caldas, quien estableció las coordenadas de Bogotá y empezó una muy notable labor cartográfica que era importante para la geografía y la economía, la política y la guerra. José Celestino Mutis está en el origen de la Sociedad Económica de Amigos del País de Bogotá, en la que se quería mejorar la vida en el virreinato, por lo que se propusieron novedades de enorme importancia en la educación, la economía y la sociedad. Mutis está considerado un padre fundador en la formación de la nueva nación colombiana, en la que permaneció y trabajó como un apasionado sabio.

Mapa orográfico de Colombia que recoge las principales localidades relacionadas con Mutis y la expedición botánica.

Lecturas

Tras El Dorado vegetal. José Celestino Mutis y la Real Expedición Botánica del Nuevo Reino de Granada (1783-1808), Marcelo Frías Núñez. Diputación de Sevilla, Sevilla, 1994

Ciencia y libertad. El papel del científico ante la Independencia americana, José Luis Peset. CSIC, Madrid, 1987

Jorge Juan, Mutis, Malaspina. Viajeros científicos. Tres grandes expediciones al Nuevo Mundo, Juan Pimentel. Nivola, Madrid, 2001

Sebastián José López Ruiz

El hombre de la quina

Panamá, 1741-¿?, 1832

Médico y naturalista

En 1764 José Celestino Mutis, el médico del virrey de Nueva Granada, había enviado al naturalista sueco Carlos Linneo muestras de la quina de Loja (Perú). Era de enorme importancia la explotación de este árbol en cuya corteza se encuentra un principio activo fundamental para el tratamiento de enfermedades tropicales como la fiebre amarilla y la malaria. El valor económico y farmacológico de la quina como febrífugo hicieron de su comercialización una actividad altamente rentable. Mutis, que sería responsable de la Expedición Botánica desde 1783, había descubierto árboles de quina en los montes de Tena —en la proximidad de Santafé de Bogotá— y Pantanillo. También supo de su existencia en la zona occidental del virreinato y comenzó a mostrar interés por el comercio de la quina a través de rutas alternativas a la peruana. Ello hizo que surgieran desavenencias entre Mutis y los botánicos Hipólito Ruiz y José Pavón, de la expedición al Perú, defensores de la mejor calidad de la quina peruana y de la ruta pacífica para su envío a Europa, frente al camino atlántico que la alternativa mutisiana estaba planteando. Pero estas no fueron las únicas desavenencias de Mutis con otros naturalistas reconvertidos en comerciantes. Así surgió la figura del médico criollo panameño Sebastián José López Ruiz, quien descubrió árboles de aquella especie botánica cerca de Bogotá en el año 1774 con características similares a las de Loja, de primera calidad. López viajó entonces a España con el ánimo de que le fueran concedidos los derechos de explotación de la quina de Nueva Granada, interfiriendo de esta manera en el proyecto de Mutis, que veía en este inesperado adversario un peligro no ya solo para sus intereses comerciales, sino también para su nombramiento como director de la futura expedición botánica. Previamente el naturalista panameño se había presentado ante el virrey de Santafé y había solicitado el título de «descubridor de las quinas». Este fue el origen de un largo pleito establecido entre los dos contrincantes en los tribunales españoles para ver quién de los dos era el usufructuario de ese título. Finalmente Mutis consiguió el «estanco» de la quina, un organismo que ostentaba el monopolio de su comercio. Independientemente de ese enfrentamiento entre dos exploradores del medio natural, López Ruiz fue un abnegado médico cuyo trabajo tuvo gran mérito, especialmente en la región de Santafé, en donde llevó a cabo su descubrimiento.

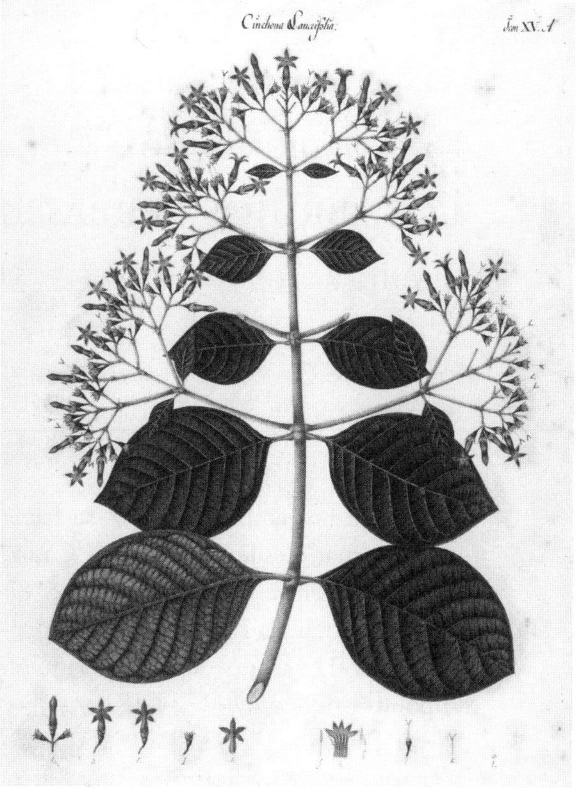

López Ruiz mantuvo un enfrentamiento con Mutis por el descubrimiento de la quina de Nueva Granada.

Lecturas

Sebastián José López Ruiz (1741-1832): sus escritos médicos y el ejercicio de la medicina en el virreinato de Nueva Granada durante la segunda mitad del siglo XVIII, Pilar Gardeta Sabater. Universidad de Málaga, Málaga, 1996

La Expedición Botánica de Perú y Chile

Los «brujos yerbateros»

Hipólito Ruiz. *Belorado (Burgos), 1754-Madrid, 1816*
Botánico

José Pavón. *Casatejada (Cáceres), 1754-Madrid, 1840*
Botánico

El 4 de noviembre de 1777 se hacía a la mar, desde el puerto de Cádiz, *El Peruano*; entre su pasaje figuraba un médico y botánico francés, Joseph Dombey (1742-1794), dos jóvenes españoles, Hipólito Ruiz López (1754-1816) y José Pavón Jiménez (1754-1840), formados a la sombra de Casimiro Gómez Ortega, y un par de dibujantes, José Brunete (1746-1787), discípulo de Antonio Rafael Mengs, e Isidro Gálvez (1764-1829). Es el equipo que conformaba la Real Expedición Botánica al virreinato del Perú.

Después de seis meses de navegación, y tras bordear Tierra del Fuego, los expedicionarios arribaron al puerto de El Callao; en Lima fueron recibidos con los lujos y agasajos de una corte. A comienzos de mayo de 1778 dieron inicio sus trabajos de herborización; la actividad de estos europeos, cuidadosamente acicalados, pero que recorrían a pie los campos para recoger plantas, llamó poderosamente la atención de los naturales; el pueblo acuñó para ellos el nombre de «brujos yerbateros».

Avanzado el verano de este 1778, los expedicionarios se dirigieron a las zonas costeras del norte, hacia la provincia de Chancay; a finales de octubre retornaron a Lima y se proveyeron de lo necesario para pasar a Lurin. El viaje a esta provincia comenzó en los primeros días de diciembre; la proximidad de Pachacamac invitaba a recorrer las ruinas y a estudiar sus restos arqueológicos, algunos de los cuales se empaquetaron con destino a los Reales Gabinetes de Francia y España. En el mes de abril de 1779 el *Buen Consejo* zarpó del puerto de El Callao con destino a Cádiz, cargado de un rico botín arrebatado a la naturaleza americana.

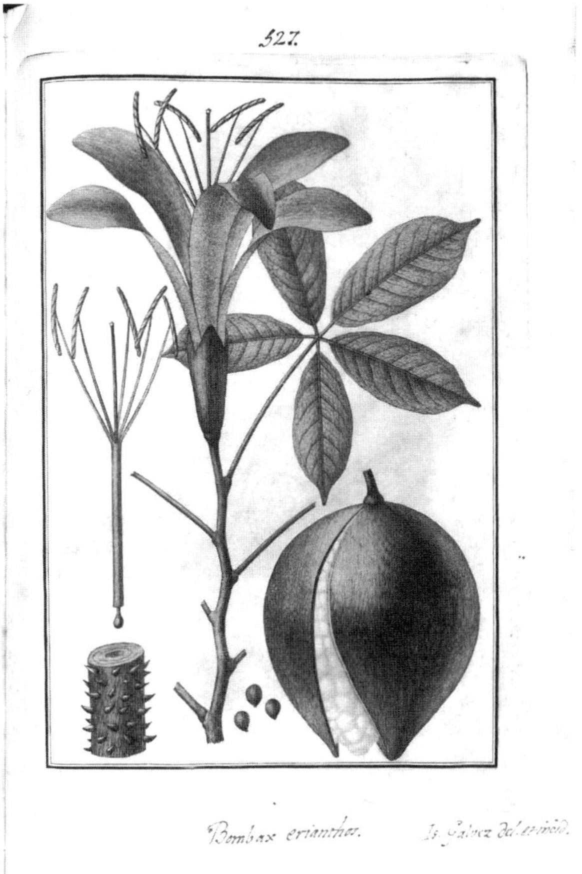

La expedición de Ruiz y Pavón está considerada como una de las más importantes del siglo XVIII desde el punto de vista científico.

En la primavera de 1779, los expedicionarios se adentraron en la cordillera andina: las montañas de Huassahuassi y Palca, los cerros de Tarma, las llanuras de Xauxa y los pueblos de Chinchao, Cuchero y Huánuco de los Caballeros, donde centraron su trabajo en la localización y estudio de los bosques de quinos. A las dificultades por lograr una alimentación adecuada a sus gustos, se unió un inconveniente más: fueron atacados por una partida de nativos.

A finales de marzo de 1781 emprendieron el tornaviaje a Lima, adonde llegaron en los primeros días de abril. Allí descansaron, prepararon sus materiales para remitir a la metrópoli y organizaron una nueva temporada de herborización en las montañas andinas. Así lo hicieron los españoles, quienes volvieron a trabajar en Tarma en el verano de 1781, mas no el francés, que permaneció en Lima estudiando el flujo y reflujo del mar en el puerto de El Callao. No parece que la monarquía española pudiera permitirse que un extranjero tuviera conocimiento de la situación de rebeldía que se vivía en su territorio colonial.

Los españoles salieron de Lima en dirección a la provincia de Chancay en los primeros días de julio, pero retornaron pronto, puesto que la insurrección indígena les impidió trabajar en las montañas de Perú. Los intereses de la nación reclamaban su presencia en Chile y, desde el 9 de septiembre, esperaron en la ciudad de Lima los permisos del virrey y del visitador para embarcarse hacia su nuevo destino.

En diciembre de 1781 todo el equipo expedicionario se hizo a la mar en *El Be-*

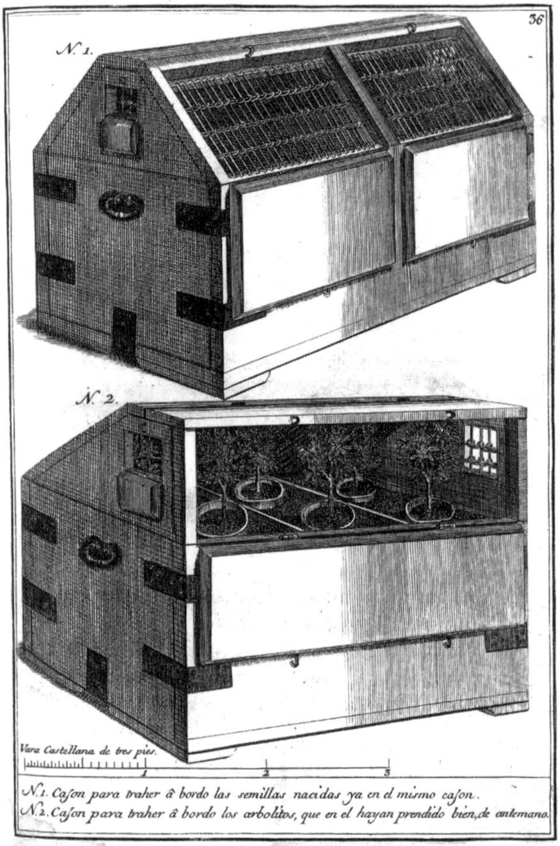

Ruiz y Pavón realizaron numerosos envíos de semillas y plantas vivas con destino al Real Jardín Botánico de Madrid.

lén, rumbo al puerto de La Concepción. El barco atracó en Talcahuano el 30 de enero. Allí estaba la escuadra española y Ambrosio O'Higgins, mariscal de campo y gobernador en funciones de la provincia, quien les ofreció todas las facilidades para el trabajo, siempre en las proximidades de La Concepción, pues quería transmitirse una imagen de dominio del territorio, especialmente ante los ojos del francés.

En diciembre de 1782 los expedicionarios emprendieron camino a la provincia de Rere con objeto de estudiar una especie de pino del que la Marina española quería hacer uso como mástil de sus navíos. Retornaron a La Concepción en los primeros días de 1783 y en marzo la expedición se dirigió hacia Santiago de Chile, donde los sorprendió el terremoto acaecido el 25 de mayo de 1783, seguido de una temporada de lluvias que hizo prácticamente imposible el trabajo de campo. El 5 de noviembre iniciaron viaje hacia Valparaíso, se embarcaron en el *Nuestra Señora de las Mercedes* y, tras algo menos de un mes de viaje, atracaron en el puerto de El Callao. Los expedicionarios se trasladaron de inmediato a Lima a la espera de las órdenes de la metrópoli.

A finales de febrero de 1784 llegaron a Lima las ansiadas noticias: Joseph Dombey embarcó en *El Peruano* de regreso a Europa y no volvió a pisar las insurrectas montañas peruanas; así pues, los españoles tuvieron que proseguir con los trabajos botánicos en las mismas montañas donde al francés se le impidió el acceso.

Apenas un mes después, los españoles retornaron a los quinares de Huánuco; allí recibieron la noticia de la agregación de dos nuevos expedicionarios, dos soldados del regimiento de infantería Soria, recién llegado a tierras peruanas: Juan José Tafalla fue seleccionado para formarse como botánico y Francisco Pulgar fue elegido para colaborar en el diseño de los dibujos.

Teniendo Huánuco como centro de trabajo, los expedicionarios estudiaron las montañas de Muña, Pillao y Chacahuasi y se detuvieron particularmente en el examen de la labor de los cascarilleros. En octubre de 1777, de acuerdo con las directrices emanadas desde la Secretaría de Indias, prepararon su viaje de regreso a Lima.

En los primeros días de febrero de 1788 todo el grupo expedicionario, salvo el pintor José Brunete, que había fallecido en Pasco en abril de 1787, alcanzó la Ciudad de los Reyes y se puso a encajonar y organizar el traslado de los materiales a la metrópoli. El 18 de marzo de 1788, Hipólito Ruiz, José Pavón e Isidro Gálvez instalaron en *El Dragón* y *El Jasón* los cajones con sus pertenencias; los agregados, Tafalla y Pulgar, habrían de permanecer en el Perú, de acuerdo con la decisión de la Secretaría de Indias. El 31 de marzo de 1788 embarcaron en El Callao con destino a Cádiz; en este puerto harían su entrada el 12 de octubre de 1788. José Pavón e Isidro Gálvez partieron inmediatamente para Madrid, pero las fiebres padecidas por Hipólito Ruiz retrasaron su salida hacia la capital hasta el 29 de octubre y el botánico no llegó a la corte hasta el 16 de diciembre de 1788. Se iniciaba entonces una nueva etapa, no más tranquila, en el acontecer diario de los expedicionarios en la Península.

Lecturas

La Expedición Botánica al Virreinato del Perú (1777-1788), Antonio González Bueno, coord. Lunwerg, Barcelona, 1988

El Paraíso perdido. Crónica de la expedición al virreinato del Perú (1777-1831), Antonio González Bueno. Doce Calles, Madrid, 1995

Relación del viaje hecho a los reinos del Perú y Chile, Hipólito Ruiz, Raúl Rodríguez Nozal y Antonio González Bueno, editores. Catarata/CSIC, Madrid, 2007

Flores para el rey, Arthur Robert Steele. Ediciones del Serbal, Barcelona, 1982

La Expedición Botánica a Nueva España

Una larga marcha en busca de un rico botín vegetal

Martín Sessé. *Baraguas (Huesca), 1751-Madrid, 1808*

Médico

José Mariano Mociño. *Temalcatepeque (México), 1757-Barcelona, 1819*

Botánico

La Expedición Botánica al virreinato de Nueva España se generó como resultado de una coincidencia de hechos: por una parte, el descubrimiento, entre los papeles de los expulsos jesuitas, de los manuscritos de Francisco Hernández, el médico de Felipe II que había viajado a estos territorios; por otra, los deseos, expresados por Martín Sessé, médico hispano establecido en México, de realizar una «expedición botánica» destinada, además de a la catalogación de los recursos naturales del virreinato de Nueva España, a la institucionalización de las nuevas enseñanzas sanitarias en el territorio colonial. Ambas situaciones, prácticamente coetáneas, de las que el médico, botánico y farmacéutico Casimiro Gómez Ortega tuvo conocimiento, le llevaron a promover ante la corte este viaje expedicionario.

La real cédula de creación de la expedición fue extendida el 20 de marzo de 1787 y en ella se encomendaba a su director, Martín Sessé, la creación de un Jardín Botánico en México destinado, como el de Madrid, a renovar los estudios sanitarios y a centralizar los trabajos de catalogación de las riquezas naturales del virreinato. El nombramiento de los otros miembros de la expedición quedó sujeto a la elección de Gómez Ortega, quien señaló para esta misión a Vicente Cervantes, Juan del Castillo, José Longinos Martínez y Jaime Senseve.

Martín Sessé consignó en sus escritos como inicio de la expedición el 1 de octubre de 1787. Durante el primer año se realizaron cortas salidas al campo; Sessé y Senseve herborizaron en el desierto de los Leones, mientras Cervantes ultimaba los preparativos para comenzar la enseñanza

en el Jardín Botánico mexicano, que se iniciaría el 2 de mayo de 1788. Los seis meses de aquella docencia fueron aprovechados por Longinos, Sessé y Senseve para visitar Morelos. Tras su vuelta a México, se incorporaron al equipo expedicionario Juan del Castillo, procedente de Puerto Rico, y dos dibujantes novohispanos, Vicente de la Cerda y Atanasio Echeverría, formados en la Real Academia de San Carlos de México. Durante la primavera de 1789 los expedicionarios iniciaron su segundo periplo y visitaron, entre otros lugares, Cuernavaca, Tixtla, Chilpanzingo y Acapulco, lugares en los que fueron recogiendo numerosas y valiosas muestras.

En 1790 Mociño y Maldonado, dos alumnos formados en el Jardín de Mé-

xico, se incorporaron a la expedición en sustitución de Senseve, que fue trasladado contra su opinión y voluntad al jardín para hacerse cargo de las labores de disección y preparación de animales. Esta decisión molestó al naturalista de la expedición, José Longinos. Sus discrepancias con Sessé lo llevaron a abandonarla y a crear por su cuenta un Gabinete de Historia Natural en la Ciudad de México del cual se autoerigirá en director. Junto a Senseve, realizó algunos viajes de exploración hacia el territorio de las Californias. Cuando el virrey de Nueva España les ordenó reintegrarse a la expedición para estudiar los territorios de Guatemala, lo hicieron a disgusto, separándose del resto de los exploradores. Longinos permaneció en Guatemala hasta que las autoridades virreinales le obligaron a regresar a la Península.

Tras la incorporación de Mociño y Maldonado, los expedicionarios realizaron una tercera salida, con la que intentaron reconocer los territorios del noroeste novohispano. Los exploradores atravesaron Michoacán, Sonora y Apatzingán hasta llegar a Guadalajara. Allí el grupo formado por Mociño, Castillo y Echeverría se dirigió hacia Aguascalientes, a través de Los Álamos y la sierra Tarahumara; Sessé alcanzó esta misma localidad cruzando el desierto de Sinaloa. Este recorrido tuvo una duración de dos años (1790-1792). En Aguascalientes recibieron la real orden de desplazarse hasta la costa noroeste para estudiar Mazarredo (Nutka). Sujeta a litigio por su posesión entre los gobiernos de España y Gran Bretaña, la isla tenía un importante interés comercial para ambas potencias.

Hacia Mazarredo/Nutka se dirigieron Mociño, Echeverría y Maldonado en 1792. Juan del Castillo quedó enfermo de escorbuto en Aguascalientes, donde murió en 1793. Los exploradores se integraron así en la parte de la Expedición de Límites dirigida por Juan Francisco de la Bodega y Quadra.

A la muerte de Castillo, Sessé volvió a la Ciudad de México con el propósito de fomentar el valor académico de los estudios impartidos en el jardín mexicano e iniciar los trámites burocráticos necesarios para la incorporación oficial de Mociño a la expedición, en sustitución del difunto Castillo.

Una vez finalizada su estancia en Nutka, la expedición decidió afrontar el estudio del sur del virreinato: Mociño y De la Cerda emprendieron viaje hacia Mixteca y la costa de Tabasco; Sessé, Del Villar y Echeverría se dirigieron a Jalapa y Guaztuco. Ambos grupos habrían de confluir en Córdoba para, desde allí, encaminarse a Veracruz. La expedición regresaría a Ciudad de México pasando por Tehuantepec y Tabasco.

En 1794, Martín Sessé solicitó permiso a la corte para una última exploración, esta vez en el Reino de Guatemala y las islas de Cuba, Santo Domingo y Puerto Rico. Mientras tanto, Cervantes permanecería en Ciudad de México ocupándose de dirigir la plantación del nuevo jardín en el Palacio Real, con lo que se mejoraba la desastrosa ubicación anterior, hasta entonces asignada en el pantanoso Potrero de Atrampa. El resto del equipo expedicionario se dividió en dos grupos: Sessé, Senseve y Echeverría emprendieron viaje hacia Cuba y llegaron a La Habana en junio de 1795; en marzo de 1796 se encontraban en Puerto Rico y desde allí retornaron a Cuba a la espera de conseguir permiso para visitar Santo Domingo. La situación de guerra y la sublevación de los esclavos negros en la isla hicieron que aquel viaje resultara imposible de realizar. Sessé y Senseve regresaron a México, adonde llegaron en mayo de 1798. El dibujante Echeverría no los acompañó, pues en La Habana se enroló en la expedición de fomento dirigida por el conde de Mopox.

Por su parte, Mociño y De la Cerda, acompañados a distancia por Longinos, emprendieron el viaje a Guatemala, pasando por Tehuantepec. Mociño invertiría dos años en componer su *Flora de Guatemala,* trabajo que simultaneó con la realización de informes sobre la viabilidad del comercio entre Guatemala y las posesiones españolas en México y las Californias. El límite sur de este viaje se encuentra en León de Nicaragua, donde Mociño y De la Cerda llegaron en mayo de 1797. Desde aquí emprendieron viaje de vuelta a Ciudad de México; en su viaje visitaron Chiapas, durante el cual Mociño se entretuvo en estudiar la potabilidad de sus aguas, minas de mercurio, el índigo y remedios para la posible curación de la lepra. Vicente de la Cerda llegó a México a finales de 1798 y Mociño en febrero del año siguiente.

En México, Sessé emprendió la recopilación y preparación del material que habría de trasladar a España. En esta tarea, en la que se invirtieron dos años, colaboró todo el equipo expedicionario, salvo Longinos. Durante dos años Mociño trabajó en el Hospital General de San Andrés y en el Real Hospital de Naturales, en compañía de Luis Montaña, un médico criollo; ambos elaboraron un conjunto de notas farmacológicas que luego resumió Cervantes bajo el título *Ensayo a la materia vegetal de México*.

Tras solventar algunos problemas, personales e institucionales, los expedicionarios regresaron a la metrópoli; Mociño y la parte de materiales que transportaba llegaron a Cádiz el 31 de julio de 1803; Sessé y Senseve, tras una larga estancia en La Habana, tocaron tierra metropolitana el 20 de octubre de 1803. Vicente Cervantes, por su parte, permaneció en México, a cargo del Jardín Botánico de la capital.

Lecturas

El águila y el nopal, la expedición de Sessé y Mociño a Nueva España (1787-1803), María Pilar San Pío Aladrén y Miguel Ángel Puig-Samper, coordinadores. CSIC/ Lunwerg, Madrid, 2000

Plantas y luces en México: la Real Expedición Científica a Nueva España (1787-1803), Xavier Lozoya. Serbal, Barcelona, 1984

Las expediciones científicas españolas durante el siglo XVIII: expedición botánica de Nueva España, Juan Carlos Arias Divito. Cultura Hispánica, Madrid, 1968

José Longinos Martínez Garrido

El viaje de un naturalista rebelde por las Californias y Guatemala

Calahorra (La Rioja), hacia 1750-Campeche (México), 1802

Explorador, cirujano y experto en anatomía animal

Tenía fama de díscolo y malcarado entre sus colegas. Una muestra de ello fueron sus diferencias insalvables con Martín Sessé, director de la expedición botánica a Nueva España entre 1787 y 1803, en parte de la cual participó Longinos en calidad de experto en anatomía animal e historia natural. Cuatro años después de que diera comienzo aquel viaje científico-ilustrado promovido por la Corona para el reconocimiento de los recursos naturales americanos, Longinos decidió abandonar el proyecto y trabajar por su cuenta junto a otro díscolo, Jaime Senseve, tras negarse a aceptar ambos la autoridad de Sessé. El puesto de Longinos lo ocupó el botánico José Mociño.

Así, el riojano inició en 1791, con los permisos pertinentes, una expedición por Baja y Alta California. Longinos y Senseve partieron de México y, después de pasar por Querétaro, Apaseo, Celaya, Salamanca, Irapuato, Guanajuato, Tepatitlán, Tequila, Tepic y Guainamota, llegaron a San Blas. Desde allí se dirigieron a Loreto y a las misiones de Mulegé y San Javier para ir luego hacia el sur, por mar, hasta la isla del Carmen y tocar en La Paz. En marzo de 1792, ambos estaban de nuevo en Loreto. Senseve solicitó un permiso al virrey para regresar a México. Longinos continuó en solitario hacia la misión de San Francisco de Borja y recogió por el camino numerosas muestras vegetales. Siguió hacia el norte con ánimo de llegar a Monterrey y recorrió la región de Fronteras visitando varias misiones antes de adentrarse en Alta California. Una vez allí, acompañado por soldados y naturales, llegó hasta la peligrosa sierra de San Pedro Mártir para visitar después las misiones franciscanas

Longinos recogió numerosas muestras vegetales en su viaje a Monterrey.

de San Diego, primero, y después las de San Juan Capistrano, San Gabriel y San Buenaventura. Fue entonces cuando entró en contacto con los nativos chumash, a quienes describió con brillantez en su diario. Desde Monterrey (aunque este es un dato dudoso) embarcó en la fragata *Concepción* para retornar a San Blas. Por orden del virrey, regresó a México y allí le fue encomendada la misión de integrar una división de la expedición de Sessé con destino a Guatemala en compañía de Mociño. Sin embargo, los dos científicos hicieron el viaje por separado y Longinos se puso en camino en 1795. Exploró el río Coatzcoalcos hasta la frontera de Soconusco para pasar a Guatemala, en donde se encontró por fin con el botánico. Iniciaron así ambos su actividad científica, que incluía la creación de un Gabinete de Historia Natural. Recorrió Longinos luego, solo, las provincias de Sonsonate y El Salvador, antes de contraer tuberculosis, lo que le impidió realizar trabajos de campo y lo obligó a instalarse en la ciudad de Nueva Guatemala.

A petición de Martínez Sessé, fue requerido de nuevo por el virrey para que viajara a México a dar cuenta de sus investigaciones. Por el camino, a través del Petén, enfermó gravemente y murió en Campeche.

Lecturas

De California al Petén: el naturalista riojano José Longinos Martínez en Nueva España, José Luis Maldonado Polo. Instituto de Estudios Riojanos, Logroño, 1997

Diario de las expediciones a las californias de José Longinos, Salvador Bernabéu. Doce Calles, Madrid, 1994

Juan de Cuéllar

El explorador que descubrió la riqueza botánica de las Filipinas

¿?, ¿1739?-Ilocos (islas Filipinas), 1801

Naturalista, botánico y explorador

En 1785 Carlos III creaba la Real Compañía de Filipinas. Entre sus cometidos, estaba la recolección de «plantas y cuerpos preciosos», así como el estudio de los cultivos útiles para el comercio. Por supuesto, la empresa necesitaba personal para llevar a cabo la tarea de explotación de los recursos naturales filipinos. El elegido para esta empresa fue Juan de Cuéllar, que entonces trabajaba con el primer catedrático del Real Jardín Botánico de Madrid, Casimiro Gómez Ortega. De casta le venía al galgo: el tatarabuelo y el bisabuelo de Cuéllar trabajaron, durante más de cuarenta años respectivamente, en los viveros ribereños de Aranjuez. En 1786 Cuéllar salió de Cádiz con el nombramiento de botánico bajo el brazo y el título de naturalista al servicio de la Real Compañía de Filipinas. Una vez en Manila, comenzaría sus trabajos, centrándose en los cultivos de cacao, añil, pimienta, algodón o café. Un dato importante es que en aquellos primeros tiempos Cuéllar requirió al ministro de Indias que se dictaran providencias para adjudicar terrenos a los nativos en los que podrían cultivar sus plantas. La Compañía entonces podría adquirir los frutos, impulsar el inexistente comercio interior y, en definitiva, favorecer la prosperidad de las islas. A comienzos de 1787 Cuéllar empezó a enviar muestras a la Península, una actividad que no cesó al menos en los diez siguientes años. Pero en 1788 recibió una orden para fijar sus actividades en el desarrollo de las plantaciones de canela y nuez moscada, las ricas y preciadas especias. Varios fueron los intentos del naturalista para obtener resultados favorables en sus cosechas, pero los frutos resultantes no tenían la

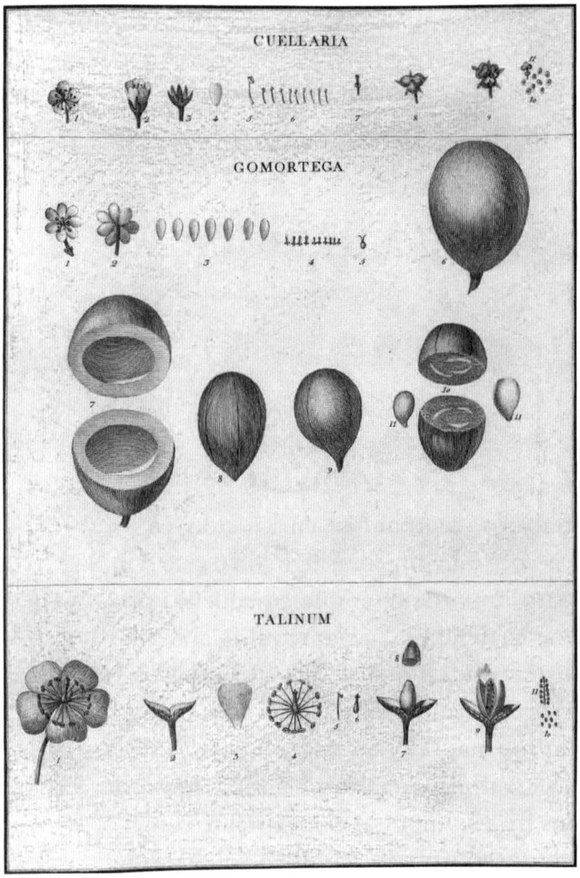

Ruiz y Pavón dedicaron a Cuéllar el género Cuellaria *en su* Flora Peruviana et Chilensis.

calidad de los que se producían en las colonias holandesas del Pacífico Sur o el Índico. Los costes de producción eran altos y los márgenes de beneficio estrechos. A pesar de todo, Cuéllar planteó alternativas como la creación de un jardín botánico en Malate o una expedición por el archipiélago. Ambas fueron rechazadas. En 1793 la junta de gobierno de la Real Compañía quedaba suprimida y desde Madrid llegó la orden de cese de los empleados. Cuéllar conoció la noticia de su despido en 1795. Aun así, ya nunca abandonaría Filipinas, en donde trabajó como comisionado para el alumbrado público de Manila y como superintendente de las fábricas de tejidos de Ilocos, localidad de la que fue nombrado alcalde mayor y en donde murió.

Lecturas

Una historia natural de Filipinas: Juan de Cuéllar, ¿1739?-1801, María Belén Bañas Llanos. Ediciones del Serbal, Barcelona, 2001

Francisco de Noroña

En el paraíso vegetal del Índico

Sevilla, 1748-Port-Louis, isla de Francia (hoy isla Mauricio), 1788

Naturalista y explorador

Ni ayuda suficiente, ni equipos científicos sobre los que apoyar una investigación difícil en territorios de gran extensión. Así tuvo que llevar a cabo sus diversos estudios Francisco de Noroña en las islas del Pacífico Sur y el Índico. No es de extrañar que este apasionado botánico trabajara para el mejor postor, ya fuera este la Sociedad Económica de Amigos del País de Manila, el Jardin du Roi en la isla de Francia o la Compañía Holandesa de las Indias Orientales.

Tras cursar estudios en España, Francia y Gran Bretaña, Noroña se trasladó a Ceilán (Sri Lanka) y de allí pasó a la India, para dirigirse luego a Filipinas, en 1784, en calidad de botánico y protegido de Ciríaco González Carvajal. Ello le valió la enemistad del gobernador local, José Basco y Vargas, que con el nombramiento de González como intendente del Ejército y Real Hacienda vio limitado su poder. Por la presión ejercida, Noroña tuvo que ganarse la vida no como botánico, que era lo que quería, sino como médico, carrera que había estudiado en Osuna. Al final no tuvo más remedio que irse a Batavia (Java, Indonesia), colonia por entonces holandesa. En aquella isla comenzó a trabajar para la Compañía Holandesa de las Indias Orientales y fue el primer botánico que obtuvo permiso para explorar las regiones interiores de Java, durante la regencia de Priangan, en 1786. La expedición se trasladó a Bogor y sucesivamente a Batoetoelis, Pondok Gede, Tjipanas, Tjiandloer y Bandoeng, para regresar después a Batavia. Durante el viaje fue elaborando su *Historia natural javanesa*, en la que relataba con especial atención las posibilidades de cultivos para el consumo e incluía descripciones

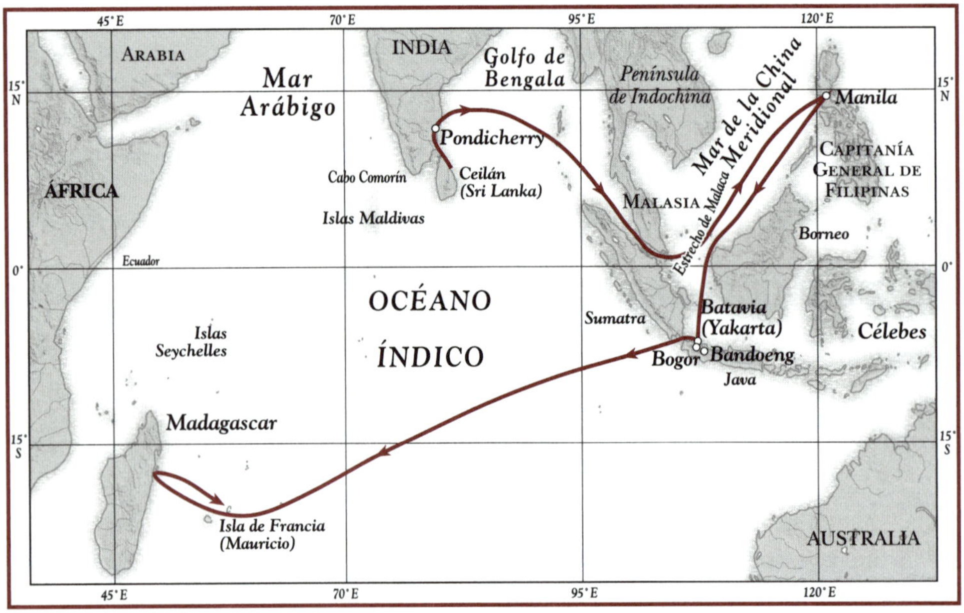

de orden faunístico o mineralógico. Noroña abandonó Java y se trasladó a Isla de Francia (Mauricio), adonde llegó tras una azarosa travesía en el año 1787. Pudo estudiar allí el Jardin des Pamplemeousse, al que se habían aclimatado una gran cantidad de especies exóticas además de las preciadas especias. Noroña hizo un inventario de hasta 250 nombres y describió con especial atención los dos tipos de canela allí presentes, el clavo y la nuez moscada. Desde la isla de Francia, Francisco de Noroña se dirigió a Madagascar, en donde permaneció por poco tiempo, apenas cuatro meses, antes de regresar a la isla de Francia en septiembre de aquel año de 1787. Al año siguiente murió, posiblemente de malaria.

Lecturas

El sueño de las especias: viaje de exploración de Francisco Noroña por las islas de Filipinas, Java, Mauricio y Madagascar, Susana Pinar García. CSIC, Madrid, 2000

Félix de Azara
El precursor de Darwin

Barbuñales (Huesca), 1742-Huesca, 1821

Ingeniero militar y marino

En torno a la figura de Félix de Azara se han creado mitos, como el del ser un ejemplo del genio español autodidacta que trabajó aislado de la comunidad científica o el de ser precursor de Charles Darwin. Sin necesidad de caer en estas visiones hagiográficas, lo cierto es que Azara fue un viajero infatigable y tenaz que contribuyó al conocimiento geográfico y zoológico de un amplio territorio en torno al Río de la Plata, que en aquellos momentos, finales del siglo XVIII, formaba parte de los dominios españoles de Sudamérica.

Hijo de Alejandro de Azara y María Perera, Félix de Azara realizó estudios universitarios en las facultades de Filosofía y Letras y de Derecho y Cánones de Huesca. Posteriormente, en 1764, ingresó en el ejército, como cadete en el Regimiento de Infantería de Galicia. Adquirió una sólida formación científica y técnica en la Academia Militar de Barcelona e ingresó en el cuerpo de ingenieros militares en 1767. Con el rango de subteniente, fue nombrado ingeniero y delineador de los Ejércitos Nacionales, Plazas y Fronteras. Durante varios años ejerció sus labores en la fortificación de Figueras, obras hidráulicas civiles de los ríos Jarama, Tajuña y Henares en Alcalá y Guadalajara y reconstruyendo la fortaleza de Mallorca. Participó en 1775 en la fracasada expedición a Argel, donde resultó herido de gravedad. Hallándose en San Sebastián en 1781, recibió la orden de dirigirse de manera inmediata a Lisboa y presentarse en la embajada española. Allí le comunicaron que iba a partir hacia el virreinato de Buenos Aires para una comisión que le sería dada a conocer a la llegada a su destino. Se trataba, en

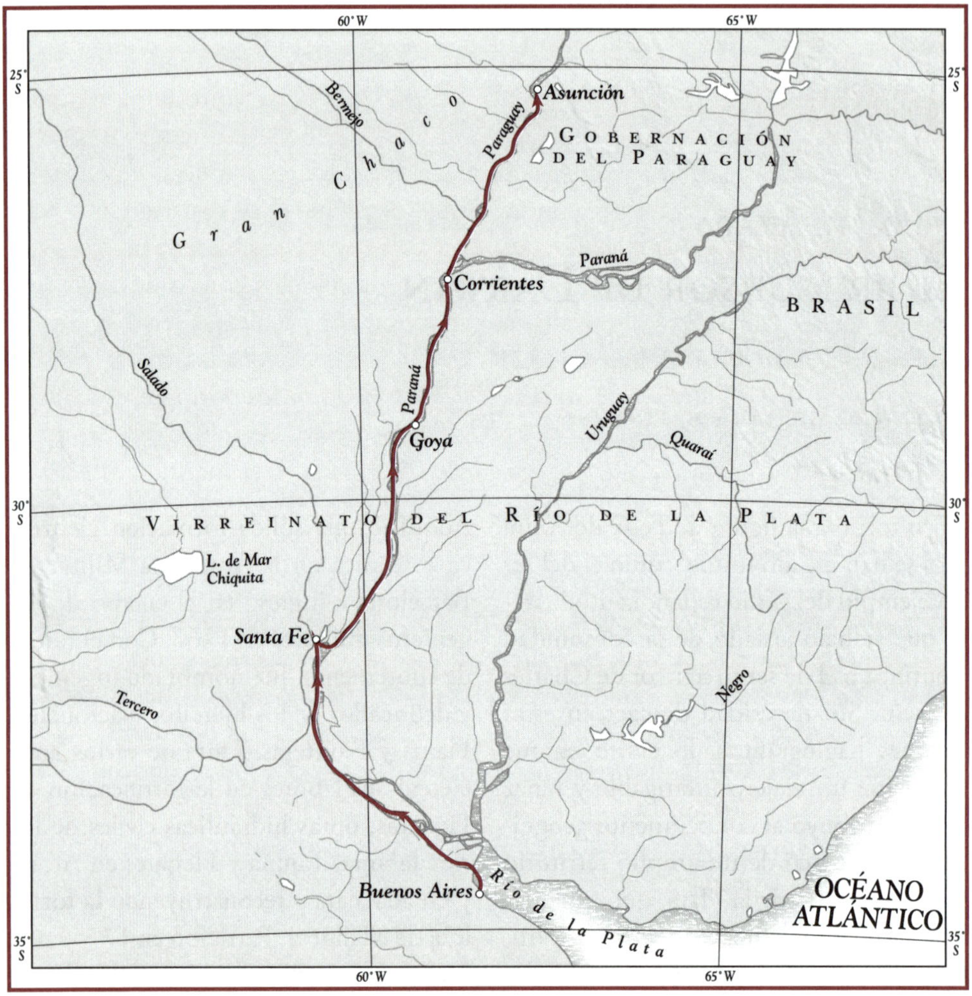

cumplimiento de los acuerdos alcanzados por España y Portugal, tras la firma en 1777 del Tratado de San Ildefonso, de formar parte de las expediciones encargadas de establecer y delimitar las fronteras de las posesiones de las dos monarquías ibéricas. Azara fue designado como uno de los comisarios encargados de la dirección de los trabajos por parte española. La expedición, formada también por cosmógrafos, pilotos y dibujantes, llegó a Montevideo, desde donde viajaron, unos meses después, a Buenos Aires para empezar los preparativos. Azara, que fue ascendido a capitán de fragata e incorporado a la Real Armada, debía encargarse de la tercera partida que se dirigiría hacia el norte, para delimitar la frontera por el río Paraguay, desde la boca del río cuya cabecera fuera más inmediata a la del Igurey, hasta el Jaurú. Para ello viajó en el verano del año 1781 a la capital de Río Grande y de allí a Asunción, escoltado por una pequeña partida de soldados, un servidor negro y porteadores, siguiendo una vía fluvial a través de Santa Fe, la Bajada del Paraná, Goya y Corrientes. Tuvieron que esperar hasta finales de 1783 a que la comisión portuguesa se pusiera en marcha, y cuando entraron en materia, pronto surgieron diferencias entre los comisarios de las dos naciones acerca del establecimiento de las fronteras.

Ante las dilaciones y la consiguiente parálisis de los trabajos para cumplir los acuerdos del tratado, Azara optó por recorrer y explorar en numerosos viajes el territorio que abarcaba la provincia del Paraguay y llegó hasta las misiones y los pueblos que habían sido de los jesuitas y la jurisdicción de la ciudad de Corrientes. Así, entre 1784 y 1788, viajó a la región de la cordillera al noroeste de Asunción, navegó y reconoció los ríos Pilcomayo y Tebicuarí, visitó la mayoría de las misiones, viajó a Capapeguá, Quyndy, Curuguaty, la laguna de Iberá y la ciudad de Corrientes. Luego realizó un nuevo viaje a Curuguaty entre junio y agosto de 1791, pero fue infructuosa su espera de la comisión portuguesa. Durante los años siguientes, hasta su regreso a Buenos Aires en 1796, Azara se dedicó a trabajos relacionados con la demarcación, solventando problemas económicos y estratégicos relacionados con la defensa del territorio de los portugueses y con el establecimiento de poblaciones fronterizas. Asimismo, este marino e ingeniero militar realizó estudios de investigación histórica en los archivos de Asunción y abordó trabajos geográficos y de historia natural, cuyos resultados dieron origen a valiosas publicaciones sobre los cuadrúpedos y las aves del Río de la Plata y del Paraguay. En junio del año 1793, a propuesta del cabildo de Asunción y ejecutando la misión que se le había encomendado, levantó la carta geográfica de aquellas regiones, confeccionando el primer mapa del Paraguay y Misiones.

El propio Azara dejó reflejado su método de trabajo durante sus continuos viajes. Iba siempre provisto de una escopeta para la caza de animales y del instrumental científico adecuado para llevar a cabo su trabajo —dos instrumentos de reflexión de Halley, un horizonte artificial y una brújula con pínulas, entre otras cosas—. Realizaba sus observaciones astro-

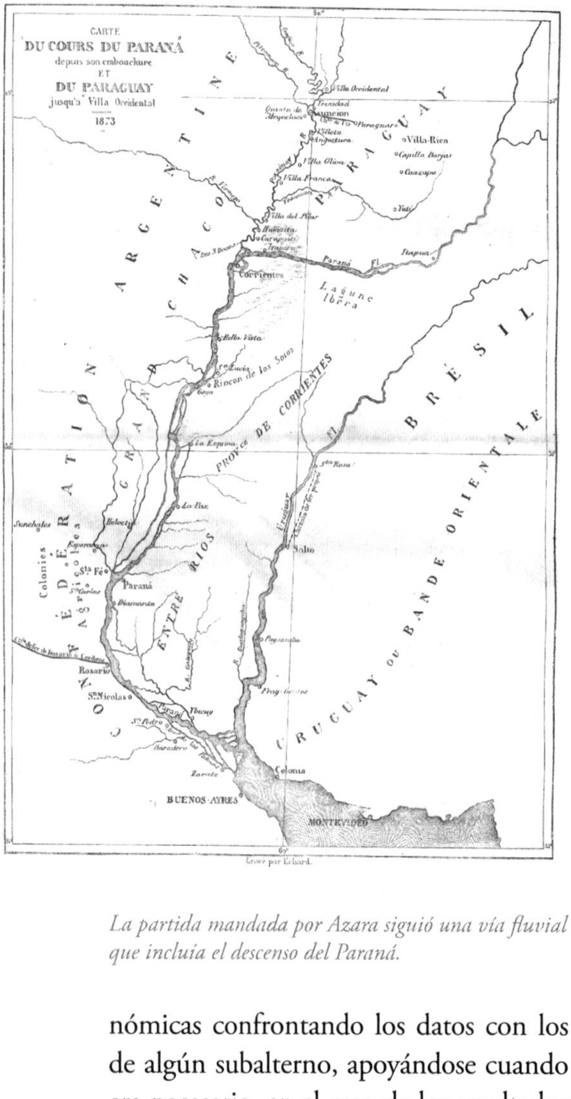

La partida mandada por Azara siguió una vía fluvial que incluía el descenso del Paraná.

nómicas confrontando los datos con los de algún subalterno, apoyándose cuando era necesario, en el caso de los resultados cartográficos, en las cartas levantadas por otros expedicionarios. A veces, cuando se encontraba en un bosque, hacía encender grandes hogueras y el humo le servía de señal y le ayudaba a encontrar la posición de los lugares cuya latitud había observado previamente. En otras ocasiones enviaba por delante a dos hombres a caballo, uno de los cuales se detenía cuando perdían a Azara de vista, mientras el otro continuaba hasta perder de vista al primero que se había detenido, y así sucesivamente.

Félix de Azara regresó a España en 1801 y gracias a la mediación de su hermano José Nicolás, embajador en París, entró en contacto con la comunidad de naturalistas franceses, que impulsaron la publicación de sus obras zoológicas. Murió de una pulmonía en Huesca, camino de los 80 años.

Lecturas

Apuntamientos para la historia natural de los páxaros del Paraguay y del Río de la Plata, Félix de Azara. Ibarra, Madrid, 1802-1805. (Trad. al francés como vols. II y IV de los *Voyages dans l'Amérique Méridionale,* 1809). Reedición facsímil y estudio introductorio de Joaquín Fernández Pérez. Ministerio de Educación, Secretaría General del Plan Nacional I+D, Madrid, 1992

Escritos Fronterizos, Félix de Azara. Manuel Lucena Giraldo y A. Barrueco Rodríguez, editores. ICONA, Madrid, 1994

Diego de Alvear y Ponce de León

Un creador de fronteras en la América Meridional

Montilla (Córdoba), 1749-Madrid, 1830

Militar, cartógrafo, geógrafo y explorador

Casi veinte años estuvo este cordobés ilustre reconociendo los cauces del Paraná, Paraguay y otros ríos en cumplimiento de la misión que le fue encomendada: dirigir la segunda división o partida encargada de definir los límites territoriales entre las posesiones de España y Portugal en América del Sur. Durante dieciocho años, entre 1782 y 1800, Alvear estuvo «en inmensos despoblados, abriéndose paso con el hacha por las selvas impenetrables, remontando las corrientes, trepando a las montañas, luchando con la inclemencia, la necesidad, los indios salvajes, las fieras y los insectos». Fruto de aquellos esfuerzos fue el *Diario de la segunda partida de demarcación de límites entre los dominios de España y Portugal en la América Meridional*, en el que se dio cuenta de los descubrimientos, hallazgos y estudios geográficos realizados durante ese período, que incluyeron meticulosas descripciones del terreno pisado con levantamiento de mapas, importantes noticias de fauna y flora, análisis etnográficos de la población natural —sobre todo de tupíes y guaraníes, con especial atención a sus respectivas lenguas—, así como posibilidades comerciales y políticas de la zona, comprendida entre el virreinato del Río de la Plata y las intendencias de Paraguay, La Plata, Charcas, Cochabamba, Salta y el Chaco. Una compleja actividad ordenada por Carlos III que, como otras de la época ilustrada, transitaba a medio camino entre el conocimiento científico y los intereses políticos. Alvear había llegado a Río de la Plata como brigadier en 1774 e inmediatamente tuvo que tomar parte en la guerra de Sacramento, conflicto fronterizo que enfrentó a españoles

Diego de Alvear dedicó casi veinte años al reconocimiento de ríos como el Paraná y el Paraguay.

y portugueses por la posesión de esa colonia en tierras de lo que hoy es Uruguay. Al poco, en 1777, la firma del Tratado Preliminar de San Ildefonso lo convirtió en segundo comisario de la Expedición de Límites de la América meridional. En 1804, al finalizar su cometido, Alvear regresó a España, con su mujer porteña y sus nueve hijos, en una flota capitaneada por José Bustamante y Guerra. A la altura del Algarve portugués, las embarcaciones españolas fueron interceptadas por otras de guerra británicas y, a pesar de que entre ambas naciones reinaba por entonces la paz establecida en Amiens, un cañoneo intimidatorio alcanzó la fragata *Mercedes,* que se hundió rápidamente, llevándose la vida de la esposa de Alvear y de todos sus hijos, excepto uno. El marino cordobés, como el resto de los supervivientes de la flota española, fue hecho prisionero y trasladado a Inglaterra. Dos meses después de aquella acción, España declaró la guerra al Reino Unido. Diego de Alvear volvería a su patria en 1805; se casó dos años después con una irlandesa con la que tuvo diez hijos, y murió reconocido por todos.

Lecturas

Historia de Diego de Alvear y Ponce de León, Brigadier de la Armada, y las obras que escribió, Sabina Alvear y Ward. Imprenta de Luis Aguado, Madrid, 1891

«Los desconocidos demarcadores de límites en la América meridional: 1781-1804», Ángel Pozuelo Reina. En *Trienio: Ilustración y liberalismo,* n.º 41, 2003, pp. 5-24

Francisco Requena

Explorador de los límites de la Amazonía

Mazalquivir (Orán), 1743-Madrid, 1824

Geógrafo, ingeniero militar y cartógrafo

El primer trabajo de Francisco Requena fue el levantamiento de un plano cartográfico de Orán, ciudad en la que estaba destinado su padre, contador del ejército, y en la que él nació. Especialmente dotado para las matemáticas, viajó por primera vez a América en 1764, ya como alférez de ingenieros. Le esperaban treinta años de estadía en aquel continente. Una vez allí, inició su actividad en la Audiencia de Panamá para trasladarse luego a Cartagena de Indias, de nuevo a Panamá y después a Guayaquil, en donde fue comisionado para hacer una descripción de la provincia, además de planos y perfiles de las defensas de la ciudad contra posibles desembarcos de británicos y piratas. En 1776 circulaban noticias del recurrente conflicto con Portugal, motivado por las incursiones lusas en territorio español de la América meridional. El problema era que los límites de las posesiones de ambos imperios no estaban claros en la práctica, un río revuelto del que estaban sacando provecho portugueses y brasileños, que iban tomando posiciones favorables en el corazón de la Amazonía. Para remediarlo, en el año 1777 se firmó el Tratado Preliminar de San Ildefonso, que reprodujo en líneas generales el anterior arreglo limítrofe, el Tratado de Madrid de 1750, y fijó una clara línea divisoria que debía señalarse sobre el terreno con marcas y obeliscos. En 1778 Requena fue nombrado gobernador de Mainas y comisario de la Partida de Límites en aquel territorio de miles de kilómetros cuadrados y entre cuyas misiones estaba, además del trazado de la línea, la de controlar las incursiones portuguesas por los ríos Japurá, Putumayo y Napo hacia Quito y Popayán, en

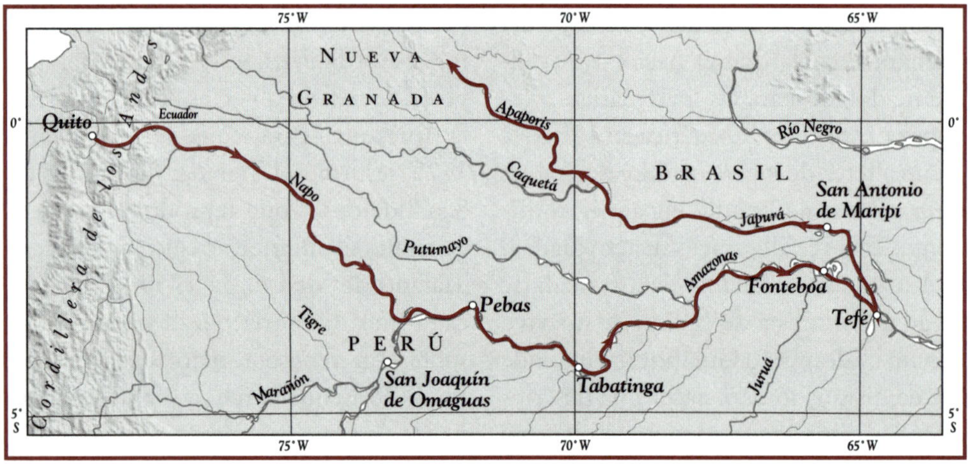

donde se ubicaban ricas minas de oro. Por eso, en ejecución del tratado, el comisario Requena y sus hombres partieron de Quito el 10 de enero de 1780 y se adentraron en las ciénagas del Napo para alcanzar el Marañón-Amazonas y llegar a la localidad de San Joaquín de Omaguas y luego a Tabatinga, en donde

Requena entró en contacto con su homólogo luso. Este reclamó aquella ubicación para Portugal, una cuestión que a la larga resultaría insalvable. Desde allí el grupo expedicionario se adentró en el río Javarí, para regresar a Tabatinga y partir de nuevo por el Japurá hasta la boca del Apaporis.

Las penosas condiciones de trabajo, la escasez de efectivos —Requena no contó siquiera con un astrónomo y puede decirse que él era el único científico— y las enfermedades mermaron la capacidad de los expedicionarios a favor de los portugueses, que se encontraban mucho mejor equipados. La disolución de la Comisión tuvo lugar en el año 1804. Francisco Requena regresó posteriormente a la península Ibérica dejando un gran número de mapas y escritos, de larga influencia en cuestiones amazónicas, además de haber llevado a cabo una labor encomiable como gobernador.

Lecturas

Francisco de Requena y otros ilustrados y bárbaros. Diario de la Exploración de Límites al Amazonas (1782), edición, introducción y notas de Manuel Lucena Giraldo. Alianza Editorial, Madrid, 1991

Francisco Requena: la Expedición de Límites. Amazonía, 1779-1795, Eric Beerman. Compañía Literaria, Madrid, 1996

Felipe José de los Santos Toro y Freyre (conde de Argelejo)

La expedición a Annobón y Fernando Poo

Tarragona, 1721-Océano Atlántico, camino de Annobón, 1778

Militar y explorador

El 20 de octubre de 1777 el ministro de Indias José de Gálvez daba una instrucción al brigadier conde de Argelejo que contenía las normas que «deben observarse para proceder a tomar posesión de las islas de Annobón y Fernando Poo», en el África ecuatorial. Aquellos territorios de Guinea habían pasado de manos portuguesas a españolas por el Tratado Preliminar de San Ildefonso, fechado en 1777. Annobón había sido descubierta en 1471 por los portugueses João de Santarem y Pedro de Escobar.

Argelejo se encontraba en Montevideo tras haber participado en la expedición al mando de Pedro de Ceballos, que tenía por objeto la conquista de la isla de Santa Catalina y de la colonia de Sacramento. Por sus notables acciones, fue ascendido a brigadier. Una flotilla de dos fragatas (*Santa Catalina* y *Soledad*) y un bergantín *(Santiago)* partían de la actual capital uruguaya en abril de 1778 para llevar a cabo esa comisión. Al mando de las embarcaciones estaba José Varela y Ulloa, y Argelejo hacía lo propio con la jefatura de las fuerzas terrestres embarcadas, las del regimiento de Infantería Sevilla, llamado El Peleador.

En una primera etapa la expedición alcanzó la isla del Príncipe. La intención de la Corona española para con esas tierras era que, por una parte, sirvieran para el comercio de esclavos, como ya habían hecho durante su gobernación portuguesa y holandesa, y que, por otra, pudieran utilizarse de escala en una futura ruta desde o hacia Filipinas. Los portugueses, que esperaban las instrucciones que había de traer su comisario pusieron todo tipo de impedimentos a la ocupación de las islas por los españoles. Las enfermedades em-

pezaron a hacer mella en los expedicionarios. Finalmente llegó el comisario portugués, procedente de Pernambuco, quien, junto con los airados españoles, procedió con lo estipulado. Después tendrían que ir a Annobón, pero la suerte no estaba del lado del conde Argelejo. Murió en la travesía, posiblemente a causa de la malaria. Joaquín Primo de Rivera, segundo jefe de la expedición, fue nombrado gobernador provisional de la que sería con el tiempo Guinea española.

Lecturas

Noticias, documentos y avisos: expedición de 1778, conde de Argelejo. Selección de textos, edición, introducción y notas Mariano L. de Castro Antolín. Ceiba, Vic, 1999

José Varela y Ulloa

Fijador de posiciones exactas en la costa occidental africana y América meridional

Villaredo (Lugo), 1739-La Habana (Cuba), 1794

Marino y cartógrafo

En 1774 el gallego Varela y Ulloa, profesor de la Academia de Guardamarinas de Cádiz, participó, junto con José de Mazarredo, en la expedición para determinar la longitud y latitud de la isla de Trinidad del Sur. Dos años después, en 1776, estaba embarcado en la fragata francesa *Brújula*, en una misión al mando de la cual se encontraba el teniente galo Jean Charles Borda y cuyo objetivo era determinar las localizaciones geográficas exactas de varios puntos de la costa occidental africana entre el cabo Espartel y Cabo Verde. Sus inquietudes no solo dieron lugar al *Derrotero y descripción de las islas Canarias*, sino que lograron la definición del proyecto del *Atlas marítimo de España*, dirigido por Vicente Tofiño y publicado con fama universal entre 1787 y 1788. Varela colaboró tanto en esta obra como en dos volúmenes de observaciones astronómicas.

Otra gran aportación suya en el campo cartográfico se había producido en 1778, cuando comandó la expedición al golfo de Guinea mediante la cual España tomó posesión de las islas de Annobón y Fernando Poo, que luego formarían parte de la Guinea española, cedidas por Portugal tras la firma del Tratado Preliminar de San Ildefonso de 1777. Buen conocedor de aquellas latitudes, su labor no se limitó a la simple toma de posesión, sino que también llevó a cabo trabajos de medición de la longitud y la latitud de ambas islas, además de importantes observaciones sobre las corrientes imperantes en aquellas aguas, las mareas, los vientos y las diferencias periódicas de la atmósfera, trabajos hidrográficos de especial importancia llevados a cabo con meticulosa exactitud.

En 1782 fue comisionado para dirigir la Expedición de Límites de la América meridional, que debía fijar las fronteras entre las Coronas de España y Portugal en ejecución del mencionado Tratado de San Ildefonso, en concreto en la zona del virreinato del Río de la Plata y las áreas adyacentes. Con ese motivo realizó observaciones para fijar las posiciones astronómicas de Montevideo y Buenos Aires. También calculó la posición de la isla de Santa Catalina en Brasil. Cuando ya había ascendido a jefe de escuadra, partió hacia la América septentrional en cumplimiento de otra comisión. No pudo llevarla a cabo en su totalidad, puesto que murió cuando se encontraba en La Habana.

Lecturas

Cuatro siglos de cartografía en América, Belén Rivera y Luisa Martín-Merás. Mapfre, Madrid, 1992

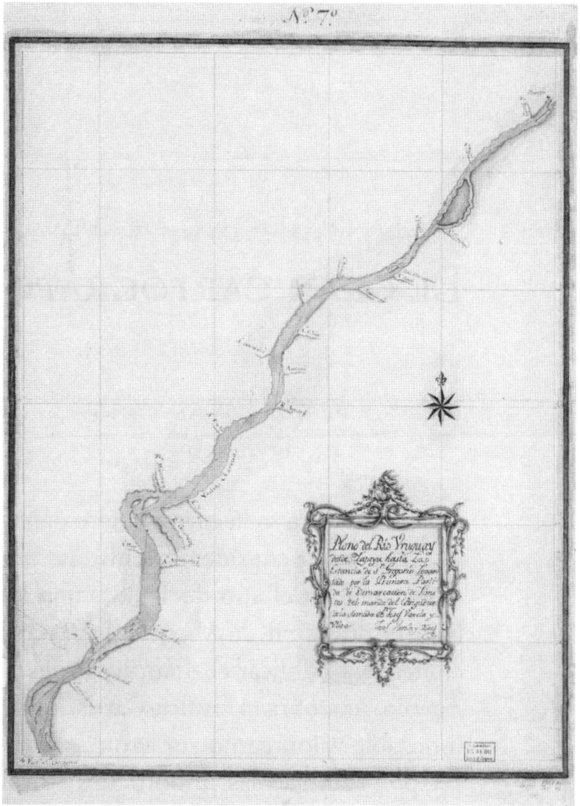

Plano del río Uruguay desde Yapeyu hasta la Estancia de San Gregorio (1784) de José Varela y Ulloa.

Vicente Tofiño de San Miguel y Vandewalle
El gran cartógrafo ilustrado

Cádiz, 1732-San Fernando, 1795

Marino, profesor y astrónomo

Nunca estuvo la cartografía española mejor considerada entre las naciones que en el año de 1788, cuando, bajo la dirección de Vicente Tofiño, se comenzó a publicar el *Atlas marítimo de España*, una obra científica y artística de innegable valor, como supieron reconocer por entonces las importantes Royal Society británica o la Academia de Ciencias francesa. Nacido en el seno de una familia de militares de Villanueva de la Serena (Badajoz) y huérfano de padre y madre desde los 12 años, Tofiño ingresó en el Ejército en 1747 tras haber permanecido un tiempo al cuidado de su hermana y de un tío sacerdote. Ocupó a su entrada plaza de cadete con una dispensa de edad. Al poco se incorporó a la recién creada Academia de Artillería de Cádiz y, por mediación de Jorge Juan, el gran promotor de la marina científica, que pronto vio en él dotes singulares, fue nombrado tercer maestro de matemáticas en la Academia de Guardiamarinas, de la que posteriormente llegó a ser director en 1768, cuando solo contaba con 36 años, un hecho absolutamente inusual para su tiempo. Fue, además, Juan quien le animó a asistir como invitado a la Asamblea Amistosa Literaria, una prestigiosa tertulia científica en la que se reunían los más importantes investigadores de todos los campos del saber de su época. En 1776, ante la necesidad creciente de oficiales y bajo su inspirada intervención, se fundaron las Academias de Guardiamarinas de El Ferrol y de Cartagena, instituciones estas que también llegó a dirigir. En el año 1783 redactó, juntamente con José Varela y Ulloa, el plan de estudios y un programa de observaciones astronómicas para los oficiales de la Armada. Pero, sin

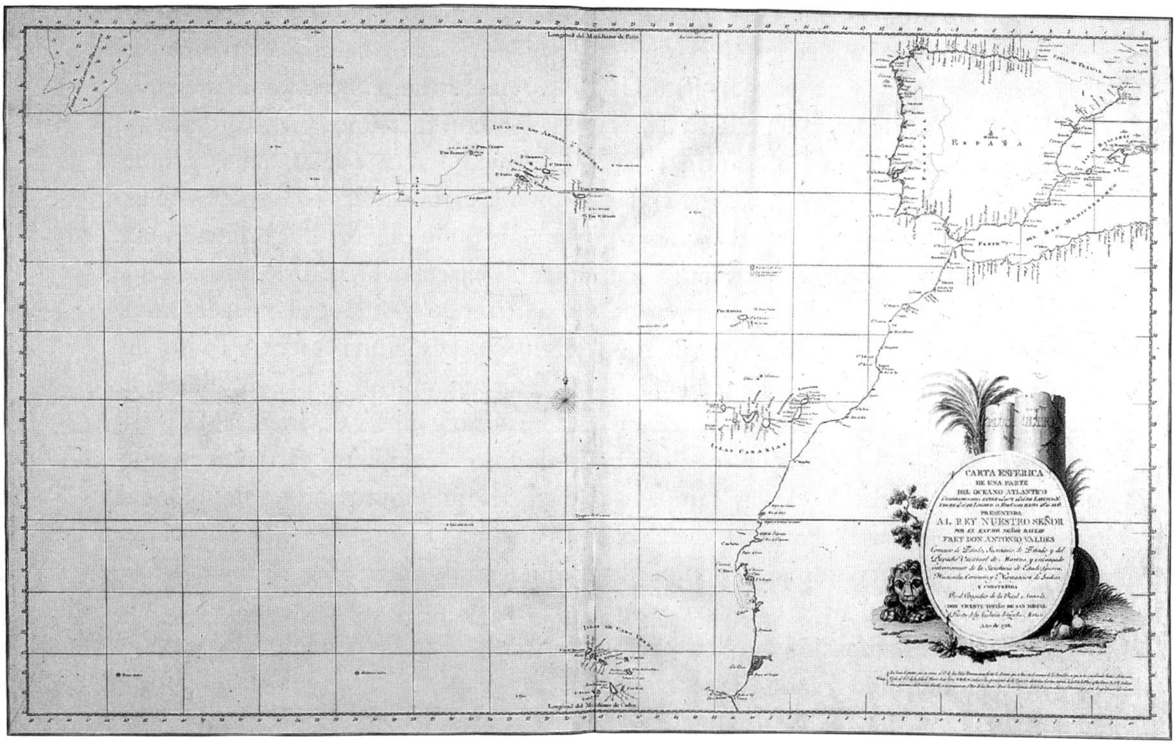

El atlas marítimo de España otorgó a Tofiño reconocimiento internacional.

duda, fue el levantamiento de las costas de España, plasmado en el mencionado *Atlas marítimo*, el que le otorgó fama internacional por la meticulosidad, exactitud y belleza de aquel trabajo. Tofiño eligió para que le acompañaran en las labores de investigación hidrográfica a oficiales tan destacados en su momento como fueron José de Vargas Ponce, José Espinosa Tello, Dionisio Alcalá Galiano y José María de Lanz. Otro cartógrafo excelente, Felipe Bauzá, figuraba en aquella empresa en calidad de piloto ayudante. Al equipo científico también se incorporaron en sucesivas ocasiones hombres de la talla de Salvador Fidalgo y Alejandro Malaspina, aunque este último abandonó la labor para mandar la fragata *Astrea*, de la Compañía de Filipinas. Los instrumentos científicos utilizados fueron proporcionados por la Academia de Guardiamarinas y el Observatorio Astronómico de Cádiz. El método que se empleó en los levantamientos fue el mismo que utilizó Cook en 1763, consistente en una combinación de triangulaciones en tierra y en el mar. Para las campañas dispusieron de la fragata *Santa María Magdalena* y del bergantín *Vivo.* El progreso de las operaciones fue constante. El levantamiento de las costas del Mediterráneo les ocupó los veranos de 1783, 1784 y 1785; la época estival de 1786 se empleó en las costas de Portugal y Galicia; la de 1787 se dedicó a la costa cantábrica; y la de 1788, a la campaña de las islas Azores. Mientras Tofiño permanecía al mando de las campañas hidrográficas, Vargas Ponce se instalaba en Madrid para coordinar al equipo de grabadores y dibujantes. Participaron en el grabado y estampación del *Atlas marítimo* casi todos los grandes de la época. Por fin, en 1787 pudieron concluir la impresión del *Derrotero de las costas de España en el Mediterráneo y sus correspondientes de África,* así como un atlas con quince cartas del Mediterráneo.

En 1789 apareció el *Derrotero de las costas de España* y un atlas de treinta cartas. Aquel mismo año salió una segunda edición con un índice y una ordenación diferente. Gracias a los trabajos para levantar la carta esférica de las costas de España, se pudo calcular por primera vez la medida exacta del territorio español, que resultó ser de 10 891 leguas cuadradas de 8000 varas cada una. Vicente Tofiño llegó a ser miembro de la Real Academia de la Historia y de las de Ciencias de París y de Lisboa. También participó en operaciones militares como las del bloqueo a Argel en el año 1773 y la del sitio de Gibraltar de 1782. Sus restos mortales descansan hoy en el Panteón de Marinos Ilustres de San Fernando (Cádiz).

Lecturas

«El *Atlas marítimo de España 1787-1789*», Luisa Martín-Merás. En *Ingeniería Naval,* n.º 654 (1989), pp. 563-565

«Bicentenario de un atlas ilustre.» En *Revista Española de Defensa,* año 3, n.º 26 (1990), pp. 66-67

Alejandro Malaspina

Director de la mayor expedición científica global del siglo XVIII

Mulazzo (Italia), 1754-Pontremoli (Italia), 1810

Marino y proyectista

La biografía del comandante de la ex pedición a América y el océano Pacífico más completa de la Ilustración ibérica ocupa una página importante en la historia de la ciencia y en la del Imperio español, pero bien podría haber salido de una novela.

Nació en Lunigiana, una región semifeudal junto a la costa ligur, en el seno de una familia noble venida a menos. Siendo niño marchó con sus padres a la corte palermitana, en Sicilia, y al poco lo enviaron a Roma, donde estudió en el Colegio Clementino, dirigido por los padres somascos. Fue ordenado caballero de la Orden de Malta y combatió a los piratas berberiscos en el Mediterráneo antes de sentar plaza de guardiamarinas en la Academia de Cádiz, lo que ocurrió en noviembre de 1774, recién cumplidos los 20 años.

En la Armada española brilló tanto dentro como fuera de las aulas. Fue alumno aventajado del Curso de Estudios Mayores, el ambicioso programa docente que incorporaba las matemáticas newtonianas, la astronomía náutica y la física experimental al currículo de los oficiales. Pero también se distinguió por unos cuantos destacados hechos de armas en la guerra contra Reino Unido y llegó a dirigir un viaje de circunnavegación con la fragata *Astrea* (1787), promovido por la Compañía de Filipinas.

Dirigió la gran expedición científica y política a América y Oceanía (1789-1794), una empresa costosa, bien preparada y mejor ejecutada por la Secretaría de Marina e Indias, encabezada entonces por el también marino Antonio Valdés. Durante esos cinco años, las corbetas *Descubierta* y *Atrevida*, tripuladas por

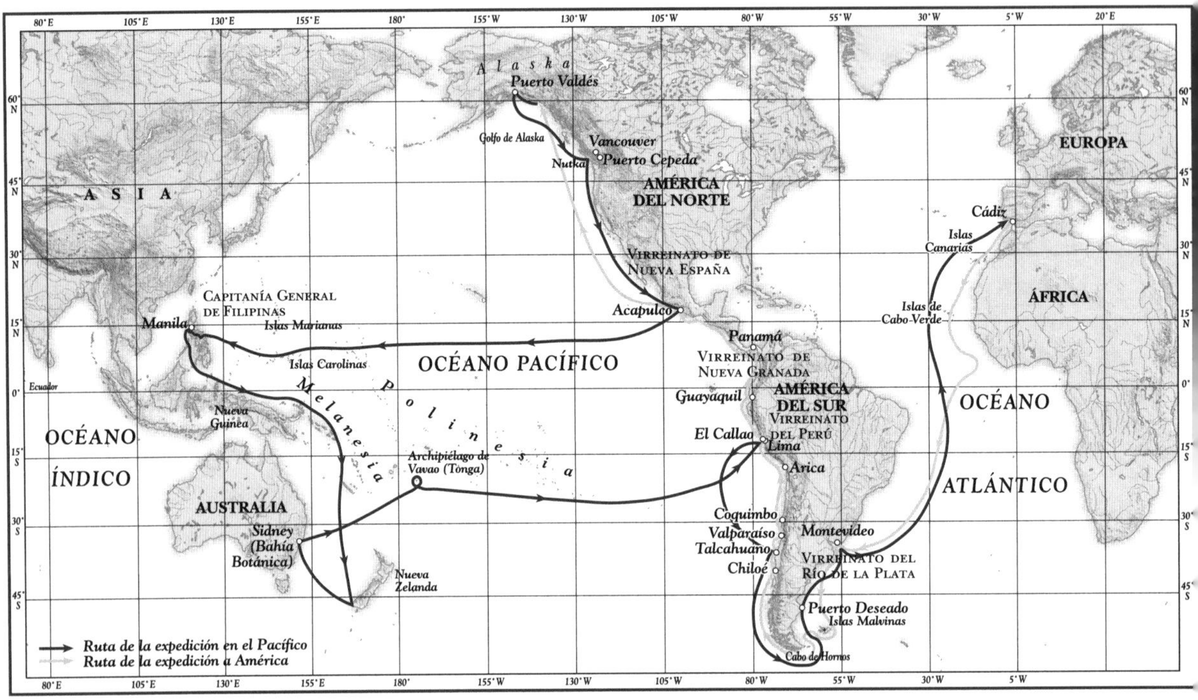

algunos de los mejores oficiales hidrógrafos de su generación, tres naturalistas, dibujantes, pintores y otros expertos, recorrieron el litoral occidental del Nuevo Mundo, desde el cabo de Hornos a la actual Alaska, para luego cruzar el océano Pacífico, visitar las islas Filipinas, Australia y el archipiélago de Vavao.

En todos estos territorios la Expedición Malaspina desarrolló una actividad enciclopédica. Por un lado, trazaron derroteros y cartografiaron los perfiles de las costas visitadas, trasladando así lo que Vicente Tofiño acababa de realizar en la península Ibérica. Pero también elaboraron estudios de historia natural que comprenden desde herborización y descripciones de fauna hasta estudios geológicos y mineralógicos; hicieron descripciones etnográficas de gran interés en las áreas fronterizas del imperio (Patagonia, noroeste americano, islas del Pacífico); recopilaron noticias y datos sobre el estado del comercio en todos los puertos del Mar del Sur; incorporaron la isla de Tonga (Vavao) al dominio español; y, en fin, desterraron de una vez por todas el mito del paso del Noroeste.

Además, Malaspina elaboró durante el viaje unos densos informes geográficos y políticos sobre los problemas y las posibilidades de cada región y virreinato, en los cuales el navegante demostró que, no contento con ser el «Cook español» —como lo bautizaron al regreso—, quería ser algo más, una suerte de filósofo o proyectista en el Mar del Sur. Hombre culto y de intereses variados, con anterioridad a este viaje, Malaspina había redactado ya un decálogo con sus principales ideas coloniales, los *Axiomas políticos sobre la América*, un texto inspirado por la nueva economía política que postulaba una nueva relación entre la metrópoli y sus dominios. A lo largo de la expedición fue trasladando ese decálogo a cada caso, adaptando en los informes parciales aquellos principios generales, aplicándolos en los distintos ramos de la pesca, la minería, la organización política, los consulados y el comercio, «la ocasión para el intercambio lucroso y la sociabilidad», por emplear la terminología de los newtonianos sociales del siglo XVIII.

En efecto, imbuido por las ideas de pensadores como Adam Smith, William Paley, Adam Ferguson, Robertson, Genovesi y Filangieri (entre otros, representantes en su gran mayoría de las ilustraciones escocesa y napolitana), Malaspina regresó a España totalmente convencido de la necesidad de reformar el imperio.

Las corbetas carenando en Cavite.

Sin embargo, corrían tiempos difíciles. En el año 1795 se declaró la guerra contra la Convención. La reacción frente a la Revolución francesa sepultó sus proyectos y de hecho se llevó por delante su carrera, pues tuvo la peligrosa idea de escribir unas *Reflexiones relativas a la paz de España con Francia* e incluso un *Memorial a la reina* en el que proponía cambios ministeriales, incluida la destitución de Godoy. Ambos documentos llegaron a manos del valido, que lo acusó de conspiración y de esgrimir ideas sediciosas.

En abril de 1796 fue arrestado y condenado a diez años y un día en la prisión de San Antón de La Coruña. Allí, recluido, tuvo tiempo para proseguir con sus inquietudes intelectuales. Escribió tres pequeños opúsculos: el *Tratadito sobre el valor de las monedas en España* (1797), la *Meditación filosófica sobre la existencia de un bello esencial e invariable en la Naturaleza* (1798) y la *Carta crítica sobre el Quijote* (1799). En el año 1803 fue liberado gracias a Melzi d'Eril, vicepresidente de la recién creada República Italiana, quien intercedió ante Napoleón Bonaparte. No obstante, se le prohibió residir en España, por lo que decidió exiliarse en su país natal.

En Lunigiana transcurrieron sus últimos años. Participó modestamente en la vida pública local y rechazó el Ministerio de la Guerra que le ofrecieron. Mantuvo correspondencia con sus oficiales y amigos en España, muchos de los cuales cayeron en Trafalgar (1805). Murió en Pontremoli, a pocos kilómetros del castillo de Mulazzo, donde había nacido. Allí sigue enterrado el comandante de la última gran exploración científica española en el Nuevo Mundo, estudioso del imperio en la víspera de la emancipación y claro predecesor de Alejandro de Humboldt.

Lecturas

La física de la monarquía. Ciencia y política en el pensamiento colonial de Alejandro Malaspina (1754-1810), Juan Pimentel. Doce Calles, Madrid, 1998

Tras las huellas de Malaspina: crónica de una expedición científica de la Ilustración española, José de la Sota. Lunwerg, Barcelona, 2002

Expedición Malaspina: un viaje científico-político alrededor del mundo 1789-1794, Javier Reverte. Ministerio de Defensa, Madrid, 2010

José Bustamante y Guerra
Escolta de la expedición Malaspina

Ontaneda del Valle de Toranzo (Cantabria), 1759-Madrid, 1825

Militar y marino

Si Alejandro Malaspina viajó alrededor del mundo en la corbeta *Descubierta*, José de Bustamante y Guerra lo hizo al mando de la otra embarcación que componía la flota de aquella magna expedición científica alrededor del mundo, la *Atrevida*. Con el cargo de capitán de navío, el cántabro partió de Cádiz el 30 de julio de 1789 para cruzar el Atlántico, llegar a Montevideo tras cincuenta y un días de navegación y recorrer el espacio entre Río de la Plata y el cabo de Hornos hasta las Malvinas, islas del Año Nuevo y de los Estados. Los expedicionarios alcanzaron luego el Pacífico y llegaron a la isla de San Carlos de Chiloé.

En Talcahuano se produjo la separación de la flota y la *Atrevida* se dirigió hacia Valparaíso. Seis días después se encontraron una vez más, pero un poco más tarde se separaron de nuevo y no volvieron a entrar otra vez en contacto hasta llegar a Lima. A partir de ahí continuaron con su labor por la costa americana hasta que ambas corbetas salieron de Acapulco hacia el Pacífico Sur para poner rumbo a las islas Marianas y luego a Filipinas, Nueva Guinea, Nuevas Hébridas y el archipiélago de los Amigos, con visita a la bahía Botánica en Australia.

Habían transcurrido casi cinco años desde la partida cuando las dos embarcaciones llegaron a Montevideo y tras un descanso regresaron a España en septiembre de 1794. Tanto la *Atrevida* como la *Descubierta* habían sido construidas por el ingeniero Tomás Muñoz con los mejores materiales disponibles. Eran lo mejor de la tecnología naval de la época, y la tripulación, compuesta por varios cientos de hombres, manejaba material de investigación y pertrechos adecuados

José Bustamante acompañó a Malaspina al mando de la corbeta Atrevida.

para escribir una verdadera enciclopedia de los dominios hispánicos. Dadas las características de la expedición, no se escatimaron recursos. Al regreso, Bustamante fue recibido por el rey en audiencia y ascendido a brigadier. Antes de su aventura junto a Malaspina, el avezado marino cántabro ya había participado en notables viajes, uno a Filipinas y otro a Veracruz. En 1796 le fue confiado el gobierno militar de la Banda Oriental y la jefatura de las fuerzas navales del Plata. Cuando regresaba a España en 1804, fue atacado por los británicos frente a la costa de Portugal, a pesar de la paz existente entre ambas naciones, y hecho prisionero, aunque más tarde fue liberado. También fue capitán general de Guatemala entre 1811 y 1817, antes de regresar a la Península de manera definitiva.

Lecturas

España y la primera expedición científica oceánica (1789-1794): Malaspina y Bustamante con las corbetas Descubierta y Atrevida, Ángeles Alvariño. Xunta de Galicia, 2002

Dionisio Alcalá Galiano

Prototipo de marino científico

Cabra (Córdoba), 1760-Trafalgar, 1805

Marino y explorador

Este oficial, llamado a ser uno de los más cualificados marinos científicos de la Ilustración española, inició su carrera como guardamarina en agosto de 1775, con tan solo 15 años y a bordo de la fragata *Júpiter*, tomando parte en las campañas de Brasil y el Río de la Plata con la escuadra del marqués de Casa Tilly. Comenzó su formación científica en la mar a las órdenes de Vicente Tofiño, participando en los importantes levantamientos cartográficos de las costas de España necesarios para el proyecto del *Atlas marítimo*. Durante este proyecto, formó parte de la tripulación de la fragata *Lucía* y colaboró en los trabajos desarrollados en Algeciras y el Mediterráneo, entre 1784 y 1785. Ya cualificado científicamente, el joven teniente de fragata inició su andadura como cartógrafo y astrónomo en la fragata *Nuestra Señora de la Cabeza* que, al mando de Antonio de Córdova, llevó a cabo una importante campaña hidrográfica en el estrecho de Magallanes entre 1785 y 1786.

Ascendido a teniente de navío, de nuevo a las órdenes de Tofiño, continuó los levantamientos de las costas de Asturias y Vizcaya a lo largo del año 1788. Esta importante formación científico-práctica condicionó la presencia de Alcalá Galiano como oficial astrónomo en la más importante expedición marítimo-científica española de la Ilustración, la Expedición Mundial, con importantes finalidades políticas y científicas, comandada por Alejandro Malaspina y José Bustamante y Guerra. La expedición partió de Cádiz el 30 de julio de 1789 y recorrió toda América, de Montevideo a Alaska, los archipiélagos del Pacífico, Vavao, Carolinas, Marianas, Filipinas, Australia

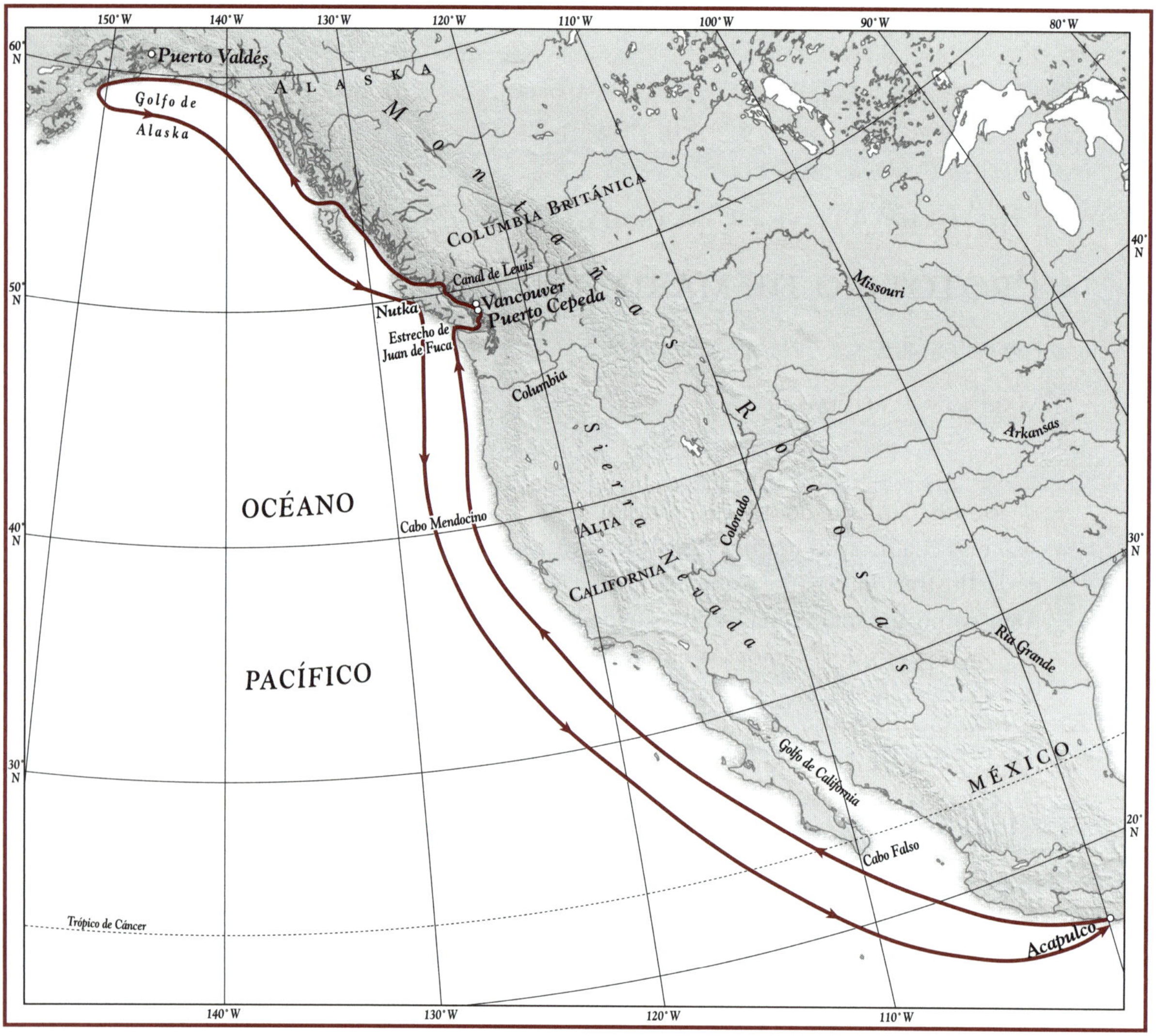

y Nueva Zelanda. En este colosal viaje ilustrado, el protagonismo de Dionisio Alcalá Galiano es incuestionable, ya que su sólida formación científica junto a Tofiño y su familiaridad en el uso de modernos instrumentos de observación astronómica dieron gran relevancia a sus trabajos, como acredita la abundantísima documentación conservada en el Archivo del Museo Naval de Madrid. Alcalá Galiano fue, sin duda, una figura clave en el desarrollo del ambicioso proyecto científico del viaje: volver a cartografiar la totalidad de las costas americanas y levantar mapas fiables del inmenso Pacífico, nuevamente clave en la estrategia política de los grandes imperios marítimos mundiales.

Alcalá Galiano, principal oficial astrónomo de la expedición, embarcado en la corbeta *Atrevida*, recorrió entre 1789 y abril de 1791, cuando recaló por segunda vez en Acapulco, la totalidad de las costas americanas, realizando observaciones de gran relevancia en Montevideo, Puerto Deseado, Puerto Egmont (Malvinas), Puerto Chiloé, Talcahuano, Valparaíso, Coquimbo, Arica, Callao, Guayaquil, Puerto Pericó, San Blas y Acapulco. En México, fue comisionado por Malaspina para reordenar todos los materiales astronómicos del viaje y realizó importantes mediciones, de modo que permaneció en su importante comisión hasta el retorno de la *Atrevida* al puerto de Acapulco procedente de la costa noroeste, lo que tuvo lugar en octubre de 1791. Nuevas órdenes de la Corona recibidas durante esta campaña dieron lugar a un nuevo y prolijo reconocimiento de la costa septentrional de América, en busca del ansiado y estratégico paso del Noroeste, cuya existencia había asegurado Ferrer Maldonado siglos atrás. Malaspina comisionó para esta importante campaña a dos de sus más valiosos oficiales, Dionisio Alcalá Galiano, al mando de la goleta *Sutil*, y Cayetano Valdés, al frente de la *Mexicana*, mientras el resto de la expedición continuó sus navegaciones hacia las Filipinas y el Pacífico Sur.

El 8 de marzo de 1792 salieron las goletas *Sutil* y *Mexicana* hacia Nutka, donde permanecieron entre el 13 de mayo y el 5 de junio. En la bahía de Núñez Gaona, Alcalá Galiano determinó la longitud y levantó un plano del puerto; realizó idéntica labor en el estrecho de Juan de Fuca a lo largo del mes de junio, Nutka y las costas de la actual Vancouver, ensenada del Engaño y Puerto Cepeda. En la cala del Descanso permaneció con sus hombres hasta el 19 de junio sin haber logrado localizar el deseado paso. En esos días tuvo lugar el histórico encuentro con el marino británico Vancouver, con quien navegó hasta el canal de Lewis. Alcalá Galiano continuó luego junto a Valdés los reconocimientos del laberinto de canales de la tierra firme de la Columbia Británica sin obtener resultado alguno. Por fin, el 23 de agosto las goletas regresaron al Pacífico levantando diversos puertos hasta su recalada en Nutka el 1 de septiembre, concluyendo que no existía paso alguno hacia el Atlántico en el estrecho de Fuca.

Posteriormente volvieron a Acapulco en noviembre de 1792.

Estos reconocimientos, además de importantísimos para la geoestrategia de la época, alcanzaron gran difusión al lograr Alcalá Galiano la publicación de los mismos presentándolos a la corte como expedición separada y no dimanada de la proscrita de Malaspina, cuyos espléndidos resultados permanecieron en cambio inéditos hasta muchos años después. Tras su regreso a Cádiz, Galiano llevó a cabo su última campaña científica entre diciembre de 1802 y octubre de 1803, en la fragata *Soledad*, con la que realizó una extensa campaña hidrográfica por el Mediterráneo hasta Constantinopla. La aportación de Alcalá Galiano a la geografía de su época y a la última exploración del mundo fue, sin duda, muy relevante.

Poco después, al mando del navío *Bahama*, el cordobés murió durante el combate de Trafalgar el 21 de octubre de 1805. La marina ilustrada de la que él fue protagonista acabó también por esos años su brillante andadura, con Galiano y otros valiosos oficiales muertos también en Trafalgar, o exiliados poco tiempo después. Finalmente llegaba así a su ocaso este espléndido renacimiento científico que había hecho posible la última gran gesta marítima de la España moderna.

Lecturas

Catálogo crítico de los documentos de la expedición Malaspina (1789-1794) del Museo Naval, M.ª Dolores Higueras Rodríguez. Museo Naval, Madrid, 1985-1994

Relación del viaje hecho por las goletas Sutil *y* Mexicana *en el año 1792 para reconocer el estrecho de Juan de Fuca,* edición facsímil de la 1.ª edición de 1802. Estudio introductorio y edición de M.ª Dolores Higueras Rodríguez y M.ª Luisa Martín-Merás. Museo Naval, Madrid, 1991

Felipe Bauzá y Cañas
Geógrafo del mundo

Palma de Mallorca, 1764-Londres, 1834

Cartógrafo, explorador y político

De humilde origen, pues su padre fue un maestro albañil natural de la localidad de Deiá que murió poco después del nacimiento de su hijo, Felipe Bauzá y Cañas se trabajó un porvenir como piloto de la Real Armada, en la que ingresó en el año 1779. Allí se unió a los «oficiales científicos», el grupo de sabios que renovó las instituciones académicas de la marina española. Pero no fue ajeno al combate naval, pues tomó parte en el sitio de Gibraltar y la toma de Mahón (Menorca) contra los británicos. En 1785 su vida sufrió un drástico cambio al ser destinado en calidad de ayudante de piloto y maestro de dibujo al proyecto del *Atlas marítimo de España* que dirigía Vicente Tofiño, director de la Academia de Guardamarinas de la ciudad de Cádiz. En las campañas para los levantamientos costeros de Portugal y Galicia, efectuadas entre los años 1786 y 1788, tuvo una destacada participación, como consta en el *Derrotero de las costas de España en el océano Atlántico y de las islas Azores o Terceras* y el *Atlas marítimo de España,* publicados ese mismo año.

Poco después, Alejandro Malaspina lo reclutó para la expedición científica de circunnavegación, cuyo mando se le había encomendado en calidad de director de cartas y planos de la fragata *Descubierta.* En la expedición, Bauzá vivió uno de los períodos más felices y productivos de su vida. Ascendido en 1789 a alférez de fragata, trabajó en Montevideo y Buenos Aires, donde tomó parte en tareas de reconocimiento cartográfico. A continuación la expedición se desplazó a las islas Malvinas. El paso del estrecho de Magallanes no detuvo los trabajos y en febrero de 1790 llegaron a la isla de Chiloé, en el

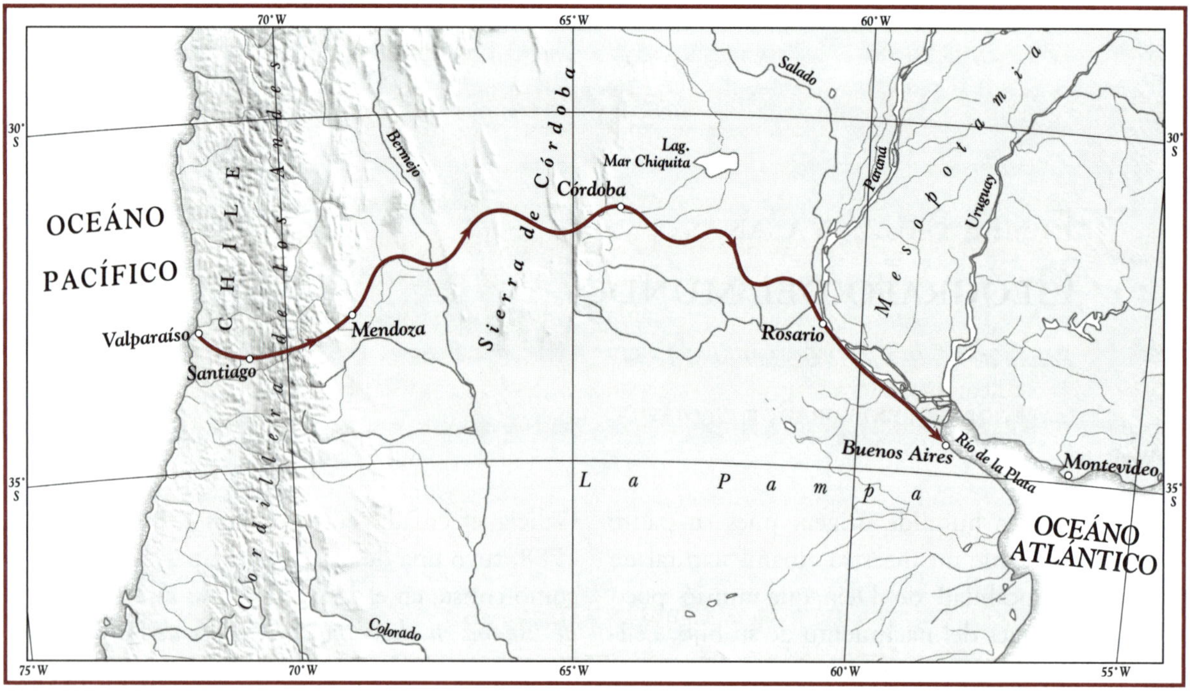

Pacífico. Bauzá permaneció a bordo de la *Descubierta*, en la que dibujó los planos de Talcahuano, San Vicente y Coliumo, realizó diversas triangulaciones costeras hasta La Concepción y en la capital, Santiago de Chile, levantó un plano del río Mapocho. Siempre en compañía de Malaspina, participó en los trabajos en Panamá, Nicaragua y la campaña del noroeste, que le llevó hasta Alaska, desde Mulgrave hasta Nutka. Tras retornar a Acapulco, el grupo navegó a Guam y las Filipinas. En el año 1792 Bauzá empezó a levantar, junto a Fabio Alí Ponzoni, un plano de la barra de Manila y también participó en el levantamiento de mapas del estrecho de San Bernardino y Luzón. Los expedicionarios partieron luego hacia Nuevas Hébridas y Nueva Zelanda, en cuyo extremo meridional Bauzá trazó un croquis de Puerto Dudoso. En 1793 también visitaron Australia, donde levantaron planos de la bahía Botánica —Sídney— y Puerto Jackson. De allí prosiguieron viaje hasta El Callao y Valparaíso. Bauzá emprendió luego, junto con Espinosa Tello, el camino a Buenos Aires por tierra. Fruto de este periplo a través de los Andes entre noviembre de 1793 y marzo de 1794 en mula, carreta y silla de postas, fue la realización de abundantes e importantes observaciones astronómicas —entre ellas, la comprobación de la posición de Santiago de Chile y Mendoza— y de una carta del camino de Valparaíso a Buenos Aires. El retorno a Cádiz y la posterior caída en desgracia de Malaspina no llegaron a perjudicar su carrera, que se consagró al recién fundado Depósito Hidrográfico, elaborando y publicando mapas, cartas y planos de todo el mundo para uso de los navíos de guerra y el comercio. Además, entabló una estrecha relación de colaboración con otro importante científico de la época, Alexander von Humboldt, quien llegó a España en 1798. Ambos, a través de numerosas cartas, se influenciaron mutuamente y mantuvieron correspondencia y trato personal durante largo tiempo. En años posteriores, pese a las tragedias de la guerra de Independencia, publicó multitud de cartas y planos, mientras crecía imparable su prestigio internacional. Bauzá fue director del Depósito Hidrográfico entre 1815 y 1822, cuando salió elegido diputado por Mallorca. Tomó parte en aquellos años en el proyecto de división provincial española y en la formación de la carta geométrica de España, pero en 1823, condenado a muerte y confiscados sus bienes tras ser acusado entre otras cosas de liberal y masón, tuvo que tomar el camino del exilio en Londres, donde se produjo su fallecimiento. Fue enterrado en la capilla católica de Moorfields, hoy desaparecida.

Lecturas

Felipe Bauzá y Cañas, un marino liberal para la nueva cartografía de América y el Pacífico, Luisa Martín-Merás. Edición de M.ª Dolores Higueras. En *Marinos-cartógrafos españoles.* Sociedad Geográfica Española, Madrid, 2002

Cosme Damián Churruca y Elorza

Hijo del mar y de las luces

Motrico (Guipúzcoa), 1761-Batalla de Trafalgar, 1805

Marino y científico ilustrado, comandante de la Expedición Hidrográfica del *Atlas de la América septentrional* (1792-1795)

Aunque su heroica muerte en la batalla de Trafalgar ha oscurecido una eminente labor como cartógrafo y matemático, Cosme de Churruca contribuyó al avance de las nuevas ciencias y técnicas de la marina ilustrada por su ardua tarea en la realización del *Atlas de la América septentrional.* Perteneciente al reducido grupo de los oficiales denominados «científicos» cuya vida transcurrió entre el batir de cañones y las mediciones de astros, participó en distintas empresas militares y colaboró en instituciones de la marina, sin abandonar nunca un sentimiento de desencanto propio de aquellos conocedores de la fuerza real de España que sucumbiría como él en 1805.

Churruca había vivido una infancia rodeada de globos terráqueos, derroteros marítimos, mapas y libros pertenecientes a su paisano, el marino y constructor naval Antonio de Gaztañeta, lo que debió influir en su decisión de ingresar en la Academia de Guardiamarinas de Cádiz en 1776. Tras licenciarse y participar en varias campañas de guerra contra los británicos, obtuvo plaza en el recién creado curso de estudios mayores (o «sublimes», como se decía en la época) destinado a los oficiales más destacados, una estrategia para fomentar una marina capaz de defender territorios y asegurar el comercio ultramarino mediante el envío de expediciones científicas. Churruca se estrenó en una dura expedición al estrecho de Magallanes cuyo objetivo era completar la cartografía de esta zona de interés geoestratégico y comercial, pero de muy difícil acceso y compleja climatología. Hasta el sur del continente americano se encaminaron, pues, Churruca (con una salud precaria) y un compañero del

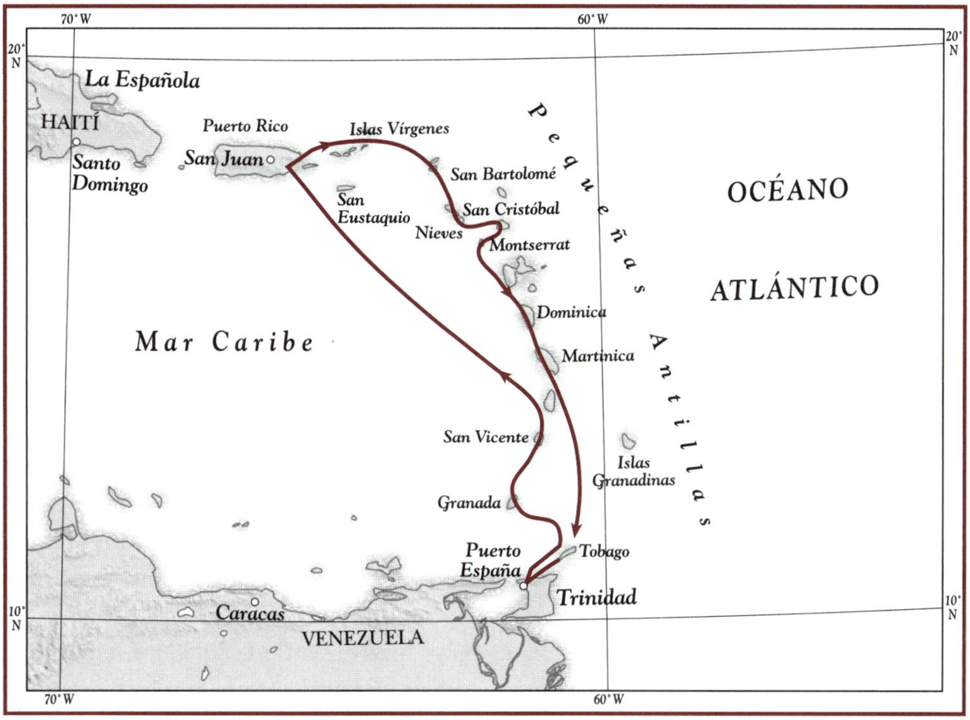

curso de estudios mayores, Ciriaco Ceballos, ambos al frente de las tareas astronómicas y geográficas, en un viaje en el que, en la boca del estrecho, resistieron violentos vendavales y fuertes corrientes capaces de destruir una embarcación. También las continuas lluvias dificultaban los trabajos y solo los momentos de calma devolvían la esperanza a unos marinos cansados de «dormir siempre mojados», como anotaba Churruca en su diario, texto en el que queda patente su condición de hombre reflexivo y culto. Los resultados del viaje fueron muy variados (estudios sobre corrientes marinas, vientos, etc.): vinieron a confirmar que la ruta por mar era más fácil y menos arriesgada que la del estrecho de Magallanes y revelaron el progreso de las ciencias hidrográficas en la España del momento, así como la excelente formación de algunos de sus marinos. Incorporado al equipo del Observatorio de Marina de Cádiz al regresar a España, Churruca fue nombrado comandante de una de las expediciones más ambiciosas organizadas para hacer mapas en el Caribe, la denominada Expedición Hidrográfica del *At-*

las de la América septentrional, realmente dos expediciones independientes que no produjeron ningún atlas, ya que las circunstancias, tanto políticas como climatológicas, modificaron las instrucciones previstas. Con los navíos *Descubridor* y *Vigilante*, la expedición de Churruca pretendía recorrer las Antillas Menores, islas en poder de otros países europeos, para comprobar su extensión, canales de separación y posición astronómica. Limitadas las operaciones en Santo Domingo a la parte española por estar la francesa (Haití) muy bien descrita, habrían de reconocerse las costas de Cuba y el canal de Bahamas, tras lo cual Churruca debía explorar la costa norte del Seno Mexicano desde el río Misisipi, Luisiana y Florida. Sin embargo, la realidad se impuso. Tras arribar a la isla de Tobago —muy difícil de circundar por la fuerza de las corrientes—, navegaron a la vecina Trinidad, en cuya ciudad principal —Puerto España— establecieron el meridiano de referencia para todas las mediciones. La comprobación de que la carta de Trinidad que llevaban —realizada por Cayetano Llorente— era bastante defectuosa por la inexactitud de los instrumentos utilizados hizo que Churruca y Joaquín Francisco Fidalgo (jefe de la otra división de la expedición) decidiesen corregirla y elaborar una nueva. Debido a las malas condiciones climatológicas reinantes, tuvieron que permanecer en Puerto España más tiempo del previsto y varios miembros de la tripulación aprovecharon para recuperar la salud minada por la fuerte humedad, el excesivo calor y la falta de brisa. Churruca y Fidalgo se repartieron las costas de la isla de Trinidad para su reconocimiento y para averiguar la latitud y longitud, situar bajos y rocas que pudieran dificultar la navegación y confirmar la denominación de lugares en los mapas o bautizarlos de nuevo. La tarea fue incesante y «casi insoportable en estos climas», en palabras del propio Churruca, poco acostumbrado a los rigores del trópico. La expedición continuó haciendo observaciones en Tobago y las islas británicas de Granada, Granadinas y San Vicente ante la imposibilidad de visitar las francesas por hallarse en poder de los revolucionarios. Fueron a Puerto Rico con la esperanza de encontrar hombres que suplieran a los miembros de la tripulación que se hallaban enfermos, que habían fallecido o que, simplemente, habían desertado y, de nuevo a causa de la situación bélica y la llegada del invierno, hubieron de permanecer en esta isla más tiempo del previsto. Aprovecharon para elaborar el plano del puerto de San Juan y desde allí recorrer las islas Vírgenes. Ante la persistencia de la situación de peligro en el Caribe y a bordo de unos barcos escasamente preparados para llevar a cabo los trabajos y para defenderse de posibles ataques, Churruca decidió regresar a Trinidad y verificar todas las medidas tomadas. De camino a Puerto España, hicieron observaciones en distintas islas, como Montserrat, Nieves, San Cristóbal, San Bartolomé, San Eustaquio, etc., y también pudieron trabajar en Martinica y Dominica. Desde Trinidad, base de la expedición, ordenaron los resultados, y en agosto del año 1794 recibieron la orden de volver a España para relevar a la tripulación. Transcurridos tres años y cuatro meses desde la salida de la península Ibérica de la expedición, persiguiendo un ambicioso objetivo, un pequeño grupo de oficiales, agotados y enfermos, regresó a la Península. Churruca se lamentaba de que, debido a cambios políticos, se olvidaran sus trabajos sobre «unas costas más conocidas por las demás naciones que por la española», cuando existía la pretensión de conservarlas.

Finalmente varias cartas esféricas y geométricas vieron la luz entre 1802 y 1811, entre ellas una carta de las Antillas y otras de la isla de Puerto Rico, lo que acrecentó la fama de los resultados científicos de la Expedición Hidrográfica del *Atlas de la América septentrional.*

Lecturas

A las órdenes de las estrellas. La vida del marino Cosme de Churruca y sus expediciones a América, M.ª Dolores González-Ripoll. Fundación BBV-CSIC, Madrid, 1995

Bajo pólvora y estrellas. Churruca y otros marinos vascos de la Ilustración, M.ª Dolores González-Ripoll. Untzi Museoa, Diputación Foral de Guipúzcoa, San Sebastián, 2000

Joaquín Francisco Fidalgo
El gran cartógrafo de tierra firme

Urgel (Lérida), 1758-Sevilla, 1820

Marino y geógrafo

«Lo más importante para mí en Cartagena fue la expedición de Fidalgo.» Fueron palabras que pronunció Alejandro de Humboldt tras encontrarse en Cartagena de Indias con una de las dos divisiones de bergantines que componían la flota encargada de explorar y cartografiar las costas atlánticas de la América septentrional, desde la desembocadura del Orinoco hasta Florida. Una de ellas estaba capitaneada por Cosme Damián Churruca; la otra, por Joaquín Francisco Fidalgo, que llevaría a cabo el trabajo cartográfico desde Trinidad a Cartagena y la desembocadura del Chagres, en Panamá. Los bergantines *Empresa* y *Alerta*, al mando de Fidalgo, tomaron Cartagena como base de operaciones en el año 1794. Habían fijado con Churruca y sus compañeros el meridiano base en Puerto España, capital de Trinidad, y recorrido la costa de Venezuela y la Nueva Granada determinando posiciones astronómicas, latitudes y profundidades, a fin de levantar cartas geográficas exactas de puertos, puntas, ensenadas y cabos, como punta Espada, cabo Tiburón, bahía Honda, el cabo de la Vela, Soledad, Barranquilla, isla Palma y el río Surquillo.

Hasta 1810, Fidalgo dirigió el reconocimiento geográfico de aquella vital área del Caribe español, desde la Guajira a Panamá, encuadrado en las numerosas expediciones hidrográficas promovidas primero por Carlos III y continuadas luego por Carlos IV. El objetivo era levantar el *Atlas marítimo de la América septentrional*, además de construir «el derrotero de las costas de América septentrional, desde Maracaibo hasta el Río de Chagres, que explica las cartas esféricas de las costas de

la Guajira y provincias del río de El Hacha, Santa Marta, Cartagena de Indias, Darién del Norte y Portobelo, y los planos de sus puertos, islas y bajos». Con la llegada a Chagres, la expedición pareció llegar a su fin, pero hubo otros encargos, como el «reconocimiento de los bajos que hacen cuidadosa la travesía de Cartagena a Cuba» de 1803, en un momento en el que Gran Bretaña se había hecho con el control de Trinidad, mientras que España se aseguraba el dominio de otros puntos en la ruta de Cuba y Jamaica, como las islas de Providencia o San Andrés. Aquella comisión fue desempeñada por el *Alerta*, al mando del capitán Manuel del Castillo. En años posteriores, Joaquín Francisco Fidalgo colaboró en otros trabajos cartográficos y en la fundación de una escuela náutica en Cartagena, abierta en 1810. A su regreso a España, desempeñó durante un período de tiempo la dirección del Depósito Hidrográfico, coronando una vida excepcional dedicada al trabajo científico.

Lecturas

Notas de la Expedición Fidalgo: 1790-1805, Joaquín Francisco Fidalgo. Prólogo de Jorge Conde Calderón. Gobernación de Bolívar, Bogotá, 1999

Joaquín Francisco Fidalgo y la expedición cartográfica del Atlas americano, Manuel Lucena Giraldo. Edición de María Dolores Higueras. En *Marinos-cartógrafos españoles.* Sociedad Geográfica Española-Prosegur, Madrid, 2002

La Expedición Hidrográfica del Atlas de la América septentrional, *1792-1805,* María Luisa Martín-Meras. En *Journal of Latin American Geography,* volumen 7, número 1, 2008

Ignacio María de Álava y Sáenz de Navarrete

Circunnavegando el planeta

Vitoria (Álava), 1750-Chiclana de la Frontera (Cádiz), 1817

Marino y militar

La firma del segundo Tratado de San Ildefonso, el 18 de agosto de 1796, establecía una alianza estratégica franco-española tras años de conflictos entre ambas potencias, iniciados en 1793 con la llamada «guerra de la Convención» y finalizados con la Paz de Basilea dos años después. Por supuesto, el acuerdo levantó los recelos de Gran Bretaña. La guerra contra los británicos era un hecho cantado y el escenario en el que iba a desarrollarse era el mar. Ante estas circunstancias, el Gobierno español ordenó reforzar los puntos ultramarinos más susceptibles de ser atacados, que no eran otros que Cuba, Filipinas y Trinidad de Barlovento. El 5 de octubre de 1796 se declaró la guerra. España tenía que enviar a Filipinas una potente escuadra con la que hacer frente a las embestidas de los navíos enemigos. Para su mando se eligió a Ignacio María de Álava, un marino con excelentes informes y experiencia en esas aguas. La escuadra estaba compuesta por los navíos *Europa*, *San Pedro Apóstol* y *Montañés* y las fragatas *Nuestra Señora del Pilar* y *Fama*. Las rutas posibles eran o bien el cabo de Buena Esperanza o, como alternativa, el cabo de Hornos, este último un camino más largo y peligroso, pero mejor conocido. Nadie en muchos años había intentado cruzar con toda una escuadra el peligroso cabo en el extremo de América del Sur. Álava, que eligió finalmente esa vía, lo consiguió y, además, lo hizo sin perder un solo buque y con un coste mínimo en vidas humanas. En noviembre de 1795, la flota partió de Cádiz y, a finales de enero del año 1796, ya estaba en las Malvinas. En el arriesgado cruce entre océanos, se enfrentó a un huracán. Aun así consiguió

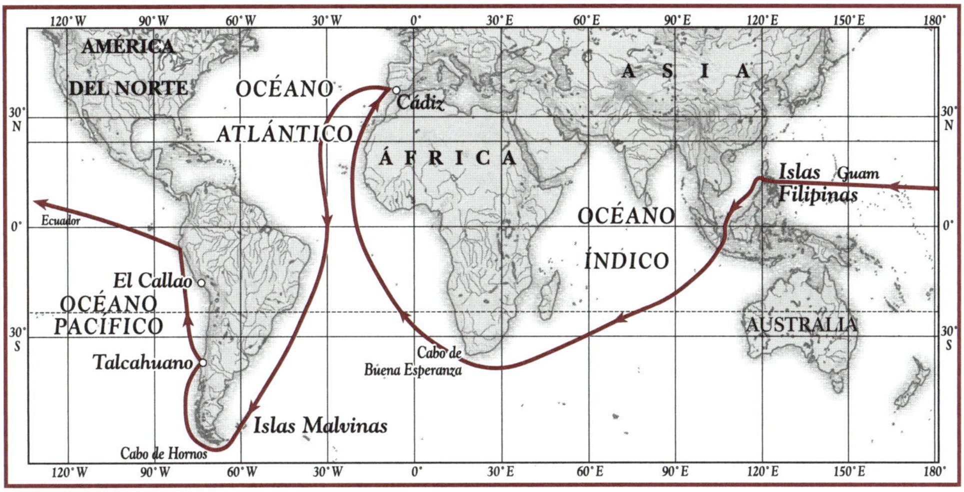

llegar al puerto de Talcahuano, en Chile, y desde allí al de El Callao. La siguiente etapa fue Guam, en las islas Marianas, y desde allí se adentró en aguas del archipiélago filipino, cuya navegación, por la inexactitud de las cartas existentes, se antojaba no muy apacible. Además, Álava no pudo incorporar prácticos del país a sus embarcaciones, por lo que el avance se convirtió en extremadamente delicado, dado el calado y la anchura de los navíos que componían la flota y la estrechez de los canales interinsulares. Con todo, la escuadra fondeó en el puerto de Manila en diciembre de 1796. A partir de ahí comenzaron las operaciones en la zona, en las que los vientos huracanados, las tempestades y el estado de la mar provocaron el naufragio de la *Santa María*. En 1802 el Tratado de Amiens puso fin a las hostilidades, y Álava regresó a casa, en un viaje de vuelta que inició el 11 de enero de 1803 y que lo llevó a España por la ruta desestimada para la ida, es decir, costeando el cabo de Buena Esperanza. Completaba así una vuelta al mundo. Llegó a Cádiz el 15 de mayo de 1803.

Lecturas

Viaje alrededor del globo realizado por la escuadra al mando de Don Ignacio María de Álava: con anotaciones de dicha escuadra en los mares de Filipinas (1795-1803), Ignacio María de Álava. Presentación de Antonio Laborda. La Hoja del Monte, Madrid, 2005

José Chaix
El español que fijó el metro

Játiva (Valencia), 1765-Valencia, 1811

Astrónomo, geodesta y viajero

A finales del siglo XVIII se pretendía fijar un nuevo sistema de medidas que siguiera un patrón acorde con la naturaleza. El resultado de este esfuerzo será la definición del sistema métrico decimal, que pasaba obligatoriamente por la medición de un arco de meridiano entre Dunquerque y las islas Baleares, pues el metro se definía como la diezmillonésima parte de la longitud de ese arco. El matemático y astrónomo valenciano José Chaix fue comisionado por el Gobierno de España para esta tarea, patrocinada por la Academia de Ciencias francesa. Sin duda, la elección vino motivada por sus amplios conocimientos en astronomía y cálculo, adquiridos durante años en viajes a Europa, concretamente en los realizados a los observatorios astronómicos de París —adonde llegó con 24 años y con una ya sólida formación matemática—, Greenwich (localidad cercana a Londres por la que pasa el «meridiano cero») y Oxford. En la capital francesa tomó contacto con los círculos científicos más destacados y formó parte de un importante grupo de pensionados españoles, entre los que figuraban Agustín de Betancourt y José María de Lanz, bajo el patrocinio y la iniciativa del conde de Floridablanca. Entre 1803 y 1808 participó en los cálculos del arco de meridiano en los que se basó el sistema métrico decimal. Pero previamente, entre 1800 y 1801, Chaix realizó en Madrid observaciones astronómicas con las cuales debía determinar la latitud de varias estrellas de posición conocida mediante alturas meridianas o distancias al cénit. Para tal fin se sirvió del instrumental del Observatorio Astronómico de Madrid, en el que estaba destinado, y de la casa del geólogo alemán Christian Herrgen, situada en la calle del Turco. Chaix desarrolló, mediante razonamientos matemáticos muy avanzados, la teoría de las superficies curvas y de las curvas de doble curvatura. El día 2 de mayo de 1806 la Oficina de Longitudes de París nombró a dos científicos franceses, Jean Baptiste Biot y François Arago, para terminar la medida del meridiano en España. Por su parte, el Gobierno español designó a Chaix y al geodesta y mineralogista pontevedrés José Rodríguez González como colaboradores. Ambos tomaron parte activa de los trabajos geográficos, concluidos con éxito. Chaix también fue profesor y miembro del cuerpo de ingenieros cosmógrafos, del cual llegó a ser vicedirector, y profesor de la recién fundada Escuela de Caminos, abierta en el Palacio del Buen Retiro en 1802.

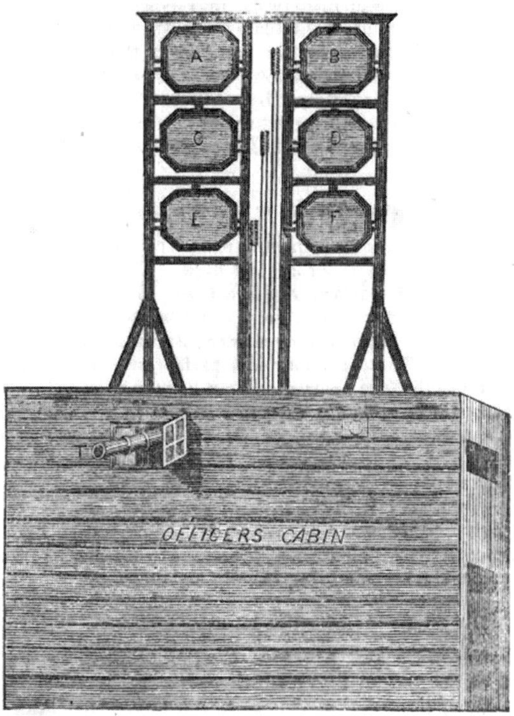

Telégrafo de ventanas de Murray, en el que se inspiró José Chaix para su propuesta.

Lecturas

Josep Chaix i el progrés matemàtic a principis del segle XIX, Santiago Garma. Generalitat Valenciana, Valencia, 1994

José Joaquín Ferrer y Cafranga
Un astrónomo español en Filadelfia

Pasajes (Guipúzcoa), 1763-Bilbao, 1818

Comerciante y astrónomo

Entre España y América vivió sus días este extraordinario astrónomo, no menos notable empresario y viajero incansable. Como empleado de la Real Compañía Guipuzcoana partió a Caracas recién terminados sus estudios, pero su barco fue apresado por los británicos. No hay mal que por bien no venga, así que en Inglaterra, por influencia de su familia, estudió matemáticas y astronomía, además de aprender el idioma inglés a la perfección. Cuando regresó a España, su padre, contador de la Real Armada, lo envió a Cádiz, desde donde partió hacia Perú en 1787. Allí acuñó una considerable fortuna merced a sus negocios, lo que le valió fama en el mundillo empresarial y le sirvió para que una importante firma comercial se hiciera con sus servicios. Tuvo que viajar de nuevo a Cádiz y de allí partió otra vez a América, esta vez con rumbo a Veracruz, al mando de una expedición financiada por la citada firma. Durante su estancia en México fijó la posición exacta y la altura de las cimas de Onzaba, Perote, Xalapa y Enceo. De nuevo en Cádiz, entró en contacto con importantes marinos científicos como Dionisio Alcalá Galiano —cuyo hijo, Antonio, publicó en 1858 la *Biografía del astrónomo español Don José Joaquín de Ferrer y Cafranga*— y José de Mazarredo, con los que compartió saberes y experiencias. Nuevamente viajó a América por cuestiones de negocios, pero esta vez fue a Estados Unidos, a Nueva York, donde se instaló. Allí realizó importantes observaciones astronómicas al tiempo que mantenía muy vivas sus actividades empresariales. Ferrer determinó la posición exacta de varios puntos de Estados Unidos y concluyó, tras seguir desde Kinderhook un eclipse total de sol

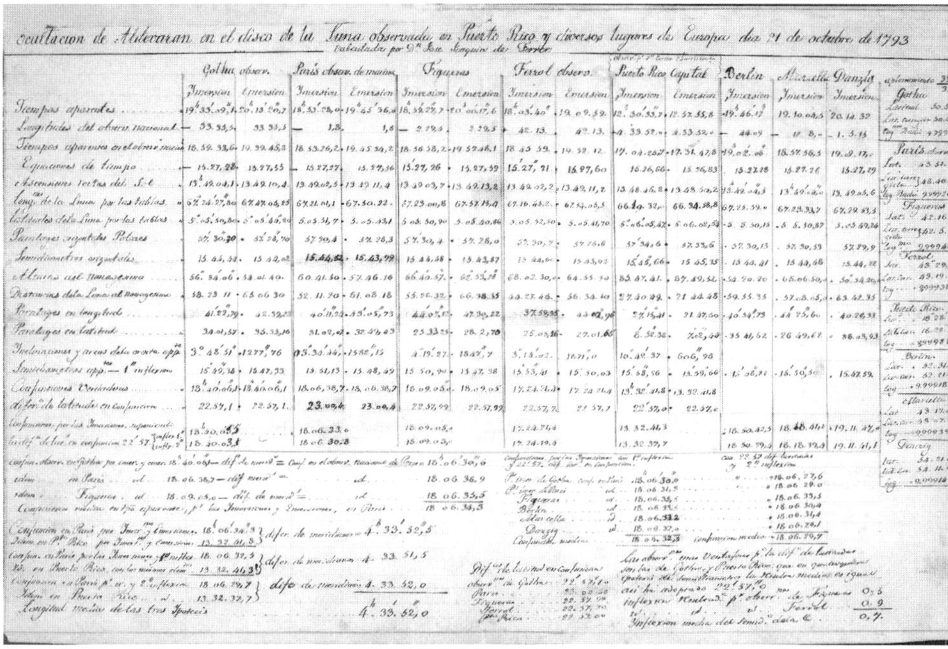
Ocultacion de Aldebaran en el disco de la Luna observada en Puerto Rico y diversos lugares de Europa dia 21 de octubre de 1793

Página de Apuntes de la ocultación de Aldebarán en el disco de la Luna observada en Puerto Rico.

ocurrido el 16 de junio de 1806, que la aureola visible alrededor de la Luna no correspondía como se creía a la atmósfera del satélite, sino que se debía a un efecto solar. Todas estas observaciones aparecieron en la importante publicación *Transactions of the American Philosophical Society*, con sede en Filadelfia, y le granjearon una fama notable como uno de los astrónomos más importantes de su tiempo.

En 1811 se trasladó a Cuba, en donde determinó la posición geográfica de la isla, así como la del canal de Bahama, Puerto Rico y las islas de Barlovento. Dos años después regresó de nuevo a España. Pero pronto volvió a emprender viaje, esta vez a Londres, desde donde siguió los progresos del Observatorio de Greenwich. En 1814 se encontraba en París, ciudad en la que continuó ejerciendo su actividad astronómica. Finalmente fijó su residencia en Bilbao tras rechazar el cargo de director del Observatorio de San Fernando. En la capital vasca permaneció José Joaquín Ferrer hasta su muerte.

Lecturas

Diario inédito. D. L., Aranjuez, Madrid, 1993

Expediciones mineralógicas

Desentrañando la riqueza del suelo americano

Cristiano Heuland
Alemania, ¿?-¿?, ¿?
Mineralogista

Conrado Heuland
Alemania, ¿?-¿?, ¿?
Mineralogista

Fausto de Elhuyar
Logroño, 1755-Madrid, 1833
Geólogo y químico

Juan José de Elhuyar
Logroño, 1754-Bogotá (Colombia), 1796
Geólogo y químico

Barón de Nordenflycht
Mitau (Suecia), 1770-Madrid, 1815
Mineralogista

Los hermanos Cristiano y Conrado Heuland, mineralogistas alemanes, habían llegado a España en 1792 con motivo de la adquisición por parte del Real Gabinete de Historia Natural de la importante colección de minerales de su tío, el científico Jakob Forster. El director del gabinete, José Clavijo Fajardo, tenía la idea de organizar una expedición científica a América con el doble objetivo de recoger, por una parte, colecciones de minerales, cristalizaciones, fósiles y conchas, y desarrollar la escritura de la historia físico-mineralógica de aquellas tierras. Por otra parte, la expedición contaría también con la presencia de un naturalista, Francisco Javier Molina, que reuniría, al tiempo, colecciones de aves, cuadrúpedos, reptiles e insectos. Finalmente, Molina fue destinado a otras labores en la Península y la expedición tuvo ya un carácter casi exclusivamente mineralógico, conquiliológico y paleontológico. Los dos alemanes, al servicio de la España ilustrada, partieron para América a finales de 1794 desde La Coruña, a bordo del paquebote *La Princesa* y durante cinco años llevaron a cabo su labor, recorriendo en este tiempo la totalidad del virreinato de la Plata, buena parte de Chile y algunas zonas de Bolivia y Perú. Los Heuland, uno comisionado (Cristiano) y otro asociado (Conrado), expusieron sus descubrimientos en una importante *Relación* del viaje. En su transcurso, estudiaron la geología, la mineralogía y las explotaciones mineras de esos lugares y lograron reunir un número elevadísimo de piezas, que fueron remitidas a España y descritas minuciosamente en una serie de catálogos «sistemáticos y razonados».

Por su parte, otros hermanos —Fausto y Juan José de Elhuyar—, estos españoles, de Logroño, que habían estudiado geología en Alemania, además de adquirir formación en Suecia y Hungría (Juan José) y en Sajonia, Hungría y Austria (Fausto), recibieron el encargo de viajar a América para constatar el estado de las minas en Nueva Granada (Colombia) y Nueva España (México) respectivamente, y ayudar en la revitalización del sector. Ambos tenían un brillante pasado científico, después de conseguir aislar, en el seno de la Real Sociedad Vascongada, el mineral de wolframio. Juan José, que se había formado con el gran Torbern Bergman, acompañó en 1786 a la expedición de José Celestino Mutis para hacerse cargo del método de «beneficio de metales por fundición» en aquella región americana. Fue informado por Fausto de la existencia de un nuevo método, el de Born o «de barriles», que aceleraba el proceso de amalgamación de los minerales, fundamental para la fundición y, sobre todo, para acortar los tiempos de producción y aumentar los beneficios. Su labor no pudo ser completada, ya que diez años después de llegar al Nuevo Mundo falleció en las minas de Santa Ana, cerca de Bogotá. Por su parte, Fausto permanecería durante treinta y tres años, desde

Gráfico explicativo del modo de trabajar en las minas.

1788, en Nueva España como director general del Real Cuerpo de Minería de México, el mismo cargo que su hermano ostentó en Nueva Granada. Su labor en el campo de la extracción y tratamiento de minerales fue fundamental y apuntó que aquel sistema de Born no era sino una variante perfeccionada (y poco útil por las características del mineral americano) del llamado método de «cazo y cocimiento», inventado ciento cincuenta años antes por Álvaro Alonso Barba y practicado desde entonces en Perú.

En esa misma época llegaba a Perú el consejero sueco del rey de Polonia y barón Timoteo de Nordenflycht, nombrado por el soberano español como director de la Real Comisión de Minas. Los Elhuyar operaban en México y Nueva Granada, mientras que Nordenflycht lo hacía en Perú y Chile, lugares en los que introdujo diferentes técnicas químico-metalúrgicas avanzadas para ayudar a los mineros a explotar los yacimientos de forma apropiada, especialmente en los campos en los que tenían un mayor atraso tecnológico, los de la geometría subterránea y el desagüe de las minas.

Lecturas

Ciencia y libertad. El papel del científico ante la independencia americana, José Luis Peset. CSIC, Madrid, 1987

Expedición científica de los hermanos Heuland. 1795-1800, Juan Carlos Arias Divito. Ediciones Cultura Hispánica del Centro Iberoamericano de Cooperación, Madrid, 1978

Bicentenario del descubrimiento del wolframio por los hermanos Elhúyar: 1783-1983. Instituto Geológico y Minero de España, Madrid, 1985

Don Juan José de Elhuyar en Suecia y el descubrimiento del tungsteno (1781-1782), apuntes presentados en conmemoración del segundo centenario de su nacimiento el día 15 de junio de 1754 por Styg Ryden. Ínsula, Madrid, 1963

Alemanes en Bolivia, Alfredo Crespo. Editorial Los Amigos del Libro. La Paz (Bolivia), 1978

Antonio Ponz

Viajando por Europa para expresar la verdad española

Bechí (Valencia), 1725-Madrid, 1792

Viajero, historiador, escritor y tratadista de arte

En el siglo XVIII, el de las Luces, España era blanco arquetípico de menosprecios, ridiculizaciones y burlas por parte de numerosos viajeros europeos que se adentraban en nuestro territorio (aunque también los había que escribían sin haberlo visitado). Este hecho llevó a que algunos reformistas españoles agarraran la pluma con intención de limpiar la imagen del país exponiendo tergiversaciones y falsedades documentales por parte de los escritores de viajes procedentes de varios puntos de Europa.

Uno de ellos fue Antonio Ponz, quien animaba a ajustar cuentas en este sentido justificándose así: «Es conveniente que los nacionales y extranjeros se desengañen del indigno modo con que nos tratan ciertos escritores, se deben repetir sus calumnias e injusticias, publicarlas e impugnarlas muy a menudo y dar de este modo a conocer la mala fe y modo que han tenido de tratarnos». Palabras, desde luego, que no fueron pronunciadas por cualquiera, sino por un viajero con muchas luces —pintor, historiador, tratadista de arte, teólogo y académico de la historia, secretario de la Academia de Artes de San Fernando y miembro de numerosas sociedades ilustradas, tanto españolas como extranjeras— que vivió en Italia durante diez años, entre las ciudades de Roma y Nápoles, donde llevó a cabo un interesante estudio arqueológico de las ruinas de Pompeya y Herculano. Ponz dejó escrito un excelente *Viaje fuera de España*, publicado en el año 1785, en el que narra su periplo por Europa realizado en 1783. La andanza comienza en Toledo y, tras pasar por el norte de Castilla y Navarra, alcanzó la localidad de Bayona después de atravesar

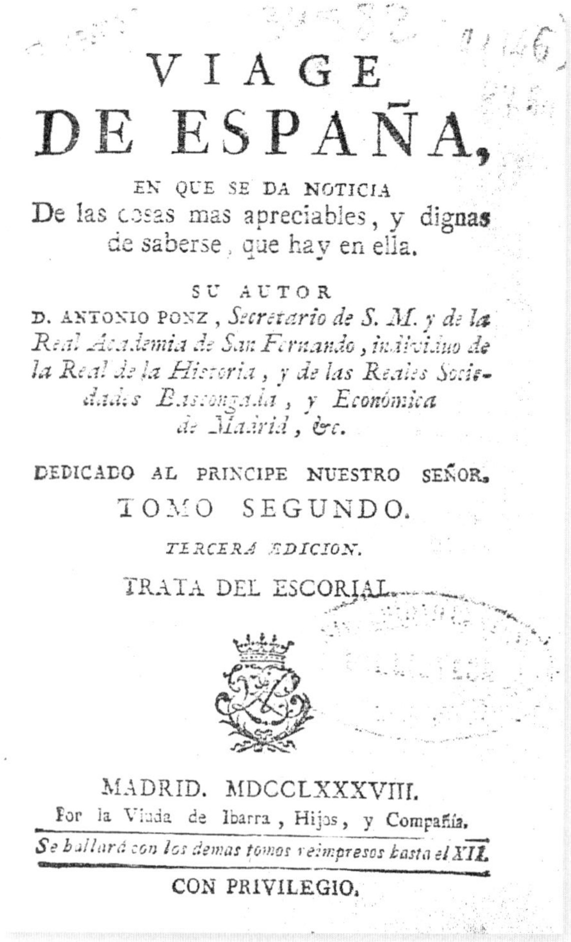
VIAGE

DE ESPAÑA,

EN QUE SE DA NOTICIA

De las cosas mas apreciables, y dignas de saberse, que hay en ella.

SU AUTOR

D. ANTONIO PONZ, *Secretario de S. M. y de la Real Academia de San Fernando, individuo de la Real de la Historia, y de las Reales Sociedades Bascongada, y Económica de Madrid, &c.*

DEDICADO AL PRINCIPE NUESTRO SEÑOR.

TOMO SEGUNDO.

TERCERA EDICION.

TRATA DEL ESCORIAL.

MADRID. MDCCLXXXVIII.

Por la Viuda de Ibarra, Hijos, y Compañía.

Se hallará con los demas tomos reimpresos hasta el XII.

CON PRIVILEGIO.

En su Viage de España, *Ponz destacaba las cosas más apreciables y dignas del país.*

los Pirineos. En Francia visitó las ciudades de Burdeos, Tours, Blois y Orleans hasta llegar a París. En Normandía embarcó con rumbo a Inglaterra. Allí conoció Londres y el sur del país hasta que de nuevo dio el salto al continente para adentrarse esta vez en tierras holandesas, en donde pasó por Róterdam, Delft, La Haya, Leiden, Haarlem, Ámsterdam y Utrecht. En Bélgica, recorrió Amberes, Malinas, Bruselas, Lovaina y Gante. Tras regresar de nuevo a París, tomó el camino hacia España, pero esta vez por una ruta diferente que a la ida, y de este modo dejó constancia de su estadía en Lyon, Aviñón, Nimes, Montpellier, Béziers, Narbona y Toulouse. Su viaje concluyó finalmente un año después de su inicio, cuando llegó a Alcalá de Henares.

Lecturas

Viaje fuera de España, Antonio Ponz. Estudio preliminar, edición y notas de Mónica Bolufer Peruga. Universidad de Alicante, San Vicente del Raspeig, Alicante, 2007

Federico Gravina y Nápoli

El marino siciliano que acercó Constantinopla a España

Palermo (Sicilia), 1756-Cádiz, 1806

Marino y geógrafo

En 1782 España y el Imperio otomano firmaban un tratado de paz que ponía fin a siglos de enfrentamientos. Ambas potencias establecían relaciones diplomáticas firmes y se empezaba a producir un prudente acercamiento, no solo político y comercial, sino también cultural y científico, en el marco de la pretensión de una paz propia de una época de Ilustración. En este sentido, el gran marino Federico Gravina recibió en 1788 la real orden de trasladarse de Cádiz a Cartagena para recoger allí al primer embajador turco en España tras la firma del tratado, Acmet Guassit Efendi, y llevarlo a la ciudad de Constantinopla (hoy Estambul) en la fragata *Santa Rosa*. Una misión compleja en esos primeros tiempos de entendimiento en los que cualquier acción podía ser tenida por hostil. Tras recorrer el Mediterráneo tocando en Mallorca, Sicilia y Malta y atravesar el canal de los Dardanelos, avistaron por fin la ciudad y atracaron en su puerto el 14 de mayo. La comitiva española permaneció en la ciudad treinta y un días, en el transcurso de los cuales Gravina fue anotando todo aquello que veía y visitaba, desde las mezquitas y los palacios a las costumbres y usos de la urbe. Fruto de su estancia dejó un libro, *Descripción de Constantinopla, escrita por los oficiales de la fragata* Rosa*, mandada por don Federico Gravina, en que se restituyó al embajador turco a su país*. La obra está dividida en seis partes: en la primera se describe la ciudad y sus monumentos, las mezquitas, el palacio del sultán, los famosos bazares o los caravasares (caravanserrallos), entonces llamados allí *hanes*; en la segunda, Gravina ofrece una visión de las costumbres cortesanas en las

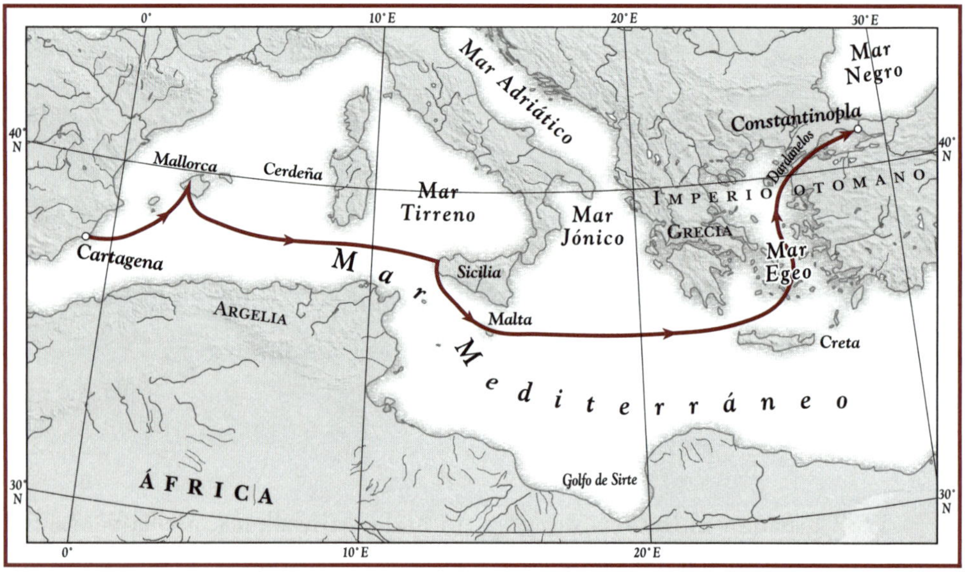

que transmite las formas de vida del sultán, así como de los príncipes; la tercera parte está dedicada a la administración del imperio, tanto en lo que concierne a sus rentas como a las fuerzas militares; en el cuarto capítulo describe las costumbres de los turcos; en la quinta parte habla de la administración del hogar, de la alimentación, de las mujeres otomanas y del carácter de la población; y en el sexto y último se centra en los habitantes constantinopolitanos, sin olvidar a los judíos, griegos, alepinos y armenios.

En conjunto, la obra de Gravina acercó a Europa la visión ilustrada de la capital de un imperio agonizante. El informe le fue entregado a Carlos III unos días antes del fallecimiento del monarca, ocurrido el 14 de diciembre de 1788. Gravina no pudo cumplir otro de los mandatos que se llevó a Constantinopla: el de trazar el mapa de todo el Mediterráneo oriental. Lo impidió una epidemia de peste. Pero hasta su muerte a resultas de la batalla de Trafalgar aún cumpliría muchas misiones de riesgo con acierto y patriotismo.

Lecturas

Descripción de Constantinopla, Federico Gravina. Edición de José María Sánchez Molledo. Miraguano editores, Madrid, 2001

El almirante sin tacha y sin miedo: vida del capitán general Don Federico Gravina y Nápoli, Carmen Fernández de Castro. Escelicer, Cádiz, 1956

Carlos de Gimbernat y Grassot

El «ilustrado total» que desentrañó los misterios geológicos de los Alpes

Barcelona, 1768-Bagnères-de-Bigorre (Francia), 1834

Médico, geólogo, cartógrafo y viajero

En el siglo XVIII era costumbre que los estudiantes europeos acaudalados realizaran un viaje académico por las universidades y ciudades más relevantes. España, sumida según el sentir de muchos en un importante atraso, necesitaba que sus mejores estudiosos llevaran a cabo eso que se llamaba «Gran Tour». Cuando Carlos de Gimbernat acabó el cuarto curso de Medicina en el Real Colegio de San Carlos de Madrid con sobresaliente en todas las asignaturas, recibió una Real Orden de Su Majestad por la que se obligaba a «recorrer varias provincias de la Gran Bretaña, Escocia e Irlanda para hacer observaciones de Historia Natural». Por supuesto el Estado corría con los gastos. A cambio, el pensionado, además de formarse en prestigiosos centros de estudio, debía realizar labores de lo que hoy se llama espionaje industrial y adquirir informaciones útiles para el desarrollo del país. Comenzaba de este modo el particular viaje de uno de los más prestigiosos científicos mundiales de su época, que se alargó durante los siguientes cuarenta y tres años de su vida. En Gran Bretaña tomó contacto con otras disciplinas como la botánica, la física, la química, la geología y, sobre todo, con la mineralogía, por la que mostró un especial interés. No hay que olvidar que la minería era un instrumento de progreso fundamental en aquella época. Tras su experiencia británica, Gimbernat llegó a París en 1798 para seguir su instrucción geológica y tomar contacto con la novedosa ciencia que se empezaba a desarrollar en la Francia inmediatamente posterior a la Revolución. Allí fue nombrado subdirector del Gabinete de Historia Natural de Madrid, pero aun así con-

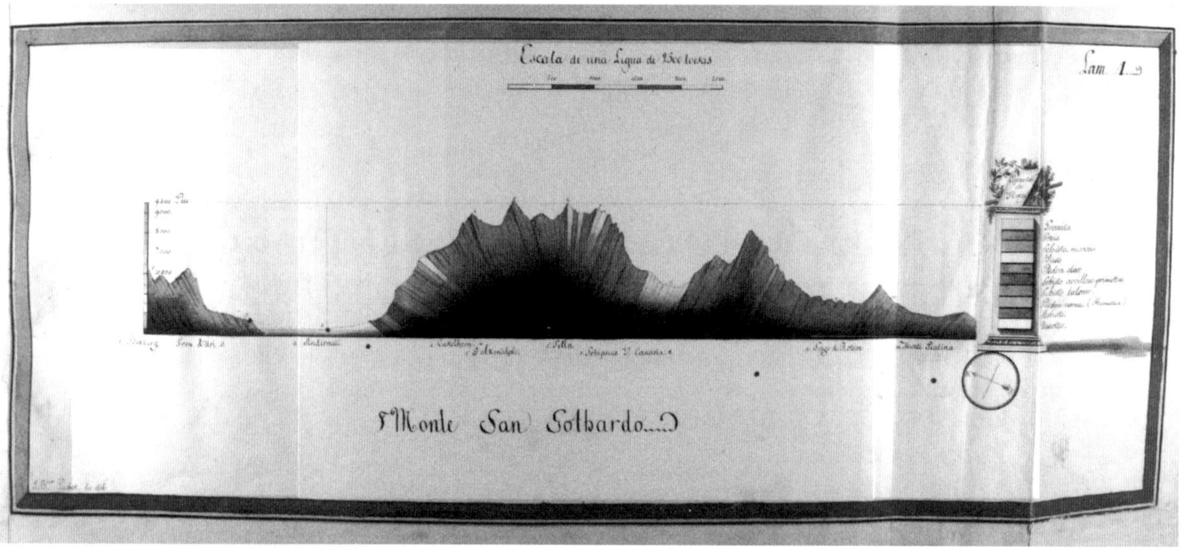

En la obra de Gimbernat destacan sus estudios geológicos, como este corte transversal del monte Gotthard.

tinuó en la capital francesa hasta 1801, año en el que se trasladó a Alemania, en particular a la Escuela de Minería de Freiberg, tras recibir una real orden en la que se le comunicaba que debía seguir en aquel país para su perfeccionamiento en las ciencias naturales. Allí pasó por Dresde, Griffinstein y Meringen. Después se trasladó a Suiza y luego a Baviera, lugares en los que tomó contacto con las montañas que años después serían su campo de acción más culminante: los Alpes. Es importante resaltar que fue el monarca Carlos IV quien envió la orden para que Gimbernat comenzara sus estudios geológicos alpinos con cargo a la Corona española, un hecho novedoso, puesto que los estudios llevados a cabo anteriormente no eran oficiales. Sin duda, su más ambicioso proyecto estaba en la cordillera alpina, donde comprobó que las teorías geognósticas desarrolladas en Sajonia por el mineralogista prusiano Abraham Werner, creador de la teoría «neptunista» sobre el origen de la Tierra, eran también aplicables en los Alpes. Durante cuatro veranos Gimbernat estudió la cadena montañosa, moviéndose desde Francia hasta Hungría. Con la guerra de la Independencia española cesó la financiación real y Gimbernat tuvo que elegir entre regresar a España o proseguir con sus trabajos a sueldo en otro país. E hizo lo segundo. O por lo menos lo intentó. Su talante liberal le impidió trabajar, por otra parte, en la España subyugada por el trono reaccionario de Fernando VII. Finalmente recibió el apoyo del rey de Baviera, aunque no fuera todo el deseado, pues pasó por penurias económicas. Entre tanto también estudió la naturaleza de los vapores de las erupciones volcánicas y realizó trabajos de campo como el que llevó a cabo con gran riesgo en el Vesubio. Comenzó así su periplo italiano que lo llevó de Nápoles a Bérgamo, Lugano, Milán y Roma. Aquejado de reumatismo se trasladó a los baños termales de Castellmare y allí, como ya había hecho en Ischia, prosiguió con sus investigaciones con estudios notables sobre los gases emitidos por las fuentes, llegando incluso a dar el nombre de «gas zoógeno termal» a una franja de las emisiones que en su momento se creían producidas por el ácido sulfhídrico. Pero el Vesubio entró en erupción y Gimbernat se trasladó de nuevo a sus faldas, donde permaneció durante catorce meses realizando observaciones día y noche y anotando escrupulosamente todo cuanto observaba. Posteriormente varios acontecimientos minaron su salud y ánimo, como el hecho de no ser recibido por las autoridades bávaras y ver como sus solicitudes para establecerse en Baviera eran rechazadas. Entre el estudio de las fuentes termales y sus aguas y el efectuado en los Alpes transcurrió el resto de sus días, en los cuales hubo de hacer frente a situaciones azarosas como la de su propia enfermedad, la pérdida de los bienes que producían sus tierras en España o el hecho de tener que enfrentarse con las autoridades de varios países para llevar a cabo su infatigable actividad científica. No se puede decir, desde luego, que perdiera un solo minuto de su tiempo.

Lecturas

Diario inédito del geólogo catalán Carlos de Gimbernat (1768-1834), Lluís Solé Sabarís. En *Llull. Revista de la Sociedad Española de Historia de las Ciencias y de las Técnicas,* vol. 5, n.os 8-9, 1982

Los planos geognósticos de los Alpes, la Suiza y el Tirol de Carlos de Gimbernat, M.ª Dolores Parra del Río. Doce Calles. D. L., Aranjuez, Madrid, 1993

La expedición arqueológica a Palenque

Los grandes arqueólogos del corazón del mundo maya

Antonio Bernasconi. *¿?, ¿?-Ciudad de Guatemala (Guatemala), 1785*

Arquitecto y delineador

Antonio del Río. *¿?, ¿?-¿?, ¿?*

Militar y arqueólogo

Hacia 1735 Antonio de Solís, un licenciado que había tomado posesión del curato de Tumbalá y buscaba tierras de cultivo, encontró unas ruinas en un lugar de Chiapas (hoy en México, pero entonces perteneciente a la Audiencia de Guatemala) al que los naturales, en lengua chol, llamaban Otolum, «casas de piedra». Era el mismo lugar que el dominico español fray Pedro Lorenzo de la Nada había denominado como Palenque en 1567. Décadas después la noticia de las ruinas llegó a oídos del capitán general de Guatemala, Antonio de Estachería, quien en el año 1784, animado por las circulares que había despachado Carlos III para favorecer los envíos al Real Gabinete de Historia Natural, mandó al teniente de alcalde mayor de Palenque, José Antonio Calderón, que investigara más pormenorizadamente aquellos restos. Los informes y dibujos realizados convencieron a Estachería, quien inmediatamente envió allí al arquitecto Antonio Bernasconi para ahondar más aún en el contenido de las ruinas. Bernasconi, protegido de Francisco Sabatini, había trabajado como principal arquitecto de la ciudad de Guatemala desde 1783. En junio de 1785, seis meses después de la llegada de Bernasconi a Palenque, Estachería ya tenía en su poder mapas aproximados, planos parciales y detalles escultóricos. Una real orden de 1786 encomendó que prosiguieran las exploraciones arqueológicas. Bernasconi había fallecido aquel año en la ciudad de Guatemala. No dejó sin anotar el hecho de que posiblemente la erupción de un volcán tuviera mucho que ver en la destrucción de la ciudad. El gobernador comisionó entonces al capitán de artillería

Antonio del Río para continuar con los trabajos de exploración en las ruinas. Contó con la ayuda del dibujante de origen guatemalteco Ricardo Armendáriz. La labor de Del Río fue encomiable y definió los principales edificios, así como detalles sobre las inscripciones con rasgos de escritura, «una especie de caracteres o notas que adornan el hueso de la mesa, las que tendrían sin duda determinada significación en su lenguaje». Un año después, y tras «no dejar (Del Río) puerta sin abrir ni piso sin escudriñar», Estachería tenía ya en sus manos dos cuadernos, uno con texto y otro con láminas, y unos cuantos cajones repletos de objetos que el rey de España dispuso se guardaran en el Real Gabinete y la Real Biblioteca. El informe que redactó Del Río tuvo que esperar más y no fue publicado sino en Londres, en inglés, en 1822. Bernasconi y Del Río habían sacado a la luz unas importantes construcciones del Imperio maya. Con aquellas prospecciones se inauguraba la arqueología moderna americana, fundamental en trabajos posteriores a lo largo y ancho de todo el continente. Su antecedente verdadero fue por tanto hispánico y no inglés o norteamericano, como tantas veces se supone.

Lecturas

Arqueólogos y anticuarios. Historia de la arqueología antigua americana, José Alcina Franch. Serbal, Barcelona, 1995

Política investigadora de la época de Carlos III en el área maya: descubrimiento de Palenque y primeras excavaciones de carácter científico. Según documentación de Calderón, Bernasconi, Del Río y otros, edición comentada de Paz Cabello Carro. Ediciones de la Torre, Madrid, 1992

La Expedición de la Vacuna

Los doctores que inmunizaron América y Asia contra la viruela

Francisco Xavier Balmis y Berenguer. *Alicante, 1753-Madrid, 1819*
Médico militar

José Salvany y Lleopart. *Barcelona, 1774-Cochabamba (Bolivia), 1810*
Cirujano militar

El 6 de septiembre de 1806, el médico militar alicantino Francisco Xavier Balmis y Berenguer llega a Madrid. En la corte es recibido como un filántropo y un salubrista infatigable, después de haber ideado y realizado la primera campaña mundial de vacunación contra la viruela. Todo había comenzado en la Navidad de 1802, cuando la noticia de una epidemia de viruela que afectaba a Nueva Granada, la actual Colombia, llegó a conocimiento de Carlos IV. El monarca pasó consulta a sus cirujanos de la Real Cámara y en junio de 1803 estos decidieron que lo pertinente era crear una Real Expedición con el fin de propagar y perpetuar la vacuna por todos los territorios hispanos de ultramar.

Para dirigir esta empresa se eligió a Balmis. Este había vivido diez años en América, conocía la técnica de la inoculación y de la vacunación y había traducido del francés la obra de Moreau de la Sarthe titulada *Tratado histórico y práctico de la vacuna*. A estos conocimientos específicos y amplios, se unieron su competencia profesional y sus cualidades personales: hombre metódico, minucioso, delicado, responsable, sagaz, abnegado… Estas cualidades innatas y cultivadas, junto con su madurez personal, lo convirtieron en el candidato óptimo para dirigir la Expedición de la Vacuna, completamente financiada por la Corona. Para poder conseguir los objetivos, además, se creó un cuerpo de leyes que lo hicieran posible.

Pero un solo vacunador no era suficiente. Hacían falta brazos. Balmis seleccionó un grupo de cirujanos recién graduados por el Real Colegio de San Carlos de Madrid. Eran Manuel Julián Grajales, Antonio Gutiérrez Robredo,

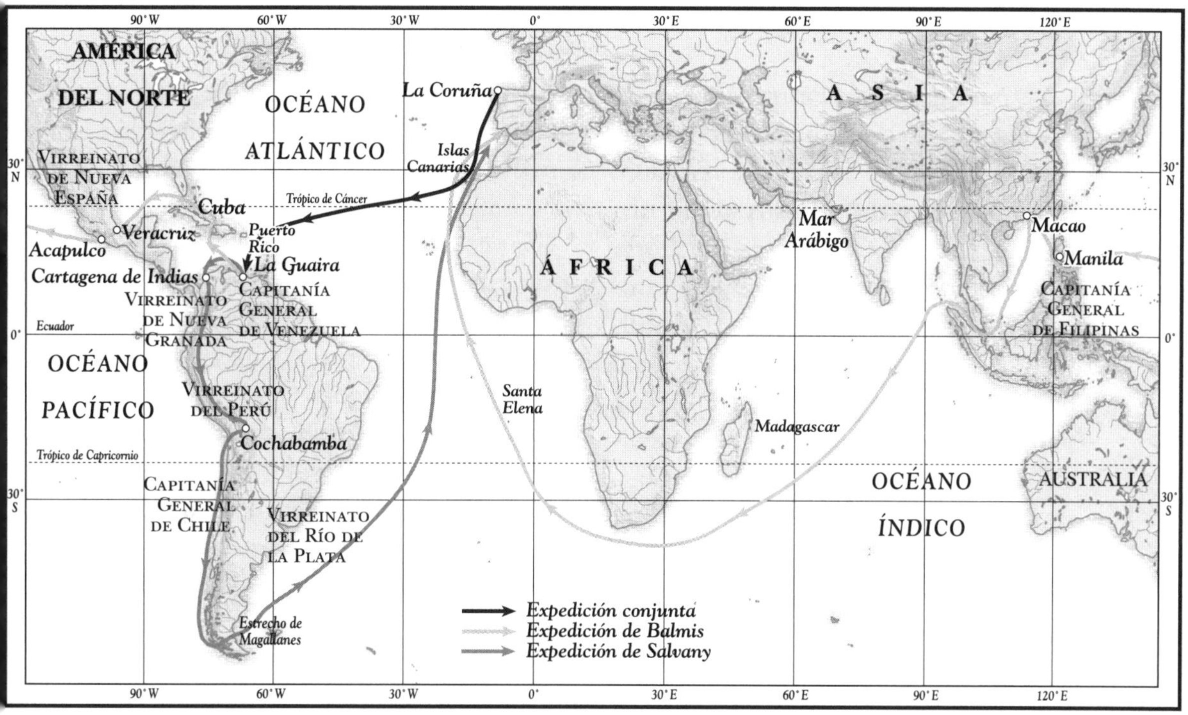

Rafael Lozano Pérez, Pedro Ortega y Basilio Bolaños. Junto con estos cirujanos Balmis se llevó a dos personas de su confianza, sus sobrinos: Francisco y Antonio Pastor Balmis. También eligió al cirujano militar barcelonés José Salvany en calidad de subdirector. El grupo se completó con la contratación de la rectora de la Casa de Expósitos de La Coruña, Isabel Zendal, para que se encargara del cuidado de los niños que conformaban el convoy sanitario durante la travesía y para aliviar la convalecencia de la vacuna.

La expedición no se podría haber realizado sin la participación de una cantidad innumerable de niños que portasen en sus brazos la linfa vacuna, en un tiempo en el que no existía dispositivo alguno para su refrigeración o congelación.

No servía cualquiera: no podían haber sufrido la viruela para que prendiera en ellos la vacuna. Esta condición se verificaba por las marcas que dejaba la viruela en la piel a quien la sufría y por la edad de los niños, ya que a menor edad, menor riesgo de haber sido contagiado. Así pues, se decidió que los niños debían tener de

6 a 8 años de edad y carecer de marcas de viruela.

Después de meses de preparación, la expedición partió del puerto de La Coruña el día 30 de noviembre de 1803. Inicialmente estaba pensada como una unidad. Las dimensiones del territorio americano y las características de la campaña sanitaria provocaron que la expedición se dividiera en la Capitanía General de Venezuela, el 8 de mayo de 1804. A partir de ese momento una subexpedición al mando de Balmis se dirigió a América septentrional y Filipinas (entre el 8 de mayo de 1804 y el 14 de septiembre de 1806) y otro grupo, dirigido por Salvany, tomó el rumbo de la América meridional (entre el 8 de mayo de 1804 y el 21 de julio de 1810). Mientras que la subexpedición del norte completó su recorrido, la del sur se vio interrumpida, pues Salvany murió en julio de 1810 en Cochabamba (Bolivia), aunque sus subalternos intentaron terminar una misión que se vio truncada también por los primeros conatos bélicos que dieron paso a la independencia de América.

La Real Expedición Filantrópica de la Vacuna tardó casi siete años en llevarse a cabo y de manera incompleta por los acontecimientos personales de los expedicionarios y los políticos del contexto ultramarino. Transitó desde los climas cálidos del Caribe hasta los fríos intensos de la cordillera de los Andes. Desde los manglares hasta el altiplano. Propagó la vacuna desde los 40º latitud norte a los 48º latitud sur. Y se calcula que inoculó a más de medio millón de personas en los dos hemisferios.

Una vez comunicada la vacuna a los territorios, se tenía que perpetuar. Balmis creó a tal fin las Juntas de Vacuna. Estas instituciones reunieron a lo más granado de la sociedad colonial desde el punto de vista social. Además, contaron con apoyo político y eclesiástico. Estas Juntas serían las responsables de mantener el fluido de la vacuna fresco cuando la Real Expedición Filantrópica abandonó su territorio. Como consecuencia de esta gesta sanitaria, se articuló una medida preventiva en busca de la salud pública de impresionante efectividad.

Lecturas

La mayor hazaña médica de la colonia: la Real Expedición Filantrópica de la Vacuna en la Real Audiencia de Quito, Susana María Ramírez Martín. Abya-Yala, Quito, 1999

La salud del Imperio. La Real Expedición Filantrópica de la Vacuna, Susana María Ramírez Martín. Doce Calles, Madrid, 2002

Balmis et Variola. Sobre la Derrota de la viruela, la Real Expedición Filantrópica de la Vacuna y el esfuerzo de los inoculadores que alcanzaron el final del azote, con observaciones particulares al periplo vital balmisiano, Susana María Ramírez Marín y José Tuells. Conselleria de Sanitat de la Generalitat Valenciana, Valencia, 2003

Alejandro de Humboldt

El alemán que inventarió el Imperio español

Berlín (Alemania), 1769-Berlín (Alemania), 1859

Científico, explorador y naturalista

Los contemporáneos lo consideraban «el príncipe de los viajeros» y más de un autor ha dicho que por la forma en que dio a conocer los resultados del viaje que hizo junto con el médico y botánico Aimé Bonpland, entre los años 1799 y 1804, Humboldt había metido a Iberoamérica en la modernidad. Su pasión por los viajes se despertó en la adolescencia, durante la esmerada y severa educación que recibió en el castillo de Tegel, LangweilSchloß, «castillo del aburrimiento», como lo llamó. Para el viaje y para la ciencia se preparó durante su etapa de inspector de minas, y su afición creció en el curso del periplo realizado por Holanda, Inglaterra y la Francia revolucionaria con Georg Forster, quien había acompañado a Cook en su segunda circunnavegación. Sus primeros intentos de participar en expediciones —la de Napoleón a Egipto, y la del capitán Baudin a América, con motivo de la cual conoció a Bonpland— se frustraron. Esto llevó a ambos a España para organizar un viaje científico comprometiendo su propia fortuna. Su estancia les permitió establecer contacto con los mejores científicos del país (Cavanilles, Clavijo...) y de la América virreinal. En la corte de Carlos IV Humboldt y Bonpland no encontraron sino facilidades y obtuvieron «el permiso más alto jamás acordado a un viajero». El pasaporte solicitaba para los viajeros el «favor, auxilio y protección que necesitaren para ejecutar todas las operaciones que juzgaran útiles para el progreso de las ciencias», especificando que debía facilitárseles el enviar una colección completa de sus hallazgos con destino al Real Gabinete de Historia Natural. En estas

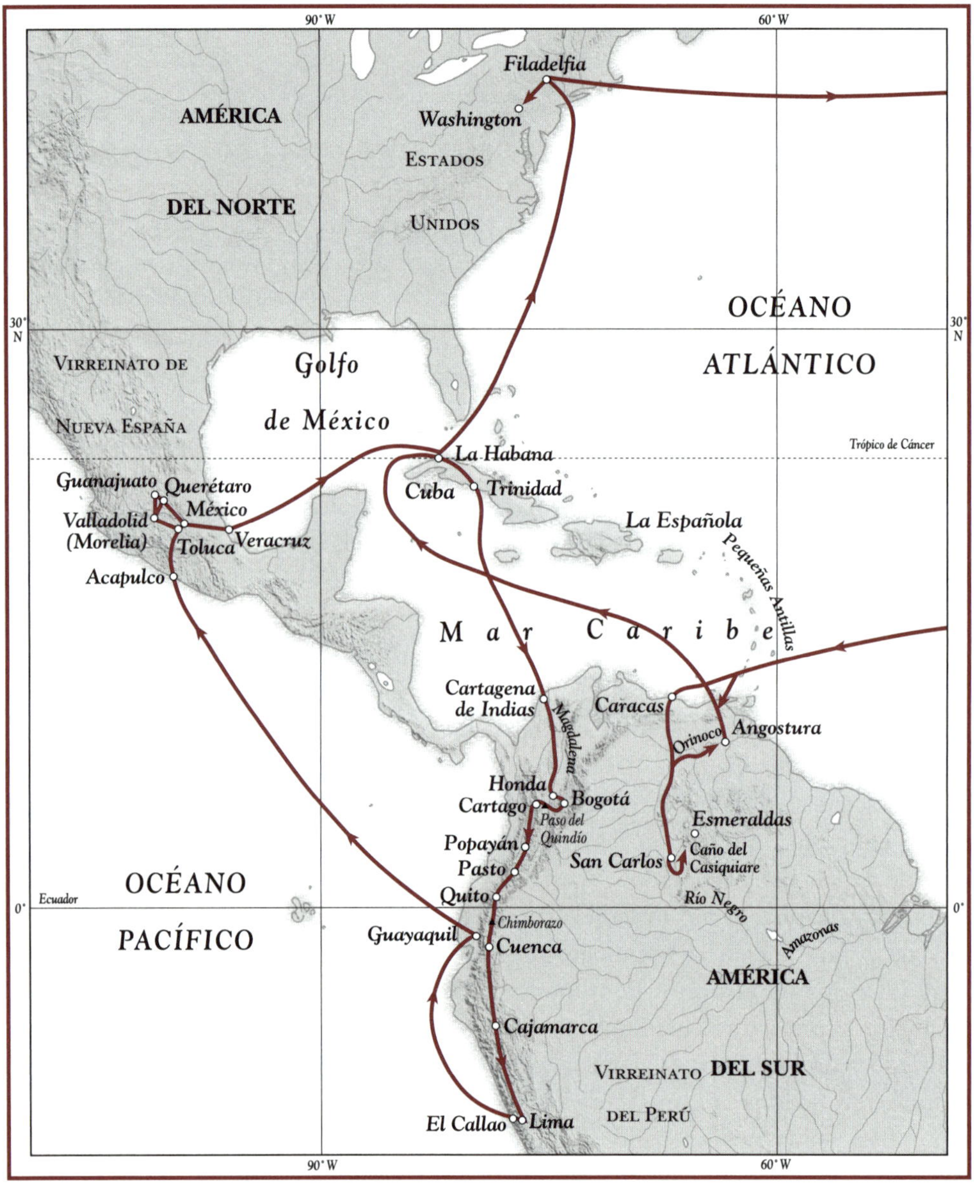
90° W
60° W
Filadelfia
Washington
AMÉRICA
DEL NORTE
Estados
Unidos
OCÉANO
ATLÁNTICO
30° N
Virreinato de
Nueva España
Golfo
de México
Trópico de Cáncer
La Habana
Cuba
Trinidad
La Española
Pequeñas Antillas
Guanajuato
Querétaro
México
Valladolid
(Morelia)
Toluca
Veracruz
Acapulco
M a r   C a r i b e
Cartagena
de Indias
Magdalena
Caracas
Orinoco
Angostura
Honda
Cartago
Bogotá
Paso del
Quindío
Popayán
Pasto
Esmeraldas
San Carlos
Caño del
Casiquiare
Quito
Río Negro
OCÉANO
PACÍFICO
Ecuador
0°
Chimborazo
Guayaquil
Cuenca
Amazonas
AMÉRICA
DEL SUR
Cajamarca
Virreinato
del Perú
El Callao
Lima

condiciones zarparon desde La Coruña el 5 de junio de 1799 en la corbeta *Pizarro*, un buque comercial. Los objetivos eran no solo recolectar plantas y fósiles, hacer observaciones astronómicas o analizar el aire, sino también y, sobre todo, buscar cómo influye lo inanimado sobre lo animado, poner de manifiesto la unidad y la armonía de la naturaleza. En su escala de Tenerife ascendieron al Teide, lo que no tenía precedentes, y pudieron constatar los pisos de vegetación. Ya en América, tras una estancia en Cumaná y Caracas, partieron para la primera gran expedición: remontar el Orinoco en un viaje de setenta y cinco días y 2250 km hasta San Carlos, a orillas del río Negro, para comprobar la conexión de aquel río con el Amazonas a través del canal del Casiquiare. La segunda etapa los llevó a Cuba, en una primera y apresurada visita de tres meses, desde diciembre de 1800 hasta marzo de 1801, porque la esperanza de conectar con la expedición del capitán Baudin, que por fin estaba costeando Chile y Perú, les hizo cambiar de planes y salir para Cartagena de Indias. Allí es donde se fragua la idea del viaje andino, entre otras cosas por el deseo de conocer a Celestino Mutis, que, les hizo «preferir el cruel viaje de tierra al de Panamá y Guayaquil», según escribe Humboldt a Clavijo. Desde Cartagena, por el río Magdalena, de nuevo a contracorriente y «todavía e injustamente con la imaginación llena del Orinoco», hasta Honda; de allí a Santafé de Bogotá, en donde trabajan con Mutis. Después vino la travesía de los Andes por el paso del Quindío, uno de los más peligrosos de la América andina, para llegar por Popayán y los páramos de Pasto a Quito. Desde allí emprendió Humboldt la ascensión de los grandes volcanes: el Pichincha y el Antisana. Pero para Humboldt, la ascensión por antonomasia fue, desde la meseta de Tapia, la del volcán Chimborazo, considerado hasta entonces el pico más elevado del mundo. Los viajeros se quedaron en los 5800 metros, la mayor altitud hasta entonces alcanzada. Era el 23 de junio del año 1802 y fue un récord tan colosal como efímero.

De Quito los viajeros fueron a la ciudad de Lima y en diciembre de 1802 navegaron desde El Callao a Guayaquil. La estancia en Perú fue, sobre todo, rica en observaciones sobre las civilizaciones prehispánicas que luego se reflejarían en los *Sitios de las cordilleras y monumentos de los pueblos indígenas de América*. Por otra parte es en Guayaquil donde Humboldt redactó el *Ensayo sobre la geografía de las plantas* que, junto con el *Cuadro físico de las regiones equinocciales*, supuso el punto de partida de la biogeografía y en cierto sentido de la ecología en la medida en que relaciona las vidas orgánicas con las inorgánicas. En febrero de 1803 Humboldt, Bonpland y Montúfar partían de Guayaquil hacia Acapulco, iniciándose así su viaje por la Nueva España. En México, al igual que en Cuba, al científico le interesaron sobre todo la economía, la administración y las instituciones. Prueba de ello fueron sus *Ensayos políticos sobre el reino de la Nueva España y la isla de Cuba* (que incluye un extraordinario alegato contra la esclavitud). Desde Veracruz zarparon nuevamente para La Habana y desde allí a Filadelfia, adonde llegaron en mayo de 1804. El 9 de julio, tras encontrarse con Jefferson y con las élites científicas y políticas estadounidenses, los viajeros emprendieron el viaje de retorno y llegaron a Burdeos el 3 de agosto de 1804. Su viaje americano había durado cinco años y dos meses. Aparte de otra expedición a Rusia y Siberia en 1829, Humboldt consagró el resto de su vida a la magna tarea de dar a conocer los resultados del viaje, casi siempre desde París y la mayor parte en francés, con la gloriosa excepción de los *Cuadros de la naturaleza* (y de *El cosmos*, que apareció póstumamente). Su obra es enorme y omnicomprensiva. Alejandro de Humboldt constituye un científico universal y asombrosamente moderno por su capacidad de observación y de relación a la vez de hechos físicos y humanos; por la red de conocimientos y de científicos interlocutores que tejió y cultivó con mimo; por su método comparativo que le permite contrastar como europeo y desde Europa, pero también con gran movilidad del punto de vista; por la continua reelaboración de su pensamiento, que hace de su obra un permanente *work in progress*; y por su forma de pensar, un razonamiento «rizomático», como lo ha calificado recientemente Omar Ette, uno de sus mejores intérpretes. Aparte de la importancia del viaje en sí, hay otros dos hechos que se deben subrayar: el carácter transdisciplinar e intercultural de su obra, que hacen legítimo pensar en una primera globalización de la cultura, y el que Humboldt fuera el primero en reconocer los saberes populares; así, por ejemplo, en los indios veía a los mejores geógrafos de América. No debe olvidarse, por último, la calidad de una prosa en la que se conjugan lo literario y lo científico, lo que él llamaba en los *Cuadros*... «la exposición estética de las grandes escenas de la naturaleza».

Lecturas

El descubrimiento de la naturaleza. Humboldt, Joaquín Fernández Pérez. Nivola Libros y Ediciones S.L., Madrid, 2002

Sentir y medir. Alexander von Humboldt en España, Miguel Ángel Puig Samper y Sandra Rebok. Docecalles, Madrid, 2007

Alejandro de Humboldt. Una nueva visión del mundo. Exposición en el Museo Nacional de Ciencias Naturales, Madrid, 2005

Domingo Badía Leblich (Alí Bey)

Espía y fundador del orientalismo

Barcelona, 1767-Qalat al Balqa (Jordania), 1818

Viajero, escritor y político

Badía fue uno de los viajeros europeos a Oriente más relevantes. Fue el tercer europeo en visitar La Meca y el primero en hacer una descripción de los wahhabíes. Adquirió una destacada educación ilustrada y se convirtió en la fuente principal de viajeros posteriores, entre ellos Humboldt y Burton. Asimismo, recogió materiales etnológicos usados por antropólogos del siglo xx, y aportó descubrimientos geográficos, datos climatológicos y latitudes y longitudes renovadas de, al menos, diez ciudades de Oriente.

Nació en Barcelona, hijo del secretario del gobernador de la ciudad. Se desplazó con su familia a Vera en 1774, cuando el padre fue nombrado contador de Guerra. El viajero heredó dicho cargo y residió allí hasta 1793. En Vera mantuvo los primeros contactos con el mundo musulmán. Allí se casó con M. L. Burruezo, con quien tendría tres hijos: José, Pedro y M. Asunción. Nombrado administrador de la Real Renta de Tabacos de Córdoba, se instaló en la ciudad y continuó con su labor como hombre de ciencia. Entre diversos trabajos publicó sus experimentos físicos y químicos, y construyó un globo aerostático. La relación de una lista de los libros de su biblioteca demuestra que fue allí donde comenzó a configurar su plan de viaje a África. Debido a la ruina que le causó el globo viajó a Madrid en 1799, donde comenzó a trabajar como secretario del príncipe de Castelfranco. Tradujo varias obras científicas y escribió dos informes arbitristas. En 1801, presentó el *Proyecto para el viaje a África* a Manuel Godoy. Aunque desmesurado, pues pretendía atravesar el continente de oeste a este, estaba muy bien docu-

La puerta de El Cairo en el momento de la entrada de un grupo de personas distinguidas que habían salido a buscar a Alí Bey a su regreso de La Meca según la obra del viajero catalán.

mentado con fuentes viajeras y científicas europeas. Tras un año de espera, se aprobó a condición de que cambiara su objeto, que de científico pasó a ser político: el intento de conquista de Marruecos. Aunque nunca llegó a concretarse, se avanzó sobre él. Badía llegó a Tánger el 29 de junio de 1803 y volvió desde Viena el 14 de enero de 1808.

Disfrazado de árabe, recorrió Marruecos (Fez, Marrakech, Mogador, Oujda, Larache); Chipre; Egipto (Alejandría, El Cairo, Suez); Arabia Saudí (Yeda, La Meca, Yenboa); Palestina (Gaza, Jerusalén, Hebrón, Nazaret), Siria (Damasco, Alepo) y Turquía (Estambul y Antioquía). Fruto de su viaje fueron más de mil quinientas páginas manuscritas, un

Vista de las ruinas del palacio de la Reina tomadas desde el monasterio de San Juan Crisóstomo según la obra de Alí Bey.

centenar de dibujos y varias colecciones de objetos diversos y mapas.

A su vuelta se reunió en Madrid con Carlos IV, quien acababa de abdicar en José Bonaparte y le recomendó que se pusiera a las órdenes francesas. Badía se reunió con Napoleón y le propuso una expedición a Marruecos. Nombrado por el gobierno bonapartista intendente de Segovia y, después, intendente de Córdoba, ascendió a prefecto en 1810. Durante estos años su objetivo principal fue conseguir que se publicasen sus viajes. Lo logró en 1814, cuando aparecieron los tres volúmenes de *Voyages d'Ali Bey el Abbassi en Afrique et en Asie pendant les années 1803, 1804, 1805, 1806 et 1807*, acompañados por el *Atlas des voyages d'Ali Bey*. La obra recogió la transcripción de las notas de sus viajes, minuciosas y detalladas, con el carácter típicamente científico ilustrado, que, como tal, avanzaba también el carácter subjetivo venidero. El libro tuvo tal éxito que en 1816 se tradujo al alemán, italiano e inglés. En 1814, Badía intentó acogerse a la amnistía anunciada por Fernando VII a antiguos afrancesados, pero este no se la concedió. En 1815 presentó dos memorias al duque de Richelieu para colonizar Marruecos. Como este no demostró gran interés, envió la *Mémoire sur la colonisation de l'Afrique* a Chateaubriand, quien informó a Luis XVIII. El mismo año escribió la tragedia *Ali Bey en Marruecos*. En 1817 realizó un nuevo *Plan de colonización* que se aprobó, pero como viaje científico. Badía tuvo que ir de nuevo disfrazado, esta vez con el nombre de Hayyi Alí Abu Utman, a La Meca y viajar después a Etiopía, Sudán y Senegal, aunque la idea expuesta en su plan era ir a La Meca, Tombuctú y Senegal. Tras pasar por Estambul y Trípoli, salió de Damasco muy enfermo el 17 de agosto de 1818 acompañando a una caravana de peregrinos a La Meca. Murió el 31 en Qalat al Balqa (Jordania). Existen diferentes versiones sobre su muerte, entre ellas la del envenenamiento, tras descubrirse que viajaba disfrazado como musulmán. Badía, ante la sospecha de que pudieran estar envenenándolo, mandó analizar en París el contenido de unos sobres que le dio el médico francés de Damasco para su disentería: solo era ruibarbo torrefacto. Muerto como peregrino, fue enterrado en Jordania. El gobierno francés no se atrevió a pedir sus enseres, los cuales hubieran dado cuenta de su segundo viaje. Por circunstancias harto conocidas, hubo que esperar a 1836 para que la obra se tradujese al español en tres volúmenes: *Viajes de Alí Bey el Abbassi (Don Domingo Badía y Leblich) por África y Asia durante los años 1803, 1804, 1805, 1806 y 1807.*

Lecturas

Alí Bey y los viajeros europeos a Oriente, Patricia Almarcegui. Bellaterra, 2007

UN ESFUERZO CONTINUADO

La historiografía de los viajes y las exploraciones, habituada a impulsos grandiosos seguidos de supuestas caídas abismales, ha tendido a menospreciar las empresas de exploración del siglo XIX español. En verdad, después de un imperio queda un remanente de cultura viajera en una sociedad que ha sido metrópoli, una curiosidad que no se satisface de otro modo que conociendo, como se había hecho con anterioridad, otras latitudes. También existen al mismo tiempo instituciones e intereses muy consolidados de todo tipo que promueven su continuidad.

De tal modo, el inventario de los viajeros y exploradores de aquella centuria de supuesto retroceso ofrece junto a impulsos corporativos encomiables como los que mantuvieron las comisiones hidrográficas de la Real Armada, una serie de individualidades descollantes y originales, gentes que hicieron del oficio de explorar la aventura de sus vidas. No se puede desconocer que con mucha frecuencia representaron las fuerzas más progresivas e innovadoras de la España de su tiempo, pues aglutinaron una actitud de disconformidad con el devenir de su patria, generadora a largo plazo de programas regeneracionistas y neocríticos. Junto a los viejos escenarios americanos, ahora reducidos a Cuba y Puerto Rico, más las islas Filipinas y los archipiélagos cercanos —Carolinas, Marianas— en Asia, aparecieron otros nuevos, como Conchinchina, Persia y hasta China, mientras la demanda de conocimientos geográficos se disparaba. Pese a ello, cierta tradición intelectual negacionista de las exploraciones y los viajes españoles empezó a desarrollarse, alimentada por el pesimismo, la ignorancia y el localismo. Fue combatida sin desmayo por liberales, conservadores y regeneracionistas, todos aquellos que ponderaron las glorias de los tiempos de Colón, Cortés y Magallanes, en especial en torno al año 1892, con motivo de las celebraciones del IV Centenario del descubrimiento de América.

Al tiempo, junto a la historia se vivían de manera cotidiana las urgencias del presente y se extendía la necesidad de saber. Es innegable la importancia de las aportaciones contemporáneas para el conocimiento de Guinea o el Sáhara, mientras en la llamada «polémica de la ciencia» se refutaba a quienes se atrevían a dudar de la capacidad de los españoles para esta actividad y, por derivación, para la propia exploración geográfica.

José María de Murga y Mugártegui (El «moro vizcaíno»)

Un romántico disfrazado en el Marruecos profundo

Bilbao, 1827-Cádiz, 1876

Viajero y aventurero

Tras participar como agregado a la comisión española que tomó parte en la guerra de Crimea (1854-1856), a José María de Murga, militar de caballería, se le despertó con fuerza la pasión por el misterioso Oriente. Tanto es así que nada más regresar a España comenzó el aprendizaje de la lengua árabe. No haber podido participar en la guerra de África (1859-1860) le supuso una terrible frustración, por lo que decidió abandonar el Ejército tras casi veinte años de servicio activo. Inició entonces los preparativos del que sería el viaje de su vida: un periplo por el Imperio de Marruecos que llevó a cabo con la intención de conocer, aprender y divulgar su organización política, costumbres y usos sociales. Marchó solo haciéndose pasar por renegado, pero previamente se matriculó en Medicina en la Facultad de San Carlos de Madrid, lo que le permitió ejercer de curandero y sacamuelas durante su estancia en aquellas tierras. El 27 de febrero de 1863 Murga llegó a Tánger. Allí se desvistió de español y se vistió de peregrino cubierto su cuerpo con una chilaba corta y apoyado en un palo, sin más compañía que la de un burro. En Tánger tomó contacto por primera vez con la realidad de aquel territorio de sus sueños. Murga se dirigió a Larache y desde allí comenzó su apasionante inmersión en el Marruecos profundo y oculto. Fue en aquel momento cuando decidió camuflar también su identidad y darse a conocer bajo el nombre de Mohamed el Bagády. Cuatro años, de 1863 a 1867, duró aquel peregrinaje. En el transcurso de ese lustro de andanzas y aventuras llegó a admitir que se había convertido en un verdadero «moro». En un «moro vizcaíno». En aquel primer viaje recorrió la distancia entre Tánger y Tetuán para proseguir después hacia Larache y luego a Alcazarquivir, Mequinez, Fez, Salé, Rabat y Fedala. En 1866 regresó a España y ocupó un cargo político como diputado foral en Vizcaya, una labor que desempeñó tan solo durante tres años, puesto que en 1873 estaba ya de nuevo de vuelta en Marruecos. Por tiempo escaso, eso sí, ya que unas fiebres le obligaron a regresar a Tánger a los pocos meses de su llegada y retornar a España para proceder a su rehabilitación. Sin embargo, entre los meses de abril y octubre tuvo tiempo de pasar por Azemur, Marrakech, Mogador, Mazagán, Casablanca, Rabat y Tánger. En 1876 intentó de nuevo el salto a Marruecos desde Cádiz, pero un grave problema hepático con complicaciones irremediables puso fin a sus días. Fruto de esos viajes, en los que se impuso el criterio humano, etnológico y social sobre el geográfico o cartográfico, vio la luz su hermoso *Recuerdos*

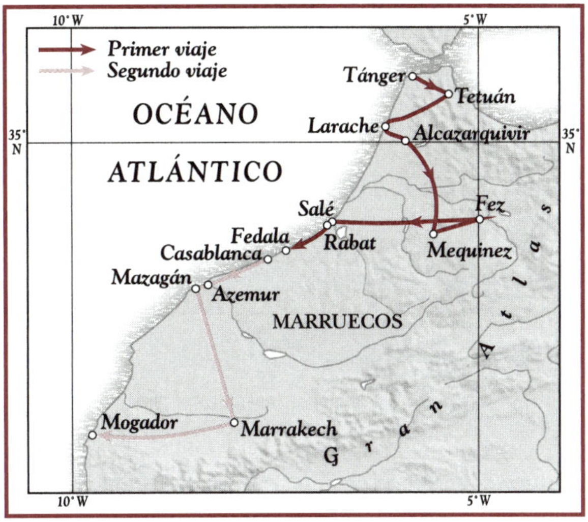

marroquíes del moro vizcaíno, un texto de marcado carácter romántico, fruto del tiempo que le tocó vivir.

Lecturas

Recuerdos marroquíes del moro vizcaíno, José María de Murga. Bilbao Bizkaia Kutxa, Bilbao, 1994

José de Moros y Morellón

Explorador de las islas del golfo de Guinea

¿?, ¿?-¿?, ¿?

Marino y explorador

«El harmatán soplaba fresquito: la mar estaba bonancible y el bello tinte azul del firmamento, reflejándose en las olas, había hecho desaparecer aquel color plomizo y blanquecino que caracteriza a esta hermosa porción del océano Atlántico [...]. Inmediatamente nos vimos rodeados de 40 o 50 canoas montadas cada una por un hombre y un muchacho; los primeros con las líneas de pescar atadas sobre la frente y gritando a coro cuáles eran nuestros nombres; y los segundos con el canalete en la mano, manteniendo sus esquifes a distancia de un tiro de pistola de nosotros, y mirando con la boca abierta las tres hermosas banderas que habíamos izado.»

Con estas palabras Moros y Morellón daba comienzo al relato de su viaje a las islas de Fernando Poo y Annobón, iniciado en 1836 y finalizado en el año 1839, presentado más tarde como *Memoria* a la Real Sociedad Económica de Madrid. Un texto en el que se valoran la relación de la llegada, el contacto con los naturales, la descripción de los lugares vistos, las ventajas comerciales de esos territorios para la metrópoli y se dan, asimismo, algunas indicaciones náuticas precisas para navegantes de aquellas aguas. La intención del marino no era otra que dar a entender a las autoridades españolas que aquel territorio tenía una importancia vital no solo como fondeadero ocasional, sino también como elemento de suministro de materias primas y base para operaciones marítimas españolas de comercio a gran escala entre la Península y América o Asia. Era absolutamente necesario, según la creencia de Moros y Morellón, que España colonizara esa tierra, con todos los medios que tuviera al alcance. Mientras que él se centraba más en la parte tocante a Annobón, otro texto, firmado por Juan Miguel de los Ríos, se unía a la memoria con datos más detallados sobre Fernando Poo (y también sobre Annobón, aunque en menor medida), especificando que «es, pues, demostrada la importancia de las islas de Fernando Poo y Annobón para escala de nuestra navegación a Filipinas, para llave del vasto comercio a India, China y Oriente, para aspirar a la dominación de los mares africanos, o al menos para que no nos dominen en ellos; para las expediciones a los estados que aún conservamos en América y para aumentar nuestro comercio, habitantes y riquezas con las producciones que nos rindan». Las peticiones de ambos expedicionarios incluían la presencia de un número de buques «por corto que sea» que protegiera las costas guineanas y garantizara la seguridad de los futuros colonos. A su regreso a España, Moros y Morellón no abandonó su inquietud geográfica, pues editó en Valencia en el año 1847 una *Descripción geográfico-estadística del río Júcar*.

Lecturas

Memorias sobre las islas africanas de España, Fernando Poo y Annobón, Don J. de Moros y Morellón y J. M. de los Ríos. Compañía Tipográfica, Madrid, 1844

Emilio Bonelli

Explorador de las costas del noroeste africano

Zaragoza (1855)-Madrid, 1926

Explorador y militar

A finales del siglo XIX el gobierno de Cánovas del Castillo decidió establecer una serie de bases en la costa africana, especialmente en el litoral del Sáhara y la península de Río de Oro, que sirvieran de refugio a los pescadores de Canarias y ayudaran a afianzar la presencia española en la zona en un momento en que las potencias europeas se estaban repartiendo la geografía africana. El inspirador de esta idea fue el aragonés Emilio Bonelli. Huérfano desde muy joven y acuciado por una mala situación económica, Bonelli se trasladó a Rabat, donde vivía un tío suyo, para trabajar como intérprete en la representación española. Su padre, ingeniero agrónomo y viajero incansable, lo había llevado con él a Argel, Túnez y Tánger, además de a Francia e Italia, países estos últimos en los que residió por un tiempo. Hablaba perfectamente italiano y francés, y con el tiempo Bonelli aprendió también árabe. Desde muy temprano se manifestó claramente su vocación africanista. Inició en España la carrera militar y logró el despacho de oficial de infantería en 1878. Por aquella época invertía el dinero que ganaba en esporádicos viajes al norte de África. Pero fue en el año de 1882 cuando inició su primera gran exploración que lo llevó a recorrer la cuenca del río Sebú en solitario, y llegó hasta los territorios de los Ben Hassan y el Garb, además de visitar las ciudades de Fez y Mequinez. A bordo de la goleta *Ceres* se dispuso a llevar a cabo su misión, de marcado carácter comercial, en la que fue de Tenerife al cabo Bojador, Río de Oro, Angra de Cintra y la bahía del Oeste. Con apoyo del pontón *Inés*, anclado en la zona por orden de la Compañía Mercantil Hispa-

no-Africana, tomó tierra en un punto que con el tiempo el propio Bonelli bautizaría como Villa Cisneros. Bonelli supo ganarse la confianza de los jefes locales y contrató a muchos naturales, nómadas en su mayoría, para que trabajaran en las tres factorías que fundó, situadas en las bahías del Oeste y del Galgo. Pero también hubo algunos movimientos en contra de la presencia española, sancionada en el año 1884 con la Declaración de Protectorado Español del Sáhara Occidental. En efecto, el grupo expedicionario sufrió el ataque de miembros de fracciones que no habían sido contratadas para el trabajo en las citadas factorías y que, por tal motivo, se sintieron marginadas. Hubo entre los españoles un buen número de bajas. Finalmente la rebelión quedó abortada y España ratificó su presencia colonial en la zona, en un momento en el que las potencias europeas se estaban repartiendo el continente africano. Bonelli llegó en su misión hasta la cuenca del Muni, en Guinea Ecuatorial, después de ser nombrado comisario del Sáhara español. Era 1887. Tres años después regresaba a España.

El camino a la ocupación del territorio desde la costa saharaui hasta el golfo de Guinea estaba abierto y también las bases para nuevas expediciones hacia esos territorios, como las llevadas a cabo por Cervera, Quiroga y Rizzo.

Emilio Bonelli ocupó el cargo de vicepresidente de la Liga Africanista hasta su muerte, y durante años llevó a cabo una gran labor de divulgación, publicando numerosos libros y artículos y dando conferencias en España y en diversos foros internacionales.

Lecturas

El Sáhara. Un mundo desconocido. Bonelli (1882-1885), Miguel Alonso Baquer. En *Exploradores españoles olvidados del siglo XIX*. Sociedad Geográfica Española, Madrid, 2001

Expedición al Adrar

Una expedición al corazón del Sáhara

Julio Cervera. *Segorbe (Castellón), 1854-¿?, 1927*
Militar

Francisco Quiroga. *Aranjuez, 1853-Madrid, 1894*
Geólogo

Felipe Rizzo. *Trípoli (Libia), 1823-Ceuta, 1908*
Intérprete

El comandante Julio Cervera, el geólogo Francisco Quiroga y el intérprete Felipe Rizzo, con 33, 32 y 63 años respectivamente, serían en 1886 los elegidos por la Sociedad de Geografía Comercial, entre más de doscientos aspirantes, para ampliar hacia el interior la presencia de España en la costa occidental del Sáhara. Los expedicionarios partieron hacia las islas Canarias a principios de abril de ese mismo año, y se trasladaron un mes después a Villa Cisneros (Dajla, en la actualidad) en la península de Río de Oro. La expedición se organizó en el momento álgido de la carrera abierta entre las naciones por establecer áreas de influencia en África. Se puso en marcha quince meses después de que Emilio Bonelli, enviado igualmente por la Sociedad de Geografía Comercial, estableciese diversas casetas de madera, con sus respectivos mástiles, entre cabo Bojador y cabo Blanco, para dar presencia legal a España en la zona; acción que el Gobierno español comunicó de manera oficial a las potencias asistentes a la Conferencia de Berlín. En el establecimiento costero que Bonelli había situado en Villa Cisneros operaba una compañía de pesca que había sufrido diversos ataques, lo que hacía conveniente alcanzar acuerdos comerciales y de protección. Se quería, además, extender la presencia de España hacia el interior, puesto que esto permitiría desviar hacia la costa las mercancías de las rutas transaharianas que transitaban por los oasis de la actual Mauritania. La expedición presentaba grandes dificultades, ya que las tribus nómadas de la región no estaban sometidas a autoridad alguna y las acciones de pillaje eran un hábito arraigado. A esto se unía el odio a la presencia cristiana, que había

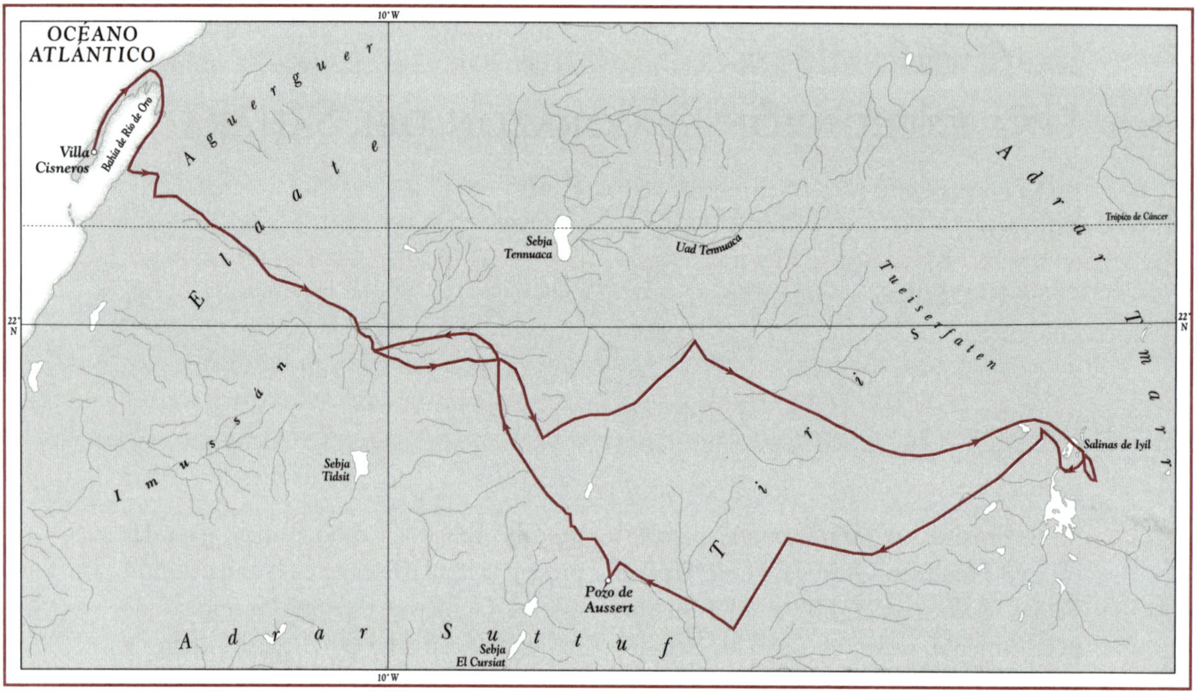

costado ya vidas entre los escasos exploradores de aquellos parajes. La comisión que viajó en el vapor *Blasco de Garay* en 1878 para determinar la situación exacta de Santa Cruz de Mar Pequeña, reclamada por España en el Tratado de Wad-Ras del año 1860, apenas pudo poner pie en tierra. Para adentrarse hacia el interior, tuvieron que enviar diversos comunicados a los jefes de las tribus vecinas, hasta obtener su protección. Por este motivo la expedición permaneció en la bahía de Río de Oro algo más de un mes hasta que, finalmente, el 18 de junio partió con destino a las salinas de Iyil para reunirse con el sultán del Adrar Tmarr, Ahmed uld Mohamed uld el Aidda. Estas demoras hicieron coincidir el inicio de la expedición con el momento de máximas temperaturas en el trópico de Cáncer, sobre el que se movieron más de 400 km a través de una línea de pozos que encontrarían en muy malas condiciones y que les provocaron serios problemas de salud. A ello se unieron los intentos de saqueo, incluso de asesinato, a los que se enfrentaron a lo largo del camino. A la salida componían la caravana 14 dromedarios cargados con las tiendas, víveres y regalos, varios caballos en que viajaban los tres españoles y los dos tiradores que les acompañaban, siete saharauis y una pequeña perra que tomaron en Río de Oro. Alcanzaron la *sebja* de Iyil el 10 de julio y un día después firmaron los acuerdos comerciales y de protección con las tribus de la zona. Su intención inicial era adentrarse hacia el sur para recorrer el Adrar Tmarr, pero acusados de profanar tierras que consideraban sagradas, fueron conminados a dirigirse hacia el oeste. Decidieron entonces explorar el Adrar Suttuf pero, al llegar al pozo de Aussert, al ver que Quiroga recogía piedras e interpretar que buscaba oro, fueron forzados a regresar. Llegaron a Río de Oro el 24 de julio y veintiún días después se embarcaron hacia las islas Canarias, que dejarían el 9 de septiembre; no llegaron a Madrid, donde serían recibidos como héroes, hasta principios de octubre. Las principales aportaciones científicas de la expedición fueron de orden geográfico y geológico. La zona del Sáhara recorrida era prácticamente desconocida para los europeos, como prueba que en los mapas que existían hasta ese momento se dibujase un pequeño río que desembocaba en la bahía de Río de Oro con el nombre de Uad Meguetha Merzug, que los informes de Quiroga se encargarían de desmentir. Cervera fijó la posición de catorce pozos, doce de los cuales eran desconocidos, y algunos de ellos muy profundos sobre rocas plutónicas y néisicas, cuya ubicación y excavación no estaban al alcance de las tribus que conocieron. Quiroga supo interpretar la excepcional existencia de «sienitas elaolíticas», tan escasas en la corteza terrestre. También trazaron un mapa itinerario 1:200 000 del recorrido por el interior del desierto y otro más detallado, a 1:50 000, de la península de Río de Oro, de la que ofrecieron una primera síntesis geológica en la que se corrigen los mapas de Karl Alfred von Zittel (1888) y de Georges François Rolland (1890), inspirados en las afirmaciones de Oskar Lenz, quienes habían considerado toda la costa como terreno cretáceo, en lugar de terciario marino del mioceno. Las apreciaciones de Quiroga fueron recogidas por Emmanuel Dagincourt (1887) y por los mapas de Justus Perthes. De los materiales aportados por la expedición, recogidos y clasificados en el Museo de Ciencias Naturales, destacan los ortópteros capturados en el Sáhara, para los que Ignacio Bolívar acuñó los nombres de *Polyphaga cerverae* y *Eriaphila moreti,* en honor al expedicionario y al político.

Lecturas

"Julio Cervera. La visión africana de un explorador del desierto", en *Julio Cervera y la telegrafía sin hilos,* J. A. Rodríguez Esteban, Ministerio de Defensa, Madrid, 2015

Conmemoración de la expedición científica de Cervera-Quiroga-Rizzo al Sáhara Occidental en 1886, José Antonio Rodríguez Esteban, editor. CSIC, Madrid, 2008

Juan Víctor Abargues de Sostén

Al mar Rojo y Abisinia por el Nilo

Valencia, 1845-¿Madrid?, 1920

Viajero y explorador africanista

«Adquirir con destino a los jardines de Su Real Casa una colección de animales procedentes de Oriente.» En eso consistía la misión que Alfonso XII encargó a Juan Víctor Abargues de Sostén, seguramente haciendo referencia a su deseo de poblar de fauna africana la Casa de Fieras del Parque del Retiro de Madrid, primer zoológico de la capital española. Por entonces el valenciano se encontraba en El Cairo y pronto empezó con los preparativos del viaje. Un periplo que se inició en 1876 y que como primer destino tenía la localidad de Asuán. Pero la barcaza en la que remontaba el Nilo zozobró. Se perdieron numerosos objetos y las cartas de recomendación que el ministro de Asuntos Exteriores del jedive de Egipto le había entregado con objeto de que los jefes locales de la ruta prevista no obstaculizaran el cumplimiento de aquella misión. Hubo que empezar de cero. Poco se sabe de cómo se llevó a cabo la expedición, pero al parecer fue un éxito, a pesar del naufragio inicial, puesto que en 1879 le fue encargada la dirección de otra dirigida a Etiopía, patrocinada esta por la Asociación Geográfica Española para la Exploración del África. Según palabras del propio Abargues, fue destinado para la exploración de África «a fin de estudiar en el terreno con la Abisinia otras provincias o comarcas de África occidental, reconociendo sus productos tanto naturales como industriales, los medios de comunicación que con la Península podrían establecerse por parte de España y todo lo demás concerniente a la geografía». Así, en su recorrido, remontó el Nilo, llegó hasta Sudán y Abisinia (Etiopía), tocó en diferentes puertos del mar Rojo —Quseir, Suakin y Massawa— y procedió al envío de material científico recopilado por el camino, así como cajas con colecciones de objetos y productos. Además, informó de la necesidad de que se estableciera un enclave español en el mar Rojo con el fin de favorecer el comercio en la zona, así como el aprovisionamiento de los barcos que iban a las posesiones ultramarinas españolas de Asia tras la apertura del canal de Suez. En los alrededores de Gondar, la antigua capital imperial etíope, Abargues descubrió la tumba de Cristóbal da Gama, hijo del gran navegante portugués Vasco da Gama, fallecido en 1542.

A su regreso a Madrid en 1882, tras hacer una escala en Roma, dedicó su tiempo a dictar numerosas conferencias sobre sus expediciones por África, palabras que fueron recopiladas en el Boletín de la Sociedad Geográfica de Madrid.

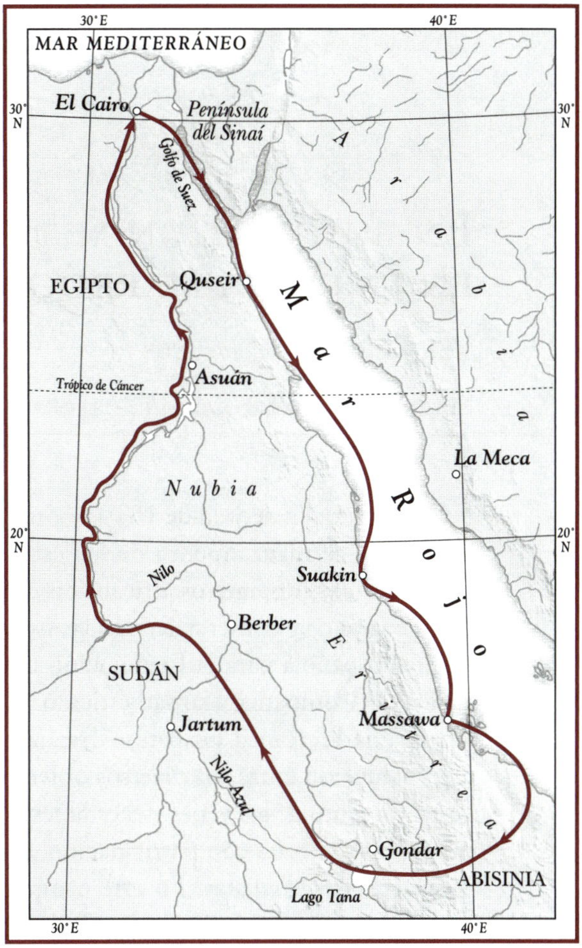

Lecturas

«Don Juan Víctor Abargues de Sostén y la presencia española en el mar Rojo y Abisinia a finales del siglo XIX», Montserrat Mañé Rodríguez. En *Revista Arbor,* n.os 711-712. CSIC, Madrid, 2005

Cesáreo Fernández Duro

En busca de un mítico enclave en la costa marroquí

Zamora, 1830-Madrid, 1908

Marino, expedicionario e historiador

A partir de la década de 1870 se produce el afianzamiento de los establecimientos corporativos africanistas de tipo geográfico y comercial como la Asociación Española para la Exploración de África, la Compañía Transatlántica o la Compañía Mercantil Hispano-Africana, que incluyeron entre sus diversos objetivos el fomento de los viajes y el establecimiento de factorías con participación de geógrafos y naturalistas. En este campo se articula la participación de Cesáreo Fernández Duro y Francisco Lozano a bordo del *Blasco de Garay* en la búsqueda de pesquerías como la de la desembocadura del río Ifni, que a la larga favorecería la anexión de ese territorio por parte de España. Fernández Duro encabezó, con el grado de capitán de navío, una comisión mixta hispano-marroquí dirigida a recorrer la costa sahariana occidental y determinar el verdadero emplazamiento de la posición de Santa Cruz de la Mar Pequeña, ante la negativa del capitán general de Canarias, Valeriano Weyler, de aceptar la teoría de los representantes marroquíes: estos mantenían que la antigua «torre» se situaba en Puerto Cansado. Los miembros de la comisión levantaron planos de la zona, recogieron los nombres de diferentes puntos, realizaron una exacta cartografía y en enero de 1878 consignaron que en el tramo entre los ríos Draá e Ifni existían unas ruinas de un castillo de cristianos llamadas Borx er Rumi, antiguamente conocidas con el nombre de Santa Cruz. Eso significaba que Santa Cruz estaba en Ifni o así al menos lo dio a entender el marino español, aunque el sultán marroquí no aceptó tales conclusiones y llegó incluso a encerrar y dejar morir de hambre

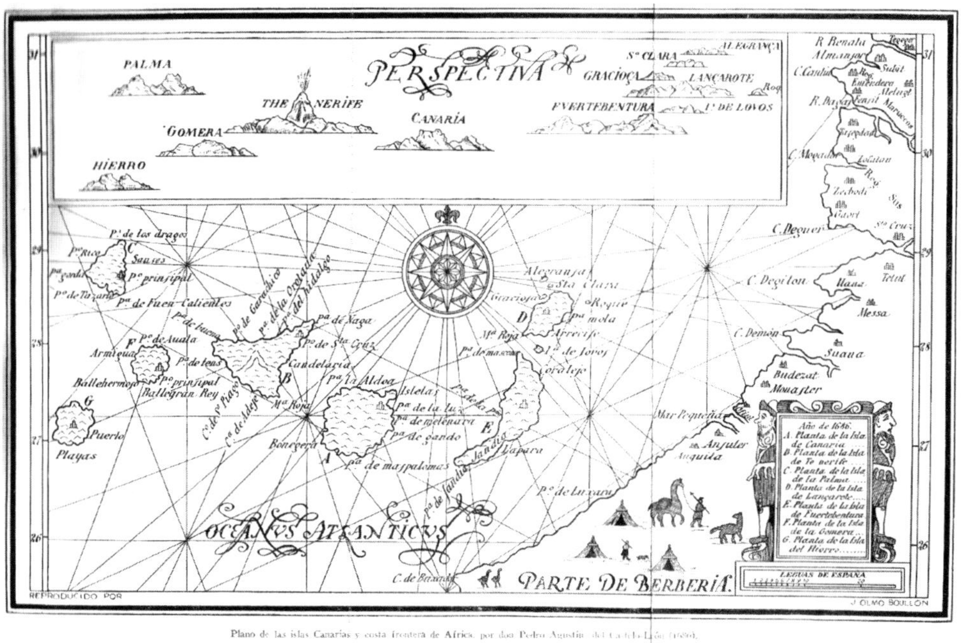

Plano de las islas Canarias y costa fronteriza de África de Pedro Agustín del Castelo-León (1686).

a uno de los jefes de las cabilas Misti y Ait Abu-Beker, que habían declarado sobre la existencia de tales ruinas.

A los 17 años este zamorano ya navegaba por las Antillas embarcado como guardiamarina en la *Isabel II*. Por sus servicios en Filipinas recibió la orden de San Fernando con 21. Su experiencia era impresionante. Había participado ya en la campaña de África en 1860, así que era gran conocedor de aquellas aguas, y posteriormente estuvo destinado en Antillas, México y Cuba hasta que se embarcó en la aventura de Ifni.

Durante muchos años compaginó su labor en la Marina con el oficio de historiador, ligado entre otras instituciones a la Real Academia de la Historia. En su vida publicó más de cuatrocientos textos entre libros, memorias, informes y monografías, entre los cuales destacan especialmente sus *Disquisiciones náuticas*, una obra en seis volúmenes fundamental en la historia marítima española.

Lecturas

Santa Cruz de Mar Pequeña, Ifni, Sáhara: la acción española en la costa occidental de África, Tomás García Figueras. Fe, Madrid, 1941

Manuel Iradier y Bulfy

Guinea Ecuatorial, centímetro a centímetro

Vitoria, 1854-Valsaín (Segovia), 1911

Explorador y africanista

En pleno estallido de la tercera guerra carlista, en 1872, llegó a Vitoria como corresponsal del *New York Herald* Henry Morton Stanley, el archifamoso localizador del desaparecido doctor David Livingstone en África. En la capital alavesa Manuel Iradier, un joven de 18 años, que con 14 ya había fundado la sociedad viajera La Exploradora y posteriormente ideado un proyecto ambicioso para recorrer el continente africano desde el cabo de Buena Esperanza (Sudáfrica) hasta Trípoli (Libia), con la intención no oculta de reconocer los lagos que años atrás habían descrito Burton y Speke, aguardaba con ansia el momento del cara a cara con el experimentado aventurero y periodista. Después de mantener una entrevista, Iradier, que se había criado sin padres —bajo la tutoría de unos tíos muy severos— entre sueños de aventura y lecturas de libros de viajes, decidió modificar el proyecto de sus fantasías para hacerlo realidad. Su exploración, por consejo de Stanley, quien vio en aquel joven una mirada ilusionada de la que difícilmente se olvidaría, empezaría en las costas del golfo de Guinea, más exactamente en las de las posesiones españolas, para avanzar hacia el interior. Una aventura que se entreveía peligrosa, puesto que hasta entonces los intentos de colonización de aquellos territorios habían sido poco menos que desastrosos. La falta de preparación de los colonos llegados a Guinea, así como una ausencia casi total de informes de la zona, provocaron que los españoles que se decidieron a ocupar ese espacio sufrieran penurias, enfermedades y numerosas bajas. A bordo del *Loanda* partió para la isla de Fernando Poo (hoy Bioko) en

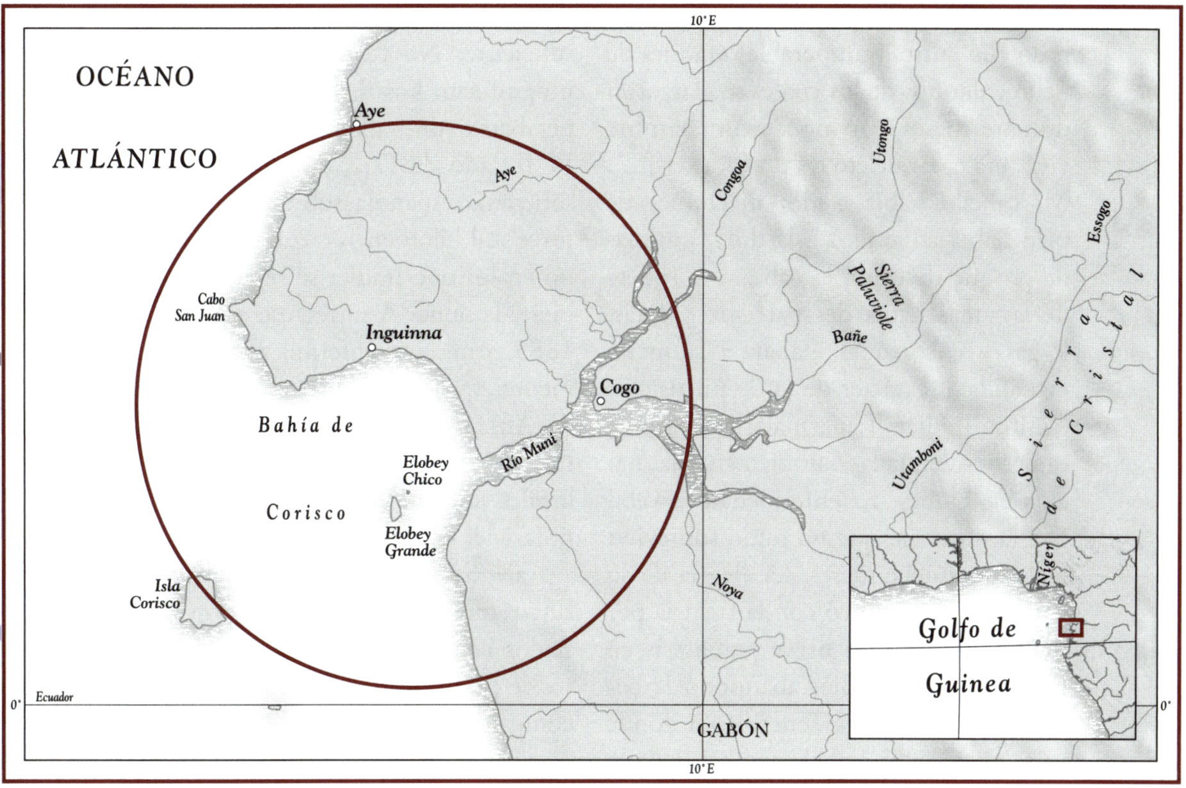

compañía de su mujer, Isabel Urquiola, y de su cuñada, Juliana. En ese primer viaje, de los tres que realizó, llegó a recorrer 1900 km en dos años y casi cuatro meses. En ese tiempo y tras visitar las islas de Corisco y Elobey Grande se dirigió a Inguinna, luego al cabo de San Juan y de allí a Aye, para remontar el río Muni y recorrer también los cauces del Utongo, Utamboni y Bañe, las cadenas montañosas de Paluviole y la sierra de Cristal, desde donde emprendió el regreso al islote de Elobey Chico, en donde le aguardaban Isabel y Juliana en la casa reservada para el gobernador ausente de la pequeña colonia. Contactó con numerosos grupos de nativos como los fangs, vengas, vicos, bapukus, bandemus, itemus o pamues, realizó estudios antropológicos, etnológicos y lingüísticos, además de recoger datos geográficos y topográficos y numerosas muestras faunísticas y botánicas, y llegó a reconocer numerosas especies animales hasta entonces desconocidas para la ciencia. Y todo ello entre innumerables ataques de fiebre, algunos de los cuales se alargaron durante meses. «Yo no era un hombre vivo, era el esqueleto de un cadáver [...]. Mi cabello había caído; mechones de pelo había adheridos a la dura almohada en que descansé la cabeza; el rodete de las uñas había desaparecido y estas, largas y encorvadas, daban a la mano escuálida el carácter de la de un tísico», escribió Iradier. Tenía malaria, como su mujer y su cuñada. También su hija, nacida en Elobey. La enfermedad se cebó con la pequeña, que no pudo sobrevivir más que quince meses. La alegría de su nacimiento se truncó con la tristeza por su muerte. Tras un breve paréntesis en Fernando Poo, Iradier abandonó la colonia para dirigirse a Tenerife, en donde ya se encontraba Isabel, que había dado a luz a otra niña, Amalia.

El 1 de agosto de 1884 Manuel Iradier iniciaba su segundo viaje a Muni, esta vez con el apoyo (más bien escaso) de la Sociedad Española de Africanistas y Colonistas, de la cual recibió, eso sí, la misión de adquirir territorios del golfo de Guinea a pesar de que en numerosos puntos de aquella geografía ondeaban las banderas francesa y alemana. Aun así Iradier consiguió que los fang —el grupo más numeroso y dominante— firmaran actas de cesión y aceptaran el protectorado español. Su presencia fue suficiente. No tuvo que enfrentarse a ningún acto hostil. Los naturales le respetaban y admiraban. También él a ellos. El Tratado de París de 1900 ratificó la soberanía española sobre esa zona. Catorce mil kilómetros cuadrados de terreno en los que Iradier se había dejado la piel y la salud. A su regreso a España en 1885, cansado, enfermo y prematuramente envejecido, entregó a la Sociedad de Africanistas los documentos y contratos de adhesión firmados por los jefes locales, un total de 101, así como actas notariales de posesión de territorios. Fue agasajado con innumerables actos honoríficos que tampoco le reportaron demasiados beneficios y algunos de sus relatos se publicaron al poco de su llegada, como los dos tomos de *África. Viajes y trabajos de la Asociación La Exploradora*. El protectorado de la Guinea española se mantuvo hasta 1968, año en el que el pequeño país se independizó y pasó a llamarse Guinea Ecuatorial. Manuel Iradier y su esposa ya no volvieron más a Muni, en parte desencantados por la política llevada a cabo por las autoridades españolas, que nombraron en los puestos del gobierno local a personas con poco o ningún conocimiento de la realidad africana. Inició entonces por la Península un viaje vital errático, y se ganaba la vida en negocios relacionados con la industria maderera, la minería o los tendidos ferroviarios, además de patentar varios inventos, entre ellos un contador automático de agua, un «fototaquímetro» o una caja de imprenta. No tuvo mucha suerte con ellos. Gravemente enfermo, acudió a la casa de un amigo en la localidad de Valsaín (Segovia). Entre los pinares que rodean esa bella población se encontró con la muerte.

Lecturas

Manuel Iradier: las azarosas empresas de un explotador de quimeras, Ángel Martínez Salazar. Miraguano, Madrid, 2004

África: un español en el golfo de Guinea, Manuel Iradier. Edición de Ramón Jiménez Fraile. Mondadori, Barcelona, 2000

Joaquín Gatell y Folch (Kaid Ismail)
Un falso militar en el Ejército del sultán de Marruecos

Altafulla (Tarragona), 1826-Cádiz, 1879

Viajero y militar apócrifo

París, 1859. La Sociedad Geográfica de la capital gala ofrece un premio para el viajero que logre cruzar el Sáhara, desde Argelia a Senegal, con la condición de pasar por Tombuctú (Malí). En París se encontraba el inquieto abogado Joaquín Gatell, que había llegado allí después de estudiar lengua árabe en España y arqueología y epigrafía árabes en Londres. Rápidamente marchó a Marsella, donde embarcó para Orán con intención de hacerse con el premio, pero abandonó el proyecto al saber que otros interesados le habían tomado la delantera. Ese mismo año se declaró la guerra entre España y Marruecos. Gatell, informado de que el sultán marroquí quería crear un ejército moderno y bien organizado tras su derrota ante las tropas españolas, se dirigió desde la población de Orán hasta Tánger, ciudad en la que se encargó de traducir al árabe una cartilla francesa de rudimentos de artillería y un opúsculo de arte militar. Su intención era ser considerado un experto instructor, ganarse la confianza del sultán y, sobre todo, ascender en la sociedad marroquí. Fue contratado y al poco vestía uniforme de cazador argelino y turbante. Y, además, lucía nueva identidad: Kaid Ismail, el nombre con el que inició su aventura. Sin renegar de su religión y sin considerar aquello como una traición, puesto que entonces España ya no estaba en guerra con Marruecos, tomó el cargo de jefe de caballería, marchó a Fez y al mando de una tropa de sesenta hombres participó en la expedición a las Kabilas para aplastar la rebelión de los Ben Hassan y Rahamena. Su ascenso trajo consigo envidias que se tradujeron en un atentado fallido contra su vida y el temor a ser envenenado. Abandonó el ejército del sultán e interpretó un nuevo papel, el de médico, bajo cuyo disfraz viajó de Fez a Rabat y luego a Mazagán y Mogador. Luego exploró el Sus, continuó por la costa hasta Santa Cruz la Mayor (hoy Agadir), Gulimin, cruzó el río Draa y se internó en el Sáhara, para regresar a España en 1865 con abundante material geográfico y cartográfico. Participó también en el intento de liberar del cautiverio a tres españoles apresados por Ben Beiruk cuando intentaban establecer relaciones comerciales entre Canarias y la costa de África, pero fue obligado a volver a España desde Larache. En colaboración con Cesáreo Fernández Duro estudió el interior de la franja costera saharaui embarcado en el *Blasco de Garay*. En el año 1879 preparaba un nuevo viaje a Marruecos, pero en Cádiz lo sorprendió la muerte. Dejó escrito un diario de su expedición contra los Ben Hassan y los Rahamena y numerosos artículos.

Lecturas

El viajero español por Marruecos, Don Joaquín Gatell: el «Kaid Ismail», J. Gavira. Instituto de Estudios Africanos, Madrid, 1949

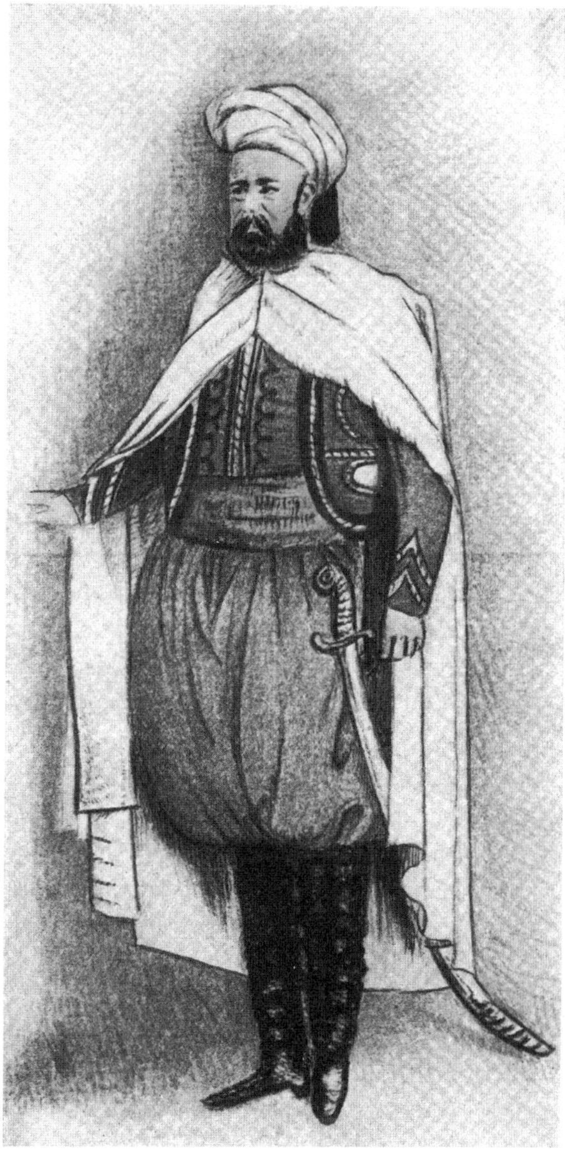

Autorretrato de Joaquín Gatell con uniforme de la artillería del sultán.

Enrique D'Almonte y Muriel

Cartógrafo de las últimas colonias españolas

Sevilla, 1858-Aguas del cabo de Buena Esperanza (Sudáfrica), 1917

Ingeniero de caminos, auxiliar de minas, cartógrafo y geógrafo

Enrique d'Almonte fue uno de los cartógrafos-exploradores más prolíficos de su tiempo. Su producción, con excepción del Caribe, abarcó todas las colonias españolas del momento: Filipinas, Río Muni (Guinea Ecuatorial) y Sáhara Español (Sáhara Occidental). Sus mapas fueron muy admirados, en especial los filipinos.

En marzo de 1880 se trasladó a Filipinas como auxiliar de Minas. Allí pasaría 18 años trabajando a las órdenes de los ingenieros José Centeno y Enrique Abella. De esa colaboración salieron, de la mano de D'Almonte, sus tan alabados mapas topográficos. El primero de ellos fue el de la Isla de Luzón y sus adyacentes (1883) a escala 1:400 000 y con el relieve bellamente sombreado.

Los reconocimientos geológicos posteriores le permitieron realizar muchos otros mapas, croquis y dibujos, que se fueron incorporando a las Memorias de la Comisión. Destaca en los saberes geográficos y en las habilidades lingüísticas que fue atesorando (dominaba el chino, el tagalo y el ilocano). Visitó y exploró números enclaves asiáticos, desde Sri Lanka a la Melanesia y desde las grandes islas de Indonesia a China y Japón

Warren du Pré Smith, jefe del American Bureau of Mineralogy, reconocía en 1909 en el boletín de la Royal Geographical Society: «Sus mapas [...] son, dadas las condiciones del país, por extensión y por ejecución, sencillamente maravillosos [...] Debo considerar a D'Almonte como uno de los grandes exploradores de la vigésima centuria».

El final del dominio ultramarino de España, en 1898, reactivó el interés por el golfo de Guinea. Allí se dirigirá en 1901 una expedición regia de toma de

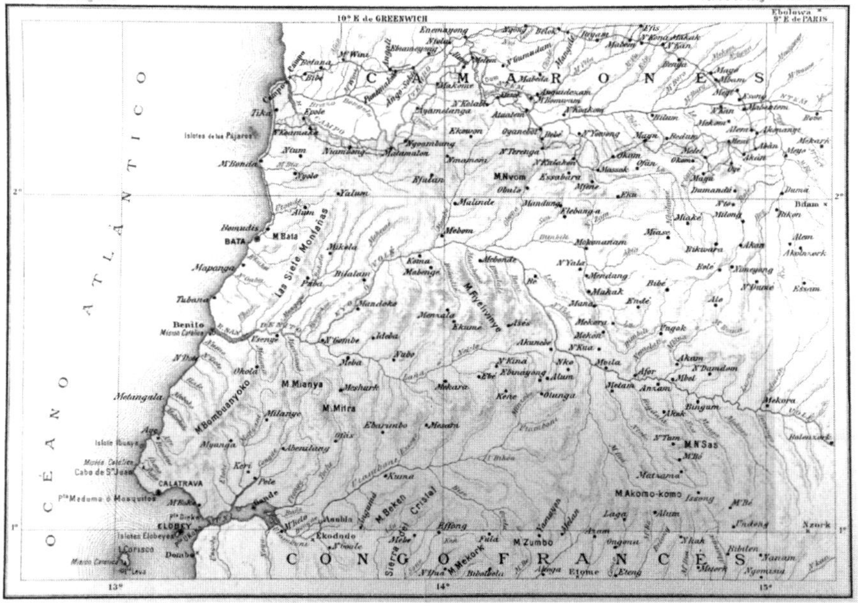

Mapa de 1906 de la Guinea continental española, rectificado con arreglo a los trabajos de D'Almonte.

posesión, estudio y delimitación en la que participa D'Almonte, con el objetivo de examinar las zonas montañosas y componer un mapa a escala 1:200 000. En 1906 se encargó de la demarcación fronteriza con el Camerún alemán. Fue, además, albacea de una compañía de colonización y realizó diversas propuestas coloniales, como el proyecto de un ferrocarril centroafricano. En 1909 termina un nuevo mapa de la Guinea continental a escala 1:100 000. En 1913 fue mandado por la Real Sociedad Geográfica al Sáhara español, que no disponía de cartografía, tras la importancia que adquiere con la declaración del Protectorado franco-español sobre Marruecos en 1912.

En 1915, regresó a Filipinas con la intención de completar los apuntes sobre la región tomados en su primera gran estancia. Con todo ello publica en 1917 *Formación y evolución de las subrazas Indonesia y Malaya*. Ese mismo año muere tras chocar con una mina en Ciudad del Cabo el barco en el que viajaba a Filipinas.

Lecturas

"El cartógrafo Enrique d'Almonte, en la encrucijada del colonialismo español de Asia y África", J. A. Rodríguez y A. Campos (2018): Scripta Nova, vol. 22, nº 586, pp. 1-35

Comisión Científica del Pacífico

El más ambicioso proyecto español de investigación en la América del siglo xix

Francisco de Paula Martínez. *Madrid, 1835-¿?, 1908.* **Zoólogo**

Juan Isern y Batlló. *Setcases (Gerona), 1821-Madrid, 1866.* **Botánico**

Manuel Almagro de La Vega. *Matanzas (Cuba), 1834-¿?, 1895.* **Antropólogo**

Rafael Castro y Ordóñez. *¿?, 1830-¿?, 1865.* **Dibujante y fotógrafo**

Bartolomé Puig y Galup. *Sitges (Barcelona), 1828-¿?, ¿?* **Taxidermista**

Fernando Amor. *Madrid, 1822-San Francisco (Estados Unidos), 1863.* **Geólogo**

El 10 de agosto de 1862 zarpaba de Cádiz la flota con los componentes de la llamada Comisión Científica del Pacífico, integrada en otra de carácter político-militar. Sin duda, el proyecto más ambicioso de la segunda mitad del siglo xix encaminado a potenciar la presencia española en un lugar de relevancia en el conjunto de naciones y entre cuyos objetivos estaba el estrechamiento de los lazos con antiguos territorios españoles, en su mayoría países ya independientes. Las fragatas *Triunfo* y *Resolución* y las goletas *Virgen de Covadonga* y *Vencedora* llegaron a Bahía, en Brasil, un mes después de su partida, tras hacer las pertinentes y necesarias escalas en Tenerife y Cabo Verde. Allí pusieron pie en tierra los expedicionarios científicos españoles, al mando de los cuales se encontraba el marino retirado y malacólogo Patricio Paz (1808-1874), que tiempo después renunciaría a su cargo (1863) en favor de Marcos Jiménez de la Espada, tras mantener disputas con los mandos castrenses de la Comisión, encabezados por el general Pinzón. La geología y entomología (colección y clasificación de insectos) corría a cargo de Fernando Amor, hasta su muerte en San Francisco (California), ocurrida en 1863. El estudio de mamíferos, reptiles, peces, anélidos y otras especies estaba asignado a Francisco de Paula Martínez en calidad de ayudante naturalista, aunque luego pasó a ser presidente interino tras la muerte de Amor. La etnología y la antropología recayeron en el médico cubano Manuel Almagro, quien, además, redactó la memoria final, entregada en 1866, cuan-

do finalizó la misión. De la botánica se hizo cargo Juan Isern y de la taxidermia y conservación de ejemplares Bartolomé Puig. Un hecho importante fue la incorporación a la expedición del pintor y dibujante Rafael Castro Ordóñez, quien se había formado también como fotógrafo y que realizó un importantísimo trabajo de testimonio gráfico hasta su muerte en 1865.

Con la intención de abarcar un campo de operaciones más amplio, la comisión se fragmentó. Tras recorrer juntos durante tres meses el territorio brasileño desde Río de Janeiro a Rio Grande do Sul, con escalas intermedias en Desterro, Petrópolis o Santa Cruz, los integrantes se embarcaron en la *Covadonga* hasta Montevideo. Desde allí Paz, Isern, Amor y Almagro recorrieron Argentina y Chile hasta Valparaíso, donde se encontraron de nuevo con sus compañeros, que habían proseguido en la goleta y doblado el estrecho de Magallanes. Almagro e Isern tomaron rumbo a los Andes. El resto exploró la costa de Chile y el desierto de Atacama antes de partir primero a Centroamérica y luego a San Francisco. Un hecho inesperado hizo virar el rumbo de los acontecimientos: la *Resolución*, de vuelta de California, atracó en El Callao con órdenes de aguardar una posible actuación militar al haber sido atacada una colonia española, la de Talambó, en Perú. Las acciones bélicas hicieron que la comisión fuera suspendida. Sin embargo, Martínez, Jiménez de la Espada, Almagro e Isern decidieron continuar, con los permisos necesarios, e iniciar lo que llamaron «el gran viaje» a través de la selva del Amazonas. Desde el oriente ecuatoriano atravesaron las regiones de Misagualli y Tena, para llegar al río Napo. Mientras Almagro se internaba en tierras jíbaras los demás llegaron a Loreto y San Antonio, en la confluencia del Napo con el Coca. Recorrieron en canoas los ríos Aguarico y Cuarary, para internarse luego en lo más intrincado de la selva, hasta que llegaron, con Isern gravemente enfermo, a Tabatinga, en la frontera de Perú con Brasil, donde fueron recogidos por un vapor que los condujo a Manaos para tomar otro hasta el Gran Pará. Allí finalizaron su aventura científica.

Los supervivientes de la expedición se reunieron en Madrid, en enero de 1866, para dar a conocer sus importantes investigaciones, objeto de estudio en los años venideros.

Lecturas

Pacífico inédito: 1862-1866. Catálogo de la exposición itinerante inaugurada en el Instituto Cervantes de Nueva York el 24 de abril de 2006, organizada por el Museo Nacional de Ciencias Naturales con la colaboración del Instituto Cervantes. M.ª Ángeles Calatayud, comisaria. Miguel Ángel Puig-Samper, guión. Lunwerg, Madrid, 2006

Crónica de una expedición romántica al Nuevo Mundo: la Comisión Científica del Pacífico (1862-1866), Miguel Ángel Puig-Samper. CSIC, Madrid, 1988

Los desplazamientos de Jiménez de la Espada, Castro y Ordóñez y sus compañeros de la Comisión Científica del Pacífico por el espacio americano: un viaje entre el presente y el pasado, Leoncio López-Ocón. Universidad de Salamanca, 2001

Marcos Jiménez de la Espada

Pionero del americanismo científico

Cartagena (Murcia), 1831-Madrid, 1898

Naturalista, geógrafo e historiador

El 10 de agosto de 1862 zarpó de Cádiz una escuadrilla integrada por las fragatas *Triunfo* y *Resolución*, a la que se agregó a última hora una expedición de naturalistas con el objetivo de exhibir en el océano Pacífico el poder de la nueva España isabelina. En su fase inicial esa comisión estuvo formada por ocho integrantes, pero solo los zoólogos Martínez y Sáez y Jiménez de la Espada, el antropólogo Almagro y el botánico Isern efectuarían «el gran viaje» de regreso a Europa. En él atravesaron América del Sur desde Guayaquil a Pernambuco, entre 1864 y 1865, en un esfuerzo titánico, siguiendo la ruta de Orellana en parte de su recorrido.

Jiménez de la Espada, hijo de un funcionario del Estado liberal, inició su experiencia viajera ocupando una posición subalterna en la expedición. Era el segundo ayudante naturalista, responsable de la organización de las colecciones de mamíferos, aves y reptiles terrestres, que debía estudiar y enviar a las instituciones donde había trabajado en Madrid: el Gabinete de Historia Natural y el Jardín Zoológico de Aclimatación.

Durante su periplo de tres años y medio —en los que se internó por las florestas tropicales brasileñas, recorrió las pampas rioplatenses, surcó las procelosas aguas del estrecho de Magallanes, disfrutó de los goces de los risueños valles chilenos y de las bellezas limeñas, y ascendió a nevados andinos ecuatorianos o a volcanes centroamericanos— se forjó su personalidad científica de naturalista romántico, seguidor de las preocupaciones intelectuales de Alejandro de Humboldt. Su sensibilidad se manifestó en su afán por observar de una manera integrada

Marcos Jiménez de la Espada se convirtió en el naturalista más importante de la Comisión Científica del Pacífico.

y armónica tanto la naturaleza virgen como la modificada por la acción humana, y en su fascinación por todas las manifestaciones sublimes de las fuerzas telúricas, como los volcanes americanos o «montañas de fuego».

A lo largo de sus aventuras americanas se convirtió en un intrépido explorador, hasta el punto de obtener una importante cosecha científica que le permitiría llegar a ser el viajero naturalista más destacado de la Comisión Científica del Pacífico. En un *Diario*, parcialmente conservado, recogió interesantes observaciones geológicas, botánicas, zoológicas, antropológicas, etnológicas y geográficas. Entre las numerosas hazañas de su intensa peregrinación científica cabe mencionar sus ascensiones a diversos volcanes, como el Izalco en la república de El Salvador, y el Chimborazo y el Sumaco, en la república de Ecuador. Al descender el Pichincha, que domina la ciudad de Quito, anduvo perdido tres días y estuvo a punto de fallecer, pero fue rescatado *in extremis* por un nativo.

Tras regresar a España, Jiménez de la Espada promovió, junto a once compañeros, la constitución de la Sociedad Española de Historia Natural en 1871 y realizó diversos estudios sobre la fauna sudamericana. Su principal obra, publicada en 1875 con el título de *Vertebrados del viaje al Pacífico. Batracios*, mereció el reconocimiento de sus coetáneos y ha sido considerada un texto clásico de la literatura zoológica, en el campo de la herpetología. Pero en el cenit de su prestigio como naturalista truncó su programa de investigaciones biológicas y reorientó su atención hacia el campo de la geografía histórica y de la historia americana. En el entorno de la Sociedad Geográfica de Madrid, de la que fue socio fundador en 1876, de la Asociación Española para la Exploración de África, y de la Real Academia de la Historia, de la que fue miembro electo en 1883, desarrolló un peculiar viaje por el tiempo para prolongar su propia experiencia.

Así, editó libros de viajeros medievales, como las *Andanzas de Pero Tafur*, y el *Libro del conocimiento*; estudió documentos relacionados con las expediciones científicas enviadas a diversas regiones de América durante el siglo XVIII, y se especializó en el conocimiento de las exploraciones efectuadas en el espacio americano y en el norte de África por los españoles en los tiempos modernos. Entre sus más significativas publicaciones historiográficas cabe destacar sobre todo su monumental edición en cuatro volúmenes de las *Relaciones geográficas de Indias*, correspondientes al virreinato de Perú, donde mostró el sostenido esfuerzo realizado a lo largo del siglo XVI por múltiples actores de la España imperial para el conocimiento y control del espacio americano. Son notables, asimismo, sus ediciones de manuscritos de perspicaces observadores del mundo andino, como el soldado cronista Cieza de León, autor del primer estudio sistemático de la geografía de Perú, o de escritos de exploradores del área amazónica, como el jesuita padre Maroni, quien en su obra *Noticias auténticas sobre el famoso río Marañón* realizó un pormenorizado estudio descriptivo de la geografía de la región del Alto Amazonas.

Jiménez de la Espada también se convirtió en un experto en el conocimiento de la América precolombina; se interesó particularmente por el estudio del Tawantinsuyu o Imperio inca, y prestó especial atención en alguno de sus escritos a las navegaciones de los incas por el océano Pacífico.

Lecturas

Marcos Jiménez de la Espada (1831-1898). Tras la senda de un explorador, Leoncio López-Ocón y Carmen M.ª Pérez-Montes. CSIC, Madrid, 2000

Diario de la expedición al Pacífico llevado a cabo por una comisión de naturalistas españoles durante los años 1862-1865, escrito por Marcos Jiménez de la Espada miembro que fue de la misma, Agustín J. Barreiro editor. Publicaciones de la Real Sociedad Geográfica, Madrid, 1928

Rafael Castro y Ordóñez

El primer fotógrafo en una expedición científica

Madrid, 1834-Madrid, 1865

Fotógrafo y dibujante

Este madrileño no solo fue un pionero de la fotografía en España, sino que además participó en la Comisión Científica del Pacífico (1862-1866), la última gran expedición a América. Su labor en ella, en calidad de personal auxiliar, consistió en «representar por los medios que se estimen convenientes los objetos que le designe el presidente [...] y acompañar en sus expediciones a los individuos encargados de recolectar, para sacar vistas de montañas, cortes de terreno, aspectos de la vegetación...». Pero Castro era también un reputado dibujante que se formó como pintor en la Real Academia de Bellas Artes de San Fernando, con lo que su labor en aquella comisión era doble. Interesado por ese nuevo arte técnico de la fotografía, fue discípulo de uno de los más reputados fotógrafos de su época, el británico Charles Clifford, que se había asentado en España desde 1850 y que había abierto en Madrid un taller de daguerrotipos al tiempo que daba clases. Precisamente tras su nombramiento como fotógrafo de la Comisión del Pacífico, después de la renuncia del titular, Rafael Fernández de Moratín, gravemente enfermo, Castro solicitó la ayuda de Clifford para que le suministrara materiales procedentes de Londres, entre los que se incluían la cámara, las placas y el estudio portátil de revelado, que nada tenían que ver con los equipos ligeros que existen hoy día y que tuvo que cargar penosamente por el continente americano en durísimas condiciones de travesía. Era la primera vez que se incorporaba una cámara a un viaje científico. Después de su trabajo, en el que reunió casi quinientas imágenes en los dos años en los que estuvo en la comisión,

Castro y Ordóñez aplicó a la fotografía sus conocimientos sobre el tratamiento de la luz, técnica que dominaba como pintor. Mansión en Pernambuco (arriba) y calle de Pernambuco (sobre estas líneas).

ya nada sería lo mismo: esa práctica novedosa se convertiría en algo usual. Pero los resultados de otros grupos de expedicionarios no serían tan valiosos, puesto que, en sus tomas, Castro incorporó los conocimientos sobre el tratamiento de la luz que había adquirido como pintor. En verdad, se empleó a fondo y ofreció al mundo por primera vez una visión real de panorámicas, poblaciones, tipos etnográficos, oficios y paisajes como hasta entonces nunca se habían visto de territorios como Brasil, Argentina, Uruguay, Chile, Perú, Ecuador, Panamá o California. También hizo trabajos de estudio y escribió unas crónicas del viaje. En 1864 regresó a España después de haberse separado ya del grueso expedicionario en tierras chilenas, tras deteriorarse las relaciones entre la antigua metrópoli y las repúblicas andinas de reciente creación. Al poco de llegar y por motivos no muy claros se suicidó disparándose en el corazón. Tenía tan solo 31 años.

Buena parte de sus trabajos se guardan repartidos por el Museo Nacional de Ciencias Naturales, el Real Jardín Botánico, el Museo de Antropología, el Museo de América y el Archivo Jiménez de la Espada de la Biblioteca Tomás Navarro Tomás del Consejo Superior de Investigaciones Científicas (CSIC).

Lecturas

La última expedición a América. La Comisión Científica del Pacífico (1862-1866): el fotógrafo de la Comisión Científica del Pacífico: Rafael Castro Ordóñez, Miguel Ángel Puig-Samper. Residència d´Investigadors, CSIC, Barcelona, 2001

Manuel Almagro y Vera

Un médico adelantado de la antropología de campo

La Habana (Cuba), 1834-La Habana (Cuba), 1895

Médico, etnólogo y antropólogo

Última de las incorporaciones a la Comisión Científica del Pacífico, la figura de este médico liberal cubano y español adquirió una importancia vital, ya que fue uno de los primeros antropólogos que realizaron trabajo de campo en América. Su nombramiento, a pesar de los recelos que despertó, se produjo después de que el director general de Instrucción Pública, Pedro Sabau, decidiera con acertado criterio la conveniencia de sumar a la expedición a un miembro que fuera capaz de estudiar las diferentes características etnográficas de los naturales de las tierras que iban a ser fruto de investigación. A pesar de pertenecer al cuerpo de sanidad militar del Ejército de Cuba, Almagro había demostrado gran interés en la emergente disciplina científica de la antropología y había tenido contactos importantes con destacados miembros de la Sociedad de Antropología de París, ciudad en la que completó sus estudios de Medicina y trabajó en diversos hospitales. También poseía los contactos políticos que le abrieron la posibilidad de integrarse en aquella importantísima misión. Su presencia no despertaba precisamente simpatía entre los mandos militares de la comisión. Aun así formó parte de ella de principio a fin, incluido el gran viaje épico final que le llevó, junto a los otros tres supervivientes —unos habían abandonado por diferentes motivos, otros habían muerto en el transcurso de la operación—, de Guayaquil a Pará atravesando los Andes y la selva del Amazonas con escasos medios y enfrentándose a peligrosas circunstancias, tanto ambientales como orográficas y físicas. En un primer viaje Almagro había llegado a Chile desde Argentina cruzan-

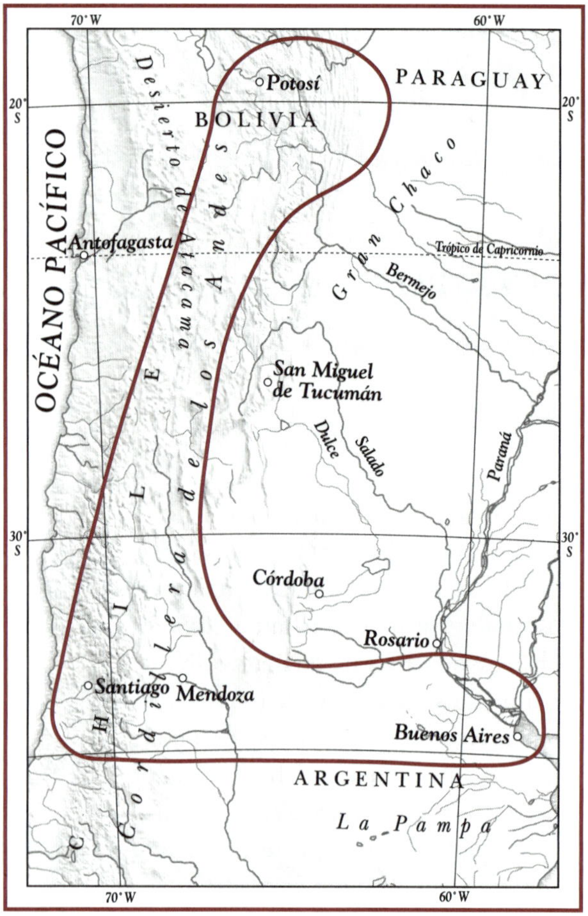

do los Andes en compañía de Amor, Isern y Paz. Junto al segundo, Isern, se internó luego por el altiplano boliviano y la parte central andina de Perú, en donde pudo visitar y estudiar los restos de diferentes antiguas culturas locales, incluidos por supuesto los vestigios incas. Durante esos tres periplos consiguió reunir una gran cantidad de valiosos tesoros etnográficos que, aunque olvidados por mucho tiempo, pasaron a formar parte de las colecciones del Museo Nacional de Antropología y del Museo de América de Madrid. Llegada a su fin la comisión, Almagro regresó a España desde Pernambuco (Brasil) tras hacer escala en Cuba. Durante unos meses del año de 1866 trabajó en la redacción de la memoria final de aquel viaje fascinante y en la clasificación de los objetos recolectados. Terminado su trabajo regresó a Cuba a ejercer su nuevo nombramiento como primer ayudante médico del ejército. Allí murió poco antes de la guerra hispano-norteamericana de 1898.

Lecturas

Por la ciencia y la gloria nacional. La expedición científica española a América (1862-1866), Robert R. Miller. Serbal, Barcelona, 1983

Comisión Hidrográfica de las Antillas

Las señales telegráficas al servicio de la cartografía

Cecilio Pujazón. *San Fernando (Cádiz), 1833-Cádiz, 1891*

Marino y astrónomo

Estudiante con un brillo especial, Cecilio Pujazón orientó su vida hacia la Marina desde muy temprana edad. El caso es que sus capacidades no pasaron desapercibidas, tanto en el campo de la náutica como en el de la astronomía. El 15 de noviembre de 1861 fue destinado a la Comisión Hidrográfica de las Antillas, en la que se hizo cargo en un primer momento de los cronómetros. El 25 de julio de 1862 partió de Cádiz hacia La Habana, a bordo del vapor *España*; el 24 de diciembre del mismo año comenzaba sus trabajos en la comisión embarcado en el *Bazán*. Una de las labores de aquella misión científica consistía en determinar las diferencias de longitud con La Habana de los puntos comprendidos entre la Punta de Maternillos y la de Maysí, para lo cual se tuvo que medir la diferencia existente entre Puerto Príncipe y la capital cubana mediante señales eléctricas emitidas a través del telégrafo. El objetivo implicaba que los miembros de la comisión se separaran. Por una parte el *Bazán*, con el alférez Delgado, se trasladó a Puerto Príncipe, mientras que Pujazón, por entonces teniente de navío, se dirigía a La Habana. Más tarde, a primeros de marzo de 1863, hechas las comprobaciones, Pujazón estaba en Punta de Maysí y a finales del mismo mes se hacían los trabajos para levantar el contorno de la parte de la costa cubana correspondiente a Torre de Lucrecia. Las actividades continuaron en los meses siguientes, hasta finales de 1863. A partir de entonces Pujazón se dedicó también a redactar y enviar los informes de la comisión a la Dirección de Hidrografía, mientras continuaba con la actividad de levantamiento de planos en Baracoa,

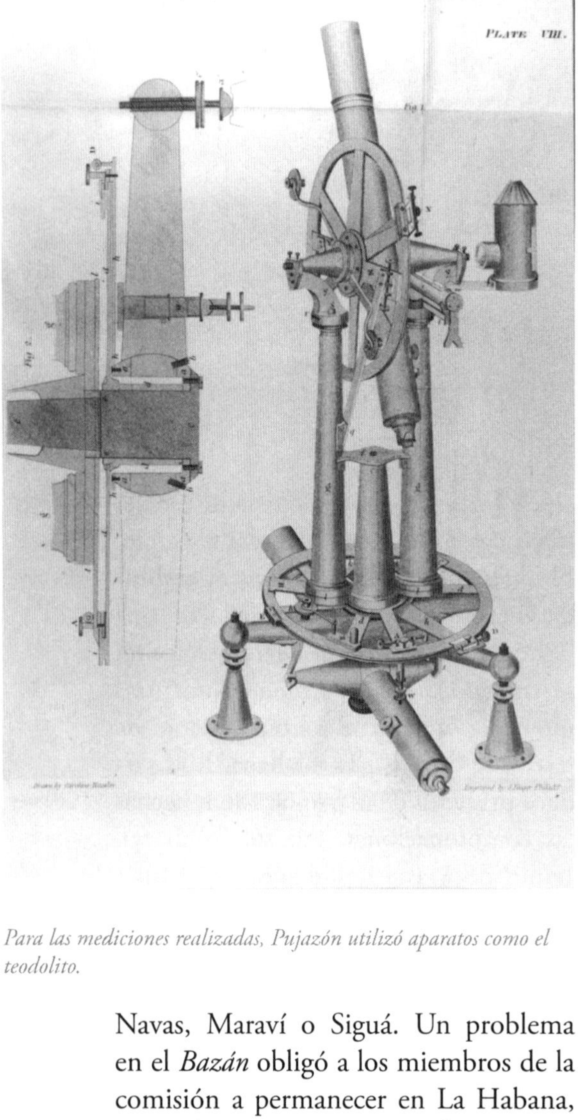

Para las mediciones realizadas, Pujazón utilizó aparatos como el teodolito.

Navas, Maraví o Siguá. Un problema en el *Bazán* obligó a los miembros de la comisión a permanecer en La Habana, antes de que Pujazón se embarcara por unos meses a bordo del *Príncipe de Asturias* como ayudante de derrota, hasta que reparado el barco prosiguió las investigaciones y el levantamiento de nuevos planos. Los trabajos de la Comisión finalizaron en octubre de 1866 y los integrantes retornaron a Cádiz en marzo de 1867 a bordo del *Lealtad*. Pero al poco tiempo de su regreso a España, Pujazón fue destinado nuevamente a La Habana, le fue entregado el mando del *Bazán* y la jefatura de la nueva etapa de la Comisión Hidrográfica. Tras levantar el plano del Puerto de Cayo Moa, se dirigió de nuevo a La Habana para reparar los desperfectos sufridos por el *Bazán*, tiempo que aprovechó para rectificar con sus mediciones la posición geográfica de la capital cubana, realizada años antes por José Joaquín Ferrer. La llamada «guerra larga», promovida por el independentismo cubano, retrasó los trabajos científicos, que finalmente se llevaron a cabo tras una colaboración con compañías telegráficas estadounidenses, gracias a la cual se determinó la longitud de La Habana, un punto continental y un observatorio de Europa.

Lecturas

La dirección de trabajos hidrográficos: 1797-1908, editado por Luisa Martín-Merás y Francisco José González. Ministerio de Defensa, Madrid, 2003

Expedición Forestal a Filipinas

La gran riqueza botánica del archipiélago filipino

Ramón Jordana Morera. *Cervera (Lérida), 1839-Madrid, 1900*
Botánico e ingeniero de montes

Sebastián Vidal y Soler. *Barcelona, 1842-Manila (Filipinas), 1889*
Ingeniero de montes

A diferencia de Cuba, cuya masa forestal se había reducido considerablemente en el siglo XIX debido a la explotación maderera incontrolada para alimentar a la industria de construcción naval y para «liberar» tierras en las que desarrollar el cultivo de caña de azúcar y otras plantaciones agrícolas, en Filipinas la situación era muy diferente. La abundancia de vegetación en el archipiélago provocó que, mediada ya la centuria, los astilleros se desplazaran hacia allí. Pero para que no ocurriera lo mismo que en la isla caribeña, en la que el funcionamiento de la administración forestal era muy deficiente, a Filipinas se destinaron medios y capital humano cualificado para apoyar los estudios sobre silvicultura y explotación forestal no destructiva. Pero en 1876 se dio un salto espectacular en el estudio de la flora de Filipinas, cuando fue creada la Comisión de Flora, Estadística y Mapa Forestal en el seno de la Inspección General. Al frente de ella estaba el prestigioso botánico e ingeniero de montes Sebastián Vidal y Soler, que ya residía desde hacía tiempo en aquellas tierras y que llegó a ser inspector general del archipiélago y director del Jardín Botánico de Manila, en su momento uno de los más importantes del mundo. A su lado tendría a otra relevante personalidad, la de Ramón Jordana Morera, que se ocuparía principalmente de la parte estadística y de la flora, que las consideraba «bases esenciales de toda empresa ulterior». La comisión recorrió el archipiélago anotando la situación de los macizos forestales, «su cabida aforada con toda la aproximación posible en simples operaciones de reconocimiento y líneas principales de reunión y división de aguas». Fruto de aquellos detallados y

exhaustivos estudios fueron las publicaciones de la *Sinopsis de familias y géneros de plantas leñosas de Filipinas* (1883) y la *Revisión de plantas vasculares de Filipinas* (1886), así como la *Phanerogamas Cumingiaenae Philippinarum* (1885). En uno de los anexos de esta última se ofrece una descripción minuciosa del género *Cumingia,* descubierto por Vidal en las costas de la isla de Luzón y cuyo nombre es una dedicatoria al botánico Hugh Cuming. Por su parte Jordana contribuyó al descubrimiento de varias especies forestales, como el llamado pino de Zambales, ya conocido en otros puntos de Asia pero cuya existencia en Filipinas era ignota, u otro más importante, el de un roble localizado por el ingeniero en la sierra de Caraballo que resultó ser una especie todavía no descrita que desde entonces lleva el nombre de *Quercus jordanae.* La comisión elaboró además un mapa forestal de Filipinas, cuya calidad fue reconocida internacionalmente y premiada en la Exposición Universal de Barcelona del año 1889. A pesar de las protestas airadas de los ingenieros de montes, la comisión fue suprimida en 1886, lo que supuso un duro varapalo para los estudios de aquellas tierras insulares.

Lecturas

Sinopsis de familias y géneros de plantas de Filipinas: introducción a la flora forestal del archipiélago filipino, Sebastián Vidal y Soler. AECI. ETSI de Montes (Universidad Politécnica de Madrid), Madrid, 1998

Bosquejo geográfico e histórico-natural del archipiélago filipino, Ramón Jordana Morera. Fundación Conde del Valle de Salazar, Madrid, 1998

Carlos Palanca Gutiérrez

Los españoles entran en Saigón

Valencia, 1819-Madrid, 1876

Militar y diplomático

El Reino de Anam (actual Vietnam, entonces bajo influencia china) y su región meridional de Conchinchina, en el delta del río Mekong, eran piezas apetecidas por los intereses expansionistas franceses y británicos en Asia a mediados del siglo XIX. En aquella franja continental había numerosas misiones, tanto españolas como francesas, que durante años sufrieron el acoso de los soldados del emperador Tu Duc. Un hecho ni inesperado ni fortuito desencadenó una respuesta militar combinada de Francia y España: el encarcelamiento, tortura y asesinato de cristianos, misioneros o no (hasta un total de diez mil), y concretamente el del obispo de Platea, José María Díaz Sanjurjo, ocurrido el 10 de julio de 1857. En diciembre de ese mismo año el Gobierno español recibió aviso del francés de que el emperador Napoleón III había dado orden a sus tropas marítimas de tomar posiciones frente a las costas de Anam y exigir, con esta demostración de fuerza, la seguridad de sus ciudadanos. El francés solicitó también que España enviara fuerzas al área, en una operación combinada. La reina Isabel II dio su visto bueno y así se hizo: de Manila partió el vapor de guerra *Jorge Juan*, al que más tarde se unirían la corbeta *Narváez* y la goleta *Constancia*. Al mando de las fuerzas españolas estaba el coronel Bernardo Ruiz de Lanzarote. En septiembre de 1858, 2500 hombres de la fuerza internacional desembarcaban en la bahía de Turana. A pesar de que los misioneros españoles aconsejaron un avance hacia Tonkín, los franceses se empeñaron en tomar Saigón, para lo cual fue imprescindible la aportación del contingente español, comandado por Carlos Palan-

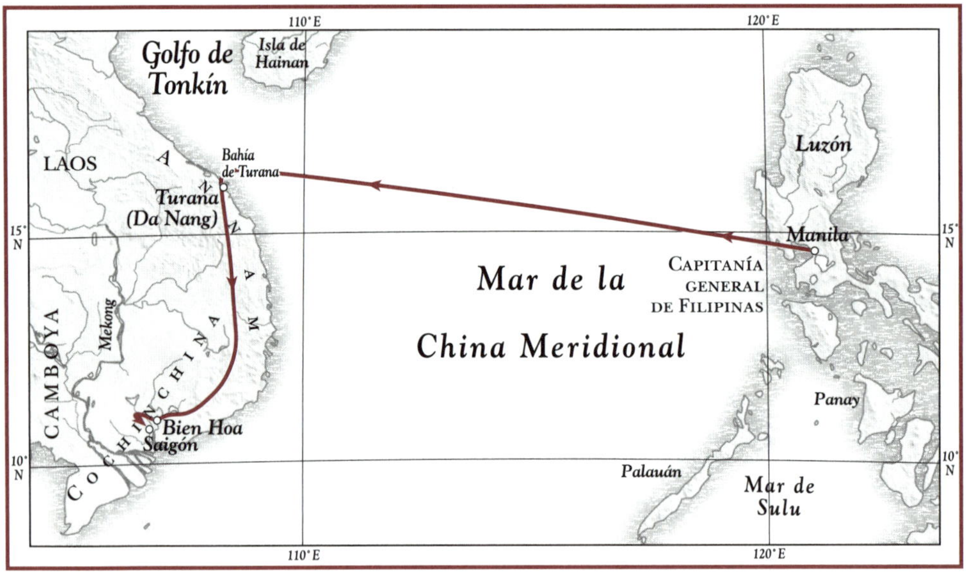

ca, ya que los galos quedaron diezmados por unas enfermedades que no afectaron a los españoles, veteranos de Filipinas y acostumbrados a esas latitudes. Entre 1859 y 1860 las tropas españolas continuaron en la zona; fueron decisivas en la defensa de Saigón, que fue sitiada. Más tarde Ruiz de Lanzarote regresaría a Manila, y quedó únicamente un contingente español en Saigón al mando del general Palanca. Los franceses incumplieron sus promesas, minusvaloraron los éxitos de los españoles y se instalaron como potencia colonial en Indochina. Muy poco, por no decir nada, sacó España de aquella campaña, más allá de un interesante conocimiento geográfico que Palanca reflejó en escritos posteriores. Tras cuatro años de hostilidades se puso fin al conflicto el 5 de julio de 1862. El general Palanca fue parte activa y decisiva en aquellas conversaciones de paz.

Lecturas

Españoles en Siam. Una contribución al estudio de la presencia de España en Asia oriental, 1540-1939, Florentino Rodao. CSIC, Madrid, 1997

La guerra de la Conchinchina: cuando los españoles conquistaron Vietnam, Luis Alejandre Sintes. Edhasa, Barcelona, 2006

Adolfo de Mentaberry

Un viajero romántico en la China decimonónica

¿?, 1840-Madrid, 1887

Diplomático, viajero y escritor

En 1865, con tan solo un cuarto de siglo de vida, Mentaberry ya estaba en Damasco en calidad de vicecónsul. Su viaje a la capital siria, de la cual dejó una de las mejores descripciones textuales de su época, lo realizó en tren de Madrid a Marsella, de allí en barco hasta Constantinopla (en ese trayecto surgió su obra *De Madrid a Constantinopla*, publicada en 1873), otra vez por mar hasta Jaffa y desde allí hasta su destino diplomático tras atravesar Tierra Santa. Permaneció dos años en Damasco, hasta 1867, cuando fue trasladado a Constantinopla y vivió otros dos en Turquía hasta que fue nombrado primer secretario de la legación española en Pekín. Antes de viajar a China pasó por España, desde donde tomó rumbo a Extremo Oriente haciendo escalas en Ceilán (Sri Lanka), Singapur, Saigón (en la actual Vietnam), Hong Kong, Cantón (Guanzhou) y Shanghái, para llegar a Pekín (Beijing) un mes después. Mala suerte en su nueva misión: su plaza fue suprimida, al poco de su llegada, por falta de presupuesto. Así que tuvo que regresar a España, pero con importantes notas de viaje en el equipaje. Unos apuntes que le servirían para componer su famoso *Impresiones de un viaje a China*, un relato en el que habla de usos y costumbres, de mujeres, política, teatro o historia, dejando buenas páginas sobre lugares en los que estuvo durante el viaje, embarcado en la *Vencedora*. El libro se imprimió por primera vez en Madrid en 1876 y en él se conjugan hábilmente los conceptos aparentemente contradictorios de ser, por un lado, un diplomático y, por otro, un romántico decimonónico. *Impresiones de un viaje a China* es un texto en el que predominan

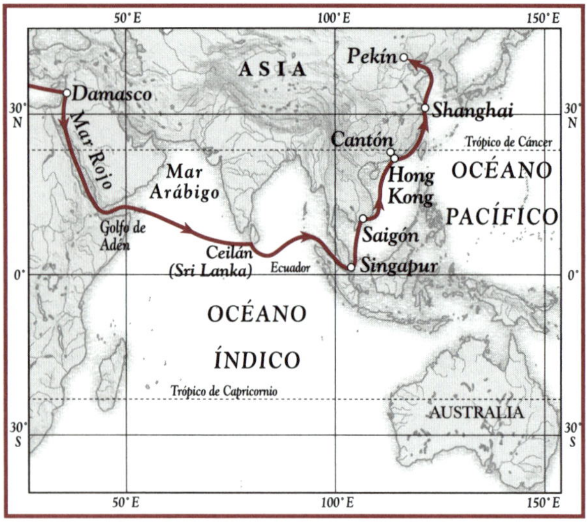

las descripciones clásicas de la literatura de viajes del siglo XIX, en especial las de británicos y franceses, pero trasladadas por Mentaberry a la mentalidad española, haciendo gala de un patriotismo añorante de mejores tiempos de imperio y gloria. Mentaberry es un descriptor que utiliza la ironía y el sarcasmo para contar lo que ve, como en el caso de las ejecuciones a las que fue invitado en Pekín, un 11 de diciembre, que describe así: «Veinticinco eran los reos condenados a la última pena; mas solo trece la sufrían, debiendo ser ahorcados seis, decapitados otros seis y mutilada una mujer que había asesinado a su esposo con ayuda de su amante [...]. El verdugo le cortará los párpados, desollará la frente, cuya piel echa sobre los ojos; luego le corta la nariz, las mejillas, los escándalos de marfil, pues en China Sófocles no diría que son de nieve, y atenaceará sus carnes».

Lecturas

Impresiones de un viaje a la China. Adolfo de Mentaberry. Edición, prólogo y notas de Pablo Martín Asuero. Miraguano, Madrid, 2008

Adolfo Ribadeneyra

Viaje al interior de Persia

Valparaíso (Chile), 1841-Madrid, 1882

Diplomático, orientalista, viajero y escritor

Nació en Chile, donde su padre buscaba fondos para sustentar la Biblioteca de Autores Españoles, y a los 7 años Adolfo Ribadeneyra vino a España. A los 21 solicitó su ingreso en el cuerpo consular. Por entonces dominaba cinco idiomas. Su primer destino fue Beirut, ciudad en la que aprendió árabe, su sexta lengua. Luego pasó por Ceilán (Sri Lanka) y China, hasta que le llegó el nombramiento como vicecónsul en Damasco (Siria), adonde se trasladó y de cuyas experiencias dejó nota en su libro *De Ceylán a Damasco*, el primero escrito por él, en el que narra su viaje desde Colombo hasta Bombay, de allí a Basora, Bagdad, las ruinas de Babilonia (que estudió en profundidad, y llegó a la conclusión acertada de que, en contra de lo que se creía en la época, la mítica torre de Babel no se correspondía con la de Bir Nimrud), Mosul, Diarbekir, Alepo y Damasco. En el año 1870 recibió un nuevo destino, el recién creado viceconsulado de España en Teherán (capital de Persia, actual Irán), con objeto de estudiar las posibilidades comerciales, establecer un puerto consular español en el golfo de Persia —muy importante para el sostenimiento de las colonias ultramarinas de Filipinas—, proteger los intereses patrios que se pudieran establecer en la zona e informar al Gobierno de España de los sucesos políticos que se daban en el país. De su estancia en aquel territorio dio cuenta en su maduro *Viaje al interior de Persia*, un libro en tres tomos que se publicó en Madrid en 1871 y en el que describe con gran valía literaria sus etapas viajeras desde Teherán a Hamadán, de allí a Kermanshah, Jorramabad, Dizful, Shuster, Filiye, Bushir, Kemán, Yezd, Shiraz, Ispahán y vuelta a Teherán,

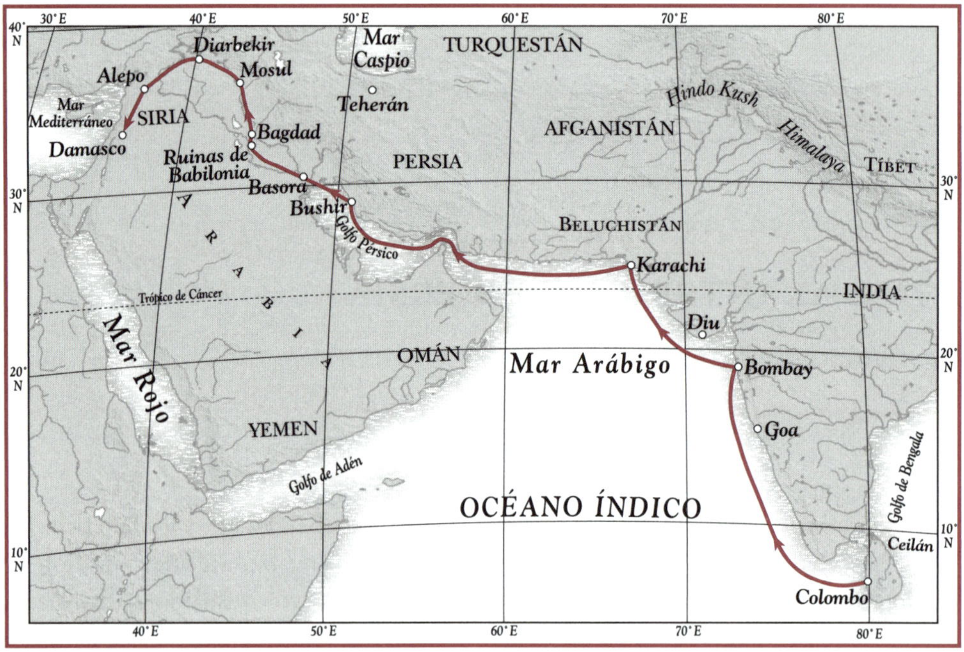

para finalizar la obra con su relato del regreso a España. Sus observaciones sobre los puntos visitados se acercan mucho al concepto actual de literatura de viajes, por lo que puede ser considerado como un precursor y, desde luego, como un innovador de carácter internacional. Además, en esos volúmenes están incluidas las informaciones que requería su misión diplomática, por lo cual el texto tiene un valor especial en lo que concierne al conocimiento de la sociedad, las costumbres y los usos de la Persia decimonónica. En el año 1878 fue nombrado cónsul en Singapur, aunque un nombramiento inmediatamente posterior le hizo ocupar el cargo en la localidad de Mogador (Marruecos). Únicamente estuvo once meses en aquel destino, por abierto enfrentamiento con el gobernador de la zona. Cesó de sus funciones en noviembre del año 1879. Ya nunca retomó la carrera diplomática. Tres años después murió, joven, en Madrid, a causa posiblemente de un aneurisma.

Lecturas

«Los viajes por Oriente de Adolfo Ribadeneyra», Fernando Escribano Martín. En el *Boletín de la Sociedad Geográfica Española*, n.º 24, Madrid, 2006

Viaje de Ceylán a Damasco, Adolfo Ribadeneyra. Edición de Fernando Escribano Martín. Miraguano, Madrid, 2006

Cristóbal Benítez

Un guía excepcional para llegar a Tombuctú y Senegal

Alhaurín de la Torre (Málaga), 1857-Mogador (Marruecos), 1924

Explorador y aventurero

En 1879 el médico alemán de origen austriaco Oskar Lenz (1848-1925) fue comisionado por la Sociedad Africana de Alemania para recorrer Marruecos desde Ceuta y adentrarse luego en la región del Atlas, con el objetivo de contribuir al mejor conocimiento de aquella cadena montañosa. Pero la ambición de Lenz iba más allá: su propósito era cruzar el desierto del Sáhara y llegar finalmente a la siempre evocadora ciudad de Tombuctú, en Malí, por una ruta no seguida nunca antes por exploradores europeos. Una vez allí tomaría luego camino hacia Senegal. Para lograrlo contó con la inestimable ayuda de uno de los mejores exploradores españoles del norte de África del siglo XIX, el incomprensiblemente olvidado (en parte por la mezquina actitud de Lenz) Cristóbal Benítez, gran conocedor de las costumbres marroquíes y de la lengua árabe, así como de diferentes dialectos locales. El trío lo completaba un argelino llamado Hach Alí Butaleb, un individuo problemático que dio a los otros expedicionarios serios quebraderos de cabeza. El viaje era en extremo peligroso y la vida de los expedicionarios estaba en constante peligro, entre otras cosas por la hostilidad que mostraban los naturales y sus autoridades para con los visitantes foráneos. Tras recorrer las ciudades imperiales de Fez, Mequinez y Rabat, llegaron a Marrakech. En marzo de 1880 abandonaron la urbe con el propósito de atravesar el Atlas por desfiladeros y llegar hasta Tinduf, donde empezarían su trayecto por el desierto. Ante la experiencia de otros viajeros anteriores, que habían sido asesinados en la zona, decidieron cambiar sus identidades y, así, Alí Butaleb pasó a ser un *cherif* y Benítez y Lenz sus sirvientes, bajo

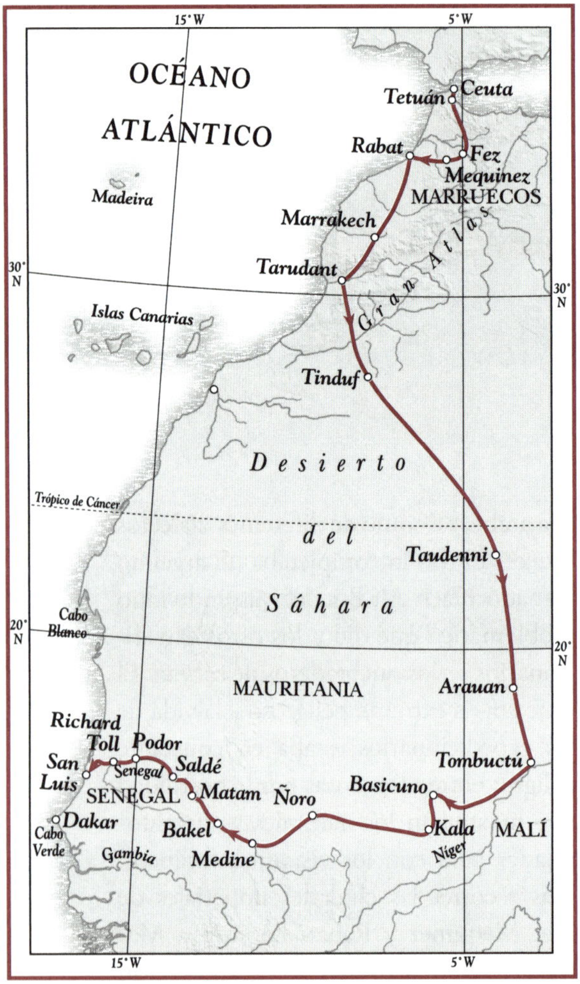

los nombres respectivos de Sidi Abdalah y Haquim Omar. Allí empezaron los problemas con el argelino, que se tomó tan al pie de la letra su papel que llegó a ejercer como un tirano sin temor a ser descubierto, puesto que podría delatar a los otros. En la ruta se incorporaron a caravanas de mercaderes y sufrieron tormentas de arena, ataques de tuaregs y los despropósitos de Butaleb. El 1 de julio de 1880 llegaron por fin a Tombuctú. Meses después el grupo continuó hasta San Luis, ya en Senegal, donde embarcaron con rumbo a Santa Cruz de Tenerife. Benítez dejó escrita una apasionante crónica de aquella aventura con el título de *Mi viaje por el interior de África*, un libro esencial de la literatura de viajes decimonónica que se publicó en Tánger en 1899 y que pasó al olvido durante casi un siglo. Sin Benítez, Lenz jamás hubiera conseguido su objetivo, llegar a la legendaria Tombuctú.

Lecturas

Los exploradores D'Almonte y Benítez, H. Rodríguez de la Peña. CSIC, Madrid, 1950

Mi viaje al interior de África. Cristóbal Benítez, introducción y anexos de Miguel Ángel Huesca Mariscal. Ayuntamiento de Alhaurín de la Torre (Málaga), 2005

Pedro Enrique de Ibarreta Uhagón

Aventuras de otro tiempo en el río Pilcomayo

Bilbao, 1859-Río Pilcomayo (Bolivia), 1898

Explorador

El por entonces ingeniero geógrafo Ibarreta, su socio Joaquín de Posadilla y parte de la peonada a su servicio en la agrimensura de una finca en San Fe (Argentina) fueron dados por muertos después de que el bilbaíno, explorador y aventurero, los convenciera para adentrarse en las peligrosas tierras del Chaco. Se llegaron a oficiar funerales por sus almas en Rosario. Pero el grupo apareció. En 1895, después del suceso chaquense, Ibarreta se embarcó en una nueva aventura, esta vez en el Alto Paraguay, fronterizo con Brasil, en busca de oro. Fue rescatado, junto con sus compañeros, por un vapor de una compañía harinera. Su estado era lamentable. No contento se alistó en el Ejército español para luchar en la guerra de Cuba, donde por su valor recibió diversas condecoraciones y el grado de oficial. Regresó a Buenos Aires y allí empezó a cavilar sobre una expedición al peligroso río Pilcomayo, en el Chaco boliviano, un lugar de leyenda negra en el que muchos habían perdido la vida. En 1898 se encontraba ya en Bolivia después de almacenar información sobre el recorrido que iba a llevar a cabo y de proveerse para tal fin. Su idea era llegar a la desembocadura del Pilcomayo en el río Paraguay. Se dirigió al último punto poblado de aquellos parajes, la colonia Crevaux, y de allí al abandonado Fortín de San Antonio, lugar en el que construyó las embarcaciones con las que navegaría aguas arriba. Trece eran los expedicionarios. Entre ellos había dos mujeres indígenas que regresaban a sus poblados y que se incorporaron al grupo. Partieron el 3 de junio de 1898. Las mujeres llegaron sanas y salvas a sus casas. Según avanzaban, la situación se iba complicando: la profundidad del agua

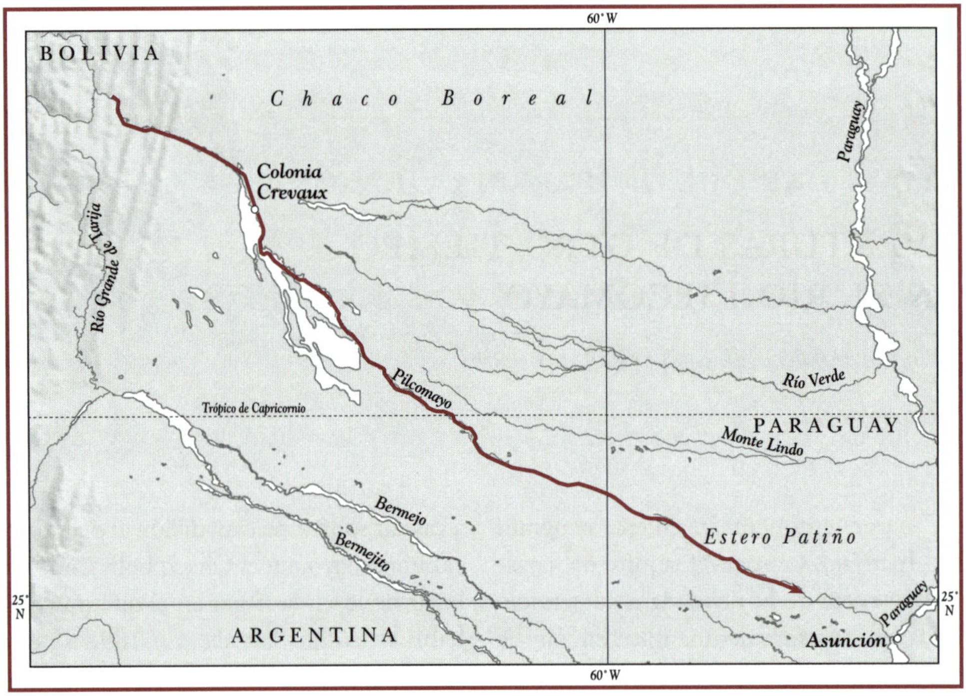

disminuía, haciendo imposible la navegación en algunos tramos, las provisiones se agotaban y eran a menudo atacados por los naturales. Ibarreta, después de que se hubieran acabado los víveres, tras dar cuenta de un caballo viejo comprado a unos indios y un perro, envió un grupo de hombres a Formosa para solicitar ayuda. Él se quedó junto con otros dos expedicionarios. Del grupo que partió en busca de ayuda solo dos llegaron al destino. Ibarreta, a la espera, había entablado una relación razonablemente buena con el cacique Cubataga de los pilagás, pero una tarde dos de los hijos de Cubataga se acercaron a donde estaban los tres expedicionarios y, mientras uno entretenía a Ibarreta vendiéndole una oveja, el otro se acercó por detrás y lo degolló. Los otros corrieron la misma suerte. Sus restos fueron rescatados por otra expedición dos años después, en 1900. Ningún blanco, hasta entonces, había llegado tan arriba del Pilcomayo.

Lecturas

Ibarreta, el último explorador. Tragedia y muerte en su exploración por el río Pilcomayo, José Antonio Díaz. Miraguano, Madrid, 2004

Eduardo Toda y Güell

La pasión por el Antiguo Egipto

Reus (Tarragona), 1855-Poblet (Tarragona), 1941

Diplomático, escritor y viajero

Fue en 1884 cuando Eduardo Toda recibió el cargo de cónsul general de España en El Cairo. Su carrera diplomática había empezado años antes, concretamente en 1876, cuando ocupó puestos de vicecónsul en Macao, Hong Kong y Shanghái, y se interesó por el Extremo Oriente y la sinología. Pero fue Egipto el país que lo cautivó y en donde tuvo la oportunidad de investigar con una perseverancia poco común. Amigo del gran egiptólogo francés Gaston Maspero (1846-1916), Toda participó activamente en diferentes expediciones arqueológicas, como la llevada a cabo en la zona del Delta, en concreto en la ciudad de This y en los alrededores de Sais y Tanis. Durante un tiempo se dedicó a ampliar sus conocimientos sobre el Antiguo Egipto hasta que en 1886 tuvo la oportunidad de acompañar a Maspero en un viaje de inspección del estado de los monumentos organizado por el Servicio Local de Antigüedades. Ese periplo marcaría su vida, puesto que después de recorrer Meidum, Tel el Amarna, Asiut, Ajmin, Abidos y Dendera, llegó a Luxor y luego a Karnak. Entonces ocurrió algo extraordinario. El 1 de febrero de 1886, Salam Abu Duhi, un vecino de la localidad de Gurnah, informó a los expedicionarios del hallazgo ocurrido horas antes de una tumba en Deir el Medina, lugar en el que vivían los obreros y artesanos que habían participado en las construcciones del Valle de los Reyes. Maspero encargó a Toda la apertura de la tumba, la realización del inventario y el vaciado del contenido. Este consiguió llegar hasta la cámara funeraria, cuya puerta encontró intacta. Una vez abierta localizó veinte momias, nueve de ellas en sarcófagos, y una gran

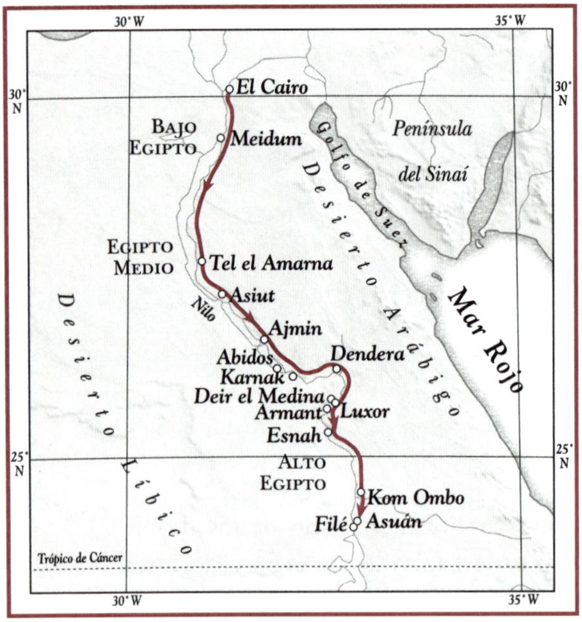

cantidad de material perteneciente al ajuar del dueño del sepulcro, llamado Sen-Nedjem —cuyos días transcurrieron durante el reinado de Ramsés II—, y de su familia. Las pinturas estaban también intactas. Durante tres días de trabajo febril, Toda extrajo, catalogó, fotografió e inventarió el material, además de traducir los textos allí escritos, y publicó a continuación sus descubrimientos. Tras esas jornadas agotadoras prosiguió viaje Nilo arriba hasta Asuán y Filé, tras haber visitado Armant, Esnah y Kom Ombo. Luego regresó a España y continuó con su labor diplomática por Europa —sin olvidarse de su querido Egipto— hasta 1918, año en el que regresó de modo definitivo. Hasta su muerte no dejó nunca de contactar con los egiptólogos más renombrados. Partes de su colección particular se pueden admirar en el Museo Arqueológico Nacional de Madrid y en el Balaguer de Vilanova y la Geltrú.

Lecturas

Estudios egiptológicos, Eduardo Toda y Güell. Fortanet, Madrid, 1886

Dietari de viatges d'Eduard Toda i Güell, 1876-1891 (amb un apéndix de 1907), edición de Jaume Massó Carballido. Museu d'Arqueologia Salvador Vilaseca (MASV), Reus, 2008

VIAJEROS DE LAS ESPAÑAS

Tras la derrota española de 1898 en la guerra hispano-estadounidense, no solo quedó el pesar de la pérdida de Cuba, Puerto Rico y Filipinas, también se hizo visible un fuerte rechazo a la política anterior de decadencia y pesimismo, y se apoderó de la sociedad española un ansia de renovación. Mientras aparecían nuevos medios y técnicas de comunicación, como el cine o el fotoperiodismo, por ejemplo, las posibilidades de crear públicos para reportajes y relatos de viaje y exploración se multiplicaban. La curiosidad geográfica se aliaba con estas nuevas demandas, que perfilaban la aparición de nuevos héroes, entre los cuales los pioneros de la aviación ocuparon un lugar destacado.

Junto a corresponsales y fotógrafos de guerra, viajeros extremos, científicos, arqueólogos y exploradores, fueron precisamente aquellos pilotos e ingenieros de vuelo como Franco, Iglesias, Ruiz de Alda o Barberán, quienes captaron el espíritu de un tiempo en el cual la anomalía española, resumida en los tópicos románticos, parecía por fin ser cosa del pasado. Los aviadores enlazaron el espíritu y la geografía de las viejas exploraciones con las maquinarias y las necesidades del presente. Sus hazañas constituyeron una reafirmación y una apuesta de futuro. Quizá para matizar tanto impulso, tanta transformación colectiva, junto a ellos formaron parte de la exploración española individualidades inclasificables, como el gallego Alfonso Graña, el «indio blanco», misterioso amazonauta. O José Pérez de Barradas, estudioso de los vestigios prehispánicos y de civilizaciones americanas desaparecidas.

Existe toda una nómina de personajes de extraordinaria y sorprendente creatividad a la hora de imaginar empresas de exploración geográfica, reflejo entre otras cosas de la Edad de Plata de la cultura española. Pero no hay que perder de vista lo colectivo. En el año 1931, recién proclamada la Segunda República, Francisco Iglesias inició los preparativos de la que sería una gran expedición emuladora de las llevadas a cabo durante el siglo XVIII. Sus fines científicos serían tan diversos como enciclopédicos, y su destino la región amazónica perteneciente a Colombia, Ecuador, Perú y Brasil, más de un millón y medio de kilómetros cuadrados que serían recorridos durante tres años y medio. Toda una aventura científica y exploratoria, tan moderna como ejemplar.

Carmen de Burgos Seguí (Colombine)

Primera corresponsal de guerra de la prensa española

Rodalquilar (Almería), 1867-Madrid, 1932

Periodista, viajera y escritora

El jueves 5 de octubre de 1905 podía leerse en la primera plana de *El Heraldo de Madrid* la siguiente nota: «La nombradía de la que goza, y que ha hecho popular en periódicos y revistas el pseudónimo de Colombine [...] después de lúcidas campañas en la prensa española, emprende ahora un viaje por el extranjero [...] tendrán conocimiento los lectores del *Heraldo* por los artículos con que nos honrará la notable escritora que en el expreso de anoche salió para París. Carmen de Burgos es ante todo uno de los elementos más valiosos del periodismo español». Duquesa Laurena, Gabriela Luisa, Honorine, Perico de los Palotes o Raquel fueron algunos de los seudónimos que la almeriense utilizó a lo largo de su vida como periodista y escritora. Pero fue con el de Colombine con el que esta activa mujer pasó a la historia del periodismo, la literatura y los viajes. En sus primeras andanzas por el mundo, Colombine recorrió Francia, Italia y Suiza, y dejó crónicas firmadas en París, Niza, Génova, Pisa, Nápoles, Roma, Florencia y Venecia. Regresó a España y en 1909 fue enviada por *El Heraldo de Madrid* para cubrir como corresponsal el conflicto de Marruecos. Dejó constancia de sus vivencias en «En la guerra: conflictos de Melilla», que contiene todo el material sobre esta contienda y que fue publicado en *El Cuento Semanal*. Se convirtió así en la primera mujer española que llevaba a cabo este tipo de actividad. «Yo he visto la guerra, he presenciado la tristeza de la lucha; he contemplado el dolor de las heridas en las frías salas de los hospitales y he visto los muertos en el campo de batalla... Pero más que todo eso, me ha horrorizado la crueldad que la guerra despierta, cómo remueve el fango en nuestras almas, cómo nos habitúa con el sufrir ajeno hasta la indiferencia», llegó a decir.

Después de aquella dura pero enriquecedora experiencia, tanto Italia como Francia se convirtieron en países de peregrinaje habitual para ella, pero fue Portugal la nación que causó en Colombine un mayor impacto. Recorrió todo el país realizando numerosas entrevistas y reportajes, y vivió en directo la caída de la monarquía y la instauración de la república. También visitó Bélgica y los países escandinavos, antes de dar el salto a América, donde visitó primero Argentina en 1913, América del Norte y Central en 1926, y Chile, Bolivia y Perú posteriormente, en un tercer viaje. De todo ello dejó constancia en numerosos libros. Luchadora por la igualdad de derechos entre el hombre y la mujer, defensora de la causa judía, sufragista y pacifista, tradujo al español algunas obras de Emilio Salgari, participó en la bohemia madrileña y colaboró con numerosos periódicos, tanto españoles como americanos, además de dirigir la Biblioteca de la Mujer y fundar la revista *Crítica*.

MADRID DIA 31 DE AGOSTO DE 1909. NUMERO SUELTO 5 CENTS.

ABC

DIARIO ILUSTRADO. AÑO QUINTO NUMERO 1.546. 2.ª EPOCA

MADRID: UN MES, 1,50 PTAS. PROVINCIAS, TRES MESES, 5. EXTRANJERO, SEIS MESES, 16 FRANCOS

REDACCION Y ADMINISTRACION: SERRANO, 55. MADRID

LOS HEBREOS DE MELILLA

La literata española Carmen de Burgos y su hermana visitando una vivienda del barrio hebreo de Melilla, donde repartieron socorros en metálico entre las mujeres y los niños, que en todas partes las asediaban durante su visita.

Fotografía de nuestro enviado especial Sr. C…

Carmen de Burgos colaboró con numerosos periódicos, tanto españoles como americanos.

Lecturas

Carmen de Burgos Colombine. En la Edad de Plata de la literatura española, Concepción Núñez Rey. Fundación José Manuel Lara, Sevilla, 2005

Memorias de Colombine: la primera periodista, Federico Utrera. HMR, Madrid, 1998

La Expedición a Marruecos de 1913

El estudio científico del protectorado

Juan Dantín. *Madrid, 1881-Madrid, 1943*

Geólogo

Ángel Cabrera Latorre. *Madrid, 1879-La Plata (Argentina), 1960*

Zoólogo y paleontólogo

Constancio Bernaldo de Quirós. *Madrid, 1873-Madrid, 1959*

Sociólogo

La Real Sociedad Española de Historia Natural organizó en el año 1913 una expedición científica en la zona de influencia española en Marruecos. Además del geólogo Dantín —autor del diario de la expedición—, el brillante zoólogo Cabrera —quien también se ocupó de los estudios meteorológicos, botánicos y agrícolas— y el sociólogo del Instituto de Reformas Sociales Bernaldo de Quirós, completaban el grupo Lucas Fernández Navarro, otro experto y experimentado geólogo del Rif, y el explorador y naturalista Fernando Martínez de la Escalera, buen conocedor de la lengua árabe y de algunos dialectos meridionales. En los dos meses, abril y mayo, que los investigadores estuvieron en el protectorado, recorrieron Ceuta, Tetuán, Fondak de Ain Yedida, Tánger, Arcila, Larache y Alcazarquivir, para regresar a Tánger pasando nuevamente por Larache y Arcila. Un trayecto que no estuvo exento de dificultades, puesto que en muchas ocasiones se tuvieron que enfrentar a la hostilidad de algunos marroquíes, en muchos puntos puestos en pie de guerra. Por eso, la escolta militar se hizo necesaria por momentos, como en los días transcurridos en la cabila de El Jolot, en la zona en la que se halla el Uad el Mehazen, una de las partes agrícolas más ricas y prósperas de Marruecos. Dantín escribía lo siguiente: «Se conviene en que llevaremos escolta, porque ya se palpa en el ambiente claro anuncio de guerra y han comenzado las agresiones aisladas. Se nos da un sargento, un cabo y nueve soldados de caballería, con 150 cartuchos por plaza y dos soldados de Administración militar con acémilas que llevan la tienda y las provisiones de la tropa». Una parte importante de la expedición fue la referida a los estudios agrícolas, sobre todo en lo concerniente a plantas que podían y debían cultivarse, especialmente en zonas fértiles como las vegas y llanuras del Uad Lila, Martín y Uad Ras, «susceptibles de producir bastantes más veces el rendimiento presente». También son reseñables los esfuerzos por comprender y difundir las costumbres rurales, los cultivos indígenas y la flora autóctona.

Ángel Cabrera, quien residiría en Argentina los últimos treinta y cinco años de su vida llevando a cabo una importantísima labor como naturalista y zoólogo, regresó a Marruecos varias veces después de aquella expedición, concretamente en 1919 al Rif, en 1921 como jefe al Marruecos occidental, y en 1923 en calidad de zoólogo con el almirante británico Lynes a la zona montañosa del norte del país.

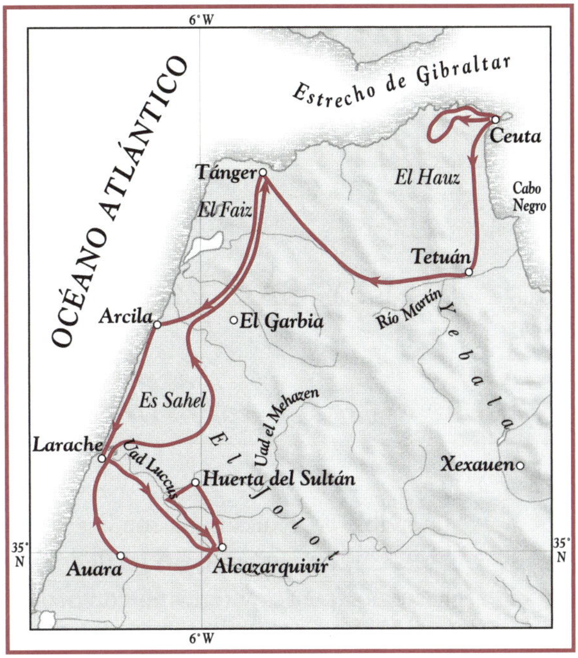

Lecturas

Magreb-el-Aksa. Recuerdo de cuatro viajes por Yebala y por el Rif, Ángel Cabrera. Ibersaf, Madrid, 2004

Ángel Cabrera: ciencia y proyecto colonial en Marruecos, Helena de Felipe, Leoncio López Ocón y Manuela Marín, editores. CSIC, Madrid, 2004

Alfonso (Ildefonso) Graña

El rey gallego de los jíbaros

Amiudal (Orense), ¿?-Selva del Amazonas, 1934

Explorador y aventurero

Increíble y desmesurada fue la vida de este gallego que emigró a finales del siglo XIX a América y terminó convirtiéndose en «rey de los jíbaros», ejerciendo su particular monarquía entre los grupos selváticos del Amazonas aguaruna y huambisa, en el Alto Marañón. Desde España, Graña llegó a Belém, en Brasil, para trasladarse posteriormente a Pará. Un tiempo después, más o menos en 1910, se encontraba en Iquitos (Perú), una comunidad próspera gracias a la recolección del caucho, en la cual estuvo trabajando —y también en otros oficios distintos como el de buscador de oro— durante una década. En el año 1920 la industria cauchera se vino abajo y Graña, en busca de nuevas oportunidades, se adentró en la selva remontando el río Amazonas junto a un amigo. Cuando llevaban una cierta distancia recorrida se toparon con unos jíbaros, los famosos reductores de cabezas (*tzantzas* llaman a sus trofeos humanos), los cuales no llevaban muy buenas intenciones. Tras enfrentarse a ellos, su compañero de aventuras murió. Graña salvó la vida gracias a que la hija del *apu*, el jefe del grupo, se encaprichó con la, para ella, extraña apariencia del español: alto, delgado, con ojos azules tras unas gafas de cristales redondos y pelo rubio-rojizo. Por un tiempo no se volvió a saber nada de él, hasta que unos huambisa hablaron de un hombre blanco que vivía y ostentaba el mando en la peligrosa zona del Pongo de Manseriche, un auténtico infierno fluvial de rápidos y remolinos. Un día un grupo de jíbaros llegó hasta Iquitos con mercancías. Graña estaba entre ellos. Fue entonces cuando surgió el mito de «Alfonso I, Rey de la Amazonía», como

Fotografía tomada para la Standard Oil Co. de Perú con un jíbaro en el centro y Alfonso Graña a su izquierda.

lo bautizó el escritor y periodista Víctor de la Serna. Sus visitas a Iquitos fueron más frecuentes, una o dos veces al año, para comerciar con tortugas, carne curada, venados o monos, entre otras mercancías. Cuentan que su amigo Cesáreo Mosquera, también gallego, le prestaba su Ford para que Graña sacara a pasear a sus súbditos, a quienes disfrazaba con fracs y sombreros de copa. Su reinado, mientras tanto, se iba afianzando y sus seguidores lo seguían fielmente a donde fueran sus pasos. Mucho del material que Graña regalaba a Mosquera (fotografías, monos ahumados, crisálidas, aguas fluviales o petróleo) fue enviado por este a Francisco Iglesias Brage, que por entonces preparaba su expedición al Amazonas. Además Graña participó en el rescate de un avión estrellado, salvó al superviviente, embalsamó al fallecido, recogió los restos del avión y los metió en una balsa con la que pretendía cruzar el Pongo. Y lo consiguió. Su muerte se debió a causas naturales. Nunca se localizaron sus restos.

Lecturas

Alfonso I de la Amazonía, rey de los jíbaros, Maximinio Fernández Sendín. Autor-Editor, Pontevedra, 2005

EL *PLUS ULTRA*

EL PRIMER VIAJE EN HIDROAVIÓN DE EUROPA A ARGENTINA

RAMÓN FRANCO. *El Ferrol (La Coruña), 1896-Islas Baleares, 1938*
AVIADOR Y MILITAR

JULIO RUIZ DE ALDA. *Estella (Navarra), 1897-Madrid, 1936*
AVIADOR Y MILITAR

«Finalizado el año 1924, durante el curso de ampliación para mandos de escuadra aérea y escuadrillas, estudié la posibilidad de llevar a la práctica un *raid* aéreo que diera a conocer el valor de la aviación española fuera de las fronteras, y al mismo tiempo sirviera para ganar honra y prestigio para España.» Eran palabras del comandante de aviación Ramón Franco, quien a bordo del *Plus Ultra* cruzaría el océano Atlántico, de Palos de la Frontera a Buenos Aires, en una de las más arriesgadas empresas de la navegación aérea española.

En principio su acompañante iba a ser el experimentado Mariano Barberán, tenido por Franco casi como un hermano, pero un «disgusto personal» —dicen que era muy testarudo y hombre de fuerte carácter, lo que lo enfrentó en varias ocasiones con sus mandos— le hizo abandonar la idea y también momentáneamente la aviación. Franco se decantó entonces por el capitán Julio Ruiz de Alda y se puso a trabajar en los preparativos.

Aprovechó un pedido de cuatro hidroaviones Dornier Wal de serie con destino a las operaciones en Alhucemas para que uno de ellos fuera enviado a España con las modificaciones pertinentes para afrontar la distancia que separa los continentes africano y americano, unos 3500 kilómetros, con la reserva de las islas de Cabo Verde y Fernando de Noronha, en las que, en caso de problemas, se podía hacer escala, lo que acortaría esa distancia a los 2300 kilómetros. Las modificaciones del *Plus Ultra* consistieron, principalmente, en sustituir los motores Eagle por otros Napier Lion, más adecuados para vuelos de largo recorrido. El modelo de aeronave pasó a llamarse

W-12. La tripulación la completarían el piloto de aeronáutica naval Juan Manuel Durán, el mecánico Pablo Rada y el fotógrafo Leopoldo Alonso. El lugar elegido para el despegue fue Palos, de donde partió Colón en su primer viaje a América. El 22 de enero de 1926 el hidro alzó el vuelo rumbo a Las Palmas de Gran Canaria, en cuyas aguas amaró ocho horas después tras haber mantenido una velocidad media de unos 163 km por hora. El 26, y con condiciones favorables, partieron de la bahía de Gando con destino a Porto Praia, en Cabo Verde, adonde llegaron diez horas más tarde, tras realizar el vuelo a 178 km por hora. La imposibilidad de alcanzar con luz solar Pernambuco, en Brasil, a dieciséis horas de distancia, los llevó a hacer escala en Fernando de Noronha, en cuyas aguas amerizaron el día 30. La verdadera aventura atlántica había comenzado.

La cuarta etapa, la más compleja y larga, entre Noronha y Recife (Pernambuco), se complicó aún más con la inutilización de una hélice en pleno vuelo, debido al viento. Las dificultades ya habían empezado en el despegue, que hubo de realizarse entre chubascos y con el mar encrespado. Cuando la hélice se desequilibró, Franco paró el motor y siguió con uno solo, volando a baja altura. Para no caer al mar la tripulación tuvo que desprenderse en vuelo de la carga, incluida la gasolina (excepto 200 litros, suficientes en un principio para llegar al destino). Víveres, equipaje, botiquín y repuestos fueron al mar. Con un solo motor operativo el hidroavión se mantuvo en vuelo rasante a menos de diez metros de la superficie del agua y a una velocidad de solo 90 km por hora. El peligro era evidente. Hubo que cambiar ligeramente la ruta, ya que Franco tomó el rumbo más cercano hacia la costa, 85 km más al norte de lo previsto, y aprovechó las ráfagas de viento para ganar algo de altura. Hasta que, por fin, el *Plus Ultra* amerizó en aguas de Pernambuco, primera escala en América. Fue allí donde comenzaron ya a saborear las mieles del éxito, cuando fueron recibidos por población y autoridades como verdaderos héroes, algo muy recurrente para con los ases de la aviación de la época. Con el motor dañado ya reparado iniciaron una nueva y larga etapa. El 4 de febrero salieron para Río de Janeiro costeando. Por delante tenían 2100 km de travesía que nunca antes habían sido recorridos sin escalas. Poco más de doce horas después llegaban al destino fijado.

Las jornadas que les esperaban fueron agotadoras, entre recibimientos masivos y múltiples homenajes. Tanto fue el ímpetu con el que los brasileños acogieron a los españoles que las numerosas embarcaciones que les salieron a recibir en el puerto provocaron una ligera colisión que dañó la cola del *Plus Ultra*. La penúltima etapa se desarrolló entre Río y Montevideo (escala no prevista pero necesaria por las circunstancias lumínicas). Las condiciones físicas de la tripulación no eran precisamente las mejores, ya que el cansancio había hecho mella en el estado de los aviadores. Como tampoco la gasolina cargada era la adecuada, ya que se trataba de combustible para automóviles. Aun así, con un retraso en el despegue que les hizo perder valiosas horas de luz, iniciaron el nuevo capítulo de su viaje, el primero también que se hacía sin escalas entre ambas ciudades americanas.

Tras una breve estancia en Montevideo dio comienzo la última etapa triunfal, con destino a Buenos Aires. A la capital argentina llegaron el día 10 de febrero, bajo el abrasador sol de mediodía, tanto como el calor que despedían las masas que fueron a recibirlos como verdaderos ídolos. Como hiciera en la salida en Palos, Franco viró alrededor del monumento bonaerense a Colón. Luego llegarían los agasajos y el estallido de alegría cuando una muchedumbre enardecida fue a recibirlos a la Plaza de Mayo. La intención de Franco era regresar en el *Plus Ultra* a España por la costa del Pacífico, Cuba, Estados Unidos y el Atlántico Norte y lograr por primera vez realizar una doble travesía atlántica. Las autoridades españolas, que querían a sus héroes en casa, se lo impidieron.

Lecturas

De Palos al Plata, comandante Franco, capitán Ruiz de Alda. Espasa Calpe, Madrid, 2000

El *Jesús del Gran Poder* y la proyectada Expedición Iglesias al Amazonas

Los frenaron la arena, los vientos y la guerra civil

Francisco Iglesias Brage. *El Ferrol (La Coruña), 1900-Madrid, 1973*

Ingeniero militar, aviador y explorador

Ignacio Jiménez. *Ávila, 1898-Madrid, 1959*

Aviador

Con el *Lóriga* —un Breguet XIX bautizado en honor del compañero de González Gallarza en el vuelo Madrid-Manila, que había fallecido recientemente en accidente aéreo—, Ignacio Jiménez (que había participado ya en el vuelo de la Patrulla Atlántida a Guinea) y Francisco Iglesias Brage batieron, en enero de 1928, el récord nacional de distancia sin escalas al volar de Sevilla a cabo Juby y parte del regreso que, por una avería, finalizó en la localidad marroquí de Safi. Su intención ahora era batir la marca mundial establecida por Chamberlain y Levine al volar sin escalas los 6290 km que separaban Nueva York de Alemania. Ambos navegantes españoles querían probar suerte volando hasta La Habana, pero la orden que les llegó iba en dirección contraria. Su destino estaba en el actual Pakistán. El Breguet, construido ya con licencia por la española Construcciones Aeronáuticas (CASA), fue equipado con un motor Hispano Elizalde de 640 caballos que, con un depósito de combustible de 3700 litros, podría tener una autonomía de 7000 km. Lo llamaron *Jesús del Gran Poder*. El 11 de mayo de 1928, en presencia de los reyes Alfonso XIII y Victoria Eugenia, intentaron el despegue en el aeródromo sevillano de Tablada. Una inclinación del aparato los obligó a abortar la acción. Fue entonces cuando el jefe de la base comprobó que en la cabina solo había mapas del Atlántico y de las Antillas, así que la intención de los pilotos no era ir hacia la India, sino hacia Cuba, contraviniendo las órdenes. Una cortina de humo tapó el asunto, que se saldó con una fuerte bronca a los navegantes rebeldes. Finalmente despegaron el 29 de mayo. Tras

atravesar el Mediterráneo se adentraron en el cielo de Asia Menor. Una tormenta de arena los sorprendió sobre Siria y, aunque continuaron el viaje, el motor no dio más de sí. Aterrizaron en Nasiriya, entre las ciudades de Bagdad y Basora, cerca del río Éufrates. En total 5100 km, insuficientes. Mientras descansaban, los italianos Ferrarin y Del Petre batieron el récord al volar de Italia a Brasil y recorrer 7188 km. De vuelta a España volvieron a plantear la idea de superar esa cifra. Y de nuevo surgió el nombre de Cuba. Y otra vez las autoridades les negaron el permiso. Cuba, no; pero Brasil, sí. Era una ruta paralela a la de los transalpinos, pero desde mayor distancia. Así, saldrían de Sevilla y para aumentar el kilometraje se desviarían hacia Cabo Verde, en la costa africana, y Pernambuco, en Brasil, con final en Río de Janeiro. Partieron el 23 de marzo y siguieron la ruta prevista, en la que encontraron tormentas, alisios contrarios que los frenaban y agotaban el combustible... Finalmente aterrizaron en Bahía el 26 de marzo de 1929. Habían recorrido 6746 km en 43 horas y 50 minutos. «Motor, aeroplano, brazo y corazón enteramente españoles», rezaba el telegrama de felicitación del jefe de la Aviación, Kindelán. «Encantado espléndido viaje; dadme detalles telégrafo. Viva la aviación española. Bravo por mis aviadores. Os abraza fuerte. Alfonso rey.» Ni que decir tiene que era Alfonso XIII.

La Expedición Iglesias al Amazonas

Sin duda, la contemplación a vista de pájaro de la Amazonía en el vuelo de Sevilla a Brasil despertó el interés de Francisco Iglesias por adentrarse en territorios desconocidos. En 1931, recién proclamada la Segunda República, Iglesias inició los preparativos de lo que sería una gran expedición emuladora de las llevadas a cabo durante el período de la Ilustración a finales del siglo XVIII. Contó con el apoyo de importantes intelectuales, como el del presidente de la Sociedad Geográfica Nacional, Gregorio Marañón, o el del ministro de Instrucción Pública y Bellas Artes, Fernando de los Ríos, además del prestado por otros muchos científicos españoles. Porque además del componente de la aventura, la Expedición Iglesias, que se anunció a bombo y platillo, tenía otros fines, como la cartografía, la hidrografía, la botánica, la zoología, la etnología o la antropología. La expedición tenía una previsión temporal de tres años y medio y se llevaría a cabo en países como Colombia, Ecuador, Perú y Brasil y abarcaría un área de más de un millón y medio de kilómetros cuadrados. Pero había más: también se pretendía dotar la misión de componentes tecnológicos de primera línea y fabricación española, como el velero *Ártabro*, de propulsión diésel, que transportaría en sus tripas un avión desmontable para los trabajos de fotogrametría y cámaras de filmación cinematográfica con las que dejar constancia visual de los trabajos. La convulsa situación política retrasó los preparativos. Solo en 1935 el *Ártabro* fue botado en Valencia en presencia del presidente de la República Niceto Alcalá Zamora. Demasiado tarde. La guerra civil estaba a las puertas. Con ella el fin de muchas ilusiones.

Lecturas

Iglesias Brage e América: a recuperación dun personaxe para a historia de Galicia. Catálogo de la exposición. Arquivo do Reino de Galicia. Xunta de Galicia, La Coruña, 1992

La ingeniería aeronáutica española y de ultramar, José María Salas Larrazábal. Asociación de Ingenieros Aeronáuticos de España y Aena, Madrid, 1993

La Expedición Iglesias al Amazonas, Pedro López Gómez. Organismo Autónomo de Parques Nacionales, Madrid, 2002

Escuadrilla Elcano

Madrid-Manila: 17 000 km de aventura aérea

Joaquín Lóriga. *Lalín (Pontevedra), 1895-Aeródromo de Cuatro Vientos (Madrid), 1927*
Aviador militar

Eduardo González Gallarza. *Logroño, 1898-Madrid, 1986*
Aviador militar

Rafael Martínez Esteve. *Valencia, 1894-Madrid, 1965*
Aviador militar

El comandante José Carrillo Durán había iniciado los planes para llevar a cabo el primer vuelo entre Madrid y Manila (Filipinas), pero su muerte en combate en la guerra de Marruecos abortó momentáneamente la misión prevista, hasta que los capitanes Lóriga y Martínez Esteve retomaron la idea y presentaron el proyecto, con algunas modificaciones sobre el original, que finalmente fue aprobado a finales del año 1924. La idea era recorrer en veinte etapas la distancia existente entre las capitales española y filipina, en aproximadamente treinta días y recorriendo entre 750 y 1500 km diarios en dos aparatos. El modelo elegido para la aventura fue un Breguet XIX modificado en el que se sustituyó el motor de serie por un Lorraine de 12 cilindros y 450 caballos. El viaje debería haberse iniciado antes del 15 de abril de 1925, para evitar contratiempos meteorológicos, pero el retraso en la entrega de las máquinas pospuso la aventura hasta un año después. Martínez Esteve, debido a una grave y larga enfermedad, fue descartado entonces del equipo. Su sustituto fue Eduardo González Gallarza, el piloto que mandó esta nota a los heroicos tripulantes del *Plus Ultra*: «Con vuestro triunfo habéis señalado la ruta gloriosa de la aviación española y solo aspiramos a imitaros». Martínez Esteve consiguió recuperarse a tiempo, pero únicamente había dos aviones, y ya eran tres. El tercer aparato, despiezado, fue montado en tiempo récord en el aeródromo de Cuatro Vientos de Madrid. Ahora sí,

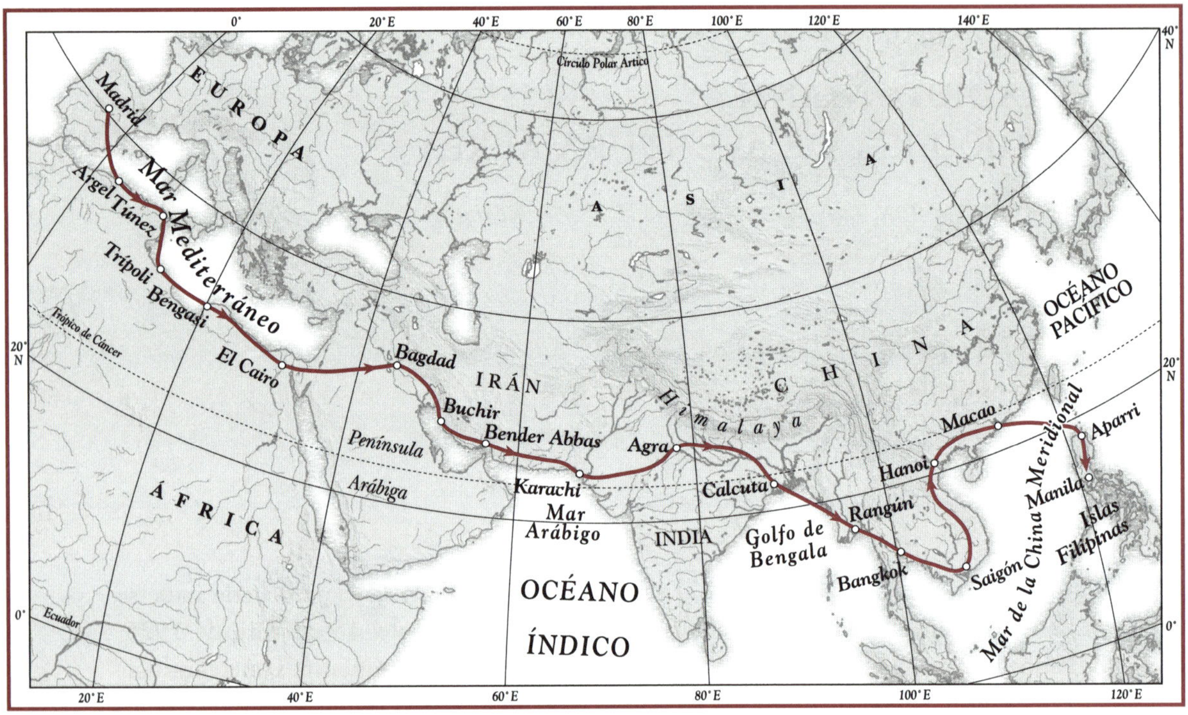

ya estaban todos, incluidos los mecánicos Pedro Mariano Calvo, Joaquín Arozamena y Eugenio Pérez. Los aparatos fueron bautizados como *Juan Sebastián Elcano*, *López de Legazpi* y *Fernando de Magallanes*. Era la Escuadrilla Elcano, que partió de Madrid el 5 de abril de 1926. En un primer tramo realizaron sucesivas escalas en Argel, Túnez, Trípoli, Bengasi y El Cairo. Camino de Bagdad sufrieron un incidente de consideración: el motor del Breguet de Martínez Esteve se paró en vuelo y el capitán tuvo que realizar un aterrizaje de emergencia en pleno desierto. Los dos tripulantes abandonaron el aparato para intentar llegar a pie a Ammán, en Jordania, distante unos 60 km. Se inició una operación de búsqueda que llegó hasta el avión, en el que Esteve había dejado una nota con sus intenciones, que no eran otras que recoger material para reparar la nave y seguir rumbo. La búsqueda concluyó cuando los soldados británicos encontraron a Esteve, en estado lamentable, y poco tiempo después al mecánico Calvo, aún peor. Sobrevivieron gracias al agua de un radiador del Breguet. El resto de la escuadrilla continuó con el plan previsto. Volaron hasta Bagdad, de allí a Buchir, y luego a Bender Abbas, Karachi, Agra, Calcuta, Rangún, Bangkok y Saigón. Surgieron más problemas. El motor del aparato al mando de Lóriga empezó a sufrir paradas intermitentes. Camino de Macao, desde Hanoi, se vio obligado a aterrizar de emergencia. Cayó en manos de unos piratas, con quienes pemaneció hasta que fue rescatado, sano y salvo, por el cañonero portugués *Patria*. Solo quedaban ya en la misión González Gallarza y su mecánico, que dejó su puesto a Lóriga en la última etapa del viaje, entre Aparri y Manila. Era el 13 de mayo. La Escuadrilla Elcano, reducida a una única aeronave, llegaba a la capital filipina. Atrás quedaban 17 000 km y 112 horas de vuelo. González Gallarza llegó a ser ascendido a general. Martínez Esteve fue juzgado y expulsado del Ejército por su adhesión al bando republicano en la guerra civil. Lóriga murió, en accidente de aviación, un año después de aquella magnífica gesta aeronáutica.

Lecturas

El vuelo Madrid-Manila, Eduardo González Gallarza y Joaquín Lóriga. Espasa-Calpe, Madrid, 1927

La ingeniería aeronáutica española y de ultramar, José María Salas Larrazábal. Asociación de Ingenieros Aeronáuticos de España y Aena, Madrid, 1993

El trágico vuelo del *Cuatro Vientos*

Apertura de la ruta Sevilla-Cuba

Mariano Barberán. *Guadalajara, 1895-¿México?, 1933*

Aviador e ingeniero aeronáutico militar

Joaquín Collar. *Figueras (Gerona), 1906-¿México?, 1933*

Aviador

Había que abrir una nueva vía aérea entre España y América que cubriera el espacio no transitado entre la Península y las repúblicas de Cuba y México, y comprobar así la viabilidad de ese sueño aeronáutico que años atrás intentaran hacer realidad los aviadores Jiménez e Iglesias. El entonces director de la Escuela de Observadores, con sede en la base de Cuatro Vientos (Madrid), capitán Mariano Barberán, que había participado en las labores de preparación del *Plus Ultra*, se puso manos a la obra en el proyecto de un vuelo directo entre Sevilla y México. La ruta prevista fue, finalmente, la que lo llevaría de la capital andaluza a Madeira, de allí a San Juan de Puerto Rico para terminar primero en Santo Domingo, luego en Cuba y finalmente en México. El avión necesitaba de una autonomía de unos 8000 km (si llegaba hasta La Habana) o de casi 7300 (en el caso de que su destino fuera Guantánamo). El aparato elegido fue el Breguet XIX Gran Raid, que ya construía la compañía española CASA. Se realizaron las oportunas modificaciones, como la incorporación de un motor Hispano-Suiza 12Nb, de cons-

Construcción del Cuatro Vientos.

trucción barcelonesa, con una potencia de 750 caballos. A pesar de que la aventura transoceánica daría comienzo desde el aeródromo de Tablada, en Sevilla, el avión fue bautizado como *Cuatro Vientos*, el lugar donde se había preparado todo. Barberán, en compañía del teniente Joaquín Collar, que acababa de regresar del exilio con la instauración de la República y que figuraba como profesor de pilotaje en la base madrileña, y del mecánico Modesto Madariaga, hizo ascender la nave hacia los cielos el 10 de junio de 1933. Pasaron, como estaba previsto, por encima de Madeira. Casi cuarenta horas después llegaban a Camagüey (Cuba), donde tomaron tierra con solo 100 litros de combustible en el depósito. Habían recorrido 7895 km y batido un récord, el de velocidad en esa distancia. Continuaron viaje hacia La Habana, donde los esperaban 10 000 personas enloquecidas con la hazaña. Tras diversos homenajes decidieron que era hora de culminar el vuelo previsto. El destino era México, país en el que ya se los esperaba con júbilo. La longitud de la ruta era de 1920 km y la estimación de la duración del vuelo era de unas doce horas. Partieron del aeródromo con un parte meteorológico que, sin ser bueno, aparentemente no era peligroso. A las 5.00 horas y 51 minutos del 20 de junio de 1933 despegaron. Ya nunca más se supo de ellos, ni de su avión. Los 21 aparatos dispuestos en México para escoltarlo salieron en su búsqueda. El rastro se había perdido a la altura de Villahermosa (Tabasco). Con casi total seguridad, se vieron obligados a realizar un aterrizaje de emergencia en la Sierra Mazatecas. Según algunos testimonios y no pocas elucubraciones, Barberán quedó gravemente herido, mientras que Collar se alejó del avión para pedir ayuda. Al parecer fue asesinado con objeto de robarle. Su cuerpo fue escondido en el avión, junto con el de Barberán, que ya había fallecido. Los restos del avión fueron rescatados en los años setenta del siglo pasado de una sima de la Sierra Madre mexicana. Ambos recibieron la Medalla Aérea y quedaron para siempre en la memoria de la aviación española.

Lecturas

La ingeniería aeronáutica española y de ultramar, José María Salas Larrazábal. Asociación de Ingenieros Aeronáuticos de España y Aena, Madrid, 1993

Patrulla Atlántida

El audaz vuelo de tres hidroaviones de Melilla a Guinea Ecuatorial

El 25 de diciembre de 1926 el gobernador de las islas de la Guinea española, el general Núñez del Prado, recibía con alborozo a los tres hidroaviones que acababan de amerizar en la bahía de Santa Isabel. Los Dorner Wal, llamados *Andalucía*, *Cataluña* y *Valencia*, provistos de un motor Rolls Royce del modelo Eagle 9 y pertenecientes a la base de la Mar Chica, conformaban la Patrulla Atlántida, al mando de la cual estaba el comandante Rafael Llorente. No solo tenían como misión establecer una ruta entre la Península y Guinea, sino también levantar, con la ayuda de fotografías aéreas, planos topográficos del territorio continental, del que se conocía muy poco desde que lo ocupara y colonizara el explorador vitoriano Manuel Iradier y Bulfy a finales del siglo xix. El lema de la misión era el mismo que el de los tres mosqueteros de Alejandro Dumas: «Uno para todos, todos para uno». En el *Andalucía* viajaban los pilotos capitanes Niceto Rubio García e Ignacio Jiménez Martín, el navegante Antonio Cañete Heredia y el soldado mecánico Modesto Madariaga. En el *Cataluña* los pilotos Manuel Martínez Merino y Antonio Llorente Sola, el fotógrafo Cipriano Grande y el mecánico Juan Quesada. En el *Valencia* iban el jefe de la patrulla y piloto comandante Rafael Llorente Sola, el observador Teodoro Vives, el radiotelegrafista Navarro y el soldado mecánico Naranjo. La expedición, aprobada por el coronel Kindelán, partió de Melilla el día de Nuestra Señora de Loreto (10 de diciembre), patrona de la aviación, del año 1926. Por delante tenían casi cincuenta y cuatro horas de vuelo y una distancia cercana a los 7000 km. La primera eta-

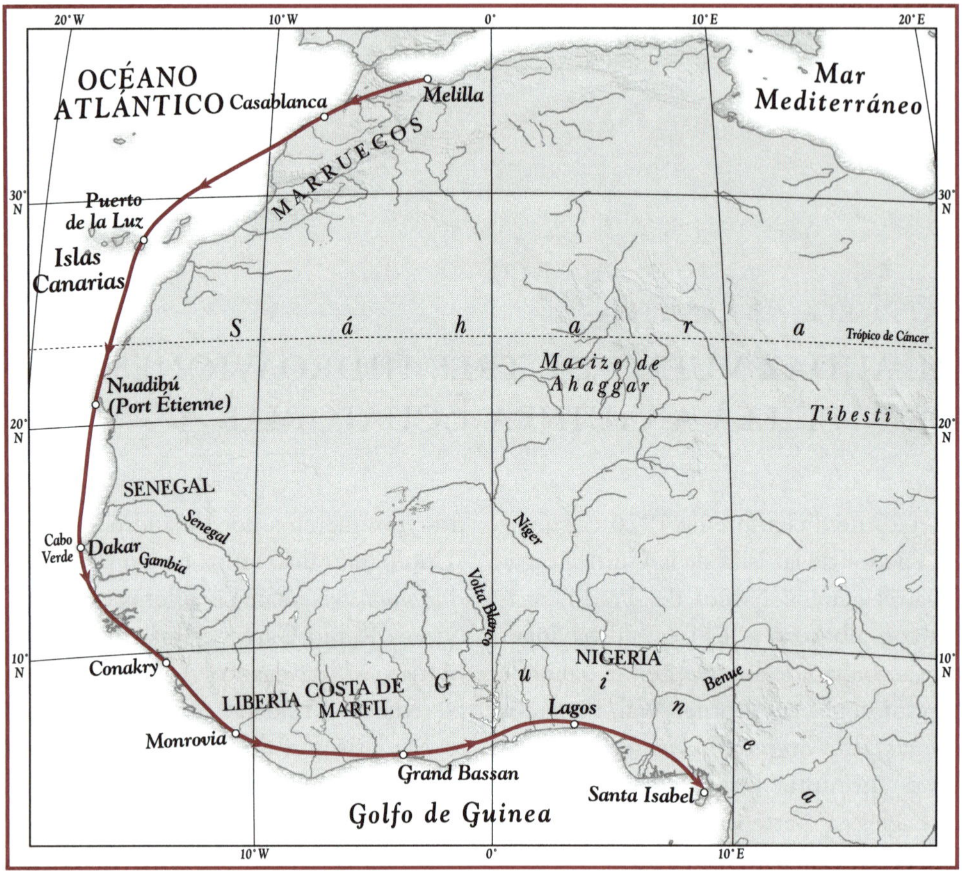

pa del vuelo se desarrolló entre Melilla y Casablanca, donde surgieron ya los primeros «avisos» de los motores. Luego vendría el trayecto más largo (976 km) entre Casablanca y el Puerto de la Luz (Gran Canaria), donde fueron recibidos por un fuerte oleaje. Al día siguiente, 19 de diciembre, pusieron rumbo a Port Étienne (hoy Nuadibú, en Mauritania). El 20 llegaban a Dakar (Senegal); el 21 a Conakry, capital de Guinea; el 23 a Monrovia (Liberia) y Grand Bassan (Costa de Marfil); el 24 a Lagos (Nigeria); y, por fin, el día de Navidad, a Santa Isabel. Así contaba Manuel Martínez Merino el recibimiento de los naturales guineanos: «Estaban asombrados. Para ellos nosotros no éramos hombres como los demás, nos miraban con una mezcla de asombro y curiosidad [...]. Esperaban que tomásemos tierra y, al ver que los hidros se posaban en el agua, lo atribuyeron a una desgraciada equivocación». Por el camino tuvieron que realizar varios amerizajes de emergencia para reparar averías en los motores, un problema que fue a mayores en el transcurso del viaje de vuelta, iniciado el 26 de enero de 1927, ya que los hidroaviones, especialmente el *Cataluña* y el *Valencia*, daban serios quebraderos de cabeza mecánicos. Llegaron a Melilla un mes después, el 26 de febrero, y fueron recibidos por una ciudad volcada en sus héroes.

Lecturas

La ingeniería aeronáutica española y de ultramar, José María Salas Larrazábal. Asociación de Ingenieros Aeronáuticos de España y Aena, Madrid, 1993

Juan Ignacio Pombo Alonso-Pesquera

El fantástico vuelo a México de un aviador civil en un monoplano de contrachapado

Santander, 1913-Santander, 1985

Aviador civil

Hijo menor de Juan Pombo Ybarra, un pionero de la aviación española que realizó en 1913 el primer vuelo Madrid-Santander, Juan Ignacio Pombo tenía 21 años cuando en 1935 llevó a cabo una de las más enormes gestas del aire: atravesó el Atlántico desde Santander a Ciudad de México con escalas en una avioneta deportiva de 130 caballos, un «mosquito», como alguien llegó a llamarla. Y lo hizo solo, sin radio, sin chaleco salvavidas y sin paracaídas. Más de 15 000 km en setenta y seis horas de vuelo. Con subvenciones del Gobierno, de la Diputación de Santander y otras privadas, Pombo adquirió una avioneta de patente alemana y fabricación británica, la Eagle 2 de la British Aircraft, un monoplano en madera contrachapada y dotado de un motor Gipsy Major modificado para la ocasión. Además, la *Santander*, como así fue bautizada, contaba con un depósito de casi 700 litros de combustible (provisto de forma gratuita por la Sola Refining Company), lo que le permitiría una autonomía cercana a los 14 000 km, suficientes en teoría para atravesar el Atlántico Sur en una sola etapa. Los 3160 km sobre el mar suponían la travesía más larga realizada hasta la fecha con una aeronave ligera. Partió el 12 de mayo y tras atravesar la Península de norte a sur contorneó África hasta Bathurst (Gambia británica), en donde tomó tierra y se preparó para el asalto atlántico. El momento llegó el 20 de mayo, cuando logró arribar a Natal, en Brasil, tras atravesar tormentas y precipitaciones. Al tomar tierra, la avioneta quedó destruida en parte al no desplegarse el tren de aterrizaje. Una vez reparada intentó reemprender el vuelo, pero tuvo que aterrizar en Camocín por una obstrucción en el conducto de gasolina. Nuevamente la aeronave se destruyó parcialmente al intentar infructuosamente el despegue y chocar con un vallado. El 10 de julio aterrizó en Paramaribo y el 12 en Puerto España, capital de Trinidad. A Maracaibo llegó el 15 y el 19 a Barranquilla, donde estaba otra vez el 2 de agosto. El 3 del mismo mes sobrevoló Panamá y llegó el 4 a Costa Rica, donde tomó tierra con un fuerte ataque de apendicitis. No hubo más incidencias y, tras pasar por Guatemala y Veracruz, arribó por fin a México el 16 de septiembre, donde fue recibido como un héroe, lo mismo que en España a su apoteósico regreso.

Lecturas

La ingeniería aeronáutica española y de ultramar, José María Salas Larrazábal. Asociación de Ingenieros Aeronáuticos de España y Aena, Madrid, 1993

Aurora Bertrana y Salazar

Una escritora errante de Polinesia a Marruecos

Gerona, 1892-Berga (Barcelona), 1974

Viajera, música y escritora

«Enseña las piernas, los brazos y la cara [...], bebe cerveza y frecuenta a los hombres.» Así se definía a sí misma en *El Marroc sensual i fanàtic* Aurora Bertrana, un ejemplo de cómo trasladar los viajes a la literatura con la por entonces novedosa aportación de la sensualidad femenina. Hay que tener en cuenta que en 1935, cuando la gerundense llegó a Marruecos (armada con «una estilográfica, unos papeles y una Kodak»), con 43 años, la mujer tenía poca o ninguna libertad de movimientos, obstáculo que ella salvó gracias a su vasta experiencia en el campo de los viajes. Hija del escritor Prudenci Bertrana, Aurora sintió pronto la llamada de la distancia y, tras estudiar música, se trasladó en primer lugar a Suiza en 1923 para buscarse la vida por los hoteles de los Alpes formando parte de una de las primeras bandas de *jazz* integrada únicamente por mujeres. Tras leer a Pierre Loti, decidió instalarse junto a su marido Denys Choffat en Tahití, donde comenzó a tomar contacto con el exotismo de la mujer polinesia. Fruto de esa estancia de tres años fue su libro *Islas de ensueño*. Después de regresar a España y dedicarse con cierto éxito a la escritura y con fracaso a la política, se propuso viajar a Marruecos en busca de la verdadera esencia del «alma femenina musulmana». Inició en Tetuán un periplo hacia el sur, hacia el desierto, para luego concluir en la blanca población de Chauen, en donde encontró «la ciudad puramente, auténticamente musulmana». Allí descubrió una de esas urbes «netamente moriscas, en las cuales, a poco sensible que se sea, se asiste a uno de los espectáculos más emocionantes del mundo: la heroica y formidable resistencia de Oriente con-

Tras leer a Pierre Loti decidió trasladarse a Tahití, donde descubrió el exotismo de las mujeres polinesias.

tra Occidente». En sus descripciones literarias abundan los avisos a la reflexión sobre el colonialismo y sus consecuencias. En su periplo recorrió también otras urbes como Rabat, Casablanca o Tánger y visitó prostíbulos, introduciéndose tanto en las elegantes jaimas pobres de las cabilas rurales como en las suntuosas casas de los ricos hacendados. Acudió a una cárcel de mujeres y trató de contemplarlo todo, desde representaciones teatrales al aire libre a ritos funerarios en cementerios, en un intento casi desesperado por descubrir esa verdad oculta o entrevista. Tras la guerra civil se exilió en Suiza y obtuvo permiso para regresar a España en el año 1949. En aquella etapa y hasta el final de su vida también publicó novelas y unas memorias.

Lecturas

«Aurora Bertrana i Salazar», Sussana Tavera. En *Mujeres en la Historia de España: enciclopedia biográfica.* Planeta, Barcelona, 2000

LOS PENÚLTIMOS

La guerra civil y la amarga posguerra congelaron la imagen de la España exploradora, instalada desde entonces en el aislamiento, el arcaísmo y el rechazo. También trajeron una diversificación de los impulsos de sus viajeros y exploradores. En todo caso, lo importante es que un sentido déficit de conocimiento del mundo formó una conciencia radicalmente distinta sobre los viajes. En consonancia con los cambios sociológicos experimentados por el desarrollo económico, el proceso de modernización español vivido durante las últimas décadas expresa alegría de vivir, que no es sino la simple alegría de viajar. Los avances tecnológicos, que ampliaron el conocimiento del planeta, redujeron los márgenes de incertidumbre y dificultad para los nuevos descubrimientos geográficos. Pero la herencia de una historia tan fecunda de exploraciones por todo el mundo mantuvo el espíritu de aventura y el ansia de superación en las últimas generaciones.

Entre los más mediáticos destacan Félix Rodríguez de la Fuente, Miguel de la Quadra Salcedo, César Pérez de Tudela, Luis Pancorbo o Sebastián Álvaro. Otros aventureros mantienen viva la tradición de los grandes exploradores aéreos, como Miguel Ángel Gordillo, Laureano Casado o Mercè Martí. Las montañas sirven y han servido de escenario a las gestas de montañeros como Juan Oyarzábal, José Manuel Anglada, los hermanos Félix y Alberto Iñurrategui, Carlos Soria o María Jesús Lago. En esta actividad montañera destacan también José Carlos Tamayo, Juan Vallejo y Antonio Pérez Grueso, Miguel Ángel García Gallego y Silvia Vidal. En la exploración de las simas tienen gran renombre Carlos Puch, Fidel Molinero y Sergio García-Dils. En el mar, en la historia de las grandes navegaciones actuales figuran las aventuras de Vital Alsar, Santiago Genovés, Javier Babé, José Luis de Ugarte y Julio Villar. El interés científico moviliza a especialistas como Leopoldo García Sancho, Manuel Costa, Francisco Giner Abati y Carlos Duarte.

Todos estos nombres y los que siguen a continuación son los de españoles de hoy que se han ganado el reconocimiento general por mantener vivo el espíritu de los exploradores y viajeros españoles que a lo largo de la historia han contribuido a un mejor conocimiento del mundo, el hombre y la naturaleza.

Félix Cardona Puig

Descubridor del Salto del Ángel, la catarata de mayor desnivel del mundo

Malgrat de Mar (Barcelona), 1903-Caracas (Venezuela), 1982

Explorador

Es muy posible que hablar de Félix Cardona sea hacerlo del explorador más notable de la Guayana venezolana en el siglo xx. Sus ojos, junto a los de Joan Mundó Freixas, amigo y compañero de aventuras, fueron los primeros ojos europeos en divisar, en el año 1927, el salto de agua de casi un kilómetro de altura —el mayor desnivel de una cascada en todo el mundo— que brotaba desde la cima del monte llamado por los indígenas pemón Churun Meru, el macizo de Auyantepuy. Años más tarde el salto fue bautizado como «Del Ángel» después de que en 1937, una década más tarde, aterrizara en su cima con una avioneta el aventurero y piloto de selva estadounidense Jimmy Angel, a quien Cardona acompañó hasta allí. También le ayudó a escalarlo y permaneció en la base para observar a Angel lograr su hazaña aérea. Como la avioneta sufrió un percance y Angel se incrustó en la cima, Cardona tuvo que realizar el rescate de la tripulación. El barcelonés había llegado a Venezuela en 1927 por motivos comerciales, ya que su familia era dueña de una fábrica de tejidos que realizaba exportaciones al país americano. Allí conoció a Mundó, representante comercial de la firma. Su vida cambió por completo. Ya casi toda la pasó allí, caminando por la selva, viviendo con los naturales, aprendiendo sus lenguas y financiándose su nuevo modo de vida con la búsqueda de diamantes. Durante más de un año y cuatro meses sirvió de guía a la Compañía Venezolana de Límites por los ríos Orinoco, Casiquiare y Negro. En 1934 consiguió apoyo de la Generalitat de Cataluña para una exploración del Orinoco, pero los sucesos de la revolución de octubre en

España impidieron que llevara a cabo ese proyecto. De vuelta a Venezuela acompañó en 1937 a la expedición del Museo de Historia Natural de Nueva York. En 1938 localizó el río Oirá, fronterizo con Colombia. Desde entonces cartografió el Amazonas venezolano, rectificó errores geográficos, recolectó plantas cuando fue nombrado explorador botánico de la Dirección de Fronteras del Ministerio de Relaciones Interiores y colaboró en la búsqueda de las fuentes del Orinoco, en una expedición al mando de la cual estaba Franz Rísquez Iribarren. Casi treinta especies de vegetales y animales, en su momento nuevas para la ciencia, fueron bautizadas con su apellido. Por si fuera poco, cartografió cerca de una treintena de ríos, entre ellos el Paragua, Nula, Cuyuní, Icabarú, Urimán, Tirica,

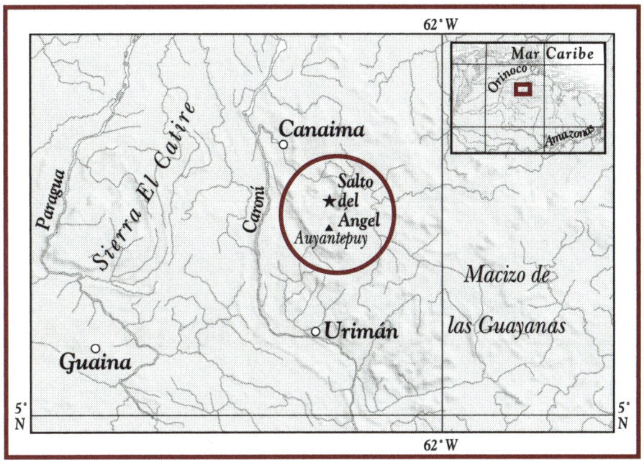

Carapo y el Antabare. El destino de una vida marcada por la naturaleza selvática del Amazonas.

Lecturas

Pasajes a América: la vida desmesurada de cinco catalanes, Héctor Oliva. RBA, Barcelona, 2007

José María Cruxent
Descubridor de la fuente del Orinoco

Barcelona, 1911-Coro (Venezuela), 2005

Explorador, artista y arqueólogo

El 27 de diciembre de 1951 se resolvió uno de los mayores enigmas geográficos que permanecían ocultos: la identificación de las fuentes del río Orinoco en la sierra Parima de Venezuela. Lo logró una expedición financiada por el gobierno de ese país, integrada por Cruxent, los entomólogos René Lichy y Pablo Anduve, el botánico Croixat, los geólogos Carmona y Decivrieux, algunos exploradores franceses y un grupo de indígenas shiriana.

Cuando la guerra civil estaba en su triste final, Cruxent abandonó España, se enroló en Francia en un buque como ayudante de cocina y viajó a Venezuela, donde desarrollaría su vida profesional. Sus primeros trabajos fueron artísticos y, de hecho, nunca abandonó su atracción por la pintura, que desarrollaría más tarde en la corriente del impresionismo abstracto. Interesado también en la arqueología, estudió con Pedro Bosch Gimpera, formado en Alemania y estudioso del paleolítico español y de expresiones culturales como los petroglifos, pasión que Cruxent heredó.

En la Venezuela de la década de 1940 se dedicó a definir un espacio profesional para la arqueología, sobre todo en el Museo de Ciencias de Caracas, donde ocupó el cargo de director y conservador de Arqueología desde el año 1944 hasta 1962. Explorador empedernido, él mismo se apodaba «andariego» y su amigo Alfredo Boulton lo definía como «trotapatria, trotabosques, trotarríos y trotaselvas». De hecho, su inmensa curiosidad lo llevaba a perseguir la noticia de una fiesta popular en lo profundo de Los Llanos o el descubrimiento de restos arqueológicos en algún rincón apartado

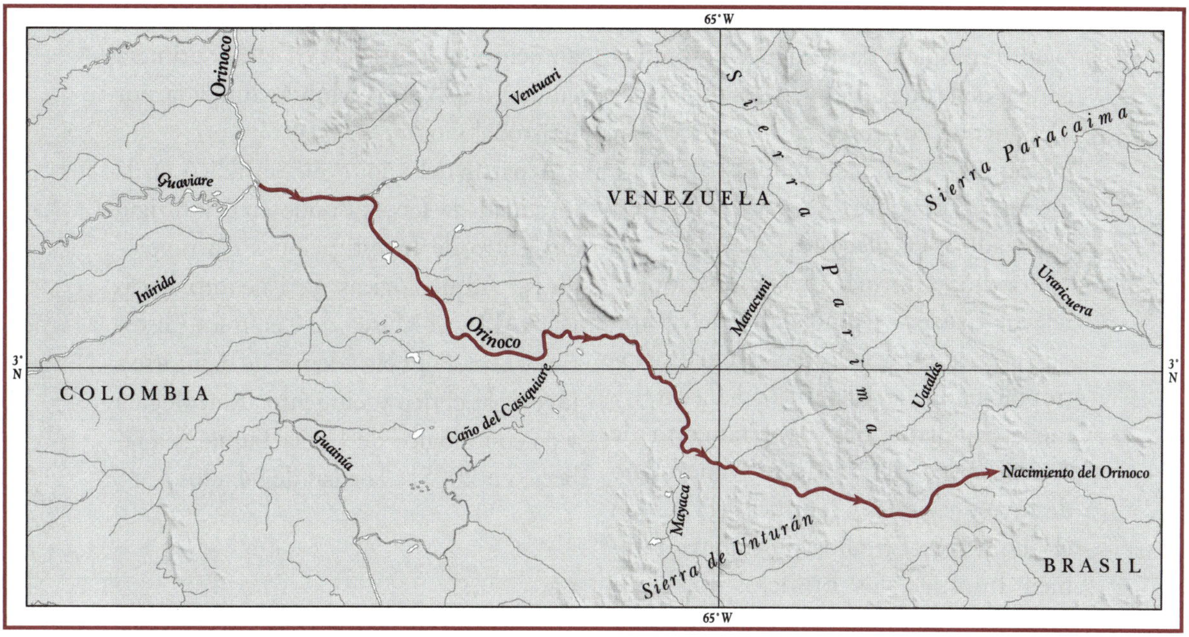

del río Orinoco, del lago de Maracaibo o de la cordillera de los Andes, buscando lo que llamaba «el alma de los objetos»: «cualquier cosa que cae en mis manos —señaló—, si no tiene alma, no me interesa».

En los años cincuenta del siglo pasado realizó sus mayores viajes de exploración, como el mencionado a las fuentes del Orinoco en el año 1951 y otro a la sierra de Perijá, en la frontera con Colombia, en 1957. En este caso pretendió contactar por primera vez con los pueblos indígenas de la sierra de Perijá, los feroces motilones de la época colonial, identificados precisamente en esa época como dos grupos étnicos diferentes: los barí de habla chibcha y los yupka, de habla caribe. Pero también lo impulsaron intereses espeleológicos, históricos y arqueológicos, ya que consideraba esas regiones occidentales de Venezuela fundamentales para la reconstrucción de la ocupación indígena de tierra firme. Precisamente en la región zuliana excavó en el Cerro Colorado de la sierra de Perijá y en Barranco Peludo, lo que le permitió conjeturar la introducción de la agricultura en la Venezuela prehistórica por la vía de las actuales regiones colombianas hace más de diez mil años. Su obra mayor, escrita con Irving Rouse, es *Arqueología cronológica de Venezuela* (1958), donde presenta un cuadro complejo de la ocupación prehispánica de las regiones venezolanas, dividiéndola en cuatro etapas —paleoindia, mesoindia, neoindia e indohispana—, e interesándose sobre todo por la presencia de cazadores-recolectores.

Decidido a formar una generación de relevo, Cruxent formó parte del grupo que creó la Escuela de Sociología y Antropología de la Universidad Central y fue el fundador del Departamento de Antropología del Instituto Venezolano de Investigaciones Científicas (IVIC) en el año 1959. En años posteriores también investigó los primeros establecimientos españoles en el Nuevo Mundo, sobre todo en Cubagua, donde localizó y excavó la ciudad de Nueva Cádiz, y en Santo Domingo, donde trabajó en el yacimiento de La Isabela en 1987, primera ciudad del Nuevo Mundo fundada por Cristóbal Colón.

A partir del año 1980 se radicó en la localidad de Coro, donde creó y dirigió el Centro de Investigaciones Antropológicas, Arqueológicas y Paleontológicas (CIAAP) y el Museo de Cerámica Histórica y Loza Popular, además de dedicarse a investigar el rico yacimiento arqueológico y paleontológico de Taima Taima. Allí falleció en 2005, a la edad de 94 años.

Lecturas

Unidad y variedad. Ensayos antropológicos en homenaje a José M.ª Cruxent, Erika Wagner, editora, CEA-IVIC, Caracas, 1978

José María Pérez de Barradas
Explorador del pasado prehispánico

Cádiz, 1897-Madrid, 1981

Arqueólogo y antropólogo

A pesar de ser el descubridor, a partir de 1918, de más de un centenar de yacimientos arqueológicos prehistóricos en Madrid, lo que le reportó cierta fama, Pérez de Barradas pasó buena parte de su vida estudiando sin descanso vestigios indígenas en América, y especialmente en Colombia, país al que dedicó sus mayores esfuerzos, que se vieron materializados con la publicación de textos como *Arqueología y antropología precolombina de Tierradentro*, *El arte rupestre en Colombia* o *Colombia de norte a sur*. Con 40 años fue contratado por el gobierno de aquel país para realizar excavaciones en uno de los yacimientos arqueológicos más importantes de América, el de San Agustín, en el que consiguió desenterrar infinidad de estatuas —algunas de ellas megalíticas—, figuras y piedras talladas, además de documentar el uso de plantas alucinógenas en rituales chamánicos. Fruto de aquellos trabajos fue su célebre *Arqueología agustiniana*, libro que vio la luz en 1943. Tras sus descubrimientos el lugar se convirtió en centro de peregrinación para arqueólogos, antropólogos, etnólogos e historiadores, además de para los turistas que cada año visitan el yacimiento. En San Agustín tuvo noticias de que cerca de Quito, en Ecuador, había estatuas de piedra con ciertas similitudes a las encontradas en suelo colombiano. Se dirigió hacia allí, a caballo, a través del valle de las Papas. Tras seis días de viaje llegó a su destino, en donde inició sus averiguaciones sobre el origen de aquellas piezas. Luego regresó a San Agustín y alternó su estadía allí con los trabajos que llevó a cabo en el yacimiento de Tierradentro.

En parte debido a la conciencia del pasado prehispánico que se logró gracias a sus hallazgos, el Gobierno de Colombia impulsó la conservación de las piezas arqueológicas que hoy se guardan y exponen en el fabuloso Museo del Oro de Bogotá. Los estudios de Pérez de Barradas incluyeron la publicación en seis tomos de la *Orfebrería Prehispánica de Colombia*, una obra maestra que en su momento fue enviada por las autoridades del país, como regalo del Banco Nacional de Colombia, a todos los jefes de Estado del mundo. Fue director del Museo Nacional de Antropología y del Museo Pueblo Español, además de catedrático de Antropología y director del Instituto Bernardino de Sahagún del Consejo Superior de Investigaciones Científicas. A pesar de lo amplio, exhaustivo y coherente de su obra, no se libró de ciertas críticas, entre ellas las de racista, tras la publicación de su polémico libro *Los mestizos de América*, en el que llegó a refutar las teorías indigenistas de Bartolomé de las Casas.

Pérez de Barradas en el yacimiento arqueológico de San Agustín, Colombia, donde logró desenterrar infinidad de estatuas.

Lecturas

Arqueología. América. Antropología: José Pérez de Barradas (1897-1981), Eduardo Salas Vázquez, director. Guía de la exposición celebrada en el Museo de los Orígenes. Casa de San Isidro, Área de Gobierno de las Artes, Ayuntamiento de Madrid, 2008

Fray Cesáreo de Armellada (el «padre indio»)

Explorador de las selvas de Colombia y Venezuela

Armellada (León), 1908-Caracas (Venezuela), 1996

Misionero, explorador y lingüista

«Es evidente que las lenguas, tanto las aborígenes como la castellana, tienen un valor primordial en sí mismas, por ser el máximo instrumento intelectual de los grupos humanos que las usan, el más completo inventario de su cultura y la mejor imagen de su vida material y espiritual.» Tan sabia opinión fue, entre otras muchas no menos valiosas, emitida por este explorador y estudioso capuchino, figura relevante en los estudios sobre el Orinoco y el Amazonas durante el siglo xx. Nacido en el pueblo leonés que tomaría como apellido en su vida religiosa, hizo su noviciado entre Bilbao y Salamanca, y mostró desde entonces gran interés hacia los indígenas americanos. Cumpliendo su aspiración de misionero, llegó a Venezuela en 1933 y se estableció en Santa Elena de Uairén, cerca de la frontera con Brasil, donde fue superior de 1936 a 1940. Hay tres características de la personalidad de Armellada que cabe resaltar y que, aunque se fueron manifestando a lo largo de su vida, ya estaban presentes en ese primer contacto con la Amazonía y los pueblos indígenas que la habitan: el espíritu de explorador de tierras desconocidas, la curiosidad hacia las culturas indígenas y su apego a la evangelización. Sin embargo, este último aspecto no se daba de manera clásica, sino que, acorde con los tiempos que vivió, se vinculó a la defensa de los derechos indígenas y, sobre todo, a la necesidad de conocer sus culturas para integrar en ellas el mensaje cristiano.

Así, exploró la Gran Sabana y sus selvas de galería, en búsqueda de un sitio para una nueva misión, en compañía del padre Eulogio de Villarín, en el año 1942. A pie y en curiara o canoa los dos misio-

Armellada fue un gran defensor de los derechos de los pueblos indígenas.

neros se internaron por el valle de Kamarata, llegaron a Urimán, subieron por el río Caroní, pasaron al río Tirika y de allí emprendieron el largo regreso a Santa Elena. A lo largo de todo el viaje visitaron los caseríos taurepang y arekuna, Armellada anotó todo lo que veía y dibujó mapas de los recorridos. Es el comienzo de la colección de diarios de campo que acumularía en sus más de cincuenta años de viajes, fuente fundamental para sus escritos etnográficos. Resultado de este periplo fue el traslado de la misión de Luepá a Kanavanayén, donde el 5 de agosto del año 1943 fundó la misión de Santa Teresita de Kanavanayén, a 50 km de Luapá y a 1350 metros sobre el nivel del mar, con indígenas pemón. Allí Armellada aprendió la lengua pemón y comenzó la elaboración del primer diccionario español-pemón. Fue entonces, integrado cada vez más en la vida de los indígenas, cuando estos lo apodaron el «padre indio».

Aunque pasó una decena de años en la misión de Kanavanayén, Armellada se mantuvo muy informado de la realidad venezolana y de los cambios políticos que en la década de los cincuenta se estaban gestando. En ellos participó con sus textos periodísticos, aumentó su fama de defensor de los pueblos indígenas e impulsor de los estudios antropológicos, y fue cofundador del Departamento de Antropología en la Sociedad de Ciencias Naturales La Salle en el año 1944. De la misma manera fue llamado a final de la década de 1950 para integrar la Comisión Indigenista, creada por el Gobierno con el fin de estudiar el problema de las tierras ocupadas por los indígenas, en el marco de la reforma agraria. En esos años, el padre Cesáreo de Armellada había comenzado a publicar textos antropológicos participando de algunos congresos internacionales. De estas actividades nació su amistad con el antropólogo francés Paul Rivet, quien en el año 1942 se había exiliado en Colombia, donde fundó el Instituto y Museo de Antropología. Con Rivet compartió Armellada el interés hacia los pueblos indígenas no contactados, así que emprendió una nueva aventura: explorar la sierra de Perijá, en el occidente de Venezuela, frontera con Colombia. Allí vivían unos grupos aislados desde la época colonial, los motilones, con fama de ser bravos y reacios a establecer relaciones con el mundo criollo local. Así, el interés de Armellada era doble: por un lado, descubrir qué grupos indígenas había y a qué familia lingüística pertenecían; y, por otro, intentar fundar una misión capuchina. En aquella etapa estudió a los yupca de habla caribe; los barí, de habla chibcha, y los yapreria, de lengua desconocida. Los resultados antropológicos fueron publicados en colaboración con Rivet en el *Journal de la société des américanistes* (Nueva Serie, XXXIX).

A comienzo de los años sesenta Armellada regresó a España, con una amplia experiencia etnográfica, centenares de cuadernos de apuntes y conocedor de seis lenguas indígenas, con la finalidad de terminar su *Gramática y Diccionario de la lengua pemón* y la recopilación de cuentos y mitos indígenas *Tauron Panton*. Regresó a Venezuela nueve años después y posteriormente acumuló grandes honores académicos y universitarios, dejando un legado de más de veinte libros de lingüística y antropología indígenas y el recuerdo de sus andanzas en defensa de los pueblos indígenas de Venezuela.

Lecturas

Literaturas indígenas venezolanas, edición de fray Cesáreo de Armellada y Carmela Bentivenga de Napolitano. Monte Ávila Editores, Caracas (Venezuela), 1975

Jordi Sabater Pi

Investigador de la parte humana del chimpancé

Barcelona, 1922-Barcelona, 2009

Etólogo, primatólogo y dibujante

«Los chimpancés son conscientes de su parentesco con el hombre.» No es una frase de cualquiera; pertenece al acervo de uno de los más brillantes primatólogos y etólogos (estudiosos del comportamiento animal) del mundo, Jordi Sabater, un hombre que a los 17 años fue a trabajar a una de las islas de Guinea Ecuatorial, recién terminada la guerra civil española. Ese fue su primer contacto con tierras africanas, en las que en los siguientes años llevaría a cabo una labor excepcional como científico. Él fue uno de los descubridores del uso de herramientas por parte de los chimpancés. Junto con C. Jones localizó entre 1968 y 1969 un grupo de estos póngidos en las montañas de Okorobikó, en Río Muni (República de Guinea Ecuatorial), que utilizaban unos bastones para capturar termitas subterráneas con las que se alimentaban. En 1958, cuando trabajaba como conservador de un centro de investigación en Bata, contratado por el zoológico de Barcelona, observó por primera vez a una hembra de chimpancé construir un palo para satisfacer sus necesidades. Ese es, según sus propias palabras, su trabajo más importante, que fue publicado en la revista *Nature* en 1969, aunque su fama popular le llegó cuando dio a conocer la existencia de un gorila albino, el famoso Copito de Nieve —que vivió largos años en el zoo de Barcelona—, que descubrió mientras era transportado en estado lamentable por un granjero a su lugar de trabajo. También estudió los gorilas de costa, un trabajo que fue seguido por la primatóloga Dianne Fossey, que con los precedentes de Sabater inició su trabajo en las montañas Virunga, entre Ruanda

Sabater fue uno de los descubridores del uso de herramientas por parte de los chimpancés.

y la República Democrática del Congo. No es menos importante su trabajo con los bonobos, una subespecie que guarda un asombroso parecido genético con la humana. Pero no acabaron ahí sus fabulosos descubrimientos: localizó y describió la rana más grande del mundo, un ejemplar de 4 kilos, y un ave que localiza y señala panales de miel, utilizada por los miembros de muchas tribus africanas para encontrar el dulce producto de las abejas. Trabajó para la revista *National Geographic*, además de ser el creador de la cátedra de Etología de la Universidad de Barcelona, la primera inscrita como tal en España. «Algún día la humanidad será juzgada por haber encerrado a los primates en zoológicos», afirmó.

Lecturas

Okorobikó: una biografía de Jordi Sabater Pi, Joan Tort i Donada y Pere Tobaruela. Ediciones de La Magrana, Barcelona, 2003

Jesús González Green

El Atlántico, por primera vez en globo de este a oeste

Sevilla, 1937

Periodista, aerostatista y aventurero

El 11 de agosto de 1978 despegaba de la isla de Presque, en Maine (Estados Unidos), el *Doble Águila*, un aeróstato diseñado para volar a gran altura. Tras algo más de 137 horas de vuelo, llegó a las cercanías del aeropuerto de Orly, en París. Por fin se había logrado la odisea de cruzar el Atlántico en globo, 119 años después de que se intentara por primera vez. Ahora el reto estaba en intentar lo contrario, es decir, cruzar el imponente océano en la otra dirección, de este a oeste. Una hazaña aún mucho más compleja que la anterior, puesto que los vientos alisios que soplan en esa dirección son lentos en comparación con los que alimentan la «corriente del chorro» imperante en el sentido oeste-este. El reportero y aerostatista español Jesús González Green, acompañado por Tomás Feliú, comenzó a trabajar en ese proyecto casi trescientos años después de que el llamado «padre volador», fray Bartolomé Lourenso de Gusmao (nacido en Santos, Brasil, en 1685), consiguiera elevarse en un globo de su invención ante la mirada atónita de Juan V de Portugal en 1709, setenta y cinco años antes de que los hermanos franceses Montgolfier hicieran ascender a los aires su aeronave impulsada por humo. Triste injusticia la del olvido para con aquel jesuita portugués que incluso llegó a ser acusado de herejía y que tuvo que huir a su Brasil natal. Está enterrado en Toledo. El lugar de partida elegido por González Green y Feliú fue la isla de El Hierro, en las Canarias, en donde unas dos veces al año confluyen las fuerzas del ciclón con las de un anticiclón y cuya coincidencia produce una corriente que nutre a los alisios y que podía impulsar su globo de helio. Aun-

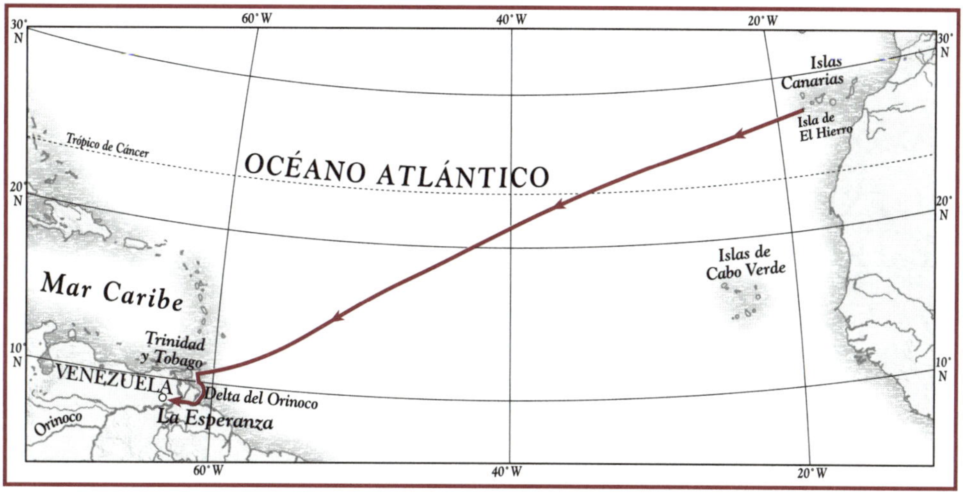

que también destrozarlo. Tras mil y un avatares en contra —entre ellos la rasgadura de la vela en un intento infructuoso de despegue—, el 9 de enero de 1992 el *Ciudad de Huelva* tomó altura, con toda la poca certeza de un destino sujeto a los vientos, las tormentas, las calmas... o la falta de oxígeno. En el transcurso de la aventura a punto estuvieron de amerizar en medio del océano, e incluso las olas llegaron a tocar la antena que colgaba de la barquilla.

Después de seis días de travesía avistaron las luces de las plataformas petrolíferas de las aguas de Trinidad y Tobago, en el mar Caribe. Navegaron luego sobre el delta del Orinoco, y a muy baja altura sobre la espesa selva, rozando por momentos las copas de los árboles, hasta que tomaron tierra en una superficie despejada cerca de la aldea venezolana de La Esperanza, cuyos habitantes huyeron despavoridos ante la presencia intrigante y enorme de aquella maquinaria aérea con dos héroes dentro. Era el día 14 de febrero de 1992. Jesús González Green y Tomás Feliú habían volado durante más de 120 horas y recorrido casi 5100 km. La visita estaba devuelta. «Es mucho más provechoso llenar los años de vida, que la vida de años.» Palabras de González Green.

Lecturas

Con los vientos alisios, Jesús González Green. Sopec, Madrid, 1997

Ramón Larramendi

El explorador polar que inventó el Trineo de Viento

Madrid, 1965

Explorador, desarrollador del primer vehículo polar propulsado por energía renovable

Con solo 24 años de edad, Larramendi se embarcó en su primera aventura de envergadura histórica, la Expedición Circumpolar MAPFRE de 1990. Una hazaña que le llevó a recorrer 14 000 km a lo largo del paralelo desde Groenlandia a Alaska en un solo esfuerzo continuado, sin descansos ni regresos, a través de la perpetua oscuridad invernal y bajo el sol inamovible estival. Optó por utilizar solamente medios de transporte tradicionales de los pueblos inuit: el kayak, los trineos de perros y el propio caminar. Esta odisea entrañó treinta y ocho largos meses de íntima convivencia con las condiciones meteorológicas más extremas del hemisferio norte, y se convirtió en la expedición polar más larga jamás realizada sin apoyo motorizado alguno. Llegó a su fin en el puerto de Valdez, en Alaska, uno de los puntos más septentrionales alcanzados por los expedicionarios españoles del siglo xviii.

Durante el largo viaje, Larramendi tuvo la oportunidad de convivir con los pueblos esquimales que habitan la región. Aprendió su idioma y acerca de sus costumbres, y fue instruido en sus métodos tradicionales de construcción de trineos de perros. Esta estancia constituyó para él una experiencia vital inestimable que le permitió acercarse a la realidad cotidiana de un pueblo que ha aprendido a vivir en los límites de las zonas habitables del planeta, y le consolidó aún más como experto en los territorios polares. Es también autor de uno de los libros más significativos escritos en español sobre los pueblos inuit, y coautor de *Tres años a través del Ártico*, publicado por Desnivel en 1993. Suya fue una de las grandes gestas de la exploración geográfica del siglo xx, y como tal fue publicada en la edición global del *National Geographic*.

Cinco años después, en 1998, Larramendi comenzó a colaborar con RTVE para la realización de otro gran proyecto: el alcanzar, esquiando, el polo norte magnético. Al año siguiente, logró alcanzar el polo norte geográfico, viajando en esta ocasión a pie. Sesenta días a temperaturas cercanas a los -50° Celsius, que casi le costaron la vida cuando cayó al agua helada.

Ese mismo año, Larramendi comenzó a trabajar en su proyecto de diseñar un trineo que fuese capaz de ser propulsado por el viento por las extensiones heladas del planeta. Se le denominó el «Catamarán Polar» y luego el «Trineo de Viento», y se convertiría en el primer vehículo polar alimentado con energías renovables. En el 2001 el vehículo estaba listo para embarcarse en una nueva expedición a través de la superficie de la gruesa capa de hielo que cubre la isla más grande del mundo. Este proyecto se denominó la Expedición Trans-Groenlandia: en tan solo treinta y dos días —y sin apoyo externo ni depósitos de provisiones previos—, gracias a la constante velocidad que permite el Trineo de Viento, recorrieron 2225 km a un impresionante ritmo de 70 km al día. Este viaje les mereció el Premio Viaje del Año 2001 de la Sociedad Geográfica Española.

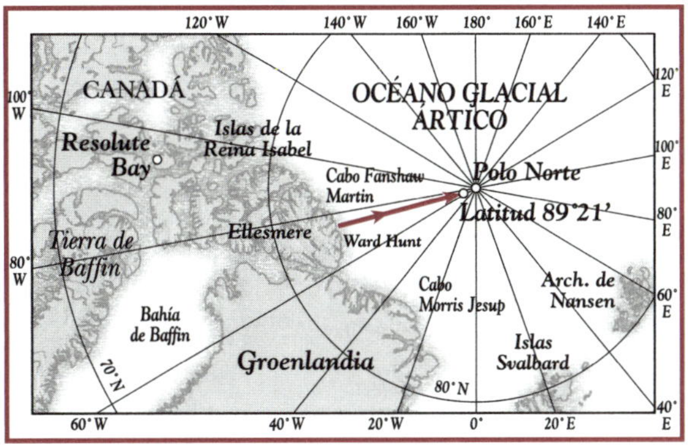

Durante los siguientes años, Larramendi emprendió una serie de nuevos viajes al interior de Groenlandia, recorriéndolo de norte a sur y de este a oeste en preparación para el anhelado salto al continente Antártico.

Larramendi pudo finalmente surcar el desierto de hielo de la Antártida con el Trineo de Viento en el 2005, cuando, como líder de la Expedición Transantártica Española, lo condujo hasta el Polo Sur de inaccesibilidad —el punto del continente más alejado del océano Austral—, completando así la primera navegación a través del continente Antártico, cubriendo 4500 km en tan solo sesenta y dos días. Seis años más tarde, durante el invierno del 2011, Larramendi lideró la Expedición Acciona Windpowered Antártica, en la cual, por primera vez, se alcanzó el polo sur geográfico en un vehículo movido por energía eólica. Se recorrió un total de 3500 km en treinta

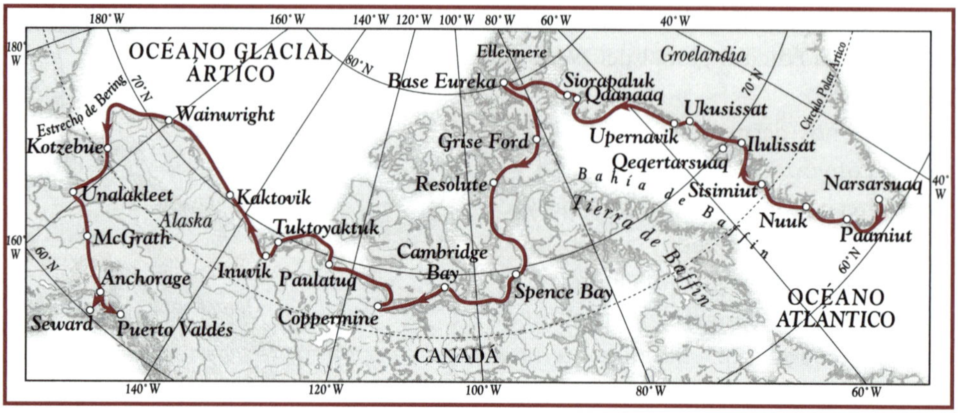

y cuatro días, durante los cuales el trineo pudo ser utilizado para su propósito original: la exploración y la recogida de muestras para el análisis científico.

Un total de seis diferentes expediciones experimentaron con distintos diseños del Trineo de Viento en Groenlandia hasta agosto del 2016. De particular relevancia es la del 2014, que representó la primera circunnavegación de la capa de hielo de la isla, 4300 km, en un vehículo propulsado por el viento.

Lecturas

Tres años a través del Ártico, Ramón Larramendi, Manuel Olivera, Antonio Martínez y Rafael Peche. Ediciones Desnivel, Madrid, 1993

Esquimales, Ramón Larramendi. Editorial Mapfre, Madrid, 1992

Nil Bohigas

Hasta el polo norte geográfico en solitario

Barcelona, 1958-Barcelona, 2016

Explorador

«Uno vuelve feliz después de una batalla tan dura. El enemigo se ha mostrado implacable y feroz, pero ha jugado limpio. Porque la Naturaleza siempre se manifiesta como es. Y es que, efectivamente, en la grandiosidad de este paisaje y la magnitud de este enemigo reside la fascinación del polo norte.» Con estas palabras Nil Bohigas, el primer español que viajó al polo norte en solitario y que a punto estuvo de alcanzar el polo norte geográfico, mostraba su respeto y admiración por uno de los lugares más inhóspitos de la Tierra. Aunque ya poseía abundante experiencia, como acredita su apertura de una nueva vía de escalada en el Annapurna central, la idea de su expedición polar se gestó tras una estadía en la isla de Baffin, en la región ártica de Canadá, cuando Bohigas tuvo su primer contacto con las soledades heladas del extremo septentrional del planeta. Tras unos exhaustivos preparativos que duraron cuatro años, partió de Barcelona en febrero de 1992 e instaló un campamento base en Resolute Bay, el punto habitado más al norte del Ártico canadiense. Por delante tenía más de 1000 km de marcha a través del casquete polar a temperaturas a veces inferiores a los 50º centígrados bajo cero y arrastrando una *pulka*, una especie de trineo ligero cargado con 60 kilos de material, en una travesía solo posible entre los primeros días del mes de marzo y mediados de mayo, cuando el hielo comienza a resquebrajarse por la subida de las temperaturas y hace imposible el tránsito por su superficie, bañada las 24 horas del día por el sol. El 12 de marzo partió desde el último punto de tierra firme, entre el cabo Fanshaw Martin y la isla de Ward

Bohigas fue el primer español en viajar en solitario al polo norte.

Hunt. Hacer economía con el tiempo en ese periplo contra el reloj se antojaba primordial, pero en ese desierto blanco casi nunca sucede nada que tenga que ver con las expectativas humanas. Bohigas hubo de permanecer encerrado en la tienda doce de los setenta y ocho días que duró la travesía, debido a tempestades que hacían imposible avanzar hacia la meta prevista. Cuando se encontraba a 68 km de su objetivo, el hielo comenzó a romperse y Bohigas se vio aislado en una gran banquisa que flotaba libre por el océano en dirección sureste a una velocidad de treinta metros por minuto. El objetivo se había escapado y el aventurero tuvo que tomar el camino de vuelta sin posar sus pies en el polo norte geográfico. Por esas paradojas del destino, la *pulka* a punto estuvo de acabar con su vida cuando se hundió parcialmente en el agua con todo el material, incluido el de comunicaciones. Pero también en otra ocasión le salvó la vida, cuando Bohigas cayó al agua y consiguió aferrarse a ella, ya que permaneció flotando, cuando la temperatura exterior rondaba solo los 20º grados bajo cero.

Lecturas

Hacer posible lo imposible en la vida y en los negocios: las claves del éxito de Nil Bohigas, Nil Bohigas. Grijalbo Mondadori, Barcelona, 2005

Sergio García-Dils de la Vega

Récord mundial de profundidad en exploración espeleológica

Sevilla, 1971

Espeleólogo, epigrafista y arqueólogo

En octubre del 2004, en una expedición de la Asociación Espeleológica Ucraniana patrocinada por National Geographic, un grupo liderado por el español Sergio García-Dils logró descender hasta los 1840 metros en la sima Krúbera-Voronya, en el macizo del Arábika, en el Cáucaso occidental, estableciendo así un nuevo récord mundial de profundidad para este tipo de exploraciones. García-Dils había participado con anterioridad en varios descensos en aquel entorno kárstico. Entre 1999 y 2001, sendas expediciones ucranianas, una tercera hispano-francesa encabezada por García-Dils y una cuarta del CAVEX Team, descendieron a 1710 metros de profundidad, logrando el primer récord mundial en el Cáucaso. Tras el descubrimiento en la sima de una nueva galería inundada (o sifón), esta marca fue superada tres años más tarde por los ucranianos y García-Dils. A partir de ese momento, el descubrimiento de un quinto sifón y el afán por llegar hasta lo más profundo de la sima, permitieron que el CAVEX Team y el equipo ucraniano lograran alcanzar los 2197 metros de profundidad. La culminación de estas exploraciones llegó en el 2015, cuando García-Dils, al frente de un equipo de espeleología de la Universidad Estatal de Moscú, consiguió conectar en un único gran sistema subterráneo las cuatro simas principales del valle glaciar, Krúbera-Voronya, Arbaika, Kuybyshévskaya y Genrikhova Bezdna. Este nuevo complejo hipogeo fue bautizado por el explorador español como Sistema Orto-Balagán que, con un desnivel total de 2200 metros, es reconocido actualmente como el más profundo del mundo.

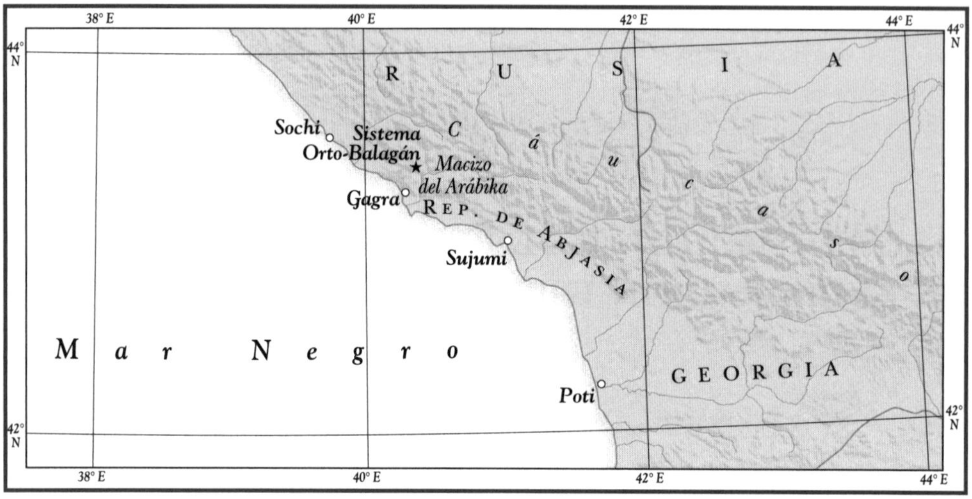

Sergio García-Dils ha practicado esta especialidad desde los 7 años. Se doctoró en Historia Antigua en la Universidad de Sevilla y realizó un postgrado en el Instituto Estatal A. S. Pushkin de Moscú. Tras varios años como coordinador técnico de la Escuela Española de Espeleología, se hizo cargo de la dirección de este centro en los años 2007 y 2008. Es el primero declarado en España como Deportista de Alto Nivel. Es autor o coautor de más de 100 publicaciones académicas, incluyendo seis libros y medio centenar de artículos en revistas científicas. Además de en el Cáucaso, ha desarrollado su actividad en diferentes macizos kársticos del mundo con suficiente potencial para albergar grandes cavidades subterráneas, como los Alpes Julianos, en Eslovenia, la cordillera del Tauro, en Turquía, o Lefká Óri, en la isla de Creta.

García-Dils decidió aceptar el reto de superar el récord de profundidad cuando la situación política de la República de Abjasia, separada *de facto* de Georgia en 1992, permitió retomar las prometedoras exploraciones espeleológicas soviéticas realizadas en la década de 1980 en el valle glaciar de Orto-Balagán, en el macizo de Arábika del Cáucaso.

Lecturas

«Récord del mundo de profundidad», Sergio García-Dils de la Vega, Juan José Zorrilla, coordinador. *Exploraciones Españolas de hoy*, Ediciones Desnivel con la Sociedad Geográfica Española, Madrid, 2003, pp. 164-172

«Krúbera -2.080 m. Primer -2.000 del planeta», Sergio García-Dils de la Vega. *Revista Subterránea* 22, 2004, pp. 18-25

«Call of the abyss», Alexander Klimchouk. *Revista National Geographic* 207.5, 2005, pp. 70-85

Miguel Ángel Gordillo Urquía

La vuelta al mundo por los polos en un monomotor

Duala (Camerún), 1955

Piloto

En diciembre del 2016 se completó con éxito la primera vuelta al mundo conforme a la categoría C1C de la Federación Aeronáutica Internacional (FAI) pasando por los polos geográficos. La realizó el piloto español Miguel Ángel Gordillo a bordo de un avión monomotor con un peso inferior a los 1750 kilos con el fin de obtener una serie de datos científicos y marcó con su viaje un hito en la aeronáutica y la exploración de la atmósfera terrestre.

Miguel Ángel Gordillo, piloto militar y posteriormente civil, se inició desde niño en la aeronáutica con el aeromodelismo y luego en el diseño de aviones especialmente modificados para la exploración geográfica. En 1998 realizó el proyecto denominado Madrid-Oshkosh, que le llevó a cruzar el desierto de Arabia, recorrer el Extremo Oriente, atravesar China y parte de Siberia, para volar al continente americano sobre el estrecho de Bering, hasta llegar a Oshkosh, Wisconsin, considerada la meca de la aviación experimental. Este proyecto le valió el Premio de la Sociedad Geográfica Española de 1998. En el 2001 completó la primera vuelta al mundo realizada por un español conforme a la normativa de la FAI, a bordo del avión más pequeño que haya volado con este propósito en la historia de la aviación.

En el 2016 Miguel Ángel Gordillo se propuso realizar la primera vuelta al mundo sobrevolando los polos. El proyecto incluía un viaje de 76400 km y aprovecharía su paso por los grandes espacios vírgenes para recoger muestras de aerosoles y hollín que permitieran el análisis científico para conocer cómo estas áreas se ven afectadas por la actividad huma-

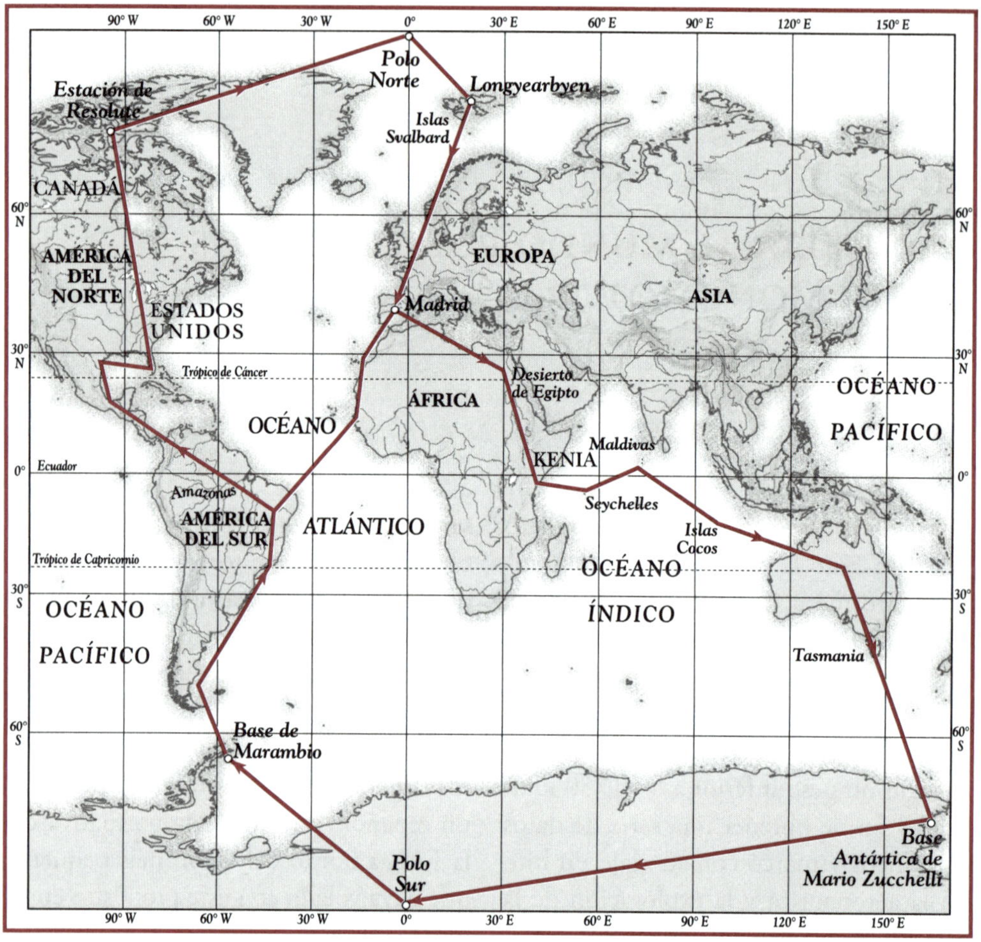

na. Sobrevoló el desierto egipcio hasta Kenia, y vía Seychelles, Maldivas e islas Cocos llegó hasta Tasmania, desde donde una vez equipado de esquís el avión, arribó en 19 horas a la Base Antártica de Mario Zucchelli. Encontrar «ventanas meteorológicas» que permitieran el vuelo sin sistemas de antihielo y deshielo fue un delicado estudio estratégico. Desde la citada estación polar, pasó por la vertical del polo sur y tras 21 horas aterrizó en la base argentina de Marambio. Este trascendental vuelo fue el primero en la historia mundial de la aviación en cruzar la Antártida por su eje más largo a bordo de un avión monomotor.

Para la realización de este proyecto, llamado Skypolaris, Gordillo cruzó dos veces el océano Atlántico, recorrió el Amazonas y atravesó Estados Unidos hasta la estación de Resolute, en Canadá. Desde allí voló directo al polo norte, donde fallaron todos los equipos de navegación GPS por un error en el diseño, y finalizó en Longyearbyen, en las islas noruegas de Svalbard, con una meteorología muy hostil. El 15 de diciembre del 2016, Miguel Ángel Gordillo y su RV8 lograron, por primera vez en la historia, circunvolar la Tierra pasando por los polos con un avión de su categoría.

Lecturas

Exploraciones Españolas de hoy, Juan José Zorrilla, coordinador. Ediciones Desnivel con la Sociedad Geográfica Española, Madrid, 2003

Moments of Terror, the story of antarctic aviation, David Burke. New South Wales University Press, 1994

Around the Only World, Matevž Lenarčič. Didakta, 2006

Bibliografía seleccionada

ACOSTA, VLADIMIR, *Viajeros y maravillas*, Monte Ávila Editores, Caracas, 1993

ALCINA FRANCH, JOSÉ, *Arqueólogos o anticuarios. Historia antigua de la arqueología española en la América española*, Ediciones del Serbal, Barcelona, 1995

ALFONSO MOLA, MARINA y otros, *El Galeón de Manila*, Aldeasa-Ministerio de Educación, Cultura y Deporte, Madrid, 2000

ÁLVAREZ PELÁEZ, RAQUEL, *La conquista de la naturaleza americana*, CSIC, Madrid, 1993

AMODIO, EMANUELE, *Formas de la alteridad: construcción y difusión de la imagen del indio americano en Europa durante el primer siglo de la conquista de América*, Abya-Yala, Quito, 1993

ARAM, BETHANY, *Leyenda negra y leyendas doradas en la conquista de América. Pedrarias y Balboa*, Marcial Pons, Madrid, 2008

ARIAS DIVITO, JUAN CARLOS, *Las expediciones científicas españolas durante el siglo XVIII*, Ediciones Cultura Hispánica, Madrid, 1968

AVALLE-ARCE, JUAN BAUTISTA DE, *Épica colonial*, Ediciones Universidad de Navarra, Pamplona, 2000

AZNAR VALLEJO, EDUARDO, *Viajes y descubrimientos en la Edad Media*, Síntesis, Madrid, 1994

BAÑAS LLANOS, MARÍA BELÉN, *Las islas de las especias: fuentes etnohistóricas sobre las islas Molucas, siglos XIV-XX*, Universidad de Extremadura, Cáceres, 2000

BAÑAS LLANOS, MARÍA BELÉN y otros, *Exploradores españoles olvidados del siglo XIX*, Sociedad Geográfica Española, Madrid, 2001

BARRAS DE ARAGÓN, FRANCISCO DE LAS, *Los últimos escritores de Indias: Biblio-biografía de españoles del siglo XIX que escribieron sobre países de fuera de Europa y viajaron por ellos*, S. Aguirre Imp, Madrid, 1949

BERNABÉU ALBERT, SALVADOR, *Las huellas de Venus. El viaje del astrónomo Chappe d'Auteroche a Nueva España, 1768-1769*, Breve Fondo Editorial, México, 1998

—*El Septentrión Novohispano. Ecohistoria, sociedades e imágenes de frontera*, CSIC, Madrid, 2000

—ed., *El Pacífico español: mitos, viajeros y rutas oceánicas*, Sociedad Geográfica Española, Madrid, 2003

CABRERA BECERRA, GABRIEL, *La iglesia en la frontera: misiones católicas en el Vaupés (1850-1950)*, Universidad Nacional de Colombia, Bogotá, 2002

CAPEL SÁEZ, HORACIO, *Filosofía y ciencia en la geografía contemporánea*, Barcanova, Barcelona, 1981

—*Geografía y matemáticas en la España del siglo XVIII*, Oikos-Tau, Barcelona, 1982

—*Los ingenieros militares en España. Siglo XVIII. Inventario de su labor científica y espacial*, Universidad de Barcelona, Barcelona, 1983

CEBRIÁN, JUAN ANTONIO, *La aventura de los conquistadores: Colón, Núñez de Balboa, Cortés, Orellana y otros valientes descubridores*, La Esfera de los Libros, Madrid, 2006

CÉSPEDES DEL CASTILLO, GUILLERMO, *La exploración del Atlántico*, Editorial Mapfre, Madrid, 1991

CÓRDOBA, JOSÉ MARÍA y PÉREZ DÍE, MARÍA DEL CARMEN, eds., *La aventura española en Oriente (1166-2006). Viajeros, museos y estudiosos en la historia del redescubrimiento del oriente próximo antiguo*, Ministerio de Cultura, Madrid, 2006

DÍAZ ARAÚJO, ENRIQUE, *Los protagonistas del descubrimiento de América*, Ediciones Ciudad Argentina, Madrid-Buenos Aires, 2001

DÍAZ-PIEDRAHÍTA, SANTIAGO, *Matís y los dos Mutis. Orígenes de la anatomía vegetal y de la sinanterología en América*, Academia Colombiana de Ciencias Exactas, Físicas y Naturales, Bogotá, 2000

ESCUDERO, LOLA y otros, *Los descubridores españoles y la exploración de los grandes ríos*, Sociedad Geográfica Española, Madrid, 2005

ESTEVE BARBA, FRANCISCO, *Historiografía indiana*, Gredos, Madrid, 1992

FERNÁNDEZ-ARMESTO, FELIPE, *Los conquistadores del horizonte: una historia mundial de la exploración*, Destino, Barcelona, 2006

FERNÁNDEZ DE NAVARRETE, MARTÍN, comp., *Colección de los viajes y descubrimientos que hicieron por mar los españoles desde finales del siglo* XV, 3 vols., Atlas, Madrid, 1954

FERNÁNDEZ DURO, CESÁREO, *Armada española desde la unión de los reinos de Castilla y de Aragón*, 9 vols., Museo Naval, Madrid, 1972-1973

FRÍAS NÚÑEZ, MARCELO, *Tras El Dorado vegetal. José Celestino Mutis y la Real Expedición Botánica del Nuevo Reino de Granada, 1783-1808*, Diputación de Sevilla, Sevilla, 1994

FUENTES BAJO, MARÍA DOLORES, *Otras tierras, otras gentes: testimonios de la aventura americana*, Caja de Ahorros El Monte, Huelva, 1999

GARCÍA MARTÍN, PEDRO, SOLA CASTAÑO, EMILIO y otros, *Renegados, viajeros y tránsfugas. Comportamientos heterodoxos y de frontera en el siglo XVI*, Fugaz, Madrid, 2000

GARCÍA-ROMERAL PÉREZ, CARLOS, *Bio-Bibliografía de viajeros españoles: (1900-1936)*, Ollero & Ramos, Madrid, 1997

—*Diccionario de viajeros españoles. Desde la Edad Media a 1970*, Ollero y Ramos, Madrid, 2004

GIL, JUAN, *Mitos y utopías del descubrimiento*, 3 vols., Sociedad Quinto Centenario-Alianza Editorial, Madrid, 1989

GIL, JUAN y VARELA, CONSUELO, eds., *Cartas de particulares a Colón y relaciones coetáneas*, Alianza Editorial, Madrid, 1984

GÓMEZ CANEDO, LINO, *De México a la Alta California: una gran epopeya misional*, Jus, México, 1969

GÓMEZ ESPELOSÍN, FRANCISCO JAVIER; PÉREZ LARGACHA, ANTONIO y VALLEJO GIRVÉS, MARGARITA, *La imagen de España en la antigüedad clásica*, Gredos, Madrid, 1995

GONZÁLEZ-ALLER HIERRO, JOSÉ IGNACIO, comp., *Obras clásicas de naútica y navegación*, Fundación Histórica Tavera, Madrid, 1998

GONZÁLEZ BUENO, ANTONIO, comp., *La expedición botánica al virreinato del Perú (1777-1788)*, 2 vols., Lunwerg, Barcelona, 1988

GONZÁLEZ BUENO, ANTONIO y GOMIS BLANCO, ALBERTO, *Los territorios olvidados. Estudio histórico y diccionario de los naturalistas españoles en el África hispana (1860-1936)*, Doce Calles, Aranjuez, 2007

GONZÁLEZ BUENO, ANTONIO y RODRÍGUEZ NOZAL, RAÚL, *Plantas americanas para la España ilustrada. Génesis, desarrollo y ocaso del proyecto español de expediciones botánicas*, Editorial Complutense, Madrid, 2000

GONZÁLEZ OCHOA, JOSÉ MARÍA, *Quién es quién en la América del descubrimiento*, Acento Editorial, Madrid, 2003

GORLA, CARLOS MARÍA, *Los establecimientos españoles en la Patagonia*, CSIC, Sevilla, 1984

HIGUERAS, MARÍA DOLORES, *Catálogo crítico de los documentos de la Expedición Malaspina (1789-1794)*, 3 vols., Museo Naval, Madrid, 1985

HIGUERAS, MARÍA DOLORES y otros, *Exploradores españoles olvidados de los siglos XVI y XVII*, Sociedad Geográfica Española, Madrid, 2000

HIGUERAS, MARÍA DOLORES y otros, *Marinos cartógrafos españoles*, Sociedad Geográfica Española, Madrid, 2003

KONETZKE, RICHARD, *Descubridores y conquistadores de América*, Gredos, Madrid, 1968

LAFUENTE, ANTONIO y MAZUECOS, ANTONIO, *Los caballeros del punto fijo. Ciencia, política y aventura en la expedición geodésica hispanofrancesa al virreinato del Perú en el siglo XVIII*, Ediciones del Serbal-CSIC, Barcelona, 1987

LAFUENTE, ANTONIO y SALA CATALÁ, JOSÉ, eds., *Ciencia colonial en América*, Alianza Editorial, Madrid, 1992

LANDÍN CARRASCO, AMANCIO, *Descubrimientos españoles en el Mar del Sur*, Museo Naval, Madrid, 1992

LITVAK, LILY, *Geografías mágicas. Viajeros españoles del siglo XIX por países exóticos (1800-1913)*, Laertes, Barcelona, 1984

—*El ajedrez de las estrellas. Crónicas de viajeros españoles del siglo XIX por países exóticos (1800-1913)*, Editorial Laia, Barcelona, 1986

LÓPEZ ESTRADA, FRANCISCO, *Libros de viajeros hispánicos medievales*, Ediciones del Laberinto, Madrid, 2003

LÓPEZ-OCÓN CABRERA, LEONCIO, *Breve historia de la ciencia española*, Alianza Editorial, Madrid, 2003

LÓPEZ PIÑERO, JOSÉ MARÍA, *El arte de navegar en la España del renacimiento*, Labor, Barcelona, 1986

LOZOYA, XAVIER, *Plantas y luces en México. La Real Expedición Científica a Nueva España (1787-1803)*, Ediciones del Serbal, Barcelona, 1984

LUCENA GIRALDO, MANUEL, *Viajes a la Guayana ilustrada (1747-1827). El hombre y el territorio*, Fundación Provincial-BBVA, Caracas, 1999

LUCENA GIRALDO, MANUEL y PIMENTEL, JUAN, eds., *Diez estudios sobre literatura de viajes*, CSIC, Madrid, 2006

LUMMIS, CHARLES F., *Los exploradores españoles del siglo XVI*, Casa Editorial Araluce, Barcelona, 1922

MALDONADO, LUIS y PUIG-SAMPER, MIGUEL ÁNGEL, «La aventura ultramarina de Sessé y Mociño. La Real Expedición Botánica a Nueva España (1787-1803)», en *El águila y el nopal. La expedición de Sessé y Mociño a Nueva España (1787-1803)*, Lunwerg, Barcelona, 2000

MARTÍN ASUERO, PABLO, *Descripción del Egipto otomano según las crónicas de viajeros españoles, hispanoamericanos y otros textos (1806-1924)*, Miraguano, Madrid, 2006

MARTÍN-MERÁS, LUISA, *Cartografía marítima hispana. La imagen de América*, Lunwerg, Barcelona, 1993

MARTÍNEZ-SHAW, CARLOS y ALFONSO MOLA, MARINA, dirs., *La ruta española a China*, Ediciones El Viso, Madrid, 2007

MATHES, W. MICHAEL, *Sebastián Vizcaíno y la expansión española en el océano Pacífico*, Universidad Nacional Autónoma de México-Instituto de Investigaciones Históricas, México, 1973

MOLLAT, MICHEL, *Los exploradores del siglo XIII al XVI. Primeras miradas sobre nuevos mundos*, Fondo de Cultura Económica, México, 1990

MONGE, FERNANDO y OLMO, MARGARITA DEL, *Las «noticias de Nutka» de José Mariano Mociño*, Ediciones Doce Calles, Aranjuez, 1998

MORALES PADRÓN, FRANCISCO, *Teoría y leyes de la conquista*, Ediciones Cultura Hispánica, Madrid, 1979

—*Historia del descubrimiento y conquista de América*, Editora Nacional, Madrid, 1981

NOVARESIO, PAOLO, *Los exploradores: desde la antigüedad hasta nuestros días,* Paidós, Barcelona, 2004

OBREGÓN, BALTASAR DE, *Historia de los descubrimientos de Nueva España*, Alfar, Sevilla, 1997

O'ESCANLAN, TIMOTEO, *Diccionario marítimo español,* Museo Naval, Madrid, 1974

O'GORMAN, EDMUNDO, *La invención de América: Investigación acerca de la estructura histórica del Nuevo Mundo y del sentido de su devenir*, Fondo de Cultura Económica, México, 2006

ORTEGA CANTERO, NICOLÁS, *Geografía y cultura*, Alianza Editorial, Madrid, 1987

OYARZUN IÑARRA, JAVIER, *Expediciones españolas al estrecho de Magallanes y Tierra de Fuego,* Cultura Hispánica, Madrid, 1999

PANCORBO, LUIS, *Abecedario de antropologías. Bestiarios, creencias, chamanes, destinos, etnografías, fantasías*, Siglo XXI, Madrid, 2006

PÁRAMO, PEDRO y otros, *Exploradores españoles olvidados, siglo XVIII,* Sociedad Geográfica Española, Madrid, 1999

PESET, JOSÉ LUIS, ed., *Culturas de la costa noroeste de América*, Turner-Sociedad Estatal para la Ejecución de Programas del Quinto Centenario, Madrid, 1989

—coord., *Ciencia, vida y espacio en Iberoamérica*, 3 vols., CSIC, Madrid, 1989

—*Ciencia y libertad. El papel del científico ante la independencia americana*, CSIC, Madrid, 1987

PIMENTEL, JUAN, *Testigos del mundo. Ciencia, literatura y viajes en la Ilustración,* Marcial Pons, Madrid, 2003

PINAR, SUSANA, *El explorador del Índico. Diario del viaje de Francisco Noroña (1748?-1788) por las islas de Filipinas, Java, Mauricio y Madagascar*, CSIC-Doce Calles, Madrid, 2009

PINO, FERMÍN DEL, dir., *Ciencia y contexto histórico internacional en las expediciones ilustradas a América*, CSIC, Madrid, 1988

PORTILLO Y DÍEZ DE SOLANO, ÁLVARO DEL, *Descubrimientos y exploraciones en la Alta California*, Rialp, Madrid, 1974

PUERTO, JAVIER, *La ilusión quebrada. Botánica, sanidad y política científica en la España Ilustrada*, Ediciones del Serbal, Barcelona, 1988

—*Ciencia de cámara. Casimiro Gómez Ortega (1741-1818). El científico cortesano*, CSIC, Madrid, 1992

REY FAJARDO, JOSÉ DEL, *Bio-bibliografía de los jesuitas en la Venezuela colonial,* Universidad Católica Andrés Bello-Instituto de Investigaciones Históricas, Caracas, 1974

RIBERA NOVO, BELÉN y MARTÍN MERÁS, LUISA, *Cuatro siglos de cartografía en América*, Mapfre, Madrid, 1992

RIESGO, JUAN MANUEL y otros, *Exploradores españoles de hoy*, Sociedad Geográfica Española, Madrid, 2003

ROMERO TOBAR, LEONARDO y ALMARCEGUI ELDUAYEN, PATRICIA, coords., *Los libros de viaje. Realidad vivida y género literario*, Akal, Madrid, 2005

RUBIO, JOSÉ MARÍA, *Exploración y conquista del Río de la Plata: siglos XVI y XVII,* Salvat, Barcelona, 1942

SALAS LARRAZÁBAL, JESÚS MARÍA, *La ingeniería aeronáutica española y de ultramar*, Asociación de Ingenieros Aeronáuticos de España, AENA y Tabapress, Madrid, 1993

SELLES, MANUEL, PESET, JOSÉ LUIS y LAFUENTE, ANTONIO, comps., *Carlos III y la ciencia de la Ilustración*, Alianza, Madrid, 1988

SOLANO, FRANCISCO DE, ed., *Cuestionarios para la formación de las Relaciones Geográficas de Indias. Siglos XVI-XIX,* CSIC, Madrid, 1988

SOLER, ISABEL, *El nudo y la esfera. El navegante como artífice del mundo moderno*, Acantilado, Barcelona, 2003

TORRE VILLAR, ERNESTO DE LA, *Las leyes de descubrimiento en los siglos XVI y XVII,* Junta Mexicana de Investigaciones Históricas, México, 1948

—*La expansión hispanoamericana en Asia. Siglos XVI y XVII*, Fondo de Cultura Económica, México, 1980

—*Descubrimiento y conquista de América. Temas para su estudio,* Universidad Nacional Autónoma de México, México, 1992

URTEAGA, LUIS, *Vigilia colonial. Cartógrafos militares españoles en Marruecos (1882-1912),* Bellaterra, Barcelona, 2006

VARELA, CONSUELO, *Cristóbal Colón, de corsario a almirante*, Lunwerg, Barcelona, 2005

ZUBILLAGA, TERESA y otros, *Exploradores españoles olvidados en África*, Sociedad Geográfica Española, Madrid, 2001

Índice

B

C

D

E

F

G

H

I

O

Q

R

S

T

W

Y

Colaboradores

ARMANDO ALBEROLA ROMÁ *Catedrático de Historia Moderna, Universidad de Alicante.* Coautor del texto sobre Jorge Juan y Santacilia

MARINA ALFONSO MOLA *Profesora titular de Historia Moderna, Universidad Nacional de Educación a Distancia.* Autora del texto sobre Miguel López de Legazpi

PATRICIA ALMARCEGUI *Profesora, Departamento de Humanidades, Universitat Internacional de Catalunya.* Autora del texto sobre Domingo Badía Leblich (Alí Bey)

EMANUELE AMODIO *Escuela de Antropología, Universidad Central de Venezuela.* Autor de los textos sobre José María Cruxent y Fray Cesáreo de Armellada

DIEGO DE AZQUETA BERNAR *Vicepresidente de la Sociedad Geográfica Española.* Autor del texto sobre Gonzalo Guerrero y Jerónimo de Aguilar

SALVADOR BERNABÉU ALBERT *Investigador científico, Escuela de Estudios Hispanoamericanos, CSIC.* Autor del texto sobre Juan Francisco de la Bodega y Quadra

LUIS CONDE-SALAZAR INFIESTA *Periodista.* Redactor de las demás biografías

ROSARIO DÍE MACULET *Jurista e historiadora.* Coautora del texto sobre Jorge Juan y Santacilia

LOLA ESCUDERO *Periodista y escritora, miembro fundador de la Sociedad Geográfica Española.* Autora del texto sobre Francisco de Orellana

FELIPE FERNÁNDEZ-ARMESTO *Catedrático de Historia en Notre Dame University, Estados Unidos.* Autor de los textos sobre Cristóbal Colón y Américo Vespucio

GUADALUPE FERNÁNDEZ MORENTE *Investigadora naval e historiadora, Fundación Nao Victoria, Sevilla.* Coautora de los textos sobre Juan Bermúdez, Diego García y Francisco de Padilla

IGNACIO FERNÁNDEZ VIAL *Investigador naval e historiador, Fundación Nao Victoria, Sevilla.* Coautor de los textos sobre Juan Bermúdez, Diego García y Francisco de Padilla

JOSÉ JESÚS GARCÍA HOURCADE *Catedrático de Historia de Enseñanza Media.* Autor del texto sobre Pedro Pablo Sanguineto

JOSEFINA GÓMEZ MENDOZA *Catedrática de Análisis Geográfico Regional, Universidad Autónoma de Madrid.* Autora del texto sobre Alejandro de Humboldt

ANTONIO GONZÁLEZ BUENO *Profesor titular del Departamento de Farmacia y Tecnología Farmacéutica, Universidad Complutense.* Autor de los textos sobre la Expedición Botánica de Perú y Chile, así como de la Expedición Botánica a Nueva España

MARÍA DOLORES GONZÁLEZ-RIPOLL *Científica titular del Instituto de Historia, Centro de Ciencias Humanas y Sociales, CSIC.* Autora del texto sobre Cosme Damián Churruca y Elorza

MARÍA DOLORES HIGUERAS RODRÍGUEZ *Historiadora.* Autora del texto sobre Dionisio Alcalá Galiano

LEONCIO LÓPEZ-OCÓN *Investigador científico del Instituto de Historia, Centro de Ciencias Humanas y Sociales, CSIC.* Autor del texto sobre Marcos Jiménez de la Espada

MANUEL LUCENA GIRALDO *Investigador científico, Instituto de Historia, Centro de Ciencias Humanas y Sociales, CSIC.* Autor de los textos sobre Hernán Cortés, Antonio Pigafetta, José Solano y Bote, Felipe Bauzá y Cañas

LUISA MARTÍN-MERÁS *Directora técnica del Museo Naval de Madrid.* Autora del texto sobre Vicente Tofiño

CARLOS MARTÍNEZ SHAW *Catedrático de Historia Moderna de la UNED.* Autor del texto sobre Andrés de Urdaneta

FRANCISCO MELLÉN *Historiador.* Autor del texto sobre Felipe González de Haedo

LUIS PANCORBO *Antropólogo y periodista, miembro fundador de la Sociedad Geográfica Española.* Autor de los textos sobre Álvaro de Mendaña, Isabel Barreto y Pedro Fernández de Quirós

PEDRO PÁRAMO *Periodista, miembro fundador de la Sociedad Geográfica Española.* Autor del texto sobre Pedro Sarmiento de Gamboa.

FRANCISCO PELAYO *Investigador científico del Instituto de Historia, Centro de Ciencias Humanas y Sociales, CSIC.* Autor de los textos sobre Pedro Löfling y Félix de Azara

JOSÉ LUIS PESET *Profesor de investigación, Instituto de Historia, Centro de Ciencias Humanas y Sociales, CSIC.* Autor del texto sobre José Celestino Mutis

JUAN PIMENTEL *Científico titular del Instituto de Historia, Centro de Ciencias Humanas y Sociales, CSIC.* Autor de los textos sobre Lorenzo Ferrer Maldonado y Alejandro Malaspina

SUSANA MARÍA RAMÍREZ MARTÍN *Profesora asociada de la Universidad Carlos III de Madrid.* Autora del texto sobre la Expedición de la Vacuna

JAVIER REVERTE *Periodista y escritor, miembro fundador de la Sociedad Geográfica Española.* Autor del texto sobre Pedro Páez

JOSÉ ANTONIO RODRÍGUEZ ESTEBAN *Profesor titular del Departamento de Geografía de la Universidad Autónoma de Madrid.* Autor de los textos sobre la Expedición al Adrar y Enrique D'Almonte

FERNANDO RODRÍGUEZ MEDIANO *Científico titular del Instituto de Lenguas y Culturas del Mediterráneo y de Oriente Próximo, Centro de Ciencias Humanas y Sociales, CSIC.* Autor del texto sobre Luis de Mármol

ANTONIO SÁNCHEZ MARTÍNEZ *Instituto de Filosofía, Centro de Ciencias Humanas y Sociales, CSIC.* Autor del texto sobre Juan de la Cosa

RAFAEL VALLADARES *Científico titular del Centro de Ciencias Humanas y Sociales, Instituto de Historia, CSIC.* Autor de los textos sobre Fernando de Magallanes y Fernando Mendes Pinto

Museo Naval, Madrid: p. 42

Créditos fotográficos

Biblioteca Gómez-Navarro, Madrid: p. 48
Biblioteca Histórica de la Universidad Complutense, Madrid: p. 52
Centro de Estudios de Historia de México (CEHM) CARSO; Biblioteca Digital Mundial: p. 66
Museo Naval, Madrid: p. 73
Museo Naval, Madrid: p. 82
Museo Naval, Madrid: p. 87
Museo de América, Madrid: p. 97
Museo Naval, Madrid: p. 116
Museo Naval, Madrid: p. 128
Biblioteca Gómez-Navarro, Madrid: p. 131
Biblioteca Gómez-Navarro, Madrid: p. 152
Museo Naval, Madrid: p. 154
Biblioteca del Congreso de Estados Unidos, Washington; Biblioteca Digital Mundial: p. 168
Archivo de la Fundación Biblioteca Nacional, Brasil; Biblioteca Digital Mundial: p. 188
Biblioteca Gómez-Navarro, Madrid: p. 194
Biblioteca Gómez-Navarro, Madrid: p. 196
Biblioteca Gómez-Navarro, Madrid: p. 199
Biblioteca Gómez-Navarro, Madrid: p. 202
Biblioteca Gómez-Navarro, Madrid: p. 207
Biblioteca Gómez-Navarro, Madrid: p. 237
Museo Naval, Madrid: p. 248
Ejército de Tierra, Madrid: p. 250
Biblioteca Gómez-Navarro, Madrid: p. 258
Archivo de la Fundación Biblioteca Nacional, Brasil; Biblioteca Digital Mundial: p. 260
Biblioteca Gómez-Navarro, Madrid: p. 271
Biblioteca del Congreso de Estados Unidos, Washington; Biblioteca Digital Mundial: p. 308 Real Jardín Botánico, Madrid: p. 311
Real Jardín Botánico, Madrid: p. 318
Museo Naval, Madrid: p. 323
Museo Naval, Madrid: p. 325
Museo Naval, Madrid: p. 355
Real Jardín Botánico, Madrid: p. 357
Real Jardín Botánico, Madrid: p. 359
Real Jardín Botánico, Madrid: p. 361
Real Jardín Botánico, Madrid: p. 363
Real Jardín Botánico, Madrid: p. 364
Museo Naval, Madrid: p. 372
Real Jardín Botánico, Madrid: p. 374
Biblioteca Gómez-Navarro, Madrid: p. 380
Archivo de la Fundación Biblioteca Nacional, Brasil; Biblioteca Digital Mundial: p. 382
Biblioteca del Congreso de Estados Unidos, Washington; Biblioteca Digital Mundial: p. 389
Museo Naval, Madrid: p. 391
Museo Naval, Madrid: p. 395
Museo Naval, Madrid: p. 398
Museo Naval, Madrid: p. 417
Biblioteca del Congreso de Estados Unidos, Washington; Biblioteca Digital Mundial: p. 419
Biblioteca Histórica de la Universidad Complutense, Madrid: p.422
Museo Nacional de Ciencias Naturales, CSIC, Madrid: p. 426
Biblioteca Gómez-Navarro, Madrid: p. 438
Biblioteca Gómez-Navarro, Madrid: p. 439
Biblioteca Gómez-Navarro, Madrid: p. 457
Biblioteca Gómez-Navarro, Madrid: p. 463
Revista de Geografía Colonial t. V.: p. 465
Fondo Jiménez de la Espada, actualmente conservado en la Biblioteca Tomás Navarro Tomás del CSIC, Madrid: p. 470
Fondo Jiménez de la Espada, actualmente conservado en la Biblioteca Tomás Navarro Tomás del CSIC, Madrid: p. 473

Diario *ABC,* Archivo, Madrid: p. 497

Arquivo do Reino de Galicia, ARG. Colección Fotográfica Iglesias Brage. Sig. 490, 1495 y 1531, La Coruña: p. 501

Ejército del Aire, Archivo Histórico, Villaviciosa de Odón (Madrid): p. 512

Ayuntamiento de Madrid, Museo de los Orígenes (Museo de San Isidro), Madrid: p. 532

Adalberto Ríos Szalay: p. 534

Col·lecció Sabater Pi, Barcelona: p. 537

Agradecimientos especiales

Caser Seguros; Museo Naval de Madrid: Luisa Martín-Merás; Juan Carlos Martínez Alonso; **Biblioteca Gómez-Navarro:** Javier Gómez-Navarro, miembro de la Junta Directiva de la SGE; **Real Jardín Botánico de Madrid:** Pilar San Pío, Yara Mostazo; **Museo Nacional de Ciencias Naturales:** Mª Carmen Velasco, Isabel Morón; **Museo de América:** Carolina Notario, Nuria Moreu; **Biblioteca Nacional:** Carmen Líter; **Ejército del Aire, Archivo Histórico; Fundación El legado andalusí:** Conchi Carreño; **Biblioteca Histórica «Marqués de Valdecilla» de la Universidad Complutense de Madrid:** Marta Torres Santo Domingo, Pilar Moreno, Paz Sánchez; **Gobierno de Navarra, Servicio de Publicaciones:** Ángel Luquin Etayo; **Biblioteca Digital Mundial de la UNESCO; Biblioteca del Congreso de Estados Unidos; Ejército de Tierra; Biblioteca Tomás Navarro Tomás del Centro de Ciencias Humanas y Sociales del CSIC:** Pilar Martínez Olmo; **Biblioteca Manuel Alvar de la Comunidad de Madrid; Biblioteca Buenavista del Ayuntamiento de Madrid; Diario *ABC*:** Sara García; **Arquivo do Reino de Galicia:** Mª Carmen Prieto; **Archivo Jesuitas de Roma; Arxiu Municipal de Malgrat de Mar:** José Mª Crosas; **Archivo Fotográfico del Centro de Antropología del Instituto Venezolano de Investigaciones Científicas (IVIC):** Berta Pérez, Maura Falconi; **Museo de los Orígenes (Museo de San Isidro) de Madrid:** Alfonso Martín; **Archivo Provincial de los Capuchinos de Castilla:** Jesús González Castañón; **Col·lecció Sabater Pi:** Jordi Sabater Pi, Celia González; **No Limit S.L.:** Nil Bohigas; **Fundación José Manuel Lara:** Carmen Carballo; **Museo de las Peregrinaciones:** Isabel Pesquera; **Museo Zumalakarregui de San Sebastián; Untzi Museoa de Donostia; British Library.**

Los autores también desean manifestar su gratitud a: Teresa Arranz Pascual, Asunción Callicó, María Fernández del Pino, Maria Dolors Garcia, Jesús González Green, Hortensia I. Ibáñez, Fernando R. Lafuente, Ramón Larramendi, Luis Antonio López Romero, Mª del Carmen Martín Rubio, Francisco Mellén, Fernando Rodríguez de la Flor y Santiago del Valle.